本书由贵阳市2017年度宣传文化事业发展专项资金资助出版

青岩文化与历史

周天胜　周媛　编著

（上　册）

贵州出版集团
贵州人民出版社

总序

我们都习惯贵州省的简称“黔”和贵阳市的简称“筑”。所谓“黔中”，古代有“金筑王国”之称，就是贵州省中部贵阳市所辖广大地区。而离省府市府以南最近30公里的青岩，“北门就有‘金筑王’‘竹城头’”之说，它就是名副其实的黔中古镇之一——“金筑青岩领地”。“金筑”广义地说，就是指今贵阳市所辖广大区域、今花溪区的石板镇、久安乡、彭官（今麦坪）、湖潮、党武、燕楼、马铃、小碧、中曹（今小河）、孟关、黔陶、高坡、花溪镇及花溪区政府驻地、最南端的青岩镇广大地区都是“金竹王”的领地，素有“金筑之乡”的美誉，经过一代又一代人的不断努力，孕育出了“金筑文化”。“金筑文化”，即指今贵阳市以南花溪区所辖地区青岩具有代表性的青岩文化与青岩历史。“金筑文化”，还包括花溪文化，“金筑文化”历史文化悠久，人文荟萃，文化底蕴丰厚。西北部久安乡，有清代开辟的“牛场”市场，今牛场坝（音讹为牛昌坝）当属清乾隆时期修复火烧贵阳甲秀楼的土建筑家四川人杨松的建筑文化之一，久安乡拐耳坝和打铜寨有明末清初的南京朝廷兵部主事、兵部郎中大将军、明清著名书画家周祚新的墨龙文化，久安乡拐耳坝还有著名的中国人民解放军剿匪战役“拐耳坝战斗”及贵阳军分区司令部“剿匪作战指挥部”红色革命军事文化，西南部麦坪镇有刘士连市场商贸文化、湖潮乡有广兴镇的“广顺古城”文化、石板镇明清有芦荻寨天生桥（今天河潭）吴中蕃诗文化和镇山村半边山民族文化，南部燕楼镇有“公牛屯古屯”文化和“金山洞”文化，北部孟关、东北部小碧、东部黔陶、高坡和南部青岩、西南马铃等有红军长征的“红色革命”文化，北部小河经济开发区中曹司、周家寨、刘家寨有土司文化和古墓群文化，中部花溪镇有少数民族的布依族文化、花仡佬族文化，花溪吉麟村有清代乾隆时期的周奎山水文化及后人周际华及周家士人诗词文化，抗战时期还有防空学校抗战死难将士公墓爱国文化、摩崖石刻文化以及花溪公园旅游休闲文化，解放军三保花溪政权的剿匪红色革命文化、名人文化等。青岩古镇的历史文化是“金筑文化”之最，它包括黔陶明代“白纳长官司”土司文化、骑龙清代康熙的周渔璜和周钟瑄的士人科举文化、诗词文化、文学文化、书屋文化、古石桥文化，周渔璜的次女婿曹维垣的二哥、骠骑将军曹维城武状元的武功文化和“宫詹桥序”文化，以及周渔璜的侄外孙曹石的诗词文化，东南高坡还有明代中曹长官司“黔陶半坡”土司文化、高坡苗族反抗明军的石门山保卫战“石门山古战场”文化、高坡苗族文化和洞葬文化。青岩城内有明代青岩司白土司和班麟贵土司及家族世袭文化、清代咸丰的“青岩教案”文化、光绪十二年（1886）的赵以炯状元文治文化和赵氏族人科举士人文化、青岩石牌坊文化、儒教文化、道教文化、宗教之佛教文化、孔子文化、寺庙文化、外来基督教文化和天主教文化、苗族布依族汉族各民族多元文化、古城墙文化、军事屯堡文化、建筑文化，还有红军长征青岩“高寨河红军作战指挥所”红色革命文化、抗日救亡文化和中国人民解放军剿匪战役“‘青岩战斗’红色革命”军事文化，还有私塾文化、书院文化、义学文化、旅游文化、商贸文化、田园文化、饮食文化等；还有青岩城外歪脚村曾是中华民国参议院秘书长和孙中山元帅府秘书的民主革命者平刚的诗词文化、文学文化、百万日记著作等“平刚文化”。这些底蕴丰厚的“金筑文化”，惜未能像黔省北部遵义的“沙滩文化”那样有魅力地通过传承展现出来。《青岩文化与历史》就填补了“金筑文化”上的这个空白。《青岩文化与历史》以青岩古镇文化历史为起点，对“青岩暨花溪文化”进行系统的探索研究，著书立说，逐步地辐射到抗战军兴的新兴城市花溪及周边地区的文化，以弥补“金筑文化”和旅游文化的不足。编者从 1994 年 7 月开始对“金筑文化”进行研究已有 30 年了，后期千禧年后又有其女儿周媛、平刚的孙子平明亮先生、惠水县政协的吴永福先生等参与进来，在贵阳市中共党史研究学会、贵阳市政协文化文史与学习委员会和贵阳市历史学会、贵州省社科院及贵州省史学会、贵州省作家协会、中共贵阳市委宣传部和中共贵阳市委党史研究室、贵阳市政协等各级部门领导下。得到贵州省、贵阳市、花溪区等档案馆、贵州省博物馆、贵州省图书馆、贵州大学南区图书馆和北区图书馆、贵州大学（太慈桥）艺术学院、贵州民族大学图书馆、湄潭县文管所、惠水县政协文化文史与学习委员会、惠水县档案馆、毕节市党研室和市志办、青岩镇人民政府、贵阳市青岩贵璜中学、青岩明清社区居委会、贵州赖永初酒业有限公司等有关单位和许多个人的支持。查阅和辑录了大量的文献档案资料及报纸杂志、史志书籍、碑林石刻、牌坊亭阁等史料。

《青岩文化与历史》收录了有碑刻记载的1621年修建的青岩迎祥寺和有史记载的1622年班麟贵解贵阳围有功和1624年班麟贵修建青岩城以来筑南青岩近400余年的历史文化。通过对青岩城开山鼻祖班麟贵及一家3个土司、副总兵、副将、6个土舍和土弁世袭“武德骑尉”统领青岩238年历史的研究；通过对清代康熙朝廷詹事府宫詹诗人周渔璜和周钟瑄治理台湾“叔侄二周”的业绩以及康熙代贵州第一个状元曹维城武状元题书宫詹桥序及周渔璜的侄外孙曹石诗作的研究；通过对贵州历史上光绪十二年（1886）第二个状元（即第一个文状元赵以炯）为谷蒙寨尹氏祠堂书写神主牌真迹，贵州第三个状元（即第二个文状元夏同龢尊敬师长）在仁人山对面马鞍山为老师（驻日本留学生监督李立元）修整墓园立华表楹联真迹事，“青岩教案”团练赵国澍、水头寨布依女陈氏赵三太、湘楚赵氏六进士和状元赵以炯四兄弟“四举人三进士”、解放前中共地下党人周文耕（原名周树楹）、贵州辛亥革命先驱（即新中国成立后任贵州省人民政府委员平刚）、解放后解放军教导大队在青岩，刘登云、车善益、周念贤革命烈士等各姓氏相关的著名人物的生动事迹和业绩的展现，对民国时期青岩人出征广兴镇剿匪等对外军事行动事件等的追踪觅迹；通过对贵州辛亥革命功臣九门总稽查青岩人平子青先烈墓、抗战期间疏散迁移到后方青岩的国立浙江大学青岩分校、省立乡师、省立社会教育实验区、贵阳女师、八路军家属、战时儿童保育院等单位和学校在青岩的旧址、遗址实地调查、查考摩崖石刻、石牌坊、和尚石塔、坟墓石碑文物、文字等内容的大量田野考察工作，1999年前采访了青岩现今已作古的数十个知情者和当事人，取得了宝贵的第一手资料映照花溪区各乡镇相关文化和青岩古镇各个时期十分丰富的历史文化资源，历时30多年，经过分析、研究、综合整理而成此《青岩文化与历史》。以对联、诗歌、记叙、散文、小说等不同题材作为历史的反映，文体形式多样，文章内容不拘一格，配有照片，尽量做到图文并茂，作品具有鲜活的生命力和文史资料的真实性特点。《青岩文化与历史》积累了大量书稿，内容涵盖青岩的历史内容。对于发生在其他地方又涉及《青岩文化与历史》的事件、名人著作、理论文献、著述，我们都尽量收集编辑入书，增加人们对这个事物和整个事件有较全面的认识和了解。在外地工作的花溪籍和青岩籍人士，业绩突出和有贡献的、有著述的，均尽力收入本丛书。《青岩文化与历史》是明清以来贵阳、花溪及青岩等地历代各族人民群众、骚人墨客、士人所创作，凝聚着金筑之乡花溪和青岩志士仁人的心血和汗水。因此，弘扬“金筑文化”，把分散在各地的历史文化汇聚起来，展现在世人面前，复制在各个文化旅游景点上，让那些慕名而来的人和游客愉悦地饱览和尽情地享受以及真正地领悟到金筑之乡文化历史发展的精髓和精妙绝伦之处。因此，抢救、挖掘、编辑出版《青岩文化与历史》的工作势在必行。

经过最终近五年精雕玉琢今已成辑，待印出版，争取早日把《青岩文化与历史》中的精华及花溪和青岩许多鲜为人知的文化史实公之于世，传承和弘扬“青岩与花溪文化”，再现过去“金筑青岩‘竹城王’文化”的风采，为建设和实现金筑之乡花溪的小康社会服务。

编者

2023 年 11 月 8 日

概　述

《青岩文化与历史》上册，着重收集青岩抗日烽火中的文化资料和回顾历史。录入内容：以重温抗战胜利开篇，献给中国人民抗日战争胜利全民抗战80周年纪念、高唱贵州省教育厅李瑛、潘明辉等创作的抗战《胜利之歌》阔步向前。再现贵阳“二·四轰炸”惨状，重温李大光亲历贵阳“二·四轰炸空袭记”及撰写敌机历年轰炸贵州各地的简志、贵阳女师教师李麦宁追记贵阳“二·四”轰炸见闻、抗日战争中两次被日机轰炸的贵阳女子中学与“七姊妹坟”，警示人们要勿忘国耻，以此激发人们对日寇的憎恨，激发爱国主义精神。收录聂开诚回忆战友周树楹与贵州学联，不忘青岩中共地下党人为革命所做的贡献。1936年，各族民众参加的贵州省立青岩社会教育实验区在青岩广大地区开展的贫民教育活动，录入贵州省立青岩社会教育实验区暂行规程文献、汪汝衡撰文回忆省立社会教育实验区在青岩、李兴才回忆青岩社教区的一所民众学校、贵州省立青岩社会教育实验区始末，贵州边远地区少数民族师资培训的教育、贵州省立乡村师范学校在青岩始末、杨征华老师回忆乡师孤庙鬼蛇与苗族学生家轶事、贵州省地方方言讲习所简章·公函、战时边疆师资培训在青岩、陈茂昌简介贵州地方方言讲习所在青岩、贵州地方方言讲习所在青岩始末。1938年3月10日战时儿童保育会在武汉成立等重要论述，号召人们保护教育战争灾难儿童，安娥和张曙创作了战时儿童保育院院歌。当年5月22日，贵州保育分会在贵阳南明堂成立，录入贵州战时儿童保育分会成立概况及文献，包括宣言、简章、募捐办法、题词、理监事、办公地点以及贵州青岩女子保育院、第六任院长李坚白琐忆青岩保育院、贵阳保育生同学会章程、发生在青岩的殴打难童大事件、青岩保育生宋淑英坟墓被盗窃事件始末，赖永初在花溪杨柳塘创办的私立永初教养院与青岩“赖茅酒”粮仓、刘文芸回忆青岩小学的“娃娃剧团”。袁超俊在党史座谈会上谈八路军贵阳交通站始末、丁毅侧记八路军贵阳交通站、龚大明论抗战期间的八路军贵阳交通站、戴自俺在青岩帮助八路军家属载入贵州教育史册、闵廉报道的《二·四大轰炸后的贵阳》。浙大西迁黔青岩·遵义文献篇，收录竺可桢校长撰写的国立浙江大学黔省校舍碑记、祝文白回忆抗日期间的浙江大学、安庆撰文回忆苏步青教授在青岩创办微分几何研究讨论班以及相关连接、李大光回忆平息浙大与青岩防护团防空袭冲突纠纷原“贵阳县见闻琐录”、竺可桢率领浙大文军西迁到青岩概述、1940 年 2 月 4 日国立浙江大学在青岩复课的通告、国立浙江大学分校在青岩、浙大与防护团防空袭冲突闹学潮事件经过、浙大学生自治会青岩分会印发传单、青岩区公所呈报冲突事件的申辩词、浙大向中央日报社投稿《青岩通讯》、竺可桢派人平息青岩分校与防护团纠纷经过、竺可桢与李大光往来青岩事件电报、竺可桢校长怒撤浙大青岩分校、何应钦回花溪碧云窝新家探亲后到青岩解决浙大纠纷及家妹误入赵氏祠堂被罚跪一事、浙江大学青岩分校在青岩结束办学。

录入省立贵阳女子师范学校概况、青岩第三任校长黄宝华回忆贵阳女师迁青岩镇、李麦宁记在田锦麟老师家师生聚会忆青岩与女师、青岩人陶仁珍侧记贵阳女师在青岩片断、贵州省立贵阳女子师范学校在青岩、贵阳女师附小在青岩、贵州省会教育辅导团组织章程草案文献。战时救济，录入贵筑县救济院抗战时期在青岩、抗战中的贵筑县青岩难胞服务站、抗战中的贵筑县难民临时委员会与青岩、贵阳县僧尼抗日救国会组织章程、贵阳县僧尼抗日救国会青岩会员名册、贵阳县僧尼抗日救国会青岩寺庙调查筹集抗战经费统计。抗战驻军青岩寺庙宗祠及学校分布统计、贵兴师管区保安二团抗战驻青岩、贵兴师管区通信兵团抗战驻青岩、国民革命军陆军第十三军抗战驻青岩。

青岩爱国的壮士们为抗日出征，积极报名参军，连年出现父送子、母送儿、妻送郎、妹妹送哥哥从军开赴抗日前线的热烈场面，青岩抗日军人名录，收录青岩各族英雄儿女：好儿郎有罗耀堂、杨正平、李可经、李炯、车继善、车善祥、车善元、车善春、车培志、车逸民、吴开文、吴开华、吴开祥、吴开凤、吴学林、刘文芸、刘和忠、陈德义、陈星、袁新明、彭家宏、张尚群、张德其、张文松、周树鑫、王安荣（乳名安荣，入缅作战重伤牺牲）、裴乃兴、张泽正、汪有龙等先后从军，走上抗日前线，他们分别参加了打击日寇的台儿庄战役、徐州战役、武汉战役、豫湘桂等会战；参加了昆仑关、松山、腾冲等战役和远征军入缅对日丛林作战等打击日本鬼子的战斗活动，抗日远征军连长罗跃堂、黄埔军校十七期毕业生李可经、国民党中央学校干部训练团学员李炯副官参加了抗日部队青年军、梁茂林馆员传记抗战老兵车继善和传记抗日远征军驾驶兵刘和忠。

收录了平明亮论青岩人平刚在抗战中保护了贵阳城、杨友梅记述平刚在抗战中保护了青岩油杉林、贵筑县中学抗战时期在青岩、平刚支持家乡教育创办私立青岩少璜中学。收录了抗战时期贵定师训所李炯的同学录、抗战中东门杨继昌家族合影的老照片。抗战胜利后，刘化千在贵州日报上报道的《青岩缩影》、青岩女师第二任校长王从周校庆讲话《献给校友》、第四任校长杨时昌校庆日训话《我所希望于校友者· 爱校与建校》、李麦宁老师校庆贺诗《献给女师全体同学》、女师简师班学员傅鹅群歌颂校庆诗《五一颂》。故地重游：收入袁超俊三次到青岩找寻八路军家属居住地，尹克恂报道八路军家属抗战前期住青岩，八路军家属抗战在青岩始末，青岩保育生回到几十年前住过青岩的“家”，以青岩保育院杰出的人才龚国元副博士的业绩结束全书。

编辑《青岩文化与历史》上册，目的在于深入挖掘金筑花溪及青岩古镇的抗日文化史料，丰富爱国主义内涵，存史、资政、育人，让后人系统了解并铭记青岩民众和各爱国团体投身于抗日民族救亡运动和保家卫国活动之中的段段往事。“铭记历史、缅怀先烈、珍爱和平、开创未来。”

金筑文化中的青岩古镇文化与历史，其厚重在黔中是具有代表性的。上册收录了抗日烽火中发生在青岩后方的抗日民族救亡运动和相关的抗战历史文献史料，加深人们对这一时期青岩的民众和各机关社会团体抗日力量在青岩开展的抗日民族救亡运动活动史实的了解，激发人们的中华民族意识，传承和弘扬爱国主义精神。

编　者

2023 年 11 月 8 日

目 录

重温抗战胜利篇

（1945 年 8 月 15 日—2017 年 7 月 7 日）

1945 年 8 月 15 日，日本天皇裕仁通过广播向全世界宣布无条件投降。9 月 2 日，日本在密西西里军舰上签字向同盟国投降。9 月 9 日，日本在南京签字向中国人民投降。中国人民终于迎来了胜利和和平的生活，人们高唱《抗战胜利之歌》与全世界人民一道沉浸在抗日战争胜利的喜悦之中。

2015 年 9 月 3 日，中国人民迎来抗日战争胜利暨世界反法西斯战争胜利 70 周年纪念日，全国人民隆重举行了庆祝活动。2017 年 7 月 7 日，我们又迎来了中国人民全民参加抗战 80 周年纪念。中国人民牢记国家《通知》精神："铭记历史，缅怀先烈，珍爱和平，开创未来。"居安思危，勿忘教训，不容日本歪曲历史，巩固二战成果，坚决维护世界和平！

牢记历史，重温美、英、中、苏四国促令日本投降的《开罗宣言》《波茨坦公告》《日本投降书》和抗战《胜利之歌》等内容，像先辈一样，拿着钢枪向入侵和挑衅国家安全的外国侵略者射去，用生命保卫国家安全。

全中国人民团结起来，踏着步，挺着胸，拧成一股绳，努力建设强大的国家，永保抗战的胜利！永保世界的和平！不忘历史，让我们重新开启抗日救亡运动中各抗日团体和个人在大后方《烽火中的青岩》的爱国业绩和救亡史实吧！

抗战《胜利之歌》

词曲／李瑛、潘明辉

快C调（进行式）4/4《胜利之歌》歌词：

投降！

投降！

日本投降！

八年苦战，毁灭了侵略的火光，自由回到我们的身上。

将士用命光复了河山，同盟协力把敌人赶出了战场。

这是伟大的战争，将士的热血洗去了百年的耻辱。

科学昌明，重建了未来的和平。

抗战胜利，民族自由。

狂欢声中，不忘教训。

我们来踏着步，挺着胸，高唱这胜利之歌。

我们要，大家团结，努力建国。

永保战争的胜利，永保世界的和平。

贵州省教育厅内印发

民国三十四年（1945）十二月

附：李瑛、潘明辉作词曲的抗战《胜利之歌》于后。

抗战《胜利之歌》[1]

贵州省教育厅　李瑛作
国立音乐院　　潘明辉　修正
电脑打字　　　周天胜[2]
电脑制作简谱　谢星[3]

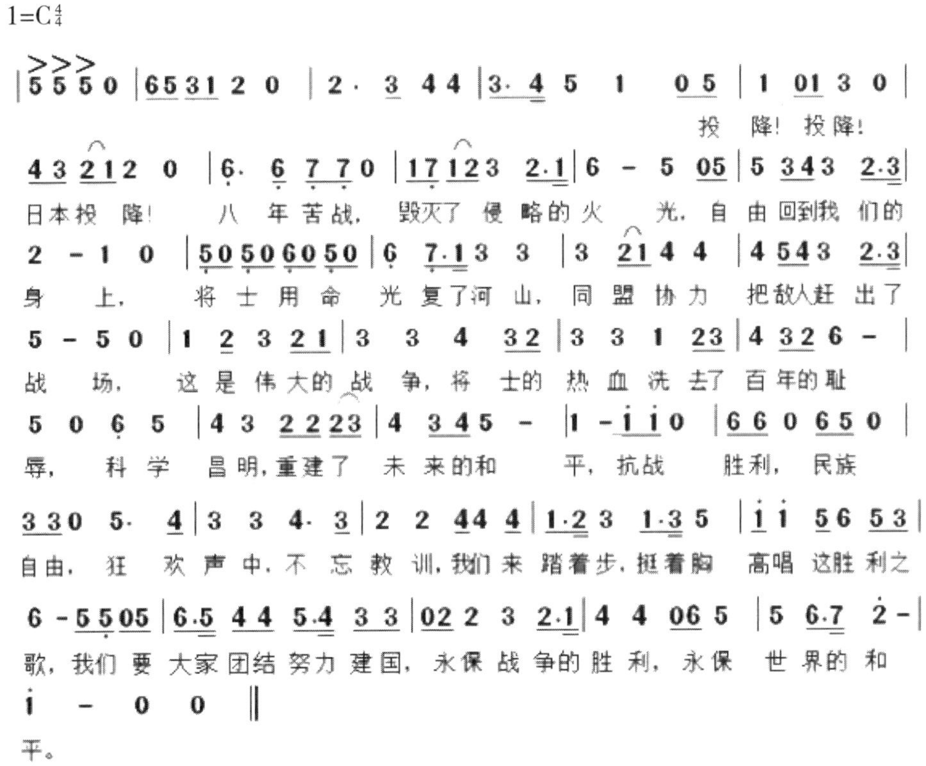

1=C $\frac{4}{4}$

|5 5 5 0 |6 5 3 1 2 0 | 2· 3 4 4 |3· 4 5 1 0 5 |1 01 3 0 |
投 降! 投 降!

4 3 2 1 2 0 |6· 6 7 7 0 |1 7 1 2 3 2·1 |6 – 5 05 |5 3 4 3 2·3 |
日本投 降! 八 年 苦战, 毁灭了 侵 略的火 光, 自 由 回到我 们的

2 – 1 0 |5 0 5 0 6 0 5 0 |6 7·1 3 3 |3 2 1 4 4 |4 5 4 3 2·3 |
身 上, 将 士 用 命 光复了河 山, 同 盟 协 力 把敌人赶 出了

5 – 5 0 |1 2 3 2 1 |3 3 4 3 2 |3 3 1 2 3 |4 3 2 6 – |
战 场, 这 是 伟大的 战 争, 将 士的 热 血 洗 去了 百 年的耻

5 0 6 5 |4 3 2 2 2 3 |4 3 4 5 – |1 – 1 1 0 |6 6 0 6 5 0 |
辱, 科 学 昌 明,重建了 未 来的和 平, 抗战 胜利, 民族

3 3 0 5· 4 |3 3 4· 3 |2 2 4 4 4 |1·2 3 1·3 5 |1 1 5 6 5 3 |
自由, 狂 欢 声 中,不 忘 教 训,我们来 踏着步,挺着胸 高唱 这胜 利之

6 – 5 5 0 5 |6·5 4 4 5·4 3 3 |0 2 2 3 2·1 |4 4 0 6 5 |5 6·7 2 – |
歌,我们 要 大家团结 努力 建国, 永保 战 争的胜 利, 永保 世 界的 和

1 – 0 0 ‖
平。

贵州省教育厅内印发
民国三十四年十二月

［1］《胜利之歌》谱曲。
［2］原件为油印品，周天胜收集整理。
［3］谢星为贵州大学太慈桥艺术学院教师，用电脑制作简谱。

“二·四”空袭亲历记[1]

李大光

1939年2月4日，贵阳市遭受到日本帝国主义者18架飞机的空袭，在敌机疯狂轰炸之下，贵阳市人民惨罹浩劫，生命、财产的破坏和损失，不可以数计。日本帝国主义者这一非人道的残酷罪行，实在是罄竹难书。贵阳市人民从此就以“二·四”被炸的日子为惨痛的纪念日，迄今谈起，记忆犹新，对日寇的侵略罪行，深恶痛绝。

1939年的2月4日，适值旧农历戊寅年十二月十六日，当时一般工商业者，在每月的初二日和十六日，照习惯都要举行所谓“祃祭”，十二月十六日是“倒祃”。这一天，天气晴朗，万里无云，全市所有工商业户，都在宰鸡烹肉，准备欢乐地庆祝这年最后一次的“祃祭”。哪知在上午11时许，发出了空袭警报，随之即发出紧急空袭警报，东山山巅上高高地挂起了3个大红灯笼，3个小红灯笼，成串地飘荡在山头上（省防空司令部规定，大灯笼1个代表敌机5架，小灯笼1个代表敌机1架，说明来袭的敌机共有18架）。

抗战以来，原贵州省政府于省保安处内设立了一个防空科，像做儿戏一样办理防空事务。1938年2月1日才扩充为全省防空司令部，以贵阳警备司令郭思演兼任防空司令，7月5日改由保安处处长傅仲芳兼任。设立省防空司令部后，防空事务稍有改进，是年8月15日举行第一次防空演习，

[1] 收录作者李大光原文于贵州人民出版社出版、贵阳市政协文史委编2006年12月《贵阳文史资料选萃》下册1079页。

同月18日举行第二次防空演习，1939年2月1日—3日举行第三次防空演习。由于演习时，并不十分认真对待，看作官样文章，致使很多的市民视为不足为重的小事，大都躲在家中不肯出去。哪知第二天即2月4日，敌机18架真的来空袭了。贵阳所在的从省级开始的各级政府主持人员以及大部分市民，在警报声中，还以为是防空演习的继续，多不愿意出郊外躲避。产生这种情况的根本原因，是当局者对防空不具备严肃的态度，没有恰当的措施和准备。这样，日寇的这次空袭，就给贵阳人民带来了巨大的灾难。

这次轰炸时，我正充任贵阳县的县长。虽然贵阳市内的行政、治安与防空等事项，由省会警察局管理，我不负空袭救护的实际责任，但是县政府是在城内（今市人民政府所在地）。那天，我也和其他单位的负责人一样在县政府没有出去。敌机经过时，我在后山目击敌机轰炸的惨状，敌机轰炸飞走后，我到过各灾区察看，对当时的情况和惨状，时时在我的记忆中，是我一生所感到最悲愤难忘的一次。

这一次空袭，在贵阳市内的各级政府的主要负责人全部都蹲在官署内，没有离开。列举如下：贵州省政府主席吴鼎昌、省民政厅长孙希文、省财政厅长周贻春、省教育厅长张志韩、省建设厅长叶纪元、省保安处处长兼防空司令傅仲芳、滇黔绥靖副主任公署参谋长曾举直、贵阳警备司令余华沐、省会警察局局长陈世贤、贵阳县县长李大光、省高等法院院长刘含璋、贵阳地方法院院长叶在畴等。

在空袭时，这些人为什么都守着不离开呢？其原因有二：一是没有经过空袭的危险，不知道空袭的厉害，因此对空袭不重视；二是适在第三次防空演习完毕之翌日，误以为还是继续防空演习，没有离开的必要。总之，是麻痹大意、毫无战时紧张观念。

“二·四”这一天，我是在县政府主持全县小学教师的寒假讲习会，到会的小学教师有100多人，听到紧急警报后，都进入在后山的一个丁字形的防空壕内，我侧卧在壕外的空地上，仰首注视天空。午前11时20分左右，敌机18架，分成两批，每批都以一个品字的队形，上面3架，左右各3架，由东面隆隆而来，投弹时没有俯冲，也没有盘旋，投弹后即向西悠然飞去。当时安放在东山顶上的高射炮，只有两门，形同虚设。在敌机到时，虽曾开炮射击，但由于高射炮过少，火力微弱，对敌机丝毫不起威胁作用。

敌机来袭，是东以东山、南以南明河为标志，目标十分明显。也许敌人早知道那时贵阳主要的政治、经济机关，如省政府、省保安处、民政厅、财政厅、教育厅、建设厅、绥靖副主任公署、贵阳警备司令部、省会警察局、贵阳县政府、贵阳地方法院、中央银行贵州分行以及规模比较大的商铺，都是分布在省府路、中山东路、中山西路、中华路这一带，敌人或者是想把一些重要机关炸毁。可是所有机关除财政厅后园落下一弹，炸毁一株大树以外，其他各机关都没有中弹，所炸中的都是无辜市民的房屋和商店，这是敌人所估计不到的。当时敌机一过东山垭口，就盲目投弹，并用机枪扫射。计投弹约一二百枚，其中以烧夷弹为多。一时，“轰！轰！轰！”之声不断，三浪坡、二浪坡、头浪坡、小十字、大十字（今中山东路全段）、金井街、正新街、黑羊井、竹筒井、三板桥（今富水路中段）、飞山街、煤巴市（今公园路、飞山路一带）等处均被炸中。霎时间，约有十多处火光冲起。居民区全市精华地区，成为火海，高楼巨厦，烧成一片焦土。不能逃出者多葬身火窟。一派残酷景象，目不忍睹，耳不忍闻。灾区东由三浪坡起，西至中山西路，南至中华南路之贯珠桥附近，北至中华北路之光明路（今省府路），其中房屋被焚，居民被炸死或烧死。死亡人数最多最惨者，为金井街、正新街、煤巴市等处。由于街巷过窄，大火将这几处的出口处、入口处封塞住，以致里面的居民无法逃出，因而被火烧死。此外，贵阳市的房舍，多是木房及砖木结构的，易于燃烧。那时贵州省会警察局消防队只有新式救火机 3 部，还没有自来水的设备，救火能力实在有限。对于火场的控制，只有拆出火路或靠原来街巷、空坪与建筑物的风火墙阻止，因此大火起后，束手无策。幸东有护国路马路阻止；西至先知巷（在中山西路，今市公安局对面）有永年药房很多职工由店主张尚群指挥施救；稍南，火势已烧至贵阳县政府东面及北面的围墙之外，我指挥贵阳县政府的保警队拆出了一条阻火路，将火势制止；先知巷对面，有省会警察局的空坪，因此火势不致蔓延，保全了中山西路西段大部分以及府前街、府后街（今市府路）以至次南门一带；北面烧至光明路口（今省府路）之原中央银行贵州分行。因救火机 3 部以贯城河取水之便，集中于此，由队长袁秉忠指挥，尚能发挥效力，使火势不能越过光明路再向北延。路口对面为省民众教育馆（今人民剧场）有一大片空地，大火延烧至此而止，保全了中华中路以北地区。南面烧至中华南路，左面阻于两湖会馆高耸之风火墙，右面为贯珠桥的过街楼，也因有高墙隔阻，火势延烧至此而止，保全了中华南路至大南门一带地区。

这一次被炸被烧的灾情是严重的，但生怕敌人知道，当时的原中央社虽发过两次报道，只简单叙说了几句，不敢详细报道灾情。当时的报纸也没有详载，只有重庆《新华日报》登有一篇比较详尽的通讯。

究竟损失的财产有多少，被烧的房屋有多少，烧死烧伤的人有多少，大家都不十分清楚，现在事隔 40 多年了，实在无法说明。根据诗人聂尊吾先生的《聱园诗稿》，其中有七言古体纪事诗一篇（发表于《贵州文献汇刊》第四期），其诗题云：

“腊月十六日午，敌机十八架袭贵阳市，投弹百余，焚毁房舍 1300 余所，死伤千 200 余人，吾黔空前未有之大劫也，纪之以诗。”

诗曰：

赤日当午天无云，鸣机轧轧来飞轮。
弹雨下击贵阳市，千家顷刻同遭焚。
居民仓皇出走避，避不及者残英身。
公府临时事急赈，欲从釜底收游魂。
长沙火后此为烈，精华所萃成灰尘。
世界有成必有败，山河大地难久存。
诸天不免风火厄，一城一市何足论。
愿历劫人发深省，勤修十善敦彝伦。
转祸为福在此举，天惟与善天无亲。

聂尊吾先生对焚烧房屋及死伤数字的提供，是有根据的。被焚毁的房舍为 1300 余所，死伤人数为 1200 余人（炸死烧死的大约占 90%，伤者大约占 10%）。被毁财产难以计数。因为动产损失若干，是无法估计的。房屋被焚毁的数目比较可信。但是所谓一所，不完全是一个四合院，其中有些深宅大院，每所有包括五六个四合院，甚至十多个四合院的。至于死伤人数，会有户籍可查。但当时的户口登记，并不十分精确，也有些过境的旅客以及由外县来省会暂居（主要是逃避兵役者）而没有登记户籍的，这些人一定还为数不少。其投弹炸中地点之最惨者，则为：①大十字岗亭被炸中一弹，深十七八米，圆周十二三米，为炸弹中之重型弹。②省民众教育馆之演讲台炸中一弹，是日警报后全市各街防护团的负责入都在台上集会，50余人全部炸死。③中山东路廉洁食堂炸中一弹起火，是日有人正在此处举行结婚典礼，店门被火封塞了，新郎新妇及贺客老幼百余人均炸死或烧死。④中山西路金筑戏院炸中一弹，死亡人数不明。这间戏院有一阁楼，我在县政府后山上看见火光中阁楼内有多人在火海中绕楼而走，情况十分焦急彷徨，此楼旋即倒塌，所有楼上的人落入火中，此一凄惨印象，至今犹萦绕于脑际。

“二·四”被炸中毁伤较大的以及物资损失较多的商号，计有：

恒兴益百货店、广聚源皮鞋店、隆昌源百货店、永丰泰百货店、西南商店百货店、广和昌百货店、朱铭泰瓷器店、张鹤麟笔墨庄、中华书局贵阳分局、中央银行贵州分行、凤祥银楼、同济堂中药店、德昌祥药厂、恒和参茸庄、马荣禄帽店、刘源春五金铺及附属之澡堂、葵裕顺皮箱店、亨得利钟表店、阿嘛照相馆、光艺照相馆、金筑戏院群新电影院、复旦女校、大道观。

在这次轰炸中，死难的劳动人民、手工业劳动者、个体工商户，不计其数，难以列举。其中社会知名人士尚能记忆的，如：女师附小教师孟广懿被炸重伤自杀。前黔军旅长犹禹九在正新街住宅被炸死。教师王启华右腿被炸伤锯断。伍薪发面店（煤巴市）一家5口被炸死。贵阳县政府科长王梦熊在煤巴市住宅全家被炸死，本人幸免。贵州省党部委员尹述贤一家被炸死，本人幸免。前黔军总司令卢焘在金井街的住宅被炸毁。前黔军清乡司令和绍孔在小十字的住宅被炸毁。教育界人士孟慰苍、孟翼卿家在金井街的住宅被炸毁。前贵州财政厅长张协陆在小十字的住宅被炸毁。前贵州黔东道道尹陈廷棻在三板桥的住宅被炸毁。前贵州省政府秘书长丁宜中在大十字的住宅被炸毁。

这一浩劫，大火延烧至下午4时左右，勉强控制住了。贵阳警备司令余华沐约我到灾区去察看，我遂陪同他携杖步行，由西到东，由南到北去察看了一周。我深深感到，身为国家官吏之一，对时艰毫无补救，伤感悲恸，难以笔述。此时在各处所能捡获之烧枯尸体，三四百具，尸体大多被烧焦不成人形，有烧焦至只有2尺许者，其状不堪入目，可谓惨绝人寰。除烧死之尸能认出者由各家领去外，其余都抬入资善堂及华洋义赈会院坝内（今贵阳市政协后段），由华洋义赈会及资善堂将平日所备施赈的薄棺全部作殓葬之用。棺材用完后则裹以蒲席，于翌日抬出郊外掩埋。所有受伤较轻的，都各自投亲靠友，自行医治；其受伤较重的，由各街防护团抬至华家山附近的临时诊所，由各医院抽调外科医生进行医治。贵阳城内繁荣地区坍垣倒壁，大片化为焦土。哭啼之声此起彼伏，呈现出一种极悲惨、极凄凉的情景。

“二·四”被炸后，贵州省动员委员会即拨款设立灾民救济处，办理急赈。2月9日，令难民总站设立在郊外赶造平房住宅1000所。旋又令贵阳县政府于二戈寨建平房住宅500所，以利市民疏散。灾民救济处于4月8日始告结束。5月20日，省防空司令职务，改由贵阳警备司令余华沐兼任。对于敌机空袭的报道，颇尽心力。6月16日，省会成立疏散委员会，从7月1日—15日止，为第一批疏散期，实施强制疏散。全市在“二·四”被炸以后，市内市民及公私学校、机关，陆续疏散于郊外。贵州省政府第五六五次会议通过增辟城门6处。动员委员会亦通过拆宽市区53处街巷马路为防火巷，设遇敌机空袭时，易于疏散和减少损失。

经过“二·四轰炸”的浩劫，贵阳市民虽然经受了生命财产的惨痛损失，但也认识了日本帝国主义者的凶残罪恶，加深同仇敌忾之心，知道中国一定要抗战到底，才能摆脱日本帝国主义者的侵略和奴役。

【编者按】本书收录了作者李大光原文于2006年12月由贵州人民出版社出版、贵阳市政协文史委编《贵阳文史资料选萃》下册1079页发表的“二·四空袭亲历记”一文，谈的是78年前，日本侵略军18架飞机轰炸了贵阳城，造成大量人员伤亡和财产损失。李大光时任贵阳县县长，当天亲眼目睹了日机轰炸贵阳城给贵阳人民造成的重大损失，文章详细记录了1939年2月4日日机对贵阳人民犯下的滔天罪行。

敌机历年轰炸贵州的简志[1]

李大光

1. 1938 年敌机空袭情况

①9 月 18 日，敌机 5 架于上午 10 时许由广西侵入省境，旋即折回。

②9 月 25 日，敌机 9 架于上午 10 时许袭清镇飞机场，投弹六七十枚（弹重约五六十磅），炸毁该场伪装飞机 6 架，死伤了 1 人，其油库器材库等均无损失，场长林时汉以此曾受上级嘉奖。

2. 1939 年敌机空袭情况

2 月 4 日，敌机 18 架分两批于上午 11 时许空袭、轰炸贵阳市市区。

3. 1940 年敌机空袭情况

①5 月 1 日，敌机 8 架于上午 12 时许侵入贵阳市上空，在南郊的太慈桥一带投弹十余枚，附近有工厂数所，未命中，死伤数人。

②7 月 28 日，敌机 8 架于上午 10 时许侵入贵阳，在贵阳东南郊团坡附近投弹十余枚，中央医院饭堂（今虹桥市第二人民医院）中一弹，死伤数人。

③7 月 29 日，敌机 9 架于上午 9 时 14 分，分两批空袭贵阳的花溪镇，投弹多枚，企图轰炸当时设在花溪的防空学校汽车厂等处，均未命中。一弹落于镇东的水田中，震倒旁边的房屋数间，震死老妇一人：一弹落于清华中学（今花溪中学）的空地，无损失。当时有一批商人的驮马通过，被敌机枪扫射，毙马 2 匹。

④8 月 9 日，敌机 80 余架于下午 1 时许，侵入本省东北部，往复飞窜，贵阳已可以听到机声。旋因天气恶劣，贵阳附近黑云漫天，因而折回，飞向湖南省方向轰炸芷江。

[1] 收录作者李大光原文于贵州人民出版社出版、贵阳市政协文史委编 2006 年 12 月《贵阳文史资料选萃》下册 1086 页。

⑤8月20日，敌机9架于上午10时窜入贵阳上空，在郊外慈母园（今妇幼医院附近）一带投弹而去。是日下午2时许，又有敌机3架侵入本省东南地区，未投弹逸去。

⑥9月4日，敌机一架于上午11时许，侵入贵阳市上空侦察，又于12时许有敌机多架窜抵贵阳附近巡回飞窜，散发欺骗恫吓传单。

⑦9月10日，敌机8架于上午11时50分侵入本省东南地区，投弹后逸去。

⑧9月15日，敌机一架于上午7时零5分窜入贵阳市上空，嗣飞西路一带侦察后逸去。又敌机8架于11时许自荔波县经三合县上空，往炸八寨县城死30余人，伤20余人。折转返三合县，首炸锑矿厂，死伤一人，毁屋数间，并炸毁“寿宁园”屋一部分，弹陷地约9米，震裂地宽约12米。

（按：据潘一志《水族社会历史资料稿》引《三合志略》，时间作9月12日上午9时许，不知是否即此一次的空袭。）

⑨9月18日，敌机9架，于上午9时许侵至黔桂边境地区，投弹后逸去。

⑩12月18日，敌机12架于12时许飞云南，窜于黔滇边境，至一时许逸去。

4. 1941年敌机轰炸情况

①6月2日，敌机9架于上午9时许飞至盘江桥投弹，未命中，旋用机枪扫射后，窜至安龙县城上空，时有学生一队经过，敌机误认为部队，投炸弹一枚，落于县政府东侧罗家院，震倒县政府房屋一间，民房22间，炸死20人（男14人，女6人）、伤3人（女）。

（按：安龙县民国志28页作敌机7架）

②6月3日，敌机9架于上午8时许飞至盘江桥，往复投弹，未命中逸去。

③6月8日，敌机9架于上午9时许飞至盘江桥投弹，未命中，即用机枪扫射后逸去。

④6月30日，敌机9架于上午9时许窜至盘江桥，投弹命中，桥毁。

5. 1942年空袭情况

10月1日，敌机一架于上午9时许窜入贵阳市上空，侦察后逸去。

在这几年的空袭中，只发出空袭警报，而敌机来至的次数不录。

结语

抗战以来，贵州远在后方，是一个不设防的地区，本来没有可以轰炸的军事目标，但是凶残的日本帝国主义者，对我后方城市的和平居民，仍然不肯放过。自1938年起，即派飞机经常侵入省境，进行空袭滥炸，给予这一地区的人民以重大的损害。尤以1939年2月4日的贵阳空袭，投了一二百枚的炸弹和燃烧弹，使全市伤亡损失惨重。这一事件，迄今已有44年了，追述至此，犹有余恸。

中国人民在中国共产党的领导下，经过十四年艰苦卓绝的抗战，在世界爱好和平人民的支持下，终于打败了日本帝国主义者。中国人民绝不会忘记日本强盗在中国所犯下的罪行，包括“二·四”轰炸贵阳的罪行。中国人民也决不允许日本军国主义复活。回忆这一历史情况，使我们深感一定要为振兴中华而奋斗，一定要为建设社会主义现代化的强大中国而奋斗。

【编者按】本书收录作者李大光原文于2006年12月由贵州人民出版社出版、贵阳市政协文史委编《贵阳文史资料选萃》下册1086页。李大光曾时任贵阳县县长，多次亲眼目睹了日本军机入侵贵州领空屠杀人民的惨状。文章收集了日机历次轰炸贵州省各地的情况并汇集成简志。

二·四大轰炸后的贵阳[1]

闵廉

“这是 2 月 4 号上午十一时许，十八架敌机来袭贵阳，在高射炮的威胁下，敌机只得边投弹边飞走。先投的是爆裂弹，后则是烧夷弹。贵阳的消防根本不齐全，当天几乎把城里的水全部吸干，城里的河水又远，皮管子够不到，用人力一担一担地挑来，远水救不了近火，最后烧了一天一夜，消防队员为救火而牺牲的就有一百多人，市民死伤人数，实在二千人以上。

“贵阳的大十字、中华南路、三山路、禹门路、金井街、光明路、盐行街、河西路、次南门、大南门等处，被日机的烧夷弹和小型爆炸弹百余枚炸中，炸毁和烧毁房屋 1326 栋及上海银行、金城银行等几十处均被烧毁，当天炸死的 520 人，受重伤的 1526 人。日机的狂轰滥炸给贵阳市的金融、文化带来了惨重的损失。数以万计的难民哭声震天，餐风宿露，无家可归，惨不忍睹”。

这就是贵阳“二·四轰炸”。日本帝国主义发动侵华战争，对贵阳人民犯下的罪行。

【编者按】本书收录作者闵廉特派员于 1939 年 2 月 5 日在《新华日报》上报道的《大轰炸后的贵阳》一文，即“贵阳二·四轰炸”。讲的是 1939 年 2 月 4 日，日本侵略军的 18 架飞机对贵阳城大十字一带商业区进行惨无人道的狂轰滥炸，此次轰炸给贵阳人民造成了巨大的生命和财产损失，是日寇对贵

［1］收录作者闵廉特派员发表原文于 1939 年 2 月 5 日《新华日报》。

阳人民所犯下的滔天罪行。我们不要忘记这段历史。《大轰炸后的贵阳》一文，真实地记录了当时贵阳城被炸后的惨况。

贵阳“二·四”轰炸见闻

李麦宁

1939 年 2 月 4 日，是贵阳连续举行了三天的防空演习后的最后一天。正是农历腊月二十六日，这天天气晴和，人们接连跑了三天“警报”之后，还在精疲力竭的情况下忙着办年货。

中午时分，我放学回三民东路陶家花园二姐家吃饭，刚踏进朝门，警报拉响了。我突然一惊，心想昨天才结束防空演习，莫非今天还要演习？

待我进至庭院的花红树下，还未跨进二门时，紧急警报就拉响了，声音短促并带凄厉的音调，而时间又较长，顿使人有一种毛骨悚然的感觉，但还怀疑是否真实。还来不及证实什么，沉闷的、凝重的嗡嗡声从东山方向由远渐进。霎时，雨点般的颗粒状物撒下之后，“轰隆！”“轰隆！”，爆炸声震耳欲聋，浓烟冲起，随之而来的火柱冲天，尘烟飞扬，遮天蔽日……身边的内窗玻璃被震得阵阵裂响。

据估计，中弹处约为大十字一带的繁华街道。这是抗战爆发后，大后方的山城贵阳第一次听到爆炸声，也是第一次闻到火药味。

不出所料，敌机去后警报解除，我迫不及待地随着人流涌向富水路朝大十字方向跑去，至省府路口，警察及消防人员阻住去路，始知正新街、小十字、金井街一带均中弹。我们改道中华中华，只见人们抬着担架、门板上的伤员往民教馆（今人民剧场）广场急跑，很快广场的地面摆得水泄不通，抢救人员、医务工作者挤作一团，我立即投入送开水、抬伤员的人群之中。这是我第一次看到令人悲痛的场面。

随着大街上的呼啸嘈杂声，我又跟随人群的涌动，奔往大南门方向，朝中华南路速跑，看到盐行街、大公巷、阳明路口均中弹。数以百计的担架、门板抬着伤员，与救难的人们忙乱、拥挤着，情景十分动人。与此同时，人们也注意到大公巷内的炸弹坑，直径约五丈有余，深度约二丈。房屋倒塌无数，燃烧着的瓦砾，木材爆破声、呼叫声、哭泣声混成一片，其状至惨，群情激愤，同仇敌忾。抗日救亡，反击侵略的决心，充分地表现在人们的表情和他们的行动上……

在路上，我碰到了达德中学的李锡麟、马腾骧、贾昌华等同学，大十字这个原是贵阳最繁华的闹市中心，现在竟变成了一片瓦砾广场，断壁残垣，东倒西倾，我们站在岗亭外举目四望，简直成了毫无遮拦的一片废墟。那些烧红了的碎砖和烧焦了的木段还冒着一缕缕的灰烟。

在这一段尚未完全熄灭的火场灰里，焦黑的尸体被一具具地挖了出来，从热度极高的瓦砾和颓圮的墙垣下，看见了有的四肢被烧得光秃，有的被烧得头颅爆破，躯体只剩下了中间一段，如不仔细辨认，简直就像一团泥炭。几个蓬头垢面的人面对尸体呼天抢地。

当我们重新回到民众教育馆时，广场上又增加了二十多具横七竖八的尸体，血肉模糊，殷红的血迹涂抹在救护人员的脸上，凝结在他们的头发上。我们几个人立即投入搬运伤员的人群当中，帮助满脸满身都是血迹的人，搀扶他们上车去医院。

日本飞机这次轰炸贵阳是以大十字为中心目标的。东起小十字，西至中山西路的贯珠桥，包括附近街道巷子几十条，这是贵阳的商业繁华地区，也是当时机关比较集中的地段。商务印书馆、中华书局、世界书局以及《贵州日报》《中央日报》的营业处、印刷厂、金筑电影院、群星电影院，川剧院和密集在大十字周围的绸缎庄、百货商店，大大小小几百家，都被烧毁、烧毁了。

日寇的暴行，激起了全市人民的无比愤慨，血与火的悲惨事实把抗日热情推向一个新的阶段。我们参加的筑光音乐会和沙驼话剧社在中共贵州地下党的领导下，立即发动救亡团体成员捐献衣物和粮食，救治伤员，扑灭余火，把抗日救亡的宣传与救灾工作紧密结合起来。由于各抗日救亡团体的努力，“二·四”轰炸后，在贵阳形成了一次控诉日寇暴行，坚定抗战决心的热潮。

对于当天被敌机轰炸的情况，我看到的只是局部的，后来我在一本《贵州文史资料选辑》中看见萧子有老师的一篇文章中，引述了当年贵州省有关部门对“二·四”轰炸事件损失的统计：“敌机投弹大小一百二十余枚，被炸面积占全市七分之一，被毁房屋一千三百六十二幢，市民死者四百八十八人，伤者七百三十五人。另据当时贵阳商会调查的统计数字，死伤人口约四千二百多人，无家可归者二万余人，财产损失在三千三百八十万元以上。”

那次事件虽已过去六十八年，但回忆起来，其情其景，仿佛还在眼前。但它欠下贵阳人民的这笔血债和我目睹的悲惨事实是永远忘不了的！

【编者按】这篇文章是李麦宁老师在世时赠与我未发表的著作资料《往事》中的。2011 年 10 月，由贵州人民出版社为李麦宁出版著作《麦宁集》，本文入录题为《往事》中的第 138—140 页“二．四轰炸见闻”，是“贵阳二．四轰炸”难得的宝贵史料。因本书《烽火中的青岩》有《勿忘“贵阳二．四轰炸”国耻篇》栏目，因此“二．四轰炸见闻”，亦应收入本书中。李麦宁，原名李杭生，清镇市一中教师，本文是他 2006 年写的一篇回忆录。说的是 1939 年，他正在贵阳南明中学读高中，2 月 4 日这天中午读书回贵阳城二姐家吃饭途中，刚走进庭院的朝门，防空袭警报就拉响了。待走进花红树下未跨进二门时，就听到沉闷的、凝重的嗡嗡声从东山方向由远渐进。刹时，轰隆！轰隆的爆炸声震耳欲聋、浓烟冲起，遮天蔽日……日寇对贵阳城的大轰炸开始了。待警报解除后，李麦宁迫不及待的向大十字方向跑去看个究竟。在民众教育馆、大南门一带，他亲眼目睹了被炸的惨状，繁华的街市区变成了一片废墟，随处是血肉模糊和烧焦的尸体，还有缺胳膊少腿的伤员们的呻吟声，他立即与救难者和医务工作者一道投入救灾行列中。他给伤员送开水、搀扶伤员、抬伤员，投入到抢救受难的人流中。68 年后，这段段往事，李老师仍难以忘怀，他按捺不住内心的悲愤，提笔撰文揭露和控诉当年日寇轰炸贵阳所犯下的罪行。

抗日战争中两次被日机轰炸的贵阳女中与七姊妹坟[1]

抗日战争时期的贵阳“二·四轰炸”发生三个月前，即民国二十七年（1938）十一月，贵阳女子中学根据贵州省政府疏散安排，师生700余人陆续迁移往修文县扎佐镇。1939年2月和1940年7月，位于贵阳城内忠烈街县学宫女中本校和疏散到扎佐再迁移到花溪花谷镇石头村的省立贵阳女子中学（今贵阳市第二中学前身）祸不单行，先后两次被日本侵略军飞机轰炸，造成女中七人被炸死和学校校舍财产损失惨重的事件。因此，1941年12月，多灾多难的省立贵阳女子中学承受了美国红十字会的蓝布捐赠援助。如今，贵州大学南区农学院北大门石园村松涛路口“萃苑”处，还有贵阳女子中学一座9米长的青砖大坟墓，人们习惯上称之为“七女坟”或“七姊妹坟”。这就是日本18架飞机在1939年2月4日那天轰炸贵阳，在大十字一带繁华商业区、居民区和贵阳女子中学丢下百余枚炸弹，520人在大轰炸中被炸死，1000多人受伤的大事件。“七姊妹”就是此次事件的直接受害者。

按理说，“七女坟”是日本侵略中国，轰炸贵阳现在存在的唯一实物罪证。“七女坟”是说明日本帝国主义侵略中国，屠杀中国人民，屠杀贵阳人民的犯罪证据，说明了日本对贵阳人民犯下的滔天罪行，是日寇侵略中国的罪证之一，铁证如山。是教育青少年一代爱国主义最好的题材，让人们牢记历史，勿忘国耻，勿忘教训，以此为警示，发愤图强，建设强大的中国。然而奇怪的是，这一重大史实，作为受害人学校的校史却没有记载，学校忘记了这段耻辱的历史，忘记了国仇家恨，忘记了教训，“警钟不鸣”！悲哀啊悲哀！因此“七姊妹坟”的故事很少有人知晓。这

[1] 2019年5月22日根据贵州省档案馆藏档案整理。

是什么原因造成呢？

今年正值纪念中国守军 1937 年 7 月 7 日在卢沟桥抗击日军进攻暨中国人民全面抗战开始纪念抗战胜利 82 周年之际，让我们来翻开历史档案，回顾贵阳“二·四轰炸”的历史，揭开省立贵阳女子中学两次被轰炸和贵大南区“七女坟”的神秘面纱吧！

一、省立贵阳女子中学疏散修文县扎佐镇

民国二十七年（1938）十一月，贵阳女子中学根据贵州省政府疏散安排，师生 700 余人陆续迁移往修文县扎佐镇。学校既然已疏散到扎佐镇，那么，又怎么在“二·四轰炸”中被轰炸？还被炸死七人呢？

原来，贵州省档案馆馆藏贵阳女子中学档案资料记载：贵阳女中迁移到扎佐后，“至 1939 年元月 6 日，扎佐校舍只有茅草屋教室 10 个，有 2 个班无教室，宿舍 20 间，可住学生 300 余人，有 300 人无处住宿，无法上课。需修造 2 间教室，办公室 1 栋，宿舍 1 大栋，厨房三小间，厕所 2 个，以及交通石路 200 丈，需经费 66948 元。鉴于此，女中计划准备寒假迁往清镇”。档案说明：因教室不够和住房不够以上困难，全校不能在扎佐正常上课，也说明贵阳女子中学有部分老师和学生搬回原址或根本就未完全搬迁，部分班级学生仍在原校县学宫上课、住宿，“二·四轰炸”炸死的七人，就是还在贵阳本校的师生之一，若全校 700 多人都还在本校，那损失的后果不堪设想。

二、贵阳女子中学在贵阳“二·四轰炸”中第一次被日机轰炸

让我们重温历史，牢记教训，居安思危，再现当年贵阳繁华大十字被日机轰炸

贵州大学南区“苹园”旁埋葬着贵阳女中在“贵阳二·四轰炸”中遇难的“七姊妹”

钱明汉墓碑

沈培筑墓碑

陈馥椿墓碑

平青梅墓碑

章小明墓碑

沈菊英墓碑

朱令仪墓碑

的教训和被炸的惨状。贵州省档案馆藏资料和贵阳文史资料相关史料记载如下：

“1939年2月4日，日本18架飞机大轰炸贵阳，史称贵阳“二·四轰炸”。这天，天气晴朗，万里无云，全市所有工商业户，都在宰鸡烹肉，准备欢乐地庆祝这年最后的一次“祃祭”。正是这一天，敌机18架经青岩航线来袭贵阳。”《新华日报》5日做了报道：“上午11时许，18架敌机在我高射炮的威胁下，在贵阳城上空边飞边投弹，大十字、中华南路、三山路、禹门路、金井街、光明路、盐行街、河西路、次南门、大南门等处，被日机的烧夷弹和小型爆炸弹百余枚炸中，炸毁和烧毁房屋1326栋及上海银行、金城银行等几十处均被烧毁，当天炸死的520人，受重伤的1526人。日机的狂轰滥炸给贵阳市的金融、文化带来了惨重的损失。数以万计的难民哭声震天，餐风露宿，无家可归，惨不忍睹。贵阳的消防根本不齐全，当天几乎把城里的水全部吸干，城里的河水又远，皮管子够不到，用人力一担一担地挑来，远水救不了近火，最后烧了一天一夜，消防队员为救火而牺牲的就有一百多人，市民死伤人数，实在二千人以上。”[1]

贵阳女中“七女”之死为什么没有记载？而“七女坟”碑文已经说明了处在贵阳忠烈街县学宫内的贵阳女子中学被轰炸中弹，有老师和学生钱明汉、沈培筑、陈馥椿、章小明、沈菊英、朱含仪、平青梅七人被炸死，死亡时间是“二十八年二月四日”，即“二·四轰炸”。“二·四轰炸”，是特定的贵阳被轰炸事件的名词术语，说明“七姊妹”发生死亡的地点是贵阳城而不是花溪，这七人正是当天“二·四轰炸”中贵阳被炸死的520人中遇难者之一。

三、省立贵阳女子中学从贵阳和扎佐疏散迁移花溪

“二·四轰炸”后，为了免遭日机再次轰炸，贵州省政府采取防空措施，要求市内市民及公私学校、机关，陆续疏散于郊外。贵州省政府第565次会议通过增辟城门6处。动员委员会亦通过拆宽市区53处街巷马路为防火巷，挖防空洞和利用天然山洞，组织防护队，进行消防、救护、管制等训练，若遇敌机空袭时，易于疏散和减少损失。贵阳女子中学再次被列为疏散单位。

贵州省档案馆馆藏贵阳女子中学档案资料记载：根据省教育厅1940年教字1137号训令，贵阳女子中学不迁清镇，改迁花溪花谷镇。5月的一天，校长刘恒把贵阳女子中学从扎佐迁到花溪区花溪镇石头村办学。

由于学生多，教室不够用，学校决定修整和扩建永久性校舍，租用石头村陈锡荣、陈光玉、王春山、陈光星、王德志、戴耀清、李春芳、李士兴、李映培等住户松坡处麦土荒地13块，周围共计461丈兴建校舍，每年租金127元9角。还租用石头村、杏花村（今大寨）、花谷路等地民房做贵阳女中临时宿舍。

四、省立贵阳女子中学从贵阳将“七姊妹坟”迁葬花溪

贵阳女中疏散迁校花溪石头村后，学校将“七姊妹”的灵柩从贵阳城运到美丽的花溪河畔，独立安葬为七座小坟在石头村松坡斜坡上。

为了搞清楚“七女坟”的来龙去脉，我于2016年1月6日，独自前往找寻。从七大队路口，由北往南向贵州大学南校区农学院松涛路走去，经外国语学校往南前行100多米，在校区西北爬坡处石园路路口，看见前面不远处有一块牌子上写有“萃苑”二字。来到石园路路口“萃苑”旁有一道长约10米，高三四米的白砖坊墙上

［1］《新华日报》报道。

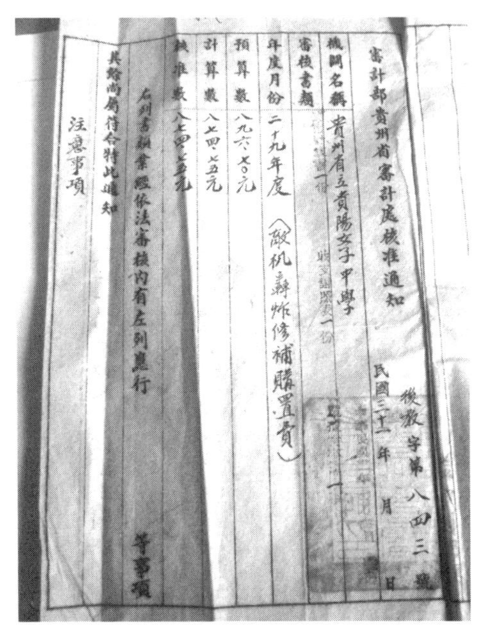
审计部贵州省审计处核准通知

机关名称 贵州省立贵阳女子中学

审核书类

年度月份 二十九年度（敌机轰炸修补购置费）

预算数 八九六·七〇元

计算数 八七四·七五元

核准数 八七四·七五元

右列书类业经依法审核内有左列应行

其余尚属符合特此通知

注意事项

民国三十一年 月 日

贵州省档案馆藏 M108-1-308 日机轰炸花溪校舍 （周天胜 摄）

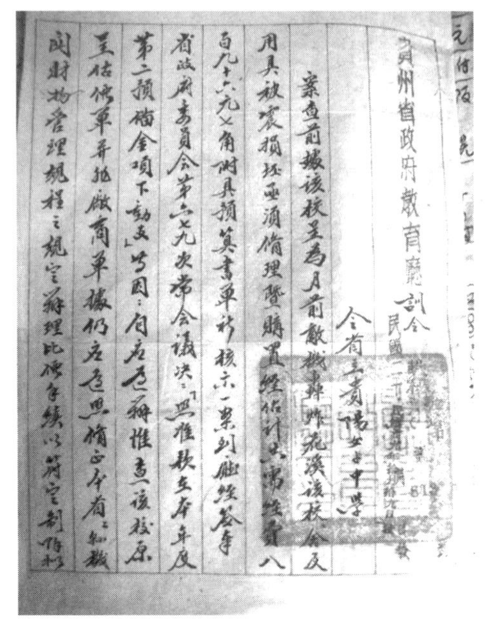
贵州省政府教育厅训令

令省立贵阳女子中学

贵州省档案馆藏炸毁屋舍报销计 874.75 元 （周天胜 摄）

清晰地写着“石园村”三个大字。砖墙牌坊后有长约 9 米，宽 5 米许的三角形不规则地坝。爬上 1 米石墙后，看见靠南有一座坐南向北、用砖砌成的长 9 米，高 1.2 米，宽约 3 米的一座长方形青砖大坟墓，墓前立有墓碑，四周栽有小树，墓地面积约 30 平方米，我在这里终于找到了“七女坟”。

只见墓前分别立有 7 块小石碑，每块碑高 60 厘米，宽 40 ~ 50 厘米，厚达 12 厘米，分别刻有碑文，大的字径约 12 厘米，小的也有 5 厘米。右边写籍贯，主碑文写姓名和身份，前三块墓碑写的籍贯都是江苏吴江人，分别阴刻柳体字主碑文为“钱明汉之墓、沈培筑之墓、沈门陈氏馥椿墓”；第四块墓碑是广东潮阳人，已结婚生子，“郭母章氏小明墓”，第五块至第七块都是浙江嘉善人的，分别是：“朱门沈氏菊英墓”“朱令仪之墓”“平青梅之墓”。右边是立碑时间，7 块墓碑阴刻柳体字全部一致：“二十八年二月四日”，即 1939 年 2 月 4 日，正是日本 18 架飞机大轰炸贵阳的日子，史称“二·四轰炸”。碑文和立碑时间说明了 7 个人都是女性，是当年在贵阳市忠烈街县学宫的贵阳女子中学的教师或学生在日机轰炸中被炸遇难的。听说那天日本飞机轰炸的时候，她们几个正在贵阳女中的操场坝打羽毛球，日本飞机丢下一颗炸弹爆炸，当场就把她们震死了，未说明谁是老师谁是学生。

据调查：原坟墓埋在斜坡上，墓地不平，各是各的小坟包。20 世纪 90 年代中期，约是 1996 年、1997 年修路，已将松坡斜坡挖成平地成公路，于是用砖把斜坡 7 座坟连包起来，形成一座大坟，坟前面则用石头砌 1 米高堡坎，用土填平，与墓地成平行状，7 座坟就成了一直线。

五、省立贵阳女子中学在花溪第二次被日机轰炸

贵州省档案馆档案记载：第一批建筑费 10 600 元，租定石头村村民土地建筑校舍，工程进展很快，至当年 7 月底，新建校舍四大栋 50 间拔地而起，即将竣工时，省立贵阳女子中学第二次惨遭日机轰炸。

那是 1940 年 7 月 29 日，日本 9 架飞机两次轰炸花溪。敌人企图轰炸驻在吉麟村的防空学校和驻在农学院的部队。防空部队对日机进行了炮击，因惧怕防校的高射炮，敌机不敢低空飞行，仓皇地在高空中胡乱投弹，一颗颗炸弹偏离了目标。

花溪区志书记载："上午九时许，日机 9 架分两批次投弹数枚，轰炸了贵阳县第五区公所花溪（花谷镇）。在镇的东面，日机投炸弹数枚：一枚落在清华中学操场，教室受损，多间教室屋面被敌机枪打坏。一枚落在花谷镇公所后的东北面，震倒房屋数间，至一老妇人死亡；一枚落在稻田里未爆炸；日本飞机用机关枪扫射在花溪镇至把火村山道上行走的马帮，打死驮马 2 匹。在镇的西北面，一枚炸弹落在麟山脚下西北侧出水处大水井旁，炸出一大深坑，炸裂一株皂角树。在镇的南面，一枚炸弹落在石头村松山，炸死幼女一人。"[1]

贵州省档案馆藏贵阳女子中学档案资料记载：1940 年 8 月 1 日，贵阳女中呈送报告一件给省教育厅，厅长欧元怀第 655 号指令，"民国二十九年（1940）八月二日，省立贵阳女中：本年 8 月 1 日呈 1 件——呈送被敌机轰炸震毁屋舍器物损毁表及预算草案祈核示由，量及附件物悉。经派。"指令还说："省立贵阳女子中学新修校舍房屋玻璃全部被震坏。""贵阳女中申报损失要求补助款为 896 元零 7 角。"经省教育厅当年 10 月 19 日第 813 号训令，省政府第 69 次常会审议同意报销。1941 年 5 月 5 日，再经省教育厅第 558 号训令和审计部贵州省审计处 1942 年 7 月 3 日核准通知、后教字第 843 号：贵阳女子中学二十九年度被敌机轰炸损毁屋舍、器物修补和购置物核准数共计 874.75 元。这些指令、训令和通知，证实了贵阳女中第二次被炸损失数量的事实，欣喜的是无人员伤亡。

1940 年"10 月 3 日，新建校舍四大栋 50 间即将竣工"。

[1]《贵阳市花溪区志》第五章《防空》第一节日机轰炸"七·二九轰炸"，第 259 页。

六、省立贵阳女子中学承受美国红十字会捐赠蓝布援助

1941年底，美国红十字会援华物资一批到达我省，蓝布63捆共计20吨，贵州省政府决定分配给所有被轰炸的学校和疏散迁移的学校，师生员工均有一份。

贵州省教育厅组成了承受美国红十字会蓝布分配委员会，由周贻春、刘崇德、欧元怀、何辑五、傅志仁、周达时组成并任委员。

贵州省教育厅制定了《贵州省教育厅承受美国红十字会蓝布发放办法》[1]。第一条“贵州省政府教育厅（以下简称本厅）承受美国红十字会蓝布之发放，悉依本办法办理之”。第二条明确了发放的范围。第四条前设省会区内政府命令疏散而迁移之公私立中等学校……

《办法》第十一条规定了教职员工役及学生所领蓝布的缝制使用不同服式：初中初职男生缝制童军服装，高中学校男生缝制军训服装，女教职员及高初中师范学校女生缝制旗袍，男教职员缝制中山装，工役缝制工服。

根据《办法》规定，疏散到贵筑县郊区和被日机轰炸受影响的各级学校的教职员工役及学生，可受领美国蓝布。贵筑县各学校发放蓝布时，由张督学督办。

据贵州省档案馆全宗号M108，目录1，案卷起止号98页、152页档案记载，迁校至花溪石头村的贵阳女子中学，属于疏散对象，师生员工役每人可领取一份美国援助的蓝布，制作统一服装。档案记载：

“三十年（1941）十一月十一日，省政府训令：美国红十字会捐赠本省蓝布20吨，由教育厅负责发放省内公立小学作制服用。”贵州省妇女工作委员会主任委员吴陈适云指令说：中国救济部来函说“美国红十字会捐赠蓝布，专以协济‘因战争而遭难之人民，解决遭难家庭之急需，尤以被炸者为最，嘱妥为分配’”。

1941年12月28日，贵州省教育厅发出1777号训令：“通知各校去领取蓝布，在短期内全部发完。”

按规定：贵阳女子中学男教师、男工役每人领取1.45丈布、女教师、女学生每人领取9市尺布。

档案记载：1941年12月，省教育厅1808号训令：“花溪派私立清华中学校长唐宝鑫前往花溪石头村贵阳女子中学监发蓝布。承领美国红十字会捐赠蓝布衣料的师生员工役人数分别如下：

[1] 贵州省档案馆藏贵阳女子中学档案资料。

“教职员35人。初一学生58人、初二85人、初三63人、高一64人、高二56人、高三60人，学生共390人，合计436人。女生390人，每人领9市尺，共计3510尺。男教职工役35人，每人领1丈4尺5寸，共计435市尺。女教职员16人，每人领9市尺，共计144尺，总计4089市尺。”贵阳女子中学在唐宝鑫监发下，发放完美国红十字会捐赠的蓝布，还余14丈4尺，由监发人唐宝鑫签字，暂由校长朱厚锟保管。1942年3月11日，贵州省政府教育厅和贵州保育分会发放完了美国红十字会捐赠的蓝布。1945年9月2日，日本无条件投降，中国人民通过十四年抗日战争终于取得胜利。省立贵阳女子中学准备迁回贵阳（今贵阳二中），须搬迁经费300万元，正好遇贵州大学决定征用贵阳女子中学校舍，10月1日和24日，贵州大学拨款300万元补助贵阳女中，校长张廷休和新任薛吉萃带领贵阳女中全校师生从花溪石头村回到贵阳本校。人们习惯上称呼的“七女坟”或“七姊妹坟”，就永远地留在了花溪石头村，今贵州大学南区农学院西北大门石园村路口。听说每年还来人祭奠“七姊妹坟”。

大量抗战史实史料证明，日本侵略中国，给中国人民带来深重灾难，贵阳女中两次被轰炸，只是小小的例子，但是日寇给贵阳女子中学带来了毁灭性的打击，给学生和家庭造成了重大损失和伤害，我们应该名正言顺地将它写进校史，用来教育后人，教育学生，不忘战争给人们带来的灾难，反对侵略战争，营造和平环境。同时，我们应教育国民，不要忘记其他国家及友人的帮助。美国在二战中向中国派出了美国空军和援助了大量物资，帮助了中国人民的抗日战争，直至抗战胜利，这一时期中美人民结下的深厚友谊，中国人民应永远记住这段历史。

贵阳各团体·地下革命活动聚金筑花溪·青岩·烽火中救亡图存（上篇）

（1931 年 9 月 18 日—1945 年 9 月 2 日）

1931 年 9 月 18 日，日本侵略者犯我中华，随即侵占东三省。“九·一八”那悲惨的歌声，传到了贵阳山城，震惊了贵阳人民。1937 年 7 月，贵阳的中共地下党组织、各阶层民众、贵州民先、贵阳中学、贵阳男子师范、贵阳女子中学学校等组成贵州学联，学联成员和各校青年学生纷纷走上街头游行示威、唤起民众起来打倒日本帝国主义、抵御外侮、抵制日货，中共地下党积极宣传抗日活动，贵阳涌现出了中共党员、中共地下党员秦天真、黄大陆、严金甡、李策、丁毅、邓止戈、八路军贵阳交通站站长袁超俊、达德学校的王若飞、青岩人贵阳男子师范的周树楹、青岩社教实验区的戴自俺、青岩的刘载铭、浙江大学的何友谅、沈自敏、潘传烈、赵梦环、胡玉堂、陈天宝、青岩保育院院长李坚白、朱涵珠等，他（她）们分散隐蔽在贵阳、花溪、青岩等地，有组织地领导抗日救亡运动，直至抗战胜利结束。

周树楹与贵州学联[1]

聂开诚

1931年，那难忘的“九一八”事变奏起的悲惨歌声——“我的家，在东北松花江上……”，传到了贵阳山城，惊醒了贵阳人民。记得一天早上，老师为我们讲述《最后的一课》后，全校学生整队出发上街游行，讨伐“田中奏折”，唤起民众，抵御外侮。接着贵阳各中、小学校师生，全都走出校门，宣传、演讲、焚烧日货，并高呼“打倒日本帝国主义”“打倒奸商”等口号，轰动了整个山城，在这游行的队伍里，贵阳达德学校有个学生显得特别积极，他就是周树楹。

周树楹平时爱好文学，喜读冰心、巴金、鲁迅、矛盾的著作，喜看《中学生》《生活周刊》上的文章，在校受进步老师蒋仲仁、刘方岳、赵毓祥等影响，特别是蒋仲仁先生将黄齐生先生所写的《王若飞传略》选为语文补充教材，这对周的思想意识有启发。当时正值“九一八”“一·二八”等事变，内忧外患，一度激起周的爱国热情，他毅然地参加了学校领导的抗日宣传活动，并在校刊上发表文章，号召学生起来关心民族存亡。1936年冬，周毕业于达德初中，当时由于达德高中停办，周乃随同其表弟去重庆就学。在重庆住表叔贾智钦家中。贾的意见是按他的一套方式以求个人进取，先是补习好功课，争取考上求精中学（教会学校），既而上大学，最后争取一个社会地位。长辈如此的关怀，并未能动摇周的忧国忧民之心。离乡背井，无依无靠，只好暂且留住贾家，思想万分苦恼。正当此时周结

[1] 收录作者聂开诚原文于1989年《贵阳党史资料》第5期第34页。

识了二位友人，一是宽仁医院的技工吕子云，另一个是异新银行的学徒兰俊义。大家年岁相当，情趣相投，交往也就甚笃。日久，周对去求精中学读书的愿望越来越淡，对贾家的生活方式越来越不习惯。同年秋天，周以接家信祖母生病为由，打算转回贵阳，得到吕、兰二友的鼓励和赞成，并为周介绍，与泸州的陈劲秋、成都的高再生、胡绩伟等作为书信朋友。在此以后的岁月中，彼此除在书信中帮助鼓励外，还经常交换一些对时局的看法和读书心得，并对相互所写的文章提出意见。

天长日久，在这些不平常的交往中，竟使得周树楹与“贵州学联”结下了不解之缘。事情是这样的：1937年初春的一天，有北平“学联”和“民先”的一位代表叫杨蕴青的，要到贵州来开展工作。杨持胡绩伟的介绍信，真是喜出望外，而杨又详述来意和打算，情投意合，周即引去找当时中共贵州地下党的领导李策同志。弄清情况之后，不数日，李策同志指定由周出面，在李策同志的直接领导下，与凌毓俊、丁毅组成一个小组，筹组“贵州学联”。每周在丁毅家里聚会一次，并同成都、武汉、北平学联保持联系，经常学习文件和研究学联有关的工作问题，并在此期间发展进步学生加入学联。不久，周便被个别吸收加入了中共地下组织，紧随着周还介绍我和唐树楷入党。大约就在这年的7月，“贵州学联”就正式成立了，当时贵阳各中学还派出代表参加。卢沟桥事件爆发，形势对学联开展工作更加有利，党因势利导，积极发展学联组织，在各中学建立起学联小组。记得当时在男师的学联小组成员有周树楹、朱世芬、李德邦、王栻、唐树楷、聂开诚、勾荣燊、卓哲民、林茂煜、李儒云、黄世宗等，贵阳高中有陶信镛、李登云、邱纯和、乐恭彦、饶元祚、钟林等，贵阳中学有于蕴、李进忠、方为策等，贵阳女中有聂奇慧、高旭、米瑞珍等，女师有黄奇鑫等。以后，黄大陆同志为了进一步加强对学联的具体领导，9月间将周树楹、李德邦、乐恭彦三人组成了一个党小组，经常进行帮助教育以推动工作。同年10月，“贵州学联”为了争取公开活动，在各校同时散发学联《告贵州同学书》，提出了扩大和巩固抗日民族统一战线的口号，在学生中引起了极大的反响。当时在贵阳，以国民党贵州省党部书记长叛徒陈惕庐为首的一小撮反动派大为震怒。陈亲自跑到号称赤色大本营的贵阳男师去训话，污蔑学生是破坏后方秩序，是为野心家所利用等。除此，陈常指使一小撮反动学生对我们大打出手。“学联”成为他们的眼中钉、肉中刺，必欲置学联于死地而后快。学联成员成为他们寻衅打击的对象，当然周树楹也就是他们迫害的主要对象了。

反动派的污蔑、恐吓、打击和迫害，并没有吓倒党领导下的革命青年学生。1937年冬，贵州省教育厅主办由各校校长领队的寒假宣传工作，各校的学联成员积极参加，成为宣传队的骨干力量。男师的宣传地点是在贵阳城北的沙子哨和扎佐两镇。在那里，我们演《放下你的鞭子》等剧，并出壁报、进行化装讲演活动。夜间，周树楹和王栻、李德邦还秘密地向群众家里或交通要口处散发党的救国纲领和传递八路军在平型关打胜仗的消息。其他各校学联学生也都积极地投入此次宣传活动，把寒假宣传活动搞得轰轰烈烈，有声有色。与此相反，在国民党贵州省党部所控制下的中学生救国团的宣传工作却办得冷冷清清。1938年2月，国民党省党部召集各校寒假工作团开会。这时，各校学联成员以学生自治会代表的资格前去参加（男师出席的是李德邦、王栻，高中出席的是饶元祚、邱存和，贵中出席的是于蕴、方为策，女中出席的是聂奇慧）。不料反动派早已布下杀机。

2月19日下午，贵阳民教馆广场上，大家正忙于布置戏台，突然学联成员于蕴等同学遭到毒打，并当场将于蕴、李德邦、王栻、聂奇慧和方为策绑住，押送到贵阳警备司令部。同日，周树楹也在青岩被捕，于21日押解到贵阳警备司令部。由于群众的义愤，舆论的压力以及党从多方面的营救，除王栻外，周树楹等六位同学得到释放。周出狱后，秦天真同志找去谈话，进行党员登记并允许重新分配工作，继续过组织生活。4月，周将“二·一九”学联事件写成通讯稿请组织带去刊登在武汉出版的学联机关刊物《战时青年》上。

同月，组织决定周和李德邦、黄慧珠、凌毓俊、李良康等与由延安随黄齐生先生回贵阳的张益姗成立“中华民族解放先锋队贵阳总队部”，张任总队长，周和黄负责组织。由于张益姗同志对贵阳敌情估计不足，又硬搬根据地的一套方式方法，在白区贵阳开展工作，致使“民先”的工作开展更加困难。当时在党内及群众间均有争议和分歧意见。（记得当时我还在男师支部办的一份油印小册子上写了一篇《论公开与秘密》的文章）6月，周因即将参加毕业会考，曾将“民先”工作以及学校、家庭的情况，向秦天真同志做了详细汇报，秦批准周离开“民先”，待毕业会考后秘密离开贵阳去延安。7 月，周离开贵阳，持邓止戈同志介绍信，在重庆住机房街我党办事处。由于旅途劳累，气候炎热，疝气病发，经诊治暂时稳住病势发展。办事处同志不主张周马上经武汉去延安，要其先到成都友人处住一段时间再说，周仍折返贵阳向组织汇报。经邓同意，8 月周与勾荣燊同行离筑去蓉。自此以后，周一直在我地下党组织的领导下，转战在成都、重庆和上海，解放后调到北京工作。

十年动乱，周树楹被迫害，不幸逝世。1978 年得到平反昭雪。

革命的历史，人民是不会忘记的。十年动乱，野心家们无非是想歪曲和磨灭他的这段历史，以达到其不可告人的丑恶目的。值此党的十三大召开之际，思念战友，心潮起伏，反复追忆，多方考虑，记下此文。虽嫌点滴零碎，但作为史记，不无小补，也算是我对挚友的一份奠仪。安息吧！小秋同志，战友们都思念您！

1978 年，周树楹得到平反昭雪，补开了追悼会，骨灰被送进八宝山革命公墓。

【编者按】作者聂开诚和周树楹是战友（周树楹后来改名周文耕），十分了解青岩人周树楹早年参加中共地下党，任男子师范学校支部书记和在贵州学联进行革命活动的情况。“文革”十年动乱时期，周树楹被迫害，不幸逝世。打倒“四人帮”后，1978 年，党为周树楹平反昭雪，召开追悼会，骨灰进入八宝山革命公墓。聂开诚思念战友，写了这篇追忆，是青岩难得的宝贵史料。因此，将《周树楹与贵州学联》一文收录入本书。

贵州省立青岩社会教育实验区暂行规程

第一条 本省为实验推行民众教育及义务教育之有效方法起见，特在贵阳县属青岩地方设立贵州省立青岩社会教育实验区。以下简称本实验区。

第二条 本实验区设主任一人，由省政府遴选合格人员任命之，总理区内一切实验工作及行政事项。

第三条 本实验区分设后列各股：

一、社会调查股：掌理人口、学龄儿童、社会经济、农工商业状况、教育程度、风俗习惯之各种调查，及其他关于社会调查等事项。

二、学校教育股：掌理短期小学、民众学校、民众夜校、补习学校、改良私塾之筹设与督导，及其他关于学校教育等事项。

三、生计教育股：掌理提倡造林，改良农作，防止害虫，指导职业组织，各种合作社，及其他关于生计教育等事项。

四、健康教育股：掌理提倡体育组织，卫生宣传队厉行清洁运动。筹设诊疗所，劝诫不良嗜好，及其他关于卫生教育等事项。

五、公民教育股：掌理公民训练，公民活动之指导，公民茶园，书报室巡回文库，及巡回教学区之筹设，休闲娱乐之提倡，各种家庭会之组织，及其他关于公民教育等事项。

第四条 本实验区所设各股，各股股长一人，商承实验区主任分办各该股事项。

第五条 各股股长：由省政府就所列人员分别委派、兼任，不另支薪。（人员如下）

一、本实验区主任。二、贵阳县第四区区长。三、省立青岩乡村师范学校教导主任。

四、省立青岩乡村师范学校农场主任。五、省立乡村师范学校体育教员。

第六条 本实验区设干事一人，由实验区主任遴选合格人员，呈请省政府委任，助理各股应办事项。

第七条 本实验区于必要时，由实验区主任商同省立青岩乡村师范学校校长调选该校高级学生分派各股服务。

第八条 本实验区设置设计委员会，掌理本实验区一切设计事项。

第九条 设计委员会委员九人，除实验区主任及各股股长为当然委员外，由省政府就所列各款资格人员中酌聘之。

一、省立乡村师范学校校长。

二、具有教育专门学识，或于教育行政富有经验者。

三、本实验区内负有相当声望，且于教育素质具热忱者。

第十条 设计委员会，以实验区主任为主任委员，开会时为主席。主任委员因故缺席时，应指定其他委员一人代理主席。

第十一条 设计委员会，每月开会一次，由主任委员定期召集之，必要时得开临时会。

第十二条 设计委员会议决案件，须送由实验区主任呈请省政府核定后，始得执行。

第十三条 设计委员会委员，均为无给职，必要时待酌给伕马费。

第十四条 本实验区办事细则另订之。

第十五条 本规程若有未尽事宜，由省政府委员会常务会议议决修正之。

第十六条 本规程经省政府委员会常务会议议决通过后公布施行，并咨请教育部备案。

社会教育实验区在青岩[1]

汪汝衡

1936年初，青岩有所推动社会教育的机构，因其设在青岩镇，故冠之以青岩之“称谓”。实际上它的全称叫“贵州省立青岩社会教育实验区”，是贵州省教育厅出钱创设的。人们习惯上都只叫它“社教实验区”。以下简称实验区。

实验区设在青岩镇文昌阁大客厅，并借用赵公专祠部分余屋作为实验区办公场所。

实验区设有主任一人，主持实验区的社会教育规划和领导督导工作。主任之下有总干事一人，干事若干人，分别掌管文书、会计、庶务和社教业务。

1936年至1940年，实验区的主任宋怀中，贵定县平伐羊场的人，南京金陵大学园林系本科毕业。他曾受教于人民教育家陶行知先生门下，受陶先生“生活即教育，社会即学校，奉万物为宗师”的教育理论思想的熏陶。当时和他在一起工作的汪汝衡、戴自俺，也都曾直接间接受教于陶先生，并分别毕业于湘湖和晓庄师范。他们共同致力于乡村教育的实验和改革。在这一段时间里，参加实验区工作的成员先后还有：李幼璋、张敏学、杨国武、钟在祥、俞景玉、龚琼仙、饶健斌、张培锦、田树藩、方敦明、李藏珍、刘幻云、丁一志、黄明方、莫莹、艾玉成、金恒娟、黄重德、赵杰等。

[1] 收录作者汪汝衡原文于政协贵阳市和花溪区文史委合编1993.11《贵阳文史资料选辑》（文化古镇青岩专辑）第38辑153页。

实验区进行的社会教育有成年男女文盲补习教育，失学儿童识字教育，简易补习学校以及抗日宣传时事简报等。形式多样，因时因地因人而异，不拘一格。实验区所有成员都以陶先生的“捧着一颗心来，不带半根草去”，“以教人者教己，在劳力上劳心”的教育格言为宗旨，以“和马牛羊鸡犬豕做朋友，对稻粱菽麦黍稷下功夫”的精神，忘我地工作。在白天，顶烈日、冒风寒，走村串寨；在黑夜，提着气灯来往于乡间田间小道，宣传抗日道理，教成年男女和儿童识字、读书以及讲故事、唱歌、演戏等。这些活动，在当时当地的群众之中引起了深刻的反响。

他们辛勤耕耘，形成了一个以青岩镇为中心的广大实验片区。在青岩东西南北四门附近的苗族、布依族聚居的村寨：摆托、歪脚、大茨窝、竹林、高寨河等寨子里，设立了简易小学，儿童班和成年男女补习夜校。学习用的课本、笔墨纸张等，免费供给。后来又沿着贵青公路一线，把实验区的社会教育推广到桐木岭、石头寨、花阁老（现在的花溪镇）、大寨、董家堰、麦达、大水沟、竹林寨、团寨等地方。他们在工作中奉行着“会的教人，不会的跟人学，来者不拒，不来者送上门去”的信念，和群众结下深厚的感情，深得群众的好评和支持，转移了地方上的不良风气。如大水沟布依族群众，在实验区的网点推行到那里时，最初他们拒绝送儿童上学，说家穷无人看牛，没有钱交学费买书。实验区的教员上门串寨交朋友，摆家常，说明实验区办学不收学费，不要钱买书，写字课本、笔墨纸张都免费送给。群众先是怀疑，只送小男孩上学，女娃儿要留在家里看屋带弟妹，打猪草、做饭等，不让她们上学。实验区的教员耐心地等待。经过相当一段长的时间后，群众见实验区教员们的工作踏实，教学认真，作风正派，对孩子态度和善，学业用品不收费，说话算数。甚至他们的孩子生病了，也送医送药。群众由怀疑转而信任，不仅把女孩子送来上白日班学习，年龄大的孩子还要求上扫盲班夜校学习。听说实验区要设立成年男女夜校，群众自觉地让房屋作教室，抬桌子借板凳，不仅青年的女子要求上学，就是三四十岁年纪的妇女也来了。随着时间的推移，实验区的影响越趋深远，竹林寨的群众都感到读书识字的重要，要为他们的下一代奠定学习的基础，自觉地打沙砖，捐木料，群策群力，建筑了一栋约120平方米的砖木结构的平房校舍。现任乌当师范校长班天琪和花溪平桥中学任教员的班集铨，即当年实验区成年补习夜班的学生，后来改成了联立师范。现在花溪区内公社或企事业单位和学校里的干部、教师之中，也有不少是当年在实验区的儿童识字班简易学校或成年夜校班的学生。

当时青岩镇的教育文化水平是相当高的，近代曾经出了几位颇具名气的人物，也不乏知书达理之士。可就在这个地方，封建意识仍然根深蒂固。“女子无才便是德”被奉为信条。实验区在开设妇女教育补习班时，负责筹办该班的俞景玉老师，走家串门挨户找学生，动员家长让失学的女青年上学，得到的几乎是异口同声的回答：“姑娘年纪大了，碍口失羞的。”“串街走巷野的，别人见了不成样子。”“脑筋笨，读书没什么用，又没有女状元可考，枉费先生操心了。”结果只有三个女学生报名。俞老师就每天拿着课本给这三个学生挨户上门去教学。这样，不管天晴下雨，白天黑夜，每天教几个生字，日积月累，逐渐增多，天长日久，师生与家长之间建立了感情和友谊。他们感到老师天天上门教学辛苦了，还是让自己的女儿到老师那里上学好些。这样慢慢地一个看一个，都跟着来了。最初地方上有少数流氓习气的青少年到实验区成年妇女班教室门外故意打闹，后来甚至隐藏在背街暗巷等待妇女班学生放学时吓唬她们，或拦截戏谑学生。实验区一面组织学生集体放学由老师护送；一面调查吵闹滋事者，给予批评教育警告，并由滋事者家长出面保证。实验区妇女班的老师，仍然坚持每天按时接送学生集队来校和返家。原来作恶具保的几位青年，实验区的老师也动员他们进了补习班，有的后来还成为老师的得力助手。

实验区所用的教学课本，除选用当时贵阳商务印书馆出版的农民识字课本作为基础教材外，另外自选部分补充教材。根据学生的特点，实验区还着重选用了一些抗战歌曲，既作语文阅读材料讲解，又作唱歌教材教唱。如陶行知先生写的《锄头舞歌》《镰刀歌》，以及生活上有关的《青菜歌》《农事忙、互相帮》和当时流行的抗日救亡爱国歌曲，如《大刀进行曲》《流亡曲》《打倒小东洋》《打回老家去》《牺牲已到最后关头》《打倒小日本》《打夯歌》《大路歌》《渔光曲》等。既激发学生和群众的爱国主义思想，又加深了对日本帝国主义的仇恨，增强学生对祖国的热爱。

时事简报大家看。实验区订有一些报纸和书刊，陈列出来供群众阅览。每天摘录日报重要时事新闻和采访地方上发生的具有教育启发意义的新闻，用通俗语言简编为故事，用毛笔书写，张贴在场坝中心的报栏架上，每日一版，少则毛边纸写两大张，多则日出四大张。

实验区还进行一些临时性而富有教育意义的活动。

1.为八路军办事处租房子接待亲人。1939 年 2 月 4 日，贵阳遭到日本飞机轰炸，大十字精华所在成为一片废墟。省政当局紧急下令机关学校和群众疏散。驻贵阳八路军办事处交通站长袁超俊同志赶来青岩，委托实验区租佃民房。由于实验区平时与地方群众建立了相当的情谊，工作上深得群众的支持，就在超俊同志赶来青岩的当天，租下背街大地塘赵伯川先生名下四合大院的厢房，接待了八路军办事处的亲人。其中有周恩来总理的老父亲，邓颖超主席的母亲和李克农同志的老人和亲属 20 多人。他们在青岩住了一年多的时间才离开。在他们居住青岩的这段时间，老人们经常到实验区看报、下棋，还为邻居群众送药治疗烫伤等疾患。他们同实验区的同人和住地邻居群众结下深厚的感情。当他们行将离开青岩赴渝那天，大家围绕着汽车，依依不舍地道别。

2.青岩赵公专祠的侧面有一大客厅，是赵氏家族用于召开宗族会议的场所。客厅可容 200 余人集会。实验区借用之后，改为会场，聘请贵阳讲评书的艺人田树藩为干事，举办说书故事会。另外还举办敬老会，设立民众问事处、代笔处。逢年过节和遇有群众的婚丧嫁娶等红白喜事，实验区总是借机参与其中，参预其事。名为帮忙，实则就在中间进行移风易俗和抗日宣传及风气改革活动。在大客厅右侧的文昌阁，面临青岩场坝中心，可容万人集会。实验区利用文昌阁改装成为宣传表演用的戏剧舞台，装置活动门窗，平时做实验区儿童补习班教室，遇有宣传演出等活动，则将门窗拆下，即成表演戏台。实验区依据一些纪念节日，结合时事编选故事，作抗日宣传演出。如：“放下你的鞭子”“兄妹开荒”“送郎当兵打日本”“鸦片鬼”等街头剧。此项活动不仅在青岩场坝举行，还组织了在实验区夜校班学习的苗族、布依族的学生到贵阳市区和定番城区做了演出。少数民族的木叶吹奏，芦笙歌舞等进到大城市，登上了市区民众教育馆（今贵阳人民剧场）的舞台，实为实验区大胆的尝试。这在 40 多年前，确实是别开生面的创举。这样做，当时在国民党蒋家王朝的“不抵抗主义”和“抗日宣传有罪”的白色恐怖统治下是很冒风险的，但好在实验区是打着

“官办”的招牌，也就遮遮掩掩混过了官僚们的耳目，幸运平安地闯过了冒险的难关。

1943 年，宋怀中离职任贵阳民众教育馆馆长，由钟在祥、张敏学、齐国屏等继任了一段时间的主任。1943 年省教育厅指令实验区迁往台江(编者注：未迁台江，1944 年 9 月 8 日，省政府第 1078 号决议，迁往铜仁，改为民众教育馆）。青岩社教实验区的事业也就此告终了。“捧着一颗心来，不带半根草去。”“教人者教己，在劳力上劳心。”“来者不拒，不来者送上门去。”“和马牛羊鸡犬豕做朋友，对稻梁菽麦黍稷下功夫。”

这些美好的格言，是实验区办学的旨趣，也是鞭策实验区工作人员的准则。同时也是青岩群众对实验区的赞许，实验区的事迹，至今还留在青岩部分人们的记忆中。

【编者按】“青岩社会教育实验区”，全称是“贵州省立青岩社会教育实验区”，它是贵州省教育厅在战时为了提高全民族素质、对广大民众所采取的临时性义务教育扫盲措施。汪汝衡当时是“青岩社会教育实验区”的教导主任，亲自领导了社教实验区的教学活动，因此对社教实验区的教育活动了如指掌。1943 年后，汪汝衡从青岩调到贵阳民众教育馆工作，解放后任贵筑县教育科科长。本书收录作者汪汝衡原文于政协贵阳市文史委和花溪区政协文史委于 1993 年 11 月合编的《贵阳文史资料选辑》（文化古镇青岩专辑）第 38 辑 153 页。

青岩社教区创办的一所民众学校[1]

李兴才

青岩社会教育实验区民众学校，是在日本帝国主义发动卢沟桥事变的前夕建立起来的。在大敌当前，国家民族处于危急的时刻，国家兴亡，匹夫有责，必须唤醒全国各族民众团结起来，一致抵抗日本帝国主义侵略者。民众学校就是在这样的历史背景下，于 1936 年初正式建校。

1936年初，以宋怀中为领导的几位老师来到青岩创办社会教育实验区。他们取得了地方政府和地方父老的支持，落实了校舍地址。接着他们下到各村寨发动民众，宣传办社会实验区的重要目的意义和教学的内容。那时候穷人读不起书，而去实验区读书的学生不交学费，书由校方发给，对此民众很高兴，以宋怀中为首的几个创办人，也受到地方政府和地方父老们的称赞。宋怀中：男，贵定县平伐羊场人，曾到南京金陵大学攻读园艺专科，对办学有能力，办事公正，赢得了地方父老的同情与支持。他除任实验区主任外，还兼任原贵阳县青岩区的名誉区长。黄明方老师，雷山县人，身高大，相貌威严，他主要教体育课和培训区队，还兼任青岩区政府的名誉区队长，其他几位老师有李幼璋、杜继昆（贵阳人）、艾实田（四川人）、莫莹（河南人）、信梅村等。

在很短的时间内，他们就发展了学员近百人。首先开设三个班级，一个妇女班，两个成人班，校舍地址就在现青岩税务所的楼上和老派出所大

[1] 收录作者李兴才原文于政协贵阳市和花溪区文史委合编 1993.11《贵阳文史资料选辑》（文化古镇青岩专辑）第 38 辑 159 页。

客厅内。开学后，又经过两个月的宣传活动，利用学员发动群众，很快就发展到了200多人。学员中大多数来自农村，其中少数民族学员就占百分之七十以上。青岩东面地区的学员，来自高寨河、蓝花关、弓腰、羊昌沟，南面地区来自塘上、坡背后、大刺窝，西面地区来自坝子头、栗木山和野狗寨，北面地区来自下寨山、竹城头、营上坡。城内学员主要是贫民小贩的子女，也有个别富贵人家和有点声望人家的子女，如曾经任过县长的刘介忱的女儿刘文芬，曾担任过县长的张镜明的女儿张守如和职员子女田念青等。

随着学员的增多，老师也增加到10人。校舍不够用，就借赵公专祠作校舍，聘请青岩场坝张培锦、石板哨张沛霖和青岩蒙贡布依族班世昌及孟关谷仲苗族唐继刚等先生任教，另外还有贵阳来的罗德民、朱小兰、龚琼仙先生和汪督学（汝衡）的爱人俞景玉女士等。那时候我们学员不知汪汝衡任什么职务，只见他经常与青岩社教区有来往，故只好叫他汪督学。我记得学校大门口挂有一块“青岩社会教育实验区民众学校”的牌子，两边有宋怀中书写的对联，上联为“捧着一颗心来”，下联为“不带半根草去”。当时许多妇女和部分男同志怕出校门，本来适宜读书的，因此不敢来，学校便决定到各村寨去办夜校，由公办教师负责上课。分别到了歪脚、弓腰、新哨、下寨山、羊昌沟等寨上夜课，用打气灯照明。学校又发动一部分学员办“自懂学校”，由有一定文化程度的学员上课，用菜油、煤油点三角灯照明。自懂学校的筹办和教师，我是其中之一。

在社教实验区学习的内容分三个部分，此外是教员做好事，讲卫生等。第一部分内容是“唤醒民众”，帮助学员提高认识，明白自己所处地位，努力搞好生产支持前方抗日。课文如，“大村小村，大村人多，小村人少，村村都有种田人”，“小小东西、小小东西，白肉黄衣，生在田里，住到仓里，人人少不了你”。强调种田和搞其他农业生产都离不开农民。第二部分内容讲的是破除封建迷信。课文如：“一个客人走远道，半饱饥渴心烦躁，看见有树结红枣，果儿又多树有梢，心想摘来吃个饱，又怕主人来捉到。留一串铜钱挂树梢，主人一见哈哈笑，便是树老成神道，一人传十，十传百，惊动四乡人多少，男女老幼都来到，烧香磕头应酬早。后来客人路过此，追得新闻哈哈笑。”课文讽刺取笑了封建迷信者。第三部分内容讲抵制日本洋货。课文如："布、棉布和夏布，便宜又坚固，多种棉和麻，可以多织布。"通过短暂的学习，许多学员明白了不少道理，也明白了自身所处地位，渴望学习新的知识。

那个时间不敢公开宣扬共产党，也不敢讲国民党，如果偷看进步书籍，随时都会遇到麻烦。记得我们所读的书中有篇课文叫"黄兴还旗"。内中大意说，黄兴号克强，湖南长沙人，是一位勇敢的革命党人。说的是有一天，革命军队在作战时打败对方，夺得旌旗和战马。黄兴知道后，原来旌旗和战马是他友人郭某的。黄兴主动退还旌旗和战马，其目的是瓦解敌人内部，争取友人率部到民众方面来。

直到"七七事变"后，国共两党联合抗日时，才有部分进步书传到我们学校。如关于黄花岗七十二烈士和枪杀工人顾正红等书籍。在抗日时期，学校的活动更加积极起来，例如校方组织学员去贵阳参观了贵阳师范学校、达德学校和女中等。记得当时省教育厅长张志韩积极支持学生这一活动。我们在贵阳听说日本人快要打到武汉，随后学员们又回到青岩来宣传，教我们学员唱歌。教的歌曲是"保卫武汉"和"万里长城"（长城谣），"九·一八"小调等。"九一八"小调的歌词是："'九一八'"，血痕尚未干；东四省，山河尚未还。海可枯，石可烂，国耻一日未雪，国民责任未完。"

当时在贵阳活动的学员在大十字、铜像台等地，用稻草扎成人形，高喊打倒日本帝国主义，打倒汉奸汪精卫。日本人侵略到武汉后，青岩实验区就组织一个有50多个师生的宣传团，叫"民众抗敌宣传团"。排演了话剧、歌曲等。话剧团名"打东洋"，主要内容描写日本侵略东北三省后，东北人民背井离乡到处逃亡的悲惨景象，主要演唱"九一八"小调和"松花江上"。说的是一个姑娘拉着一个年迈老人逃亡，被日本兵和伪军追赶情形。我是这个话剧中的主要演员之一，魏少山扮老人，田念九、吴开风扮日本兵，王正明、王正祥扮伪军。我们在贵阳宣传演出10天，地址是旧"民众教育馆"，每晚600个座位座无虚席，票价每张一元，然后我们又下到定番，宣传演出六天。除每天每人伙食费四角外，结余全部支持前方抗战。

在贵阳、定番宣传10多天期间，由于我们在表演和唱歌方面都表达了人民的心愿，反映了东北人民背井离乡景象，使得场内不少观众流下泪水，激发起群众和学生的抗日热情。到处都有学生和市民自行起来游行，高呼“打倒汉奸卖国贼汪精卫”“把日本帝国主义赶出中国去”等口号。

青岩社教区从1936年末至1944年底共九年的时间。由于当时国民党内部争权夺利，例如在青岩的国民党党部书记刘希文处处给宋怀中为难，加上国民党清查地下党员的活动日益猖獗，把看进步书籍的人列为重点“嫌疑”对象，如仓库主任刘贵新，被说成与地下党有联系被监视，致使他忧郁而死，其子刘载铭确系地下党员，被逮走。后来据刘家的仓丁德章说，刘主任不是地下党，他儿子才是地下党员。还有，车保初的儿子偷看一本进步书就被怀疑。国民党在青岩这样整来整去，使得社教实验区的教学难以维持下去，慢慢就涣散下来了，老师们各逃他方谋生。后来听说有的是进步人士，如宋怀中、黄明方等。也有个别参加国民党中统特务的，如石板哨的张沛霖。

【编者按】二十世纪30年代中期，为了提高各民族人口素质，开展义务教育教学活动。由贵州省教育厅在青岩创办了义务教育社教实验区教育机构和民众学校。李兴才是民众学校学生，曾装扮抗日话剧演员到贵阳、惠水等地参加抗日宣传演出。因此，在回忆文中详细叙述了青岩社会教育实验区青岩民众学校的办学活动。收录作者李兴才原文于政协贵阳市文史委和花溪区文史委于1993年11月合编的《贵阳文史资料选辑》（文化古镇青岩专辑）第38辑159页。

“贵州省立青岩社会教育实验区”始末

1936年，贵州省教育厅为推动社会教育，提高民族素质，在青岩建立了“贵州省立青岩社会教育实验区”机构。社教实验区以青岩为中心，在青岩文昌阁开办了“民众学校”。社教实验区以宋怀中、戴自俺、汪汝衡、饶建斌等进步人士为主体。先后在摆托、歪脚、弓腰、大茨窝、新哨、竹林湾、高寨河、羊昌沟等村寨设立简易小学和儿童成年男女补习学校，社教实验区是我省早期的义务教育。教育实行战时“文武合一，政教合一，建教合一”的“三合政策”，旨在促进民生发展。

“民国二十五年（1936）一月，‘贵州省立青岩社会教育实验区’在青岩文昌阁成立。社教实验区设主任1人，职员11人，主要活动项目是办理有关教育实验事项。组织概况为：设总务组、教导组、生计组、研究辅导组等，全年教育经费45108元（文献：三十二年度统计。三十年度为10人）。”

宋怀中，1936年时，年21岁，贵定平伐羊场人，南京金陵大学、陶行知东南大学毕业，他直接受教于人民教育家陶行知先生门下，接受陶行知“生活即教育，社会即学校，奉万物为宗师”的教育思想，他担任青岩社会教育实验区主任兼总务主任，属于当时的进步人士，因此，陶行知提倡的生活教育主张得以在实验区广泛开展。1943年调任贵阳民众教育馆馆长。汪汝衡，时年21岁，贵阳人，毕业于陶行知创办的浙江湘湖师范学校，任青岩社会教育实验区教导主任。1943年调贵阳民众教育馆任教导主任，是生活教育的忠实传播者，后任贵阳县政府第三科科长。饶建斌，贵阳中学毕业，任青岩实验区干事，1943 年调贵阳民众教育馆任干事。另一个关键人物戴自俺，他是北平地下党，因组织暴露转移至青岩，与组织失去联系，仍继续做地下工作。

实验区教员打着孙中山先生的“三民主义”旗号，奉行陶行知先生的“捧着一颗心来，不带半根草去”，“以教人者教己，在劳力上劳心”的教育思想。本着“来者不拒，不来者送上门去”的教育服务态度，实现“扫除文盲，提高民众文化，激发民众的爱国主义热情，以抗击日寇”为目的。

“民众学校”开设破除封建迷信教育，男女文盲补习教育、失学儿童识字教育、简易补习教育、抗日时事宣传教育、话剧宣传教育等，形式多样，因时因地因人而异，不拘一格。课程采用“农民识字课本”，以识字，破除迷信，发动群众抵制日货，宣传抗日救国道理，揭露日本帝国主义发动“九一八”事变的侵华事实，宣传我国军民抗敌等为主要内容。

青岩当时虽然文化底蕴丰厚，但乡村文化水平却相当落后。特别是少数民族地区，文盲到处皆是，加上国民党的文化控制和根深蒂固的封建意识的影响，要在青岩进行社会教育实验，困难是很大的。起初，那些被封建思想熏陶够了的遗老遗少，对教员的宣传极力阻挠，成人不准上夜校，小孩不让入学，妇女更不准抛头露面。在这种情况下，教员们只能是：白天顶着炎炎烈日，迎风冒雨，走村串寨，进行说服动员；晚上，提着马灯往来于乡间小道和村寨，宣传抗日救亡道理，或干脆就在村寨就地教学。他们教成年男女和儿童读书写字，采取和农民谈心、交朋友、唱歌、演戏等方式接近群众，并为有病的孩子看病，送医送药上门，对他们一律实行免费教育，想方设法激发各族群众的求知欲望。在教员们的努力下，一些家长摒弃封建陋习，鼓励女孩和妇女们走进课堂学习，主动带领孩子到白日班读书。

青岩地区的妇女，受封建礼教毒害较深，“女子无才便是德”的封建伦理道德观念紧紧地束缚着她们。青年女子入学学习，十家就有九家不愿意。妇女文盲补习班刚开办时，只有三个女子入学。面对这种情况，俞景玉老师等走家串户，动员女青年上学。不管白天黑夜，天晴下雨，她们挨户上门去动员，她们的这种精神感动了这些农家，不少人不再阻挠女孩子到妇女班学习。女子要求上学的人越来越多，连三四十岁的妇女也来参加学习。

识字教学，插入反封建迷信和抗日时事的教育内容。学生的思想认识和反封建迷信意识得到提高。处在青岩中心的民众学校中的大多数学生，在黄明方教员的带领下，学生们拥进“寿佛寺”，用刀砍毁了庙内的“马王菩萨”。当时，厕所里也时常可见到被毁的菩萨的残骸。这种反封建迷信的行动，冲击了青岩根深蒂固的封建文化，教育了青岩民众。

以青岩镇文昌阁为中心的“社会教育实验区”，包括桐木岭、石头寨、花仡佬（今花溪镇）、花溪大寨、吉麟寨、董家堰、麦达、大水沟、竹林寨、团寨等地。群众积极拥护，支持这种普及。他们让房屋作教室，抬桌子借板凳作课桌，尽量满足教学需要。竹林寨的群众还自己打砖坯，捐木料修建一幢校舍供教学用，使教员们大受鼓舞。“社会教育实验区”，为青岩和花溪扫除文盲，提高民族文化和激发民族自信心，鼓励人民大众投身抗日，做出了贡献。

“社会教育实验区”除规定的农民识字课本外，还巧妙地选用了有关抗日的补充教材。他们选用的抗战歌曲，既作语文阅读材料讲解，又作唱歌教材教唱。如陶行知先生的《锄头舞歌》《镰刀歌》《青菜歌》等，抗日救亡歌曲有：《大刀进行曲》《流亡曲》《打倒小东洋》《牺牲已到最后关头》《打倒小日本》《打夯歌》《大路歌》《渔光曲》《保卫武汉》《长城谣》《九一八小调》等。学生和民众通过读书识字，加深了对日本侵略者的仇恨，他们的爱国主义感情得到了激发。日本鬼子侵占武汉后，实验区组织了一个由50多个师生组成的“民众抗敌宣传团”，排演了话剧、歌舞，结合时事选编了抗日故事宣传演出。师生利用赶场天，在青岩场坝演出了“放下你的鞭子”“兄妹开荒”“送郎当兵打日本”“鸦片鬼”等街头剧。剧团还到贵阳铜像台、大十字等地宣传演出。人们用稻草扎成人形，高喊“打倒日本帝国主义”“打倒汉奸汪精卫”等口号，产生了一定影响。李兴才等人演的话剧《打东洋》曾轰动筑城。《打东洋》描写的是日本人侵占东三省后，东北人民背井离乡，到处流浪的悲惨景象。该戏由实验区夜校的苗族、布依族学生担任主角。在青岩排演后，分别到花溪、竹林寨等地试演，配以木叶吹奏和芦笙歌舞，节目丰富多彩。剧中主题为“九一八小调”和“松花江上。”

“二・四轰炸”后，“打东洋”剧被安排在“贵阳民众教育馆”演出10天，每晚600个座位座无虚席。演员们的精彩表演，使市民们仿佛目睹了侵略者的暴行和东北民众所受的苦难，不少人流下了眼泪，一时群情激愤，个个摩拳擦掌。演出中“打倒日本侵略者”“把日本侵略者从中国赶出去”的口号声此起彼伏、接连不断。群众和学生的抗日激情被高度激发，后来不少爱国的热血青年走上了抗日杀敌的前线。“民众抗敌宣传团”，接着又到惠水等地演出六天，影响极大，演出的收入全部捐献，支持前方抗战。

在抗日战争的艰苦岁月，实验区的教员还为掩护八路军领导干部家属，做了一些有益的工作。1939 年 2 月 4 日，日军 18 架飞机轰炸了贵阳，贵阳人民蒙受了重大损失。八路军驻贵阳交通站，为确保从抗日前线转移到贵阳的 20 多位八路军领导干部家属的安全，决定将这些家属疏散转移到青岩居住。社教实验区主任、青岩区区长宋怀中和戴自俺、汪汝衡等先生给予了热情帮助。他们四处奔走，为八路家属们租佃房屋。“二·四轰炸”后的第三天，第二批八路军干部家属共 20 多人来到青岩，全部安置在南门大地塘、背街和南街居住。青岩民众为保护八路军干部家属，为抗战的胜利做出了重要贡献。

“青岩社会教育实验区”在抗战期间，为普及和提高民众文化，唤醒民众，宣传抗日，推动抗日救亡运动，为掩护革命干部家属，支援前线抗战，做出了很大贡献，这在当时是一个创举。这个创举是大后方抗日救亡运动的一个主要内容，也是贵阳地区大后方抗战文化的具体表现，对贵阳地区的抗日救亡运动产生了积极的影响。

以后的青岩社会教育实验区主任，由新来的青岩区区长钟在祥、张敏学、齐国屏等先后兼任，专职教师继续在民众学校上课。

正如贵州省档案馆文献记载的那样：民国三十三年（1944 年）九月八日，“贵州省政府第 1078 次常委会议案《决议》：据财政厅、教育厅、会计处会签，查省立青岩社会教育实验区，原拟迁设台江，改称省立台江社教实验区，嗣以第六行政督察区，按规定应设省立民教馆一所，经签准移设铜仁，改为省立铜仁民众教育馆，立案。所有该区原有设备搬运，既属不便，而省立贵阳女子师范学校，复急需充实设备，兹为减少破损，节省运费，并就地利用起见，除轻便易运者外，并将大部分财物，暂行拨交省立贵阳女子师范学校收管，俟斟酌附近，各校馆设备，自需另行购置充实，所需设备费，拟将三十三年度省预算所列省立各区馆修理费保留归还后、余款四万元一次移用拨给，至该馆成立后，员役编制，及所需经常费，并拟以省立青岩社教区原有员役，及经常费自三十三年九月份起全部移拨，所拟当后，谨检具该馆设备费预算分配表等件，乞核示。等情，应后准以所拟办理，请公立案”。贵州省立社会教育实验区在青岩的教育活动结束。历时九年。

实验区名为官办，实为进步的有识之士所掌握，在抗日救亡运动中，致力于唤醒民众、普及提高乡村文化教育的实验和改革，普及民众义务教育达到了预期效果。

注：采访汪汝衡、李兴才当事人和查阅《贵州省档案馆》资料，本文对建立实验区的时间和结束时间，部分内容有改动，本文部分资料曾以《青岩社会教育实验区的教育活动及其对抗战的作用和影响》为名，分别发表在1995年5月《贵阳党史》和贵阳市政协学术论文集上。

“贵州省立乡村师范学校”在青岩始末

青岩人杰地灵，山清水秀，历史悠久，文化底蕴丰厚，它在不同历史时期发挥着重要的作用。1935 年 4 月，中央红军长征到达青岩，在青岩城播下了革命的火种。不久，抗日的烽火使得这个筑南小镇活跃起来，成为抗战文化的重要组成部分。不少的学校内迁来到青岩办学，黄质夫等许多教育家先后来到青岩，进行着保护中华民族文化的伟大事业。为了提高贵州少数民族文化，培养贵州边远地区的少数民族师资力量，1936 年，贵州省立青岩乡村师范学校，在青岩北门龙泉寺正式办学。1939 年，随着女师、浙江大学的到来，青岩成了师资的摇篮。

龙泉寺，明万历年间，初建于青岩龙井寨中堰龙井出水处，后来因寺庙年久失修被毁，然后迁来青岩北门，仍用龙泉寺作庙名。经过 1718 年和 1798 年两次重修，到 1895 年前，历经了 40 代传人。龙泉寺是青岩最大的一座寺庙，房屋系穿斗式悬山顶砖木结构建筑，占地面积为 1500 平方米。有大殿、配殿、戏楼、两厢、侧山门等建筑，是一个比较大的建筑群，房屋可容纳数百人，适宜于学校大规模教学用。省立乡村师范学校鉴于这个特殊环境，决定乡师学校设在这里。

贵州省立乡村师范学校，于 1936 年春，在青岩龙泉寺内开办，名为省立青岩乡村师范，几乎与贵州省立青岩社会教育实验区同时在青岩办学。青岩乡村师范学校第一任校长钱文鹄，贵州人，大学毕业。

青岩乡村师范学校第一任校长钱文鹄兼任贵州省立青岩社会教育实验区设计委员。乡师教导主任、乡师农场主任和体育教员等参加实验区的兼职领导和教学工作，义务教育，不再另支薪。必要时候，由实验区主任与青岩乡村师范学校校长商调高年级学生参加实验区各股教育服务。

乡村师范学校以培养全省偏僻乡村少数民族地区的小学师资为主，面向全省公开招收少数民族学生，由各县政府直接保送和选拔成绩优良的少数民族学生到乡师学习，一经录取，全部享受公费待遇。

1937 年 8 月，第一任校长任职近一年，因伙食差的问题引起学潮被免职。

是年 9 月，贵阳女师第二任校长钱安世，贵州人，北京高师毕业，由女师调任贵州省立青岩乡村师范学校第二任校长，后来，也因伙食差的问题闹学潮而被免职。

青岩乡村师范设有高中师范科（中等师范），简易师范科，包括一年制的招收初中毕业生，四年制的招收高小毕业生。一般年龄在十三四岁，最大的不超过十六七岁。初中科设若干个班。乡村师范学校的校训是“诚、朴、勇、勤”，办学的口号是“半耕半读，自给自足”。学生享受食物、衣被、书籍等免费待遇。

青岩乡村师范学校开设基础教育课程，初中简师班设：语文、数学、动物、体育、音乐、图画、时政、种植、园艺等，在现镇政府周围山坡上开办农场，供学生学习、实习用。

师范班开设国文、数学、物理、化学、历史、地理、生物、教育原理、教育概论、心理学、教育实习、教育参观等。注重传授知识和技能，教学生学会做人。

贵州省立乡村师范学校还注重培养学生的爱国主义精神，在教学中用歌声唤起学生和民众的抗日救国激情，许多进步教师教学生唱抗战歌曲《义勇军进行曲》《我们在太行山上》《黄水谣》《黄河颂》《黄河之恋》《热血》《毕业歌》《流亡三部曲》《我们一定要胜利》《我们一定要自由》等。乡师还配合政治宣传，如：“有钱出钱，有力出力”“收复失地，还我河山”“打倒日本帝国主义”等口号、标语。学校的抗日气氛十分浓厚，这与当时的中共地下党活动是分不开的。

贵州省立乡村师范学校在青岩的开办，标志着中国工农红军长征进入贵州后，其革命活动影响了一批具有先进教育思想的贵州少数民族上层人物和教育家，使他们认识到：要提高贵州落后的文化水平，必须开办学校，抓少数民族教育，才能发展民族文化教育，开办乡村师范教育，培养落后地区的民族师资，才能彻底改变贵州文化教育落后的现状。他们在发展我省少数民族教育史上，发挥了不可磨灭的历史地位和作用。

青岩乡村师范学校的学生毕业后，大多数被分配到省内边远少数民族地区工作，解决了师资缺乏的问题。乡村师范，为我省培养了一大批能文能武，艰苦朴素，扎扎实实地服务于农村的少数民族教育家，为发展我省少数民族地区教育奠定了一定基础。

乡村师范重视发展少数民族教育，采取激励手段，不断提高学生的生活待遇，使一些贫困山区的少数民族青年，有机会摆脱读书要钱的困难，他们有机会走出大山，走进了“师范学堂”的大门，来到青岩。

青岩乡村师范第三任校长胡嘉椿，贵州遵义人，北京大学毕业。其在任时，1939 年 3 月，兼任省教育厅在青岩圆通寺开办的“贵州省地方方言讲习所”副所长，主管所内一切事务。学员由各县保送和招收少数民族学生，学员有工资收入，所内有学生四五十人，学习时间为半年。教学任务由青岩乡村师范学校教师承担，有时也从贵阳请来上课，开设语言学、语音、政治常识、布依族语言、侗族语言、苗族语言、白族语言等科目，胡嘉椿同时兼任青岩社会教育实验区设计委员的领导工作，乡师教师仍担任实验区的教学工作。

1939 年五六月份，青岩乡村师范学校因伙食很差，再次引起学生不满。在高班学生号召下，联合签名“打倒胡嘉椿”。贵州省主席吴鼎昌前来青岩解决问题。青岩乡村师范全体师生列队欢迎，队伍中突然有人喊出“打倒胡嘉椿”的口号，胡嘉椿随后被免职。

在学潮连年不断的情况下，1939 年夏，贵州省政府调黄质夫先生任青岩乡村师范学校第四任校长。黄质夫兼任青岩地方方言讲习所副所长职和青岩社会教育实验区设计委员的领导工作，积极参与组织教学。

1939 年 9 月，贵州省地方方言讲习所首期学员结业分配工作，保送的学员回原单位。省里要求乡师在校学员到各县去做抗日宣传工作，贵州省地方方言讲习所在青岩结束教学，搬回贵阳。

贵州省立青岩乡村师范学校的几任校长，贡献最大的要数第四任黄质夫，他后来成为我国著名的教育家。

黄质夫（1896—1963），江苏镇江人。1924年毕业于南京高等师范（东南大学前身）农科农艺系。毕业后长期从事乡村师范教育教学工作达 20 多年。他在抗战前先后创办“界首乡村师范学校”“浙江湘湖乡村师范学校”“南京栖霞师范学校”，皆任校长。他积累了兴办乡村师范学校的丰富的教育管理经验和教学经验，形成了一套独特的乡村师范教育思想理论。抗战爆发后，日寇逼近南京时，黄质夫被疏散到大西南，先到贵州国立三中（铜仁），任校务委员。1939 年夏，从铜仁调任贵州省立青岩乡村师范学校校长，来到青岩龙泉寺。1940年初，随青岩乡村师范学校迁往榕江，将“省立青岩乡村师范学校”改名为“国立贵州师范学校”。

黄质夫像(梁茂林提供)

黄质夫到校时间不长，乡师发生了重大变化，学生一律剃光头。黄质夫先生仿行陶行知先生的“生活即教育，教育即生活”“教育与劳动相结合”“教学做合一，德智体并重”“生活要生产”的办学方针。他在学校农场大门前写上引用陶行知先生的对联：“与马牛羊鸡犬豕做朋友，对稻粱菽麦黍稷下功夫。”

黄质夫先生还提出了“科教兴农”“教育兴邦”的思想。他在《致青岩乡村师范学校师生书》中说：“余自受命，到职月余，夙夜思忖，国难当头，教育兴邦，责任殊重。常思：乡村师范，宜在农村。边疆师范，宜在边疆。且尤宜在土著同胞聚居之边远县，以培养大量人才，开展和建设山区之经济、文化，是为办学之宗旨。”这是他要将青岩乡村师范搬迁的动员会上的讲话。

黄质夫还对青岩乡村师范全体师生说：“中国几千年来教育的失败，就在于‘士大夫阶层’，‘读书人只会吃不会做’”，“旧教育把人培养成‘四体不勤，五谷不分’的无用人才”。“文化人最可耻，嘴巴会说，笔会写，就是不劳动，张起嘴巴吃现成”“人人想读书，读了书就不劳动，田谁来种？”“有的农村孩子在入学前，还可以穿草鞋，帮助父母打柴，种田，一旦入了洋学堂，就要穿皮鞋，梳亮头发，游手好闲，这是中国旧教育的失败。”“在抗战时期，前方将士要军粮，如果后方不生产，生之寡者，食之者众，国家不就危亡了？”他还说：“贪官污吏‘刮人皮’天怨人怒，他们‘刮地皮来丰衣足食’。”他对旧教育制度进行无情抨击，也对当时的腐败现象进行了揭露。

黄质夫先生还说：“教育是神圣的事业，要终身从事教育，生活再苦也要安贫乐道，要以能教育天下英才为乐，当一名教师要学有专长，当仁不让，以献身教育造福边疆为己任，为他日造就更多英才。”黄质夫先生到青岩乡村师范后不久，发现了办学上存在的问题。一是青岩乡村师范屡兴学潮，说明校风不正，必须整顿校风；二是学校名为乡村师范，应办在农村，乡村师范办在青岩，离城市近，名不符实；三是青岩人烟稠密，土地紧张，要施展劳动教育，无用武之地；四是青岩离省城近，物价高，难以保障生活，且受城市影响，易起“学潮”。

基于以上原因，黄质夫校长采取了以下四点措施：一、原青岩乡师班子的人马全换，全部用下江人，任命胡朝惠为教导主任，吉长瑞为训导主任。二、全校学生重新登记注册。三、在升降旗时，或在纪念周会上宣传自己的主张：“教育不能脱离生产，学生不能脱离劳动。”四、宣传乡村师范应具有乡村特色，培养出来的学生应能适应农村，为乡村服务。采取这些措施后，黄质夫先生就离开青岩乡村师范寻觅新校址，准备迁校。

1939 年秋天，黄质夫先生亲自翻山越岭，跋山涉水，深入黔南、黔东南 10 多个边远落后县进行实地考察，选择乡师新校址，最后确定将省立青岩乡村师范学校搬迁到边远贫穷落后的古州，今榕江县。

青岩乡村师范学校随校迁移的有师范部“六一级，六二级各一个班，简师部（四年制）四一级一个班和初中部三一级一个班”。

1940 年 1 月 14 日（腊月初六），黄质夫和青岩人彭百川到贵阳与浙大校长竺可桢洽谈接管乡师校产问题，双方谈妥，第二天移交。

15 日，黄质夫将校舍校产全部移交给浙大后勤处主任许仁章。

移交完后，黄质夫从青岩带 200 多名学生前往榕江。至此，乡师于 1939 年冬天开始搬迁，至 1940 年 1 月 15 日移交校产给浙大，搬迁全部完毕。

《竺可桢日记》说：“15 日中饭后，蔡邦华及许仁章来。许仁章报告说：已在青岩接收乡师校产。”

竺可桢委托广西六寨临时办事处一年级代理主任胡建人在贵阳、青岩接洽办学事务，浙大一年级随后进入龙泉寺，2 月 8 日开始上课。

青岩乡村师范迁往榕江后不久，经教育部批准，更名为国立贵州师范，黄质夫先生任校长。国师扩大招收邻近几省学生。黄质夫在榕江发展了侗、苗、水、瑶等少数民族文化，惠及邻近几省。他带领国师为贵州边远少数民族地区培养了大批少数民族师资，促进了榕江社会经济的发展，为我国的乡村师范教育事业做出了积极的贡献。黄质夫曾组织中国教育考察团，并担任团长赴日本考察教育，成为我国当代著名的教育家。

注：参考吴道成先生回忆国师文章，梅宗乔先生回顾国师文章，包志超回忆国师学习生活文章，廖成鹏回忆国师校长黄质夫文章，《文史天地》2003 年第十一期第 15 页龙正荣文章，采访乡师学生李炯等，参考《竺可桢日记》和《竺可桢全集》。

抗战：孤庙与蛇、鬼为邻[1]

杨征华

贵州人在北京大学读书的人很多，抗战开始后，纷纷回乡来了，找点书教，并不困难。有个北京大学的老友胡嘉椿在青岩乡村师范当校长，答应聘我到该校教英语[2]，并协助教务主任杨汝南搞点教务工作。青岩离贵阳市不远，50华里的路程。1938年2月，在一个大雪纷飞的清晨，两位老友——家驹和启宇，雇了3辆人力车，带上简单的行李，他们送我到青岩。车行4小时，到校已是中午过了。所谓乡村师范，实际是一所专为苗族同胞开办的中等学校。学校设在半山上一座古庙中，无女生，也无其他女教工，只我一个女性，另外就是一个担水的老太婆。两位送我来的老友，替我把行李送上山，并给我铺好床，见学校这样简单而幽深，心中非常不放心，一再交代我自己保重，并说贵阳城中的老母和孩子，他们一定时常去看顾，叫我放心。交代完后，他们饭也未吃，要赶快乘原车回城。我送他们到山门，此刻雪虽已渐小了，但寒风扑面，我目送他们俩人一溜一滑地互相搀扶下山，不觉热泪盈眶，这样的友情，患难之中，益见真切，直到山回路转，看不见他们身影，我才慢慢回家。

我的宿舍就设在庙内殿右侧的偏殿内，仍供有菩萨，每日早晚，庙内和尚来烧香。对这安排，我虽不愿意，但学校无教师宿舍，只好因陋就简，

［1］收录作者杨征华原文于回忆录《一代园丁三朝风云》一书，2013年由台湾凌云出版社出版，梁茂林提供。

［2］杨征华于1938年在贵州省立青岩（龙泉寺内）乡村师范担任英语教师。

将佛堂作宿舍，在30年代，佛爷还是被尊重的。好在对于菩萨，我倒不怕，心里想，你不过是泥巴捏的，可是另一种吓我的就是蛇了。

我从小生长在大城市，又是在北方，没有见过真正的活蛇，只是在图画上见过。可在南方就不同了，乡村树木多，草深及膝，正是群蛇出没之处。苗族学生不怕蛇，经常见他们拿着蛇在手上玩耍，或者当腰带一般缠在腰际。我见此情景，又害怕又惊奇。他们对我这个老师是很尊重的，但见我越害怕，他们玩蛇越有劲。有一次他们将两条蛇挂在我门户两边，将蛇头钉在门户上，蛇尾一弯一曲，煞是肉麻。他们笑说："老师，你不要害怕，它们的头都被钉上了，不会咬你了。看惯了就不怕了。"他们又告诉我："蛇怕煤油味，晚上你点上煤油灯睡觉，蛇就不敢进房了。"他们见我实在怕得厉害，把门上挂的蛇取下，丢在地下几摔几打，蛇早就不动了。确实这两天，我真增长了不少对蛇的见识。但更加叫我认识到蛇的作用，远不止此。

学校因为是设在山间古庙中，加之彼时还是穷乡僻壤，习惯上认为没有必要专门修建厕所。在房屋附近搭一草棚，挖一个大坑，放两块木板在上面就是厕所了。我确实是不习惯，尤其是那两块木板，站上去一闪一闪的，一不小心，就会跌下坑里面去。苗婆见我上厕所那么艰难，就说："你不必用这个厕所了，干脆打开后山门，到外面树林去屙野屎算了。我就是这样办的。"我觉得这也是一个办法。她带我经过大殿，那是学生们吃饭的饭厅。走过大殿后门，见有不少棺材摆在殿后一间屋里，猛然见了这么多棺材，心中害怕之极，把苗婆拉得紧紧的。她宽慰我说："不要怕！这些棺材都是下江人逃难到贵州，死在贵阳附近的，打算把日本鬼子打跑了，天下太平了，再来搬棺材回老家安葬。"白天苗婆带我出了后山门解手，晚上她回家了，我一人拿着手电筒照样从大殿经过，我的天，那景象简直把我吓得魂飞魄散。只见大殿中，饭桌下面，许多条碗口粗的大蛇用它们的漆黑闪亮的眼睛，昂着它那暗灰的，布满黑白灰各色的头，在桌下蜿蜒爬行，自由自在地仰首四望。见着人来，它也不避，也不追，抬头看看又爬走了。我因这两天受了学生玩蛇的启发，见它无伤人意，我也一步一步迈开脚步，尽量让开它们，慢慢移开学生吃饭的板凳，终于走出了这个蛇阵。

经过棺材房，我也不怕了。不由得想到王阳明的《瘗旅文》："……

吾与尔皆中土之产，吾不知尔郡邑，尔乌乎来为兹山之鬼乎？”他们的家人打算有朝一日搬他们尸骨回乡，这也不过是打算罢了，不知何年何日才能实现？恐怕永远作为兹山之鬼了。感慨一番，心里反倒坦然，什么也不怕了。放心大胆经过大殿，与那些大蛇和平共处地告别，回到宿舍，深深吸了一口气，自己对自己说：算是过了一关。第二天我对庙里和尚说：“老师父，你这庙里蛇可多了，晚上出来遍地爬，差一点儿把我吓死了。”他笑说：“你不要怕，这蛇是我们养的看家蛇，我们粮仓中老鼠太多，一年收的粮食，不知要被老鼠吃去多少。蛇专门吃老鼠，所以我们养它在仓中替我们守护粮食。白天学生多，它们不敢出来，晚上出来爬爬，活动活动，它们从不伤人，你尽管走你的路。”经过这许多“考验”，我对蛇没有那么怕了。“文革”期间，到五七干校劳动，蛇也很多，许多老师专门打蛇来吃，取蛇胆做药，整条蛇丢到酒缸中泡酒来喝，还有的人把蛇头钉在树上，割掉一小截尾巴，用嘴从尾巴上吸蛇血，据说可医风湿。我也有风湿病，但还是没有胆量从蛇尾吸血。去年因血液浓度过高，医生给我注射蝮蛇清栓酶。蝮蛇是一种毒性很厉害的蛇，可以作药用，不觉便对这软体动物的厌恶心理又减去几分。

在这幽深的学校工作了一段时间，怕蛇的一关算过去了，鬼的一关又来了。有一天，男老师们对我说：“庙里二师父前天死了。——就是过去每天来你房里给菩萨烧香的那位师父死了。习惯上都说，人死后7天，死者要到他生前走过的地方来收他的脚迹，还有5天，他会来的，你要注意。”我们从幼小时，由于祖父是“新派”人物，家里就不信鬼神，我从没听见人死后7天晚上要回来的事。老师们一讲，我一笑置之，他们见吓不倒我，更加添油加醋地百般形容二师父成鬼以后的可怕形象。5天过去了，我照例一到晚上就把门闩好，准备就寝，谁知庙里养的狗，今夜确实特别，上蹿下跳，吠个不停。今夜山风又特别吹得猛，我的房门是两扇合拢来关的，根本就关不严，大风把门环吹得哗啦直响。平常这种情况也有时发生，我并不在意，今夜见房门一关一合，似乎就见二师父拿着香进来烧香的样子，吓得我浑身冷汗，赶紧拿被窝把头死死蒙住，气都不敢出。好容易挨到天色微亮了，风停了，狗也不叫了，我狠心地把被窝一掀，翻身起来，干脆把门一开，看看有什么鬼影没有，再低头一看，屋里地下撒的石灰——据当地迷信风俗，凡是死者生前停留过的地方，死后7天要在他经过之处撒上石灰，以备寻找他的脚印。但除了我自己踩的脚印很显然清楚地显出来之外，再无其他脚印了。这一下心定了，自己都好笑，自己吓自己。吃早点时，男老师们又开玩笑了："昨夜二师父来你那配殿收脚迹了吗？狗叫得很厉害，他自己过去住的僧房有脚印，大殿上也有他的脚印，你住的殿里没有脚印，那是他不敢来，许是阴盛阳衰的缘故吧？"几句话说得大家哄堂大笑。

这一关过去了，有一天见苗婆拿着一碗饭，两样菜，两支烛，几炷香又来到我屋里。我开始以为她是来供神的，她对我说："今天是我们学校以前的会计死去一周年的祭日，校长叫我做点饭菜来供他。"我还未及问她，她又叹口气说："可怜的会计，年纪才20多岁，1人到后山去玩，被豺狗咬伤了，抬回来不久就断气了。你这间屋，是他原来住的，就死在你这床上。"她说完，点了香，烧了纸，还磕了3个头，向死者祷告说："会计，你的灵柩已送回你的家乡，你的孩子已得到抚恤，你安安心心地回去吧！"我开始时被她说有一年轻人死在这床上的事吓懵了，后来听到她对死者的祷词，我害怕的心消失了，不觉产生了对这位被豺狗咬死的年轻人的同情。想到他一人孤身在此惨死，我也同样孤身一人在此荒山野庙工作，我的母亲、幼子、弱妹借住在贵阳一个寡居的姑母家，我丈夫还在甘肃；大姐因父亲亡故无力再继续读完大学——南开大学，只身远渡南洋，在新加坡、槟榔屿、苏门答腊教书；二姐从南京危城逃出，现不知流落何方；二弟在日本留学，"七七事变"一发生，即从日本逃回，现在九战区当日语翻译；三弟在江湾、大场一带前线作战，上海撤退后，生死未卜；六妹在皖南新四军参加革命；七妹在山西中条山一带打游击。正暗合了杜甫的"有弟皆分散，无家问死生。寄书常不达，况乃未休兵"的诗。我们今日是对敌长期抗战，不同于杜甫时代，不把敌人赶出国土，是不休兵的。我的弟妹都在为国家出力，有力出力，我们家是办到了。一想到这些，思想感情得到一些激励，对这位死在我现在床上的年轻会计的惧怕心理，也不怕了。晚餐时，男老师们照例又向我开玩笑，我反淡然处之。倒是校长说："叫苗婆晚上不回家，在你房里搭个床板与你做伴吧。"这也好。

晚上她拿了两张板凳，两块木板，搭上就躺下睡了。我问她的被子呢？

她说："不瞒你老师，我们家就是一条破棉被，我拿来了，他们大人孩子盖什么？"我现在才开始了解农村少数民族的艰难困苦。我把自己垫的一床旧毡子给她盖，她不肯要，说："老师，我的一身太邋遢了，会把你的毡子盖脏的。"我说："我还有垫的，这毡子就送给你好了。"她说："你每晚到后山解手，也叫人不放心。明天我下山替你买个瓦盆来，就不必跑后山，晚上开山门出去，可能也会出事的。"她一句话提醒了我，过去为什么没想到这一层呢？可见自己对生活是那么粗心。睡在床上和苗婆两人闲聊，知道她丈夫在家种地，因是山地，种的庄稼全是苞谷，不够一家老小吃。她来学校帮忙挑水、做饭，每天从山下挑水上山，经常背上背着孩子，肩上还挑着一担水，虽是辛苦，但总可吃点饱饭。我问她："听说苗女不嫁汉人，这话是真的吗？"她说："汉人太靠不住了，结了婚，一辈子在苗家的很少，过一两年他推口说要回家看看，一去就不回来了。有了孩子的就说带孩子回去给爷爷奶奶看，以后连孩子带大人都不见消息了。有的甚至连孩子都不要，就一去不返。"我笑着试探问她："听说汉人在苗家结了婚要回去时，苗家在饭中放了一种药叫'蛊'，临行时给要回家的汉人女婿吃了，在说定的时间回来，苗家就用解药把'蛊'解了。若女婿过期不回，药性发了，就无法解救。真的有这事吗？"她说："这种说法我也听过，但我没亲眼见过，我想大概是说来吓唬那些想回家不再来的汉人吧！"每当夜晚睡不着时，就和她讲苗家风俗，比如男女双方对歌对唱，情投意合了，就携手到山林深处或绿草如茵地方成了夫妻，成婚后不回男家，要等第一个孩子生下来之后，才带着小孩回夫家。一般苗家风俗，对第一个孩子不大喜欢，这是风俗使然。我在学校还兼管一点儿卫生工作，因为学校没有卫生员，更没有校医。每当学生们有点伤风咳嗽或小伤等时，我就给他们治治。有一次学校农场一个工人满手血污，来找我给他上药包扎。我问他为什么伤成这样？他说："是锄地时，锄头把手伤了。"我当时替他消毒包扎了，交代他一些注意伤口勿感染事项，没有疑惑其他原因。晚间，苗婆对我说："老师，你今天替老张包伤口了吗？"我说："是呀！他劳动时受了伤，流了许多血，伤口不轻，怪可怜的，我给他消毒包扎好了，就怕他不小心感染化脓。"苗婆说："你受骗了，他哪里是锄头伤的，你留心他伤了哪只手吗？"我说："右手呀！"她笑说："右手拿锄头，会伤到右手吗？他和别个男人争一个女人，两人对打，那个男人挨他打比他伤得厉害，自己找村上医生看了，以后两人还会再打的，在苗家争女人打架的事常有，一点不稀奇，不过他对你老师不说真话吧了。”我听之后，深深感到自己生活经验差，社会常识贫乏，连右手拿锄头怎么会伤到右手的简单问题都没发现！书生啊！书生！

话又说回来，乡居生活虽然落后，尤其这古庙环境，虽有100多师生，但始终还是荒凉的。但日子多了，适应环境了，慢慢地也感到它自有乐趣。尤其自苗婆晚间和我做伴后，心里也踏实些。每当她来了，她倒床便呼呼大睡，我改完作业，见她日出而作，日入而息，满足于学校给予她的一日三餐，受她感染，我也应当恬淡自如才对。和老师们谈到苗婆生活的艰苦困难，我们感到历代汉人统治者，把少数民族赶到深山野岭，不要说受文化教育，连吃饱都困难，现在开始注意，办了这个苗民学校——乡村师范，对少数民族是件大好事，我们能在这里为少数民族工作，也为苗族同胞尽了一些微薄之力了。

春天来了，满山遍野的迎春花，一片黄色，刺玫、野蔷薇红红白白开遍山间路旁。我当朝阳初上，无课时一人顺着山间小道，慢慢享受着这个乡间春天景色。山下田亩成行，阡陌纵横，农民正在插秧。贵州是有名的高原，“地无三里平”，是对黔省的写照。但青岩因有一条河水流过，又比较平坦，灌溉方便，所以这个村镇周围，还有不少水田种稻。我顺着田埂走去，只见汉、苗同胞，均弯腰低头，不停地分秧、插秧，她们插秧之快，真如母鸡啄食，一会儿插了一大片。苗姑娘生性活泼，边插秧，边笑语，边唱山歌，见我走到田埂边，知道我是师范学校的老师，她们一唱一和地唱道：“一弯河水亮晶晶，山又高来水又深，吃菜要吃白菜心啰，跟郎要跟师范生哟！”苗女一遍又一遍地唱，在一旁的汉族姑娘就说：“羞也不羞，你要跟师范生，师范生要你吗？”苗女道：“不要？你看，我就要找一个师范生给你看！”我在一旁见她们斗嘴，感到两个民族风俗的差异。汉族妇女受了几千年封建礼教的熏陶，对于婚姻爱情向来是羞答答的，而苗族姑娘就大胆地赤裸裸地道出自己内心的愿望。因此，我就对她们开玩笑说：“你们喜欢师范生，很好哇，我替你们做媒，等他们下山劳动、打鱼、赶集时，我替你们说合，你们自己也可以找哇！”她们把我的开玩笑当真了，叹一口气说：“他们现在读书，学校管得好紧的，他们不敢理我们，你这老师替我们讲讲情呀！”我见她们那种一片真诚渴望的表情，反倒有些自责，不该和她们开这玩笑。回到学校，与校长和教导主任谈及，他们取笑我说：“你倒是慈悲为怀，愿意当苗家的月下老人，但你不知苗家风俗，他们真格的是绝对恋爱自由，喜欢谁，就爱谁，男方为争一个女的，双方不惜动刀动斧的。经常为吃醋争风，闹出人命，在农村社会上他们苗家视为常事，你是女老师，你不知道，学校虽然管得很严，但是时常半夜三更，学校校门关了以后，学生经常偷偷爬墙出去找苗女谈恋爱的不在少数，说得好，成天为他们纠纷调解，不好的，上法庭。你前些回为农场工人包扎伤口的事，总还记得？因为他打伤的对方已伤势太重了，对方告到乡政府，我们这位农场工人当时被传去问话。他不承认是他打伤的，他说自己的伤确实是被锄头伤的，政府不信，可传学校女老师（指你）来做证。我们不理他，替你拒绝了，你差一点要出庭做证了，现在还想为这帮苗姑娘当红娘？”我说：“我的意思是入乡随俗，要尊重他们的风俗。”校长说：“你太天真了，还是当年在北京读书时的书生气息。苗乡谈恋爱，绝不是‘少年维特之烦恼’式的，不合适自杀，也不是‘罗密欧与朱丽叶’式的恋爱方式，而是粗犷的、真实的、干脆的爱情表达方式，这种事，要慢慢地移风易俗。这样吧！学生们要排戏，我们建议他们演一出苗汉通婚的故事内容，先打通这一关再说。”这意见一提出，学生们非常高兴，还要我当指导。专门欢迎苗族同胞来看，效果很好。苗族同胞欢迎学校多排演这一类的剧。她们一定来看。

习惯乡居生活以后，每当山下镇上赶圩（赶集、赶场）时，我也下山买点东西。市上彝家妇女很多，他们生活比苗家稍胜一筹，穿着粗布（自纺的）衣裙。布很粗，但绣了不少各式各样的花。头上，颈脖手上都戴着银器。边走，边嬉笑，边卖她们手上篮子里装的东西。有她们自绣的兜肚、提包，背孩子用的背包，有水果刺梨——一种野生果实，很甜酸，他们将这种果实酿成酒，装在瓦罐中来卖。见我走过，就围过来，要我买她们的东西。我笑问：“你们放了蛊吗？”她们知道我是开玩笑的，也就笑说：“什么蛊，大屁股！”据传说，这么一问，点破了，放的蛊就不灵了，吃了她们的东西就不会中毒了。这些传说，在过去很盛行。我想都是一些挑拨民族感情的人造出来的。说笑了一阵，我买了些刺梨和两条她们自织的土毛巾，就道声再见回去了。我在青岩乡师这一段时间，起初开始不大习惯，慢慢地和学生与学校附近的少数民族都很融洽，我很尊重他们，也很喜欢他们的直率诚朴。每当课余学生们纷纷下河撒网打鱼，打得鱼多，就交给学校膳团加菜。见他们打着赤膊穿一条短裤，在水中将网一撒，那种豪迈潇洒自如的神态，真让城市的学生哥儿自愧不如。不过见他们在水中浮沉自如，互相追逐打闹的情景，不由我想到我的学生时代在北京颐和园龙王堂前游泳情景，也和他们一样，其乐也无穷。学生时代真是人生最美好的年月！今日北京沦于敌人铁蹄之下，我们何年何日才能重返故都，再到昆明湖畅游呢？学生们见我原来有说有笑的，忽然沉闷不语，就说："老师，打完鱼了，到我家去吃鱼吧。"我早就有心到苗寨看看，他们一邀我，正合"孤意"。到了苗家，学生说："老师别见笑，我们家就是这么穷。"说穷，真是穷。一进门，一个土灶，放了几个土碗，灶边一堆茅草和一些禾稿，就是做饭的燃料了。灶上放着一个大砂锅，连铁锅都没有一个。屋角有两铺床，床上有两床破被。学生的父母一定要留我吃他们家的苞谷饭，贵州吃苞谷饭是很普遍的，只有地主家才吃得上大米饭。苞米饭一粒一粒的，金黄色的非常美丽，学生把打来的鱼煮了，煮鱼时没有油，更没有什么酱油、调味花样，只是用一整块盐巴放在煮鱼的汤中泡一泡，盐味够了，就将剩下的盐块取出，再用时再泡。这样的吃盐方式，许多人没见过，都奇怪贵州乡间人为什么不把盐碾细来吃，要每顿做菜时这么搞，岂不费事？原来外地人不知道贵州不产盐，是靠四川自贡市盐井里的盐水熬成一大块一大块的盐往外运。运时雇工人将盐块背在背上来贵州销售，翻山越岭，辛苦异常。所以盐在贵州很珍贵，价钱也昂贵，穷乡僻壤的贫苦人因吃盐不易，所以就用这种原始的方法吃盐。不过煮鱼的方式虽简单，但活水煮活鱼味道却非常鲜美，这在城市中是吃不到的。学生母子非常诚恳、殷勤，吃完饭后，我无以为谢，就将适才赶圩买来的两条洗脸毛巾送给苗妈妈。之后就和学生一同上山回校。我们师生一边爬山一边闲谈。远望天边落日，一抹残霞，在黄昏夕照里，一种旖旎的自然风光，笼罩着我们师生漫步而行。我们谈到苗家落后贫苦，要改善这种面貌，责任就是在他们这一代身上。苗族青年勤劳、诚朴，我们国家社会是有责任培养他们，以便将来他们能够担当改善少数民族落后状况的责任。他也很同意我的话，表示要认真努力学习，从各方面锻炼自己。到学校门口，晚自修钟恰恰敲响。

山居生活慢慢习惯了，蛇啊，鬼啊都不怕了，和学生们也相处得很融洽。即使苗婆晚间家中有事不来伴我，我一人挑灯夜战，批改作业也不怕。备课之后，每当月夜，一人在大殿前的亭中散步。“庭中如积水空明，水中藻荇交横，盖行相影也。”何处无竹柏，何夜无月，但惜只我一人在此徘徊。当此情景，难免想到老母、孩子、塞外的丈夫。他远征甘肃，一去两年，交通阻塞，何时得归？随意写了一首七律，抒发自己怀念之情，工拙非所计也。

月夜寄外

清溪一曲村外绕，凄凉古寺晚来清。
砚边砧杵因风近，佛阁书生带月闻。
浅酌低吟应念我，登山临水总思君。
倚栏累问长征雁，飞到西凉可暂停。

夏天来了，庭中的马樱盛开，尤其是几株蔷薇，清香扑鼻，夜不能寐，披衣出户，一人在佛殿前独自徘徊，翘首西北望，凄然伤怀，口拈一首长短句寄之。

寄外

轻风摇曳蔷薇影，月明佛殿静。独步徘徊罗衣轻，明灭飞莹。曾记得江岸送别，又道时荷花时临，连宵梦魂何处，依稀飞向陇青。

另外还有几首长短句，也都是触景生情，有感而发，一并抄录如下。

忆前线杀敌诸弟妹

大好河山沦敌手，金陵一别春复秋。思台城，忆秦淮，同胞热血，溅满江头。知汝杀敌能制胜，收复失地保金瓯。

忆塞外征人

春归去也，布谷鸟又在催人忙种。满山遍野，落英缤纷，伤春送春，无此情趣。怀念远方征人，情何以堪！

寄西北征人

一年容易又春归，故园花事已阑珊，问东风，玉阙可曾春遍？极目陇水秦川，何事归期偏远。午睡醒来还软，黄莺休啼，莫叫凉西梦断。

清明上坟扫墓，在我国也是一年中对祖宗追远的不可少的礼节之一。贵州风俗，不仅自己家族儿孙在清明时要举行向先人墓前致祭的仪式，还要邀请至亲好友一同上坟。一些外省逃到贵州的工作人员，或者外地老师，每当此时，学生家里都要请他们一道去上坟，外地老师也欣然参加，领略本地风俗。外地老师也奇怪，觉得贵州风俗很特别，要请别人替自己祖宗上坟，我也不知有此风俗。在青岩，苗彝同胞如何过清明，我也不得而知。学校教师中离家不远的都在清明节回家扫墓去了，我们留在学校的人想到过去读书时上野坟趣事，我和几位外省老师，每人做了一两样菜，找到那无人祭扫的孤坟，摆好我们的酒菜，向死者致祭。语文老师说："我们不写祭文了，朗诵王阳明的《瘗旅文》中最后一段，代我们向死者祭奠吧！"他读到"连峰际天兮，飞鸟不通。游子怀乡兮，莫知西东。莫知西东兮，维天则同。异域殊方兮，环海之中……道傍之冢累累兮，多中土之流离兮，相与呼啸而徘徊兮。餐风饮露，无尔饥兮。朝友麋鹿，暮猿与栖兮。尔安尔居兮，无为厉于兹墟兮！"语文老师诵完后大家设身处地一想不觉怆然！

我呢，在此祭孤坟，也是借酒浇愁。遥想老父亲埋葬在青岛的万国公墓，已十余年，自"九一八"日寇占领东北以后至今无人祭扫。五弟死在北京，埋葬于北京颐和园附近四王村坟地，这块坟地是叔父买来作北京族中人埋骨之所。过去我们在京，每年都去祭扫一次。抗战军兴，举家南来，多年以来，沧海桑田，不知此坟地仍存在否？我默默地写了一首五言古诗，诗不好，也表达我内心的凄苦。给同游老师们看后，也为我伤怀。

遥祭亡弟延祁

雁行虽排十，独邀阿母欢。
心胆今已碎，手足痛相连。
北望悲孤冢，南归叹播迁。
幽燕沦铁蹄，祭汝竟何年。
阿母欣尚健，吾儿亦娇憨。
料应逢慈父，容我待重泉。

我点上几炷香，举杯酾酒于地，祷告在沦陷区的亡父亡弟：“我们今日在此祭奠不知姓名的死者，而你们归骨之地，已被敌人占领，谁来给你们扫墓呢？也许连墓地都没有了。你们死而有知，当相会于泉下。”将诗稿焚烧，忍不住伤心痛哭。同去老师，也默然神伤。大伙随便吃点祭菜，余下的都送给苗婆拿回她家吃了。

在青岩乡师工作一个学期，与学生们相处得相当好，乡居生活，我也习惯了。那种“明月松间照，清泉石上流”的恬淡生活，也自有其乐趣。尤其是对学生，我从不因为他们是“苗子”而轻视他们，我很尊重他们，他们学英语不感兴趣，认为在乡间学英语无用。我鼓励他们说：“目前没有用，将来会有用的，多学一门知识，不会吃亏的。”我见他们学得很困难，把进度放得很慢，课余之暇和他们讲一些外国的翻译故事，丰富他们一些国外知识。他们玩蛇、打鱼，我也在一旁凑趣。学期末了，我想就在此继续任课也好。但母亲不愿久居姑母家，她已由我在贵阳的老友们，找了便车，送她祖孙三人到老家——毕节去了。我有老友在黔西中学当校长，黔西距毕节只百多里，汽车两三小时可达，妈妈要我到黔西任教，黔西中学的老友也多，所以我就辞去这所半山古庙的学校职务。

学生知道我决计要走了，他们恋恋不舍地替我挑着行李，又送了我几瓶苗家土产的刺梨酒——一种野生果子酿的酒，当时市面没有卖的。苗婆也背着她的孩子来送我。大家一路上讲讲说说，不觉行了十余华里，到了花溪这个贵阳的有名风景点，贵州大学也在该处，我就到贵大的教师友人家中休息。贵大朋友留这几位同学和苗婆吃了面条，并送了几尺花布给苗婆的孩子，和他们依依作别后，贵大的这位老友替我雇了两辆人力车回到市内。我在青岩乡师和苗族学生教学的一段生活结束了，至今已逝去50余年，每一思及，历历往事，如在眼前。可惜以后无机会再去，相信这数十年中，他们的生活环境一定大改旧观，我遥祝他们幸福。

【编者按】杨征华，女，1909年生于贵州省毕节名门，原省立青岩乡村师范学校英语教师。1928年考入北京大学医学院，后转法学院。1932年任南京国民政府教育部高教司职员。1938年在贵州省立青岩乡村师范学校任英语教师。2000年去世。著有回忆录《一代园丁三朝风云》一书，2013年由台湾凌云出版社出版。2014年，贵州省文史馆馆员梁茂林先生到青岩考察，在青岩乡师故址龙泉寺偶遇其子、长江水利委员会工程师陈德基代母重游青岩，梁茂林先生获得此书，并为该书引自第五篇《抗战》第九节《孤庙与蛇·鬼为邻》作注，于2017年10月29日在贵阳大营坡提供该资料入本书。这是迄今为止发现的贵州省立乡村师范学校教师回忆在青岩的较完整的回忆录。杨征华老师是北大毕业生，与乡师第一任校长胡嘉椿是北大校友。抗战爆发后，回贵州受聘，是贵州省立青岩乡村师范学校唯一的女教师。她在乡师的时间不长，仅一个学期。但是，她把回忆紧紧围绕当年在龙泉寺庙内的乡师苗族学生，以小见大，还有蛇·鬼的故事和附近北门的少数民族风俗文化和苗族教育联系起来，把与乡师苗族学生、苗婆婆、苗妈妈、苗姑娘的对话，把苗族的纯朴和融洽相处表现了出来，涵盖的知识面广，从不习惯到习惯乡居生活，记录了当时的青岩的少数民族苗族的习俗文化。杨征华所撰回忆录《一代园丁三朝风云》中第五篇（抗战）第九节，是青岩难得的宝贵资料，故将其收录入本书。

贵州省地方方言讲习所简章·公函

第一条 贵州省政府为增进地方抗战力量起见，特设立贵州省地方方言讲习所，研究本省各土著人民语言，借以推进政令加紧建设。

第二条 本所所址暂设青岩。

第三条 本所设所长一人，由省政府主席兼任之，副所长二人，由民政厅长和教育厅长兼任之，教育长一人，由省立贵阳乡村师范学校校长兼任之，并得设教务主任一人，教员、事务员、书记各若干人，由所长遴选员兼任或专任之。

第四条 本所学员，须具有初级中学以上学校毕业，或具有同等程度，年在三十五岁以下、而志愿深入农村服务，尚未讲习土著语言者，其来源如下：

一、下列各县，由县政府保送，其县区现任公务员、教员各一人；及其他由民政厅所指定之县份。

二、本所招考试验及格人员。

三、省政府所属各机关公务员请求入所、经核准者。

一、三两项学员，其所属机关、学校，应保留其原职、原薪。

第五条 本所办理两班，每班六十名。

第六条 本所讲习期间为六个月，学员在讲习期间宿膳、制服各费，由所供给，其属于第四条一、三项学员、并每人月给津贴五元。

第七条 学员讲习毕业，经考试及格者，机关、学校人员，仍回原机关、学校服务，成绩优良者得加增薪金，或提升薪级，其余由省政府分发所属机关各县区，以公务员任用，或分派至各县乡村学校担任教师。

第八条 学员讲习语言，每人得选习一种或二种，并授以土著人民需要之卫生常识。

第九条 讲习课程、成绩考查及学员之训育管理等规则另订之。

第十条 省政府得指派人员作旁听生，其章程另订之。

第十一条 本简章由省政府核定施行。

贵州省地方方言讲习所公函

案奉贵州省政府令开办地方方言讲习所，前经省府通令。贵府保送学员在案，兹复。奉令定于4月1日开学上课，所有各县保送学员，均限于3月28日起亲到青岩镇本所报到、办理入学手续，除分函外，相应函请贵政府查照，希即转饬该学员等遵照规定，按期前来本所，以免迟误。

此致

贵阳县政府

贵州教育史载战时边疆师资培训在青岩

1939 年初，贵州省教育厅为了提高省内偏远县少数民族文化，临时培训师资，在青岩创办了贵州省地方方言民族语言讲习所。这一史实，被载入《贵州教育史》史册。《贵州教育史》[1]记载说：

民国二十八年一月，（贵州）省教育厅在青岩镇创设贵州省地方方言（民族语言）讲习所，目的是培养熟悉少数民族语言的小学教师。第一期抽调黔东、黔南、黔西少数民族聚居的 40 多个县的 90 多人参训。其中，学习白苗语的 9 人、青苗语的 17 人、花苗语的 7 人、红苗语的 9 人、侗语的 14 人、客夷语的 29 人、侗语兼苗语 1 人、花苗语兼土夷语的 3 人（这是当时的分类，和现在的族别不同），九月毕业，成绩合格者 89 人，不及格留在第二期学习者 3 人。学员毕业后，分别分配到学校和有关单位工作。

第一期毕业后，省政府决定将讲习所合并到贵州省行政人员训练所改为方言组，专门研究翻译方言课本。贵州省行政人员训练所结束后，方言组先后移入贵州省行政干部训练委员会和贵州省行政干部训练团，工作人员仅余二三人。民国三十一年（1942）二月，经教育厅与训练委员会商定，由省教育厅委托省训练团设班进行方言师资训练，经费在国民教育经费项下支拨，原计划办 3 期，每期 9 个月，实际只办了一期，时间为 6 个月。课程分两类，一类为各民族方言，另一类为公共课。学员毕业后发给证书，分配到小学任教。

[1] 本文摘录于《贵州教育史》第 377 页，孔令中主编，2004 年，贵州教育。

贵州地方方言讲习所简介

陈茂昌

20 世纪 30 年代后期，当时的贵州省当局，曾为发展少数民族的教育事业，举办过青岩乡村师范学校和民俗学会，并在此基础上开办了地方方言讲习所。

据《贵州苗夷社会研究》载：“贵州省苗夷教育从二十五年度（1936 年）起，教育厅设有省立青岩乡村师范学校一所。该校是专门造就苗夷教育师资的学校。学生中一部分由各县保送入校。学校膳宿以及书籍用品均由学校供给”。至 1937 年，“青岩乡村师范有初中二班，学生 97 名，师范三班，学生 104 名，共五班，学生 201 名”。该校于 1939 年秋 9 月迁榕江，改为国立贵州师范学校。

嗣后月余，即于同年九月二十六日至十月一日，贵州省教育厅召集全省教育行政会议。出席会议的是全省各中小学校长、各县第三科科长、县督学、省民教馆馆长、教育实验区主任以及教育专家。研究贵州苗夷社会的专家吴泽霖、陈国钧先生被邀出席会议。

省政府主席吴鼎昌在会上讲话，他说：“贵州土著人民，据估计约有 300 万，惟因风俗习惯不同，致与我生出一种隔阂，而他们也就得不到平等受教育之机会，这是一种极大的损失。现在既是全面抗战，当然要动员一切力量，想动员这伟大力量，一定要使土著同胞先有平等教育之机会。现决定在最近将土著人民教育推动起来，希望各位能想出各种妥善的办法来使土著同胞有平等受教育的机会。”吴鼎昌所说的“土著同胞”，指的就是少数民族。

这次会议讨论并通过了数十个教育提案。关于苗夷教育，有“如何推进苗夷教育案”之讨论。该提案共 11 条，全是有关苗夷教育的，诸如教育经费的拨发，学校的建立以及苗夷学生待遇等问题，都提出了一些具体建议。其中有两条专论苗夷师资的培养。兹节录于下：

“八、教师师资之造就，暂以设四年制简易乡村师范为原则，可招收苗夷小学毕业生入学肄业。

“九、为从速造就苗夷教育师资，得设苗夷教育师资训练班，各具有设置者，教育厅从优补助之，同上。”

时隔半年，即民国二十八年（1939）三月，贵州省教育厅于青岩设立贵州省地方方言讲习所（以下简称方言讲习所），研究本省的苗夷语言，借以推行政令。校址在青岩堡的圆通寺内。方言讲习所所长由省教育厅厅长张志韩兼任。下设教务主任、事务主任各一人。知名学者吴泽霖、陈国均两位先生，为促进方言讲习所的建立，起了积极作用。

建立方言讲习所，是希望通过短期训练，使学员既掌握汉语，又掌握少数民族语言，结业后在少数民族地区“推行政令。”

方言讲习所学员的来源是保送与招考相结合。原计划由每月保送懂汉语和国音的少数民族 2 人入校受训，无论在职不在职都行。当时贵州有 80 个县，应有学员 160 人。其结果多数县只派出 1 人，有的县甚至 1 个也没有。由于不足额，便进行招考，其资格须具有初中以上毕业或具有同等程度并懂苗夷语言，不分族别，年龄在35岁以下，志愿深入农村服务者。但实际上，不是所有学生都达到了所要求的程度。这样，方言讲习所里就有部分汉族学生。通过保送和两次招考，共有学员 80 多人。

方言讲习所的经费由省政府民国二十七年（1938）总预算费项下动支。学员在讲习期间，膳食、制服、书籍等费，均由方言讲习所供给。据了解，学员每人每月 8 元（大洋和法币兼搭），除伙食、书籍等费用外，尚有一元二角钱作零用。

方言讲习所开设的课程有：语音学、语言学、少数民族语言、苗夷同胞所需之卫生知识，还开有军训课、三民主义、建国大纲之类的政治课。

语音学主要讲授如何发音，识读当时的注音字母，因为当时尚未有拼音。鉴于训练时间短，学员文化水平较低，尚未讲授国际音标及记音方法。语言学主要讲授发音音位，即口形舌位等。这两科都是为调查研究少数民族语言做准备的。因为它们是调查研究少数民族语言及方言必不可少的基本知识。

少数民族语言分为七科：苗语（其中又分为白苗和花苗两科）、侗语、水族语、倮倮语、彝（布依）语等，着重讲习省内比较大的少数民族语言。学员讲习语言，每人得选一种或两种，并要掌握一定的卫生知识。

方言讲习所有教师十数人，大多数是聘请来的，有外省的，也有本省人。本省人有现任省政协副主席杨汉先同志，他是威宁石门坎地区人，苗族。英人伯格里在石门坎创办教会学校，杨入其学校受教。后毕业于华西大学社会学系，回石门坎任光华小学第四任校长，从事少数民族研究。曾在华西大学学报上发表过有关少数民族问题的文章，是苗族中的知名学者。

方言讲习所作息制度与现行学校基本相同，但带有半军事化性质。学员一律住校，晨起早操，中午午睡。上午、下午各3节课，晚上自习，学习和生活都比较紧张。

讲习期为半年。结业经考试合格者，分别录用。据陈国均先生说："该所只办一期，毕业50余人，分别派至各地服务。"

方言讲习所于1939年10月结束后停办。大约从1940年后，又在贵州省地方行政干部训练团内添设方言班，招收学员，予以训练。

方言讲习所结束后，从学员中选了10人参加贵州边远农村工作团，进行抗日宣传工作。高坡杉坪的罗国富（苗族）说："我当时在高坡小学读书，看到过方言所的人到高坡来宣传。其节目有：吹唢呐，演抗日的戏，唱《黄河大合唱》的歌，还写有一些抗日救亡的标语。"

方言所学员，结业经考试合格者都分派了工作。结业于该所的学员，虽也有去少数民族地区从事教育工作的，但更多的人还是被派为少数民族地区的行政长官。如高坡杉坪的苗族罗国清，受训结业后，回到本地任保长兼杉坪保国民小学校长。类似罗国清从政不从教的学员尚多。

方言讲习所虽然只办一期，为时也仅半年，但该所的学员来自四面八方，诸如水城、普定、龙里、贵定……都有人来参加学习，影响是比较大的。

【编者按】陈茂昌在研究贵州少数民族抗战期间的教育时，整理了贵州省教育厅在青岩创办的地方方言讲习所和提高少数民族师资的战时教育情况，向读者简明介绍了贵州地方方言讲习所在青岩的办学过程。因此，收录作者陈茂昌原文发表在政协贵阳市文史委2006年12月编、贵州人民出版社出版的《贵阳文史资料选萃》中册634页，丰富了青岩史料。

贵州地方方言讲习所在青岩始末

1939 年初，贵州省教育厅为了提高全省边远地区少数民族的文化素质，激发抗日热情和爱国精神，在青岩堡圆通寺内创办贵州地方方言讲习所。北门内的赵氏宗祠为讲习所办公地点。“青岩地方方言讲习所下设三处，教育处：负责教务工作，由省教育厅厅长张志韩担任所长，第三任乡师校长胡嘉椿兼任教育长，负责管理讲习所主管所内教学及一切事务。设训育处：负责管理学员生活，内设有一名军事教官，对学员实行军事管理。设总务处：负责管理所内生活事务工作。十多位讲习所教师，主要由省立青岩乡村师范学校教师担任，有时也从贵阳请来专职教师，在当年的 4 月 1 日开学至 9 月份结束后搬回贵阳”[1]。讲习所属于短期训练培训形式，一期为半年。第一期从 40 多个县招收以少数民族为主的 18 至 25 周岁的男青年 90 多人参训，分为两个班教学。主要学习少数民族多语种语言，如：布依族语、侗族语、苗族语、白族语、青苗语、花苗语、红苗语、客夷语、侗语兼苗语、花苗语兼土夷语等。目的是培养边远县少数民族师资，用以提高少数民族地区的文化。

1939 年夏，贵州省政府调黄质夫先生任青岩乡村师范学校第四任校长，接替胡嘉椿兼任青岩地方方言讲习所教育长职和青岩社会教育实验区设计委员的领导工作，参与组织和领导地方方言讲习所的教学工作。

贵州省教育厅编著的教育史载：“民国二十八年（1939）一月，贵州省教育厅在青岩镇（赵氏宗祠和青岩堡圆通寺）创设贵州地方方言（民族语言）讲习所。目的是培养熟悉少数民族语言的（少数民族地区的）乡村小学教师。”

［1］参考《贵州教育史》378 页。

第一期培训抽调了黔东南、黔南、黔西少数民族聚居的40多个县的90多人参训。其中学习客夷语的29人、花苗语的7人、白苗语的9人、青苗语的17人、红苗语的9人、侗语的14人、侗语兼苗语1人、花苗语兼土夷语的3人（这是当时的分类，和现在的族别不同）。9月结业，成绩合格者89人，不及格留在第二期学习者3人。学员结业后，分别分配到学校和有关单位工作。

1939年9月，第一期结业后，省政府决定将讲习所结业生与贵州省行政人员训练所合并，改名为“方言组”，专门研究翻译方言课本。贵州省行政人员训练所培训结束后，方言组先后移入贵州省行政干部训练委员会和贵州省行政干部训练团，工作人员仅余二三人[1]。贵州省地方方言讲习所首期学员结业分配工作，保送的学员回原单位。省里要求乡师在校学员到各县去做抗日宣传工作，贵州省地方方言讲习所在青岩结束，搬回贵阳与贵州省行政人员训练所合并。

1940年1月，原贵州地方方言讲习所到贵阳后，通信兵团士兵就驻进了圆通寺。由于浙江大学青岩分校校舍不敷应用，因此，竺可桢要求通信兵团让出青岩圆通寺作为浙江大学青岩分校的校舍。《竺可桢日记》记载：“从都匀到贵阳有168公里路程。（1940年1月）27日，高尚志押车赴都匀运载仪器来筑。八点半，竺可桢到次南门外师范学校通信兵团团部，会晤团长王涛，商谈该团让出驻扎在青岩镇青岩堡方言讲习所圆通寺里士兵的事。”[2]

[1]《竺可桢日记》。

[2] 据杨汉先回忆，方言所所长由吴鼎昌兼，副所长由张志韩、孙希文兼任。教育长先由青岩乡村师范校长胡家椿兼任，后由周世万、黄质夫继任，教务主任为吴修勤，训导主任为朱功灏，另有一个姓陈的军训教官。当时教社会学的为罗荣宗，教语音学的为李振麟。

战时儿童保育院院歌[1]

安娥 词·张曙 曲

1938 年 3 月 10 日，战时儿童保育会在汉口成立，紧接着成立第一个保育院，即汉口保育院，开始抢救和接收难童。安娥是保育会发起人、保育会理事、常务理事，她和张曙合作，为汉口保育院创作了《战时儿童保育院院歌》，安娥作词、张曙谱曲，C 调 ¼，分两段。保育院院歌，一时唱遍了祖国的大江南北。安娥创作的歌词是：

安娥 像

张曙 像

我们离开了爸爸！我们离开了妈妈！我们失掉了土地！我们失掉了老家！我们的大敌人，就是日本帝国主义和它的军阀，我们要打倒它，要打倒它，打倒它，才可以回到老家！打倒它，才可以看见爸爸妈妈。打倒它，才可以建立新中华。

我们不依赖爸爸！我们不依赖妈妈！我们自己求新学问！我们自己创新的家！我们的好朋友，来自日本军阀炮火的轰炸下，我们要帮助他，要帮助他，帮助他，一齐来打回老家！帮助他，一齐去看望爸爸妈妈。帮助他，一齐来建设新中华。

【编者按】1938 年 3 月 10 日，战时儿童保育会在汉口成立，紧接着成立第一个保育院，即汉口保育院。从此，汉口保育院开始抢救和接收难童。安娥

［1］收录于《烽火摇篮》图片集。（周天胜 扫描）

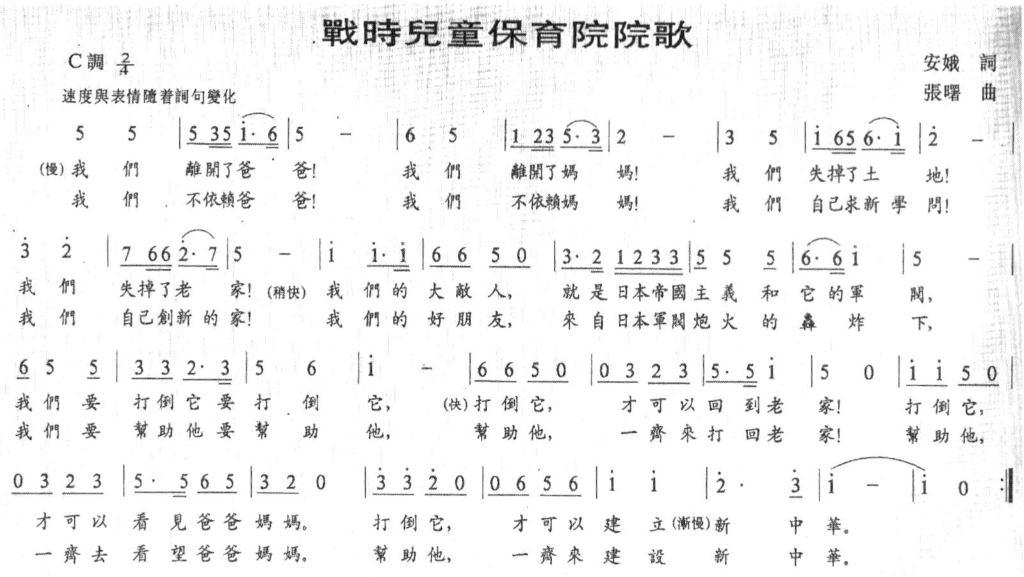

戰時兒童保育院院歌

C調 $\frac{2}{4}$

速度與表情隨着詞句變化

安娥 詞
張曙 曲

5 5 | 5 35 i·6 | 5 – | 6 5 | 1 23 5·3 | 2 – | 3 5 | i 65 6·i | 2 – |

(慢)我 們 離開了爸 爸! 我 們 離開了媽 媽! 我 們 失掉了土 地!
我 們 不依賴爸 爸! 我 們 不依賴媽 媽! 我 們 自己求新 學 問!

3 2 | 7 66 2·7 | 5 – | i i·i | 6 6 5 0 | 3·2 1233 | 5 5 5 | 6·6 i | 5 – |

我 們 失掉了老 家!(稍快)我 們的 大敵人, 就是日本帝國主義 和 它的軍 閥,
我 們 自己創新的 家! 我 們的 好朋友, 來自日本軍閥炮火 的 轟 炸 下,

6 5 5 | 3 3 2·3 | 5 6 | i – | 6 6 5 0 | 0 3 2 3 | 5·5 i | 5 0 | i i 5 0 |

我們要 打倒它要 打 倒 它, (快)打倒它, 才可以回 到老 家! 打倒它,
我們要 幫助他要 幫 助 他, 幫助他, 一齊來打 回老 家! 幫助他,

0 3 2 3 | 5· 5 6 5 | 3 2 0 | 3 3 2 0 | 0 6 5 6 | i i | 2· 3 | i – | i 0 :‖

才可以 看見爸爸媽媽。 打倒它, 才可以建 立(漸慢)新 中 華。
一齊去 看望爸爸媽媽, 幫助他, 一齊來建 設 新 中 華。

是保育会发起人、保育会理事、常务理事，她和张曙合作，为汉口保育院创作了《战时儿童保育院院歌》，安娥作词、张曙谱曲，C调¼，分两段。保育院院歌，一时唱遍了祖国的大江南北。安娥后来担任贵州省难民收容所副所长。《战时儿童保育院院歌》，成为贵州第一青岩保育院的院歌。

贵州战时儿童保育分会成立及文献

抗日战争中的战时儿童保育会贵州分会，由贵州妇女和各界人士 74 人发起筹备组织。

1938 年 5 月 22 日下午 2 时，贵州省党政机关、社会团体、学校、各界妇女和知名人士 100 多人，在贵州省会贵阳南明堂省党部召开成立大会。发起人成为贵州战时儿童保育分会自然会员。大会由王伯群的夫人保志宁主持。保志宁发表演说，题为《为孩子们请命》和《谨为战时儿童请命》，大会宣读了《战时儿童保育会贵州分会宣言》和《中国妇女慰劳自卫抗战将士总会战时儿童保育会贵州分会简章草案》，明确贵州分会隶属中国妇女慰劳自卫抗战将士总会战时儿童保育会领导。大会还宣读了《战时儿童保育会贵州分会募捐办法》和《保育乎？弃育乎》等重要文章。

大会选出 44 人为战时儿童保育会贵州分会理事，组成理事会。10 人为常务理事，理事长保志宁，副理事长杨凤珍。大会通过了贵州分会会章和保育工作计划。

贵州分会设总务、经济、组织、宣传调查、院务管理五个股。（股，后来改为“委员会”，股长改为“主任”。）

贵州分会五个股改为五个委员会的任职情况：

（一）总务委员会，杨凤珍任主任。

（二）经济委员会，李宗恩任主任。

（三）组织委员会，李新之任主任。

（四）宣传委员会，王敏仪任主任。

（五）院务管理委员会，俞曙芳任主任。

理事会决定下设第一青岩、第二定番、第三清镇、第四安顺、第五遵义五处各设一所保育院，保育 500 儿童（后因清镇、安顺两地不在重庆交通线上，放弃）。在遵义设桃溪第三保育院和团溪第四保育院，每年需经费八万二千七百元以上。同时增设桐梓元田坝三座寺为第五个保育院，由总会直属为第十保育院，保育儿童 1000 人以上。

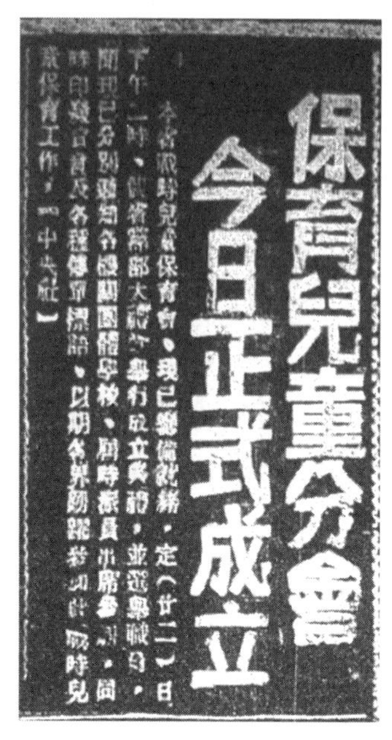

保育兒童分會今日正式成立

本省戰時兒童保育會，現已籌備就緒，定（廿二）日下午二時，假省黨部大禮堂舉行成立典禮，並選舉職員，聞現已分別通知各機關團體學校，屆時派員出席參加，同時印發宣言及各種傳單標語，以期各界踴躍參加我戰時兒童保育工作。（中央社）

贵州省图书馆藏报纸

贵州省主席吴鼎昌等为贵州分会成立题词祝贺。

贵州分会会址，暂设黔灵山。分会实在贵阳大井坎26号办公。（后来陈适云迁往贵阳南京路104号办公）。

战时儿童保育会贵州分会的成立，标志着抗日民族妇女统一战线的形成，各族各界妇女团结一致，拯救中国战争灾难儿童。贵州分会的成立，标志着贵州抢救保护难童工作的开始。保育儿童，即聚保护与教育为一体，培养抗战建国新型人才的特殊教育。要了解贵州战时儿童保育分会是个什么样的组织。我们还得从贵州分会的成立，它的宣言、它的简章、它的募捐办法、它的毕业办法等文献中找到答案。这些当年的文章和章程成为我们今天研究抗日战争时期保护教育儿童的重要文献和重要的理论基础，把它整理出来，供广大历史研究者研究和参考。

一、贵州保育分会的成立

1938 年 5 月 22 日当天的《贵州日报》第三版头条报道的消息说：

“保育儿童分会今日正式成立。本省战时儿童保育会，现已筹备就绪，定（二十二）日下午二时，假省党部大礼堂举行成立典礼，并选举职员，闻现已分别通知各机关团体学校，届时派员出席参加，同时印发宣言及各种传单标语，以期各界踊跃参加我战时儿童保育工作（中央社）。”该会会员和各界人士 100 多人参加成立大会。

二、保志宁发表演讲题为《为孩子们请命》[1]

贵州分会成立大会上，保志宁发表演讲《为孩子们请命》，当天的《贵州日报》

[1] 根据《贵州日报》收录整理。

第四版头条以《战时儿童保育特刊——为孩子们请命》为题做了报道。保志宁的演说，感动了参会的人们。民族的凝聚力一时间聚集在一起，有钱的、无钱的，纷纷捐献，慷慨解囊。这篇演讲原文内容略（另文）。

三、战时儿童保育会贵州分会发起人宣言[1]

贵州分会筹备发起人代表在成立大会上宣读了《战时儿童保育会贵州分会宣言》（以下简称《宣言》）。《宣言》以救济战区儿童、保护战区儿童、服务战区儿童、教育战区儿童成为中华主人翁和成为大批抗战建国的生力军为宗旨。当天的《贵州日报》第四版做了报道。宣言全文如下：

战时儿童保育会贵州分会宣言

惟自暴日入寇，大肆凶残，哀我华民，横遭涂炭，疮痍满目，闾里邱墟，兄弟妻儿，不复相保，劝离转徙，无以自存，甚尤伤心惨目者，则战区儿童，失其怙恃，徘徊路侧，不知所归，此凡人世间之酷过也！是以中央热心人士，见义勇为，爰有战时儿童保育会之组织，专以救济被难儿童服务。

自成立以来，收容战区儿童，为数甚多，教养兼施，即著成效，确惟今日中华民国之儿童，即异日中华民国之主人翁也。今者，国家即揭起抗战建国，以为国是，而又以长期抗战，为应付暴日之此一良策。则今日之儿童，不数年而即成青年矣，果能完成其教养，是无异造成抗战建国之大批生力军也。

然则分会之设立，其对于国家前途，关系匪浅，仅为通常之慈善事业而已。同人等有见及彼，乃于贵州成立分会，以相策应，吾贵州地处后方，敌人之暴力，较难达到，今于此地育养被难儿童，尤为适宜，故本分会之成立，实为当务之急，近日接到中央总会通知，于最近之景况，当分发战区被难儿童五百名，送至此间，育养训练。今后本分会之责任，将日渐重大，惟是同人等心虽有余，而力不足，诚恐难以完成其任务，尚望各界仁人君子，热心赞同，或为精神上之扶持，或为物资上之补助，君等群策群力，同轨进行。俾会务于发布，而成效早得表现。则岂惟本会之幸，国家前途，实利赖焉。

[1] 根据《贵州日报》收录整理。

发起人：王伯群、王裕凯、王觉、王潋莹、王佩芬、王敏仪、毛孟馨、朱章庚、何辑五、何琼书、何琼、何治□、汪荣、任漱芳、保志宁、保志□、沈丽英、李次温、李宗恩、李新之、周诒春、杜伯壎、吴鼎昌、吴榆珍、吴泽霖、邵家麟、郃爽秋、宋志侠、冷仲赤、金诚志、金企渊、孟淑范、陈职民、陈筑山、陈明仙、陈□□、陈崇寿、胡韵娴、袁干臣、袁俞晏、范日新、姚克芳、彭宪、高叔雍、张志韩、张文□、孙希文、叶纪元、叶式钦、陆德音、唐惺悟、唐世鵾、漆璜、黄淑萱、杨覃生、杨崇瑞、梁兆敏、俞嘉庸、郭昌鹤、郭思演、郭思演夫人、薛岳、薛岳夫人、鲁继曾、刘志远、刘剑魂、刘伟侠、刘彩华、郑道儒、赵一琴、欧元怀、华四老太太、华五老太太、卢寿慈、蓝春池。

中华民国二十七年五月

四、战时儿童保育会贵州分会简章草案[1]

贵州分会以保育战时儿童为宗旨，在成立会上宣读简章草案二十三条，当天的《贵州日报》第四版做了报道。简章草案全文如下：

战时儿童保育会贵州分会简章草案

第一章、总则。

第一条、本会定名为中国妇女慰劳自卫抗战将士总会战时儿童保育会贵州分会。

第二条、本会隶属于中国妇女慰劳自卫抗战将士总会战时儿童保育会。

第三条、本会以保育战时儿童为宗旨。

第四条、本会会址暂设黔灵山、贵阳。

第二章、会员。

第五条、本会发起人为本会当然会员。

第六条、凡赞成本会宗旨者，由本会会员二人以上之介绍，经常务理事会之通过并履行入会手续者，得为本会会员。

第七条、凡本会会员有下列之权利义务。

[1] 根据《贵州日报》收录整理。

甲、有选举权被选举权及其他公共应有之权利。乙、有出席本会、讨论本会工作进行之权利。丙、有担任本会或保育院职务之义务。丁、有缴纳会费及遵守本会决议案之义务。

第八条、凡会员入会须缴纳常年会费二元（有特殊情形经常务会议之议决得免缴纳）。

第九条、会员有违背会章或其他不正当行为致危害本会之名誉或生存者，得由理事会议决，分别轻重处理。

第三章、组织。

第十条、本会设理事会，由大会推选理事三十五人，后补理事十人组织之，负责处理本会一切事务。

第十一条、本会设名誉理事若干人，凡党政军领袖及捐款一千元以上者，得由理事会议决敦聘为本会名誉理事。

第十二条、本会设常务理事十一人，由理事会推举之，组织常务理事会，处理一切日常事务。

第十三条、常务理事会设常务、经济、组织、宣传、院务、管理五股委员会。各股委员会设正副主任各一人，正主任由常务理事会推举之、副主任及委员之人选，由正主任提请常务理事会通过聘请之。

第十四条、理事及常务理事任期均为一年，得连选连任。

第十五条、各股办事细则另定之。

第十六条、本会遇必要时，经理事会之决定，得添设其他各股委员会。

第十七条、本会得酌设保育院若干所，办理保育战时儿童事项，其组织细则另定之。

第十八条、本会遇必要时，得于贵州各地设立支会。

第四章、职权。

第十九条、各股职权如下：

甲、总务委员会办理会中文书、会计、庶务及其他一切不属于任何股之事项。乙、经济委员会负责筹划、保管、并审核本会及保育院经费等事项。丙、组织委员会办理征求会员及会员登记等事项。丁、宣传委员会办理对外宣传联络等事项。戊、院务管理委员会指导并监督保育院内设计、管理、教育等事项。

第五章、经费。

第二十条、本会经费来源如下：

甲、会费。乙、自由捐款、保育院经费由本会负责募集之，其募集办法另定之。

第六章、会期。

第二十一条、本会会期如下：

会员大会每年一次，理事会每两月一次。常务理事会每两周一次。以上各种会议遇必要时，经常务理事会决议临时召集之。

第七章、附则。

第二十二条、本会简章经大会通过，呈请党政机关及总会备案施行。

第二十三条、本简章如有未尽事宜，由会员三分之一之提议，由大会通过修改並呈请党政机关及总会备案。

五、战时儿童保育会贵州分会第一届理事会

贵州分会第一届理事会由44人组成，由常务理事会处理一切日常事务。第一届理事35人，候补理事9人，常务理事11人。保志宁为理事长、杨凤珍为副理事长。

理事：吴达铨、郭思演、保志宁、李新之、郭昌鹤、孙希文、薛岳夫人、俞嘉庸、刘祖纯、陈明仙、孟广运、陈职民、黄干民、王征莹、何辑五、汪荣、刘剑魂、杜伯埙、王敏仪、任漱芳、张志韩、杨崇瑞、宋志侠、李宗恩、王裕凯、邰爽秋、欧元怀、肖慰民、王觉、唐世鷗、范日新、梁兆纯、刘伟侠、冷仲赤、唐惺悟35人。候补理事：冯介臣、卢晴川、蒋宗臣、吴榆珍、陈贤珍、陆美亚、彭宪、朱章庚、赵一琴9人。计44人。

常务理事：杨崇瑞、保志宁、王瀓莹、张志韩、李宗恩、王敏仪、王裕凯、郭昌鹤、唐惺悟、王觉、冷仲赤11人。

中华民国二十七年五月二十二日

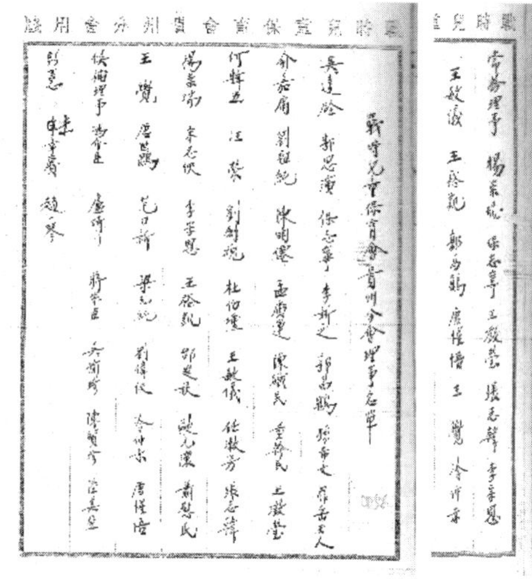
戰時兒童保育會貴州分會用箋

戰時兒童保育會貴州分會理事名單

贵州省档案馆藏资料

六、战时儿童保育会贵州分会《募捐办法》[1]

贵州分会根据本省政府财政困难的特殊情况，本着以“民间募捐为主、政府补助为辅”的原则来制定募捐办法和对募捐加以限制。

战时儿童保育会贵州分会募捐办法

本会奉战时儿童保育会之命，筹设贵州分会，其目的，在以后方人民之力量，而保育战区被难无家可归之儿童，在全面抗战之今日，吾之国民天职，诚然责无旁贷。惟设会伊始，□□从出，本省情况特殊，政府财政困难，兹依据“民以养民”之原则，特制定募捐办法如左。

一、募捐原则

（一）以民间募捐为主，以政府补助为辅。

（二）民间募捐方法有二：其一，富有之家指名募捐。其二，一般社会自由劝募。

（三）募捐之执行，以政府力量为主；募捐之宣传，以本部力量为主。

二、募捐办法

甲、临时办法

1.指名募捐

在省由省党政军最高长官；在县由县党政军最高长官分别开具名单，送交本分会，以利执行。

2.自由募捐

在省由省抗敌后援会，在县由县抗敌后援分会于一定日期发动，各学校各团体，划定区域，分组出发，举行街市或家户自由劝募捐三日，并按县份之筹组大小，规定各县最低劝募数，以促成功，但绝对禁止强派。

乙、永久办法

1.请求政府于二十七年（1938年）本预算项下，给予补助。

2.请求政府按义务教育经费一部分，为本分会经常费。

3.请求政府清查全省公产荒山荒地学田、财产、绝产或庙产，酌量折价成本分会基金。

[1] 根据《贵州日报》收录整理。

4.请求政府核准按月发行慈幼临时券一万元至五万元，至本分会结束时为止。

5.由本分会扩大募捐运动，□□房屋地产古董字画等物品出售，筹集基金。

三、募捐限制

1.除指名募捐，由省、县党政军高级机关会同办理外，其他募捐及乡募人员与区、保长，概不得适用此种办法。

2.募捐舞弊

或假借本分会名侵扰民者，经查实，本分会得呈报党政军高级机关查办之。

七、贵州分会唐吟演讲《保育乎？弃育乎？》[1]

在战时儿童保育会贵州分会成立大会上，唐吟作了《保育乎？弃育乎？》演讲，提出保育儿童“重在保而不弃。指出‘弃’，是亡国的征兆，是民族沦落的先声”。演讲得到与会者认同。内容略（另文）

八、为战时儿童保育会贵州分会成立题词[2]

战时儿童保育会贵州分会成立大会上，贵州省党政领导等五人为贵州分会成立题词，他们的题词分别是：

贵州省主席吴鼎昌的题词是：“幼吾幼以及人之幼。”

大夏大学校长王伯群的题词是：“保赤兴邦。”

贵州省教育厅厅长张志韩的题词是：“蒙以养正。”

贵州分会理事长保志宁的题词是：“要抗战建国必须保育儿童。”

王裕凯的题词是：“保育儿童就是保育民族国家。”

九、战时儿童保育会贵州分会第二届理事会[3]

1939年7月15日，贵州分会换届，由49人组成第二届理事会，理事39人，候补理事10人。

[1] 根据《贵州日报》收录整理。

[2] 根据《贵州日报》收录整理。

[3] 根据《贵州日报》收录整理。

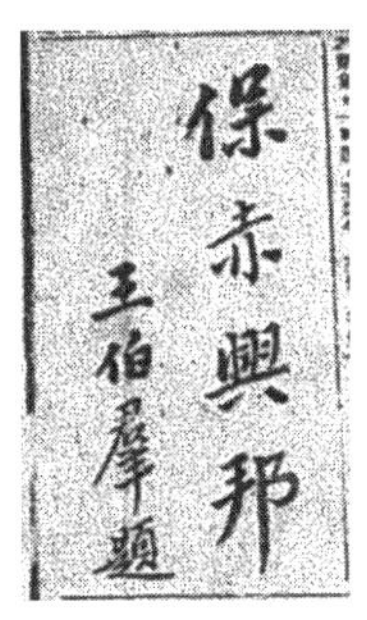

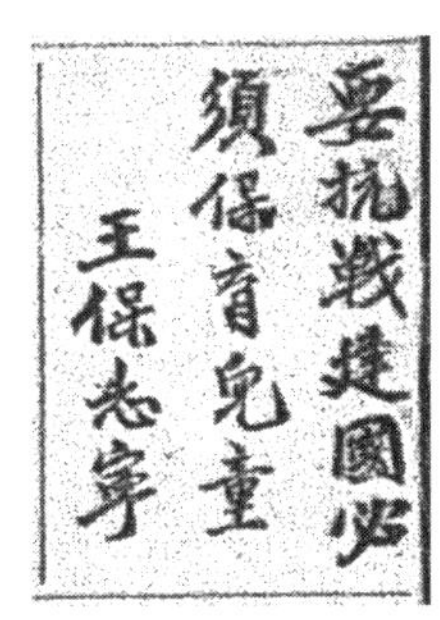

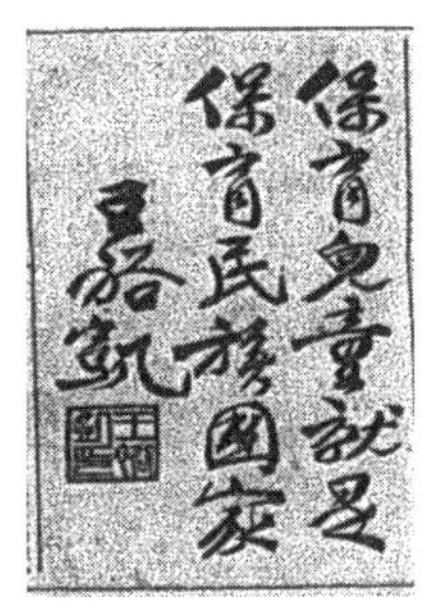

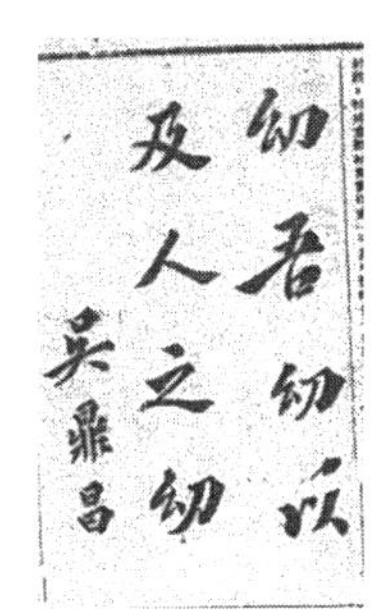

贵州省图书馆藏报纸（周天胜 摄）

理事：王澂莹、周诒春、王裕凯、何辑五、王敏仪、李宗恩、王亚明、李新之、王潄芳、李大光、朱章庚、李瑞林、吴达铨、杜伯壎、吴陈适云、沈克非、吴元俊、保志宁、俞曙芳、杨凤珍、陈贤珍、冯李德全、姚颖、许庆民、范日新、孙希文、陈世贤、廖温音、陈崇寿、欧元怀、陈职民、刘剑魂、钮建霞、肖蔚民、张志韩、翟枕流、郭昌鹤、严慎予、陆德音 39 人。候补理事：谢贯一、彭宪、刘慕曾、宋志侠、吴镜芙、俞嘉庸、姚吟舫、黄干民、杨崇瑞、卢睛川 10 人。

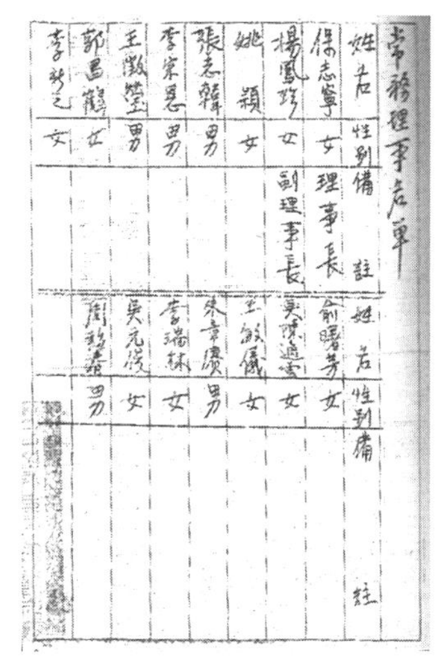

常務理事名單

姓名	性别	備註
保志寧	女	理事長
楊鳳珍	女	副理事長
姚穎	女	
張志韓	男	
李宗恩	男	
王澂瑩	男	
郭昌鶴	女	
李新之	女	
俞曙芳	女	
吳陳適雲	女	
王敏儀	女	
朱章庚	男	
李瑞林	女	
吳元俊	女	
周詒春	男	

贵州省档案馆馆藏档案

常务理事 15 人，候补常务理事 5 人。常务理事：保志宁理事长、杨凤珍副理事长、姚颖、张志韩、李宗恩、王澂莹、郭昌鹤、李新之、俞曙芳、吴陈适云、王敏仪、朱章庚、李瑞林、吴元俊、周诒春 15 人。候补常务理事：廖温音、王裕凯、陈贤珍、陆德音、翟枕流 5 人。

中华民国二十八年七月十五日

十、陈适云任贵州分会理事长[1]

1942 年 1 月 19 日，保育总会理事长宋美龄，任命吴鼎昌的夫人陈适云接替保志宁，任贵州分会理事长。总会派彭慧为副理事长。

2 月 16 日，陈适云上任，将贵州分会会址由黔灵山迁往贵阳南京路 104 号新会所办公。

通过七年来的保育，难童保育生们逐渐长大、升学、参军、就业，相继离去，各保育院人数大量减少，为了节省开支，便于管理，理事长陈适云将青岩、桃溪、团溪、

[1] 收录整理于《妇女工作》1942 年第四卷第一期 5792 号。

桐梓等保育院进行合并迁院。合并后的青岩保育院为贵州女子保育院、桐梓保育院为贵州男子保育院。

十一、陈适云组织贵州分会五周年纪念和选举新一届理监事[1]

1943 年 5 月 23 日《贵州日报》报道题为：《儿童保育会昨纪念五周年并选出新任理监事》。全文如下：

本报讯，战时儿童保育会贵州分会，昨下午二时举行成立五周年纪念大会，市长何辑五、厅长周诒春等百余人，推吴（鼎昌）夫人（陈适云）为主席，领导行礼后即席报告。大意谓：本人自去年二月接任理事长以来，各承本省各机关首长及各界领袖热烈协助，深为感谢云云。次略述该会一年来工作概况，截至本日止，共有会员八百余人，会费九千余元。旋由第一保育院院长赵仲玉报告该院工作后，由该会职员报告一年来经费收支情形，计共收入一百五十三万四千四百九十六元六角三分，支出一百三十五万五千零五十八元六角四分，收支相抵结余一十七万九千四百三十七元九角九分。继由处长周达时致辞，词毕。选举理监事。

理事：何辑五、欧元怀、叶纪元、郑道儒、谭克敏、何玉书、严慎予、周诒春、傅启学、周达时、姚克方、王亚明、萧蔚民、吴陈适云、何王文湘、史上达、俞俊珠、薛迪锦、保志宁、李宗恩、彭湖 21 人。后补理事：姚世□、杨凤珍、邹安众 3 人。

常务理事：周诒春、欧元怀、吴陈适云、姚克方、周达时 5 人。

监事：夏松、韩德举、彭华琚、金企渊、项学儒、姚吟舫、赵雨甫 7 人。候补监事：钱春祺。彭华琚为常务监事。

吴陈适云为理事长，彭慧为副理事长（总会派任）。分会总干事翟枕流。

十二、贵州分会工作结束[2]

1944 年 11 月底至 12 月初，日本侵略军入侵贵州黔南几个县，史称“黔南事变”。就在日军侵占独山县城的头一天，贵州青岩女子保育院在第七任院长朱涵珠奉令带领下，全院师生徒步撤离青岩，徒步到桐梓男子保育院并院办学。

1945 年抗战胜利后，9 月中旬，桐梓保育院、遵义团溪保育院和桃溪保育院剩余保育生又陆续迁到四川水土沱保育院和保育总会其他直属保育院并院，贵州战时

[1] 根据 1943 年 5 月 23 日《贵州日报》报纸整理。

[2] 1944 年底，青岩保育院徒步撤离到桐梓、四川水土沱，参考相关回忆文章。

儿童保育分会工作结束。贵州分会在贵州领导保育战区儿童工作长达七年时间之久，共保育难童两千余人。

十三、贵州分会大井坎26号和南京路104号地名考[1]

何静梧同志原是贵阳市志办主任，贵州省史学会近现代史研究会理事，他在世时，为了弄清楚战时儿童保育会贵州分会在抗战时期的两处会址地名：贵阳大井坎26号和南京路104号。1997年1月7日，编者曾到贵阳市志办采访了他，求得两个地名的考证。何老说：

（一）抗战时期贵阳城内的地名大井坎26号，曾是保育会贵州分会的早期会址，就是今天的护国路（王殿伦公馆）汇文巷小学这一头。

（二）保育会贵州分会后来搬迁到南京路104号新会址办公，就是今天的黔灵西路口至六广门，过去叫南京路，现在叫中华北路。

[1] 1997年1月7日，作者在贵阳市志办采访何静梧先生。

贵州青岩女子保育院

赵仲玉在任期间，儿童保育院发生重大变更。其他保育院的女童与青岩保育院合并为贵州女子保育院，男保育生合并到中国保育总会直属第十（桐梓）保育院，组成贵州男子保育院。

男教师叶润生、苏齐德、方济三、王树清等离开保育院，厨工赵培德离院，由黎文清接厨工。

青岩保育院难童在龙泉寺的磨石弹子石 （周天胜 摄）

1942 年史料，《妇女工作》第四卷第一期（出刊号 5792）记载："省妇女工作委员会主任委员吴夫人陈适云女士，前奉战时儿童保育会理事长蒋夫人一月十九日电，请其主持战时儿童保育会贵州分会会务，并经该会常务理事会聘为理事长，兹闻吴夫人因保育工作重要，一再婉辞，未遂，业于 2 月 16 日接管会务，定于即日起，在南京路 104 号新会所正式办公。""儿童保育会贵州分会曾奉总会电令，饬于定期内办竣并并院、迁院工作，该会理事长吴夫人陈适云女士，于奉令后会，两赴青岩第一保育院，办理接收及并院事务，遵义、桐梓两保育院，已遣派谷炳仑前往办理，昨据吴夫人谈，称并院、迁院事，已于日前办竣。决定女院设于青岩，男院设于桐梓。"赵仲玉是贵州（青岩）女子保育院第一任院长。

1943 年 4 月 13 日，赵仲玉签填调查表，时有"教职员 18 人，保育生 258 名，院长 1 人，下分设四股：总务股、保育股、教育股、卫生股。

"由教育股室实施教育教材与一般小学相同，小学毕业，升入国立二十三中学或分配就业。由总会另发服装费添置服装，伙食由师生组织伙食委员会办理。卫生事业附属于本镇卫生分院代为办理。本院为集中贵州分会之全体女生及幼稚男生之保育院，院中所有服务人员亦均系女性"。

第六任院长李坚白，女，湖南人，中共党员，她从 1942 年 2 月至 1943 年 4 月，在贵州保育分会担任文书主任，于 1943 年 5 月，担任贵阳青岩女子保育院院长，至 1944 年 10 月被特务跟踪而撤离。

她在任期内，全院有教职员工 20 多人，只有一个男性大师傅萧德孝。全院 200 多名保育生都是女孩子，主要来自湖北和广东。

一批文化人的子女在青岩保育院

洪琛的两个孩子在青岩女子保育院。1943 年秋，贵州分会理事长吴陈适云（省主席吴鼎昌夫人）通知院长李坚白，要她把戏剧家洪琛的两个女孩洪铜、洪钢的衣服清理好，以便交给洪琛带走。两天后，吴夫人派小包车来青岩保育院，把洪铜、洪钢接走，李院长亲自把她俩送到理事长陈适云的花溪碧云窝公馆。

李院长又回忆说："1944 年，我离开分会回青岩保育院时，分会理事长吴夫人一再叮嘱我，要绝对禁止孩子去河里游泳，曾经出过不幸的事，随后到院了解前任发生的详情。"

赵桂兰见义勇为救人献身

有一天，青岩保育院一位老师，带着几个保育生到河里游泳，有一位不会游泳的孩子儿遭灭顶之灾，幸被一个从香港保育院转来的孩子，名叫赵桂兰的救了起来。而赵因救人力竭，沉入水中被淹死。当赵在危急时，老师急向河边的农民跪下求救，农民迷信思想严重，连说：“女娃娃救不得！救不得！”后来，还是一个过路的士兵把赵的尸体捞起来。

吴陈适云十分关心青岩保育院的难童

据说分会理事长吴陈适云是一个 50 多岁的小脚女人，比较精明能干，每次到院里视察，孩子们齐声高呼：“吴夫人好，吴夫人好！”她见到这些孩子很高兴，每次交代我：“今天你们院里要增加一些好菜，给孩子们打牙祭，所需费用不报公账，由我私人拿出来。”但她从不在院里吃饭，因她有公馆在附近花溪。

吴陈适云十分关心难童生活，经常到青岩保育院和儿童们过儿童节，多方筹款改善儿童的生活。据史料载：“贵州战时儿童保育分会理事长吴陈适云，于 1944 年 10 月 31 日写给贵筑县的感谢函说，敬启者：据本会第一保育院称：旧历秋节，惠承贵府捐赠添菜费伍仟元，购得猪肉叁拾斤，俾数百儿童得以乐度佳节。隆情厚谊，感激良多，特此致谢，即希查照为荷。理事长吴陈适云。”

1942 年 4 月 4 日儿童节，《贵州日报》曾记载：“《吴夫人赴青岩参加保育院庆祝》：又讯，保育会贵州分会理事长吴夫人，及该会总干事翟枕流，妇工会文化事业组组长周叔昭等，定于本日上午九时赴青岩第一保育院，分发美国赠送该会之各项物品，并参加该院‘四四’儿童节庆祝会，届时必有一番盛况云。又讯，黔儿童保育会，前昨两日续收到各界赠送儿童之物品多件，前访悉其物品数量如次。世界书局赠送书籍九种，共十三本，交易介绍公司赠送玩具三十件、贵州企业公司赠送书籍五种共三十本，冠生园赠送饼干五十包，飞机糖果五十盒，大丝绸号赠送乒乓球一打，铅笔两打，省社会处赠送糖果二十包。周达时夫人赠饼干二十包，商务印书馆赠送书籍九本，西南印刷所赠送乒乓球三十九个，蜡笔两盒，铅笔四打。又前讯，赵光顺先生赠送儿童玩具十四件。”

青岩保育院撤离

第七任院长朱涵珠，女，中共党员，从延安派到武汉八路军办事处妇女组工作人员，与孟庆澍、邓颖超在一起工作。保育会成立后，任保育总会理事，受邓颖超秘密派遣到保育院工作，先在四川的一个保育院任院长。李坚白出现危险撤走时，朱涵珠临危受命，前来青岩保育院接任。

朱涵珠在青岩的时间不长，1944 年 12 月初“黔南事变”发生，在独山被日军侵占的前一天，带领青岩保育院的师生徒步向桐梓保育院进发，再向四川水土沱保育院转移并院。青岩保育院在青岩的教育活动历时 7 年。

据档案记载：“1945 年 2 月 10 日，青岩镇公所呈报青岩战时儿童保育院物品清册一案由，三十四年元月 18 日案准。战时儿童保育会贵州分会函开：前托代看管青岩保育院家具木器，未悉有否受损失，请照件数一清册，三十四年二月十五日等由前来，当即派员查明，除将代为保管物数量逐一造册，并因损失及军队借用，各情详载备考栏内外，理合将造具清册备文呈送：卷宗柜一个，风琴一架，椅子六把，木床 5 张等，函复省保育分会。2 月 24 日。”说明青岩保育院仓促撤离，连用具都来不及运走。

青岩保育生成为新中国的建设人才

据保育院师生回忆，除汉口、桂林保育院转来的保育生外，青岩保育院还到贵阳难民收容所接收难童。如贵阳十三中姜醒国老师一家和花溪区医院龚国珍姊妹三人都是从贵阳难民收容所接收来的。

姜醒国的父亲，名叫姜德崇，曾是东北军某师王以哲旅、一〇五师、一一二师上尉连长、营长等职。

武汉未陷落前，其母姜琴芳（又叫张春芳）曾是随军家属，武汉陷落前，全家团聚，其父随部队开走。母亲张春芳带着他和哥哥姜醒华向重庆转移，又由重庆来到贵阳难民收容所，被安排来到青岩保育院，母亲担任青岩保育院保育员，两兄弟成为难童保育生。姜德崇在“皖南事变”前被国民党第二十三集团军逮捕，后被杀害。解放后姜醒华、姜醒国兄弟俩上了大学，其兄在上海空军政治学院任教，姜醒国则在贵阳十三中任教。

龚国珍带着妹妹龚国元、龚国杰三人从战区一路逃难，来到贵阳，后来到青岩

姜醒华哥儿俩童照

姜醒国提供其母青岩保育员张春芳像

保育院成为保育生。解放后，三姊妹都成为有用人才。

龚国珍成为花溪区人民医院医护士师，龚国元考入西南师范学院，后赴苏联留学，取得副博士学位，回国后分配到中国科学院地理研究所工作，成为一名优秀的科学家，1992 年获国务院颁发的有贡献的专家荣誉称号，享受政府特殊津贴。

青岩保育院保育生知名的有：侯意坚、洪钢、洪铜、李倩霞、孙月华、雷林珠、李宇庄、徐继英、陈汉生、黄安凤、黄泽群、黄淑桢、聂祖智、易俊桃、余志勋、罗文玉、黄庆荣等，他们都成为建设国家的优秀人才，还有在全国各地许许多多不知名的。

侯意坚、艾蒂、姜醒国、黄庆荣等，他们年逾古稀时，曾先后重返青岩保育院故地重游。

注：侯意坚提供本人照、陈吉祥、李少娥、李坚白等相片，姜醒国提供其母亲张春芳和哥儿俩相片。

青岩保育院琐忆

李坚白

抗日战争期间的战时儿童保育会和保育院，既是第二次国共合作的烽火摇篮，又开了关心下一代的教育先河。我于1942年2月至1943年4月，在贵州保育分会担任文书主任，并于1943年5月至1944年10月，担任贵阳青岩保育院院长。回顾50多年前的史实，欣喜这一代难童早已成为国家的建设人才。

战时儿童保育总会设在当时的陪都重庆，宋庆龄任顾问，宋美龄任理事长，李德全任副理事长，邓颖超、沈兹九、曹孟君、史良、安娥等任常务理事，还聘请蒋介石、冯玉祥、毛泽东、周恩来、叶剑英、郭沫若、沈钧儒等担任名誉理事。15个省设有保育分会，多由当地省主席夫人担任理事长。

我是贵阳青岩保育院第6任院长。在我之前有杨、陈、王、黄、赵5任院长，在我之后，还有朱院长。全院教职员工20多人，只有1个男性大师傅。全院200多名保育生都是女孩子，主要来自湖北和广东。1943年秋，贵州分会理事长吴陈适云（省主席吴鼎昌夫人）通知我，要我把戏剧家洪琛的两个女孩洪铜、洪钢的衣服清理好，以便交给洪琛带走。两天后，吴夫人派小包车来院，我把她俩亲自送到理事长的花溪公馆（碧云窝）。

现在知道保育生姓名和地址的，只有侯意坚、艾蒂、洪钢（均在北京）、李倩霞、孙月华（均在长沙）、雷林珠（在株洲）、李宇庄（在益阳）、龚国珍（在贵阳）、徐继英（在哈尔滨）、洪铜（在南京）、陈汉生（在合肥)、黄安凤(皖肥东县)、黄泽群(广州)、黄淑帧、聂祖智(在武昌)、易俊桃(广水)等。

李坚白像(侯意坚提供)

贵阳青岩保育院设在万寿宫与龙泉寺。当时，龙泉寺的十大金刚都搬走了，寺内的小菩萨都被保育生拿来做了枕头。万寿宫的尼姑常念“阿弥陀佛”，俏皮的孩子侯意坚等就跟着念“阿弥陀佛青菜豆腐，有肉不吃吃萝卜”，龙泉寺的和尚打斋时，总是把些食物撒在地上，和尚一走，孩子就把地上的东西捡回来吃。青岩附近有许多苗族同胞，每月初一、十五来到镇上马路边赶集，有些小孩常从集市场捡些蚕豆之类来吃。总务股长徐文贞(现在哈尔滨)管理伙食算是不错的，常吃西红柿(二分钱一斤)、米豆腐、青菜、萝卜等菜，有时还打牙祭。偶尔买不到食盐，不免要吃餐淡菜。保育生每人每天的定量粮食是24两大米(老称一斤半)，根本吃不完。1944年夏已节余大米200多担。我打报告给分会，要求上缴这些余粮，分会不同意，批示留作院里自用，我就照办了。

前任总务股长吴玉姗，是贵阳吴县长的妹妹，我到院不久，她就走了。前任教导股长吴金娥是吴县长的弟媳，她走后，继任的龚老师是浙江人，教学时一口浙江音，侯意坚(河南省)等孩子就跟着学浙江话。我的表妹赵孟尝(现在长沙)是语文教师，她教《大禹治水》时，一口湖南话：“洪水呀！个(这)样大的洪水呀……”教历史地理的老师是贵州人，我也代替一位生病的老师教过法国故事《最后一课》，要求保育生好好学习，力争上进，如果现在不努力读书，一旦当了亡国奴，像《最后一课》里的孩子一样，那就没有读书的机会了。我在每个星期一上午，领导全院师生做总理纪念周，会上念孙总理遗嘱，唱《保育院院歌》，报告时事及院务。我的老伴是北京大学学教育的，1944年暑假她到青岩住了3个多月，当我谈到院里的教学改革时，他建议实行陶行知的劳动实践教育，做到教学、训导、保育三合一，多用启发式，少用注入式。当时我院试行了这种教导方法。

院里每到星期六晚上，就由老师指导学生表演小歌剧和跳舞唱歌。附近贵州大学放暑假时，一些大学生也到院里来教唱抗战救亡歌曲。

除冬天外，保育生每天早起后就由保育员带到河边洗脸，夏天却不准孩子们到河里洗澡，怕出事故。晚餐后，那些孩子喜欢找张一君老师（她是我的弟媳，现在深圳蛇口）讲故事，她讲《水浒传》《三国演义》、岳飞抗金兵、苏武牧羊、孟母断机、孔融让梨等历史故事，很受孩子们欢迎。课余时，有些大孩子爱到图书室看小人书和报刊。室内挂有吴理事长画的梅花，还有苏联大使馆赠送的画报。较小的孩子在课余时，爱打自制的石头弹子，遇到不下雨的星期天，全院孩子就在附近山坡上开荒种菜。下雨天，就在院内做手工活。五、六年级的大孩子每天轮流帮厨，帮助大师傅买菜、选菜洗菜，帮助厨房到仓库运米，到集市运煤。

孩子们由于缺乏营养，患夜盲症和贫血的不少。冬天打赤脚，许多小朋友得了冻疮。由于不常洗头，有些孩子得了癞痢。由于好在外面捡些东西吃，好几个孩子得了痢疾。加之院里医务条件很差，有时小病也治不了。1944 年 3 月桂林保育院转来的一个 9 岁（经查审判档案，应为 13 岁）女孩，姓杜（经查审判档案，叫宋淑英），湖北人，忽然头疼得很厉害，医生给她吃了感冒药，第二天就死了。贵州分会派会计许碧君到院里协助料理后事，买了木板，做了棺材，让死者穿上罗斯福布做的衣服，还用一些白布包了尸体，埋在青岩山上。

1943 年，我离开分会去青岩保育院时，分会理事长吴夫人一再叮嘱我，要绝对禁止孩子去河里游泳，曾经出过不幸的事。随后了解详情，知道青岩保育院一位老师带几个保育生到河里游水，有一位不会游水的孩子几遭灭顶之灾，幸被一个从香港保育院转来的孩子赵桂兰救了起来，而赵却被淹死。当赵在危急时，老师急向河边的农民跪下求救，农民迷信思想严重，连说：“女娃娃救不得，救不得！”后来，还是一个过路的士兵把赵的尸体捞起来的。

分会理事长吴陈适云是一个 50 多岁的小脚女人，比较精明能干，每次到院里视察，孩子们齐声高呼：“吴夫人好！吴夫人好！”她见到这些孩子很高兴，每次交代我：“今天你们院里要增加一点儿好菜，给孩子们打牙祭，所需费用不报公账，由我私人拿出来。”但她从不在院里吃饭，因她有公馆在附近花溪。

我在分会和保育院工作将近 3 年，吴夫人对我的思想特别关注。在分会时，常要我注意思想问题，到保育院后，也叮嘱我注意言行。她说："有人反映你思想'左'倾。"我说："我只是不爱梳妆打扮。"我到院不久，花溪中学一位女军训教官王德恒，常到院里找我闲谈，并到我家里要拜我母亲做干妈（当时我妈和弟弟都从湖南到青岩居住），感到她在监视我。我遂于1944年10月离开保育院，到昆明西南联大总务处当文书，临走，移交了200多担节余的大米，给新任朱院长。不久，日军攻到贵州都匀（独山），我在昆明闻讯，甚为师生们担忧。我现年85岁，常常想念那些在战火中朝夕相处的孩子。

【编者按】李坚白，中共党员，1943年5月至1944年抗战期间，李坚白担任了贵州第一青岩保育院第六任院长。她在任期间，青岩保育院实行了陶行知先生的生活即教育理论，教学采取启发式，反对注入式，同时开办农场，率领保育生参加劳动实践活动。1944年10月间，李坚白被特务跟踪，趁夜撤离青岩，转移到昆明。其院长职务由延安来的女八路朱涵珠接任。解放后在湖南工作。李坚白85岁高龄时，还在关心文史工作，于1996年6月1日，撰写了回忆录文章，全文刊登在《保育生通讯》杂志上，向人们介绍了当年在青岩保育院发生的许多生活片断。这篇琐忆是发生在青岩龙泉寺的故事，因此，全文录入本书。

贵阳保育生同学会章程

窃以中日军兴以远，中国战时儿童保育会尽最大之努力，在战区抢救儿童，移送后方抚养、教育，八年来卒学而服务社会者有之，仍在继续升学，以求深造者有之，因是散居，极少联络，尤其受国家培植之儿童成人后，应如何为国努力，为人群造福，亟应密切联络，互相策勉，期能为吾国之中流砥柱。爰有战时儿童保育会贵阳保育生同学会之组织，期欲驱其全体会员为吾国战后之建国分子，庶几不负国家之培植，兹为求会组织之合法起见，理合抄具战时儿童保育会贵阳保育生同学会章程一份，随文呈送仰祈鉴核、准予备案，并候示遵为祷。谨呈贵阳市政府。附战时儿童保育会贵阳保育生同学会章程一份。

战时儿童保育会贵阳保育生同学会筹备负责人：阎敦忍、邓述炳、陈定远。批示请寄“贵州盐务管理局转邓述炳”。

【编者按】抗战胜利后，离开青岩保育院的保育生黎东群、王国泮、凌云汉、阎敦忍、陈定远、邓述炳、刘开雄、蔡玉阶、张广新、吴晏、尹达五、陈玉明、丁淑芳、罗文玉、李行贞等在贵阳重逢，于1946年1月9日，为便于联络，发起组织战时儿童保育会贵阳保育生同学会，拟定了同学会章程。

抗战中发生在青岩的殴打难童大事件

1938年5月22日，中国战时儿童保育会贵州分会成立后，8月决定在贵阳县青岩设立贵州第一战时儿童保育院。由理事长保志宁亲临青岩勘查，选定万寿宫、赵公专祠等地为保育院院址，同时委任杨寿珣为青岩保育院第一任院长。

1938年冬天，汉口等地保育院的难童从香港转移到桂林辗转来到青岩。整个万寿宫内住满了200多名儿童，保育院只能解决难童们的吃饭问题，难以展开教学。为此，保育院通过省政府下文增加赵公专祠前院为教学和办公的地方，这就要求青岩中心小学腾出这些教室。由于当时许多人对难童的到来认识不足，对腾教室有抵触情绪，校长蔡国华迟迟不腾教室，而贵阳县县长签字暗中指令青岩区公所“青岩中心小学不敷应用，且不须受理”。最后保育院只好在县区调解下，在书院处维修几间房子，以此作为教室调换。就在青岩中心小学搬出赵公专祠前院后，蔡国华又将赵公专祠前院送给了贵阳女师，为后来殴打难童种下了祸根。

1939年2月15日，保育院与青岩中心小学对调教室后，将桌凳搬入赵公专祠前院，分四个班开始上课，教员办公室设在右廊厢房楼上，便于组织教学，开学三周后一切正常，无任何纠纷。

档案史载：3月18日上午7点半钟，青岩保育院的儿童在各队队长率领下，从万寿宫出发，前往赵公专祠教室打扫卫生，清洁教室，准备上课。教师们在万寿宫整理书籍课本，未与儿童们同行，难童们在打扫办公室时，发现楼外木板上随处都是文件、表册、书籍、用品等，房门反扣，办公室内已设寝室，难童们只好将未损坏的桌椅搬回原处。此时，青岩小学校长蔡国华、教师李世昌带领高年级学生60多人前来赵公专祠干涉，老师和学生口出不逊、骂人，教员李世昌暗中怂恿学生40多人手持木棍，冲进教室对难童大打出手，难童四处逃窜，并准备逃回万寿宫。但青岩小学生已将前门后门上锁，路口有学生持棍把守，不准一人离开。他们随意追打难童，到处是哭声和喊叫声，被打伤120多人。这样，轰动全国的殴打难童大事件就这样在青岩赵公专祠发生了。然而事件并没有结束。过了一刻钟时间，保育院教师前来上课，发现门已上锁，从门缝中发现青小学生殴打难童的情景，随即返回万寿宫集合教师找区公所营救，难童方得进入教室，伤重难童被工役抬回万寿宫医治。青岩中心小学与保育院纠纷正待处理时，贵阳女子师范学校学生200多人，在教师龙仲衡带领下，人人手里拿着木棍来到专祠院坝中。蔡国华对女师学生说："已替贵校打倒一般'亡省'小杂种，你们正好办事。"女师学生听后齐声喊打，200多人涌入教室，不分儿童大小，举棍就打，甚至拳打脚踢，混乱中，青小高年级学生十多人又趁机混入。女师师生抓打保育院教师，一场混战。

保育院教师何永和、职员杨知松等5位教师被打成重伤，学生被打120多人，内重伤吐血昏倒了3人，体内受暗伤十多人，头部、手部、足部及身体表面受伤的达30多人，经区公所队长吴少华与士兵阻止，殴打事件才得以平息。

贵州第一战时儿童保育院，即青岩保育院，于1939年3月20日，向贵阳县长李大光写了诉状，要求严惩凶手。诉状实录如下：

敬启者：案查本院前以万寿宫房舍过少不敷应用，业于去岁（1938）八月，经贵州保育分会会长保（志宁）亲来觅定赵公专祠前院作儿童课室。并函商贵州省政府暨动员委员会协济委员会同意，给予布告，张贴门首。复承协委会何委员长玉书亲自勘察划分界限，一切手续办理周全。候因本院杨（寿珣）院长奉令来青筹备，即专祠主人，地方绅耆均愿借用，唯独中心小学负责人表示不满，不肯迁让。幸蒙贵县长从中斡旋，着本院修理后院及书院上房舍三间，与青小对换，当雇工议定修理费百五十元，由院筹备。并请刘区长一然代为监修，所商办法，业经呈准，饬工赶修，于2月13日完竣（现有中心小学有条证明）。15日正式通知调换，有案可稽。于是本院将桌凳移入，分为四班开始上课。职员办公室暨教员憩息室，系设右廊楼上，以便办理教学事宜。管理儿童三周以来，殊无他议。突于本月（3月）18日，本院儿童于上午7时半由各队队长率领，前往课室打扫清洁（按上课时自八点起，早去半点，系清洁课室，各队教师正在院清理书籍、课本，故未随队同行），（因书籍课本由院购备，上下课室随发随收，以免失遗）得见办公室内所有一切文件、表册书籍、用品等，全被抛于楼外，门被反扣，室内寂无一人，事前并无片纸只字通知，抑或口头声明，竟敢破门而入，损毁公文器具，甚至重要表报书籍等，也不知掳往何处。儿童等遍寻弗得，始将未损桌凳移还原处，内置寝具丝毫未动。当清理对象时，即有中心小学学校校长蔡国华，教员李世昌二人率领该校学生60余人前来干涉，恣意谩骂，迭呼儿童等为："亡省小杂种，敢将我们送给女师地址占据设备，为什么？办公室、教员室野种们须知道，在此上课是老子们做好事，暂时借用，现已全送女师，不日就要撵你们炸不死的野种滚蛋啊！真好笑，我的学生们，看看这般小野种，还要自认为主人翁呢！

1939年青岩保育院3·18在青岩中心小学被殴打成轻伤难童照片（周天胜 翻拍）

把人家女师东西偷掉，趁她们到校上课去，一人不在屋的时候来做强盗工作。喔！你们来看这些鬼眉鬼眼的杂种真快手脚，大家应该齐来抱不平。”当时本院儿童闻叫骂之声，大骇。始知屋内系女师学生寝具，然幸喜未动他处也。斯时，有两儿童极郑重、极和蔼向蔡君申明谓“经本院筹款代贵校修理房舍调换得来，平常听我院长说，还有李县长（李大光）、刘区长（刘一然）从中交涉，并有许多凭证，如何忽然又送给女师了？我们真莫明其妙”等语。蔡国华旋又答复：“这是老子们的地方，老子们的所有权，喜谁就送谁，与你这些小杂种何干？咦！我的学生们！快来看这般亡省奴、小杂种些，怎么不会被敌机炸死，留在后方来扰乱秩序，霸占老子们的地方……”还说了许多下流话，像骂祖宗、造三代、造爹娘等，难于尽述。该校学生尤其下流，骂先人造祖宗，造爹娘等等惯语，非常纯熟。真意想不到，举凡一切下流口吻均出诸该校导师及学生，传达罄尽矣。当蔡校长正发言间，遂有教员李世昌暗往本校，怂恿全体男女生各执童子军棍计约四十余根，蜂涌进到课室门外。大声疾呼：“打倒那些小屁仔，替女师报仇。”势其凶猛。本院儿童见人倍于我，身材较高者尤多，知不能敌，惊散各处。一部分则退入教室内，彼等即举棍追入，肆意乱击，打断军棍七八根，伤一二十人，其余则抱头乱窜，哭声震地，欲逃回院，只见前门关锁，后门上杠，各地隘口均有学生持棍把守，不许一人逃出，意图尽兴饱打，以除胸头之恨。不一刻钟，各队教师前往上课，见门关锁，由缝中窥见青小学生举棍挥低龄儿童，啼哭求饶不止。大惊。返院乃约集各职教员，仓皇由区公所方面叩门营救。该校师生仍高声大骂，怒犹未息。始上前问明，笑言劝解，各童则纷纷哭诉，出示伤痕，因思该校人强力壮且有凶器，不敢与之抗衡，故遍召儿童各归教室听候双方职员交涉，不许一童发言，其伤重者则饬工役抬回医治。正办理间，忽见女师学生二百余人，由教师龙仲衡、李梦侠、高绶卿，庶务彭竹琨暨女教员潘某等十余人，各执手杖到达课室小院中。（闻系蔡暗使学生前往通知）首由蔡国华向女师师生报告谓：“已替贵校打倒一般亡省的小杂种，你们正好办事。”龙等闻言，快活不已。咸同声叫骂，语言下流，女声则和声喊打。龙等高举手杖督同健壮工役十余人，又涌入各室，不分性别，不论成年与否，任意狂击。一部分则逃至后院，一部则窜到草场，只见拳击足踢，拐杖忙翻，其势非通通打死方雪其恨。又不多时，复有中心小学李世昌与高年级学生十余名，乘机混成一块为虎作伥，增威助势，举拳趋向本院教员何永和头部抓殴，继则李梦侠、彭竹琨暨小学学生等团团围住，拳足交加，遍体鳞伤，犹不撒手，龙仲衡则举杖催动女生毒打。聂其兰、高绶卿则与工役二人举拳恶击职员杨知松，叫骂声、抓打声、哭泣声不绝于耳，叫嚣扰乱，一塌糊涂。此种现象实仅见诸青岩，他省从未得闻也。在本院儿童、职教员等被殴之时，尚有区公所吴队长少华与士兵数人旁立目观。经多方劝解，前后弹压始告平息。吴队长乃开门听儿童等狼狈返院。计此次被殴教师五人（内重伤二人，轻伤一人），儿童除一部分女生逃匿后院外，被殴者百二十余人（内重伤呕血昏倒者三人、体内受暗伤者十余人，头部、手部、足部及身体表面受伤者三十余人。只是本院院长在省未回，哭诉无由，惟含泣隐忍啜泣而已。

查本院儿童均系未成年。尤以年龄稚者实居多数，如何能受两校合力而攻击，未免小题大做。但肇事挑衅者，经考察确实为蔡国华、李世昌二人之主动，蔡竟以公家地址作私产随意支配，显系重势鄙弱，有意侮辱一般无家可归之孤儿寡女。不特有背贵县长当初维持本院地址之信约，抑且违反战时要政，置国家民族不顾。我蒋冯两夫人（宋美龄、李德全）闻之，惊也。难忍此恶气，除先行派员护送重伤儿童到省请求会长保（保志宁）检验核办外，相应又本院受（伤）儿童受伤照片一张送请查阅。并将中心小学员生行凶经过，据实陈明。务希贵县长派员彻查，严惩罪魁，以维本院儿童小生命，而奠定抗战建国之基础。

事件发生后，省、县、区及保育分会、保育院等派员参加了处理，受伤的教职员工和受伤难童得到治疗。肇事的女师师生为首者受到处理，唯青岩中心小学受到包庇。但校长蔡国华后来感到后悔，认识到错误，召开了中心小学师生大会，做了检讨。为了挽回影响，和保育院搞好关系，动员全校师生与青岩保育院师生交朋友，每人送难童一件礼品。后来的几年中，青岩中心小学与青岩保育院关系融洽，还经常在一起活动。为什么会发生这个事件？原来是因为县长签字引起的。请看史料记载：

案奉：主席交办战时儿童保育会贵州分会笺函开："敬启者，前接本省动员委员会来函承允，拨青岩万寿宫、赵公祠前部二处为敝会保育院院址，敝会当即派员前往接收，惟最近据该员报称：万寿宫现驻有军队一营，赵公祠仍为小学占用，而青岩区公所当局及二处负责人员，均以未接贵府通令为辞，一时未想拨让，然数百难童即将来省，敝会对于保育院之筹备实不容稍缓，固持函请贵府迅予通令该二处负责人员，早日设法拨让，以利进行，实为公便。”等由。准此，除函复外，相应函请贵县查照，迅饬青岩区公所转至青岩中心小学及万寿宫驻军迅速迁让，至级。公恒，此致。二十七年（1938 年）九月十日。

贵阳县县长九月十日签发给青岩区公所的指令：

拨青岩万寿宫、赵公专祠二处为敝会保育院院址。“青岩中心小学”不敷应用，且不须受理。

青岩中心小学拖延不让教室，原来是县长延缓办理，导致后来发生大事件。据 1938 年 10 月 12 日贵州省动员委员会协济委员会函记载：

贵阳县政府转饬青岩区公所与中心小学拨让战时儿童保育会应用在案，嗣经该会理事长保志宁与本会秘书刘文焕前往查视，并与该区长颜丕卿接洽。据谓该校长曾云“彼不知什么协济委员会，倘不奉到县府训令，决不迁让”等语，查保育会决设青岩赵公祠，在省府方面已定案，况青岩书院与赵公专祠他有空屋。如赵公祠后殿及左厢房均可改作教室，原书院部分也有空房可增设教室一间或二间，如须修理，保育会方面甚愿如数付给修理费用，此项办法殊为允，当想贵府必能予以赞助，相应函达，即希查照，转饬该校，径与该会接洽迁让，见复为荷。

此致

贵阳县政府

二十七年十月十二日

但是，青岩中心小学有县长的令牌，仍不肯迁让教室。

贵州省政府教育厅训令训字第 128 号：

令贵阳县政府：案准贵州省动员委员会协济委员会二十八年二月八日济字第 1029 号公函略开：案准战时儿童保育会贵州分会第一保育院元月三十一日函：以前经本会指拨青岩中心小学现在之书院等房屋作为院址一案节开：（本院立即通知中心小学，将原设专祠内之教室，先期腾让，以便开课，惟迄今该校仍迟延不让。）一案到会，相应函请贵厅核办见复。等由，准此，除函复外，合行令，仰该县政府遵照，转饬该校腾让为要！

此令！

厅长张志韩

不久，万寿宫里又发生一个三岁难童爬进开水锅烫死的事件。

后来是何应钦到青岩解决保育院、浙大、及其妹何应相受家法事件问题的。事件发生后，杨寿珣被调离，陈维坤接任青岩保育院第二任院长。

青岩保育生宋淑英坟墓被盗窃事件始末[1]

保育院长李坚白回忆说：

孩子们由于缺乏营养，患夜盲和贫血的不少。冬天打赤脚，许多小朋友得了冻疮。由于不常洗头，有些孩子得了癞痢。由于好在外面捡些东西吃，好几个孩子得了痢疾。加之院里医务条件很差，有时小病也治不了。1944 年 3 月，桂林保育院转来了一个 13 岁女孩，名叫宋淑英，安徽人。8 月 10 日拉肚子，忽然头痛得厉害，医生给她吃了药，病情没有好转，没几天就死了。15 日，贵州分会派会计许碧君到院里协助办理后事，买了木板，做了棺材，让死者穿上罗斯福布做的衣服，还用一些白布包了尸体，埋在青岩谢家坡山上。

当天晚上鸡还没叫时，青岩北门的杨银洲、陈子奎二人趁夜，盗挖了保育生宋淑英的坟墓，盗走穿在身上的衣物。

16 日，一牧童在谢家坡放牛时发现墓被盗，即刻到保育院告之，许多保育生前去看墓后，保育院向青岩镇镇长周大启和燕楼警察所所长王盛铎报了案，同时上报贵州保育分会。

当天，贵州保育分会理事长吴陈适云写函给县长吴椿说：

[1] 收录该判决书原件存于花溪区档案馆。

钧座再电告吴县长，务使此案获有圆满结果，否则，本院在青岩此种环境中，生命财产恐将无法保障矣等由，自应出请台端、彻查，务使凶手归案严办，该案得早日水落石出，藉保治安面貌，否则，为数百儿童要合计，只得并请省政府迁院，专此奉达。

因而引起了吴椿的重视，要青岩镇写出详细情况报告。

8月17日，周大启和警察所所长王盛铎写给贵筑县县长吴椿的报告这样写道：

窃于本月16日晨，据青岩保育院派员来所称，该院于15日晨埋葬病死儿童一名，于青岩北门谢家坡上，今晨有保育生前往探墓，发觉坟墓已被挖开，被人开棺，将死尸身着美国蓝布童装，儿童制服一套及白被条两张（系一床套被撕开为二张均染桐油迹一块）盗取而去，尸身暴露棺外，随即返院报告，请予彻究等情到所，职等当即会同前往现场勘验，乃见挖开坟土，正与棺木放置方向相合，并据该院李院长告以埋葬时，除该院生员工友外，仅有雇用民工杨银洲、陈子奎二人，其他并无民众在场，因之认为埋坟工人杨银洲、陈子奎二人，不无盗墓嫌疑，即经派警传该杨银洲、陈子奎到所研讯，而该陈子奎迭经传讯，均匿不现面，其妻陈王氏供称，陈子奎不知去何处，亦不知盗墓之事，复经讯问该杨云洲，亦坚不供认有盗墓情事，惟查该杨云洲素行不正，前与小偷王昌保等共同偷窃高寨河刘家有案，此次盗墓实有重大嫌疑，现陈子奎即行远扬，显系畏罪潜逃，窃以挖掘坟墓，触犯刑章，被传到之土工杨银洲虽狡猾不承认，惟以案情较量重，职等未敢擅专，除饬属将该陈子奎传到送讯外，理合先将嫌疑人杨银洲、陈王氏二名口据情送，请钧府讯办，以靖盗源，实沾公便。

吴椿当日派左炳全和赵刚二名警察到青岩保育院及葬地分别勘查，记录称：

据保育院总务主任徐文贞面述，本校学生宋淑英，年13岁，安徽人，为患恶性痢疾身故，先在院调养，经保育股事务员李金华及保姆姜琴芳（张春芳）盛殓毕，15号二时，雇土工杨银洲转唤陈子奎及院工四人同抬至北门外小坡上面埋葬，维时院内师友结队送殡，以死者衣服遗物一包，先在坟地焚毁，彼时只仅校工及土匠在前眼见，翌晨爰有牧童来报，随即往观，见此墓被掘，棺盖撇开，尸体裸身扑卧，有原殓死者身着之新白衬衣裤一套，美国布西装式上衣一件，工作裤一条及白被盖布单一床均不翼而飞，且见尸体周身痕迹宛然，俗之盗殓物者鞭尸，而取以避祸殃……

后杨银洲交代：赃物物藏匿在无人居住的青岩郑家水碾房中。案件还涉及杨绍臣、萧德孝、陈王氏等人。警察后在河西将陈子奎捉拿归案。

经贵筑县政府军事法庭审判，判决如下：

杨银洲，男，40岁；陈子奎，男，45岁，因发掘坟墓盗取殓物，各处无期徒刑，剥夺公权终身。

萧德孝，男，39岁；杨绍臣，男，45岁，两人无罪。

赃物布单二件，衣一件返还具领。

事实：

缘被告杨银洲、陈子奎家境贫，以埋葬为业，青岩保育院保育生宋淑英，于本年八月十四日因病身故，该院保姆先在调养室亲为盛殓，翌晨唤工友萧德孝雇工杨银洲、陈子奎帮同抬棺出葬于青岩北郊谢家坡，次日突有牧童冲院喊报，坟被发掘，往视，则尸陈棺外，殓衣布单悉被剥去，报知青岩镇公所，立即捕获杨银洲送县，经讯狡不供认，继经派员勘查，随将陈子奎缉获，陈欲脱卸刑责，遂攀（诬陷）保育院工友萧德孝从中主使，杨银洲在获案之初，因陈子奎在逃，讯以掘坟者为谁，则以陈子奎、杨绍臣两人为对，至是，亦变更原供谓受萧德孝之邀约，核其所供游移，复派员赴青岩就地侦查，并在青岩北郊郑家桥空无人居的屋中查获赃殓物一包，送县复研讯，杨银洲知难掩饰，始自承认与陈子奎共同行窃，与萧德孝、杨绍臣无关，爰为依法判决。

理由：

本件理由分两部分说明之：

一、杨银洲、陈子奎部分与被告等家徒四壁、下力为生，均住青岩北城墙脚，距葬地不过百步之遥，因具熟悉地形，故乘夜阑人静，便利行窃，认定被告等所为殆无疑义。保育院在厝葬之时，以死者故衣一包焚诸墓地，被告等复闻院工戴唐氏赞称殓物甚好，且系在院室内密殓，凡此种种，均足启被告觊觎之心，及勘查所掘之墓，系对准棺身开，狡决非其他盗匪所为，至为显著，被告等在获案之初矢口抵赖，攀连善良，冀卸刑责，迨经实地勘查，取获赃证，知难遁饰，乃据一一吐实，且被告等性情狡狯，素犯偷盗为之罪，依同法第八条、刑法第三十六条、第三十七条第一项，各处无期徒刑，剥夺公权终身。

二、萧德孝、杨绍臣部分。

被告萧德孝，充保育院工友，及盗案发生，逮杨银洲到案讯掘坟者为谁，则以杨绍臣、陈子奎为对，诘其着手时间，则供半夜鸡没叫的时候，见（本府三十三年八月二十六日上午十时审讯笔录）。迨陈子奎获案，攀连被告萧德孝，杨银洲亦一变初供以萧为的，并称系在天黑时候共同盗殓，盖以诿以刑责而陷萧于法也。本府为求案情确切起见，复派员至青岩查取赃证，并就地侦讯保育院工友人等，据其供述，院门向在傍晚后关闭，是夜，萧德孝实未外宿，更质之保育院长李坚白，该被告在院服务经年，秉性诚笃，从无不法行为。就此证明，尚堪置信，被告杨绍臣，因杨银洲之指供，逮案考查，及至讯证明确，杨银洲乃供杨绍臣不得不在场，也没有向我们说过这回事，讯之陈子奎，亦供不晓得杨绍臣在没有。（见本府三十三年九月二日下午三时审讯笔录）是被告萧德孝、杨绍臣犯罪嫌疑不足，应钧谕知无罪，查获盗赃白布单二件，西装衣一件返还具领。其上论结，依刑事诉讼法第二百九十一条前段，第二百九十三条判决如主文，中华民国三十三年九月十一日。

贵筑县政府军法庭

县长兼军法官吴椿

军法承审高文鑫

书记员刘剑

中华民国三十三年（1944）九月十四日

至此，杨云洲、陈子奎盗墓案结束。

赖永初创办花溪私立难童教养院与青岩“赖茅酒”粮仓[1]

抗日战争初期，战区到处是无家可归的儿童，亦称战争灾难儿童，即“难童”。中华民族到了亡国灭种、生死存亡的紧要关头，从战区辗转来到贵阳难民收容所和逃难到各处的难童，挣扎在死亡线上。“恒兴酒厂”生产“赖茅酒”的贵阳县商会常委赖永初先生深明大义，响应保育会“有钱出钱，有力出力”保育难童的号召，私人出资，慷慨解囊，决定投入资金50万元，在花溪区杨柳塘地方购买良田好土60亩，创办贵州第一所私立战时儿童保育院，即“私立贵阳永初教养院”。贵阳县政府调派民工协助，在贵阳至惠水公路22公里处修建半公里连接到杨柳塘的乡村道路。一年后，赖永初迁院又在太慈桥（又叫太子桥）赖氏坟山继续创办“私立贵阳永初教养院”，拯救和教育战区那些无家可归的难童。

赖永初选好院址后，决定在花溪杨柳塘购买土地60亩，营建校舍，设立教养院。贵阳县政府协助修筑半公里道路后，赖永初于1938年12月16日，正式向贵阳县和省政府提出申报创办“私立贵阳永初教养院”。赖永初拟报了“私立贵阳永初教养院”计划和简章，现将简章全文叙述如下：

馥公县长钧鉴：

敬启者，窃保育战时儿童，为抗战建国之中心工作。各战区流离失所

[1] 原文《赖永初儿童教养院轶事》发表在《贵阳党史》2016年第2期18页。

儿童，吾黔已救济千余之众，分四院安置。尚有逃难来黔，虽有家属而尚未得到救济之儿童及阵亡将士之遗孤，出征军人之子弟也、地方贫苦之孤儿、赤贫人户之幼孩等，均应一并搜罗，仿行欧美公育制度合冶一炉，聚而教养。永初服务社会，粗知大义，本“天下兴亡，匹夫有责”之旨，敢存自私自利之心？拟以私人名义，创办一所私立儿童保育院。由小学教育起，历阶而进，侧重生产事业，彻底创建专门技术人才，充实民族经济基础，以能发展自由、健全社会为宗旨。现在筹备计划进行，俟呈请钧府核转拯委会备案后，即行鸠工建筑，招生开办。所有经费概由赖永初私人完全负担，陆续筹集，任何牺牲，在所不惜。至设立地址，业于花溪杨柳塘地方购置土地50余亩，该地距城公路22公里左侧，应加修半里许之乡村公路。兹有第五区卢区长筹商，请派民工补助已得允诺，并据称现值农闲，正好及时兴修用。特函恳钧长祈派员前往该区会同定线，一面请令饬卢区长转饬各保，赶派民工在本月内，先将此半里许之乡村筑路完成，以便修造院舍，使一般儿童早日将得享幸福，实感我公之赐，临颍不胜盼切，待命之臣，专肃敬叩。钧安！[1]

贵阳县商会常务委员会赖永初谨启

民国二十七年（1938）十二月十六日

赖永初抱有爱国之心，以国家和民族利益为重，不惜牺牲个人的利益开办私人教养院，为中华民族复兴培养专门技术人才，以充实民族经济，绘制宏伟蓝图。这一壮举，得到省、市、县政府的大力支持。

民国二十八年（1939）三月十四日，省主席吴鼎昌主持召开常委会，讨论了赖永初的办院简章和计划，此次会议形成决议，同意赖永初在杨柳塘创办保育院的请求，正式批准赖永初的报告，特令贵阳县政府协助，调派民工帮助修筑杨柳塘到公路边半公里的乡村道路，以支持开办教养院。吴鼎昌签署了省府第725号决议文件：“1.同意赖永初在花溪杨柳塘创办私人保育院1所。2.由贵阳县征集调派民工加紧修筑公路半公里。”

赖永初的申报批准后，即开始修筑公路和修建房屋，六栋西式建筑的住房和教室在短短的两三个月就竣工了。

［1］赖永初儿童教养院计划简章藏于花溪档案馆。

当年夏秋，“私立贵阳永初教养院”在花溪杨柳塘正式挂牌成立，并在各地难民收容所招收难童一二百人。赖永初学习西方，仿照欧美的教育制度，把儿童教养受教育的范围扩大到难民子女、阵亡将士子女、前线抗敌军人子女、地方贫苦人民子女和特别贫困人家的孩子，一并收入教养院施以正规教育。

赖永初自兼院长，分别聘请秘书、总务、教导、生产、会计、庶务、教务、训育、卫生、设计、习艺、保管、事务、军训、医师、护士、教员等二十几人到“私立贵阳永初教养院”任教。

赖永初严格按照拯济委员会《关于灾难儿童感化教育训练实施纲要》规定，拟定教育计划和教养目标。通过几年的学习、教育、生活，把每个难童培养成体格健壮，全面发展的个性，养成善良德性，培养难童的国家民族意志，授予难童基本知识，训练难童的生活技能。“学校即家庭，家庭即学校，融学校、家庭为一体，自己担负起教师和家长的责任。”

抗战中赖永初在花溪杨柳塘创办的“私立贵阳永初教养院”旧址(周天胜 摄)

赖永初对难童儿童采取军事化管理手段，全院组成 3 个中队 9 个小队的童子军团，每天进行军事训练。

> 赖永初教养院难童的吃、穿、住有保障。每天两餐，夏天每日增加早餐，以粥为主，每人 1 份碗筷。每童发放春夏秋冬四季服装：春季每人发黑布制服 1 套、衬衣裤 1 套；秋季发棉背心 1 件；冬季发青布棉制服 1 套；夏秋两季每月发草鞋 2 双，春冬两季发鞋袜 2 双。每间屋子分别住男女 25 人，每人 1 张床，每童发棉被 1 床、白布垫单 1 幅、草垫 1 床、草席 1 张、枕头 1 个。每童发牙刷 1 把、面巾和浴巾各 1 张；浴盆、面盆、漱口杯、台灯等供几人共享。“私立贵阳永初教养院”以上条件比青岩保育院的还要好。

赖永初遵循“半耕半读”和“半工半读”的教学原则，对几百名儿童进行正规教育和职业教育。以《抗战建国教育读本》为主，主学语文、数学，兼学时政、习艺等课程，教唱抗日歌曲等，以激发学生对日寇的仇恨，培养爱国热情，更加勤奋地学习。

> “私立贵阳永初教养院”，每天上午利用半天时间学习文化基础知识，下午则学习工业和农业实用科学技术。赖永初重视职业技术教育，在招收来的学生中，选拔一部分学生学习工业知识，拉来机器，在专业教师的讲授下，让学生实践操作，学习技能。通过几年的学习，掌握一技之长，根据难童不同个性特点因材施教，选拔部分农业感兴趣的学生，专门学习农业生产知识和农业技术，学生通过学习理论知识后，再到地里去亲自劳动，作农事、农艺实习，在教员的传授和亲自演示下，让难童们很快掌握各种农作物耕作技术，最终掌握农业种植技术。“私立贵阳永初教养院”为地方培养了一批农业生产技术人才。

赖永初教养院开办一年多后，由于远离贵阳 20 多公里，在生活和管理上带来诸多不便，办学造成一定困难。面对几年后学生毕业和深造的问题，赖永初认为儿童教养院必须靠近贵阳交通便利的地方，才能得以继续发展。民国二十九年（1940）

十月十七日，赖永初拟写报告，决定将“私立贵阳永初教养院”院址搬迁到太慈桥阁老寨赖家坟山。民国三十年（1941）五月十五日，赖永初向省政府申报了计划书和简章，着手在阁老寨征地，得到胡姓支持并捐地一块，办院条件逐步成熟。

1941 年 6 月 20 日，省政府下达民（八）字第 871 号核准赖永初创办“私立贵阳永初教养院”的文件。

令贵筑县政府：

呈件均悉。查前据该县政府呈以商会常委赖永初，拟在花溪杨柳塘创设私立儿童保育院一所，拟调派民工加修半公里乡村道路。俾衔接公路一案。经由本府令，派技士张前往、查勘设计特工经费，并提出本府第 725 次常会报告，暨令饬该县政府遵照协助在案。兹查本案所称赖永初拟在太子桥阁老寨赖氏坟山创立儿童教养院等情、与前呈在花溪设立之保育院是否即系一事，抑系分别设立，仰即商明具后，再行饬遵。

…………

此令！

贵州省主席　吴鼎昌

委员兼省教育厅厅长　欧元怀

中华民国三十年八月八日

民国三十年（1941）九月十二日，赖永初再以办教养院为由，向贵州省政府申请在太慈桥赖氏坟山开办“私立贵阳永初教养院”，以此扩大 300 人的办学规模。当月 25 日，省政府批复同意，由贵阳市政府办理。

批复同意后，赖永初计划先以 200 人建筑房舍，配置桌椅板凳、生活用具、春秋两季鞋袜、牙膏牙刷等。

搬迁的一切准备就绪后，赖永初将大一些的保育生十多人留在花溪杨柳塘农场当农技工人，同时扩大征地百亩，正式定名为“赖永初农场”，作为“私立贵阳永初教养院”学生学习农业技术的实习基地，花溪杨柳塘一时热闹非凡。

赖永初以花溪“私立贵阳永初教养院”的 100 多名保育生为基础，搬迁至太慈桥赖氏坟山和胡姓捐助的新院址，在各收容所和向社会招收部分儿童，使“私立贵阳永初教养院”达到 200 多人，当年 9 月即开学上课。

为确保“赖永初农场”和“私立贵阳永初教养院”师生二三百人的吃饭问题，赖永初又在青岩古镇谷通村后寨地方田坝购买两幅良田几十亩种植水稻，保障师生后勤粮食供应，并建有一座“赖茅酒”粮仓，收购和囤积生产“赖茅酒”的原材料红高粱。

赖永初抗战时期在花溪杨柳塘创办的“私立贵阳永初教养院”及“赖永初农场”和在太慈桥创办的“私立贵阳永初教养院”，拯救了从战区逃难来到贵阳的几百名难童的生命，并通过文化基础知识教育和工业技能技术、农业职业技术教育，把难童们培养教育成人。

永初教养院的学生毕业后，部分到工厂做工，部分到农村务农，部分则到其他学校继续学习深造。为保证几百名学生毕业后学习有保障，赖永初将“私立贵阳永初教养院”改名为“私立贵阳永初中学”，并从小学、初一办到高中。“赖永初农场”仍是“私立贵阳永初中学”学生的实习基地。

据 2004 年编纂的《贵州教育史》第 341 页记载：

附 1945 年贵州私立中学一览表，“私立贵阳永初中学”共有 9 个班学生 382 人：其中高中 2 个班，有学生 145 人（初中 5 个班，学生 237 人）。

数据说明了赖永初收养难童达 400 人以上，为战区无家可归的儿童做了一件好事。

另据 1949 年—1989 年编纂的《贵阳教育纪事》第 196 页附“1949 年（解放前夕）贵阳市普通中学概况表”记载“私立贵阳永初中学”有“7 个班，学生 287 人”。

“私立贵阳永初中学”坚持办学到解放，为新中国和贵州的社会主义建设培养了许多有用的建设人才，也为花溪地方、为贵州大学农学院、为贵州农业科学院培养了许多农业技术骨干教师，为贵州的农业建设和发展做出了重要贡献。

赖永初先生在毕业学生的“同学录”中题词，勉励学生说：

“士贵立志，学贵有恒，循序渐进，由浅入深，勿负国家之培植，育成技术之专门，以期献身于抗战建国，致力于民族复兴，愿共勉之，以树立青年之典型。”[1]

“同学录”题词表达了一个民族资本家、实业家、教育家救国救民、振兴中华民族文化的思想和对青年一代未来的殷切期望。

当年的“私立贵阳永初教养院”，已经过去83年了，但它的院址仍在，见物思人，当年抗日烽火中的救亡图存和当年教养院的数百师生犹如就在眼前，从而勿忘国耻，铭记历史。当年的“赖永初农场”，如今已演变为贵州大学农场，继续发挥着培养农业科技人才的作用。

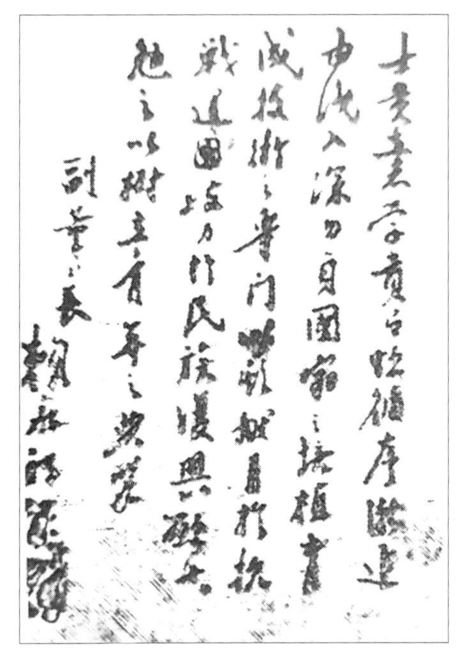

校董赖永初先生题词（黄平县档案馆藏）

[1]《同学录》题词等资料由赖世强先生提供。

青小的娃娃剧团

刘文芸

1937年7月，日本帝国主义发动卢沟桥侵略事件，进占宛平县城，其野心是妄图一举灭亡我中华民族。那时我们还是十一二岁的孩子，正在学校读书。由于日本鬼子到处烧杀掳掠，狂轰滥炸，激起了中国人民无比的痛恨，一个地不分南北、人不分老幼、有钱出钱、有力出力的轰轰烈烈的抗日救亡图存的伟大运动，在全国各地展开。在第二次国共两党合作的影响和推动下，抗日烽火更是如火如荼。虽然我们还是正在读书的孩子，也深受当时抗日运动的影响，极端痛恨日本帝国主义的侵略。于是，在学校思想比较进步的老师的教育和组织下，我也起来参加抗日运动，到处去做抗日宣传。非常时期就要有非常行动，穿草鞋，打绑腿，早上参加简单的军事训练，组织歌咏队等等。

这时由延安回贵州的老教育家黄齐生先生来到青岩，也到了我们青岩小学。黄先生对全体师生讲了一次话。我记得大意是讲了一些延安人民抗日救国的新人新事，特别讲了一些沦陷区流亡到陕北的儿童也积极参加抗日运动，组织了一个“孩子剧团”，他们不怕苦，不怕累，跋山涉水，下乡串寨，进行抗日宣传。我们听了深受感动，也立即起来，自觉地向学校请求，我们也要组织起来，像延安“孩子剧团”那样。学校考虑到当时的潮流，并且在蔡国华、肖天民、李世昌、陈登科、黄坚、吴福禄等老师的赞助下，决定成立一个“娃娃剧团”。没有经费，由我们学生自筹；没有幕布，我们就借床单连起来用；没有道具、灯光，我们就把家里的桌椅板凳抬来；没有汽灯，拿大碗装菜油灯也要演剧。我们先后到贵阳、花溪、黔陶、燕楼、惠水等地演出，排演了几十个节目。在青岩是隔两个礼拜定有新剧目登台，剧目有《打城隍》《葡萄仙子》《和平神》（主要插曲为《流亡三部曲》）《放下你的鞭子》《小姑贤》《卢沟桥对唱》《新莲花落》《说说唱唱》等。贵阳县长李大光还特地赠给我们剧团一幅紫绛色的大幕布。

我们青小的“娃娃剧团”，主要是在校长蔡国华及一些进步老师的直接领导下活动的。团有团长一人（没有副团长），下设有剧务组、总务组、借物组，道具、布景、灯光合成为场务组、保管组等，各设正副组长一人，组员二至三人。其主要骨干大多都是我们六年级的男女学生，团员是从全校学生中挑选来的。团里也有一些严格的纪律：一、不准离开团体擅自行动；二、所借公私财物，演完戏一定要清还；三、互相敬爱，不准打骂吵架；四、要听从团长和老师的分配，不能任性挑选角色；五、演完节目，要清扫场地后才准休息。我们虽然到处下乡演出，但大都是星期六出去，星期天转校，最迟星期一早上返校，学业是照课程正常进行。特别是我们毕业班的学生，成绩都还是可以的。最奇怪的是，成绩在班上最好的，大都是“娃娃剧团”的骨干分子，而那些不参加演出，平时也很用功的，恰巧成绩是比较差的。后来由于国民党背信弃义，大肆搜捕共产党人，封闭进步书店，禁止抗日宣传活动，青小也因校长换人，我们这批骨干又毕业了，于是，轰动一时的“娃娃剧团”也随着形势的变化而“昙花一现”，在国民党专制独裁的压制下，烟消云散，无形中埋没了。

【编者按】全民抗战爆发后，贵州大后方的儿童像延安的“孩子剧团”的孩子那样，纷纷组织起来，走上街头，参加抗日救亡运动的宣传活动。当时，刘文芸十一、二岁，是青岩小学的学生，亲自参加了青岩小学的“娃娃剧团”，曾到贵阳等地进行抗日宣传活动。二十世纪90年代，刘文芸在古稀之年，关心地方文化历史，因此，写了这篇回忆文章，弥补了青岩战时儿童参加救亡活动的历史空白，是青岩难得的抗日救亡活动资料，因此收录作者刘文芸原文于政协贵阳市文史委和花溪区文史委于1993年11月合编的《贵阳文史资料选辑》（文化古镇青岩专辑）第38辑193页。

八路军贵阳交通站始末[1]

袁超俊 述 《贵阳党史》转载

1938年初，八路军贵阳交通站开始建站。最初，借用了贵阳达德学校操场旁的一排教室作为临时办公地点。因达德中学不久将要开学，教室不能长久借用，八路军贵阳交通站寻求贵州省工委给予援助和支持，经高言志同志协助，在六座碑与晋禄寺间（民生路九十二号）租到熊逸民家房屋，作为交通站的办公地点。

正在这个时候，日本帝国主义的飞机于1939年2月4日到贵阳狂轰滥炸，市中心成为一片瓦砾。我们考虑到，交通站还必须在贵阳城外找一处比较安全的地方，用来存放物资和汽车材料，所以准备再租一间房屋。通过我父亲严伯寅（永年药号的挂牌中医）了解到，永年药号的职员鹤轩先生在威清门外刚建好一幢三间开木结构房屋，除他家自用两间外，其余可租给交通站使用。我们查看了那个地方，不仅面积够用，而且最理想的是靠近公路，在房屋与公路之间还有个很大的倒垃圾的地方，可以平整为车场，还可以修建车库。于是我们决定租下这所房屋，自己动手，自力更生地修建我们的车场和车库，把这里建为城外接待站。

交通站从站长到会计、出纳、收发、公务员、警卫员，以及司机和押车员、副官共20多人，大家齐动手，参与修建车场和车库。首先花了两天时间，借了把锄头，用了20把铁镐，一镐一锄把垃圾堆填平整好，停车场就建

［1］收录作者袁超俊讲话整理原文转载于《贵阳党史》2015年第3期，中国人民抗日战争暨世界反法西斯战争胜利70周年纪念文集《铭记——贵阳抗战遗址上的故事》。

成了。这个停车场场地相当大，可以同时停放好几辆汽车，还可以掉头、转弯。我们还利用垃圾堆原来的斜坡，搞些碎石修了一条公路，直通威清门外公路干线。这条简易公路坡度相当陡，行驶很困难，如果司机技术不好，很容易在半坡熄火。但是，能够把垃圾堆场地平整为一个停车场，也是一个胜利。

接着我们准备建车房和修理间。我们考虑到，如果要雇工、买砖、买材料、买瓦来修建，得花一大笔钱。八路军的军费很紧张，应该把军饷更多用在前线，用在敌后同敌人直接作战的同志们身上，我们在大后方的这些机构工作，必须本着勤俭节约的精神来办事。于是，我们决定自己动手建车库。

我们派人到贵阳次南门外的竹木市场，买了一批粗竹子等，用自己的卡车运回来。没有请人设计，没有请人描图，只做了一个大体的规划，按照卡车的长度和宽度，考虑能够同时停放三四辆车，还有一间摆放工作台和放修理工具的修理车间，我们在地上画了线，就立柱子，绑竹子。我们对于用竹子绑扎房屋完全没有经验，绑扎了一阵，总绑不好，只得去请一位懂得扎竹屋的人来指导。大家一起动手，先把房架建起来，把立柱、撑杆绑扎好。最困难的是盖屋顶，几经琢磨，我们把竹子劈成两半，打开竹节，互相扣着来做瓦。这是高空作业，爬那么高，把这些竹子一片片扣好，可真不容易呀！警卫员刘文钧、冯元孝，还有年轻的公务员李玉生等，他们爬上屋顶去干这个艰苦的工作，其余的人在下面劈竹子，打竹节。我们每天工作十几个小时，花了个把星期，才把停车场和修理车间建好。大家都很辛苦，但也很高兴，很满意。

不久，我们又在车库的西北角上，用砖垒了一个小仓库，用来停放过往的、暂时运不走的物资，也存放汽油。这也是自己动手建起来的。

我们的停车场、车库和修理车间建好后，发挥了很大的作用。1939年的夏秋之间，我们从香港买了一大批汽油和机油，经西安办事处的王超北副官和重庆办事处的龙飞虎、邱南章两副官到海防把这批油料运到贵阳，然后转运重庆，送往延安。如果不建车场，就无法接转这批物资。我们还接转了从武汉办事处撤下的人员和物资、档案，这是长沙大火后撤到衡阳，经桂林转到贵阳的。廖承志同志和宋庆龄夫人在香港募捐到的许多药品、衣物、毯子，还有国外捐赠的一些东西，都在各个时期经过贵阳运到重庆转到延安。我们的车辆，除在武汉撤退前有马来亚、柔佛士乃捐赠给八路军的一辆斯蒂倍克牌救护车改装成的卡车外，国外华侨在当年又捐赠四辆雪福兰、一辆万国牌，我们还自购了五辆道奇卡车。车多了，车场的作用就更大了。有时一来就是四五辆，有的要保养，有的要小修，有的还要大修，都在我们车场里修理。由武汉跟我们下来的沈宝贵和华侨端乐毅会修理汽车，我也会修车，有时候我也帮着修，一直到冬天，我们的运输任务很繁忙，一方面是上面所说的这些物资要转运，另外新四军到重庆、延安，或者延安派到新四军去的往来人员也比较多，都依靠我们的卡车来回运送。

我们的生活也很艰苦。八路军在前方、在根据地实行供给制，我们在国民党统治区域也实行供给制。我们没有工资，不发薪水，每个人按照统一的规定，多少油、多少菜金、多少粮食，都按定额核定，每人每月只发一点儿零用钱。我们贵阳交通站也参照原来武汉办事处的供给标准：像周恩来副主席、叶剑英参谋长这些领导同志，每个月是五块零用钱，贵阳交通站站长，每个月四块半零用钱，其他的公务员、干部、三块、三块半、四块不等。而在国民党区域，特别是1939年以后，物价不断上涨，法币不断贬值，我们的伙食钱就很难应付了，买了米、买菜、买油的钱就不多了。后来，买不起猪油、菜油，我们的炊事员和采购员鲍启文同志，只得去买牛油来炒菜。特别是一些从国外回来支持我们的华侨，吃这样差的伙食，我们很过意不去。后来向重庆反映，南方局和办事处才决定适当增加伙食费。我们的办公经费也很少，空闲的时候就把重庆办事处、桂林办事处寄信来的旧信封翻过来贴好糊好再使用。我们的一切开销都非常节省。

1939年，国民党反动派制造了平江事件，不久又发动了反共高潮，国共关系开始逆转，形势逐渐紧张。我们采取各种方法，顺利完成了运输任务，但重庆到延安这条路上的扣车事件不断增多，我们的押车副官和来往人员好几次在宝鸡、汉中、咸阳被扣押，几经交涉才得到释放。

1939年，繁忙运输任务告一段落，我们开始精简人员，将许多同志调到重庆办事处或转到延安，留在贵阳交通站的，只有十多个人。到1940年初，我们把高言志同志租的六座碑的房屋退了，全部人员、全部工作转移到威清门外。物资运输任务比较少了，主要是转运人员。这期间新四军经过桂林到重庆、到延安去的，或者是延安、重庆经过贵阳和桂林到新四军去的，往来也不是那么繁忙了。在这种形势下，我们便加强学习。1940年元旦，我们在宋鹤轩先生家的房屋的后门，也就是我们租用部分的大门上贴起一副对联："坚持抗战，坚持进步，坚持团结；反对投降，反对倒退，反对分裂。"横联是"抗战到底"。形势逐渐向坏的方面发展，我们在贵阳坚持工作的同志始终做到严肃紧张、团结活泼，很好地安排自己的工作和学习。虽然人数少，但我们团结得很紧，也能严格遵守纪律，坚持工作，并继续输送了一些同志到延安和新四军方面。

1941年1月5日，周恩来副主席叫人从重庆打电话给我，要我赶紧去重庆。我6日离开贵阳，11日，便传出"皖南事变"的噩耗。我向周副主席要求回贵阳收拾烂摊子，准备撤退。周副主席不同意，要求我留在重庆。23日，我得知贵阳交通站被国民党武装查封，七个同志被捕，全部枪支弹药及物资被查抄。这些同志被捕后，一直很坚强。经周恩来副主席和叶剑英参谋长在重庆多方交涉，1941年8月，我们的同志李配之、鲍启文、李玉生、刘文钧、张兴彪、鲍世泽、肖一志才获得自由。贵阳交通站经历了整整两年的时间，完成了它的历史使命！

【编者按】1983年6月，中共贵阳市委党史研究室为了搜集党史资料，特邀请原八路军贵阳交通站站长袁超俊到贵阳座谈。在座谈会上，袁超俊同志作了长时间讲话，揭开了八路军贵阳交通站成立和八路军随军家属抗战时期从武汉来到贵阳交通站青岩安置点居住的秘密，揭示了贵阳交通站为八路军和新四军输送了大量人员和转运了许多重要的子弹和炸药等武器装备、还有医疗器械等军事物资。同时，揭示了转移安置武汉转移到贵阳的30多名八路军家属的神秘面纱，贵阳交通站为抗日战争作出了不可磨灭的贡献。这篇文章是袁超俊同志的讲话录音，由中共贵阳市委党史研究室整理，原文多次在《贵阳党史》上发表，本文收录于2015年第3期，总第156期、中国人民抗日战争暨世界反法西斯战争胜利70周年纪念文集《铭记——贵阳抗战遗址上的故事》。

八路军贵阳交通站侧记[1]

丁 毅

一天下午，我约严金甡同志的妹妹严金萱去监狱送饭，这时贵州地下党省工委委员黄大陆、李策和机要员严金甡已被关押快一年了。在金萱家见到一个穿草黄色军服的军人坐在方桌边，年龄三十上下，瘦瘦的脸孔，高高的个子，扎着绑腿。金萱说："这是我家二哥。"当他站起来打招呼时，一个白底边的臂章，上面清晰的"八路"两个字映入我的眼帘，见着这两个字，内心立刻感到面前这个人多么亲近，多么崇高！这是我参加革命以来见到的第一个公开身份的共产党、八路军，他就是来筹建八路军贵阳交通站的负责人袁超俊同志。见到他，我觉得做公开营救工作更有了依靠，关于大陆、李策、金甡同志在监狱中的情况，我一面向秦天真同志汇报，也找超俊同志联系。因为天真同志说过，关于营救的事可以直接请示超俊。

一个星期二的下午，我与超俊一块去探监。狱警看见戴着"八路"臂章的人来看望兄弟，不知是出于同情，还是别的什么原因，立刻把金甡叫了出来。这时年仅 17 岁的金甡，大概二哥离家时他还很小，就像第一次见到哥哥似的有点激动，红着脸，两手抓住棚栏，不知说什么好。二哥问他的身体情况，叫他注意健康，说："我们会为你们想办法的。"随后，

[1] 收录作者丁毅原文于《贵阳党史》2015 年第 3 期，总第 156 期、中国人民抗日战争暨世界反法西斯战争胜利 70 周年纪念文集《铭记——贵阳抗战遗址上的故事》41 页上，丁毅是贵阳地下党李策烈士的妻子。

狱警又才让黄大陆、李策同志和超俊见一面，但不许谈话。

交通站的临时办公室是设在达德学校的校舍里的。一天，超俊同志对我说：“最近我们来贵阳的同志增多，达德学校住不下了，你能否安排部分同志的食宿？”我说：“能！具体安排多少，我去与我母亲商量一下。”母亲当时在男师包伙食。我立刻跑去找母亲，她毫不踌躇地说：“可以把我们家的祠堂楼上楼下的5间房子腾出来让同志们住，你父亲和弟弟搬来男师。”于是，交通站一部分同志便搬过来了。楼上住陈炼秋副官和司机等男同志，因为只有两间床，大家都在楼板上打地铺，楼下住女同志，有的还带着小孩，博古同志约1岁多的女儿新华由奶妈带着也住楼下。楼下的女同志则尽量用大大小小的方凳、条凳、木板、门板拼凑简易床铺。往日清净的祠堂，顿时热闹极了。我母亲带个年轻的同志提提篮上街买菜，在家的同志帮母亲煮饭，母亲对带孩子的女同志尤其尽心，烧热水给孩子们洗澡，用烘炉给孩子们烤尿布，还蒸蛋糕，搅米浆给孩子们吃。

一次，我见陈炼秋副官一手提个黑色皮包，一手拿件短棉大衣，陪着一位老人到超俊同志住处。他们讲话时，我悄声问陈炼秋同志，老人是谁？炼秋从皮包里取出一张名片给我，名片上写着：“八路军驻湘代表徐特立。”当陈副官介绍后，老人握着我的手，用一句湖南话寒暄：“麻烦你们了。”

八路军贵阳交通站将贵阳进步青年输送到延安后严金萱等合影

而我却感到对自己的同志们照顾不周，真过意不去。

在超俊同志家，我还见到另一位老人。当老人和两个穿军装的同志进来后，超俊同志对严伯父说："这是周副主席的父亲。"周爷爷两手作揖，严老伯也作揖还礼。周爷爷身体很好，步履稳健，穿一身棉袍，套件阴丹布套衫，天冷时再加一件黑色背心，戴顶老人帽。老人家几乎天天都来我家，很健谈，给大家谈很多有趣的事。特别喜欢孩子，总要抱着我那不满半岁的女儿同小新华玩，当他得知孩子的爸爸还关在监牢时，就更加疼爱，并叮嘱我要好好抚育孩子。

交通站的经费不多，生活标准低。同志们每顿饭只能吃一个最便宜的菜。于是，我让炊事员买些廉价的莲花白叶泡在米汤里煨成酸菜，把酸菜切成细丝，放蒜片和干辣椒炒，既经济又实惠，同志们都夸贵州菜好吃。站里的同志每月只有很少的津贴，理发、洗澡都很困难。曾在狱中理发的董卫华同志，是红军长征时因病掉队的理发员，红军走了，他流落贵州，在南京街开了个小理发店。他给我捎过信，故常有来往，我介绍他到交通站给同志们理发，他见到自己同志，心情格外激动，给大家理发分文不收。

后来，交通站在六座碑、青岩、威清门外租了房子，为避日军轰炸，老人、女同志和小孩都搬到青岩去了，我们依依不舍地和同志们告别。

交通站搬去威清门外时，什么家具也没有，我们便把桌、椅、条凳、床板等搬过去，母亲也随时去看望他们。与同志们相处的日子是短暂的，但超俊、炼秋等同志都给母亲留下很深的印象，他们是那样平易近人，可亲可敬。交通站的工作非常繁忙，超俊同志会开汽车，也会修车，我常见他卧在车身下，拿上螺丝刀、钳子等工具修车，满身油渍，有时脸上也敷有黑油。为了节省汽车用油，超俊同志还想了许多办法。

交通站的理论学习也抓得很紧，超俊同志讲毛主席著作《论持久战》《论新阶段》时，允许我加入旁听。在交通站天花板的"小阁楼"上，全靠玻璃瓦给屋里透进一点儿光线，超俊同志就坐在亮光下，深入浅出地给大家讲课。他讲得那样生动有力，把三个阶段分得清清楚楚，讲得大家对抗日战争的胜利充满信心，都希望相持阶段快些过去，反攻阶段快些到来。超俊同志说："我们的战争是反侵略的战争，一定会取得抗日战争的胜利并解放全中国。我听了这样的讲课兴奋啊！这是贵州仅有的解放区课堂。

超俊同志往返于桂林、重庆之间，由于奔波劳累，长期带病坚持工作，胃溃疡复发，日渐消瘦，同志们强迫他休息，他只得服从，但他不是躺在病床上，而是想办法找机会休息。超俊同志多才多艺，他用一把英制钢锯，用琴弓拉出《渔光曲》《黄水谣》等曲调，丝丝琴声，如泣如诉。他又把修车剩下的短节竹竿削成细条，糊成一架小飞机，用许多橡皮筋拧成引擎，在他们的车场起航，大家拍手叫好，他也感到高兴。超俊同志说："这样的高兴比什么药治疗都有好处。"

1940年秋天，中央卫生实验室招生，超俊同志动员我去报考卫生系统。那时我们解放区的医务人员缺乏，派一部分同志到卫生界工作，争取和培养一批医生护士到解放区服务是一项重要任务。我日夜复习应考。入校后，我们卫校离交通站不远，与超俊同志的联系更方便了。一天半夜，交通站附近突然失火，浓烟冲天，我吓坏了，以为是加油站失火，就连忙从小路跑去，途中，遇见我们系主任李志中老师从交通站出来，他说不是交通站失火，我才松了口气。平时，我发觉超俊同志与李志中老师的关系密切。李志中、沈元辉夫妇都是很有名望很有技术的医生。1940年冬，经超俊同志介绍去了延安。

"皖南事变"前夕，白色恐怖笼罩贵阳，牢里不准探监了。一天夜里，我偷偷跑到交通站，一个同志对我说："你快走，不能再来了。站长去重庆了。"我赶回学校，那几天只能在学校的一个高处遥望交通站的动静，担忧狱中同志的安全。两三天后，传来狱中同志遇难的消息，我万分悲愤。按组织通知，我应迅速离筑，只得忍痛只身转往重庆。

1946年旧政协在重庆开会时，我在中共代表团里见到超俊同志。在亲人面前，我痛哭一场。超俊同志说："李策同志牺牲得很英勇。"

不久，搬进八路军重庆办事处，准备到延安，又一次听到超俊同志做政治报告。他把当前形势讲得那么清楚，把延安生活介绍得那么具体生动，并要我们做好思想准备，到延安去迎接新的战斗。

全国解放后，一天，我走在北京的街上，突然一辆小车在我面前停下，车上出来一个人，正是超俊同志，他乡遇故人，格外高兴。这时他是纺织工业部办公厅主任。由于他工作一直很忙，我也很少去看他。

八路军贵阳交通站和超俊同志，在抗战时期处于国民党统治最黑暗的贵阳，为革命做了不少工作，我仅接触他们一个小小的侧面，却给我留下难忘的印象。

【编者按】丁毅是中共贵阳地下党李策烈士的妻子。丁毅早年参加革命工作，作为贵阳地下党活动的人员，在八路军贵阳交通站的领导下，亲自接受贵阳交通站交给的安置八路军女家属的任务，“皖南事变”前从贵阳撤离到重庆。抗战胜利后至今几十年，对贵阳交通站在贵阳的许多活动仍记忆犹新。收录作者丁毅原文于《贵阳党史》2015年第3期，总第156期、中国人民抗日战争暨世界反法西斯战争胜利70周年纪念文集《铭记——贵阳抗战遗址上的故事》41页上。

抗战期间的八路军贵阳交通站[1]

龚大明

“七七事变”爆发后，中国进入了全面的民族抗战时期。中国共产党从民族利益出发，适时地调整了各方面的政策。国民党中央政府也调整了一些政策，最终国共两党在共赴国难的意识下不计前嫌，促成了抗日民族统一战线的形成。中国共产党领导的中国工农红军改编为国民革命军第八路军（后来，按战斗序列又改称第十八集团军）。在抗日民族统一战线的旗帜下，根据国共两党的协议，南京国民政府允许中国共产党在南京、西安、武汉、重庆、太原、长沙、桂林、兰州、迪化（今乌鲁木齐）等许多城市公开设立了八路军办事处，以加强前、后方的联系和开展动员群众、调集物资、支持敌后抗日游击战争等方面的工作。

1938年10月，武汉失陷以后，随着南京国民政府西迁重庆，许多工厂、大学和科研机构纷纷西迁至西北和西南。贵阳在抗日战争中的战略地位引起了人们的关注。以贵阳为连接点的川黔、湘黔、滇黔和黔桂4条公路干线成了以重庆为中心的国统区的动脉。贵阳还是中国抗战后方通往滇缅、滇越公路的必经之路。同时，贵阳也是中国共产党联系华南、华东、西南与中国共产党的总部所在地——延安的重要枢纽。为了防止日寇封锁和切断联系我国西南的交通，保持大后方与延安之间的联系，1938年12月下旬，经中共中央南方局研究，决定在贵阳设立中国共产党的公开办事机构——国民革命军第十八集团军贵阳交通站。

[1] 收录作者龚大明原文载于贵州人民出版社出版《贵阳文史资料选萃》下册1158页。

中国共产党利用国民党允许中共在国统区设立公开军事机构的条件，派原八路军武汉办事处副官长袁超俊率领一批人员到贵阳设立交通站。因为袁超俊在贵阳达德学校上过学，在贵阳有一些老关系可以利用。1938年底，袁超俊等人在黄齐生和达德学校校长曾俊侯等人的协助下，开始筹备设立交通站的工作。1939年1月3日，八路军贵阳交通站挂牌成立。交通站暂借达德学校独狮子（今醒狮路）男中部教室办公。交通站由袁超俊站长负责，很快做了一些前期准备工作。

第一，积极与中共贵州地下党取得了联系。袁超俊按照中共南方局的指示，找到了贵州省工委的负责同志邓止戈和秦天真，同贵州地下党建立了联系，使交通站在后来的工作中得到了贵州地下党的大力支持。

第二，完善了组织机构，补充了人员。袁超俊遵照李克农的指示，从桂林八路军办事处带到贵阳八路军交通站的工作人员有史唯然、陈远绍、李泽纯、李配之、陈练秋、刘举锡、何松山、刘文钧、冯元孝等十来个人。此时，要交通站开展工作，完成组织交给的任务，必须补充人员。在贵州地下党的大力支持下，迅速补充了工作人员，使交通站的总人数达20多人。

第三，为了便于工作，通过贵州地下党高言志同志在六座碑租了熊逸民家的房子作为办公地点。另外，为了保障物资安全，避免遭日机轰炸，又在威清门租了宋鹤轩家的房子作为存放物资和停放汽车的场所。由于所租房子不够，须利用房子外面的空地建临时用房。为了节约经费，袁超俊带领交通站的同志，在空地上亲自动手建车房、汽车修理间、仓库和平整场地作为停车场。前期准备工作完成后，交通站便积极开展一系列工作。

第一，积极开展统战工作。利用交通站与中共南方局和八路军总部有直接联系、消息灵通的有利条件，积极宣传中国共产党的抗战主张，帮助群众了解抗战形势，巩固和发展抗日民族统一战线。建站不久，袁超俊应黄齐生先生要求，曾到疏散至摆郎乡的达德学校去给师生讲述过抗战形势以及中国共产党的抗日民族统一战线政策。交通站不断将中共中央的文件和机关刊物《解放》《群众》等运到贵阳，交由中共贵州省工委组织散发。还运入了一批由苏联外文出版社用中文出版的《联共（布）党史简明教程》《政治经济学》等理论书籍。1939年初，徐特立同志路过贵阳去重庆，袁超俊请徐特立给达德学校的师生以及贵阳的一些中上层知识分子和进步青年讲国际、国内形势，鼓励大家学习马克思列宁主义，树立革命人生观。在 1939 年至 1940 年间，交通站曾物色和动员了一些医务人员、进步青年到抗日根据地。其中，医生李志中、沈元晖夫妇和鲁中俊、解崇璋等，从贵阳去到解放区后发挥了很好的作用。通过与红十字会、资源委员会上层人士的接触，在物资和运力上也争取到一些支持。1939 年冬，袁超俊与红十字会会长林可胜交涉，得到红十字总会中共特别支部的积极配合，又得到美国进步作家史沫特莱女士的积极协助，林可胜同意捐赠一批药品和医疗器材给八路军，并由红十字会的运输队协助运送。当时，恰值英国牛津大学教授巴吉尔为首的“英国援华团”携带10吨医疗器械和药品到贵阳，林可胜决定将这批物资捐送给八路军，并派人帮助运输至延安总部。

第二，大力转运物资。1939 年上半年，交通站及时地将从武汉、长沙、衡阳、桂林等地撤退下来的物资、档案材料以及由越南方面运来的药品、武器和其他物资分别转运到西安和重庆的八路军办事处。1939 年 7 至 8 月，交通站转运了八路军的 150 多车各种战略物资和生活用品；还转运了宋庆龄、何香凝、廖承志等从香港和国外华侨中募捐来的大批药品、医疗器材，救济难民的衣物、毛毯，救济儿童的衣物以及无线电通信器材等。

第三，安全转送、接待中共和八路军路过贵阳的同志（贵阳交通站当时是南来北往及往华东去新四军总部的必经之地，也是去延安的重要通道）贵阳交通站转送、接待过张云逸、张鼎丞、古大存、叶挺、袁国平、饶漱石、陆璀夫妇等大批新四军干部。因工作出色，受到叶挺军长的表扬。交通站还转送了一些地下党撤退的同志，一些文化人、华侨、港澳同胞及干部家属，接待过越南共产党的领导人胡志明。交通站同时还担负了组织从印度尼西亚、马来亚（今马来西亚）、新加坡、我国香港等地归国参加抗战的华侨，把他们组成运输队，完成中国共产党交给的运输物资任务。

第四，负责安置和照顾疏散到贵阳的领导同志的家属。当时，中共一些领导人的家属为了避免国民党反动派的迫害而转移至贵州。如周恩来的父亲周懋臣、邓颖超的母亲杨振德、李克农的父母、博古的小女儿等人，都由贵阳交通站妥善安排到贵阳附近的青岩居住达两年之久。在这段时间内，袁超俊每月都骑自行车去青岩，送生活费及书报给他们。

第五，交通站利用公开机构的便利条件，积极组织营救被捕的地下党员和进步人士，完成了中共南方局和八路军重庆、桂林办事处所交给的秘密任务。在交通站的帮助下，一些地下党员和进步青年得以安全转移到重庆或延安，有的则顺利到达皖南参加新四军。在执行隐蔽精干方针的同时，为了确保地下党组织的安全，南方局把在贵阳活动的中共红十字总会特别支部以及在国民党资源委员会、贵州企业公司、生活书店贵阳分店、读新书店的一些地下党员的组织关系交由袁超俊直接领导，以免同贵州省工委发生横的联系，让这个特别支部和这些地下党员能顺利开展秘密工作。中共红十字总会特别支部还动员、组织大后方的医务人员奔赴各抗日根据地工作。由这些人组成的医疗队，前后达20余个。一批青年医务工作者还直接参加了八路军。

“皖南事变”后，八路军贵阳交通站被国民党查封。八路军贵阳交通站从1939年1月3日成立至1941年1月22日，历时两年多。在这段时间内，八路军贵阳交通站在宣传中国共产党的全面抗战路线、军需物资运输、人员转送、统战工作、青年工作、家属工作等方面都做得很有成绩，很好地完成了上级交给的任务，同时有力地支持和配合了中共地方党组织的工作，在白色恐怖条件下，为坚持抗战做出了不可磨灭的贡献。

【编者按】贵州师范大学历史系教授龚大明在研究“抗战期间的八路军贵阳交通站”一文中，全面地向人们论述了贵阳交通站当年的抗日活动，比当事人回忆的还要详细，起到了资料不足互为补充的作用，使八路军贵阳交通站活动的内容更加充实。因此，收录作者龚大明原文于《贵阳文史资料选萃》下册1158页由贵州人民出版社出版。

戴自俺在青岩帮助八路军家属载入贵州教育史册

戴自俺，1909年7月23日，出生在贵州长顺县广顺镇远里村。16岁就读于贵州省贵阳师范学校，1927年考入南京晓庄师范学校，1928年攻读幼儿师范，民国十九年（1930）毕业。在校期间参与创办燕子矶乡村幼稚园。与孙铭勋一起创办迈皋桥幼稚园，后又和孙铭勋一起创办上海劳工幼稚园。此后曾先后在安徽、河南、上海、北京、山东、广西、贵州等地从事师范教育和初等教育工作，任过校长和教师职务。1935年12月29日，在北平桃园小学工作期间参加中国共产党，积极投入“一·二九”运动，后因组织暴露离开北平，与党组织失去联系，1938年来到青岩。他与党失去联系的时候，仍积极进行革命活动[1]。后来到1989年他80岁高龄的时候，又重新加入中国共产党。

戴自俺于1938年—1941年在贵阳青岩义务教育实验区工作期间，和实验区主任宋怀中（陶行知东南大学学生）一起，受八路军贵阳交通站站长袁超俊委托，安排中共领导人周恩来、邓颖超、王明、孟庆澍、博古（秦邦宪）、李克农等八路军亲属在青岩居住。

在实验区，热情接待八路军家属周懋臣、陈聘之、李哲卿等，与他们下棋、讨论时事等。

1946年至1949年，贵阳解放之前，戴自俺先后担任桂林师范附属小学校长、桂林师范学校教导主任、贵阳达德学校教导主任、贵阳师范附属小学校长、贵阳市西路小学校长。新中国成立后，先后任贵阳市教育局学校教育科科长、西南文教部

[1]收录摘自贵州省教育厅，孔令中主编，2004年。贵州教育出版社，《贵州教育史》363页。

初等教育科科长、教育部民族教育司教育指导处处长等职。一生写出了许多幼儿教育论著，还有陶学著作 982 万字[1]。数十年间，为人民做了许多有益的工作，是陶门弟子中的佼佼者。

后来被错划右派下放劳动，1979 年平反后回到北京，1989 年 5 月 5 日 80 岁，重新加入中国共产党。离休后还任北京陶行知研究会副理事长、中国陶行知研究会常务理事、陈鹤琴教育思想研究会副理事长等职。1994 年，戴自俺逝世。享年 85 岁。

【编者按】戴自俺，贵州长顺县人。1930 年毕业于南京晓庄师范，从事师范教育和初等教育工作，于 1935 年在北平桃园小学参加了中国共产党，因组织暴露离开北平。1938 年，他转移来到贵州省立青岩社会教育实验区教书。在 1938 年底贵阳“二·四轰炸”后，在青岩社教实验区受八路军贵阳交通站站长袁超俊委托，暗中帮助、安排八路军干部的亲属 30 多人到青岩租房居住。实验区直到 1944 年迁铜仁而离开青岩。至解放初期，先后任过校长和教师职务。戴自俺是北平地下党，组织暴露后转移到青岩，他与组织失去联系后，仍不动摇信念，积极进行革命活动，继续在青岩活动，为抗战工作，暗中帮助青岩的八路军家属租借房屋。1989 年他 80 岁高龄时，又重新加入中国共产党。他的事迹后来被贵州教育厅编入《贵州教育史》。本书收录摘自贵州省教育厅编《贵州教育史》363 页和贵州省文史研究馆馆员梁茂林撰《生活教育与贵州》片断。

[1] 收录摘自贵州省文史研究馆馆员梁茂林撰《生活教育与贵州》。

浙大西迁黔青岩·遵义·拯救中华文化
烽火中救亡图存（中篇）

（1939 年 12 月 25 日—1945 年 6 月）

1939 年 12 月 25 日和 30 日，浙江大学迁校筹备委员会委员（胡）刚复、（李）振吾、蔡邦华、胡建人四人先后到达青岩视察，选定贵州省立乡村师范学校校舍为浙江大学青岩分校新址。1940 年 1 月 15 日正式接收青岩乡师龙泉寺等处校址为国立浙江大学分校新校址

1940 年 2 月 8 日，浙江大学青岩分校一年级在青岩上课，同时，二、三、四年级迁遵义和湄潭办学。

浙大教授祝文白在《抗战时期内迁西南的高等院校》上发表《抗日期间的浙江大学》，详细介绍浙大西迁办学经过。

原贵阳县县长李大光在《贵阳文史资料选萃下册》里发表《平息国立浙江大学青岩分校防空袭冲突事件》经过。

这些都成为浙江大学在抗日战争时期从浙江西迁贵州，在青岩创办分校的重要文献，是研究浙大西迁贵州办学的重要依据。

浙江大学青岩分校，于 1940 年 12 月初迁往湄潭永兴。在青岩将近一年时间。

1945 年 6 月，竺可桢校长在遵义办公地点勒石立碑《国立浙江大学黔省校舍记》，介绍浙江大学西迁贵州经过。

国立浙江大学黔省校舍记[1]

竺可桢

岛夷之患兴，区内俶忧，徙都重庆，学多内移。士临贼中者，辄冒险阻，间道来归。国家增学校，延师儒，优其禀给，收而教之。由是西南之名都繁邑，奥区僻壤，往往黉舍相望，弦歌声声洋洋，然顾庶事草创，师资图籍，费备费精，亦其势然也。当是时，国立浙江大学迁徙者数矣。民国二十九年春始抵贵州之遵义，而别置一年级生于青岩。既而以理、农二院处湄潭，文、工二院处遵义，师范学院则分布两

竺可桢 像

县间。湄潭有镇曰永兴，一年级生复徙居之。盖积时六稔，而以学院名者五、析系至二十有五，以研究名者一，析部至五。其隶而附者，若工厂、农林之场，中、小学之属又不一而足。师弟子在校者3千人。其讲堂、寝室、集会、办公、操练、庖溜之所，取诸廨宇寺观与假诸第宅之美者十八九，故其材不庀而具，其功不劳而集，其新筑者取苟而完已。凡为屋之数千有余间，其出自四部七略暨声、光、电、化、算数、农艺、工程之著作，不下5万余册；其仪器以件计者3万；机器以架数者7百有奇；标本都万2千。凡所以安其身、养其知、肄习其能者如此。遭时多故，世不复以简陋

[1] 竺可桢，“抗战时期的大西南丛书”《抗战时期内迁西南的高等院校》，贵州民族出版社出版，第129-130页。

见责，甚或有从而誉焉者。可桢窃独忧之。夫至变而莫测者，事也。至赜而无竟者，学也。宋先哲之所以明，而益穷其所未至，以应方来之变，犹惧或踬焉！况区区但袭故迹，无所增进，而谓可与一世角智力，竞雄长，幸存而不替，何其侦欤。校故在杭县，清季为“求是书院”，院废，为高等学堂，民国十六年易今名。余乃揭“求是”二字，以与多士共勉焉。军兴以来，初徙建德，再徙泰和，三徙宜山，而留贵州最久，不可以毋记也，故记之，以念后之人[1]。

浙大校训“求是精神”（周天胜 摄）

校长竺可桢

中华民国三十四年六月立

【编者按】1938年下半年，国土大片沦陷，日军逼近武汉，浙江也岌岌可危，为了保存中华民族文化，国民政府教育部令国立浙江大学向西部迁移。几经辗转，于1939年12月25日，浙大迁校委员会四委员来到青岩选址，浙大校长竺可桢同意设分校在青岩，各院系一年级在青岩教学，同时大部迁向遵义、湄潭。1940年12月6日，青岩分校后迁永兴，8日上课。为了让人们牢记这段历史，1945年6月，竺可桢决定在遵义老三中浙大办公室原址，今遵义一中内勒石立碑，亲自撰写《国立浙江大学黔省校舍记》，记录了浙大自抗战军兴以来，西迁建德、泰和、宜山、到达贵州的艰辛，以及在贵州青岩、遵义、湄潭永兴办学情况。浙大青岩分校在青岩办学近一年也在其中，因此，收录作者竺可桢原文发表在贵州民族出版社出版的“抗战时期的大西南丛书”《抗战时期内迁西南的高等院校》129页—130页。

[1] 本文是浙江大学校长竺可桢为浙江大学黔省校舍撰写的碑文。这块碑，原立在遵义老三中（遵义第一中学）校内，即浙大在遵义的校长办公室所在地。

抗日期间的浙江大学[1]

祝文白

1936年，竺可桢先生掌浙大，邀我返浙，遂忻然南下。不料未及一年，发生“七七事变”。浙大奉部令迁校，遂随校搬迁，周流西南五省，历九年之久。

自1937年卢沟桥事变发生，不久淞沪战起，杭城情势日急，风声鹤唳，一夕数惊。而浙大镇定如常，仍按学历于9月10日开学上课。特以一年级人数较多，选定天目山为新生设一分校，以朱庭祜先生为主任。浙大规定国文为一年级生必修课目；竺校长尤重视学生的基本国文，曾商请我兼一年级国文主任，于开学前，移寓天目山。山位于潜县北四十华里。此山有两高峰，峰顶各有一池，因名天目。山中风景极佳，9、10月间的云海，变化万状，最为奇观。彼时天目山已被辟为风景区，有汽车公路，自杭州至山麓，两个半钟头，便可到达。

浙大借天目山禅源寺为校舍，山门上有“天目灵山”四个大字。寺内建筑雄伟，重楼杰阁，气象庄严，诚为东南一大古刹。寺后胜迹尤多，新生就学于此，朝夕游眺，赏心悦目，诚为不可多得之机会。不意甫经三阅月；日军更自全公亭登陆，杭城大震，浙大遂决定全校集中建德，所有在杭之二、三、四年级学生，自11月11日起，分三批动身，每晚出发一批，至江干登轮船，开往建德。同时在天目山之一年级生，亦下山经于潜、分

[1] 收录作者祝文白原文《抗日期间的浙江大学》于“抗战时期的大西南丛书”《抗战时期内迁西南的高等院校》第118–123页。

水、桐庐以达建德。时日军已陷吴兴，南窜安吉、孝丰，直拊天目山之背。即使无集中建德之计划，亦难久居于此焉。

浙大师生，全部抵建德后，借用林场、天主堂、孔庙等处房屋，略加修葺，即行上课。同时派人往江西吉安、泰和等处，筹备校舍。至12月，杭州失陷，富阳旋告不守，时在建德上课月余，匆匆结束，分批入赣，各推教授领队，并于兰溪、金华、衢县、南昌、樟树、吉安各设招待站。殊刚到金华，适遇日机大轰炸，浙赣铁路客车停开，顿觉进退维谷。旋经会议决定，分水陆两路前进，至江西玉山会合，途次虽备尝艰苦，幸一周以内，俱安抵玉山，遂改乘火车到樟树，又由樟树乘汽车到吉安。彼时正值寒假期内，利用吉安中学及乡村师范校舍，上学两周，举行考试，以结束本学期学业。逗留两月，复迁泰和，设临时校址于上田村，借用大原书院、华阳书院、考村、新村四处房屋，大半是著姓萧氏旧宅，颇有池沼园林之胜。浙大师生在此安居，凡八阅月，借以恢复长途之疲劳，弥补旷废之学业。至1938年9月，九江沦陷，全赣震动，浙大决定经湘入桂，迁广西之宜山。由校车分批运送，至10月底，师生均已到齐。宜山县城，虽不甚大，而街市整洁，浙大校舍，以文庙标营为中心，又在标营，新建草棚，作临时教室，师生于此，安心教学者，计一年又两阅月之久。自离杭后，沿途滞迹，以此地为最久，而受惊险及损失，亦以此地为最重。先是上海电台广播：浙大抗日分子工作太多，应消灭之。果然，1939年2月5日，敌人派18架飞机，来浙大上空，轰炸三次，标营校舍，计落下爆炸燃烧弹121枚。时标营二、三、四年级宿舍，有寄居学生339人，又新建教室22座，大半皆在此上课。警报既发，师生奔避岩丛冢中，而轰炸数回，巨声震天，东宿舍着弹火起，体育课诸教师，俟机声稍息，率诸生扑救，及敌机复至，又走避。

湄潭县文庙的浙江大学西迁办学纪念碑（周天胜 摄）

旋视前避匿处，则皆尘烟弥漫，已成巨穴。当地居民死者数十人，学生中幸无一人死伤。是年 9 月 15 日，敌机八架，又来宜山轰炸，有一部分校舍被震毁，物理实验室尤甚，损失仪器多件，约值 12 万元，除此两次外，敌机不时来投弹，幸危害不大。

1939 年 11 月，南宁沦陷，宜山警报，朝夕不绝，浙大又被迫北迁。翌年 2 月，校本部移驻贵州遵义。遵义为贵州第二大城市，物产丰富，交通方便，是贵州的北方重镇。浙大在老城新城，共租赁 18 处房屋，并新建一所规模宏伟，跨越城墙之工场实验室。为久居计，尚嫌局促，不敷展布；遂一面恢复上课，一面往湄潭经营新校址。同时在贵阳青岩，暂设一年级分校，以彭百川先生为主任。我抵青岩不久即衔教育部命，于 6 月 9 月间，两度往贵阳，查看文澜阁四库全书，及竣事回青岩，又准备迁移分校于永兴场。12 月 8 日，一年级开始在永兴入学，注册上课。彼时在湄潭之校址已借用文庙为办公室，又修葺城内外之祠堂庙宇，为各学系之办公室及研究室，更在北门外建筑宿舍、膳厅、操场、游泳池，于东门外开辟广大农场。旋经校务会议决定：以文学院、工学院设在遵义；以理学院、农学院设在湄潭，旋又增设师范学院。国文向为一年级公共必修课。嗣因新生国文，多根基浅薄，改为两年必修，一年级仍驻永兴，二年级仍居湄潭，我又由永返湄。当时浙大除本部驻遵义外，于湄潭、永兴各设一分校。从此布置初定，应有尽有，教者学者，得能埋头努力，安心工作，成绩遂逐年进展。其最足以鼓舞人心，激励士气者，实由于当时竺校长拟定“求是”二字为本校校训。回忆浙大同学会印行第四期会刊时，向我征文，曾写《浙江大学之回顾》一文，其中有一段文字，颇足以阐明此点，兹摘录于下：

“……综计此三年之中，周流五省，间关万里，当局之焦神苦思，师生之流离颠沛，虽历尽险阻艰难，而仍不稍馁其教学之志。不特庋藏依然，弦歌不辍，抑且规模弥广，造就弥宏，良以创办‘求是’之动机，实缘中日甲午之一役，固将赖以陶铸群材，恢宏学术，储国力，雪国耻，靖诸夏而戢寇氛，举于是乎在。故虽处播迁之中，犹惓惓不忘揭‘求是’以为校训，是足觇浙大精神之所寄，凡我新旧校友，允宜共喻而力行之者也。”

上文所称规模弥广，造就弥宏，确非过语，自有其不可磨灭之事实。回溯浙大离杭西迁时，只有 3 学院，11 学系，更无所谓研究所、研究室，

续表

学生亦不过800人。1938年，在宜山时，增设师范学院。1939年，分文理学院为文学院与理学院。旋又添设文科研究所史地学部，理科研究所数学部，及史地教育研究室。同时于浙东之龙泉，设立浙东分校，专收一年级生，以便利两浙高中毕业生之升学。1941年秋，增设工科研究所化学工程学部。1942年秋，增设理科研究所生物学部，及农科研究所农业经济学部。当时全校学生，合计有2500余人，较在杭时，增多两倍有奇。

浙大历年来之行政组织，在校长办公室之下，设有教务、总务、训导三处，一会计室，此时悉仍其旧。至于学制组织，较昔繁复多矣。兹就复员前一年，在贵州时，所有各院系，各研究所、研究室之名称及其负责人，列表如下：

文学院院长	梅光迪
中国文学系主任	郭秉龢
外国文学系主任	畲坤珊
史地学系主任	张其昀
理学院院长	胡刚复
数学系主任	苏步青
物理学系主任	何增禄
化学系主任	卢嘉锡
生物学系主任	贝时璋
工学院院长	王国松
电机工程学系主任	王国松
化学工程学系主任	李寿恒
土木工程学系主任	吴钟伟
机械工程学系主任	易修吟
航空工程学系主任	范绪箕
电机实验室主任	俞国顺
化工工场主任	邓颂九
机械工场主任	岳劼毅
农学院院长	卢守耕
农艺学系主任	萧　辅
园艺学系主任	吴耕民

农业化学系主任	罗登义
植物病虫害学系主任	陈鸿逵
蚕桑学系主任	祝汝佐
农业经济学系主任	雷　男
农场主任	丁振麟
园艺场主任	章恢志
师范学院院长	王　琎
教育学系主任	郑宗海
国文学系主任	郑　奠
史地学系主任	李絜非
英语学系主任	畲坤珊
理化学系主任	朱正元

研究所	
历史研究所主任	张其昀
数学研究所主任	苏步青
历史研究所主任	贝时璋
化学工程研究所主任	李寿恒
农业经济研究所主任	雷　男
史地教育研究室主任	张其昀

综计浙大自 1940 年入黔以后，1946 年返浙以前，在此六年之中，每学期皆能按学历进行，每日按时上课，不若在宜山以前，忽作忽辍，甚至因避警报，日间停课，入夜补课；且学院学系，逐年扩充，发荣滋长，致有长足之进步。而师生之教学之勤奋，尤为地方人士所乐道。浙大 1947 年 1 期校刊中，有如此一段记载：

“浙大将复员时，遵义士绅，先后为浙大饯行。某次饯宴上，有一位 83 岁的老翁说：‘浙大的学风太好了，先生、学生，只在图书馆和实验室，埋头工作，偶然看见岩上城墙边的浙大学生，手里总是拿着一本书，不是朗诵，就是默念。遵义青年，向来不大用功，现在受了这种风气的陶熔，连我最顽皮贪玩的小孙子，也在整天读书了。’”

以上所举，特其一例而已，实际凡是浙大驻留较久之地，如泰和、宜山、永兴、湄潭等，社会各方面对浙大咸有好评。

“国立浙江大学青岩分校印章”
1940 年 9 月 19 日浙大为游锦文医药费写给贵阳县报告的印章（周天胜 摄）

【编者按】祝文白，原是国立浙江大学教授，先后在青岩和遵义任教，后任教育部官员。他亲眼目睹了浙大在抗日战争期间，从浙江西迁贵州等西南五省的整个过程，他在回忆录中详细记录了西迁贵州办学的经过。本书收录作者祝文白原文《抗日期间的浙江大学》发表在贵州民族出版社出版的《抗战时期的大西南丛书》（抗战时期内迁西南的高等院校）第 118 页—123 页。

苏步青教授在青岩[1]

安 庆

中国科学院学部委员，原上海复旦大学校长兼数学研究所所长，我国“微分几何”的创始人苏步青教授，1901 年 9 月 23 日出生在浙江省平阳县一个偏僻的山村里。1924 年，苏步青在 90 多名考生中，以微积分和解析几何两门 100 分的优异成绩而名列第一，考入了当时国际著名的日本东京帝国大学数学系。不久，苏步青就发表了第一篇数学论文《某个定理的扩充》，轰动了东京帝国大学。在这以后，他又连续发表了 30 余篇论文，在微分几何方面取得了卓著的成就，获得了博士学位。

1931 年，苏步青博士回到祖国，在浙江大学数学物理系任教。

抗日战争爆发后，日寇大举入侵，浙江大学在校长竺可桢率领下西迁。1939 年底，浙江大学从广西宜山迁入贵州，先在贵阳青岩与遵义上课，最后在遵义与湄潭定居，苏步青肩挑书箱，手牵两个小孩，他的夫人松本米子背着一个，牵着两个孩子，跋涉五千多里，跟随浙江大学西迁来到贵州贵阳。

这个时期，苏步青一家七人挤在青岩的一所破庙里（龙泉寺）。虽说苏步青是教授，一到青岩连吃饭都成问题，光是红薯干蘸食盐水，就吃了几个月，全家过着贫穷与饥饿的生活。松本米子为让苏步青驰骋在数学王国攻克一座座堡垒，总是先让孩子们与苏步青吃饱，有时自己饿着肚子。

［1］收录作者安庆原文于政协贵阳市和花溪区文史委合编，1993 年 11 月《贵阳文史资料选辑》第 38 辑第 102 页。

她将全部心血都融化到对丈夫的体贴与对子女的抚养上，使苏步青能安心地为学生上课，夜晚能在光点如豆的桐油灯下，继续着微分几何的研究。

有一天，苏步青召来了四个助教与学生，叫他们搬了几条木板凳，一同来到附近一个山洞里。这个山洞，“石壁上长着青苔，石缝里冒着水珠，顶上石笋倒悬，地上乱石成堆，不过因为阳光的折射，洞里倒显得幽静而明亮”。苏步青指着山洞问他们：“你们喜欢这里吗？我很喜欢，别有洞天！”苏步青又说：“以后，这里就是我们的数学研究室。山洞虽小，但数学的天地广阔，大家要按照已确定的研究方向读书，定期来这里报告，我们互相讨论……”接着，苏步青对他最近所获得微分几何方面的研究心得做了第一次报告。

就这样，我国第一个由苏步青教授创立与领导的“微分几何”专题研究讨论班，在我市青岩的山洞里诞生和发展起来了。直到 1946 年浙江大学迁回杭州，以及 1953 年大学院系调整，浙江大学数学系并入复旦大学，这个“微分几何”研究讨论班都一直保留着，粉碎“四人帮”以后的那几年中，每年都有不少外国学者，慕名前来上海复旦大学，参加苏步青教授主持的“微分几何”研究讨论班活动。

从 1940 年“微分几何”研究讨论班在我市青岩成立，到 50 年代末，苏步青教授先后发表了 150 余篇论文，他在“仿射微分几何”“射影微分几何”“共轭网理论”“K 展空间几何”等方面的建树，在国际数学界产生了深远的影响，并使我国在《微分几何》这一领域一直处于国际领先地位。其中，苏步青教授所著“一般空间微分几何”一书，还荣获了 1956 年国家科学奖金，而苏步青教授的这些论文与专著，都是在这个“微分几何”研究讨论班报告与讨论过的。

抗战时期的英国驻华科学考察团团长、剑桥大学教授李约瑟博士，曾在英国撰文回忆他于 1944 年 4 月来我省参观浙江大学时的印象：“在重庆与贵阳之间的一个叫遵义的小城市里，可以找到浙江大学。它是中国最好的四所大学之一。”文中列举了浙江大学 12 位教授和一些学生的研究工作，并指出有些工作具有相当高的水平。这 12 位教授中，其中之一就是苏步青教授主持的“微分几何”研究讨论班在“微分几何”上所做出的成就。[1]

苏步青微分几何研讨班山洞旧址（周天胜 摄）

这个“微分几何”研究讨论班，不仅使苏步青为我国数学科学的发展做出了卓越的贡献，还为我国培养了几代数学人才。例如，现为中国科学院学部委员、复旦大学副校长兼数学研究所所长谷超豪教授，早年就由于对苏步青教授及其主持“微分几何”研究讨论班的仰慕，投考了浙江大学数学系。他除了听苏步青授课外，还要求参加“微分几何”研究讨论班。但苏步青没有马上答应，只给他一篇数学论文。谷超豪打开一看，额上冒汗了。这篇论文好像是一幅没有文字说明的地图，要是不花心血与汗水，真不知道道路在地图的哪一头。苏教授在检验他的才智，考验他的毅力，要看看谷超豪在科学的道路上，究竟甘愿支付几分辛劳。通过这次考试，谷超豪才被批准参加这个研讨班。后来经过苏步青的严格训练，使谷超豪等这些新苗成了材。解放初期，苏步青推荐谷超豪出国深造，获得了博士学位。60年代初，谷超豪在苏步青指导下，在微分方程理论方面取得了重大突破，成为中外闻名的数学家。目前，通过“微分几何”研究讨论班的悉心培养，苏步青的不少学生已成为中国科学院学部委员、教授或研究员，成为我们攀登数学高峰的带头人和中坚力量。

苏步青一九四〇年创办微分几何研究讨论班青岩观音洞山洞旧址（周天胜 摄）

相关链接：

[1] 苏步青教授5月10日回温州接家眷再没有下文，直到12月2日一家到遵义，说回贵州时间35天还有学生随行，长达半年之久。说明苏步青没有直接到遵义，而是到了青岩，在青岩居住一段，年底12月初随学校迁往湄潭。

苏步青“微分几何研究讨论班”青岩观音洞址考

收录作者安庆原文《苏步青教授在青岩》于政协贵阳市和花溪区文史委合编《贵阳文史资料选辑》（文化古镇青岩专辑）第38辑102页，文中有“石笋倒悬特征”和“防空袭”记载。贵州人民出版社出版、主编钱伟长、杨福家、著者王增藩撰《中国当代著名科学家丛书苏步青》15.“讨论班走向成熟”48—49页。有同上“石笋倒悬特征”以上相同记载、李大光撰《原贵阳县见闻琐录》一文里有关1940年8月20日浙大防躲空袭《浙江大学防空警报冲突事件》、花溪区档案馆有贵阳县浙大防空袭与防护团打架纠纷档案、“四名助教”，据贵州人民出版社出版《中国当代著名科学家丛书——苏步青》第49页上开头记载：“苏步青的四位学生——其时已是青年教师的熊全治、白正国、张素城、吴祖基，一起躲进山洞。”《中国当代著名科学家丛书——苏步青》第49页上开头记载：“有一天，外面又传来敌机空袭的警报。”这一天正是浙大青岩分校停课出城西门躲空袭与青岩防护团打架纠纷的这一天，即1940年8月20日上午11时许，日机9架侵入青岩领空警报响起。青岩迎祥寺后观音洞山洞“石笋倒悬特征”图片两幅：这个山洞有以下特征：“石壁上长着青苔，石缝里冒着水珠，顶上石笋倒悬，地上乱石成堆，不过因为阳光的折射，洞里倒显得幽静而明亮。”地上有石块，就是黑洞处。迎祥寺和尚为了储水所挖，因此洞内有很多没有运出的石块、观音洞口斜挖后有好几米，形成“坐东朝西”向。因此太阳西晒时天然形成“阳光折射进洞”“显得幽静明亮”的位置就是洞门入口处，它不用点灯和点蜡烛，靠“西晒”西射强光自然天成，借太阳西射的强烈光线不用灯光就可以读书看报。只要一人在洞口宣读学术论文和学术报告，其他十多个人在洞内听，或进行学术讨论，苏步青选择这里做学术研究，地点确实得天独厚，这就是青岩迎祥寺庙后的“观音洞”山洞。

【编者按】安庆先生是苏步青教授抗战时期在浙江大学青岩分校进行教学的知情者，他曾撰文回忆《苏步青教授在青岩》，并在各级文史资料刊物上发表，特别介绍了全校防空袭，有1940年8月20日防空袭档案不上课，苏步青教授利用浙大分校出西门防空区域进行躲空袭演习的机会，带领几名助教学生在青岩西门附近寻找条件较好的天然洞穴，他们终于在西门黄家坡下南门的斗姆阁（今迎祥寺）大殿后发现有个阳光折射、钟乳石倒悬、清静的小型山洞适合数学科学研究的地方，原来洞内因供奉有观音菩萨，故名叫“观音洞”。苏步青随即叫学生搬来板凳，正好听到防空袭警报拉响的声音传进洞内，师生在防空袭警报声中，苏步青与四名助教在山洞里进行了别开生面的教学研究活动，即微分几何研究。后来苏步青领导的微分几何研究取得科研成就，处于世界领先地位。收录作者安庆原文《苏步青教授在青岩》于政协贵阳市文史委和花溪区文史委合编《贵阳文史资料选辑》（文化古镇青岩专辑）第 38 辑 102 页。

原贵阳县见闻琐录——平息浙江大学与青岩防护团防空袭冲突纠纷[1]

李大光

浙江大学初迁至青岩时，有一次，空袭警报发出后，有几个学生一定要进城，守城门的自卫队不准进入，于是双方发生冲突、斗殴。学生大愤，派了几个代表，由一个姓诸葛的老师率领同我谈判。他们提出：要我把当地的区长撤职，并要我向全体学生道歉。用'疲劳轰炸'的方式，轮流和我辩论了一夜，使我不得休息，想使我屈服。我最后反问他们：由江南迁到贵阳，人地生疏，是想继续读书呢，抑或是逞一时意气和当地人闹？意思是：如果想要继续读书，就不可和本地人结怨过深。这两句话把学生代表们的心坎击中了，开始软化。我然后与诸葛老师密商：明日一早同乘浙大的汽车到青岩去，先在浙大召集学生开会，我向全体学生道歉；再到区公所召集当地人士开会，由诸葛老师向当地人士道歉。我向诸葛老师提出要求：当我向学生道歉时，不许一个本地人士旁听；当诸葛老师向地方人士道歉时，不许一个学生旁听。我说："如果不这样办，我的锦囊妙计就失灵了。"诸葛老师同意我的办法。第二天（8月29日）到了青岩。如法炮制，双方皆大欢喜，一场轩然大波，不到半天就这样解决了。

【编者按】李大光时任贵阳县县长，亲自到浙大处理浙江大学与青岩防护

[1] 收录作者李大光原文《原贵阳县见闻琐录》中（《浙江大学防空警报冲突事件》）于贵州人民出版社出版的贵阳市政协文史委编《贵阳文史资料选萃》下册985页。

团打架罢课冲突纠纷，平息了事件。本书收录作者李大光原文于贵阳市政协2006年编《贵阳文史资料选萃》下册里《原贵阳县见闻琐录》中（《浙江大学防空警报冲突事件》谈到有关1940年8月20日上午11点30分发生的《浙江大学防空警报冲突事件》）于贵州人民出版社出版的贵阳市政协文史委编《贵阳文史资料选萃》下册985页。

竺可桢率领浙大文军西迁到青岩概述[1]

1937 年 7 月 7 日，中国的抗日战争全面爆发。8 月，浙江杭州危急。浙江大学校长竺可桢，为了保存中华民族的大学文化，在杭州沦陷前，率领浙江大学全校师生 700 多人西迁，最后到达西南边陲贵州的后方青岩、遵义、湄潭，这是抗战时期浙江大学文军进行的万里“远征”。《竺可桢日记》和《竺可桢全集》与现存各处的档案资料，分别记载了浙大文军一路西迁入黔贵阳青岩、遵义的艰难状况。现主要归纳整理到达贵阳青岩的部分史实如下：

浙大文军西迁路上曲折坎坷，一路遭到敌机尾追狂轰滥炸，险象环生。1937 年 10 月 24 日，浙江杭州被日本鬼子占领。竺可桢带着浙大先后从建德向江西吉安迁移，转迁泰和。不久，南昌沦陷。浙大不得不继续向西迁移。1938 年 11 月 1 日，竺可桢带着浙江大学迁移到达广西宜山。在宜山，浙大被敌机猛烈轰炸，临时简易校舍被炸毁。南宁也危在旦夕。当月 24 日，南宁失陷。教育部急令竺可桢将浙江大学迁往大后方西南边陲贵州办学。

一、竺可桢入黔后方青岩查勘浙大新校址方知迁校太难

竺可桢得到教育部西迁贵州的指令后，于 1938 年底，派地理学家晓峰（张其昀，曾任浙大史地系主任、文学院院长等职）和生物学家张孟闻二人到贵州各地考察查勘迁校地点。当年 12 月 1 日，张晓峰来到贵州，接洽了贵州省政府教育厅周寄梅等人。经周推荐，决定将校迁往安顺西部镇宁。但张晓峰等人到镇宁实地考察后，觉得在

［1］收录参考于《竺可桢日记》和《竺可桢全集》。

镇宁办学不方便，实际困难太多。于4日电告竺可桢，决定再到都匀、三合考察。竺可桢这时才感到迁校太难。

1939年1月10日，竺可桢从重庆坐飞机到达贵阳，亲自查勘迁校地点。11日，竺可桢同贵阳县县长李大光和一区区长向佩弦等乘小汽车到离城东北10公里的乌当区考察，未找到合适地点。12日，竺可桢与李大光到离贵阳有55公里的定番（今惠水）乡政学院考察，觉得也不合适。2点多钟路经青岩城外，3点钟到达花溪，考察了洛平。竺可桢认为洛平村地虽宽，但无水，不适宜办学。接着，同县长李大光一行游览观赏了花溪公园，登上了麟山顶。这是竺可桢本人有史以来游览花溪公园，他对麟山风景赞不绝口，很遗憾晚到一步，因为此时大夏大学已在花溪办学，捷足先登。13日，竺可桢由贵阳坐车，经图云关、观音山到独山视察，晚7点才到达。20日，竺可桢听张晓峰报告视察黔中校址情况，然后讨论迁移问题，决定暂不迁黔。

2月4日，日军18架飞机对大后方贵阳城进行狂轰滥炸，人员伤亡和财产损失惨重，大后方变成了前方战场。5月30日，敌机五六架第二次轰炸泰和，对新村、老村各投炸弹二次，浙大在新村的学生宿舍大部被炸毁。大原书院被炸去西部，其余浙大码头、匡村、梁村亦被炸，死伤21人，浙大损失惨重。11月25日，南宁陷落。27日，竺可桢召开行政会议，决定继续上课，待敌人过宾阳后再出发赴黔。28日，成立七人迁校筹备委员会，决定再度迁校。

二、浙江大学新校舍迁校筹备委员会胡建人等四人选定青岩

1939年12月25日，竺可桢派遵义新校舍筹备委员会委员（胡）刚复、（李）振吾（又叫李熙谋）、蔡邦华三人从都匀辗转来到贵阳青岩。他们看中了青岩古镇，都认为青岩四周有城墙安全，又是附近几县的商品集散地，在这里办学，无疑生活方便，又处在南北交通线上，离省城贵阳近。三人得知乡师已迁榕江，他们看了龙泉寺青岩乡师多处校舍和其他处的房舍后，认为可容纳一年级没问题，然后找到青岩镇区公所和留守青岩乡村师范学校看管校舍的人员进行洽谈接收问题。接着，浙大新校舍筹备委员会委员胡刚复、张晓峰、张孟闻、胡建人4人先后到达青岩，他们再次视察省立乡师校址，选定乡师在青岩北门的真武宫、龙泉寺、赵家祠堂校舍和其他处的朝阳寺、文昌阁、慈云寺、黑神庙、青岩堡圆通寺等寺庙可以作为浙大分校一年级新校舍。年末30日，竺可桢派六寨一年级代理主任胡建人到贵州省教育厅洽谈，省教育厅同意浙大以5000元的代价接收青岩乡师校舍。胡建人电话报告

了竺可桢，竺可桢这时才决定留各院系一年级在青岩成立浙大青岩分校。

三、竺可桢首次到青岩视察真武宫后决定在青岩办学

1940 年 1 月 1 日，竺可桢在贵阳正式复电胡建人，要胡建人继续接洽青岩乡师校舍。9 日，竺可桢排除陈剑修、姜伯韩、王季梁联名来电主张一年级到遵义和放弃青岩乡村师范校址的干扰。更加坚定地下决心将文学院、工学院、理学院、农学院、师院文科、师院理科等各院系一年级 400 多名大学生留在青岩办学。

《竺可桢日记》记载：1 月 14 日，腊月初六，上午 7 点半钟，青岩人彭百川带领青岩乡村师范学校校长黄同义（黄质夫）到贵阳（竺可桢）住处洽谈接管问题。黄同义，镇江人，曾在栖霞创办乡村师范，现又在青岩办乡村师范，为青岩第四任校长。去年冬天，将省立青岩乡村师范改成国立贵州师范，以收苗民为目的，有学生 200 人。以该处苗民较多而生活低，拟迁往榕江，将于明日出发，在青岩的乡师房屋家具可以移交与浙大接收，故特来拜访。8 点半，竺可桢偕黄质夫、刚复至西门外同乐社邀约蔡邦华及陈剑修同往，9 点半抵达青岩，即到真武宫。真武宫（龙泉寺一侧）原为乡村师范校址，内有办公室三间，教室两个，每个教室可容纳 60 人，另两个教室可容纳 30 人、40 人。现已有保育院拟移入，但该院陈（维坤）院长说，随时可以停止。次到慈云寺，内有三进，可以住 300 人之多，但教育厅拟给与此前女师附小，尚当与交涉，后来，女师附小让出慈云寺，慈云寺做浙大男生宿舍。青岩昔日为县城，故有城墙，明、清朝时领八番十二司，设副总兵府，但今则为贵阳府之一镇，生活程度与贵阳相当，学生膳费每月需 10 元，乡师学生每月吃 8 元，觉得太苦，故亦为移动原因之一。下午两点，竺可桢偕黄质夫等乘车回贵阳。与陈剑秋谈青岩之屋勉强可以容纳一年级，校具均有，所缺不多，而黄质夫明日即行，必须交出，故嘱托青岩分校事务主任许仁章在第二天来接收。如果痞村之屋可用，则可放弃青岩亦属易事也。许仁章，即许侠武，浙大三民主义教授。

15 日中饭后，蔡邦华及许仁章来找竺可桢。许仁章报告说：已在青岩接收乡师校产。浙大青岩分校正式有校舍了。竺可桢委托六寨临时办事处一年级代理主任胡建人在贵阳和青岩接洽办学事务。22 日在贵阳，省教育厅周寄梅到竺可桢住处，商谈遵义师范校址事。周寄梅劝竺可桢不要遵师校舍。竺可桢决意留一年级在青岩，定于 2 月 8 日，正月初一上课。要求学生在 2 月 1 日前到达贵阳青岩集中。中午在贵阳与彭百川、胡建人谈任用一年级主任事。竺可桢决定任用青岩人彭百川为浙大

青岩分校第一任主任。23 日，腊月十五这天，屋外地上有冰，水缸中也结了冰，厚达寸许。上午 9 点，竺可桢在贵阳会晤彭百川后，彭百川同意日内与竺可桢一同到青岩。竺可桢当天决定在广西宜山的浙大从今日起全校停课，做西迁西南后方贵州的迁校准备后迁移。24 日，上午 8 点，竺可桢接到省公路局姚局长电话，同意借汽车给竺可桢第二天到青岩。竺可桢 9 点到教育厅，与张志韩谈遵师校址。竺可桢说遵师屋小不能容纳全校，告诉张志韩说已经复电教育部，决定留一年级在青岩。请张志韩对有关问题进行交涉，将乡村师范原有赵氏宗祠及方言讲习所校舍向通信兵团收回作为浙大校址，请青岩实验区宋怀中主任及女师章益三校长设法帮忙办理。

四、竺可桢第二次到青岩视察协调通信兵团迁出圆通寺

1940 年 1 月 25 日，腊月十七，竺可桢决定从贵阳到青岩一走，乘车赴青岩，彭百川、胡建人同行。从贵阳到青岩有 30 公里，10 点 30 分到达青岩。竺可桢一行先到真武宫，由教师张名、倪振新二人引导视察龙泉寺教室。在龙泉寺看见青岩保育院第二任院长陈维坤，已带领几十个学生住在真武宫内，不肯让出。保育院多次想以万寿宫和赵公专祠两地与乡师的慈云寺对调。竺可桢在上次到青岩时就拒绝过。因教育厅已同意将慈云寺拨给女师附小使用，又由张志韩转让给浙大。竺可桢权衡利弊，实地考察万寿宫和赵公专祠后，两地确实住不下浙大 300 多个学生，两边住人，管理也不方便，竺可桢再次拒绝保育院的请求，保育院不得不撤回万寿宫。从都匀到贵阳有 168 公里路程。27 日，竺可桢派高尚志押车赴都匀运载仪器来筑。8 点半，竺可桢到次南门外师范学校通信兵团团部，会晤团长王涛，商谈该团驻扎士兵迁出青岩方言讲习所圆通寺的事。当月 28 日 12 点，竺可桢回贵阳住地，主任彭百川到来，一起与胡建人吃中饭，讨论一年级开学的事情。

1940 年 2 月 1 日，浙大开始在遵义江公祠办公。当天，浙大开始从广西宜山全部迁往抗日大后方贵州，女生上午已经出发，一部往贵阳青岩，一部往遵义方向。3 日，8 点半，竺可桢在遵义江公祠致函教育部，报告准备在青岩和遵义开课的日期。4 日，已是腊月二十五，离新年佳节还有 5 天。浙江大学一年级的 400 多名师生，从广西宜山和六寨，一路颠沛流离，风餐露宿，终于全部来到大西南贵州后方重镇青岩，实现了文军西迁贵州的“远征”，比预定的 2 月 1 日晚到 3 天。有了青岩分校，浙大不再受日本鬼子的狂轰滥炸，在大后方的摇篮里孕育建国文化。随后的几天时间里，全校师生进行休整，做好在青岩上课前的工作和学习准备。

2 月 8 日，浙江大学一年级在青岩成立后，第二天开始上课，到当年 10 月 1 日开始逐渐迁移到湄潭永兴，至 12 月 2 日苏步青一家迁移湄潭止，浙大青岩分校在青岩结束办学。12 月 8 日，浙大一年级在永兴上课，浙大西迁搬迁完毕，直到抗战胜利后返回浙江。

浙江大学在青岩办学将近一年的短短时间里，发生了许多惊天动地和鲜为人知的事情，从研究角度和掌握的极少有限的资料，笔者只对浙大开始迁移至西迁到后方青岩进行总的概述。

你要了解浙大在青岩的办学情况，请看以下详细内容：《竺可桢日记》《竺可桢全集》和竺可桢率领浙大文军西迁到青岩概述、国立浙江大学分校在青岩、浙大与防护团防空冲突闹学潮事件、浙大学生自治会青岩分会印发传单、青岩区公所呈报冲突事件的申辩词、浙大向中央日报投稿《青岩通讯》、《竺可桢日记》载派人平息浙大分校与防护团事件经过、李大光与竺可桢往来青岩事件电报、竺可桢校长怒撤浙大青岩分校、何应钦回花溪碧云窝新家探亲后到青岩解决浙大纠纷。

国立浙江大学在青岩复课的通告[1]

一九四〇年二月四日

通告内容如下：

本大学一年级及先修班新生，业于二月八日在筑南青岩复课，凡尚未报到各生，限于三月八日前到校注册，不得延期[2]。

特此通告

中华民国二十九年二月四日

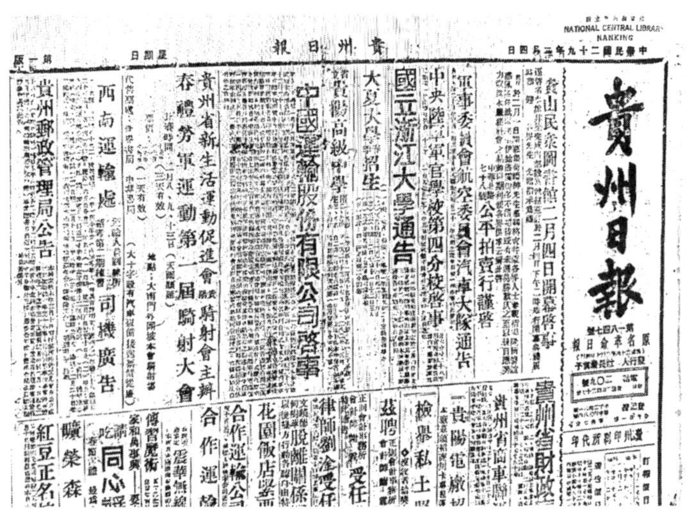

浙江大学通告照片（周天胜 摄）

［1］2019年6月25日于贵州省图书馆查1940年2月21日《贵州日报》馆藏报纸所摄。

［2］开学通告于1940年2月4日、6日、21日、23日分别在《贵州日报》头版登载。

国立浙江大学分校在青岩

1939 年 12 月 25 日，浙江大学迁校筹备委员会委员胡刚复、李振吾、蔡邦华三人先到筑南青岩视察，选定乡师校舍为浙大一年级分校新址。30 日，竺可桢派胡建人到贵州省教育厅洽谈以 5000 元接收乡师校产。

1940 年 2 月初，浙江大学一年级的 400 多名师生，从广西宜山、六寨，一路颠沛流离，风餐露宿，终于来到大西南贵州后方军事重镇青岩，实现了文军西迁的 5000 里“远征”。随后的几天时间里，全校师生进行休整，做好在青岩上课前的工作和学习准备，在大后方青岩的摇篮里孕育着中华儿女的抗战建国文化。4 日起，国立浙江大学在《贵州日报》上分别发布了 2 月 8 日在“筑南青岩”复课的通告。

一、“国立浙江大学青岩分校”在青岩龙泉寺正式成立

1940 年 2 月 8 日，大年初一，竺可桢带领浙大彭百川、祝文白、苏步青、高尚志、姜伯韩、许侠武、张其昀、张孟闻、胡建人、胡刚复、李熙谋、蔡邦华、季梁、陈剑修、张名、倪振新等 30 多位教授，教官张文美和国立浙江大学文学院、工学院、理学院、农学院、师院文科、师院理科各院系主任和一年级 400 多名大学生在青岩龙泉寺召开了成立大会。

竺可桢宣布“国立浙江大学青岩分校”正式成立后，会场里响起一阵热烈的掌声。他接着宣布任命青岩人彭百川为分校主任，高尚志为训导主任，姜伯韩为教务处主任，许侠武为总务处主任，并做西迁青岩以来的第一次报告。省教育厅厅长张志韩到会祝贺并为浙大分校揭牌。贵阳县县长李大光、青岩区区长宋怀中、女师校长章

益三、保育院长陈维坤等和青岩区公所全体职员到会祝贺。

真武宫和龙泉寺是青岩分校本部办公的地方。青岩分校主任办公室、校办公室在真武宫，教务处和教学区、食堂、图书馆设在龙泉寺，男生宿舍在慈云寺。浙大女生 33 人自租农房居住。赵家祠堂（畏三小学）为各系院办公室，圆通寺为工学院金工工场教学区，彭公馆三层西式楼房是浙大物理实验室，后来斗姆阁后（今迎祥寺）观音洞山洞是苏步青教授进行“微分几何”讨论班学术研究报告区。教授宿舍设在黑神庙，黑神庙设有“中山堂”，是青岩周边单位及教师们每周做礼拜宣誓、聚会、秉行孙中山先生三民主义的地方。文昌阁文社作教室，朝阳寺配有大礼堂，是浙大学生举办大型文艺活动的理想地点和听报告的地方。

浙江大学青岩分校在青岩的成立，标志着浙大一年级的教学在新年春节重新走上正轨。

2 月 9 日，大年正月初二，浙江大学青岩分校各院系一年级从广西宜山西迁以来，第一次在青岩后方恢复上课。从此，教学走上正轨，将近一年再迁湄潭永兴，在湄潭至抗战结束。

二、浙江大学战地服务团在青岩的活动

自从 1 月中旬在广西宜山，竺可桢为浙江大学战地服务团成立授旗后，战地服务团团员 77 人，于 2 月 1 日从宜山出发，赴黔南大塘一带做抗日宣传工作，后又到定番做宣传，至 8 日前到达青岩。

一年级的战地服务团团员到青岩后，马不停蹄地到街上、场坝和燕楼一带进行抗日宣传活动。战地服务团利用赶场天在青岩场坝，以唱抗日歌曲、演唱话剧的形式，对广大民众进行抗日宣传和战地救护工作宣传。

战地服务团的团员们利用每个赶场（赶集）天，在青岩场坝进行宣传，他们大唱抗日歌曲。在“打回老家去，不当亡国奴，把日本侵略者赶出中国去”的爱国精神指导下，在聂耳歌曲“起来！不愿做奴隶的人们”“我的家在东北松花江上，那里还有大豆高粱；那里还有父老兄弟、姊妹同胞”“大刀向鬼子们的头上砍去”的歌声鼓舞下，唤醒民众、鼓动热血青年踊跃参军，上前线打日本鬼子去。战地服务团在青岩的活动，极大地鼓舞了青岩民众的抗日信心。

三、竺可桢第三次到青岩视察学校分布和决定先修班招生

竺可桢日记记载："2 月 18 日，正月十一，（竺可桢）8 点偕劲夫、明水、彭百川乘四号车出发赴青岩。9 点至青岩，即至真武宫，介绍刘明水与纪纫容，嘱交代女生指导事。青岩一年级于 2 月 9 日上课后，以真武宫（还有龙泉寺）为教室、图书馆、办公室；慈云寺为宿舍，共住 280 人，现学生到者已 361 人，其中女生 33 人，女生宿舍另租民房；物理实验室以一百元一月租彭姓三层楼；金工工场在方言讲习所，即圆通寺。12 点回真武宫，与学生中膳。此间自办伙食，每月十四五元，尚不及宜山八元一月之佳。膳后，余（竺可桢）对学生讲话约二十分钟。两点召集全体教职员会议，到会者三十人，决定招收先修班生二十名，膳宿自理，不给贷金。新生于 3 月 8 日必须到校，本学年暂定 8 月底结束。四点偕劲夫、许侠武、高尚志乘车回贵阳。（1940 年）2 月 19 日，在遵义：彭百川与姜伯韩均来函辞职（彭百川辞去青岩分校主任、姜伯韩辞去教务处主任）（由高尚志接任青岩分校主任）。20 日 3 点到校，决定先修班只在贵阳（青岩）招生，名额二十。"

四、浙大二、三、四年级在遵义上课及第一次校务会议

《竺可桢日记》记载："2 月 22 日，正月十五，浙大二、三、四年级在遵义上课。消息传到青岩，一年级全体师生为校友们高兴。

"26 日，3 点钟开系主任会议。内容定战地服务团活动，决定在本学年八月底结束。决定青岩教员，每月各给津贴十元。

"27 日，下午 2 点，在江公祠召开到遵义后第一次校务会议。首由余（竺可桢）及教务、总务、训导报告，最后由彭百川报告。至 4 月 16 日止，浙大本部有三千人到达遵义。"

五、浙大青岩分校 8 名学生应征参加抗日部队

《竺可桢日记》记载："5 月 20 日，前接教育部行文来校，征求自愿从军之学生，得青岩先修班学生 6 人、一年级 1 人、此间教育系张效孟 1 人。" 8 名青岩分校的学生光荣参军，成为抗日军队的一员。他们穿上军装，走上抗日前线。

5 年后的 1944 年，这些出征的 25 名校友军人聚拢在一起聚会，还一起合影留念，留下了从军以来 5 年纪念的珍贵照片，现保存在湄潭县文物管理所文届展室内，供

人们观赏。

六、竺可桢第四次到青岩登上了黑神庙顶峰举行茶点会

1940 年 6 月 2 日，竺可桢决定到青岩去。他在日记中说：10 点 20 分，我们从贵阳出发，由于今日天气极佳，途中，看见花溪游人甚多，11 点半抵达青岩。中午在分校办公室吃中饭后，竺可桢与彭百川、王超、高尚志谈话。1 点半往第一、二、三（女生）、四（疗养室）宿舍观察一圈。3 点钟到达黑神庙教职员宿舍。

竺可桢说：黑神庙靠城边，在青岩西部山上，离平地虽不足百公尺，但庙在树荫茂密之中，顿觉凉爽。在大殿前西桂花树下，以允敏及我的名义设茶点，茶叶和糕点均系贵阳带去，席间共到三十余人，我说了很多话，直到晚上才下山。下到山脚，热气扑鼻，顿觉山下骤热。3 日，从青岩回到贵阳。

7 月 13 日，浙江大学校医周仲奇在青岩患病，后转往贵阳医治。

七、中共地下组织在青岩分校和湄潭的活动

《竺可桢日记》记载：“7 月 17 日，在遵义接教育部密件，谓浙大有中共所组之学会：（1）黑白文艺社，社长何友谅（国文二）、沈自敏（史二）；（2）铁黎剧团，团长原为潘传烈（化工三），近让与赵梦环；（3）塔外社，负责人胡玉堂（史地三）；

收录于湄潭县文管所文庙展厅 浙大从军同学入伍周年纪念合影（周天胜 翻拍）

（4）保民三十一级会主席陈天宝（电机二）。余以为沈自敏、胡玉堂均喜信口雌黄（这是作者竺可桢为保护学生开脱的借口），但并非共产党，因真正的共产党往往不喜出头而暗中指使者。疑青岩化工有共党。”

八、竺可桢五到青岩与主任高尚志许侠武谈分校膳食问题

《竺可桢日记》记载：“1940年7月24日，在贵阳，8点二十分偕（文学院院长梅）迪生、季梁乘1935号车赴青岩，这是竺可桢第五次到青岩分校。一行在9点30分到青岩真武宫分校办事处，竺可桢与高尚志、许侠武谈分校膳食等问题……青岩分校最迫切者为膳食问题。青岩食物，米每斗七元五角，肉每斤一元五，猪油二元一，鸡蛋每元十三个。现有四百学生，每人需一石四斗米，需一百零五元，而只余22元为购菜之用。如米贵一元一斗，则每人所食之米亦多一元。……膳后与诸生谈话。余讲工读主义，谓手（艺）虽贱，如剃头，在此时期亦值得吾人之学习。迪生、季梁亦各说一刻钟。2点半出发，回贵阳。”

8月1日，全校纪念浙大成立十三周年。马君武当日去世，享年61岁。

九、中共浙大地下组织活动被取缔

《竺可桢日记》记载：“1940年8月4日，有人告发军事委员会，谓浙大学生团体其中为中共组织者有：（1）黑白文艺社，社长何友谅（江苏人，国二）、沈自敏（史二）。该社总办公处即设于何友谅之住宅。（2）铁黎剧团。团长原系潘传烈（化工三），因受学校注意，乃将团长让与赵梦环担任。（3）塔外社。负责人胡玉堂。（4）保民三十一级会主席陈天宝。以上各团体均系中共在该校活动掩护组织，彼此均有密切联络。除电行政督察专员公署密查注意外，请查照取缔为荷。而教育部亦来同等公事。”

注：参考湄潭县文管所提供的《竺可桢日记》，贵州大学北校区图书馆馆员于洋提供的《竺可桢全集》整理，参考花溪区档案馆、贵阳市档案馆、贵州省档案馆档案资料，参考作者祝文白《抗战时期内迁西南的高等院校》《抗日期间的浙江大学》120页中间说，“同时在贵阳青岩，暂设一年级分校，以彭百川先生为主任”，彭百川先生为青岩人，担任青岩分校第一任主任、参考于《竺可桢日记》记载：“（1940年）10月1日，由李熙谋到青岩筹划结束事宜，5日开始搬迁，12月6日，一年级生全部到永兴，8日开始上课。”采访整理。

浙大与防护团防空袭冲突闹学潮事件经过

1939年初，日本鬼子的飞机经常袭扰我后方贵阳。2月4日，日军18架飞机对大后方贵阳城进行狂轰滥炸，贵阳人民遭受重大损失。后来，敌人经常派出飞机经青岩空中航线到贵阳和其他地方进行侦察和空袭轰炸。就在1940年7月29日，日机9架分两次投弹轰炸花溪不久，8月20日上午11点，9架日机来犯，整个青岩城民众和迁移到青岩的有关机构全部防空袭。在敌机向贵阳方向飞去后警报未解除的情况下，浙大分校两名学生强行要进入西门，与防护班发生打架，继而群殴再打，打伤大学生游锦文。由于青岩区公所处理不当，导致浙大学生上街游行，散发传单，发通讯，罢课闹学潮，组成70余人代表团进驻省政府的大事件。而当天苏步青则带着几个助教在迎祥寺后的观音洞里搞数学研究，“微分几何研讨班”在青岩诞生了。

根据现存档案资料，笔者把它整理出来，让我们来了解当时事件的经过，它是怎样发生的？怎样发展的？怎样结束的？浙大为什么要迁往湄潭？也许你会从中找到答案。

一、贵阳县防日本飞机空袭的电话“通知”

1940年8月19日，一架日机在贵阳城上空盘旋。贵阳县政府电话通知青岩第六区公所说：“本日敌机一架已至贵阳侦察，当注意20日之防空警戒，以防敌机轰炸。”青岩区区长刘文焕，接到县政府的电话通知后，当即做出防空命令六条，贴于四门，要求全民做好20日这一天的防空袭准备。并通知东门、西门、南门、北门四保和在青岩的有关单位做好第二天的防空准备。20日这一天正好是青岩的赶场（赶集）天。

二、青岩区公所六条防空“命令”

兹将明（20）日防空规定列后：

①午后3时，始准赶场（赶集）。

②每个城门派兵2人，于上午9时前到达警戒，无论人、货、摊子等，一律不准入城，并不得拥挤于城门外。

③对城内之摆摊者，须到午后2时半，始准摆摊并张伞，扎帐篷者应绝对禁止。

④调南门保防护班及东门保防护班各五人，于上午9时前到区公所集中，分派通衢，维持城内秩序。

⑤饬防护班，转知各街花户，务将各家所有水缸挑水装满，以备不虞。

⑥各花户出外躲避空袭时，应速将灶上之火熄灭，或用砂锅装水置于灶火上，方能外出疏散。

在令！

刘分队长光熙，遵照执行。

区长刘文焕

三、日机侵入青岩领空后警报长鸣

国立浙江大学青岩分校，也收到了青岩区公所防空紧急通知，校当局立即通知各系、各院，第二日不上课，浙大的防空区域在西门外，按防空“命令”规定和要求，听警报进行防空疏散。

1940年8月20日一早，青岩城的人们早早吃了早饭后，就匆匆忙忙地出城。9点过钟，青岩区公所防护团防护班团员即通知全城撤出城外。人们纷纷出城躲避空袭，浙大一年级学生全部走出西门，到规定的防空区域进行躲避。

等到上午11点钟，青岩区防护团接到县政府电话紧急通知说：“九架敌机即将侵入青岩上空，马上做好防空准备。”防护团员立即拉响了防空警报。还没有来得及出城的人们听到警报后，立即拼命地向城外奔跑。不久，从广西方向飞来的九架日本轰炸机果然侵入青岩领空。一阵轰鸣声过后，敌机没有投弹，而是沿着青岩空中航线飞向贵阳方向去了。

四、警报未解除，浙大学生入城与防护班冲突事件发生

敌机从青岩飞走半小时后，警报仍然未解除。这时在西城门，发生了一起不该发生的事，浙大学生要进城，防护团员不准进，继而双方拉扯，防护团员用枪托（枪柄）击打浙大学生的事件发生了。

在西门，保长刘开甲，因有特别事情进城通知其他防护团员，有几个当地市民同时由西门入城，站岗人员未加阻止。大约 11 点 40 分，浙大学生罗瑞寰、叶子岗两人把这一切看在眼里，认为可以进城。于是，两人跟随市民身后，被防护班站岗人员越金华拦住，由此双方发生争吵、拉扯。罗、叶二人硬往城内闯，越金华又不准，拉来拉去的，于是越金华动用枪柄（枪托）打了罗、叶二人。罗、叶二人被打后，回龙泉寺分校反映，双方冲突升级，青岩防护团殴打浙大学生的防空事件纠纷，就这样简单地发生了。这小小的冲突纠纷，后来酿成闹学潮大事件。

五、事态进一步扩大，学生会干部游锦文被打成重伤

警报解除后，罗、叶二人回到龙泉寺内的浙大分校本部，向军事教官张文美报告被打经过。学生自治会委员游锦文也在场，于是张教官等四人到西门去拉越金华到龙泉寺浙大，打算问清楚事情后再到区公所讲理，因此引起过路青岩群众的误解和不满。

在走向区公所途中，与保警队班长周云芝相遇，周问其究竟，双方火药味浓。游锦文扯掉了周的胸章，试图缴其手枪。因此周、越二人再度行凶打人。

浙大四人急忙逃到浙大代理主任高尚志家，壮丁二人随后追赶，青岩区公所文书闻讯后，也带着持枪团员数人冲进高家，事态逐渐扩大。浙大学生自治会主席刘级兰闻讯赶到，前来调解，也被围打。

青岩区公所团丁将浙大学生刘级兰、游锦文、罗瑞寰、叶子岗四人强行架到区公所，再次对 4 人进行毒打。游锦文被打倒在地成重伤，被非法关在区公所楼上。这种恶劣的行径，引起浙江大学青岩分校师生的强烈不满。

六、浙大青岩分校与防护团防空冲突闹学潮事件发生

校方继续与区公所协调，要求妥善解决好受伤学生的医疗问题，严惩肇事者。分校主任高尚志与教官张文美继续与区公所协商解决，终与青岩区公所协调不成。

区公所以游锦文非法扯去班长周云芝胸章，并抢其手枪为借口，继续扣押受伤的游锦文。听到这个消息，浙大分校学生愤怒了。

当晚7时，区公所致函浙大学生自治会，表示道歉，愿意医治游锦文。并将越金华、周云芝两人扣留在区公所，以待处理。

尽管这样，还是难以压住浙大100多人参加的学潮大事件。

21日，浙大分校学生会组织罢课。在龙泉寺油印传单，题为《学生手无寸铁，壮丁恃武行凶，这是应该的吗？》。集合了100多人游行，一路高喊口号，散发传单。到区公所门前大闹，要求严惩肇事者，保证学生安全。青岩不明真相的群众也掺和进来，事态逐步扩大，一发不可收拾。

真没想到，一场小小的冲突纠纷，竟变成了罢课的学潮运动。

事件发生后，浙大青岩分校学生推派代表70余人组成代表团前往贵阳县政府、省教育厅、贵州省政府请愿，要求严惩第六区区长和肇事者。又到省城招待新闻界发布事件新闻，事态进一步扩大。

浙大学生自治会青岩分会印发传单

浙江大学青岩分校与青岩区公所防护班因防空袭纠纷闹学潮事件发生后，浙江大学学生自治会青岩分会印发传单，标题为《学生手无寸铁·壮丁恃武行凶·这是应该的吗？》到处散发，全文内容如下：

学生手无寸铁，壮丁恃武行凶，这是应该的吗？浙江大学青岩分校全体师生等待社会人士对此不法行为应有严厉的制裁！

说起来，这的确是件令人惊异的事，抗战到了第四年的今日，在贵阳青岩的大后方，居然还有非法军人恃有锐利的武器，向手无寸铁的大学生行凶，这是一件不可忽视的，值得注意的，严重的事！

8 月 20 日上午 11 时，青岩发出紧急警报。不久，即有敌机 9 架过境，飞机过后约半小时，市民就通过西门纷纷进城，当时有浙大同学罗瑞寰、叶子岗二君，因见市民可以放行，并且站岗者私毫无阻止，以为警报已经解除（青岩之警报，非但城外听不到，即在城内亦听不到），于是也跟市民之后进去。这时就有未佩符号，仿佛军人模样的武装者，不问青红皂白，就向罗、叶两人用枪柄殴打一顿，罗、叶两君，因见无理可喻，只得气愤回校。

罗、叶两君归校，将这场无理挨打的经过，报告本校军事教官张文美，时适有同学游锦文君在旁，四人打算齐赴区公所理论，走在途上，不幸又碰到刚才打人之站岗者，会同武装壮丁二人摇摆而来，余怒未息，并且看到学生赤手空拳，无端上前，动武行凶。此时，张教官及同学三人，只得急急逃到代理主任高尚志先生家，该武装者竟随后追赶至高寓，同时又有自称区公所文书某某，率同持枪团丁数名，涌门而入。这时，浙大学生自治会主席刘级兰君闻讯赶至，前来调解，谁知区公所方面，非但不知自己理屈，并且说浙大同学不对，（在警报未解除之前，罗、叶二君要进城，固然不对，但是，青岩防空设备不周，所发解除警报，非但城外不能听到，即使在城里，也不能听到，这是事实，并且市民纷纷已经放行，浙大同学为什么不能进内？）竟目无军纪，将枪对准浙大同学，强行架捕，一路殴打，直至区公所。

青岩区公所壮丁架捕浙大同学刘级兰、游锦文、罗瑞寰、叶子岗等到所后，恃其人多器利，又将学生4人再度包围毒打。游锦文君当即被“维持地方治安”的壮丁，打得遍体鳞伤，倒在地上。该所壮丁，乘游君动弹不得之际，还要拖到该所楼上非法监禁直至翌晨（第二天早晨）犹未释放。

这事幸浙大同学为了避免更大的意外起见，当天就忍辱将事告一段落，未及追究，但是我们要问：（1）壮丁训练好用来做什么的？打学生的吗？（2）对于非武装的学生，竟用武器对付，这是应该的吗？（3）非常时期中，竟有不法军人？目无纪律，恃武行凶，捣乱后方秩序，这是什么行为？这种行为，在非常时期的军法上，应该受到什么制裁？（4）青岩区公所，不合法的架捕学生，是不是应该的？并且包围毒打手无寸铁的学生，又是不是应该的？（5）飞机去了不久，市民纷纷进城，站岗者毫无阻止，浙大同学也跟之而入，竟遭殴打，这是什么话？

所以，在抗战到了第四年，在争取胜利最后关键的今天，对于一个目无军纪，恃武行凶的军人？绝对不能轻易处置的。为了正义，为了保障非武装的学生的生命安全，生活安定，为了保证以后青岩区公所与浙大学生之间，不再有同样不法的事重演，为了不容许、再让这种野蛮行为的扩大，我们浙江大学青岩分校全体师生400余人等待着，主持正义的社会人士、军政当局，对青岩区公所区长刘文焕及该所行凶壮丁予以最严厉制裁！

国立浙江大学学生自治会青岩分会印发

民国二十九年八月二十一日

青岩区公所呈报冲突事件的申辩词

浙江大学因防空袭冲突纠纷闹学潮，学生自治会青岩分会印刷传单到处散发，并派出70余人代表团到省政府，要求惩办凶手和刘文焕。第六区区长刘文焕才意识到问题的严重性，被迫同意浙大分校校医周仲奇到区公所为游锦文检查伤势。游锦文伤势过重，饮食不进。区公所被迫派人护送游锦文到贵阳医院诊治。后到中央医院医治。刘文焕在8月21日，匆忙将打架事件经过详情向贵阳县政府报告。报告各执一词，与浙大学生自治会油印的传单内容有出入。特别是扯胸章和抢手枪问题，浙大未提及。难道是青岩区公所陷害？请看刘文焕备案的报告，即申辩词。

第六区区长刘文焕8月21日呈报贵阳县政府备案的原件档案：

案查，职于本月十九号午后，接到钧府电话说："本日敌机一架已至贵阳侦察，当注意二十日之防空警戒，以防敌机轰炸。故于十九日夜手令，嘱区保警队分队长刘光熙特别注意，因二十日正赶大场，且保警队兵有二分之一已奉调到定番受训，余数又派往各联保协催军民谷等，故职区在队士兵只有数名，一旦敌机降临，对于城内外、各街治安秩序难以维持，特调东南两保防护团员各五人至区集中。于上午九时前分发通衢及各城门协同维持。但疏散出城人户，须解除警报后始能入城返家，殊料昨（二十日）上午十一时许，敌机九架到来。职区立发紧急警报，但在未解除警报前，有职区保长刘开甲，因有特别事故进城报告，防护团员越金华准其入城。此时有浙江大学之学生一人，欲乘此跟随进城。该分守西门城之防护班越金华，即上前阻止，谓警报未经解除，无论何人不准入城。该学生认为防护班团员准别人入而不准他入城，甚为愤恨。防护班团员急对伊云，此是我们保长，他有特别事故，曾奉区长口述命令。此时故准入城，其余仍然不准。该学生认为防护班不准伊入城有失体面，复又估进，该越金华仍然阻止。待警报解除后，即约同其他同学五六人到西门城高呼，须缴越金华之枪，并将其强拉至浙江大学。民众不服，上前阻止，又拉至西大街吴宅高主任（浙大分校主任）住处处理。防护团班长周云芝亦上前询问，有浙大学生游锦文等多人即将周之胸章扯下，并夺取其手枪，周不允，遂起争执，双方吵闹，互受伤害。斯时，双方相持不决。该校主任高尚志、教官张文美等即率同学生游锦文到区，会同职协商办理。是时，学生群众不明情形，即集合百余人到区公所门前大闹，势态汹汹，令人胆落。职以游锦文背受微伤，即与高主任商决双方负责。请该校医师周仲奇先生到区检验，嗣经周先生检验云，无有什么重伤。职以游锦文未受重伤，高主任言辞和平，深明大义，故愿和平解决。于二十日午后七时致函该校学生自治会表示歉意，并愿协助该生轻伤之医药费用，仍将该壮丁越金华、班长周云芝扣留，以待钧府核示办理等语。该游锦文虽系轻伤，但职本日亦派兵护送赴省，此事竟闻，该校学生仍有不明大义赴省作轨外活动者，职确恐传闻失实，谨将经过详情据实呈明，伏乞鉴核备案，并转咨防空司令部备案示遵，实为德便。再，游锦文扯去周班长胸章，尚在游手，未送还，合并呈明。谨呈县长李大光。

贵阳县第六区区长刘文焕
中华民国二十九年八月二十一日
贵阳县第六区区公所（方印）

浙大向中央日报社投稿《青岩通讯》

事件发生后，浙大青岩分校学生推派代表70余人组成代表团前往贵阳县政府、教育厅、贵州省政府请愿，要求严惩第六区区长和肇事者。又到省城招待新闻界发布事件新闻，事态扩大。浙大青岩分校向驻贵阳的《中央日报》中央社投送新闻稿《青岩通讯》一篇。贵阳县县长李大光慌了手脚，企图压住新闻不发，与竺可桢派去解决平息事件的代表李熙谋握手言和，由李熙谋到中央日报社退回新闻底稿，于是致函一封并将其稿件转给李大光，李大光在新闻底稿《青岩通讯》上签字“留存县政府”。新闻稿《青岩通讯》全文如下：

我国抗战以来，气势益张，愈战愈强，敌人愈战愈弱，近乃派遣大批飞机轰炸我后方以息忿，贵阳为后方重镇，不时来袭，实属无耻已极。本月20日，又复施用惯技，派遣飞机进袭筑垣。青岩得情报，即按时发出空袭警报，镇内人士即行疏散。俄而发紧急警报，随即敌机9架掠空而过，后以敌机炸后循原道归去。颇久，镇内人民以疏数小时之疏散，赤日当空，极思归家，乃蜂拥入城。第六区公所派出之哨兵，以敌机去久，遂往入城，时有浙江大学青岩分校学生罗瑞寰亦随众入城。讵守城哨兵纷以恶言相加，且以枪柄击罗君，罗君未与争论，遂即远去报告学校当局，经该校张军事教官及学生游锦文三人邀同，将该哨兵带去讲理，称途经至该校代理主任高寓所，便问一切，以便会同交请区长办理，而区长闻讯后，随即派遣壮丁多人携带武器，迳往高寓示威会，该校学生自治会主席刘级兰、会员游锦文在场出面排解，该壮丁等不问皂白，即出枪相向，幸刘君等机警，将其压住，壮丁即以枪柄突击刘等，并将游锦文当场殴击伤重，强行扭押区公所。该校学生闻讯后，大为愤恨，已组织代表团赴筑，以领请最高军政当局处理。游则以受伤过重，饮食不进，闻已送往中央医院诊治之。游锦文被殴伤重，不能行动，仍押拘区公所。

竺可桢派人平息青岩分校与防护团纠纷经过

1940年8月20日，浙大停课，全校出青岩西城门外防空袭，警报未解除，有两个学生要进城，防护班守城门的越金华不准进入，因此双方发生口角，继而用枪托打学生，学生到分校龙泉寺叫来几个学生会的前往西门讲理，青岩区公所又有人和防护班长周云芝到西城门，事态升级，发生打架冲突，学生游锦文等被打伤，并被强行带到区公所，不准回校，导致浙大愤怒，上街游行，全校罢课，并派出代表团到贵州省政府闹事，打架上升到闹学潮事件。吴鼎昌令贵阳县长李大光到校解决，同时，竺可桢派代表与李大光谈判，本月29日，平息了青岩分校打架冲突学潮事件。

一、竺可桢派代表与李大光谈判并平息青岩冲突学潮事件

1940年8月《竺可桢日记》记载：

28日，（得知）二十五、二十六，诸振公、李振吾、蒋雨岩了结了“青岩事件”。今日，用舒厚信处所借得之鸟枪，打死来偷食梨子之乌鸦一只。半小时后，即有乌鸦数拾与喜鹊群集树噪鸣十余分钟。时适振公与振吾自贵阳回，来谈青岩学生与壮丁纠纷之经过。未能再打（乌鸦），不然，则又可打下数只也。振吾等于上星期六去贵阳，时学生一部分（代表团）已回，但留者必欲惩办区长刘文焕。县长李大光大为难，得振吾等之排解，得告了结。由李亲自至青岩浙大道歉，并登报。同时将殴打之壮丁加以关禁，且赔游锦文之医药费。

26 日，县长李大光致浙江大学的道歉函：

贵阳县政府公函：敬启者，本月二十日上午警报期间，敝县第六区青岩防护团团员周云芝、越金华二名，与贵校学生发生冲突，该区区长兼防护大队长刘文焕疏于管教，团员周云芝、越金华二名行动粗鲁，非该区长所为，因此对防护大队长刘文焕记大过一次，团员周云芝、越金华依法从重处分外，谨致歉，忱（诚），此致，浙江大学校。李大光。八、二十六。”

二、县长李大光上报贵州省政府主席吴鼎昌处理意见

“适（蒋）雨岩已到贵阳，故即于二十五（8 月 28 日）请雨岩至青岩演讲。”

县长李大光上报贵州省政府主席吴鼎昌处理意见：

关于对青岩防护团团员殴打浙大学生事件的处理经过调处情形：

青岩第六区防护团员殴打浙江大学青岩分校的学生后，学生代表团也到了贵阳县政府，要求严惩肇事者和对区长刘文焕做撤职处理，也收到了浙大学生自治会油印的传单。同时也收到了区长刘文焕的辩词。贵阳县县长李大光认为浙大要求过高，小题大做，怀疑有异党煽动，未及时正确对待处理好该事件。在贵州省政府的压力下，8 月 28 日，李大光被迫给省主席吴鼎昌写了情况汇报，全文如下：

签呈省府吴主席：

查本月二十日上午，青岩紧急警报期间，浙江大学青岩分校学生与本县第六区青岩防护团团员周云芝、越金华等发生冲突，引起纠纷，谨将事件发生确情及事后处理经过分陈于后。

三、冲突情形

本月二十日上午十一时许，敌机九架袭筑，本县第六区区公所于接县

电话后，并由青岩防护团团员分段先后发出空袭警报及紧急警报戒备，讵于敌机掠过，警报未解除时，适有浙江大学学生一人强行进城，该区西门城门防护团员越金华为执行防空勤务，即予阻止。殊该学生因阻怀恨，于警报解除后，邀同学生多人，强将该守城防护团员越金华拉往该分校主任高尚志宅。一时，民众睹状不平，情极愤慨。防护团班长周云芝闻讯赶至询问，斯时，该校学生到者亦众，乃学生中有游锦文等，突将该班长胸章扯下，图解除其武装。周力拒抗，遂起争执，致学生游锦文受有微伤。嗣经该分校主任高尚志、军事教官张文美前往区公所与区长刘文焕协商调解，时有学生百余人拥塞于区公所门前，势态汹涌。该区长尚明大体，一面请高主任劝各学生返校，一面致函该校学生自治会表示歉意，并允对受伤学生游锦文补助医药费用，以免再酿事端。此双方发生冲突之经过情形也。

四、处置情形

县长接第六区公所电话报告，即电令该区长实告诫青岩民众极力忍耐，以期相安如初。孰知21日，该校学生推派代表七十余人前来贵阳招待新闻界，扩大事态。县长闻讯，即请贵阳县党部书记长雷澄林对该学生代表，以大学相日助、请其派人来府协商解决。当晚十时始，复派遣代表四人来府，与县长谈话，提出条件四项：（1）将区长刘文焕撤职。（2）严办防护团人员。（3）予该校学生以安全保障。（4）道歉。县长鉴于抗战后方秩序之重要，深恐此事为异党匪人插入鼓动，酿成不可收拾之局。除电请该校校长竺可桢先生迅予制止外，对该学生代表四人多方慰劝，并对所提条件逐条解说，除第一项区长撤职不能接受而允予以记过之处分外，县均应允。县长以此最宽和最忍耐之姿态与该校学生相周旋，以为定能解决。讵该学生等仍认为不能满意，坚守成见。嗣该校校长竺可桢，派工学院院长李熙谋暨秘书诸葛麒，由遵义于25日来筑协商解决方法。对于县长之处置，亦也认为适当。乃定于29日与共同往青岩调解。除由县长给予该区长刘文焕以记过处分，防护团班长周云芝、团员越金华依法办理并改观。该校表示歉意外，复由县长亲赴该分校对各学生致辞慰问。该校工学院院长李熙谋、秘书诸葛麒亲到区公所对当地士绅及保甲防护人员解释一切。士绅中由张尚群君代表答谢言辞、婉约彬彬有礼。李等认为十分满意，此事后处置之经过情形也。

以上，发生冲突及事后调处情形理合签呈，请鉴核示遵。

谨呈主席吴（鼎昌）、厅长欧（元怀）、贵阳县长李（大光）、八、二十八。

民国二十九年（1940）八月二十九日，即邀县长（李大光）至分校，总算把此事平息，打架冲突闹学潮事件得以了结。

竺可桢与贵阳县长李大光往来青岩事件电报

《青岩通讯》新闻稿内容，吓坏了县长李大光。21日夜，李大光即向在遵义的浙大校长竺可桢发电报要求平息此事，并承诺负责游锦文的全部医药费。

一、李大光发给竺可桢的电报内容

"遵义浙江大学竺校长，赐蒙贵校青岩学生，于20号日早，紧急警报未解除时，不听防护团员劝阻，强行入城，两方发生冲突，殊为遗憾，经饬区公所向贵校道歉，乃学生方面尚不罢休，本日来省招待新闻界。鄙意，此事不宜扩大，敬祈迅为制止，并赐教。晚李大光叩焉。望桂黔铁道办事处专线电，为荷。大光、二十一、夜。"

二、竺可桢发给李大光的前3份电报内容

《竺可桢日记》："22日，青岩游绵文与防空保安事件，……得高尚志电，知20号青岩学生游锦文因警报时与壮丁冲突被殴，激起学生公愤，遂派代表至筑，与县长交涉，允惩凶道歉，并赔医药费。闻学生伤并不重，而学生尚不满意，必欲去区长，至派数十人来贵阳。余与振吾、刚复、熙谋商后，决电李县长彻查，并电高尚志促学生回青岩。"因此，竺可桢准备将主任高尚志撤职，由储润科接任。

第一份电文说："县政府李大光勋鉴：青岩壮丁殴打本校学生重伤，务请彻查严办。切持。弟：竺可桢。养（二十二日）。

"23日，因青岩事件储润科未答应接高尚志青岩分校主任职。得贵阳县长李大光电、及青岩学生代表会电，均谓对方将事扩大。余于七点半去电话局与高尚志通

电话，因昨日已约定也，但高尚志已为学生叫去。……余决请李振吾去贵阳将此事结束，不令小题大做，同时劝储润科就任一年级主任事，并作一函与润科。”

24日，上午9点，竺可桢向李大光拍发第二份电报。

第二份电文说：“请转贵阳公署李县长钧鉴：电悉敝校李院长振吾、诸葛（麒）、秘书振公，今晨来省谒商，电讯可黔桂铁路转。弟：竺可桢。”

当日下午17点20分，竺可桢向李大光拍发第3份电报。

第三份电文说：“县政府李县长钧鉴：电悉敝校李院长嫩（振）吴（吾）、诸葛（麒）秘书振公，今晨来省谒商，电讯可黔桂铁路转。弟：竺可桢（二十四日）。”

三、李熙谋等以牺牲学生为代价致函李大光平息青岩事件

竺可桢委派浙大工学院院长李熙谋等3人到贵阳县解决青岩事件，他们以牺牲学生为代价，讨好李大光，李熙谋向李大光担保前去报馆撤销新闻稿，因此该新闻稿未在《中央日报》上发表。压发并收回《青岩通讯》新闻稿，转给了李大光，并致函一封。

8月29日，李熙谋致函全文如下：“大光县长勋鉴：贵阳晤，教畅聆謦，颜幸，为荷，云：此次，敝接学生与区丁纠纷事，卒赖足下容忍、大度，得以早日结束，钦佩之至。前传分校学生有电致竺校长，谎称县政府有将事态扩大等情。熙（谋）返校后调查，始知此为。熙等到筑，以前之事非在青岩，双方言归于好，以后之举措也。电局不察，未将发报时日报告，致有此误，且可复按证实。熙也预料，敝校学生，不致出尔反尔，反复如此也。新闻一则，经熙向中央日报馆接洽制止，谅以后决不再有同样事发生，熙（谋）当负责担保。先生启示稿前经拟定，深盼早日发表，借使此案全部结束也。端颂、勋绥。弟：李熙谋拜叩。八、廿九。”

29日上午，李大光到青岩向浙大学生赔礼道歉，浙大到区公所向青岩乡耆赔礼道歉，到此，浙大因防空与青岩防护团发生打架冲突导致闹学潮大事件得以平息。

李熙谋把平息学潮事件的经过，在电话上向竺可桢做了汇报。

四、平息学潮事件后竺可桢发给李大光的最后一份感谢电报

29日中午，竺可桢得到李熙谋青岩纠纷解决的电话。下午18点，向李大光拍发第四份电报感谢。

第四份电文说：“李县长钧鉴：青岩纠纷解决极佩、委曲、爱护之忱，今后仍

恳随时关拂至谢。弟：竺可桢叩。

“关于一年级主任，储润科仍不愿就。云：阿牛将乌鸦煮食，味如吃牛皮，不可下咽。”

竺可桢校长怒撤浙大青岩分校

1940年8月29日，县长李大光到青岩真武宫浙大分校向学生赔礼道歉，答应赔偿浙大学生游锦文医药费。但事件平息后，李大光反悔不予认账，浙大又闹到省政府去，李大光被调职。由新县长张馥莜接任。竺可桢于9月19日，用国立浙江大学青岩分校用笺专函贵阳县政府，要求贵阳县政府赔偿游锦文医药费用142元9角6分整。张馥莜亦赖账，将函件退还浙大。

一、竺可桢发函贵阳县政府索要游锦文医药费档案资料

国立浙江大学青岩分校用笺函原文：

敬启者，查八月二十日，青岩第六区公所壮丁殴打本大学学生游锦文、刘级兰案件，业经会同贵县府开诚处理，妥善解决，至为欣感。关于学生游锦文，因伤所需医药、旅膳各费前准贵县府函承允全数赔偿，兹该项费用业经本校分校第三次校务会会议审查完竣，除剔去中药费四十七元外，共计一百四十二元九角六分整，相应检同该项账目及收据等一并寄奉，即希查照，早日将该款惠不为荷。此致贵阳县政府。附账单一纸、收据十张。

国立浙江大学校长竺可桢

中华民国二十九年九月十九日

二、张馥莜的秘书石某函上签字要赖

9月20日，新任贵阳县县长张馥莜的秘书石某，在竺可桢函件上签字要赖：

查本案未准前任移交，无从查案办理，原件退还，函示开复。二十九、九、十九。

三、竺可桢召开各院长会议，怒撤青岩分校

19日当天，竺可桢在湄潭接到贵阳电话通知说：贵阳县政府要赖不给游锦文医药费，听后十分愤慨。下午召开校行政、院系主任会议。为了便于学校管理，决定撤销青岩分校。决定下学期将青岩分校一年级迁往湄潭永兴镇。老版本《竺可桢全集》记载如下：

三点至柿花园一号开有关各系、院主任会议，议决：下学期一年级移永兴。

中华民国二十九年九月十九日

当日，浙大将赔偿医药费，再次送报告闹到省政府。

何应钦回花溪碧云窝新家探亲后到青岩解决浙大纠纷

1940年8月29日，李大光到青岩平息浙大青岩冲突事件后，对答应赔偿游锦文的医药费用并不重视，浙大将此事上报贵州省政府主席吴鼎昌，吴鼎昌收到报告后，十分重视，将李大光调职。

竺可桢又于1940年9月19日用函到贵阳县索要游锦文的医药费，新任县长张馥荍也不重视，“以前任未移交，无从办案”为由，将函件退回浙大办理人员。办理人员将贵阳县要赖的事电告竺可桢，竺可桢大怒，要撤青岩分校，令办理人员将函报告至省政府。吴鼎昌收到报告后十分重视，当日向贵阳县政府下发训令，20日指令备查。

一、9月19日，吴鼎昌、教育厅长欧元怀、民政厅长孙希文署名签发贵州省政府民一字953号训令

令贵阳县政府：案准国立浙江大学二十九年八月二十六日函开：查敝校自桂迁黔，屡蒙匡济，护于遵义湄潭青岩各地，奠定校址，赓续课业至深，衔感。不幸，青岩分校于八月二十日发生壮丁殴伤学生环情事，经派员与贵阳县李县长妥商处理，业已解决，惟分校学生客居异地，诚恐青岩少数好事之徒借端寻衅，再有不幸事件发生，谨请贵省政府本素来爱护青年之忱，惠予颁发布告，晓谕当地人民，对于敝校学生，勿再歧视，致生事端。敝校自当随时告诫学生，谨慎忍耐，免贻口实相应。函请允准办理、

见复等由。准此，查浙江大学校院，在该县属第六区青岩地方设立分校，当地区保人员，对于大学员生，自应随时注意妥加保护，勿任痞棍滋生事端。除函复外，合行令，仰该县政府转饬遵照。此令！

主席吴鼎昌

委员兼教育厅长欧元怀

委员兼民政厅长孙希文

（一九四〇年）九月十九日

二、吴鼎昌和欧元怀、孙希文署名向贵阳县政府下达 2105 号令

九月二十日，吴鼎昌与欧元怀、孙希文署名向贵阳县再次下达《贵州省政府 2105 号指令》：

令贵阳县政府：二十九年八月二十九日教总字第五六八号签呈：为呈报八月二十日紧急警报期间，浙江大学青岩分校与县属第六区青岩防护团团员周云芝等发生冲突，引起纠纷，经过情形祈鉴核由。签呈悉。准予备查。

此令！

主席吴鼎昌

委员兼教育厅长欧元怀

委员兼民政厅长孙希文

中华民国二十九年九月二十日贵州省政府印

吴鼎昌准予立案备查。

三、何应钦回花溪碧云窝新家探亲后到青岩解决浙大冲突事件与妹受家法事

一天，何应钦回花溪碧云窝新家探亲后，到青岩去解决浙大与防护团冲突事件。据浙大油印工白乃鉴老师在世时讲述[1]，是青岩赵一鹤妻子何应相的舅子、参谋总长何应钦亲自到青岩解决赵氏家族与其妹纠纷事，顺便在文昌阁解决保育院与青小、女师殴打难童事件和浙大与防护团冲突事件，由贵阳县赔偿游锦文医药费用 142 元 9 角 6 分整，浙大冲突事件得以圆满解决。

［1］采访原浙大职员白乃鉴老师资料整理。

浙江大学青岩分校在青岩结束办学

浙大按1940年9月19日下午在遵义的会议决定，10月1日，竺可桢派李振吾到青岩料理一年级结束事宜，《竺可桢日记》记载，“500余人作迁校筹备”。然后准备本月5日开始陆续搬迁湄潭永兴镇[1]。“2日，在遵义……学生膳食委员代表孙钧来，余以米价在九元以上，允将膳食贷金增至十五元与青岩相同”。

一、青岩分校一年级开始迁移往湄潭

《竺可桢日记》记载：“10月5日，浙大青岩分校开始大迁移往湄潭。青岩至贵阳乘车困难。9日，青岩运输问题困难。13日，青岩分校主任高尚志同李振吾由青岩到湄谭。”

二、苏步青一家10人从温州到达遵义湄潭

“苏步青一家10人，12月2日，到达湄潭[2]。苏步青5月10日从遵义回浙江接家人。回黔时从温州出发，到达广西宜山用了35天之久，家眷所带10人，行李三十件，在丽水、金华曾遇轰炸。……同来龙泉分校学生每人所用至少四百元之多，

[1] 收录参考于《竺可桢日记》。

[2] 苏步青是1940年5月10日从遵义回浙江接家眷的，至12月2日全家到达湄潭永兴镇，时间相隔长达半年多，日本鬼子不会允许。这期间，苏步青到哪里去了？有待查证。据安庆文称《苏步青在青岩山洞里创办微分几何研讨班》，这说明苏步青一家早在当年8月份前已到青岩。当年是从青岩出发，12月2日才到达湄潭永兴镇的，而这是浙江大学青岩分校从10月5日开始迁校后的事了。

截至本日，到校学生合 1305 人。”

三、青岩分校一年级全部迁出青岩到永兴镇

浙大青岩分校从 10 月 5 日开始大迁移往湄潭。至 12 月 6 日青岩分校一年级从青岩全部搬出，迁移到遵义地区湄潭县永兴镇。浙大青岩分校在青岩办学到此结束。

《竺可桢日记》记载：“本月 6 日，青岩分校一年级从青岩全部迁移到遵义湄潭永兴镇。本月 8 日，青岩分校一年级在永兴镇开始上课。”

至此，国立浙江大学青岩分校在抗战期间的 1940 年 12 月 6 日结束在青岩办学，办学时间刚好 12 个月。

贵阳女师·女中·各团体迁金筑花溪·青岩·烽火中救亡图存（下篇）

（1939 年 2 月 4 日—1946 年 5 月 1 日）

1939 年 2 月 4 日上午十一时许，日本侵略者的 18 架飞机轰炸了贵阳城。炸毁和烧毁房屋 1326 栋，炸死 520 人，受重伤有 1526 人。日机的狂轰滥炸给贵阳人民造成惨重的损失，史称“贵阳二·四轰炸”。“贵阳二·四轰炸”后，贵州省政府采取疏散措施，部分机关和单位团体纷纷迁移到郊区乡下。5 月左右，贵州省立贵阳女师、女师附小、贵阳女中、贵筑县中学与 1939 年前到达青岩文昌阁和龙泉寺的贵州省立青岩社会教育实验区、贵州省立乡村师范学校、贵州第一战时儿童保育院、国立浙江大学青岩分校、背街的八路军家属、贵筑县青岩救济院、贵筑县青岩难胞服务站、贵筑县难民临时委员会与青岩救济、贵阳县僧尼抗日救国会青岩会员、青岩各寺庙、国民革命军陆军第十三军、保安二团、贵兴师管区通讯兵团、美军汽车连等驻军齐聚青岩、青岩抗日壮士踊跃参军参战、全民掀起了抗日救亡运动和救亡图存的高潮，直至抗战胜利结束。

贵州省立女子师范学校概况[1]

贵阳市政协文化文史与学习委员会

贵州省立女子师范学校，是我省最早的、唯一的女子中等专业学校，为我省培养小学师资做过一定的贡献。我们根据在该校任教多年的刘勋、周杏村等老师提供的资料，并走访了有关同志，整理了这篇资料。希望熟悉情况的同志，对文中错误和不足之处提出批评指正。

创办经过

1920年（民国九年）前后，贵阳只有一所男子师范学校，每年毕业的学生为数不多，不能满足全省各县需要。当时省内热心教育之士对此颇为关切。1921年，贵州省议会一些议员在一次会议中动议，为奠定今后普及小学教育基础，满足各县需要，必须尽速培养小学师资。因此议会提请省政府创办一所女子师范学校，向全省招生，毕业后可以分配回原籍任教。当时贵州省长任可澄认为可行，派省长公署教育科长桂诗成（百铸）主持筹建工作。

1921年（民国十年），贵州省立女子师范学校宣告成立，是年5月1日开学授课。校址设在今贵阳二中所在地。任可澄委派由日本留学回国，并在省立各校任教，负有一定声誉的周步瑛（润初）为第一任校长。首届招生两班，学生90余人。

开办时，学校的行政组织，在校长之下设教务主任一人，由肖协臣担

[1] 作者为贵阳市政协文化文史与学习委员会汪长锐，原文载于贵阳市政协文史委编《贵阳文史资料选辑》第五辑8–14页。

任；管理员负责住校学生生活方面的管理，由邓志坚、杨镜如（女）、卢静秋先后担任；会计为钟永康；庶务为冉德光；文牍先后由王从周、廖寅初担任；男女工友若干人，分管守门、传达及教室、宿舍、厨房等勤杂工作。

历任校长变动情况

女师从1921年成立，到1949年贵阳解放为止，前后共更动了八次校长（实际为九次）。

第一任校长周步瑛，任职九年，于1929年应成大聘请而辞职。当时争夺校长一职的人很多，省方指派女师教务主任张云麓暂代校长。一代三年均未转正。1931年—1932年之间。省方调杨某任校长，曾引起一次反官僚的学潮，杨某不敢到职。到1932年9月，教育厅厅长谭星阁以追逐校长肥缺者太多，难于处理，乃宣布自己兼任女师校长，1933年2月，派在北京高师毕业的钱安世为第三任校长。1937年9月，教育厅把钱调任青岩乡村师范校长，改派和教育厅有密切关系的郭昌鹤任第四任校长。郭原系女师毕业生，后在燕京大学毕业，郭任职未一年，因逼该校老体育教师孙云波离职，孙愤而自杀，获救伤腿，校内外人士闻之均感不平，当时任省府委员的周铭久，认为郭处理此事粗暴，在省府会议上提出处理意见，省政府决定把郭昌鹤撤职。改派章孝友接长女师。

1939年2月4日，日寇飞机轰炸贵阳市中心，造成“二·四”惨案的重大伤亡和损失，城区各中学均疏散到乡间。女师迁往青岩继续上课。章在校仅两年（1939年初）由于征地修建校舍，被主办人（当地伪区长）从中渔利，不能偿还人民损失，当地群众向省府控告女师，风潮扩大，被以“处理不善”而撤换。

第六任校长王启斌（从周），王系北京高师毕业，曾任过贵阳中学校长。1939年9月接任女师校长，1942年7月因校内人事纠纷，被教育厅撤职。

1942年7月，黄宝华接任女师校长，黄系北京大学毕业，担任机关行政工作较久。此时女师学生人数增多，原有中师6班、初师6班之外，另招一班幼稚师范生。这是女师极盛时期。不久，傅启学任教育厅厅长，黄被免职。

最后一任接黄工作的是杨时昌（质夫）。杨时昌于1946年2月接长女师。他系成都高师毕业，曾任女师教务主任和训育主任。他接任不久的这年3

月，将女师迁回贵阳。这时三青团已在贵阳地区发展，杨是三青团贵阳区团部干事，又是三青团女师分团部的干事长。

1949年11月，贵阳获得解放，女师也获得了新生。1950年2月，人民政府派刘耀能接任女师校长。同年9月，男女师合并为贵阳师范学校。校址设在今二十七中。

课程设置及教学情况

女师第一期（1921年）至第三期，肄业期限为五年，第一年为预科，后四年为本科。第四期起改为六年毕业，前三年为公共科，后三年分专科学习。公共科学习普通课程，分科学习时，教育学、心理学、伦理学等教育课程，为必修课。并安排有参观、实习时间。

第四期至第六期，后三年分科时，计分有：（一）数理组，主要科目是数学，理、化等；（二）文史地组，主要科目是中外文学、中外史地等；（三）艺术组，主要科目是中西艺术，如自然、水彩、写生等；（四）博物组，主要科目是动物学、植物学、生理卫生学等。各组均学习教育学及与教育有关的科目。

后来，女师的学制又有所变更，修业年限仍为六年，前三年为初级师范，后三年为中级师范，取消了分科分组的学制，两级除学习普通课程外，均学习有关教育课程。初级师范毕业后，可直接升入中师。

至于担任各科课程的教师，最初是由本校教师兼任，不敷时向校外聘请兼任教员，按任课时数计酬，后来才有专任教员的设置。但是在当时政局混乱，社会动荡的情况下，教师每日收入有限，加以有时欠薪数月不发，因此教师多是在几个学校兼课的。有的教师在各校兼的课多，顾此失彼，就采取在所兼课的学校，轮流请假以应付之。于此可见在旧社会教师生活之清苦，以及生活之无保障了。

按规定，每届学生毕业之前，均须经过到小学实习，成绩及格才准毕业。1925年（民国十四年），第一期学生将毕业前，乃于校内加办附属小学，以便第一期毕业生实习。

学生来源、待遇及校风

女师每期招生，班数及名额均有限定。初期每期招生两班，第一期毕业有58人，以后逐年均有增加。学生来源有二：一是在贵阳招考一部分，一是由各县考送一部分。为了保证学生在校学习期间不至无故退学离校，入学时必须缴付保证金 10 元，毕业时退还。此种用意本无可非议，但积久弊生。历届校长中有一些人，借口毕业生要给学校留点纪念品，竭力动员学生捐献此项保证金给学校，由学校当局视教学需要，适当予以处理此款。有的人为了掩人耳目，只拿出其中一部分购买教学用具及图书，其余多入私囊。所以校长一职被视为“肥缺”，其原因就在此。此项保证金一直到解放前几年，由于伪钞贬值才告终止（另有一说，此项保证金抗战前已停收）。

学生入学后，不仅不缴学杂费，伙食费及书籍和一些日常用品，也由学校供给。

学生被录取后，不论家在市内外，一律须住校，每星期六下午放假，星期天下午返校。学校每天供给三餐。学生毕业后，原则上由教育厅分派到贵阳及省内各县担任小学教职员工作。有的还留校工作。第六期以后，已不保证完全分配工作。

女师创建以来，由于对学生在生活上要求严格，所以学生在生活上能养成比较朴素的作风。在首任校长周步瑛的倡导下，学生服饰一反时髦的时尚，规定一律须着校中规定的蓝衣（后改为芝麻布上衣）青裙（后改为黑底白点土布裙），头上一律挽成双髻。无论达官贵人或富商的女子，绝对不容许有一个例外。偶有一二奇装异服的学生，轻则不许听课，重则开除。学生在校内外均须佩戴校徽，违者予以处分。因此全校蔚然成风，不但在求学时期学生崇尚朴质，就是在毕业以后，也已养成俭朴习惯。同时，在学习态度上，绝大多数同学均能刻苦学习，人人争取优良成绩，不肯甘居落后。学生毕业参加工作后在小学教育方面也有良好表现。因而女师在社会上颇受好评。

女师的学生运动

女师创办时，正值五四运动以后，全国规模的思想解放运动蓬勃发展影响所及，学校内也不断出现进步的学生运动。

1925 年，上海发生“五卅”惨案，上海、北京学生先后举行罢课和大规模的示威游行，反对帝国主义的血腥暴行。贵阳各中等学校学生，立即响应，成立“贵州省学生联合会沪案后援会”。女师学生刘伟侠、冷体琼、郭昌鹤、袁愈瑛、车仪、黄先锦等同学，作为女师代表积极参加沪案后援会的工作，并组织全校学生，参加了6月中旬的全市学生爱国反帝示威游行。

1937年“七七”事变发生后，贵阳各校学生在中共地下党的领导下，开展了轰轰烈烈的抗日救亡运动。女师学生黄奇鑫同学参加贵州学联筹委会。学联建立后，女师成立了学联支部，吴镛、何寿眉、文宗秀、吴直、蔡友竹、郭思昭等同学积极参加抗日救亡运动。在此基础上，发展了中共地下党员，建立了支部，吴直同学担任支部书记。

1938年春夏之际，“中华民族解放先锋队”（简称“民先”）在贵阳开展活动，女师的桂礼卿、蔡友竹、吴锡锦、杨恩芳等同学积极参加“民先”的组织工作和宣传工作。在同年的“八·一三”事件中，蔡友竹、吴锡锦同学对国民党顽固派英勇斗争，曾与其他30位“民先”骨干及积极分子一同被捕，经过营救，才与多数同志一道出狱。

解放战争时期，金芳云烈士等曾在女师积极活动。1949年夏，女师学生曾参加各中等学校学生的反饥饿游行，声援省立八校教师的请愿活动。女师学生代表刘玉珍，教师代表徐廷栋、杨子鸣都分别与其他学校代表一道，进入国民党的省政府，找贵州省政府主席谷正伦交涉。

从上述简单的记述看，女师的学生运动一直没有间断。

结束语

女师从1921年创立，到1950年并校，历届毕业的班次在30班以上。每班如平均以40人计算，约计在1200人以上。估计其中除百分之五的继续升学，或基于其他原因未直接参加教育工作外，至少有1000人以上走上了本省小教岗位，使当时小学师荒问题得到部分解决。

当时担任女师的教师，多数是有教学经验的人，他们都比较重视教学质量，对学生要求比较严格，因此学生毕业后，都能胜任工作。

（汪长锐执笔）

【编者按】中国人民政治协商会议原贵阳市政协文史资料研究委员会办公室由汪长锐执笔、收集整理的贵州省立贵阳女子师范学校概况一文，发表在 1982 年 9 月贵阳市政协文史委编《贵阳文史资料选辑》第五辑。内容与迁移青岩的省立贵阳女师密切相关，是青岩难得的宝贵资料。因此，本书收录作者贵阳市政协文史办公室、汪长锐执笔的原文于《贵阳文史资料选辑》第五辑 8–14 页。

贵阳女师迁青岩镇期间的回忆[1]

黄宝华

1939年2月4日敌机轰炸贵阳，人员伤亡和物资损失惨重，贵阳城内学校纷纷先后疏散到农村和外县。贵州省立女子师范学校（以下简称女师）迁到青岩镇，抗战胜利后迁回贵阳，经过了章孝友、王起斌、黄宝华三个校长（第四任为杨时昌）。那时青岩镇相当闭塞，女师迁去后，多了几百人，也就热闹起来。最初迁去的时候，只有少部分学生，因为女师学生的来源，除了贵阳学生外，大多是外县来的，日机轰炸后学校暂时停课，外县学生大多疏散回家，随学校到青岩的，多是贵阳学生和外县不回家的少数学生。女师为了学生实习，设有附属小学一所，当时也随迁到青岩镇。

女师迁到青岩后，整理就绪即开始上课，返家学生也陆续回校，一切恢复正常。按期招生，学生不断增加，到1944年学生人数已达四百人左右。计有师范五班（招初中毕业生入学），简易师范五班，幼稚师范一班（招小学毕业生入学），共计11个班。师范、简易师范均三年毕业，幼稚师范二年毕业。女师老教师比较多，如刘尧冥、张云麓、贾一民、马伯骏、景方桢、周杏村、高绶卿、花文卿、朱敏、章孝友、孙云波等。先后又增加了许多青年新教师，这些新教师都是师大、北大、浙大等大学毕业的，如李敬熙、李思纯、刘景之、畲以埙、张效孟、谭淑柔、应炯卓、龙纪勺、孙尚忠、贾复华等。教师们勤恳教学，学生们勤学不倦，总之，师生们都

［1］收录作者黄宝华原文于政协贵阳市和花溪区文史委1993年11月合编《贵阳文史资料选辑》（文化古镇青岩专辑）第38辑167页。

有一份爱国热忱，有着教师教学认真，学生刻苦学习的好风气。

女师在1943年以前已有国民党直属区分部和三青团。1943年直属区分部的书记是校长，两位委员是教师。贵州省三青团指定校长为学校三青团干事长，后改为指导员，军训教官王德宏为书记。1944年贵州省三青团通知，要学校学生全体加入三青团，经学校研究后，由学生自愿参加。因此女师学生有不少就没有参加三青团。

学校迁到青岩，也给青岩带去了繁荣。初到时，青岩地方突然增加了几百人，生活所需是很缺乏的。后来学校安定了，供给方面也就逐渐增多了。不仅赶场天，就是平时，粮食蔬菜数量品种也多了，其他生活用品也多了。旧社会的偏僻农村多不愿送女儿到学校读书，青岩还算比较开通的，但仍摆不脱重男轻女观念，许多家庭把女儿送到当地小学读书，认为能写会算就行了，不同意女儿再深造。自从女师到青岩后，读过小学的女生，也纷纷投考女师，妇女的文化水平也得到了提高。

女师没有医务室，师生即使患了小的伤病，也须到贵阳治疗，既误学业又费金钱。1944年与图云关中国红十字会商洽（抗战期间中国红十字会迁至图云关），得到该会赠送一批药物，学校又筹措一些经费，购置简单医疗用具，成立了医务室（由徐璋华负责），免费为师生服务，解决了师生们小病亦须赴贵阳诊治的痛苦。

解放前货币贬值。物价上涨，1943年以后尤甚。师生生活受到严重威胁，学校尽量设法，每月提前领到经费，立即发教工工资，根据教工本人自愿，学校事务处可代为换成大米或实物。学生伙食经费，亦由学生选出的膳食委员会会同事务处采取预购预定等办法，将每月所需主副食物预先购备齐全。因此减轻了教工及学生生活受到的威胁。

1943年起，为养成学生热爱劳动的习惯，全校开展清洁卫生、环境美化竞赛，将学校划片，每日由各班学生负责维护，周末进行评比（优胜班在教室中挂红旗，不及格班在教室中挂黑旗）。为培养学生文艺情操，每日课外活动时间，由学生根据个人爱好参加球类、歌舞、讲演、话剧、京剧等小组活动，由教师负责指导。夜间自习在各班教室进行，有教师轮流到班辅导。每学期定期进行农民住户家庭访问，举行联欢（有歌舞、话剧、京剧等演出）。学校与当地之间了解加深，情感甚为融洽，当地及附近小学毕业女生，家长均纷纷送入女师就学，学生人数猛增。女师学生入学，不收任何费用，并供给食宿。为了落实学生伙食经费全用在学生身上，伙食经费均交由各班学生选出的膳食委员组成膳食委员会，会同事务处监督、管理和改进，每月公布账目一次。

为使学生毕业后即能得到工作为教育服务，1944 年起，凡临近毕业班次学生，先由学校正式去文并派教师赴各县联系（先后派过李敬熙、畲以埙、张效孟等到各县），学生毕业后，由本人持学校介绍函及证件到县报到听候安置工作。这也起到了鼓励学生在校学习的积极性。

以上所述女师搬迁青岩镇一段时间情况，系就回忆所及，事隔多年，挂一漏万，在所难免。

【编者按】抗日战争时期的 1939 年 2 月 4 日上午 11 时许，日本侵略者 18 架飞机轰炸了贵阳城，犯下了滔天罪行，使贵阳大十字一带最繁华的商业地段蒙受巨大损失，二千多人伤亡，史称“贵阳二·四轰炸”。5 月，贵阳女师根据贵州省政府疏散下乡的安排，从贵阳迁到郊区青岩办学，青岩女师共历四任校长。章孝友任青岩女师第一任校长，王启斌为第二任校长，任期从 1939 年 7 月接任至 1942 年 7 月止。第三任校长黄宝华，任期从 1942 年 7 月至抗战结束。第四任为杨时昌，字炽夫、质夫。本书收录黄宝华原文于 1993.11 政协贵阳市文史委和花溪区文史委合编《贵阳文史资料选辑》（文化古镇青岩专辑）第 38 辑 167 页，本文回忆黄任期的青岩女师。

在田锦麟老师家师生聚会忆青岩与女师[1]

李麦宁

2003 年，在参加清镇市退休教师协会举办的活动中，结识了两位由六枝市一中退休并移居来此的老教师袁名扬、田锦麟夫妇，他们虽已鬓染霜雪，但仍鹤发童颜。袁老师酷爱京剧。尤以擅操京胡令人钦佩，田老师则以健谈且笑口常开善言辞而令人乐于接近。

出乎意料的是，原来田锦麟老师是 1946 年贵阳女子师范学校毕业的校友。这年 11 月 4 日，袁、田两位老师几经询问和周折才找到我家的住处。因为事先不知道，深以有失远迎而感到歉疚。坐定之后，才了解到田老师和在贵阳工作的几位“女师”同班同学一直保持着联系。而在最近的一次接触中，彼此在回忆当年在校读书时的任课老师时，才提起听说我在清镇的情况，而且相约在本月 6 日集中在田锦麟老师家然后来看望我，所以袁、田两位老师是到我家传达这个信息的。这个意外的喜讯，实在令我感到兴奋。

11 月 6 日中午，在期待中接到了田老师的电话，说原“女师”的六位同学与唐瑗老师已经到达清镇。准备在她家午饭后，一起到我家，然后再回她家共进晚餐等语。放下电话我与妻子商量，分别了 57 年的老同学远道而来，应该由我们前往田老师家迎聚才对。于是打电话给田老师表达了我们的意愿，并立即乘车前往。

[1] 收录作者李麦宁先生赠予我的未发表的自传《往事》中。2011 年 10 月，贵州人民出版社出版李麦宁著《麦宁集》，本文改名《青岩》，收录于第 242 页。

当我们到中医院门口下车时，袁老师已经在那里等候我们。

分别57年的同学，今日重逢，这种欢乐的心情中似乎带着些酸辛的成分——人世沧桑，掩饰不住历经半个多世纪的风尘留下的遗痕。握手间的唏嘘和感叹，代替着语言的诉说和祝福！

这几位当年班上极为活跃的文艺骨干，如今还焕发着青春的风韵，她们是郑元棋、祝静芳、黄鸿枝、顾文惠、于世馨和邓启星。

在谈笑声中，我注意倾听她们每个人的故事，谁都有过不太平凡的经历。正如伟大作家托尔斯泰所说："幸福的家庭大致都一样，而不幸的家庭则各有各的不幸。"总的说来，大家都能平稳安全地过来，并生活在今天的平静、幸福之中也都感到十分满意和幸运了。

在闲谈中，大家还记起了当年的傅笑岩、周启雯和陆昌荣诸同学，前两位曾担任过贵阳云岩小学和甲秀小学的校长。今天来的这几位同学，分别从事科技、金融、教育、交通、医务等工作，大家都没有辜负国家的教育和培养，都为社会主义建设做出了应有的贡献。

袁名扬（六枝市一中退休）、田锦麟两位老师为大家准备了极其丰富美味佳肴的晚宴，据他们说，上次在"金梦园"聚餐时知道我喜欢吃"红烧肘子"，今天特地在餐馆里订了一份"红烧肘子"。这份情谊令我汗颜，深感愧疚。

李麦宁和贵阳女师学生在清镇田锦麟老师家聚会照片（周天胜按李惟乐先生提供的照片原件扫描）。

酒足饭饱之后，已到万家灯火之时。她们的晚辈也惦念自己的亲人，纷纷从贵阳驱车来接，从而可以看出，幸福的晚年大家都差不多。

袁、田两位老师深情厚谊操办的这次难得的聚会，将给我们带来无限的回忆和怀念！

这次的聚会，使我想起了记忆中的“青岩”与“女师”。

那是1945年抗战胜利后，我准备随国立十四中迁返南京前，去贾昌华兄（达德中学初中同学）处辞行。他认为我久经战乱之苦，兼以腿伤也未痊愈，应以休养为主，不宜再事奔波。他的姐夫黄宝华先生在距贵阳30公里的青岩。在他的推荐下，黄宝华校长很乐意地聘我去那里任教，于是我决定去青岩。

青岩，是个宁静幽雅的古镇，山峦起伏又有溪流环绕。实兀壮美，蜿蜒弯曲的旧城垣向人们诉说着这里也曾是烽烟遍地，起义队伍风起云涌的战斗城堡。

据说，入清以后，这里才将原有旧堡改迁建成宽有丈余的石城，不仅增设垛口，跑道，还有坚固耸立的城楼。原来修筑的五座雄伟城门，随着时代的变化，也只剩下其中一座“定广门”了。“定广门”门楼四周高高翘起的翼角，就好像我印象中的北京、西安那些古建筑城楼的缩影。它同样地也标志着这个古镇的文化风貌。

提到文化，当地老人还会娓娓动听地向你诉说着这个古镇曾经孕育成长过的两个历史人物：一位是清光绪年间金榜题名的状元赵以炯。那是清代以来，西南数省凤毛麟角、屈指可数的人物。一向被认为文化落后的贵州偏僻的青岩古镇，因此而震动了清代朝野，轰动全国。这古老的小镇，也在我国古文化史上增添了灿烂的一页，这不能不说是青岩人的骄傲。

另一位是比赵以炯还早的，清康熙年间的以“倒背历书”闻名于世的贵州诗人周渔璜，出生在青岩古镇的骑龙村。

据居住在北京的贵州前辈说，当年周渔璜赴京赶考，闲时成天待在琉璃厂的一家书店看书。一天，主人问其为何看而不买，渔璜只得以实相告之曰“穷”。但又说：凡自己所阅之书皆能背通。主人不信，并与周下赌注，若能将所指之书背诵，愿将一栋房屋相赠。随即商定日期并邀数人做证。临场，主人将一本“历书”要他背。众目睽睽，渔璜不仅顺背无误，而且能倒背如流。在众人惊讶不迭的情况下，主人只得将坐落在北京宣武门外椅子圈胡同的一栋房屋相赠，并立下字据。后来周渔璜中进士当官后，即将这栋房屋，捐赠作我省去京赶考的贵州同乡栖身之所并名为"贵州会馆"。

我在青岩时，曾去骑龙村走访周渔璜故居。但见村里一片荒凉景象，人家零星。经询问，仅见路旁一个石雕小屋，类似农村岔路上的小土地庙。据当地人说这个小石屋内是后人纪念周渔璜所塑的雕像，其他什么都没有了。

但与青岩镇上一彭姓老年人谈及周渔璜，这位曾走南闯北的潦倒文人却如数家珍似的告诉我一件事：那是周渔璜任浙江主考初到杭州时，一群考生听说他是贵州"蛮子"，认为他没有什么真才实学，就将他围住，借"欢迎"为名，故意为难他。其中一个考生高声问道：

洞庭八百里，波涛涛，浪滚滚，宗师由何而来？周渔璜凛然答道：巫山十二峰，云重重，雾霭霭，本院从天而降！

这群考生听了顿时目瞪口呆，为他们莽撞的行为后悔不迭。

此外，还有一位近代名人平刚先生，也是这个古镇出类拔萃的人物。平先生（少璜）家住距青岩城外三里路的歪脚村。自"戊戌变法"以来，维新思想在贵州日益传播。平刚先生最先接受革命思想，在庆祝慈禧太后七十大寿那天，毅然剪去发辫，并写了一副讽刺慈禧太后的对联贴上了街头，成为贵州剪辫子的第一人。后来留学日本，参加孙中山先生组织的同盟会。是贵州辛亥革命的先驱。曾担任孙中山先生国会参议院的秘书长和元帅府秘书。

抗日战争时期，1944 年广西情况危急，湘桂难民数十万人入黔，独山沦陷后，敌军宣称会师马场坪，再攻贵阳、遵义。国民党派员来贵阳催促贵阳人民紧急疏散，但在人力、物力、粮食和交通工具均无法解决的情况下，还批评说"贵阳人民，自疏散令下后，实行者少，缺乏与政府合作精神。中国人民品质不佳，不及外人，这也是一些证明，应切实加以改正"等一派胡言。平刚作为当时贵州省参议会议长在会上立即起来发言说"政府应赶运军队，督战前方，驱敌于大山塘之南，不要天天下令强迫人民疏散，扶老携幼及至妻离子散，痛苦不堪……"会后得报，敌军已行撤退，故疏散之令，亦无形中止（见《贵州文史资料选辑》第一辑）。

黄炜同志在《40年代后期贵阳新闻界概况》一文中，介绍当年《民意》月刊时，有这样一段话："《民意》月刊对执政当局，敢怒敢言，在于他的后台硬。社长平刚是国民党革命长老，丁道谦任主编，梁聚五任副主编（两人都是省参议员）……所以敢于痛陈时弊，指责当道，所言又都是事实，当局对它也无可奈何……"

"《民意》月刊还刊登有价值的有关贵州历史事件的重要文章。如平老亲自撰写《黔南事变纪略》，如实地记述了抗日战争中日本侵略军抵达贵州南大门——独山县，并欲进犯贵阳时，国民党军政当局实权派人物企图放火烧毁贵阳城，在南明堂召集紧急会议的时候，平刚拍案而起阻止纵火的决定。这篇《黔南事变纪略》在今天已是具有重要历史价值不可多得的珍贵史料。"（见1993年第72期《报人园地》。

平刚先生也是我难以忘怀和衷心感谢的老人。

早在1936年，我随父亲来贵阳办事的时候，经常随父亲到他居住在阳明路的寓所去看望他。他是父亲在北京"京师大学堂"的同学，又是后来在日本留学期间同时参加孙中山先生组织的同盟会的成员。父亲返北京后，他也像谌湛溪、李仲公、桂百铸等先生一样地给了我不少生活上的帮助。直至我去湖南求学。

1944年底，我重返贵阳时也常去看望他，他还向我讲述在日本和贵州同乡一起奔走革命的情况。回国以后，他担任同盟会贵州支部长。我在青岩任教期间，曾去平先生的故乡"歪脚"村瞻仰过，并向他讲述那里的荒芜景象。平先生叹息地表示"由它去吧"！

1946年10月，我在贵阳结婚时，平刚先生和当时任贵阳师范学院院长的齐泮林先生是我们的证婚人。后来，我主编《离骚》杂志时"离骚杂志社"的匾额就是平刚先生为我书写的（"插页"中《离骚》第6、7期合刊封面上的"离骚"二字系由匾额中缩影的）。

1951年12月，他在贵阳病逝时，人民政府有关部门为他举行追悼会及葬礼，我从惠水前往致哀并参加了送葬行列。

"女师"，原名为"贵州省立女子师范学校"。因校址在贵阳，故被习惯地称为"贵阳女师"。1939年2月4日，贵阳惨遭日寇飞机轰炸，乃避迁青岩。

青岩小镇上那用整齐石块铺就的道路两旁的砖木堆砌的石块的围墙和它上面长满的花草、苔藓、仙人掌；那一座座的充满着古老文化气息的寺庙：莲花寺、寿佛寺和观音寺……还有当年我常去游玩的药王庙、东岳庙、黑神庙以及标志着历史人物事迹的高耸矗立必须仰视的石牌坊，无论是百岁坊或贞节坊，都仿佛在向来往行人讲述着它们的故事，其中又都带有一些令人感到神奇的色彩，够你沉思神驰……这一切的一切，都曾陪伴着我在那青翠葱茏的万山丛中，默默地度过了一段难忘的岁月……

据史料记载：清光绪三十一年（1905）经贵州巡抚林绍年选派贵州龙里人周步瑛，字润初，赴日本留学，先入东京弘文学校补习日文，后入东京物理学校就读四年。宣统元年（1909 年）毕业回国。回国后，先任教于上海大同大学和北京清华留洋预备学校。次年回到贵阳，以后长期在省立各中学任教。民国二十年（1931）起任贵州省立女子师范学校首届校长。（受聘过成都大学、贵州大学、贵阳师范学院数学教授）“文化大革命”中的 1974 年逝世，终年 89 岁。

周步瑛的最大功绩，还是创办贵州省立女子师范学校，任首届校长长达八年之久。为贵州省培养了众多的教育人才，毕业学生源源不断走上遍布全省各县的教育战线，成为当时小学教育的中坚力量和贵州妇女运动的主力。

贵州省立女子师范学校，不仅历史悠久，且富中华民族优秀美德传统，兼以学风严谨，长期保持良好的管理制度，形成了勤学、俭朴、严格的校风。

1939 年 2 月 4 日，贵阳惨遭敌机轰炸后，迁到青岩时，由于受到生源减少、师资缺乏以及校舍及经费等条件限制，只有初、中师各 6 个班，中幼师 1 个班，学生约 400 多人，教职工 30 多人。校长黄宝华先生系北京师范大学毕业生，原任省教育厅督学，后调女师任职。黄校长办学严谨，治学有方，为人忠诚，待人宽厚。在极其艰苦的条件下，带领这般老、中、青知识分子，认真培养下一代，深受当地父老群众所赞许。

当时的老教师中，威望很高的有贾一民、刘尧冥、景筱楠、孙云波、张孝芝、张云麓等，中年的有贾丕华、贾福华、畲以埙以及青年的余涛、方策诸先生。

我到青岩不久，“女师”的领导们已着手考虑将学校迁返贵阳的工作了。全校师生，都沉浸在十四年抗战终于取得最后胜利的兴奋和喜悦之中。

在女师迁到青岩以后的几年中，学校原址（贵阳电台路侧面）的房屋、设备及整个完善的校园像是无人管理似的，全被闲散的居民和杂乱的社会群体所占用。据校长介绍，即使是上级主管部门（指原教育厅）出面协助、协调并派专人负责返迁事宜，最少也需时一年才能就绪。

青岩方面，全体教学人员在400多学生的配合下，居然能够按部就班地正常教学。连每天晚上老师们提着小方玻璃灯（内装煤油或菜油）检查晚自习的情景都是照样进行的。大家都以胜利在望的心情等待回迁贵阳的到来。

女师回迁贵阳和其他学校（如“女中”从花溪、“男师”从卫城、南明高中从修文以及大的中学从摆郎……）一样，都陆续搬回贵阳原来的校址继续上课。这么多所中等学校的回迁，对当时的社会影响是很大的。

贵阳公立学校的人事变动，在旧社会制度中，每逢校长更迭，必然导致教职员工的大变动，“女师”也不例外，原教育厅派来新任校长杨时昌（字炽夫）到校，黄宝华校长离校。教育界的六腊之战（每年寒暑假期间的教师的“解聘”及“应聘”的人事更换），我有幸，蒙杨校长之恩，只将原来的“专任“改成为“半专任”。

韶光易逝，有如白驹过隙。

半个多世纪后的2003年2月15日，灵珠的学生樊宝森驱车送我们重游青岩。这个古镇的变化太大，四处游客络绎不绝，只有原始的石板路和几座石牌坊向我们诉说着昔日的旧貌，原“女师”所在地，已面目全非。几经询问才找到“迎祥寺”。路边饭店的主人，一对中年夫妇（一人姓杨，一个姓李）听说来意后，尽其所知都告诉了我们，并说他的姑母是原“女师”学生，可惜她昨天才由青岩离去。

当我们伫立在原“女师”校外空地时，竟找不到一点儿往事的痕迹。向道边一位74岁的老人询问原“少璜中学”校长章益三先生（原北师大毕业生）时，被告知已去世多年，东街的旧友刘复莘（画家）以及场坝上的段顺华老师也已作古有年。闻之潸然！

【编者按】李麦宁先生在抗战胜利那年，成为贵阳女子师范学校教师。1946

年5月18日女师回贵阳后，他仍在女师任教，在1947年5月1日第一个女师校庆日上，李麦宁作为老师代表讲话，他吟唱了贺诗《献给女师全体同学》这首诗。后来，调入清镇市，成为清镇一中教师。2003年在参加退休教师活动时，认识了田锦麟、袁名扬夫妇，当年年底在田锦麟老师家与1946年贵阳女子师范学校毕业的学生郑元棋、祝静芳、黄鸿枝、顾文惠、于世馨和邓启星等女师校友师生聚会。从抗战胜利回城离别至今57年难得的会面，李老师用笔记录了这次聚会，引起了他对女师和青岩古镇的回忆。2010年1月10日，笔者为弄清楚夏同和状元为李麦宁老师的宗祖公（1901年，清政府派遣钦差大臣李立元任驻日本留学生监督）于燕楼仁人山对面的马鞍山处李立元墓和李家祖坟墓地立华表书楹联的事，经李恕和推荐，赴清镇市一中教师宿舍采访李麦宁、张灵珠夫妇两位老人。临别，李老师赠送他著的《往事》一书给我，很谦逊地签题“送请周天胜先生惠存、指教。李麦宁。2010年元月10日”。2015年11月10日上午，笔者准备再访李麦宁老师探讨墓地华表楹联连接的事。当我拨通电话，接电话的是张灵珠老师，得知李麦宁先生已于2015年5月17日在清镇逝世，享年94岁。深感遗憾。本文是李老师生前的回忆录，难得的青岩文化史料，为了纪念和蔼可亲的李麦宁先生，特将聚会一文收录入本书，以示纪念。

贵阳女师在青岩片断[1]

陶仁珍

贵州省立女子师范学校，原设在贵阳大坝子，即现在的贵阳二中所在地。1939 年 2 月 4 日日机轰炸贵阳后，为给学生安排一个安全清静的学习环境，便迁到青岩。学校先派人到青岩了解情况后，确定在斗姆阁（迎祥寺）前面左侧，庙地范围内，拆城墙做屋基，修建两层的一长排教学楼，共八个教室；右侧修一间伙房，后面修饭厅。

校舍修好后，女师迁来青岩，又买南街迎祥巷入口处万家的四合院作办公室和传达室。学生宿舍则设在背街的慈云寺，由寺的后门修一便道通斗姆阁，以便学生出入。

女师在青岩时，分为高师、初师和附属小学（简称女师附小）三部分。计高师四个班，初师四个班，其中一个班是幼师，共八个班。女师附小迁来时住实验区（青岩社会教育实验区办公地文昌阁，因解放后是公安派出所驻地，现在群众称该地为老派出所）。

女师迁青岩时的校长是章孝友（逸山）先生，教导主任是欧阳淑。章校长因带有家眷，是租我家房子居住，其他有家眷的老师，也都是租赁离学校较近的民房。女师在青岩的第二任校长王启斌（从周），第三任校长是黄宝华（编者注：第四任校长是杨时昌）。女师附小迁来时的校长是白兰森，第二年附小搬到万寿宫（慈云寺斜对面）。黄宝华接任女师校长后，

［1］收录作者陶仁珍原文于政协贵阳市和花溪区文史委 1993 年 11 月合编《贵阳文史资料选辑》（文化古镇青岩专辑）第 38 辑 176 页。

附小校长改称附小负责人，先后由欧敬华、熊桂馨负责。

女师的高师与初师，服装上有很大区别。高师学生受军训，一律头戴遮阳帽，黄军装，腰束皮带，还要打绑腿，纯是一个女兵样子。初师学生则穿两个上包的黄衣服，黑裙子。吃的伙食是九二米，比较粗糙。经济条件好的学生，就在近处民间搭伙。

学校每周都有文艺晚会，唱歌、跳舞，唱得最多的是流亡三部曲。每逢节日，还有京剧演出，行头很简单，没有“蟒”“靠”，文场只有京胡伴奏。经常演出的戏目有：“起解”“六月雪”“二堂训子”“武家坡”等折子戏。

特别要提到的是，高师有的同学看到国家困难深重，山河破碎，对现状不满，宣传抗日救亡。其他同学也是“路漫漫其修远兮，吾将上下而求索”。学生的进步思想，竟遭到扼杀与迫害。每逢于此，章校长不顾身家性命，每每预先通风报信，保护了学生免遭杀身之祸，章校长也因此被免职。1955 年还有两位原女师学生，专程由上海来青岩看望章校长和章师母。

女师从 1939 年迁来青岩到抗日胜利后搬走，短短的几年，对青岩产生不小的影响。一方面是直接促进了青岩的教育事业。由于女师与附小办得好，与青岩中心完小互相促进、互相竞争，双方都提高了教学质量。另一方面则是在思想观念和社会风气上给青岩带来了很大转变。青岩曾有过文教昌盛、商业发达的历史，但传统的封建道德观念也很浓厚，古老的青岩人思想守旧，特别是对女人用各种精神枷锁束缚。造成有的女孩终身不嫁当老姑娘，有的陪伴黄卷青灯度一生，以“断臂投地”“引刀割鼻”为荣。人们把生女孩当作赔钱货，不愿意叫她们多读书。女师迁来青岩后，以事实影响了人们的思想，改变了人们对女孩的看法，也改变了青岩一些女孩的命运。家长们乐于送女孩读书和升学了，女同学们也愿意读书。解放后，青岩为革大和各类干校输送了不少人才，贵筑县和区乡，都有青岩出去的老师。

人们还记得女师在青岩，曾在婚姻风俗上有一个突破，举行“文明结婚”。第一个文明结婚的是女师的胡老师与南街的女青年杨桂芝。结婚那天，胡老师穿着洁净的长衫，亲自到女方家接新娘，女方是满头花锦，穿上雪白的婚纱，由傧相相伴，与胡老师手拉手地步行到胡的住处。这可是破天荒的“怪”事。人们虽然有些看不惯，但从此，青岩也就一家家冲破旧习，实行了文明结婚。

在结束这篇短文时，我们深深怀念章逸山老校长，他离开女师后就在青岩定居，后任私立少璜中学校长，循循善诱，诲人不倦，为青岩文化教育事业贡献良多，确是桃李满天下。

以上很多情况是原女师毕业的表姐谭玉芳介绍。她是1939年春考上高师班随校来青岩，1942年春毕业离开青岩。她说，当时女师学生多来自贵阳，附小学生则多是青岩人。

【编者按】陶仁珍，青岩人，曾亲眼目睹抗战期间贵阳女师在青岩的办学过程，平时善于收集青岩的故事，她从1942年女师毕业的表姐谭玉芳那里听到表姐对女师的回忆，记录下了青岩女师的宝贵史料。本书收录原文于政协贵阳市文史委和花溪区文史委合编的1993.11.《贵阳文史资料选辑》（文化古镇青岩专辑）第38辑第176页。

贵州省立贵阳女子师范学校在青岩[1]

民国十年（1921）五月一日，贵州省立女子师范学校在贵阳文明路成立。省政府派回国的日本留学生周步瑛，担任第一任校长。当年面向全省各县市招生，学生被录取后，不交学杂费，一律实行公费，伙食费和书籍及一些日用品都是由学校供给，学生一律住校，招收的新生两个班，共 90 人，成立后当天开课。学生毕业后，由省教育厅统一分配工作。女师第三任校长钱安世，毕业于北京高等师范，1937 年 9 月调任贵州省立青岩乡村师范学校第二任校长。民国二十四年（1935），因校址在今贵阳市内，改称贵阳女子师范学校。省立女师开办时系五年制师范，民国十七年（1928）改称为三三制，分前后期，该期分文史、数理、社会、博物等组，同年办有师资训练特班。民国二十年（1931）奉令将前后期名目取消，不分科组，六年衔接。民国二十四年（1935）起，遵新章，将旧制一、二、三年级，改为初中科四、五、六年级，改为师范科以后，续办三年制师范科，于民国二十六年（1937）抗战全面爆发后，增办四年制简易师范科和三年制幼稚师范科。直至 1939 年初搬迁青岩，在贵阳市内办学达 20 年之久。由于贵阳女师办学历史悠久，师资力量强，教学质量高，在全省师范学校中享有很高盛誉，毕业生遍布全省各地。贵阳女师在青岩办学的基本情况如下：

[1] 参考政协贵阳市和花溪区文史委 1993 年 11 月合编《贵阳文史资料选辑》（文化古镇青岩专辑）第 38 辑、参考《贵阳女师校庆》校刊资料记载整理、社会采访等。

一、贵阳女师 1939 年在青岩办学概况

1939 年 2 月 4 日，日军 18 架飞机对贵阳城中心区进行狂轰滥炸，给贵阳人民造成重大伤亡和损失，史称“二·四轰炸”。为了防止敌人再次空袭，减少损失，保存中华文化，贵阳城区各中学均迁往乡村办学，贵阳女师暂借斗姆阁庙宇，从贵阳疏散青岩，搬迁到青岩斗姆阁（今迎祥寺）继续上课，租住民房为住宿点，租定南门城内菜园头土地新建校舍，“庀材鸠工，不数月，新舍落成，免敷运用，此本校经过之略史也”。1939 年在青岩的办学现状和概况，现归纳如下：

（一）校务行政组织，由校长室和三处组成：

1.教务处：设图书馆员、仪器管理员、教务处校务员。

2.训育处：设级导师、女生指导员、校务员、社教推行委员会、临时时钟（鍾）委员会、防空救护团、推广教育研究会、地方教育辅导委员会。

3.事务处：设文牍员、会计员、庶务员、校务员。

设施概况：

（1）校舍：本校遵令疏散至青岩后，迎祥寺庙宇不够使用，新修建了瓦砖楼教室 8 个，瓦砖房宿舍 20 间，并当得当地居民平房 6 间修缮，后来改作职员办公室，再利用旧庙宇大小 9 间充作食堂、厨房、图书室、仪器室、卫生室等，而实际尚缺少礼堂、传达室、学生会客室并各房活动室、储藏室、阅览室、音乐教室、劳作教室等必要处所，唯上举之食堂，实仅能容八桌学生，宿舍仅能容纳学生 100 人，其余 200 余学生，除走读者外，尚有百余人无住房，仅在学校附近租民房暂住，管理上及经济上实感困难。

（2）体育场：缺体育场，如仅新校舍尚差可容一篮球场之隙地而已。

（3）图书：现有图书 3345 册，集志现有 79 册。

（4）仪器：仪器标本挂图及其他：①植物样本 192 种、植物挂图 19 幅。②动物标本 77 种、动物挂图 41 幅。③岩石标本 100 种、化石标本 25 种。④生理模型 7 种、生理挂图 31 幅。⑤博物用具 9 种。⑥教学用具 9 种。⑦天文地理挂图 20 幅。⑧历史挂图 12 幅。⑨物理器械 129 种，已坏 38 种。⑩化学器械 64 种，已坏 15 种，化学药品 130 种。11. 卫生器械 24 种，药品 13 种。12. 钢琴 1 架，风琴 3 架均坏。13. 童军杖 4 座 2 坏。

（二）教职员人数

专任教员 6 人，专任教员兼导师 11 人，兼任教员 5 人，职员 15 人，共 37 人。

（三）学生班级及人数

附：民国二十八年上季、下季各班学生人数表

师范 230 人，师范 256 人。

三上 43 人，二上 42 人。

二下 42 人，三下 43 人。

二甲上 29 人，二甲下 22 人。

二乙下 33 人，二乙下 26 人。

一下 39 人，二上 33 人。

一甲上 23 人，一甲下 38 人。

一乙上 21 人，一乙上 52 人。

幼师：39 人，38 人。

三上 39 人，三下 38 人。

简师：58 人，106 人。

三甲上 31 人，三甲下 30 人。

三乙上 27 人，三乙下 26 人。

合计 328 人，一上 50 人，合计 400 人。

（四）教务

1.教学方法。

（1）教学采用自学、辅导、主义偏重、自力研究，必要时，教师详为讲解。

（2）着重因材施教于优等生，多给予补充教材于劣等生，课后为之补习。

（3）着重观察实验，以增进学生之兴味与了解。

（4）对于参观实习，设有指导委员会详为指导批评。

2.教材挑选和五年制教学内容。各年级主要课程有国文、物理、数学、公民、教学实验、教育行政、教材教法、教育通论、工艺、音乐、体育。

国文、数学、历史、地理、教材教法、教育统计、化学、教育辅导、幼保、儿保、美术、军护、工艺、公民、音乐、体育。

国文、数学、化学、历史、地理、教材教法、社会教育、教育统计、军护、工艺、公民、音乐、美术、体育。

国文、数学、博物、化学、地理、历史、教育心理、儿童心理、军护、工艺、公民、

音乐、美术、体育。

教育心理、儿童心理、农经、教育实习、教育通论、教育行政、实习技能、美术、音乐、儿童教育、卫生、童训、动物、英文等。

挑选各科教材，以思想正确，内容丰富，材料新颖，实用，并经教育部审定者为标准，如坊间无适当课本或编印讲义或采选适当教材，令学生笔记送交教员检查修正。

3.成绩考查

学业成绩考查，分日常考查、临时试验、期考三种。日常考查不规定日期，教员随时举行口试或笔答，以一分钟为限。临时试验即月考，每间二周随堂举行一次。

4.课外活动

学生自治会，由全体学生遵奉组织之研究会，由导师分别指导学生组织为科研究会、演说会，各班组织一次演说会，每周开会一次。远足会分段举行，由导师率领旅行离校 50 里以内区域，清洁比赛每月举行一次。

劳动、服务分班整理校地，从事修路运沙及平整土地等工作。

社会服务：（一）自治会附设有民众学校一所，由高年级生轮流充任教员。（二）发行壁报。（三）成立民众问事处。（四）组织宣传队。（五）成立防护团。

球队有排球及篮球队。周会每周星期六午后举行之。

四、训育

（一）训育标准

学校根据部颁“训育纲要”及“青年训练大纲”制定学生训导大纲、用作训育实施标准。

（二）训育方法

1.实施原则

（1）根据国家、社会之需要，并研究青年期身心之发展历程用为训练之基础。

（2）着重积极指导，慎用消极制裁。

（3）举办各种事业，俾检实际活动中以训练思想性，行为能力知识等使日趋健全。

（4）励行师生共同生活，注重人格感化。

（5）运用军训及童训，养成严格纪律生活。

（6）注重美育，利用体闻、设施、各种有益于个人身心之艺术活动。

2.训导方式

重要训导方式，均按本校训练大纲。

3.奖惩办法

学生平日之奖惩，另有奖惩规则，兹从省其办法如次。

（1）奖词：①对于个人或一学级一团体者。②对于数学级或团体或全校者。

（2）奖品：①个人奖品；②团体奖品；③奖章或奖旗；④奖状。

（3）留影题名。

（4）优良学生题名录。在校修业期满三年以上之学生，毕业时统核修业期内之参行、认为始终完善者，经训导念之决议，得留影题名于校内适当处，所以表彰之。

（5）施行惩罚之方式如左：①警诫。②立正。③没收用品。

（6）罚金。如借公物不还，故意损害公物，照价赔偿至故意着贵金属饰物等，罚款充作民众经费或作救国捐。其他视情节给予以下处罚：

①增加工作。②停止权利。③记过。④休学。⑤退学。

（7）学生奖惩之施行，须依照本规则之规定办理。

（8）置备奖品奖章、奖状等，由训育处主持。

4.考勤办法

关于学生考勤，暂分个人行为检阅及团体活动检阅两项，以资考成，分述如下：

（一）个人行为检阅：（1）服装。（2）居住。（3）早操集会（包括纪念周、升、降旗礼，及其他团体活动）。（4）上课自习。（5）处己待人五项。分周轮值举行，每周以一种行为检阅中心，由级任导师为学生指导员及作业导师，将个人行为检阅表送交训育处存记，并由训育处提前通知级任导师，转知学生，学期终了时，训育处报告个人行为检阅结果，分别奖惩。

（二）团体活动检阅暂分：（1）教室整洁。（2）寝室整洁。（3）膳堂整洁。（4）秩序检阅等四项，分周轮值举行。每周以一种项目为检阅中心，由训育处、体育部、女生部、童子军团部、军事训练部及级任导师依照规定项目检阅之（检阅中心，不得预告学生），一周终了时，训育处汇集检阅成绩，统计、公布、学期终了，以总成绩决定团体之奖惩。

5.经费

（一）经费数目来源（省款，历向教育厅请领）、经费数目分配：

（1）俸给 44394.00 元；（2）办公费 3724.00 元；（3）学生伙食费 11709.00 元；

（4）购置设备费 816.00 元

（二）教职员待遇

（1）教员：高中级任导师或专任教员月支 140.00 元，初中级任导师或专任教员月支 110.00 元。

（2）职员：校长月支 178.00 元，教、训两主任月支 150.00 元，校务员、文牍、会计、庶务等月支 42.00 元，女生指导员月支 32.00 元，图书、仪器两管理员月支 30.00 元，司书月支 21.00 元。

（三）学生待遇：每人每月津贴伙食费 2：1

女师二十八年经费发放比例百分比：为 100%，如下：

职员俸 16.90%；教员俸 51.06%；雇员俸 2.08%；工资 3.17%；办公费 6.14%；学生伙食费 19.30%；购置 1.35%。

据此项目百分比，系根据原预算数，如除去紧缩办公费及购置费之百分比更加减少。

6.改正计划

（1）已呈请政府将青岩乡师迁移后所遗校舍龙泉寺为附小校址，慈云寺补充本校学生宿舍，俾管理，不致发生困难，但尚未奉令，否则，前节设备上所述缺如之房舍，仍拟请政府拨款修建。

（2）操场问题，拟请政府于附近菜园公用征收后，辟用之。

（3）拟请将级任导师明令为主要职务，其所任课经聘约上称为兼课，则导师以职为主，以课为副，于训教两部均能取得实际上之联系。

（4）仍拟请在附小增设幼稚班，以供学生实习并应地方疏散家庭之需要。

（5）因适应乡镇之需求，拟呈请将二十八年所招之简师，改为初中以后招收师范生时，并得招收初中生一班。

7.战时音乐课

女师在青岩的音乐课，主要有唱歌和舞蹈两种形式。唱歌以抗日歌曲为主，如《松花江上》《九一八小调》《卢沟桥对唱》《长城谣》《保卫武汉》等。

二、女师参与殴打青岩保育院难童的“青岩中心小学大事件”

女师在青岩期间，发生了一些事情。

1939 年 3 月 18 日，青岩中心小学与青岩保育院调换赵公专祠教室后，校长蔡国华又擅自将赵公专祠送与女师，女师将保育院在赵公专祠的教室和办公室强占为宿舍，并损坏书籍等教学用品，因此造成纠纷，青岩中心小学组织师生包围赵公专祠内的保育院难童并进行殴打后，又通知在斗姆阁的贵阳女师，女师学生到赵公专祠后，再次殴打难童，并对前来劝阻的保育院教员何知松等人进行殴打，造成保育院难童 120 人被打，教员 2 人和难童 3 人被打成重伤吐血住院，造成全国殴打难童大事件，震惊重庆陪都。

女师还因征地修建校舍，未兑现征地费，引发青岩群众到省政府告状的事件。

三、中共贵阳女师党支部在青岩的地下活动

据原女师中共地下党支部书记吴直撰写回忆文章《女师党支部在青岩的活动》记载：1939 年“二・四轰炸”前，女师党支部是由贵阳县委书记谢凡生直接领导。谢凡生到青岩后，重新组织新支部，吴直任支部书记，文焕琴任组织委员，孙瑞华任宣传委员。转来上届支部蔡友竹、陈碧、于莲 3 个候补关系，全校共 7 个党员，一个党小组。谢凡生不久被特务打伤后，女师支部改由陶信镛领导，在青岩南门租了彭家的一间房子，作为女师支部的活动地点。

陶信镛为女师支部布置了“发展组织，发动和团结全校进步师生积极开展抗日救亡活动”等中心工作。

至 1939 年下半年，女师党支部发展壮大，有 19 个党员，组成 6 个党小组。

女师支部在青岩发起组织了为前方抗日将士募捐的活动，带领全校师生同国民党三青团进行了面对面的斗争。下乡到农村去宣传，帮助农村妇女做家务活，教妇女们识字，为她们讲解抗战道理，号召人们团结起来，上前线去打击日本侵略者。

女师支部利用青岩赶场天，在场坝进行演讲、演唱、演剧等，进行抗日宣传。

四、女师在青岩第二任校长王启斌

民国二十八年（1939）九月，贵阳女师第六任校长由北京高等师范毕业生、曾任贵阳中学校长的王启斌调任。

民国二十九年（1940）底，本年青岩女师师范科三年级学生和四年制简师科四年级学生即将在冬季毕业。

五、1940 年女师毕业生名单

附 1：贵州省立贵阳女子师范学校民国二十九年（1940）下季师范科毕业、志愿服务调查表

学生名单如下：

孙庆华、杜英华、何志媛、丁玉仙、张希闇、易宝华、夏淑先、孔繁恢、马华云、唐媛、傅家华、田儒明、李德芬、张良璧、曹永惠、何玉珠、杨惠芬、刘素英、舒淑珍、戴立芬、严增彩、杨德鹳、王淑珍、王淑琪、贾毓华、周兰英、都瑞珍、刘传文、陆勤昔、支熷敏、胡若莲、商顥章、聂渝生、储兆祥、李承彬、钟琼华、陈遵慧、季静珍、吴锡瑾。

附 2：贵州省立贵阳女子师范学校四年制简易师范科毕业生志愿服务调查表

名单如下：

吴芝侠、蒋敏、陈稳芳、许尚书、王兆云、刘桂芳、文树德、贺德、黄惠明、周诚华、陈德华、余庆良、万裕娴、冯德寿、徐桂珍、郭素珍、江树芬、顾文淑、龙耀璠、戴德珍、孟昭正、钱民容、陈昌琴、袁月仙、张尚学、闵登华、毕昌兰、越璧。

附 3：贵州省立贵阳女子师范学校二十九年下季毕业生志愿服务调查表

学生名单如下：

熊先琼、刘佩华、刘钟璨、王振华、范淑诚、杨孟英、潘德生、宋世华、易宝芸、刘文琼、冯敏、詹行易、王芬、潘华、刘宝珍、王华、顾玉仙、陈佛媛、罗浦容、王琼芳、余琼芳、刘琼华。

附 4：民国三十年（1941）元月三日，贵州省立贵阳女子师范学校校长王启斌，向贵阳县政府、第四科写了报告，档案记载：

敬启者：

本校师范科三年级学生及四年制简师科四年级学生行将于本年冬季毕业，兹将本学期毕业学生名册缮送一份，敬烦贵县查照，广为介绍，俾得尽其所学服务教育，如蒙惠予工作，请查表列通信处，迳行接洽或示知需用人数，由校介绍亦可，再查各地生活程度高低不一，希望就当地情形，待遇稍优俾该生等，能安心服务，无任感荷！

此致

贵阳县政府

附上本学期毕业生一览表一份

贵州省立贵阳女子师范学校启

民国三十年元月三日

附 5：贵州省政府教育厅指令：

令贵阳县政府：

三十年元月拾日呈乙件，请发交省立贵阳女师本届毕业生办证由呈悉。查师范生毕业证书，须俟服务龄满后，始行发给，已令饬各师范学校遵照办理在案。该县所请发给省立女师本届毕业生办证一节，应毋庸议。

此令

欧元怀

民国三十年元月十六日

六、女师与青岩警察所的纠纷

档案记载：1942 年，发生了青岩警察所警察调戏女师学生被当地驻军扣押的事件。档案记载：民国“三十一年五月三日，青岩警察所由西门到南门催收各保欠款，黄昏，路遇女师事务员刘文清持枪埋伏，引警察致校，缴其符号，串同当地驻军保安直属第二大队，以本镇士兵，假借驻军名誉抢劫，污辱学生，扣押四名处理案，镇公所自卫班兵周斌、王治伦、邓传标、李自祥等。”

七、国民党直属区分部和三青团在青岩女师的活动

据校长黄宝华回忆，1943 年以前，贵阳女师有国民党直属区分部和三青团，校长任书记，指定校长为三青团干事长，他们随时都在监视中共地下党和进步学生的活动。

八、校长黄宝华与一九四四年女师在青岩的发展

女师学生入学，仍然一律实行公费，不收任何费用。女师迁到青岩，给青岩带

来了繁荣，许多当地女学生考入女师深造，男、女学生进入女师附小学习。

从这时起，为养成学生热爱劳动的习惯，学校划片，每日由各班学生负责校内的清洁卫生和环境美化。为了培养学生的文艺情操和体育爱好，每日在教师指导下利用课外活动时间和晚自习时间在教室进行，由学生自由选择个人爱好，参加歌舞、讲演、话剧、京剧等活动，或参加球类活动。

1944 年，女师在青岩有很大发展，校长黄宝华，有学生近 400 人。《贵州教育史》第 344 页附 1944 年省立师范学校一览表记载:“省立贵阳女子师范学校，班级 13 个（师范 5 个班、简易师范 5 个班、幼稚师范 1 个班），有学生 396 人，学期经费 147 360 元。

教职员有黄宝华、高绶卿、刘尧冥、周杏村、张云麓、贾一民、景方桢、马伯骏、花文卿、章孝友、朱敏、李思纯、孙云波、李敬熙、贾复华、龙纪勺、张效孟、孙尚忠、应炯卓、谭淑柔、畲以埙、刘景之，军训教官王德宏，徐璋华负责校医务室等 44 人。

九、女师在贵筑县青岩难胞服务站参加救助难民的活动

档案记载：1944 年 12 月初，日本鬼子打到黔南独山、都匀等地，“黔南事变”爆发，大批难民向青岩涌来，省政府派员令贵筑县在青岩成立“贵筑县难胞服务站”，地址在女师，即斗姆阁，今迎祥寺，对过境难民进行救济。

1944 年冬，抗日战争进入艰苦阶段，日寇在湘桂、湘柳战场大举入侵，前线军队节节败退。当年 12 月初，日军入侵贵州荔波、独山、三都、丹寨，祸及都匀、麻江两县，史称“黔南事变”。

事变前后，大量难民由广西向贵州涌来。所有通向贵阳的公路、大路及小路，都涌满着逃难的人流。数以万计的难民由独山经平塘、惠水、青岩奔向贵阳。

为救助日益增多的过境难胞，青岩镇公所向贵筑县政府及时报告难民情况并要求拨款救济。县政府逐级上报后，省里认为贵阳城里已有不少难民，决定同意贵筑县在青岩设立难民服务站。把难民截留在青岩，以减少贵阳城的难民人数，并拨款法币 100 万元救济难民。当时，曾在青岩设立了难胞服务站。

贵筑县青岩难胞服务站在迎祥寺建立，由省政府、县政府、青岩区公所、在青岩的县救济院、贵阳女师、凤鸣乡公所（今新哨）、青岩镇公所、青岩卫生院、青岩警察所等机关代表和部分地方绅士组成，正式成立“贵筑县青岩难胞服务站”。

贵阳女师教官王德宏和教员孙云波任管理组正副组长，女师教师花文卿和孙警涛任指导员，女师学生方文清、王璟、王湜等任干事，女师学生杨树芬和常俊英，

参加了服务站登记组的工作。服务站帮助了 1937 名难民渡过了难关。

随贵阳女师到青岩的还有女师附小，先在文昌阁上课，后搬到万寿宫。

十、抗战胜利后的贵阳女师

1945 年 8 月 15 日，日本宣布无条件投降。9 月 2 日，日本在盟军舰艇上、在投降书上签字投降。中国战区陆军总司令何应钦 9 月 9 日在南京接受日军投降。

日本投降的消息传到青岩，青岩沸腾了，青岩贵阳女师沸腾了，在校内高唱抗战胜利之歌。师生们走上青岩街上游行，与青岩民众同乐，在场坝跳民间胜利舞，唱的歌曲是《胜利之歌》《胜利之花》《破阵歌》《全民胜利歌》《全民胜仗曲》《和平之花》《胜利歌》《欢迎战士凯旋》《日本法西斯已经投降》《狂欢》《联合国凯歌》《胜利进行曲》《战士凯歌》《哈啦，欢呼啦》《凯歌四叠》《民间太平乐》《顶好，顶好，原子弹》《进行的队伍》《举起胜利的光把》《庆祝胜利进行曲》《民主胜利》《祝捷》《胜利欢呼歌》《顶好的》《一朵自由解放的花》《中华万岁歌》《笑呵呵》等。

《胜利之歌》歌词如下：

投降！投降！日本投降！

八年苦战，毁灭了侵略的火光，自由回到我们的身上。

将士用命光复了河山，同盟协力把敌人赶出了战场。

这是伟大的战争，将士的热血洗去了百年的耻辱。

科学昌明，重建了未来的和平。

抗战胜利，民族自由。

狂欢声中，不忘教训。

我们来踏着步，挺着胸，高唱这胜利之歌。

我们要，大家团结，努力建国。

永保战争的胜利，

永保世界的和平。

《胜利谣》歌词如下：

日本的军阀太凶狠呀！侵略我中华动刀枪，八年的战争打得好，打得鬼子叫爷娘。……

日本的军阀已投降呀！胜利的火炬发光芒，感谢我前方勇战士，卫国保民有荣光。

胜利的歌谣高声唱呀！唱出来胜利声悠扬，唱出来自由人人爱，中华民族万年长。依呀地得儿哙，依呀地得儿哙！

《胜利之花》歌词如下：

胜利的花，为了民主，一齐怒放！胜利的花，为了民主，一齐怒放！你的微笑，告诉人类，春天来到！你的微笑，告诉人类，春天来到！

在纳粹的骷髅上开了；在帝国的废墟上开了；你在欢呼里开遍，在解放的彩旗下开了；在自由的蓝天下开了；你在欢呼里开了！

胜利的花，为了民主，一齐怒放！胜利的花，为了民主，一齐怒放！你的微笑，告诉人类，春天来到！你的微笑，告诉人类，春天来到！

为了民主怒放！为了民主，一齐怒放！胜利的花，胜利的花，为了民主怒放！为了民主怒放！胜利的花，胜利的花，怒放！怒放！怒放！怒放！怒放！怒放！怒放！怒放！怒放！怒放！齐怒放！

还有《破阵歌》：一曲破阵歌，相庆壮士齐收抗战功……

抗战胜利半年后，1946 年春 2 月，青岩贵阳女师换第四任校长杨时昌，于 1946 年 5 月 18 日，贵阳女师与贵阳师范、贵阳女中等七所学校联名请求回原校校址，贵阳女师从青岩搬回贵阳。1947 年 5 月 1 日，组织了抗战胜利后的第一个校庆日校庆。

贵阳女师附小在青岩[1]

1939年2月4日，日机18架轰炸贵阳大十字市区，造成人员大量伤亡和财产损失。为了避免再遭轰炸，避免更大的伤亡和财产损失，处在贵阳市内的省立女子师范学校，奉省市政府令疏散，5月，迁校到离市区南部30公里的贵阳县属第四区青岩地方，同时迁校的还有一所贵阳女子师范学校附属小学，迁到青岩后，学校设在文昌阁和朝阳寺。

女子师范学校附属小学在青岩办学历时八年，历任三位校长：

第一任校长是白兰森。

1940年，女师附小从文昌阁搬到万寿宫。

第二任校长是欧敬华，不知何故，跳高寨河自杀身亡。

第三任校长是熊桂馨。

女师附小在青岩办学期间，青岩人受益匪浅，女师附小除女师子女外，大部分学生都是青岩人，它与青岩中心完小、青岩战时儿童保育院相互学习、相互促进、相互竞争，提高了青岩地区的教学质量。对改变社会风气、转变世俗思想观念，促进社会文明进步等方面起到积极的作用，做出了应有的贡献。

女师附小的设立，解决了老师们的子女就近读书，而关键的是解决贵阳女师几百学生的集中实习问题，便于学校平时安排学生边学习边实习，学生毕业时，直接走上教学岗位。

女师附小和正规小学一样，设立语文、数学、政治、自然、常识、毛笔字、音乐、

[1] 采访知情人和根据资料记录整理。

图画、体育等课程，接受正规教育。

教师们满怀抗日热情，教唱抗战歌曲，如：《流亡三部曲》《放下你的鞭子》《小姑贤》《卢沟桥对唱》《和平神》《打城隍》《葡萄仙子》《战时儿童保育院院歌》《长城谣》《九一八小调》《打倒小东洋》等，培养学生的爱国激情。体育课则以童子军军事训练为准。

1945 年 9 月 2 日，日本鬼子投降，抗战取得胜利。因贵阳校舍损毁严重，附小仍暂在青岩。半年后，1946 年 2 月，青岩贵阳女师换第四任校长杨时昌，于 1946 年 5 月，女师附小师生在杨校长带领下，从万寿宫同女师一道迁回贵阳。

贵州省会教育辅导团组织章程草案[1]

第一条 本团定名为：贵州省会国民教育辅导团。

第二条 本团以集中力量推进国民教育辅导工作，以促进本省国民教育之进展为宗旨。

第三条 本团左列各机关指派高级辅导人员各一人组织之。

（一）贵州省立贵阳师范学校

（二）贵州省立贵阳女子师范学校

（三）贵州省立国民教育实验区

（四）贵州省立民众教育馆

（五）贵州省立图书馆

（六）贵阳市政府教育科

第四条 本团设团务委员会处理一切团务，由全体团员选举三人组织之并互推常务委员一人主持日常事务。

第五条 团务委员会设总务辅导编辑三组，每组各设组长一人，由团务委员会互推担任之干事若干人，由组长请其所属单位主管人，就原有职员中指派充任之。

第六条 本团团务委员组长、干事均为无给职，任期以一学期为限，连选得连任之。

第七条 团务委员会，每月开会一次，由常务委员召集之，并为主席，必要时，得召开临时会议。

［1］收录于《贵阳女师》校刊文献资料。

第八条 本团辅导对象，暂以贵阳市立各中心国民学校、国民学校及私立小学为限。

第九条 本团辅导工作为左。

（一）学校行政设施。

（二）小学部教材教法及训导设施。

（三）民教部教材教法及训育设施。

（四）办理社会教育及图书教育事项。

（五）研究辅导及教师进修事项。

第十条 本团辅导方式如左。

（一）视导，每学期普遍视导各校一次。

（二）讨论视导一校或数校后召开讨论会商讨改进办法。

（三）讲座，每月举办国民讲座一次、地点以巡视各校为原则。

（四）示范教学，每学期举行示范教学若干次、办法另订之。

（五）互相参观，每学期举行各校互相参观一次、办法另订之。

（六）编行书刊、编行辅导书刊及教材等供给各校参考采用。

（七）通讯研究，通讯研究各项实际问题得不以省会为限。

（八）巡回文库、备置有关国民教育及社会教育各种书刊巡回各校阅览、其办法另订之。

第十一条 本团视导报告及其他工作报告由团呈报，省政府教育厅核办，必要时办呈、请市政府办理。

第十二条 本团办公及辅导所需经费由各单位每月认缴若干，必要得呈请省政府教育厅核发应用。

第十三条 本团团址设常务委员所在之机关国民学校，每学期于常务委员选定后变更之。

第十四条 本章程经全体团员通过、呈报省政府教育厅核发准备案后施行。

第十五条 本章程有未尽善处得依前项手续修正之。

民国二十八年

贵筑县救济院抗战时期在青岩

1938 年 8 月，日军逼近武汉，日寇的铁蹄践踏着中国的大地，大批难民不断涌入贵州省各县市和贵阳市城内以及贵筑县、花溪、青岩等地。到了 1942 年下半年，难民蜂拥而至，贵阳城难民人多为患。在这种情势下，为了减轻贵阳城市压力，帮助疏散难民，贵州省政府要求各县和贵筑县建立救济院，帮助和救助来黔来筑难民。民国三十一年（1942）九月二十六日，省主席吴鼎昌催促贵筑县建立县救济院，要求在半个月之内必须完成建立事项。

贵筑县政府决定把救济院设立在青岩，派青岩本地人刘希文等，在青岩谋觅公共场所筹办。但种种原因，未能很快成立。到了十一月才开始筹备、调查、清理全县的游民，乞丐，申报办理建院编制等。十二月十八日，省政府同意救济院动用本年度救灾准备金五千元为筹备开支经费。

民国三十二年（1943）一月一日，贵筑县救济院正式在青岩城内慈云寺成立，与县民政科一起，成为抗战中县政府救济难民的机构。

“贵筑县救济院”，院长刘希文。县救济院由院务会议和募集委员会组成：下设事务股、管理股、管理股分为第一股、第二股，又分设孤儿所，感化所，贫民医疗所，养老所，习艺所和其他科目。主要收容游民，乞丐和来筑难民为救济院的主要工作。

将贵筑县救济院设在青岩，主要是考虑从广西过境的大多数难民经过青岩和往返，设院在这里便于救济、安置难民，会大大减少县政府所在地花溪和省会贵阳城的难民潮压力。

1943 年，正值瘟疫盛行，青岩、花溪、燕楼等地发生霍乱，死亡人数达 64 人，男性 34 人，女性 26 人，士兵 5 人。针对瘟疫有蔓延的趋势，县政府十分重视，为阻止和防止瘟疫蔓延，临时采取紧急措施，派出以刘希文为院长的县救济院人员，在青岩驿道和路口设立开水站，供过往行人饮用，对过往行人一律强制送药服用。刘希文又在花溪镇、甘荫塘等多处地方，增设饮水站施药内服，防止传染，目的在于提高行人和过路难民的防疫和免疫能力。对过县境的难民，则联系警方护送到平塘、独山，再由独山护送出境。

刘希文除了设开水站施药服用外，同时对出征军人家属进行调查和帮助。组成五个宣传队，利用场期和到附近村寨进行防疫宣传，收集死猫、死鼠集中深埋。在青岩城内外用画报、文字、口头展开宣传和家庭访问，发现疫情苗头，及时进行处置，防堵病源的侵入。

贵筑县救济院发出安民告示，称：

倭寇深入，天灾流行，哀我难民，流亡载道，各级地方政府，一本以饥以溺之精神，对于留居或过往难民，切实予以抚慰，照料仰底，解除其痛苦，以宏救济，除分行外，合行令，仰遵照办理。除饬本院职员，随时就近注意外，还派员分赴各乡镇调查。如遇有留居，或过往难民，务须切实设法予以抚慰照料，不再受痛苦，并一面函请各乡镇公所协助代为调查，通知本院办理。9 月 21 日接待护送岳阳过院难民 57 人，江西难民 17 人到达惠水县，并发给三日口粮，日大口 20 两，每人共发粮 870 两，菜金 425 元，小口 10 两，16 人日发 330 两，菜金 155 元。

贵筑县救济院还在凤鸣乡公所所在地慈云寺设习艺所，将省政府划拨的设备费 1500 万元，给纺织组购置织布机、洋丝；编织组购线麻，米心草，农艺等，供收容安置难民使用和学习技术。县救济院习艺所，于 1943 年 9 月 23 日迁出慈云寺，让给女师作宿舍用。

民国三十三年（1944）五月六日以前，刘希文被人以吃空额诬告陷害，于第二年六月十九日被免去贵筑县救济院院长职务。

民国三十四年六月二十日，贵筑县政府从当地部队派一个名叫岳军的到青岩接任县救济院院长职。1945 年 11 月 1 日，岳军辞职。贵筑县政府从花溪派一名叫余森的到青岩接任县救济院院长。

从贵筑县救济院成立至 1945 年 11 月，据不完全统计，贵筑县救济院在青岩救济的总人数达 506 人，其中施粮 198 人，施茶 614 人次，种痘防疫 308 人，施舍医药 250 人次。免费治疗病人 25 人，其中霍乱 7 人，痢疾 8 人，腹泻 1 人，伤寒 2 人，其他 7 人，设立了一所专门收容流浪儿童的教养所。贵筑县救济院还协助青岩难胞服务站救济过境难民 1937 人。

贵筑县救济院与社会救济协会一道组织捐款，支持灾区。固增乡 74 户人家，捐款 6980 元法币，白云乡捐国币 6000 元，北衙乡 600 元，高坡乡 6000 元，青岩 100 000 元等。

民国三十五年（1946）一月十八日，院长余森写报告，将贵筑县救济院从青岩迁回贵筑县政府所在地花溪朝阳寺内，结束县救济院在青岩救济难民的使命。

三月二十八日，贵筑县[1]第 45 次会议，以本次会议第五条“因财源枯竭，无力整顿裁撤、记录”。贵筑县救济院从此被撤销编制。

贵筑县救济院在抗日救亡运动中成立[2]，在青岩短短的四年时间里，为抗日救亡，为救济难民做了许多好事、实事，在防治瘟疫和救济难民中做出了一定的贡献。

相关链接：

刘希文，本名章武，青岩高寨河人，法政大学毕业。民国期间曾被平刚委任为七县党务特派员，负责指导安顺、盘县、镇宁、普定、晴隆、兴仁、兴义等县的党务工作。他重视当地教育，以镇宁为基点，捐资创办学校，民众评价颇高，在七县一干就是 12 年。后来从镇宁调到花溪贵筑县政府工作，被选为贵筑县参议员，负责社会救济。贵筑县救济院在青岩成立后，他成为第一任院长，后来又担任了国民党青岩区暨第四区党部书记，在抗日战争中做了许多有益于社会的工作。

[1] 1914 年 1 月改贵阳府为贵阳县。1941 年 7 月 1 日撤贵阳县设贵阳市，贵筑县治设花溪。
[2] 本文写县救济院成立时间为 1943 年 1 月 1 日，时为贵筑县。

抗战中的贵筑县青岩难胞服务站[1]

1944 年冬，抗日战争进入艰苦阶段，日寇在湘桂、湘柳战场大举入侵，难民涌入贵州。当年 12 月初，日军入侵贵州荔波、独山、三都、丹寨，祸及都匀、麻江两县，史称“黔南事变”。事变前后，大量难民由广西向贵州涌来。所有通向贵阳的公路、大路及小路，都涌满逃难的人流。数以万计的难民由独山经平塘、惠水、青岩奔向贵阳。当时，为救济难民，曾在青岩设立了贵筑县难胞服务站。

一、贵筑县青岩难胞服务站的建立

为救助日益增多的过境难胞，青岩镇公所向贵筑县政府及时报告难民情况并要求拨款救济。县政府逐级上报后，省里认为贵阳城里已有不少难民，为减轻城内压力，决定同意贵筑县在青岩设立难民服务站。把难民截留在青岩，以减少贵阳城的难民人数，并拨款法币 100 万元救济难民[2]。

1944 年 12 月 11 日，省政府派社会处主任蔡文达到贵筑县，与县政府商定建站事宜。13 日下午，蔡文达与县民政科长包焕奎、县社会股主任周先齐等到青岩，会同青岩镇公所及有关人员，勘定与迁移在青岩的省立贵阳女师校舍为站址（今迎祥寺）。当晚在青岩社会服务处（寿佛寺）召开了有贵筑县政府、县青岩救济院、贵阳女师、凤鸣乡公所（今新哨）、青岩镇公所、青岩卫生院、青岩警察所等机关代

[1] 本文曾采访李焜等当事人。本文发表在（1997.3）《贵阳文史》总第 5 期 9–11 页、贵州人民出版社（2006.12）出版的《贵阳文史资料选萃》上册。本文成立时间为 1944 年 12 月 13 日，时称县治为贵筑县。

[2] 摘自《青岩难胞服务站工作总结》。

表和部分地方绅士参加的筹建会议。会议明确了贵筑县青岩难民服务站组织机构和工作分工，正式成立“贵筑县青岩难胞服务站”。

青岩难胞服务站，由县政府和所属机关、学校、各乡镇抽调人员参加。县长吴椿兼任站长；县民政科长包焕奎任副站长、负责具体工作；由县参议员、县青岩救济院院长刘希文，参议员白兰森监督救济款的发放。站下设总务、登记、宣慰、管理、卫生等五组。在正副站长领导和省派员指导下开展工作。另设劝募委员会，负责全县的募集、捐赠工作。站的组织机构人员分工如下[1]：

总务组：由县社会服务处主任周先齐任组长兼会计，煤矿业工会姜啸樵为副组长兼出纳，沙文乡陶俊和班世晖，阳关乡车善刚，青岩镇车善明和车善言，羊昌乡李德明，陶瓷业工会孙业圃等任干事。

宣慰组：由青岩罗大勋和罗大有任正副组长，陈荣椿和农会李焜等任干事。

登记组：由青岩救济院办事员张培炯和吴吕笙任正副组长，凤鸣乡张文锦和周泽烇，女师学生杨树芬和常俊英，布商业工会胡兴树等任干事。

管理组：由女师教官王德宏和孙云波任正副组长，女师教师花文卿和孙警涛任指导员，女师学生方文清、王璟、王湜等任干事。

卫生组：由青岩卫生分院院长米勋烈和中医师周荣先任正副组长，医护助理黎德明、吴瑞琴和小学教员彭智兰等任干事。

劝募委员会：由青岩罗大勋，地方绅士周培西、罗成周、彭运初、白蔚南、张镜明、张德温等任委员（解放后，张德温任花溪区人民政府副区长）。

以上所有人员均属义务为难民服务，只有招聘厨房工人等付给报酬。

二、青岩难胞服务站收容救济难胞的活动

青岩难民服务站于 1944 年 12 月 14 日开始工作。上午紧张分组进行收容救济准备工作。下午，第一批难民进站，他们是湖南衡阳来的难民沈广水、沈广氏、沈林，公教人员师志高，战区学生师志新、师小毛等。服务站工作人员争着为难胞提携东西，问寒问暖。难民们逃难千里，终于在青岩受到了热情的接待和照顾，在青岩遇到了亲人。

这批难民在服务站人员的带领下，来到了斗姆阁大雄宝殿。按规定由警察对进站难民逐个检查，严禁携带爆炸物等违禁品进站，确保难民安全。随后由医务组的

[1] 摘自《青岩难胞服务站工作总结》。

医生对难民逐个进行体格检查。登记组认真地为难民填写姓名、年龄、籍贯、人口情况，做好进站注册登记，发给难民登记证。对眷属和孤男寡女，以智、仁、勇分类编排番号，便于军事化管理。由青岩救济院和凤鸣乡负责难民进出站统计。

注册后的难民，持难民证和携带行李到管理组，依次安排在慈云寺等地住宿、歇息，然后按时到总务组迎祥寺就餐。12 月中旬短短的七天时间，收容难民 1120 人。这一期间，青岩难胞服务站具体解决了几个亟待解决的问题。

首先，对生活困难，患有疾病和生命危在旦夕的难胞及已一贫如洗的战区文化人员、教员、难童等采取特殊救济。衡阳《大刚报》馆的姚敏生、姚舒氏、周祥安等五人，衡阳湘桂学校公教人员师志高、石普之、苏顶动等 23 人，衡阳成章中学学生师志新、师小毛、陆标南等 24 人，战区保育院儿童刘小六、陆小蓉、金大狗等 108 人，老弱妇孺吴刘氏、许桂英、刘海珍等 37 人，及患病难胞，除按一般待遇救济外，一律实施特别救济。每人发特别救济费 500 元，大米 200 市两。同时对入站患病的难胞免费诊治和隔离治疗。还向 100 多名难童和学生发放了棉背心[1]。

其次，努力办好伙食，女师食堂设在斗姆阁内侧厢房里，难胞伙食由总务组在这里统一备办。难胞伙食按每日大口（大人）难民 20 元（原定 10 元），大米 20 两，六周岁以下的小口儿童减半的生活标准。购买蔬菜和大米，合理安排每日饭菜。

再次，抓好住站难民的生活管理，抓好募集柴煤实物，积极预防疾病，做好疏散和安置工作。在救济活动中，工作最出色的是管理组、医务组和劝募委员会。

管理组以生活管理为重点，对住站难胞一律实行军事化管理。具体工作由贵阳女师和警察所负责。整个难民生活管理有条不紊。住站难胞也积极配合，自觉遵守服务站的“住站守约”。

管理组还重视对环境卫生的管理。为使难民身体健康，减少疾病，减轻因病而引起的痛苦。全站人员积极预防疾病和传染病，控制了病源的侵入。从建站之日起，青岩难胞服务站内无传染病流行，通过各项预防措施，难民抵抗疾病的能力大大增强。

管理组每日实行检查制度，严格请假制度。难民们早上 7 点起床后，管理人员逐室查看，看是否有生病的难民。晚上 8 点睡觉，当难胞们入睡后，副站长包焕奎和组长王德宏一道会同有关人员巡视各个寝室，发现问题和难民有困难时，给予及时解决。有事外出的难胞，必须登记请假。管理组准备外出证 30 枚，须外出时用

[1] 摘自《青岩难胞服务站工作总结》卷。

登记证换外出证，难胞回站后到管理组销假，换回难民登记证。

管理组注重开展难胞的文艺活动。晚上组织音乐爱好者在一起吹拉弹唱，演唱《平剧》等，用欢乐的歌声驱散背井离乡与亲人离散的情愁[1]。

募集委员会的工作更艰苦紧张。起初，由于服务站筹建时间仓促，准备不充分，住宿条件十分恶劣。绝大多数难民没有被子盖。因此，他们向乡民募集一批稻草代替被子，的确解决了无被子难民的大问题。接着又开展了一场募集柴煤蔬菜等实物的活动。宣慰组到各处宣传，把难民的困苦生活和艰难处境告知家乡的父老乡亲，呼吁人们都来关心资助难民。他们还利用赶场天在青岩场坝搭台宣传抗日，以难民近况为实例，控诉日寇侵略中国所犯下的罪行。激发青岩民众的爱国热情，号召人们捐款捐物帮助难胞，人们经宣传后，纷纷谴责日寇的强盗行径，青岩和燕楼的民众纷纷解囊，积极捐献，争先恐后地向劝募委捐赠钱物。有送菜的、送红苕的、送大米的，还有送各种实物的，捐木柴和煤炭的也成群结队接踵而至。一挑挑、一担担，人挑马驮向难民住地走来，各类物资源源不断地送到迎祥寺、斗姆阁难胞服务站总务组。

有了柴和煤，就可以生火取暖。总务组很快购来炉具，管理组在每个寝室安放一个炉子，供难胞早晚取暖，增加热量。难胞因此摆脱了因寒冷而面临死亡的处境。

医务组对已确诊患病的难民，采用中西医结合疗法，分别为病人治病。西医治疗 587 人，中医治疗 70 人，共治疗 657 人。二千之众的难民，病人多达三分之一，由于医治及时，挽救了很多人的生命。全站唯有难民刘朝荣一人，入站时已病入膏肓，经医生和医护人员的大力抢救，医治无效，于 1945 年元月上旬死亡。服务站为其购置棺材，用白布裹尸安葬，妥善地处理了后事。

可喜的是，医务组在元月上旬，成功地为难胞孕妇助产接生，安全地生下一名难民婴儿。全站服务人员和难胞们兴奋极了。人们奔走相告以示祝贺，医护人员细心地照料母子俩。在此时生儿育女，对难民来说，无疑是喜忧参半，难中有喜，喜中有愁。

1945 年元旦到了，为了使远离家乡的难民们过好新年，消除离乡思绪。地方绅士周培西等人又向屠宰行业的屠户们宣传，募集到猪肉 10 斤，牛肉 20 斤和几十斤杂碎，还有少量鸡鹅及当地最好的各类蔬菜，为难胞集体打牙祭过新年。这一天，难民们终于吃上了可口的饭菜。

[1] 摘自《青岩难胞服务站工作总结》。

青岩难胞服务站工作人员不取分文报酬，义务、热情地为难民服务的精神，以其出色的工作，赢得了难民的赞誉。1 月 4 日，难民们联名在贵阳《大刚报》上发表文章，感谢青岩难胞服务站全体工作人员、青岩民众和地方绅士对他们的救助[1]。

1945 年 1 月上旬，进站难民人数大为减少，到 1 月中旬进站仅 36 人。元月 20 日疏散完最后一批难民后，救济难民任务完成。总计从开站到结束共计收容救济难民 1937 人（应加上出生的婴儿），累计难民住站总日数达 19 008 日。用去大米 23 760 市斤（其中智字号难民领大米 15 269 市斤，仁字号领米 832.5 市斤，勇字号领米 7662.5 市斤），折合熟米 153.29 石，菜金 380 160 元，工厨职员伙食费 57 990 元，煤水费 87 395 元，办公费 63 084 元，购置费 16 120 元，厨工等工资 36 090 元，医药费 7370 元，死亡掩埋费 2700 元，特别救济费 98 500 元，善后补助女师炊具费 1 万元，总共用去法币 759 409 元，余款 240 591 元[2]。

按收容办法规定，难民住站 10 日即行疏散出站。该站于 1944 年 12 月 23 日，组织第一批难民 178 人向西部疏散，原计划经贵筑县党武过马场然后去平坝，但因难民们要求到贵阳寻找失散的亲人，不得不改由经黔陶、孟关到贵阳。总计先后向贵阳疏散难民 1885 人，其中大口 1780 人，小口 103 人，余下 51 人在青岩就地安置。

“黔南事变”期间，贵筑县各族群众为救济和安置难民，曾掀起募捐高潮，据不完全统计，全县约捐大米 2 万余斤，木柴 5 万余斤，煤炭约 11.4 万余斤，捐款近百万元。这时，省里分配贵筑县安置难胞 522 人。募捐的款项，50 多万元供安置难胞用，40 万元用于慰劳部队。青岩的难民救济工作也得到了全县民众的支持。

日军的侵华战争，给中国人民带来了深重灾难。几百万同胞被迫四处逃难，这里记录的仅是为救助千百万难民中的一小片断。我们要牢记落后就要挨打的教训，珍惜来之不易的和平幸福生活！

---

[1] 摘自《青岩难胞服务站工作总结》。

[2] 摘自《青岩难胞服务站工作总结》。

抗战中的贵筑县难民临时委员会与青岩救济难民

“贵筑县救济战区难民临时委员会”，是继“青岩难胞服务站”后，于1945年5月12日在贵筑县花溪成立的第二个难民服务临时组织机构，负责处理全县的救济工作和“青岩难胞服务站”的善后工作。贵筑县难民临时委员会的成立，有利于集中全县人力、物力、财力对在贵筑县全境的战区难民进行生活救济，组织生产自救，输送返乡等工作，直到1946年上半年输送难民全部返乡时结束使命。

一、“贵筑县救济战区难民临时委员会”成立的历史背景及过程

日本侵略军撤出独山县后两月有余，豫湘桂战场敌我双方兵力反复争夺激烈，大批难民又由广西、湖南复回贵州独山县城。对突如其来的难民潮，贵州省政府采取紧急措施，及时成立收容机构救济来黔难民。1945年2月20日，在贵阳成立了“贵州省救济战区难民临时委员会”。省政府要求各县市相应成立该组织，配合省安置委员会安置难民的工作[1]。并先后向居住在贵阳、贵筑、惠水、安顺、开阳、都匀、平越、平坝、独山、炉山、瓮安、清镇、黄平、贵阳市收容所和临时联合救济所等地的9020户“黔南事变”难民发放救济贷款118 476 000元国币，用以帮助难民解决眼前生活困难、小本经营经费和购置生产劳动工具，组织难民开展生产自救等[2]。

贵筑县政府在“黔南事变”中及时成立的“青岩难胞服务站”，事后未撤销该机构，

[1] 根据相关资料整理。
[2] 同上。
[3] 同上。

只是撤回县政府所在地花溪办公，仍在处理难民的所有救济事宜。因此，县政府未与省市同步成立“救济战区难民临时委员会”，而是以“青岩难胞服务站”代行“县救济战区难民临时委员会”的工作救济难民，先后协助省安置委员会收容安置到贵筑县的200多户难民，共584人[3]。把他们具体分配到各单位安置：县政府10人，县医院12人，警察局120户共273人，中曹22人，沙文23人，阳关44户111人，百宜12户23人，孟关4人，黔陶32人，党武8人，石板4人，青岩62人。1945年3月12日，“青岩难胞服务站”向县属各乡镇难民发放了救济棉背心100件。

二、贵筑县救济机构及时救济青岩难民和在县难民

“黔南事变”后，自愿留居青岩的难民，逃难来到青岩已三月有余，他们生活困苦，饥寒交迫，挣扎在死亡线上。由于在豫湘桂战争中仓皇出来逃难，他们除了身上穿的衣服外，别无他物。虽在青岩得到部分救济，但只是杯水车薪，难以维持生活。于是，他们不得不变卖衣物来维持生计，当他们把衣物卖尽后，不得已做点小生意，还是难以维持生活。在贵筑县救济战区难民临时委员会还没有正式成立的情况下，由难民何英、申顺兴、谢光顺、朱品山、彭如锦、胡玉贵、李品香、罗宗庆、谭绍兴、胡秋生、张振东、曹新英、唐绍彪、唐李氏14人，代表青岩的62名难民，于3月21日，联名向贵筑县救济服务机构民政科写申请，请求“发粮米棉衣”救济。申请报告如实地反映了难民当时的生活惨况。报告说：“于客岁湘桂战争转进时，义不敌，故不顾颠沛流离之苦，相率来黔，惟因当时战局转变太速，民等仓皇出走，除携带身衣被外，别无长物，现来抵青岩时已数月，被政府收容救济，食宿无缺，继则变卖衣物，以维生计，迄今则衣物已罄，而日常生活水平愈高，虽终日胼手抵足，锐意经营，亦难求一饱，情形之惨痛，实未可言喻，曾经历情报。”[1]贵筑县救济服务机构民政科接到报告后，及时进行了研究。根据难民实情，决定向青岩的难民优先发放安置费，每个难民发给国币，大口4000元，小口2000元，大米每人200市两，以解难民燃眉之急。

1945年3月26日，贵筑县民政科长包焕奎携款到青岩，会同当地参议员刘希文、白兰森等将234 000元国币发放到青岩难民手中[2]。

4月6日，逃难到贵阳中曹第二中心学校任教的陈毅然、金桂仙二位教员，因工资低和生活费用高而难以维持生活，加上债台高筑，迫不得已申请救济。县救济

[1] 根据相关资料整理。

[2] 同上。

机构民政科当即同意救济他们一万元国币，为两位教员解决了困难，摆脱了困境。

三、正式成立“贵筑县救济战区难民临时委员会”

为了尽快解决难民困难，组织难民进行生产自救和返回家乡筹集资金，便于救济工作，贵筑县撤销了“青岩难胞服务站”。于 1945 年 5 月 12 日，在县政府正式成立“贵筑县救济战区难民临时委员会”。“贵筑县救济战区难民临时委员会”由全县 18 名热心救济事业的社会各界人士和县、市政府的有关科室人员组成。新任县长胡哲先任主任委员，杨安盛、刘瑶阶任副主任委员，严文伟任总干事，刘文汉任会计。下设六个组、站，负责全县的难民救济、安置、借贷、生产、输送返乡等工作。

生产辅导委员会由杨安盛、刘瑶阶、黄凤鑫、曹德庆、严文伟 5 人组成，黄凤鑫任主任。筹募组：由刘希文、李鸿逵任正副组长。医药组：由刘瑞和任组长。安置组：由李宣任组长。运输组：由车站站长孙贤辅任组长。难民宿站：由胡达榆任站长，汪福晋、郭千、张元万、卢佐臣、吴八俊等任委员。难民宿站负责来往难民的食宿接待及救济工作[1]。

四、贵筑县广大民众积极参与募捐和救济战区难民的活动

当年 5 月 13 日，贵筑县救济战区难民临时委员会对自愿还乡和不愿还乡的难民进行调查登记，并最后一次向部分生活确有困难的难民发放救济款和棉背心。

贵筑县救济战区难民临时委员会筹募组，在刘希文和李鸿奎的组织下，向全县社会各界募捐救济款。全县民众积极响应，向难民伸出援助之手，纷纷向筹募组捐款，共捐出国币 200 多万元，由贵筑县救济战区难民临时委员会全部发放到县辖区 200 多户难民手中。

国家有难，匹夫有责。难民有难，全民帮助。贵筑县广大民众向难民伸出了援助之手，慷慨解囊，帮助难民渡过了难关。

五、“贵筑县救济战区难民临时委员会”帮助难民返家乡

“贵筑县救济战区难民临时委员会”从 1945 年 5 月 27 日开始，陆续组织贵筑

[1] 根据相关资料整理。

[2] 同上。

县境内的难民返回家乡[2]。贵筑县政府同时向难民明确表示："对愿意留居本县的欢迎，对要回家的给予资助。"

1945 年 8 月 15 日，日本帝国主义宣布无条件投降，中国人民赢得了抗日战争的伟大胜利。

抗战胜利后，难民们一批又一批在县救济战区难民临时委员会帮助下陆续返家，救临委运输组将在县难民输送离境，至 1946 年上半年止，全部返回家乡。

贵筑县救济难民的活动，从"黔南事变"开始救济难民至离境返乡为止，据档案资料不完全统计，在短短的一年多时间里，救济住县和过境难民数千人，加上抗战十四年民间的救济活动，全县共救助了数万名战区过境难民。仅贵筑县救济战区难民临时委员会就向县田赋粮食管理处借粮发放给难民 341.65 石，发放难民救济款 2 322 000 元国币，发放难民生产救济贷款国币 200 多万元。

1941 年 7 月 1 日，撤销贵阳府和贵阳县，设贵阳市，市长何辑五，在花溪另设贵筑县。1945 年 5 月 12 日，成立贵筑县救济战区难民临时委员会。凡本文县治均称"贵筑县"。

贵阳县僧尼抗日救国会组织章程[1]

贵阳县僧尼抗日救国会，于1938年4月成立。设干事七人，组成干事会，由干事中互推一人为常务干事，处理日常事务，每年一次换届改选。贵阳县僧尼抗日救国会，组织全县宗教界的僧尼进行抗日宣传、募捐等活动。

青岩古镇寿佛寺尼姑明青，迎祥寺尼姑傅卅，烈女祠尼姑宏参，川会馆尼姑宏顺，朝阳寺僧人林开，万寿宫僧人能刚，黑神庙僧人静山，慈云寺僧人德林；另外，时辖区内桐木岭的铜宝寺僧人明心，骑龙桐野书屋旁的石普寺尼姑妙青、燕楼报恩寺都参加了抗日救国会活动。

1939年8月27日，换届期满，在贵阳县党部召开会员大会进行改选，选出新一届干事会，青岩会员除以上保留外，还新增加了刘炳南和周鸿奎。

一、贵阳县僧尼抗日救国会第二届新干事会

贵阳县僧尼抗日救国会第二届新干事会，由黔灵山和尚、省教会常务委员永常任贵阳县僧尼抗日救国会常务干事。

干事会，下设三股：总务股、宣慰股、调查股。总务股由3人组成：照壁山和尚、省教会常务委员持省任总务股干事，善铜佛寺和尚、贵阳县僧尼抗日救国会理事永善任总务股副干事，黔灵山和尚、贵阳县僧尼抗日救国会理事傅寂。

宣慰股由3人组成：黔灵山和尚、贵阳县僧尼抗日救国会监事印周任干事，盘若寺和尚、贵阳县僧尼抗日救国会理事仁参任副干事，盘若寺和尚、贵阳县僧尼抗

[1] 收录整理于相关资料。

日救国会监事圣国。

调查股由 3 人组成：东山和尚、贵阳县僧尼抗日救国会监事及黔灵山佛学院教务主任性定任干事，三忠祠、省教会监事永兴任副干事，黔灵山和尚、省教会监事性林。

所有当选干事，于 8 月 29 日在县党部礼堂宣誓就职，会址迁往乐群路铜佛寺，改组会章。

9 月 4 日，由常务干事永常上报改选结果并附新章程。

二、贵阳县僧尼抗日救国会新章程

贵阳县僧尼抗日救国会新章程

第一章　总则

第一条　本章程依照中央社会部颁发之抗敌救国团体暂行办法并参酌本会情形拟定之。

第二条　本会定名为贵阳县僧尼抗日救国会，以下简称本会。

第三条　本会以精诚团结，奉行三民主义，扩大抗敌宣传，协助政府侦察奸宄，加强抗战建国力量为宗旨。

第四条　本会区域以贵阳县政府管辖区域为限。

第五条　本会会址赞设乐群路铜佛寺。

第二章　组织及职权

第六条　凡在本会区域内之僧尼，未受刑事处分，遵守本会章程，履行手续者，均得为本会会员。

第七条　本会由会员大会用具名连选法选举干事七人、候补干事若干人，组织干事会，再由干事中互推一人为干事处理日常事务。

第八条　干事会分设下列各股：

一、总务股：掌管文书及经费收支保管和其他不属各股事务。

二、宣慰股：掌管宣传救护慰问团队之组织及训练事项。

三、调查股：掌管僧尼统计及调查出入锄奸等事项。

第九条　各股设主任一人，由干事推任，股员若干人，由各股主任就事务之繁简，指定会员充任之。

第十条　本会最高权力机关为会员大会，闭会期间为干事会。

第三章　会议

第十一条　本会会员大会每半年召开一次，如有会员过半数之请求，得召开临时会员大会。

第十二条　干事会每月开会一次，必要时得召开临时会议。

第十三条　本会干事每年改选一次，得连选连任。

第十四条　召开会员大会或临时会员大会时，应呈请主管机关派员指导及监视。

第四章　经费

第十五条　本会经费分下列三种：

一、入会费。二、经常费。三、临时费。

第十六条　本会经费收支每月报告一次，并呈报主管机关备案。

第五章　附则

第十七条　本章有未尽事项，得经会员大会议决，呈请增改之。

第十八条　本章程呈请贵阳县党部核准，呈报主管机关备案施行。

贵阳县僧尼抗日救国会青岩会员名册

1937 年，贵州成立了中国佛教会贵州佛教分会，平刚担任理事长。平刚先生是青岩镇歪脚村人，参加了推翻帝制的辛亥革命活动，在北京任中华民国参议院秘书长，后在南京任孙中山大元帅府秘书，在贵州任镇宁县、赤水县和四川古蔺县知事，先后两次被推举为贵州省临时参议会议长，当选为贵州省参议会议长至解放。

1938 年 4 月，“贵阳县僧尼抗日救国会”在贵阳成立，设干事会，平刚任会长。

贵阳县僧尼抗日救国会“以精诚团结，奉行三民主义，扩大抗敌宣传，协助政府侦察奸宄，加强抗战救国为宗旨”。组织抗日救亡宣传活动。青岩古镇迎祥寺尼姑傅卅，寿福寺尼姑明青，朝阳寺僧人林开，万寿宫僧人能刚，慈云寺僧人德林，

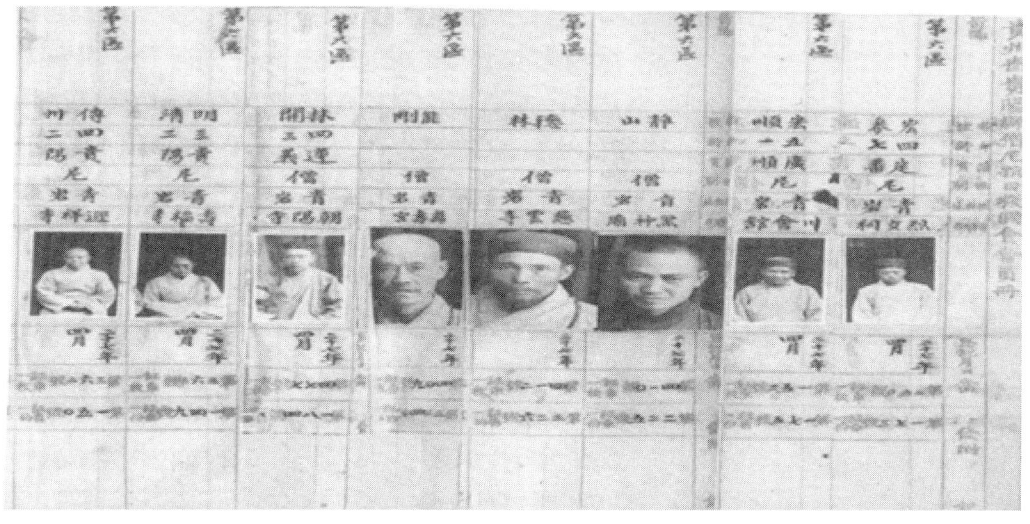

《贵阳县抗日僧尼抗日救国会》青岩会员名册表原件分散存于花溪档案馆

川会馆尼姑宏顺，黑神庙僧人静山，烈女祠尼姑宏参等，时辖区内桐木岭的铜宝寺僧人明心，骑龙桐野书屋旁的石普寺尼姑妙青和燕楼报恩寺的僧人都参加了抗日救国会活动。主要活动为进行抗敌宣传，为抗战死难将士进行超度，组织全县僧侣在花溪为抗日殉国的将士举行了超度活动。

根据花溪区档案馆馆藏资料，现将民国二十七年（1938）四月参加“贵阳县僧尼抗日救国会”第六区青岩古镇各寺庙的会员简介如下：

青岩迎祥寺，尼姑，法名：傅卅，42 岁，贵阳人。

青岩寿佛寺，尼姑，法名：明青，32 岁，贵阳人。

青岩朝阳寺，僧人，法名：林开，43 岁，遵义人。

青岩万寿宫，僧人，法名：能刚，43 岁，遵义人。

青岩慈云寺，僧人，法名：德林，43 岁，遵义人。

青岩黑神庙，僧人，法名：静山，43 岁，遵义人。

青岩川会馆，尼姑，法名：宏顺，51 岁，广顺人。

青岩烈女祠，尼姑，法名：宏参，47 岁，定番人。

桐木岭铜宝寺，僧人，法名：明心，42 岁，四川安岳人。

骑龙石普寺，尼姑，法名：妙青，60 岁，贵阳人。

另据档案记载：青岩人刘炳章、周鸿奎两人，参加了贵阳县僧尼卜相从业抗日救国会。算命卜相的人，也参加了抗日救亡活动。

贵阳僧尼抗日救国会调查青岩寺庙筹集抗战经费统计

抗战时期青岩第六区寺庙调查

青岩寺庙：水星楼——青岩场坝。朝阳寺——青岩横街。斗姆阁——南街。

慈云寺——西门背街。寿佛寺——大地塘。万天宫——下院街。

观音寺——下院街。龙泉寺——北城门。圆通寺——青岩堡。

东岳庙——余庆歪脚，1公里。

凤鸣乡寺庙：凤鸣寺—在新哨。三教寺——扬眉，3公里。

回龙寺——在思潜保，5公里。

黔陶乡寺庙：石普寺——在桐埜保，6.5公里。广佛寺——赵司，12公里。

花谷镇石头保桐木岭——铜寳寺，5公里。

贵筑县僧尼抗日救国会筹集青岩第六区各寺庙的抗战经费

龙泉寺300，朝阳寺100，狮子山300，慈云寺100，观音寺300，石普寺300，迎祥寺300，寿佛寺300，万寿宫300，川会馆300，黑神庙300，云龙阁100，铜寳寺100，烈女祠100。

中华民国二十七年十二月二日呈

抗战驻军青岩寺庙宗祠及学校分布统计

车氏宗祠，在东大街，4方丈，可住50人，主管：车茂华，曾驻国民党十三军。

寿佛寺，在东街，6方丈，可住50人，主管：妙则，原驻青岩区国民党党部办事处，曾驻国民党十三军。

雷祖庙，在场坝，12方丈，可容纳300人，主管：高征琰，住贵筑中学。

朝阳寺，在文化街，12方丈，可容纳200人，主管：仁安，寺前部分住警察所，后面部分驻青岩镇镇公所。

赵公专祠，在南大街，12方丈，可住200人，主管：杨云臣，驻美国援华空军后勤部队某汽车连。

迎祥寺，在南大街，25方丈，可住500人，主管：傅舟，曾驻女师。

万寿宫，在西大街，14方丈，可住150人，主管：李焕臣，曾驻贵兴师管区保安二团，后住贵阳女子师范学校附属小学。

慈云寺，在西街，14方丈，可住150人，主管：静参，曾是女师宿舍。

天主堂，在西街，14方丈、可住200人，主管：陈光发，曾驻国民党十三军特党部。

忠烈宫，在西街，13方丈、可住200人，主管：静山，曾驻国民党十三军野战医院。

赵氏宗祠，在北大街北门，8方丈、可住100人，主管：赵鼎民，曾驻国民党十三军。

龙泉寺，在北大街北门，15方丈、可住200人，主管：永空，曾驻国民党十三军特务营。

川祖庙，在下院街，10方丈、可住150人，主管：二和尚，曾驻国民党十三军。

圆通寺：在北门外1公里的青岩堡，9方丈、可住100人，主管：谢登武，曾驻国民党十三军。

贵兴师管区保安二团抗战驻青岩[1]

青岩自古以来，为贵阳南鄙要害、古今粮道，战略地位十分重要，是兵家必争之地，因此长期驻军。抗日战争时期，贵兴师管区的保安团、通信兵团以及国民革命军陆军第十三军、美国援华空军后勤部队均驻在青岩。加上战区和内地几所大中专学校迁来青岩后方。一时间，青岩小城热闹非凡，抗日宣传活动日益高涨，展现了贵阳抗日大后方的风貌，青岩民众在保护中华民族文化中发挥了重要作用。

1938 年前，贵兴师管区的一个保安二团驻扎在青岩各地，仅万寿宫就有驻军一个营。民国二十七年（1938）九月十六日，贵兴师管区司令部下达指令："师副字第 3710 号，令贵阳县长刘剑魂呈一件：为呈请转饬青岩万寿宫驻军迁让由，呈悉。本部驻军青岩部队已开拔多日，所有万寿宫、赵公专祠驻地，仰转知青岩区公所自行接收可也。此令！民国二十七年（1938）十月十五日"。贵阳县县长刘剑魂写函给青岩镇镇长说："拨青岩万寿宫、赵公专祠前部二处为敝会保育院院址，万寿宫驻有军队一营，赵公祠仍为小学占用，而青岩区公所当局设二处。青岩区公所转至青岩中心小学及万寿宫驻军迅速迁让。"保安二团一营驻军在一月前（8月份）就让出、撤离青岩。

[1] 收录整理于相关资料。

贵兴师管区通信兵团抗战驻青岩[1]

1939年底，贵州地方方言讲习所撤走后，贵兴师管区通信兵团即驻进赵公专祠和青岩堡圆通寺。

第二年，圆通寺被选作浙江大学工学院金工工场。

《竺可桢日记》记载了此事：1940年1月27日，上午8点半，（竺可桢）到次南门外师范学校通信兵团团部，会晤团长王涛，商谈该团驻扎士兵在青岩方言讲习所、让出圆通寺的事[2]。

团长王涛，同意让出，立即着手搬迁。

贵兴师管区通信兵团搬走后，1940年1月，浙江大学工学院陆续搬进青岩堡圆通寺，作为金工工场专业教室。

2月9日，青岩浙大分校开始上课后，工学院在圆通寺的金工工场教室也正常开上实践课，至当年12月初搬走，到湄潭永兴镇。

[1] 收录整理于相关资料。
[2] 参考《竺可桢日记》。

国民革命军陆军第十三军抗战驻青岩

国民革命军陆军第十三军军部、军长办公厅，在抗战期间驻青岩书院街南门大地塘彭季白家三层洋楼，因是军事保密单位，其活动记载甚少，现根据省市区档案馆发现其驻扎在青岩期间的相关资料，如实整理如下：

贵州省档案馆藏档案资料记载：“民国三十三年二月十五日（移驻贵阳整训）。军长办公厅、军部副官处，借青岩民间物品清册移交张沛霖镇长。青岩镇驻扎陆军第十三军：设通信营一、二连、特务营、传令排、军官训练班、野战医院、军需处、战地服务团、通信营营部、突击连，（至三十四年二月十五日），开始撤离。”

陆军第十三军军部和军部副官处驻在青岩大地塘彭公馆彭仁斋家和彭季白家三层楼房，军长石觉。彭公馆内驻陆军第十三军司令部、军长办公厅、军部副官处、作战处、通信营营部、一个传令排、军需处。

国民革命军陆军第十三军，民国三十三年（1944）二月（应为二月二十五日）移驻贵阳整训。军长石觉，家住花溪碧云窝，随军尚有美军顾问团同住碧云窝及青岩，美援华空军后勤部汽车队一部驻青岩赵公专祠。十三军四师十一团二营500余员驻青岩河西保，至民国三十四年（1945）二月十五日开始办理移交清册，九月开始陆续调往沈阳[1]，全军调动完毕。

民国三十三年（1944），建保安警察大队，第一分队37名驻青岩小山。

据花溪区档案馆馆藏档案资料寺庙调查：记载了部队的分布情况：民国三十三年十月十八日至民国三十五年三月十七日记载：“车氏宗祠驻十三军、寿佛寺驻

［1］收录整理于《花溪区区志》载252页。

十三军和住青岩区党务办事处、朝阳寺住镇公所和警察所、赵公专祠驻美军（迎祥寺住女师、万寿宫住女师附小、慈云寺住女师宿舍）、天主堂驻十三军特党部、西街忠烈宫驻十三军野战医院、赵氏宗祠驻十三军、龙泉寺驻十三军特务营（特务营进入时间是“黔南事变”后、1944 年 12 月底），圆通寺驻十三军、川祖庙驻十三军。”还有突击连、战地服务团等。其他师旅调抗日前线。

陆军第十三军司令部与贵筑县来往刑犯电报。

一、龙树先、徐少先、罗光香、魏应全等四名因打枪危及美军安全被判刑。

陆军第十三军司令部军长办公厅在大地塘彭家。十三军司令部有关美军上尉吉瑞斯案件与贵筑县来往刑犯电报：龙树先、徐少先、罗光香、魏应全等四名被判刑。

现有花溪档案馆卷号 2049 记载如下：

> 贵筑县政府与第十三军司令部来往文件，1945 年 3 月至 1945 年 5 月。为解送判决犯龙树先等四名、烦请贵府拨监执行由、见复。中华民国当年三月三十日交到。

陆军第十三军司令部代电开，仲字第一二八三号，三十四年三月十八日，于青岩十三军司令部：

> 贵筑县政府，查凤鸣乡公所自卫队士兵龙树先、徐少先、罗光香、魏应全及青岩居民车义等，于三十四年（1945 年）二月十六日，无故放枪，连发四弹，均险危驻本军美国军官吉瑞斯上尉。当经捕讯，虽据供及调查，非属故意。而无故放枪，已属非法，且该地方部队时常射击，危险殊大，为免除尔后类此事件及维护地方秩序起见，龙树先等均依法处刑，以昭炯戒。除检卷判呈核外，相应解同龙树先、徐少先、罗光香、魏应全等四名，附判决四份，刑期执行书一份，请烦贵县拨监执行，见复为荷[1]。
>
> 陆军第十三军军长石觉法元
>
> 附：解龙树先、徐少先、罗光香、魏应全等四名判决四份，刑期执行书一份。
>
> 签字：“龙树先等四名拨监执行并电石文。三、二十九日。遵照收押。

二、十三军突击连中士班长戴赞东逃亡被判刑

［1］收录整理于相关资料。

陆军第十三军司令部公函，事由：“为解送逃亡判决犯戴赞东一名，请拨监执行见复由。中华民国三十四年五月九日。查本军突击连中士班长逃亡，依法判处有期徒刑五年，剥夺公权五年，相应解同该犯，并检判决正本，刑期执行书各一份，请贵县拨监执行，见复为荷。”[1]

此致

贵筑县政府

陆军第十三军军长石觉

附解戴赞东一名，判决一份，刑期执行书各一份。

开仲字第一三五0号函

陆军第十三军司令部代电开，仲字第一三五0号，三十四年五月三十日。贵筑县政府筑法字第一九二号函，敝悉戴赞东一名，请即备函并检同该犯判决书暨刑期表迳解贵阳贵州军人监狱执行为荷。

陆军第十三军军长石觉法世印

转解六、二

三、周槽冒充十三军士兵被判刑

中华民国三十四年四月十四日，为查周槽冒充本军士兵，判处有期徒刑二年，请拨监执行由。

陆军第十三军司令部代电开，仲字第一二七五号，三十四年三月三日，于青岩镇军司令部。

花溪贵筑县政府公鉴：查周槽冒充本军士兵一案，业经审理明确，判处有期徒刑二年，剥夺公权二年，除检卷判呈核外，相应附周槽刑期执行书一份，判决书一份，并解周槽一名，请贵县拨监执行为荷[2]。

陆军第十三军军长石觉法世

附：周槽一名，刑期执行书一份，判决书一份。

签字：“暂收看守所内，由张所长报领寄押，监犯口粮，以凭转函军部照发，并声叙所寄押之人犯，请另补公文，一律转送贵阳军法监狱，因本府看守所过于拥挤，无法收容，且口粮也成问题。遵照收押。五、十五。”

四、转解十三军判决周槽等六名人犯

[1] 收录整理于相关资料。
[2] 收录整理于相关资料。

公函，收文，转解十三军判决人犯周槽等六名，各请查照收押执行由：

“府衔筑法字：案查本府先后接情，陆军第十三军司令部开，仲字第1275号、1283号、1326号公函，解送判决人犯周槽等六名，嘱为转解贵监收押执行等由，准此。相应将人犯周槽等六名检附判决书及执行表随函解请、查照收押执行，并予赐据为荷！”

此致

贵州军人监狱

附解送人犯周槽、龙树先、徐少先、罗光香、魏应全、戴赞东六名、判决书、执行表各三份。

县长胡

公函收文，函请另补出文，将先后看押人犯转送贵阳军人监狱，希查照见复开。五、十九。府衔公函，筑法字，案准。

“贵部本年五月九日开，仲字第1326号公函，解送逃亡判决犯戴赞东一名，嘱拨照执行等由，准此人犯戴赞东一名，自应收押执行。惟查本府看守所房舍狭小，人犯已达一百余名，现各囚号拥挤异常，无法继续收容，且囚犯口粮，本年度预算额定五十名，僧多粥少，不敷分配，则亦成莫大问题，除饬看守所长清算，先后看押监犯口粮数量再为函达办理外，准函前由，相应函复，即希查照，将先后寄押本县人犯另补公文，一律转送贵阳军法监狱执行。是否，仍请见复为荷！”[1]

此致

陆军第十三军

县长胡

五、陆军第十三军撤出青岩，全军开赴沈阳，后参加打内战。

十三军，从1944年9月陆续调离青岩，1945年2月15日，陆军第十三军司令部向青岩镇镇长张沛霖办理了移交清册。

[1] 收录整理于相关资料。

青岩抗日军人名录[1]

抗战时期，青岩有很多青年志士参军，保家卫国，走上抗日前线，打击日寇。据不完全统计，青岩有几十人参加了抗日部队，他们是：

张尚群，北街状元街人，留日士官学校毕业，中央侍从室侍从，抗战入黔军，某师军供处长，黔军某军中将参谋长，1942 年 4 月 13 日任贵阳市救济院院长，后任贵州（阳）兵工厂厂长。

刘文芸，北门人，参加了抗日部队青年军二〇二师。

刘和忠，北门人，远征军驻印新一军五十师辎重营汽车连驾驶兵。

车培志，车家巷人，与张尚群在同一黔军部队，某师军需处长。

车善祥，车家巷人，远征军戴安澜二〇〇师，黄埔军校 15 期学员。

车继善，车家巷人，青年军二〇二师，国民党中央学校干训团学员。

车善元，车家巷人，参加了抗日部队青年军二〇二师。

车逸民，青岩车家巷，参加青年军。

车善春，车家巷人，参加青年军。

吴开文，西街人，入青年军二〇二师，国民党中央学校干训团学员。

吴开华，西街人，入青年军二〇二师，国民党中央学校干训团学员。

李可经，大地塘人，黄埔军校 17 期学员，远征军戴安澜二〇〇师。

李炯，大地塘人，入青年军二〇二师，国民党中央学校干训团学员。

吴开祥，西门人，参加青年军二〇二师，台湾省贵州同乡会会长。

[1] 根据相关资料记载、采访整理。如有遗漏，请知情者补正。

周树鑫，青岩西街人，参加驻吉麟村的中央防空学校照测总队。

吴开凤，西门人，参加青年军。

吴学林，西门人，参加青年军。

张文松，西街人，参加抗日部队青年军二〇二师。

裴乃兴，西门人，参加远征军。

罗耀堂，南门人，布依族，参加远征军第六军九十三师入缅，连长。

杨正平，南门人，布依族，1944 年参加远征军第六军九十三师上尉连长，抗战胜利后，1946 年回青岩、解放后任青岩大队大队长。

陈德义，南门大地塘人，汉族，参加过“台儿庄战役”。

张德其，南街人，入缅远征军，参加云南腾冲围歼日寇的战斗。

陈星，南街人，参加了抗日部队青年军二〇二师。

袁新明，瓦窑井人，参加抗日部队。

张泽正，南街人，参加远征军。

汪有龙，东街人，参加远征军。

王安荣，参加远征军（乳名安荣，入缅作战重伤牺牲）。

彭家宏，青岩彭家黔陶人，抗战中，加入中国空军，后居台湾。

青岩保育院 5 名男女保育生在青岩参军如下：

刘开雄，19 岁，湖北黄梅人，驻军贵阳市大西门外桂月寺。

张广新，19 岁，湖北礼山人，驻军贵阳市飞机厂宪兵队。

罗文玉，女，18 岁，湖北宜昌人，驻贵阳市大夏大学内青年军。

李行贞，女，18 岁，湖北汉口人，驻贵阳市大夏大学内青年军。

蔡玉阶，19 岁，安徽阴山人，驻扎佐马家桥青年军。

浙大青岩分校和先修班 8 名大学生在青岩参军：他们被编入抗日部队青年军二〇二师，据档案资料记载，不知姓名，连湄潭浙大参军的，周年后有 25 人合影。

抗日远征军连长罗跃堂[1]

罗跃堂，1905年出生，布依族，青岩达夯野鹿井人。罗跃堂家是佃农，有弟兄6个。9～11岁，读过私塾，15～20岁，在水塘寨帮熊家，21岁回野鹿井做农业，1931年22岁，“九一八事变”后、贵州军队实行“三丁抽一，五丁抽二”的政策抽壮丁，1933年他被抽中，3月入伍，到兴义黄草坝当杂务兵。

中国远征军
第九十三师一营三连上尉连长
罗跃堂

1935年，国民党中央军围堵红军后，蒋介石将贵州部队整编，罗跃堂被编到第六军九十三师二七九旅五五八团，到盘县修公路。

1936年，罗跃堂随九十三师出师贵州下广东，住在三水高要一带。

1937年“七七事变”后，罗跃堂随部队从广东开到湖南衡山，编入一团，在防毒训练班进行了为期一个月的学戴防毒面具预防毒瓦斯的训练。

1938年，罗跃堂随部队从湖南到上海，参加上海“一·二八”保卫战，后开到浙江曲州待命。

不久，调回湖南设防，在湖南整训后，罗跃堂升任班长。下半年随部队从湖南开到山东台儿庄洪瓦屋一带，同日寇激战。罗跃堂的一班人都打光了，他抱着机关

[1] 收录于罗跃堂1970年6月1日交代材料整理。

枪滚下坡后负伤幸免于难。负伤后乘火车到湖北汉口，来到仙陶镇“七七后方医院”治疗。3个月后伤愈出院，部队派人将罗跃堂接回驻地黄陂。同年开到大冶打击日寇。大冶战役之后，罗跃堂随队又到湖南衡山整训，任新兵排长，连长是吴大胜。

1939年，罗跃堂随部队从湖南开到广西南宁四塘五塘、天马山一带驻防。

1940年，罗跃堂随部队从广西南宁开回贵州平坝整训。

1941年，罗跃堂升任中尉排长，连长是彭智敏，湖南人。同年，罗跃堂随部队开进云南罗平师宗一带整训。

1942年2月，罗跃堂随军长甘骊初率第六军参加远征军，开进缅甸景栋、和朋一带抗日，部队战败失利，退回到中国边界打炳江、西定、打洛一带驻守边防。

1944年，罗跃堂在班角升任连长，副连长是广东人李伟鸿，排长也是广东人。

1945年8月15日，日本投降后，罗跃堂随部队开到阿眉州开化一带，部队奉令裁兵缩编。罗跃堂决定退伍，回到昆明办理退伍手续。

1946年，罗跃堂在昆明登记退伍，得退伍金和路费共120块大洋，随身穿两套黄米布衣，一件呢子军大衣回家。

罗跃堂从昆明退伍，带回来了他的爱人。罗跃堂的爱人的父亲是广东人，到泰国居住，是个匠人。日本鬼子由泰国打到缅甸，她的父亲因躲战乱带她们到缅甸景栋，后又逃到中国昆明。不久，父母都死了。她的姐姐在景栋被日本飞机炸死了，剩下她一个寡崽。

罗跃堂是经昆明本地人介绍认识她爱人的，两人正式结婚。

罗跃堂退伍回到青岩后，因老家房屋倒塌无地方居住，所以没有回野鹿井，而是在青岩城内南街租佃李五爷家房子住，成为南街人。

解放后，南街成立农会，罗跃堂当了两三年的农会委员，参加了清田、清地、土改、清匪反霸，一直搞到互助组，后来到青岩粮管所当过检粮员。依野鹿井身份划成分为贫农，土改分得地主彭达夫家房子住，互助合作化以来，一直搞农业生产。

1968年3月“文革”清理阶级队伍中，被清队审查。

1970年6月，南街大队再次审查。6月14日家被抄，被抄走上尉连长军官相片一张、他的泰国爱人和另外两个妇人的相片一张以及他外公的相片一张，全部放在公社展览馆展览。

黄埔军校第十七期毕业生李可经[1]

李可经，1921 年生，汉族，青岩南门人。其父李春明担任过郎洞县长。曾留学过日本士官学校、担任过贵阳民众教育馆馆长和贵阳兵工厂厂长的张尚群是李可经的娘舅。1939 年 8 月中秋，李可经从青岩到广西后应征入伍，编入戴安澜部二〇〇师当兵，在昆仑关对日作战战役中身负重伤，痊愈出院归队后，考取了黄埔军校第十七期。抗战胜利后调回贵州，在开阳参加了军统特务组织。解放后，进入贵州省革命干部学校训练班学习，毕业后参加工作至退休。

2005 年 6 月 6 日，李可经时年 85 岁，在东门高寨河路口李炯家，我等以摆“龙门阵”的形式，召开了“青岩耆老座谈会”。有李炯、李卓、黎紫南、李可经、刘方中、班正忠等九人参会。李可经在会上做了发言，谈了家事和经历，现整理于下：

我 7 岁时，家庭封建思想严重，父亲实行一夫多妻制，因此我有两个母亲，家里经常吵闹、不团结，后来父亲同母亲分家居住，我是和母亲张氏过的。后来青岩西门黄卫香家找老师教孩子，我也在那里读了三年书。记得在水星楼，白兴年捡得一颗手榴弹，不小心搞爆炸了。这个事件发生后，我到贵阳读书去了。

1939 年 2 月 4 日，日本鬼子 18 架飞机轰炸贵阳后，我回到青岩。在当年八月十五中秋那天晚上，离开青岩到广西，在广西应征入伍，编入戴安澜部二〇〇师当兵。3 个月后，蒋介石在广西督战，学生兵十六军、十七军掩护戴安澜的二〇〇师夺取进入缅甸的唯一通道“广西昆仑关”。戴安澜指挥了“昆仑关”战斗，二〇〇师与日寇的战斗十分激烈，反复冲击，此役消灭了大量日军，敌我双方死伤数万人，

[1] 收录采访李可经本人和在青岩东门高寨河路李炯家座谈会记录整理而成。

最后二〇〇师占领了昆仑关。

我参加了昆仑关战斗。日机从北海起飞，2 分钟就可以到达战场，对我军阵地进行狂轰滥炸，我在阵地上被敌机投下的炸弹炸伤，身中两块弹片，不省人事。被从阵地上抬下后送到后方“三谷医院”住院，治疗了 3 年，痊愈出院后，考取了黄埔军校第十七期。

我在黄埔军校毕业后，舅舅张尚群利用杨森的关系，把我调回贵州开阳。这里是湖南、广西、贵州三省交界的地区，也是军统常来常往的地方，我在这里参加了军统特务组织，担任人事室主任职务。

新中国成立后，我经组织部长朱有儒介绍，进入贵州省革命干部训练班学习，毕业后参加革命工作，积极投入新中国的社会主义建设中。

李可经在耄耋之年，参加黄埔军校同学会，积极联系海内外同学，做好统一战线工作。积极建言，关心青岩古镇历史文化建设。

李可经，于 2013 年 3 月 16 日，在青岩书院街家中逝世，享年 91 岁。

李炯参加了抗日部队青年军[1]

李炯，1920 年出生，汉族，青岩平街人。1944 年，抗日战争进入反攻阶段，身为教师的李炯，决定弃教从军，本着“国家有难，匹夫有责”宗旨，报效祖国，上前线去打击日本侵略者，响应“十万青年十万兵”号召应征入伍，参加二〇二师青年军，毅然踏上抗日征程。

李炯随部队离开贵州，师长罗才凯，随部队到达四川綦江驻扎，开始参加抗日活动，步入漫长的军旅生涯。

由于他本身有文化素养，被抽调入国民党中央学校南京干部训练团学习（师部副官军职），当时干部训练团团长是蒋介石，班主任是邓文烈。

中央干部训练团设在孝陵卫中央体育场。学习时间有一年多，学习期间学习过日语，准备抗战胜利后编入“占领军”开往日本本土，后由于国内形势最终没有成行，实为憾事。李炯学习几个月后，因内战战事紧急，于某天拂晓由蒋经国、蒋介石训话后，在中山陵举行毕业典礼，提前毕业。

1945 年 8 月 8 日，在卢县每人发一支卡宾枪，然后到武汉驻防待命。

1945 年 8 月 15 日，日本鬼子宣布投降。

李炯参加了部队“夏令营”集训，调入四川“青年军万县职业训练班”学习。

训练班结束后，李炯被调入二十六军一九三旅，到云南，后改为一九三师，师长石步天。李炯所在师直属队，队长周生财，队副丁毅。

一九三师司令部在云南沾益玉林山飞机场旁，李炯不久调师部副官室任副官，

[1] 资料来源于采访当事人和座谈会。

先任师部直属连司务长，专门负责管理杂兵，代管空军招待所。接着分别担任师部警卫营三连指导员、工兵营指导员。后又调回师部副官室任副官。

1949 年，云南即将解放，李炯以副官身份代表部队，亲自参加了解放军派来的代表进行和平谈判，所在部队宣布起义。后因部队首领余诚晚、沈醉、李弥、石步天、卢汉等在云南省政府学习，被士兵误认为是被扣押，部队发生哗变外逃。

不久在云南某县被围，李炯获得二次解放，他怀揣解放证书，回到了阔别多年的故乡青岩。

李炯回乡后，在青岩运输社参加社会主义建设，进行思想改造，经历了从师部副官到马车司机的人生转折。

李炯在世时，积极支持青岩古镇恢复建设，关心地方文史资料的收集与整理。

李炯生前颇懂骨科接骨医术，长期在青岩周边地区医病救人，热情为骨科患者服务。

遗憾的是，李炯在世时，未能到贵阳看望已近期颐的钱安进老师。他一跤摔倒在家后，就久病不起，带着遗憾，于 2010 年元月在青岩东门高寨河路家中逝世，享年 90 岁。

抗日老兵车继善[1]

梁茂林

车继善，1921 年 10 月 7 日生，汉族，青岩东门人，以修理钟表为业，别号“钟匠”，与“中将”谐音。车继善青年时在贵阳达德学校读初中（校长林秋锷、又叫凌云）直至毕业，毕业后开始经商。在抗战中加入青年军。日寇投降后，在内战中回到青岩。解放后，自谋职业，以修钟表为生，居住在青岩东门交通路高寨河路口。

车继善在抗战中的 1944 年，响应“十万青年十万兵”的号召参军，编入青年军二〇二师。师长罗才凯，后随部队去重庆綦江驻扎。由于本身有文化素养，被抽调入国民党中央学校南京干部训练团学习（少尉军衔），当时干部训练团团长是蒋介石，班主任是邓文烈。学习时间有 1 年多，其间学习过日语，准备抗战胜利后编入“占领军”开往日本本土，后由于国内形势最终没有成行，实为憾事。在干训团毕业后，编入二十一军一四五师四三三团，任通讯连指导员。不久调到担架连任一排排长（中尉军衔）。

1945 年 8 月 8 日，在卢县每人发一支卡宾枪，然后到武汉驻防待命。

1945 年 8 月 15 日，日本鬼子宣布投降后，车继善参加了部队“夏令营”集训，调入四川“青年军万县职业训练班”学习。

1948 年，在内战期间随军驻守江阴，他所在的卫生连队主要是为防守桥头堡的前线部队救治伤员，离前线桥头堡有 100 ～ 200 米远。

1949 年渡江战役后逃离部队返家。在家以修钟表为生。

[1] 收录于作者梁茂林寻找抗战老兵志愿者网传资料。

解放后被批斗过2次，原因说他是特务，“文化大革命”期间被整过一次。有3个儿子，6个孙子，本人没有收入，随次子和幺儿子生活在一起，家庭条件较好，儿孝媳贤。老人性格开朗，每天走路几公里，喜欢唱歌，会唱黄埔军歌。在部队期间爱好文艺，饰演过旦角，现在还会唱几句。喜欢听邓丽君的歌，能唱好多首邓丽君的歌。

2014年2月，车继善在青岩东门家中逝世。享年94岁。

【编者按】梁茂林先生是贵州省文史研究馆馆员，曾著书《贵州草鞋兵》，歌颂贵州人在抗战中为保国土，打击日寇，为抗战胜利作出贡献的事迹。他近年来参加组织了义务寻找贵州抗战老兵志愿者活动，撰写了大量文章，弘扬贵州老兵当年的抗战爱国精神。本书收录于梁茂林义务寻找抗战老兵志愿者网传资料。

抗日远征军驾驶兵刘和忠[1]

梁茂林

刘和忠，1922年生，汉族，青岩北门人。抗战中响应“青年从军”号召，考试入选应征，属远征军驻印军新一军五十师辎重营汽车连中士驾驶兵。解放后，在贵州汽车运输二场工作直至退休。现居住在贵阳市延安西路。

刘和忠父母早亡，幼年成了孤儿，靠亲戚接济生活，十几岁就离开青岩到贵阳谋生。1942年20岁时，在贵阳响应抗日“青年从军”号召、考试入选应征，在贵阳受训几个月后，于8月在昆明再次通过美国人挑选，从昆明乘飞机到印度汀江，由汀江转乘火车到印度丽都（利多）开始第二次训练，训练结束后分到新一军五十师辎重营汽车连任中士驾驶兵，驾驶“杰西米”美式十轮大卡车，主要运输军用物资、炮弹及牵引炮车。

当时的五十师师长是潘裕昆，营长杨正普，连长孙胜北，排长李乐观。

1943年，部队从印度丽都（利多）经野人山向新平阳、南山等地转战缅甸，随主力部队参加入缅密支那第一场战役。因其驾驶技术过硬、操作熟练，在缅甸孟拱期间，担任了几期驾驶员培训教练。

刘和忠后来在缅甸又参加了打击日寇的八莫战役，在瓦纳扎战役中接替英军三十六师防守，还参加了腊戍、南坎、锡箔等战役。

抗战胜利后，从缅甸回到国内昆明。刘和忠不愿参加内战，离开部队回到贵阳，为毛铁桥的商车队开车。

[1] 收录于作者梁茂林寻找抗战老兵志愿者网传资料。

1949 年 11 月 15 日贵阳解放后，进入贵州汽车运输二场当驾驶员，积极参加社会主义建设工作。

1980 年，在贵州汽车运输二场退休，现年 93 岁。

【编者按】梁茂林先生是贵州省文史研究馆馆员，曾著书《贵州草鞋兵》，歌颂贵州人在抗战中为保国土，打击日寇，为抗战胜利作出贡献的事迹。近年来参加组织了义务寻找贵州抗战老兵志愿者活动，撰写了大量文章，弘扬贵州抗战老兵当年的爱国精神。本书收录于梁茂林义务寻找抗战老兵志愿者网传资料。

平刚在抗战中保护了贵阳城[1]

平明亮

1944 年（民国三十三年）十一月底十二月初，日本侵略者进攻黔南，蒋介石派汤恩伯到黔桂指挥作战，并由何应钦密保汤恩伯暂兼贵州省主席（准吴鼎昌辞职）向蒋试探已得同意。在汤恩伯的强制下，省政府开会决定，贴出即日紧急疏散的布告，省政府及中央驻黔机关，已经正在疏散。平刚在会上质问吴鼎昌："强迫疏散，究有何用意？"吴答："系汤总司令奉中央之命所为。"平刚指出："此举最为荒谬，既知敌人并非主力，且离此五六百里之远，自己便如此惊忧，万一大队敌人逼近时，何以抵御？现今城内外驻兵不少，且陆续前来，何以不督兵往取要隘，而坐待于贵阳。"

为暂时稳定临危黔局，蒋介石恐汤恩伯不易支持，立派何应钦亲自来指挥前敌军事，又怕何护家乡难断决策，又派火烧长沙的张治中同来协助。1944 年 12 月 4 日下午，省政府召集全省政要在南明堂开会，平刚前往参加。会上诸头面人物相继讲话，主题大致是从速疏散民众，各界人士要团结资助，尤以张治中语气激烈，激起平刚愤怒，于是发言，慷慨陈词，指出日军已在太平洋失利，无暇争取一个贵州，只是见我军张皇失措，欺我无力，便乘机而来。现刻正须赶输军队，向前接战，而身为总帅（主要指汤恩伯）者，远居后方，每日只知下令疏散，不顾一切。试问：不能守大山塘而欲退守黔灵山，不能守黄沙河（在广西境）而欲退守乌江河，若果节节败退，

［1］收录于作者平明亮提供的回忆资料，题目有改动。

敌军合围前来，我军岂能在贵阳、马场坪之间与之决战。所以今日会上发言者，皆不中肯。平刚语未终，张治中起立问：此是何人？既知为议长平刚，乃怒目指责，身为民众代表，不能鼓励民众，反而出此消极言语糊涂已极。平刚将再次起而反驳，吴鼎昌坐平刚侧，暗示无再言，立即宣告散会。幸此次敌人至独山即往后撤退，省垣幸免于难。后吴鼎昌说：南明堂得平议长一席话，救济不少。周诒春（寄梅），时任财政厅长，解放后曾任全国政协委员（已故）亦说：此次贵阳非得平君当场直言，大家已入火城。

1938 年，平刚先生任贵阳县僧侣抗日救国会会长，曾领导宗教界的抗日救亡宣传工作。解放后，贵阳市委统战部对平氏子弟参加工作做鉴定组织结论说："平刚是个爱国的人。"

【编者按】平刚先生早年留学日本，参加了同盟会，回国后参加和领导了贵州辛亥革命，任中华民国国会参议院秘书长，孙中山大元帅府秘书。回贵州后，先后担任了贵州省镇宁、赤水、四川古蔺等县知事，曾两届被推举为贵州省临时参议会议长，选举为贵州省参议会议长。抗战中积极主战日寇，"黔南事变"中反对焚城，保住了贵阳城。平明亮是青岩平刚嗣孙，曾多次撰文在省市区各级文史书籍、杂志上发表回忆平刚先生参加革命活动的事迹。本书收录平明亮提供的回忆平刚在黔南事变中力保贵阳城不被火烧的史实，题目有改动。

平刚在抗战中保护了青岩油杉林[1]

杨友梅

在青岩古镇以东一华里的歪脚村，今东风大桥旁往东50多米处，有一座小山上生长着郁郁葱葱、枝繁叶茂的古树林，名叫“云龙阁”。“云龙阁”在飞云山上，生长着世界上稀有树种“青岩油杉”。至今，这座油杉林还流传着一段动人的故事，那就是辛亥革命先驱平刚先生在抗战时期保护了这座油杉林。

说来话长，据说在歪脚的飞云山上，明万历年间建有云龙阁和古寺，住有和尚，为培护云龙阁寺的风水，从那时起，和尚们开始在山上种树，逐渐成林。这种树称为罗松，即“罗汉松”，有和尚修炼得道的意思，罗汉松遍布飞云山一带山坡。

道光二十三年（1843），重修云龙阁。云龙阁巍峨雄伟，构思奇巧，风格特殊，有三楼六角，飞甍翘檐，矗立在青色块石垒砌的台子上，台高数丈，四周有雕花石刻栏杆，数百级石阶从山脚盘旋而上山顶。阁上古寺塑有菩萨，住有和尚，历来香火旺盛，为信佛者朝拜胜地。整座云龙阁掩映在茂密参天的古木罗汉松之中，是青岩的名胜之一。

罗汉松，属于油杉属，在世界上只有11个品种，除两个品种产于越南外，其余9个品种均是我国特有树种，广泛生长在秦岭以南、雅砻江以东、长江下游以南、海南岛及台湾温暖地区。即海南油杉、云南油杉、矩

[1] 收录作者杨友梅原文于政协贵阳市、花溪区文史委1993年11月合编《贵阳文史资料选辑》第38辑135页。题目和内容有改动。

鳞油杉、台湾油杉、柔毛油杉、黄枝油杉、铁坚油杉、江南油杉，青岩“罗汉松油杉”与分布在湖南、湖北、四川、陕西和贵州等几省的铁坚油杉其不同之处是：“冬芽呈圆球状，一年生枝干后呈红褐色，属于铁坚油杉的一个变种，唯独青岩独有，极为珍贵。其因固定生长地在青岩歪脚飞云山上，后来被命名为‘青岩油杉’，属于中国林木志油杉的一个新种。”

“青岩油杉”，为常绿乔木，树干通直高大，树皮黄褐斑驳，枝条辐射伸展，叶呈羽毛纷披状，四季常青，苍劲挺拔，势若金刚罗汉，顶呈伞盖状，故“青岩油杉林”浓荫蔽天，蓊郁幽森。其更特别处，当冬天北风凛冽，大地冰封时，圆球形的冬芽却冲寒而出，形成黄褐色橄榄形大如鹅卵；夏季，千万颗果实悬挂在虬枝绿叶之中，好像千万只灯笼，别具一番风韵。它的木材纹理直，材质带红褐色，结构细密，硬度适中，易于加工，干后不开裂，含有少量油脂，耐浸渍，结实耐用，可用作建筑、造船、雕梁画栋、枕木、农具、家具等用途。它的种子含油脂丰富，是制作肥皂和润滑油的原料。

抗战时期，在青岩的国民党十三军准备打制办公用具时，看中了歪脚村飞云山上几人合抱大的、笔直的“青岩油杉”树。

1944年底的一天，一个军官奉命带着一群士兵手提斧头和锯子，来到飞云山下银龙阁油杉林，他们以军队急用为借口，准备大肆砍伐“青岩油杉”树木。

歪脚寨的村民发现后，聚集众人前去制止，不准砍树，与国民党军官兵发生冲突，双方剑拔弩张，相持不下。

平氏子孙骑马快速赶到贵阳，找平刚先生出面制止。平刚先生得知情况后，十分气愤，当即找来笔和纸写了起来，信中阐明树种的珍贵和整个寨子的风水宝地的重要性，劝导滋事者不要砍伐，否则将追究责任。信写好后装入信封，叫来人带上马上回青岩，交给要砍树的军官。平氏子孙骑马飞快地回到青岩歪脚村云龙阁，把信交给那名军官。那军官拆开信看了信的内容和落款人“贵州省参议会议长平刚”后，大惊失色，赶忙向众人道歉，带着士兵灰溜溜地走了，云龙阁油杉树林逃过了一劫。

抗战胜利后至今，飞云山油杉林历经劫难，唯云龙阁油杉林如初，只见一群群白鹤栖息在茂密的树丛中，发出一阵阵快乐的鸣叫声，山顶上的庙宇香烟缭绕，散发出扑鼻的香味，山脚下清澈的玉带河水从小山下流过，环境优美极了。

【编者按】贵州大学农学院林学系教授杨友梅，曾撰文《青岩的溶洞和油杉》在各级刊物上发表。她论述了平刚先生在抗战中保护了家乡青岩油杉林不被破坏的情况。“青岩油杉”或“青岩罗汉松油杉”的由来。另一说，那是1917年孙中山宣布讨逆，平刚在湖北搞军调，接到孙中山电令到湖南。平刚到湖南后整合五路军人马，于1918年5月23日，在湖南湘西上辰县辰沅道署召开各路将领会议：田应诏、张学济、胡瑛、谢书光、林德轩、胡学绅、覃振、卢焘、平刚等九人参加会议。平刚提议统一组织成立“湘西军政府”，众人皆赞成设军政处、民政处、军民两政会议处：田应诏长军政，张学济长民政，平刚、谢书光分别任正副会议长，卢焘任总指挥，胡临任参谋，周军一部廖湘芸也参与其中。民国九年，即１９２０年，平刚、陈奋飞夫妇由湘西回贵州时，带回湖南铁坚油杉树苗，栽种在云龙阁山上，因“长势若金刚罗汉，顶呈伞盖形”，故名“青岩罗汉松”、“青岩油杉”而得名，青岩油杉是湖南油杉的变种。本书收录杨友梅原文于政协贵阳市文史委、花溪区文史委1993年11月合编的《贵阳文史资料选辑》第38辑第135页。题目和内容有改动。

贵筑县中学抗战时期在青岩[1]

贵筑县中学的前身是贵阳县中学，创办人郑先辛，字绍丞，清光绪二十年（1894）10月生，正安县人，贵阳法政学校毕业。曾在孙中山总统府任职，入周西成黔军，曾任四川叙永县县长，贵州省度支处处长，安顺县县长。他提倡女学，兴办了安顺女子师范学校，兼任校长。1929年夏，郑先辛调任贵阳县县长。当时，贵阳只有普通中学一所，为扩大本县教育，郑先辛决定办县立中学，委任刘瑶阶、杨绍馨、文彦生、王梦淹、王凤翔、余小田、陈自新、李鸿奎、周实卿等人筹办。民国十八年己巳（1929）十一月，贵阳县中学在黔灵西路、城基路、合群路三角地带威清门火神庙后院成立，聘请王梦淹（即王佩芬）为校长，先招两个班，于民国十九年庚午（1930）三月正式开学。报省教育厅备案，纳入县财政，15000元银元为常年办学经费的公立学校。

1932年，郑先辛委派青岩区区长彭仁斋带领青岩子弟兵和县常备军到县属广兴镇剿灭了平坝匪首韦四海（又叫韦老河）和其率领的著名“神兵”，消除了五县最大匪患。

王梦淹，贵阳人，日本早稻田大学毕业，在任期间，学校全年经费15000元银元，县立中学发展到学级6班，学生300多人。1933年增设高中部，这时郑先辛已升任省财政厅长。教员多为省会贵阳公私立中学兼课的老师，有黄耀初、赵毓祥、冷白鹏、花来峰、乐锦鹿、肖子有、聂鹰时、端小江、马伯俊、罗幼梅等。王梦淹于1936年离职。

[1] 参考《无悔人生》记载、整理。

1936 年，刘剑魂任贵阳县县长，将贵阳县中改名为县立职业学校，设有会计、森林两专业，由张华丰任校长。

1939 年 2 月 4 日，日机轰炸贵阳，造成重大人员和财产损失。随后，贵州省政府下令城区各学校疏散到郊区，原贵阳中学疏散到乌当后所，贵阳县立职业中学，疏散到第三区洛湾镇关帝庙大殿，张华丰离职。由黄耀初接任。时有 5 个班，师生 200 多人，3 个职业班即将毕业。由于交通不便，学生锐减，1940 年被迫停办。1941 年 7 月 1 日，撤贵阳县设贵阳市，花溪另设贵筑县县治，在洛湾的贵阳县职业中学恢复为普通中学，更名为“贵筑县立初级中学”（简称“筑中”）。

贵阳县职业中学，在乌当洛湾前期，在学生中开展文艺活动，从事爱国宣传，主要形式是出刊，如贵中设初、高中规模较大，分别有级刊、部刊，文章形式多样，有政论、散文、小说、民歌、诗歌等，大多是呼吁救亡图存的，对日寇暴行进行揭露和声讨，对腐败时政进行抨击。

1941 年，美国红十字会援助中国大批蓝布，贵筑县立中学和职中得到援助。从 12 月 28 日至 1942 年 4 月 1 日，疏散到郊区乌当洛湾的贵阳县职业中学和在乌当后所的贵阳中学两校的师生员工役 482 人分三次领取美国蓝布两捆，承受了美国红十字会的国际援助。

1943 年 8 月，黄耀初去校长职。由贵州省教育厅任命中央教育部教师战地服务团成员徐高祉为校长。

1944 年冬，值“黔南事变”，徐高祉离职，由县“筑中”教导主任章孝友任校长，章孝友以贵筑县治在花溪为由，带领全校师生从洛湾将“筑中”迁移至花溪贵大属荒寨养牛坡办学。一学期后，又将“筑中”迁到县属第四区青岩镇文昌阁和赵公专祠办学。不久，又迁至位于场坝旁的水星楼和雷祖庙。“黔南事变”前，青岩保育院撤离龙泉寺后。于 1945 年初，“筑中”从场坝搬迁到龙泉寺办学，先后由章孝友、高世琰、汪汝衡、段顺华任校长。

“筑中”在青岩办学期间，学生们除学习基础知识外，主要进行抗日救亡宣传活动。组织的演讲会，十分热闹。其次就是歌咏合唱，学生们大唱抗战歌曲，喜欢唱聂耳、冼星海的抗日救亡歌曲《大刀进行曲》《义勇军进行曲》《松花江上》《流亡曲》《牺牲已到最后关头》等。再次是演戏，有揭露日军暴行的哑剧，有讽刺当代贪官污吏的京剧，有痛陈鸦片危害的话剧，有自编、自导、自演的抗日戏剧《妻子送郎上战场》等，把爱国家、民族义、夫妻情、弃小家保大家，表演得淋漓尽致，真挚感人。

“筑中”从洛湾到青岩办学时期，任教教师有“王德懋、黄智明、高昌华、高佩韦、聂江麟、章孝友、陈佩询、林中输、王鹏图、侯正心、陆慰初、朱复枢、王启斌、杨韶玉、刘明恩、高亮群”等；女教师有“柴葆英、黄启馥、魏贞婉”等。

据不完全统计：青岩人在“筑中”就读的有：段顺清，1943 年入洛湾“筑中”；丁德华，1944 年入“筑中”，1947 年毕业；歪脚平明忠，1945 年入学，1947 年毕业；高寨河刘方中，1944 年入学；还有街上车善林、车培琴、车培英、车素珍、白明华、白祥珍等；扬眉村许家斌和歪脚村李成昌；街上李培珍、张玉珍、汪幼兰、杨恩泽、章维屏、杨琴书等；关口寨罗万康、赵明富、黄金龙等。

抗战胜利后，“筑中”继续在青岩龙泉寺办学。因贵筑县县治在花溪镇，1947 年，“筑中”迁回花溪，余下的年级和班级，与新办的“私立青岩少璜中学”同时在龙泉寺办学。

解放后，1957 年，贵筑县人民政府在青岩龙泉寺创办“贵阳市青岩中学”，由县教育科直管。因此，1999 年 1 月 8 日有了“青岩贵璜中学”的校名。“筑中”在青岩办学，为发展青岩的地方文化做出了应有的贡献。

平刚支持家乡教育创办私立青岩少璜中学

抗战胜利前后，迁入青岩的各学校和团体纷纷迁回原籍，1946 年 3 月贵阳女师、女师附小也从青岩迁回了贵阳原校。在青岩龙泉寺的贵筑中学也因贵筑县政府县治在花溪也要迁走。因此，青岩大批青少年、男女学子将面临中学教育失学的严重问题。这时，热心青岩地方教育的人士纷纷站了出来，呼吁要建一所中学来发展地方教育，决定用平刚的名字“少璜”来命名学校，即“私立青岩少璜中学”。他们找到贵阳城平刚家，请平刚支持青岩民众的请求，并担任“私立青岩少璜中学”名誉董事长，几经商讨，平刚同意在青岩创建“私立青岩少璜中学”的请求，这是抗战胜利后平刚为青岩家乡民众做的一件好事。

据史料和《平刚日记》分别记载：1944 年底，贵筑县中学由乌当洛湾迁到贵筑县属第四区青岩镇文昌阁和赵公专祠办学（以下简称“筑中”）。不久，“筑中”又迁到位于青岩场坝旁的水星楼和雷祖庙。时值“黔南事变”前夜青岩保育院从龙泉寺撤离往桐梓保育院并院。“筑中”即从场坝搬迁到龙泉寺办学，初任校长章孝友。1945 年 9 月 2 日，抗战胜利后，“筑中”准备迁回花溪。1946 年 3 月，贵阳女师、女师附小迁回贵阳城。这样，青岩镇和附近农村的青少年面临无初中学校和无处就读及大批学子失学的危机。“筑中”余下的初二、初三两个年级的学生，继续留在青岩龙泉寺办学，由县参议员、贵筑县教育科长汪汝衡兼任校长。

在这种情况下，青岩镇的有识之士为了发展青岩教育站了出来，积极筹备，决定创设学校，自己办学。并商定用青岩名人的名字做校名，选中的这个名人必须是做出过惊天动地大事的、有成就的、贡献最大的、人们崇拜的人。首先考虑了两个名人校名议题：一个是“畏三中学”，以同治发动青岩教案的领导人赵国澍的字“畏三”来命名“畏三中学”；一个以留学日本明治大学法律系的中国同盟会员、贵州辛亥革命先驱、中华民国政府参议院秘书长、孙中山大元帅军政府秘书、曾任过三县知事、1939年至1946年曾任过两届贵州省临时参议会议长。正式定名为贵州省参议会选举的议长平刚的字“少璜”来命名的“少璜中学”。在青岩经过乡绅耆老们充分酝酿、协商，甚至激烈的争论后，“畏三中学”议题落选。“少璜中学”议题获得通过。这将预示着“私立青岩少璜中学”不久将在青岩诞生。

1946年1月28日，青岩区和贵筑县第一次派出第一批以县参议员青岩人白兰生（森）和原青岩社会教育实验区教导主任、贵阳民众教育馆教导主任和干事、时任贵筑县参议员、县教育科科长兼贵筑县中学校长汪汝衡一起到贵阳平刚家中，征求平刚用“少璜中学”命名校名、创办中学的意见和请平刚兼任少璜中学学校名誉董事长。均得到平刚同意。但平刚很谨慎，以“予审其有无中坚人物（有无校长人选）（当时未决定由汪汝衡兼任校长），皆以‘无’未定。待君等决定志意再说。”平刚决定向贵阳市教育局和贵州省教育厅申报成立“私立贵阳青岩少璜中学。”

29日，青岩人白蔚南和原镇宁等七县特派员和曾担任过贵筑县救济院院长、时任国民党青岩区党部书记、首创青岩地区中学教育先驱暨狮峰中学创办人、青岩高寨河人刘希文等3人到贵阳平刚家中，请求平刚支持成立“青岩少璜中学”事，平刚仍以“予告以有无中坚者，三人皆不能答。”（当时未决定由汪汝衡兼任校长、教师无着落、办学经费无着落）第二次也未谈妥。但人们仍积极地筹备着成立的各项准备工作。

1946年2月底，由白兰生（森）、白蔚南、刘希文、张镜铭、车达三、段培芝、张德温、李春铭、彭济伯、曾国元等学校董事会成员发起成立，并决定聘平刚为少璜中学学校名誉董事长，决定“私立青岩少璜中学”校长，由浙江湘湖师范毕业的县教育科科长兼贵筑县中学校长汪汝衡兼任，教师基本由“筑中”老师兼任，不再另支付教师工资，老师们也乐意接受兼职，这样就解决了平刚的“有无中坚人才问题”和经费问题，一切准备就绪。“私立青岩少璜中学”学校董事会筹备会决定，由曾国元执笔写成申办成立“私立青岩少璜中学”报告，征得平刚同意后，报县、市、省教育部门审批。

贵州省政府主席杨森，收到青岩申办“私立青岩少璜中学”报告后，热情支持在青岩创办“少璜中学”，亲自到青岩协调校址，并签字将青岩龙泉寺旁的观音寺作为“青岩少璜中学”校址。1946 年 10 月 2 日，《平刚日记》记载了这件事：“章惠民、黄干民、陈贻孙、杜子封及杜协民先后来，共谈谓杨主席将以观音寺移作少璜中学校之用，是杜子封之所运动者也云云。”说明了少璜中学成立的时间大约是 1946 年 10 月，另据《无悔人生》记载：“10 月 30 日，平刚七十大寿，青岩少璜中学师生到贵阳为平刚祝寿。”

1946 年秋季，章孝友辞职。因贵筑县县治在第五区花溪花谷镇，“筑中”迁回花溪成立校本部，汪汝衡兼任校长，开始在花溪招收初一新生 3 个班和 1 个简师班，未毕业的初二、初三两个年级仍在青岩龙泉寺办学。

这年秋季 10 月初，“私立青岩少璜中学”正式在青岩龙泉寺旁毗邻的观音寺挂牌成立，招收了第一期学生，汪汝衡兼任青岩少璜中学校长。平刚兼任青岩少璜中学名誉董事长，亲自到青岩参加新校成立大会，讲话中勉励全校师生努力工作，好好学习，将来报效祖国。

后来，为了方便老师们的兼课，少璜中学教室又从观音庙搬到龙泉寺，这就是“青岩少璜中学”与“筑中”未迁走的两个年级几个班同在龙泉寺办学的缘由，两校共享“筑中”公立中学教师任课教学。1948 年，汪汝衡调回花溪贵筑县教育科，由贵州大学政治经济系毕业的青岩人段顺华接任贵筑县中学校长，兼任青岩少璜中学校长，章逸山任教务主任，直到解放初 1950 年土匪暴乱学校停办。

据不完全统计，先后担任“筑中”和少璜中学的任教老师如下：

汪汝衡、高亮群、姚绍基、彭载穆、刘盛鼎、魏奇、刘复莘、郑寒风、刘介忱、张良弦、刘坤元、丁守仁、刘光诒、李学聪、王继衡、汪忠明、张宗禹、李群、刘文艺、童本麟、卓然辉、聂运中、何启明、吴继武、梁斗禾、许鑫、何言章、王鹏图、夏明荣、刘明恩、丁长明、刘毅、黄东升（女）、何英（女）、刘映华（女）、黄启馥（女）、张日辉、张镜铭、张模、张慰初、方向辉、李世同、东冠五、胡再卿、段顺华等。

“私立青岩少璜中学”从 1946 年建校到 1950 年初停办，共有 5 个班、学生大约 250 人。学校和老师们培养出许多建设新中国各行各业有用的人才。据不完全统计，知名的如下：

车素珍、车培芳、车培琴、白祥珍、许修宣、刘国强、刘明新、朱国元、吴开明、李恕和、李廷芳、李德龙、沈荣书、张成瑜、杨平玉、陈尔禄、周书荷、张锦、罗学芬、吴学富、杨应彬、杨永方、杨廷桑、苏玉莲、严德华、周树琪、周书娥、周桂珍、段开勋、赵致菊、姚培义、陶仁珍、陶树桑、章维干、黄荣华、廖昌全、魏永和、廖琴芬、裴静华等。

这就是当今“贵阳市青岩贵璜中学”的校史，即其中“私立青岩少璜中学”的办学史。

“贵阳市青岩贵璜中学”的“贵”字代表什么？即代表“贵阳县中学”“贵筑县中学”；“璜”字，是什么意思呢？“璜”字，即平刚先生的字“少璜”“绍璜”。有误写“少黄”的，即代表“私立青岩少璜中学”。“青岩贵璜中学”，即代表不同时期的“贵阳县中学、贵筑县中学、少璜中学、青岩中学四个学校的合称，分别表示不同时代的办学校名和校史，1999 年 1 月 8 日改为今校名。原本“青岩中学”好好的校名，为什么要改校名“青岩贵璜中学”呢？因为青岩中学、贵阳县中学、贵筑县中学、青岩少璜中学都有一个共同特点，那就是都在同一校址龙泉寺里办过学；还有的人好大喜功，认为一改校名，青岩中学办学历史悠久。因此，1999 年 1 月 8 日，将青岩中学四校合并校名后，那些流浪多年，无家可归的贵阳县中、“筑中”、少璜中学的校友，终于有了“家”。这就是“青岩贵璜中学”校名的变迁的缘由。而今，“马铃中学”“黔陶中学”也合并了进来，学校地盘更大了。但话又说回来，你要了解少璜中学的校史，既然知道平刚是贵阳市青岩贵璜中学的主人公，就要先了解平刚这个知名的人物，平刚所参加的民主革命史和社会主义建设史，就是少璜中学校的办学史。

周天胜整理

2020 年 6 月 6 日

李炯在省立贵定师训所的同学录[1]

住在青岩镇东门外高寨河旁，时已86岁高龄的李炯老先生，在2006年7月25日突然得到“文革”中丢失的一本抗日战争期间在“贵定师训所”学习结业的《同学录》。听来人说这本《同学录》是从火里抢出来的，老人激动不已，热泪盈眶，对来人连说感谢。当他翻开《同学录》，看见与同学合影的珍贵照片，仿佛昔日的老师和同学就在眼前。他浮想联翩，思念老师和同学：“老师！同学！你们今在何方？”他一连好几天睡不着觉，禁不住对往事深深地回忆。

1941年，中国人民正值抗日战争的艰苦阶段，李炯当时是个热血青年，希望有朝一日能上前线报效国家，但几经尝试都未能如愿。于是，他认为要把日本鬼子赶出中国去，首先要提高每个人的文化素质，教育才能唤起民众，于是，他毅然选择了教师的职业。

说来也巧，就在李炯当上教书先生不久，贵州省教育厅为了大办国民教育，提高全省民众文化素质，培养抗战力量，大批地培训全省师资，决定在贵定县创办教师培训所，从省内各县市机构抽调和所属学校选派青年骨干教师到贵定师训所参加培训学习，时间为一年。贵筑县去了许多教师，仅青岩镇就去了在党武翁岗河小学教书的李炯、西门的刘登云（烈士）和周毅方、南街的车善益（烈士）、蒙贡的班元信等人。

“贵定师训所”所址，设在贵定县城东门城隍庙内，于当年春天培训200多人，分为4个班开班教学。所长为贵阳的钱安进，教导主任陈敬新，教官刘受禄，语文

[1] 收录于李炯失而复得的贵定师训所《同学录》。

教师姚礼隆，教材教法教师鲁任难，普通学科黄韵梅，贵定县县长也经常去师训所上课，省教育厅每个礼拜都要派人去指导工作及协调当地中学教师到贵定师训所上课，弥补任课师资的不足。贵定师训所开设有：教育学、心理学、儿童心理学、语文、数学、教材教法、体育、音乐等10多门课程。

李炯回忆说：

> 姚礼隆先生教学十分认真，说话也很幽默。有一次，宋德先同学写了一篇作文，连接差，文章不通顺。姚先生批改作文，又不明说，他在文后做了批语，曾留下这样一个笑话："岗山滚木之声，骏马立尾之势"12个字就是这篇文章的评语。宋德先同学不解其意，要姚先生解明。姚先生毫无隐瞒地说："岗山滚木之声"，就是说：你的文章就像"从山岗上向下放的木头，木头滚动，发出扑通扑通的声音，就是我们所说的：'不通！不通！'"骏马立尾之势"，意思是：你的文章就好比一匹马竖起尾巴屙屎，刚开始发出放屁的声音'放屁！放屁！'你的这篇作文就好比这两句话。写文章，你还得努力，要实在，不要华而不实。"说完，逗得全班同学哄堂大笑起来。

为了增长知识，李炯和同学们还经常到县"群立书店"去看书。

李炯喜欢篮球运动，经常和同学到贵定附近中学去打球。有一次，在比赛中发生了打架事件，对方有个队员打了李炯一拐子，然后李炯瞅准机会回敬了他一个。于是这个人撒起野来，过来打李炯，都被李炯躲开。那人打不着人，就破口大骂。队员们实在听不下去，双方不服气地打起群架来。一个叫廖其康的趁机给了李炯一扁担，县警察局到场把打球的人全部给抓了。适逢钱所长的大哥钱安毅从省教育厅到贵定去视察工作碰上此事，他去和贵定县府交涉后，才把人放出来，解决了事。第二个礼拜，贵定县县长和该中学校长就因这个事件处理不当而被免职。

鲁任难老师经常教唱抗日歌曲《我爱中华》，还有《义勇军进行曲》《流亡三部曲》《黄河颂》《黄水谣》《黄河之恋》《热血》《我们在太行山上》《毕业歌》等，以唤起同学们的抗日激情。

参加培训的人员，由省教育厅发给每人每个月四块钱的生活费。学校伙食差，长期吃苞谷饭，还经常因吃不饱饭而闹学潮。

由于经费不足，到了当年12月就撑不下去了，面临停课，经省教育厅协调同意，“贵定师训所”和古州（今榕江）乡村师范合并。

12月初离校之前，每个同学都精心制作了《同学录》，请老师和同学题词并留下通信地址留念。李炯在第一页上自题：

时间的浪花，滔滔不绝地冲流而去！处处四月之相聚，今要别矣！早知有相聚，但又何有今！多情自古伤别离，友情同窗。曲指数月，问寒道暖！亲若手足，天涯海角，再会何时？言念及此，惆怅异常，故作此册，聊作纪念！

李炯，1941年12月5日

贵定师训所所长钱安进亲笔为李炯的《同学录》题词，充分肯定了李炯在校的表现：

“李炯同学！如果这里真是最苦的场合，你已通过了，当无不可处之境矣。”

钱安进

民国三十年十二月六日

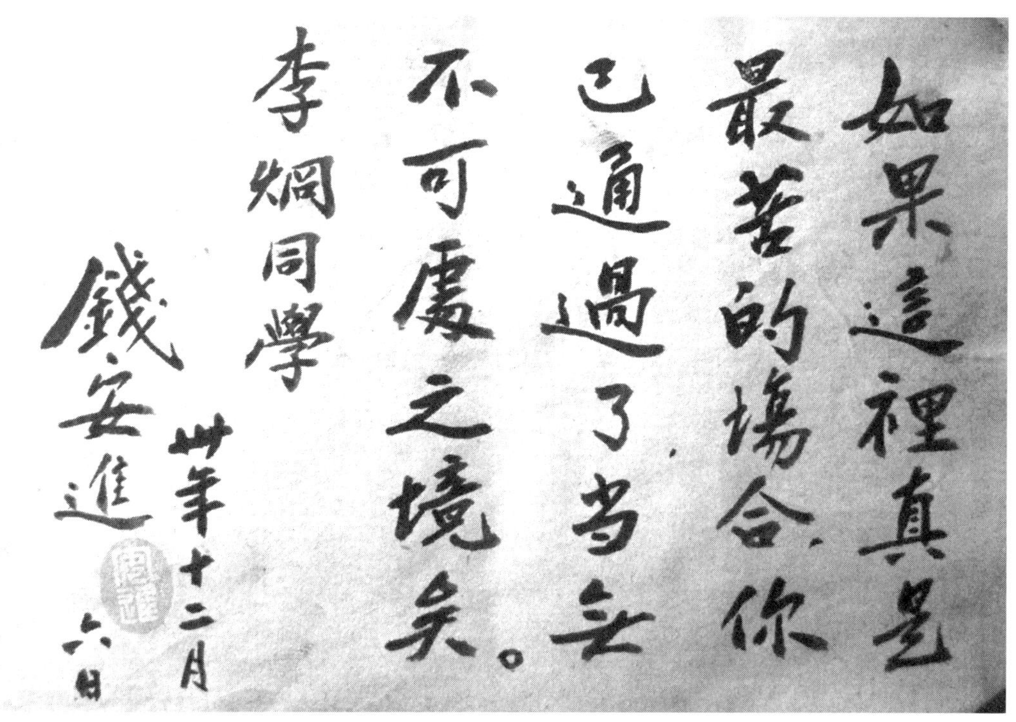
如果這裡真是最苦的場合你已通過了當無不可處之境矣。

李烱同學

錢安進

卅年十二月六日

贵定师训所所长钱安进为李炯的《同学录》题词（周天胜 摄）

为李炯题《同学录》的老师还有陈敬新老师题：

做事难，做人难；做事中，做人更难；书赠李炯同学，勉之。

鲁任难老师题：

“现在的青年，主要的是“行，不是‘言’。”

姚礼隆老师题：不积跬步，无以积千里。

刘受禄老师题：对终身工作择善固执。

懋宗老师题：“不患无位，患所以立——孔子语。”

黄韵梅老师题：

“吾人应以身作则，教导国民，以建设现代的新中国——蒋中正语”。

为李炯《同学录》题词的广西同学唐钟端题：

“男儿当自强，岂有甘为愚子弟。”

息烽九庄王元哲题：

“玉不加琢磨之工，不能成美器，人不受艰苦之挫，不能为英雄——古语。”

王元善题：

“择友而交。”

开阳一区枇杷哨张学敏题：

“劝君更尽一杯酒，西出阳关无故人。”

开阳枇杷哨肖山英题：

“自强不息。”

清镇杨通乾题：

“苦海无边，回头是岸。”

贵定北关外汪金甲题：

“炯炯青年，志以正心，修身为出发点。”

修文扎佐孔祝融题：

“祝你未来事业，日新月异。”

息烽黑神庙宗贵题：

“事之成功者，恒也。友之亲爱者，情也。”

开阳马场杨锡纯题：

“以你的大无畏精神，去作那浩然的大事业吧！”

黔东黄平旧州乐源金道诚题：

“青年要言后必行，不要言而不行。”

黔南徐有操题：

“青年可畏。”

扎佐中街刘作圣题：

“为人表率。”

贵定平等北路陶松题：

“别时容易见时难。”

贵定中山西路张开民题：

“要有健全的事业，必有强健的体魄。”

扎佐宋德煊题：

“努力迈进，创造将来！”

广西隆山人唐钟端题：

“以你大无畏的精神，雄赳赳的身手，灵巧的投篮姿势，到战场去，做个百发百中的抗战英雄！”

扎佐某同学题：

“将你强健的体魄和丰富的知能品德，去推进国民教育吧！”

扎佐孔庆恒题：

“苦干国民教育。”

贵定西街平等南路王公恒题：

“动作吧！炯兄。天明了——你记着我的微笑，是这天刚破晓。”

贵定旧州西下街张克栋题：

“精神饱满体健，情感热烈意志坚，奋发有为无限量，一切皆在我青年。”

贵阳毓秀里马正庄题：

“从生活中去锻炼，从工作中去努力，四度聚首，结业将残，分别已届，会晤有期，书信往来，努力是期，以此为念，不忘乡亲。”

黔南都匀口维武题：

“学如逆水行舟，不进则退！愿兄努力吧！努力追求你的将来。”

广西隆山金钗乡唐钟瑞题：

“用武力解除国难。”

息烽养龙站中街曹安富题：

“欲深入教育，先充实自己。”

独山中正北路家义题：

“战的社会，力的人生。”

周象吾题：

“为人师表。”

扎佐菜市街国之华题：

“以你高深的学识，去创造一般青年。”

三穗陈绍相题：

“祝你伟大事业指日成功，必如花、如竹之光荣！”

三穗县同林镇王诚题：

“富国根基，智育德育体育，你有‘三育’的特术，去锻炼全民，完成体育建国使命。”

三穗长吉次寨湘家应题：

“要认定国民教育目的，用你伟大的精神去推行啊！”

三穗河坝街陈显卿题：

“确定志向，去创造光明之前途。”

息烽复兴镇某同学定友题：

“君子成人之美，不成人之恶。”

重安保河山某培安题：

“自强不息，努力迈进。”

赤水东门坡代家上院王乃平题：

“得天下之英才而教育之，三乐矣——孟子语！”

向荣题：

“要求美满的婚姻，务须努力迈进，才能达到最终目的。”

抗战时期的《同学录》，与我们今天的《同学录》大不一样，别有一番风趣。有的题词是很好的，鼓动性较强，达到了互相勉励、共同进步。

当年12月25日，在贵定师训所同学即将离校之际，李炯和较亲密的同学青岩人刘登云、车善益、班元信，息烽九庄的何成仁、王元善、王元哲，还有独山的周向模，广西人唐钟瑞、唐钟端兄弟俩共25人在师训所食堂旁合影留念，这张照片至今已有83年历史。

这张丢失的照片又再次回到李炯身边，被他视为珍宝，因为到他2010年逝世时已有68年历史，成了李炯一生中仅存下来的一张珍贵的照片，也是当年在贵定师训所学习生活的历史见证。

李炯没有到榕江师范继续深造，而是选择回贵筑县服务乡梓。1942年1月中旬离开省立贵定师训所，被分配到青岩凤鸣小学任教，后又调到黔陶骑龙小学任校长。1943年，他走上抗日前线，是国民党中央学校干训团的高才生，官至师部副官，从此走上人生坎坷不平的道路。

当天，我接到李炯电话，立即赶到他家，亲自见证了《同学录》。征得李老同意，我用相机摄下了《同学录》的每一页，并进行了整理。

前排右一刘登云 后二排右三李炯 右四车善益 右五班元信
（2006年7月25日 周天胜 抢救 翻拍于李炯《同学录》）

民国时期青岩名人杨继昌全家合影照片

根据青岩商业街自学成才的业余青年画家杨泽林提供的一张家传老照片，编者于2012年11月17日下午，同杨泽林一起到交通路老宅，采访了照片中的关键人物、已87岁高龄的杨恩泽老先生，终于了解到老照片形成的缘由，原来是他的父亲杨继昌在民国二十九年庚辰（1940）聚拢全家四代共17人所拍摄[1]。

杨继昌是杨泽林的爷爷，杨恩泽是大伯。杨恩泽回忆说："民国当年，我家的家境很好，一家四代同堂，族叔父杨杰时任黔陶乡乡长，父亲杨继昌在黔陶乡公所担任文书。1940年10月间拍照这张照片时，我已15岁，照片是在老屋堂屋门前照的。当时大门敞开，大桌上摆放着三个花瓶，插满各种鲜花，老式木花格子窗子非常好看。老祖太坐在堂屋门前大坎上正中；老祖太的左边坐的是我的祖母，即老太太；祖母左下方站着的是父亲杨继昌，他身穿白布做的长衫，外边还披件长军大衣，旁边站着的两个是二叔杨成礼和三叔杨继州；坐在老祖太右边的是贞女大姑、贞女大姑抱着的是二叔杨成礼的儿子若色，贞女大姑旁边站着的是四姑，站在左下边正中的是我的母亲李安华抱着的是我的最小的六妹，站在她的左边和右边的是二叔婶、三叔婶；在老祖太和祖母前面坐着的，是我（杨恩泽为大儿子）和二弟杨恩普、三弟杨恩益和两个妹妹，我们几兄弟都戴着瓜皮帽，老祖太和老太太头上包着黑色的纱帕，我的母亲、叔婶、大姑、四小姑等都是

[1] 收录于杨泽林保存的家族照片。

新式女性的短发头式，全家四辈人穿的是长衫，就像书中描述的孔乙己穿的长衫一样，只是黑、白、黄各种颜色不同罢了。”

有资料记载，1942 年后，族叔杨杰调文萃乡当乡长（还有副乡长周树藩），杨继昌升任黔陶乡乡长，有四五年时间。

杨继昌卸职回家后，在青岩交通路开了一个米店，因他懂医，又开了一个中草药铺，店名挂牌“杏林堂”大匾，直到贵阳解放。

这张老照片，还引出了青岩交通路杨氏为罗氏子孙的有趣故事。

杨恩泽的一家都是天主教徒。他的小儿子杨泽宽拿出了杨恩泽口述、杨恩浩整理的《杨氏传略备忘录》[1]。打开“备忘录”，我们从中知道杨氏到青岩的来历，了解到杨氏入黔到青岩、罗氏继嗣的演变发展过程。

《杨氏传略备忘录》载：

“青岩杨氏先祖的历史，可追溯到明朝洪武帝时期，祖籍为江西省吉安府绿林县槐花树村猪市巷洗脚塘”。为了汉化西南“蛮夷”少数民族，随调北征南大军而来，落户在青岩镇西边近郊的谷通、湾子、马铃场等地。

入黔始祖时所用字辈为 30 字铭：“应志学有方，仁登连文正，昆德承天化，春和发秀枝，其元基稳固，昌大快龙驰。”

“传略”作于十世祖正春公时。杨正春，青岩杨氏第十代孙，行伍出身，娶定番（惠水）县陈氏为妻。他精通十八般武艺，故闯荡江湖，步入武林，足迹踏遍两广两湖，常为商贾大户聘为标师。时值清朝乱世，太平天国翼王石达开率部北征，太平军攻破定番州（惠水）城后驻营在定番州（惠水）城内。

杨正春所保标商队途经定番（惠水），与太平军发生武装冲突，领众标师力保商队物资而拼死作战，终因寡不敌众被俘，被擒入太平军营内。幸好太平军将领系定番（惠水）当地人氏，为新参加起义的肖氏家族，在审讯中得知公为青岩人氏，又兼爱公之武功造诣，不忍加诛于公等。于是公便与肖将领达成了再为太平军运送一趟食盐和药品到定番（惠水）城内的协议，后肖将领将公礼送出营，公得脱身归家青岩，但所押标物资全被

[1] 收录杨恩泽保存的《杨氏传略备忘录》。

太平军劫留，难以向商家交待，因此变故，引起清朝地方当政官吏的注意，要追究公的“通匪”之罪。

在危急境况下，为保全计，杨正春便毅然地到姚家关天主堂加入了法国“天主教”以求保护。当时西方列强在中国拥有传教特权：“凡为教民者可受到教会庇护，地方官吏不得过问教民。”

杨正春参加了天主教，仰仗法帝国主义势力，免去了一场灭门大祸。

杨正春回到谷通湾子老家，父母俱已谢世，家族中分割了他家的财产，无法收回，时，公已一无所有。

为维持生计，杨正春只得从湾子到青岩。先在瓦窑井处搭建窝棚居住，每天上山采挖中草药卖，或砍柴卖，以此谋生。后得到本家一老伯母打草鞋卖积蓄下来的数十文铜钱资助，在青岩摆了个“四平摊”，才得以施展他的外科“跌打损伤、接骨斗损”等医术。他的外科手术技术异常高超，开刀做手术不用麻醉剂，只祭一碗水即可，他还通晓“竹油科”医术。自信天主教后，自动放弃此等玄术，不再应用。

数年后，杨正春声名大振，兴家治产业于东门交通路大街上，开了一间大中草药店，并自制膏丹丸散成药，自制的跌打损伤膏药享誉于方圆百

抗战时期青岩杨继昌一家合影 （杨泽林保存提供原件，周天胜 翻拍）

里和两广两湖之间，被人们赞誉为“江南小华佗”。

杨正春膝下无子，为继承其庞大家业，在教友介绍下，他到贵阳天主堂鹿冲关孤儿院收容所领养了因“洪杨之乱”时“跑反”，与家人离散，流落到贵阳的、而被收容的修文县城关镇人氏、十来岁的罗氏宣公为养子，并传授中草药及医术，加上罗宣在贵阳天主堂专习到脉理的医术，医术精湛，成年后，生意越做越好，曾多次返乡认亲认祖归宗，始终未顺心愿。

十一世祖，杨罗宣，号昆寅，为了表达感谢天主的恩典，将“备忘录”中沿用的三十字铭，更改为十字铭，即昆、德、承、恩、泽、永、荣、耀、祖、先。十字铭具有深刻的内涵，取数为十字，有“十字架”圣恩的隐意，故曰承恩泽，永荣耀祖先。荣光首先归于天主，而且还含有“要祖先”的隐意“耀祖先”，使之得到祖荫之庇佑，子孙更加昌盛。

因此，本支杨氏实际是罗宣之后，为修文罗氏子孙。

由于“备忘录”过于简略，记载甚少，不能详细了解其家族在青岩的发展和变迁。

这张珍贵的老照片，为我们提供了研究中华民国抗战期间，即20世纪40年代，在青岩古镇生活的人们的生活变化，如男女发型短发、头式、帽子、古代长衫服装、老年人包纱帕的生活风俗等实物依据，也是青岩古镇难得的文化遗产。

青岩缩影[1]

刘化千

青岩镇属贵筑县，贵惠公路从镇旁约50米处溜过，表面上看来，这市镇相当热闹的样子，因为每条街的名牌都是中英文合璧的，然而每条街十分之六是关着门，最初我还以为“闲天”的缘故，但到了赶场天，人虽然多了千把，可是都集中在一个广场，叽叽咕咕地讨价还价，就在这一个角落而已，街上当然是多关着大门。

有时在铺口摆着一架吉普车，但来的贵宾实是美化的中国司机。

镇上有省立贵阳女子师范学校，校舍是战时需要，将古庙改建而成，当然谈不上有完善设备。还有一所贵筑县立中学，两个中等学校学生虽有五百余人，可是并不见得能使市镇更为活跃和热闹，至于学校的一切设施，教学情形，学校风气等问题，因为笔者初到，没有深刻认识，当然不便信口开河。

省立贵阳女师原打算迁回贵阳去的，近又听说某种关系，恐怕本学期还得在这古庙，这未必不是附近小本经营的小商人的喜讯，也不至于贵阳女师的搬家而更显寂寞了呢！

【编者按】抗战胜利后，刘化千在青岩亲眼目睹了各单位和学校撤走后的青岩城街景，显得冷冷清清，萧条，唯有贵阳女师还在，不免有些伤感。但报

[1] 刘化千撰《青岩缩影》，发表在1945年10月5日的《贵州日报》。（樊晓文 提供）

道中也反映出青岩每到赶场日，青岩集市仍然是那样的热闹，充满着蓬勃的商业生机。本书收录樊晓文提供的、抗战胜利后的1945年10月5日，刘化千在《贵州日报》上发表的《青岩缩影》一文。

献给校友[1]

王从周

校庆来了，学校里充满了融洽的气氛，凡是在这学校生活过的人们，会面时都会交互地投以一个会心的微笑。

谁不留恋他自己的家园？谁不愿自己的门庭增辉？过去的飘零，更显出了今天的荣幸！去年的校庆，依旧残余着零乱的痕迹。今天，虽不敢说已经有了长足的进步，但是我们确已跨上了新的途程。

在新的途程上，我们应该有着新的警惕，我们应该加紧新的设施，社会是进步的，我们必须紧跟着时代的巨轮。因此，未来的事情，是否还会比过去更艰辛，更棘手，我们根本无法预料。但是，校友们始终是这学校浓荫隐蔽下的一群，是一个母亲孕育下来的姊妹，大家的良心上，是无法推卸自己的责任的！我们不能让学校当局独自的挣扎，他们虽尽了很大的力量，但是少数人是不会很顺利完成这巨大工作的。

在过去一年中，校友会虽也尽了自己一部分的责任，可是要使学校能够真正达到理想的境地，过去的努力是不够的。我们应永远地站在一起，团结得紧紧的，我们要和当局携起手来加强彼此的联络，几百颗心熔成一颗心为我们的母校打算，为自己的光荣着想，恢复过去的声誉，替校史留下一个不可磨灭的痕迹！

【编者按】王启斌，字从周，北京高师毕业，曾任过贵阳中学校长，1939

[1] 收录作者王启斌原文于贵阳女师《校庆特刊》。

年9月接任青岩女师第二任校长，1942年7月离职。黄宝华接任。1947年5月1日，他在回城后第一个校庆日那天，作为第二任校长，发表了讲话。本书收录王启斌原文于贵阳女师《校庆特刊》。

我所希望于校友者[1]

杨时昌

一个人家，每逢父母的诞辰，做子孙的人，无论怎样，都得要有一种表示，无论表示的方式如何，总不外是恭祝父母的延年益寿，不过因为环境的各别，纪念的仪式稍有不同罢了。

一个学校所有校友和在校的同学们，无异是它子孙，到了成立纪念日，也得有一种表示来庆祝它，纪念它。本校五一校庆，今天又来临了，我们纪念的方式究竟应该怎样呢？在好久以前，我就计划到这个问题，要是仅仅举行一个仪式，这也是千篇一律的办法，未免太觉平凡，太无意义了。我想须得做一些实际的工作，比较稍有意义。这种纪念，总有价值。所以我在最近的校友会上召开监理事会议时，首先把我所想到的纪念方式，提供大家商讨。幸得一致赞成，确定了今年纪念校庆的方式。

回忆在民国二十八年，因为敌机轰炸贵阳，本校奉令疏散在贵筑县属的青岩地方，去避免轰炸，那时匆匆的迁移，一切都没有详细的考虑，原以为这是暂时的权宜之计，不加多方计较，不料一去就是八年之久，直到抗战胜利后半年，我们才把它从青岩搬回原址来。赓续办理，但兵燹之余，校舍残破不堪，很多的教室、办公室、宿舍，都被破坏了。我们见了这荒凉的景象，不特使我们痛心，更使我们不胜今昔之感。现在我即是在学校服务，我就下了一个决心，很想继承过去的光荣，恢复旧观，所以我和校友与同事同学们，朝夕都在计划着要怎样才实现愿望，幸得有关同人，都

[1] 原文登载在1947年5月1日《校庆特刊》。

愿竭力帮助，在迁回不到一年半之过程中，完成了一部分土木工程。但是这和我们的理想相差还太远了。现在不但教室不敷应用，尤其宿舍还少，不能容纳整个学校之学生住宿，好在校友会方面，得到校友之赞助，募集一笔捐款，校友会理监事会决议在不久的将来，便要鸠工庀材建一幢房屋。供作教室或宿舍之用，以此作今年校庆的礼物，至于校庆日的纪念仪式，就是简单一些，也没关系。我们这种用实际方式来纪念校庆，想来这是比较合理的。却是话得说回来，现在修建房屋之工种比校繁重，绝不是少数人可以担负得了的，更希望全校的校友和同学共同的努力，众擎易举，相信凭着众校友和同学们的力量，这愿望定是不难实现的。

现在国家已踏上了复兴的途程，本校洽已迈进复兴的阶段，今后建设工作亟待开展。当校庆来临的今日，希望全体校友觅取助力，把新女师建设起来。我们不仅要恢复过去的光荣，更要使本校成为省内最完善之女子学府之一。愿与全体同人校友及同学们共同努力，完成这高尚的使命。

爱校与建校[1]

民国二十八年春，本校因避敌机空袭，疏散青岩，（抗战）胜利后，几经筹划复员，迄未实现。三十五年春，余奉令承乏本校，乃毅然迁回原址，理则犹是也。而一切建筑物，泰半面貌而非，缮葺补苴，勉竭绵力，其又甚者，则尽牌坊式之巍峨。墙，仅存废墟，徒供凭吊，余以为此门乃一校观瞻所系，未可任其久久如是，适与第一期毕业同学车仪君谈及，车君亦不胜沧桑之喟慨，尤独力复建，于是设计构图，运料鸠工，时阅二月，费去法洋四百余万圆，计成新式砖砌大门一洞，两翼砖墙若干丈，门左砖壁覆瓦平屋二间，是不仅蔚然旧观，而且后来居上。其余校友同学因车君之登高一呼，纷纷继起，解囊，如罗佩贞校友慨捐四十万元，他则各尽己力，捐数虽有不同，要皆当仁不让，截至今日已达三百余万元，此款经校友会理监事会议，决议建筑平屋一幢，以作纪念，愚以校友同学爱校热忱，至是可佩，爰述慨略，以励来兹。校友共捐国币三百五十万元正。

[1] 原文登载在1947年5月1日《校庆特刊》。

贵阳女师在青岩的四任校长简况：第一任校长章益三（又作“逸三”）、又叫章孝友，北京师范大学毕业，1939 年“二·四轰炸”后 5 月到青岩，当年 9 月去职。

第二任校长王起斌，字从周，1939 年 9 月接任青岩女师第二任校长，1942 年 7 月因校内人事纠纷，被教育厅撤职。

第三任校长黄宝华，1942 年 7 月接替王起斌校长职，1946 年春 3 月离职。

第四任校长杨时昌，字炽夫，1946 年 2 月接替黄宝华校长职，当年 5 月与贵阳师范等七所学校联名申请回原址，将贵阳女师迁回贵阳，1947 年 5 月 1 日，在贵阳原址举行抗战胜利后第一个校庆，因此第一个校庆日学校鼓动学生捐款建校。

【编者按】杨时昌，又叫杨炽夫，又（质夫），系成都高师毕业，曾任女师教务主任和训育主任。于 1946 年 3 月在青岩接任贵州省立青岩贵阳女师第四任校长、也是最后一任校长。他接任的这年 5 月 18 日后，将女师迁回贵阳。1947 年 5 月 1 日，又迎来第一个校庆日，他演讲了“我所希望于校友者和爱校与建校”两篇文章。原文登载在 1947 年 5 月 1 日《校庆特刊》。女师在青岩的第一任校长章益三（又叫章孝友，又作“逸三”）、北京师范大学毕业，1939 年“二·四轰炸”后 5 月到青岩，当年 9 月去职。第二任校长王起斌，字从周，1939 年 9 月接任青岩女师第二任校长，1942 年 7 月因校内人事纠纷，被教育厅撤职。第三任校长黄宝华，1942 年 7 月接替王起斌校长职，1946 年 5 月 18 日后离职。1947 年 5 月 1 日第一个校庆日，学校百废待兴，校方号召学生捐款建设学校。

献给女师全体同学[1]

李麦宁

即使是沙漠，
我们也要在瀚海中。
垦殖成绿洲，
未来将是一片光明。
洞耀着自由自在的天地……
祖国已鼎盛成如古罗马，
沙漠也建筑成丰收的乐园。
我们这一群困苦的，
年轻的爱好和平的人们，
将闪烁一世纪的荣耀于全球。
骆驼的自重……
原是为了传播自己的种子。
而是踏上漫长的征程，
埋葬在金字的塔畔的，
也许是我们忠贞的遗体。
可是太平洋的两岸，
已开满了自由光明的异花。
即使是广垠的沙漠，

［1］作者为贵阳青岩女师教师。原文登载在 1947 年 5 月 1 日《校庆特刊》。

我们也要来努力开垦。
二十世纪的种植的不是荆棘，
而是美丽鲜洁的蔷薇。
三十六年五一校庆纪念日。

相关链接：

李麦宁（1921—2015），原名李杭生，出生在北京的一个知识分子家庭，1936年随父亲来到贵阳，插班入贵阳达德学校初二年级，抗战爆发后滞留贵阳。1938年中学毕业后继续在贵阳南明中学读高中，他是个进步青年，在中共地下党领导下，当年参加民先活动，贵阳“8·13事件”被逮捕，其堂哥出面取保得以出狱。1939年就读湖南兰田师范，1940年考取湖南大学文学院，1943年毕业。1945年回到贵阳，先后在贵阳私立程万中学、国立第十四中学、私立达德中学、贵阳女子师范学校任教。解放后，李麦宁先生先后调入惠水县民族中学、龙里县中学、清镇县中学、站街中学任教。“文革”中被迫害。平反后，1983年调回清镇市一中任教。1977年被选为清镇县第七届人民代表大会代表，1983年起被选为中国人民政治协商会议清镇县委员会第一届、第二届政协委员、常务委员。李麦宁老师教书35年，桃李满天下，多次被清镇县评为先进教师、先进教育工作者、优秀班主任，1984年5月30日获贵州省“三十年教龄荣誉证书”称号并在庆祝大会上发言，1988年退休后，仍笔耕不辍。他是个诗人，著作颇丰。2015年5月17在清镇逝世。享年94岁。

【编者按】李麦宁先生在抗战胜利那年，在青岩成为贵州省立贵阳女子师范学校教师。1946年5月18日后随学校从青岩回到贵阳，仍在女师任教。1947年5月1日，贵阳女师回贵阳后第一个校庆日庆祝会上，李麦宁作为教师代表在讲话时吟唱了这首贺诗。本书收录原文于贵阳女师《校庆特刊》。

五·一颂[1]

傅鹅羣

微风吹静大地的污浊，
红日作了他的新衣。
你看，自然界，
都一起睡了。
东方日出的景色，
陈列在山水之间。
它热忱的等待着，
远近的访客。
你看，学校里，
布满了快乐的微笑；
陈列着各色的礼物。
啊！我倒忘了。
今日是，慈母的生日。
她沉静地告诉我，
请别忘了我。
社会有功的我，
像珍惜你的童年一样。
跳跃着的心啊！

［1］作者为省立贵阳青岩女师简师班二十一学员。原文登载在《校庆特刊》。

一年一度的欢笑。
晴朗的晴空里,
我们高唱吧!
歌颂吧!

【编者按】傅鹅犟,是贵州省立青岩贵阳女师简师班二十乙学员,在抗战胜利回城后的第一个校庆日,她作诗祝贺贵阳女师生日。1947年5月1日,五·一颂诗词在《校庆特刊》上发表。本书收录傅鹅犟原文于贵阳女师《校庆特刊》。

袁超俊三次到青岩找寻八路军家属居住地

应中共贵阳市委党史研究室征集党史资料的邀请，曾在抗日战争时期担任过原八路军贵阳交通站站长，时为国家旅游局局长的袁超俊同志，从北京来到贵阳。在市委党史研究室周三五同志的陪同下，先后三次前往青岩寻找在抗战时期“武汉大撤退”到湖南湘乡、衡阳、桂林，辗转千里，到达贵阳，然后从贵阳撤退转移到青岩的王明、博古、周恩来、邓颖超、孟庆澍、李克农等八路军家属 30 多人在青岩居住过的旧址。

时间过得真快，一晃至今已有 32 年，曾经三次接待过和负责调查寻找旧址、现已 81 岁高龄的黎老，回忆起这段往事，仍然记忆犹新，历历在目。

那是 1983 年 6 月 18 日上午 9 点左右，袁超俊同志带着照相的人周三五两个人第一次来到青岩镇人民政府所在地——场坝。

袁超俊到青岩镇政府找到镇长黎紫南后，向其简单介绍了在抗战时期，党和八路军高级干部家属 30 多人隐避居住在青岩近两年的史实，强调了寻找党和八路军干部家属居住地旧址的重要性，要求青岩镇人民政府全力帮助寻找。

袁超俊来到了阔别 43 年的青岩古城，感慨万千，急于找到当年的几个房东和知情的老人。

镇党委书记郭德仁和黎紫南镇长在党政办公室接待了袁超俊二人。他们听了袁超俊的介绍后十分兴奋，深知青岩古镇不久又将增加几处红色旅游点和爱国主义教育基地，意义重大，便愉快地接受袁超俊同志交给的寻找党和八路军干部家属居住地旧址的任务。由黎镇长负责召集镇政府工作人员周树辉、沈荣华、陈德和、杨长年、车善兴和青岩小学教师张成鼎等开会商量研究，然后分工，分别找来当时的房东和知情的老人张树清、丁芝华、丁国华、赵忠华、陈有禄、沈荣华等人。袁超俊在镇政府办公室，与他们一一握手，寒暄一阵后，亲切地进行了交谈。这时，他们才知道 40 多年前曾经与自己相处、下棋、摆谈和治病，和蔼可亲的几位老人竟是党和八路军高级干部家属。在摆谈中，大家一同回顾起八路军家属初到青岩时的情景。

长沙大火后，八路军家属 30 多人，从衡阳、经桂林安全撤退到贵阳交通站。贵阳交通站为了八路军家属的安全，决定将在八路军贵阳办事处的 30 多位家属转移到南郊青岩居住。

袁超俊委托在贵州省立青岩社会教育实验区的进步教师和好友宋怀中、汪汝衡和从北京地下党转移到青岩的地下党员戴自俺等租借民房。于 1939 年 1 月初，八路军家属 20 多人从贵阳撤离到青岩，全部安置在青岩城内背街 10 号民宅居住。

二·四轰炸后，袁超俊考虑到杨老太太行医便于掩护，于是将杨振德一人安置在定广门旁吴肇修先生的三儿子吴三爷家，今南门明清街 87 号。王明的父母和弟弟陈炜、妹妹陈瑜和孟庆澍的父母一家、周恩来的父亲、李克农的父母亲、叔婶母、岳母、弟媳、侄儿、侄女，还有待分配的 4 个八路军女战士、及“二·四轰炸”后到青岩的博古的女儿等 30 多人全部安置租住在（今背街 10 号）赵伯川、赵尧夫家四合院的三间正房和两边厢房里，周懋臣和李家住在一起。陈老太爷、孟老太爷一家就住在东边厢房后面另一个院子里。

作家金风著《邓颖超传》记载：“1940 年 3 月 25 日，周恩来从苏联治病回国后到达延安，想念父亲和岳母的心情十分迫切。”同时也想念在青岩的八路军家属的安全。因此，电令李克农到贵阳组织八路军家属全部撤离青岩，转移到重庆。

1940 年 5 月的一天，李克农从桂林到达贵阳后，与袁超俊一起商量怎样转移的问题。为安全起见，缩小目标，李克农决定将还在青岩的家属分两批撤离，留下自己的父母一家继续在青岩居住。由袁超俊到青岩，将周懋臣、杨振德、王明和孟庆澍的双亲等 20 余人撤离青岩，护送至贵阳。然后由李克农与袁超俊一道从贵阳护送他们，于 1940 年 7 月秋，安全到达重庆。

2005 年 10 月 25 日中午，当年（1940 年）李克农的在背街时才 6 岁的侄子李子溶和周恩来总理的侄女周秉宜到访青岩。在慈云寺休息时，笔者采访了他。76 岁（今年 93 岁）的李老深情地回忆说：1941 年 1 月 4 日“皖南事变”，22 日，八路军贵阳交通站被查封，交通站 7 名八路军战士被捕。桂林也充满了白色恐怖，我一家 8

口人的安全受到威胁。八路军重庆办事处电告桂林办事处要我家自行撤离到重庆，汇款 5000 元做路费。我的爸爸和我的爷爷李哲卿、奶奶詹红贞、婶奶奶、姥姥赵老太太、我和妹妹李慧等一家 8 人从桂林撤离、经贵阳，艰难行程半个月，安全到达重庆。

贵阳办事处被国民党特务查抄，交给贵阳交通站保存的红军长征中拍摄的相片下落不明，我的大伯父非常后悔。

不久，我和爷爷李哲卿一家又从重庆转移，1942 年到达延安。

1983 年 6 月 27 日，袁超俊同志在中共贵州省委书记朱厚泽、市委秘书长李增贤、花溪区区长张文俊的陪同下第二次来到青岩寻找和确认八路军家属居住地旧址。早就等在场坝镇政府楼前的镇长黎紫南，热情地向袁超俊、朱厚泽一行迎了上去。然后带着他们从平街、西街中段路口、万寿宫、慈云寺门前向东背街方向走去，不久来到 20 多名八路军家属曾经居住过的背街 10 号院内。

袁超俊触景生情地说："你们找到的这个地方是对的，我当年每个月都要派人骑单车来给他们送钱，保障他们的生活，房子是老房原样，没有啥改动，正房三间是李克农的父母一家七口人和周老太爷住；左边西厢房住几个女八路、先后住十几个人；右厢房这边是博古的女儿和奶妈等人住；陈老太爷夫妇、孟老太爷夫妇两家住右厢房后面另一个院子。"

随后到了背街 1 号丁仲武家看了一下，袁超俊说："这是周老太爷常来和丁老先生下棋的地方，房屋没有改变。"

从背街来到南城门外不远的南街 75 号吴家，袁超俊说："这是邓颖超的母亲杨振德居住的地方，她懂医，还为青岩人治病。"

来到赵理伦百岁牌坊前张家，袁超俊在朱厚泽、李增贤、张文俊、黎紫南、丁芝华、丁国华、陈有禄、赵忠华的陪同下，看望了张树清。袁超俊边喝茶边和张树清进行了亲切的交谈。袁超俊对张树清说："这茶好喝，就像当年喝的一样。"接着又关切地问道："你的子女有工作吗？"张树清回答说："有！有！有！工作很好！"临别时，袁超俊送给张树清 300 元钱，张树清回赠袁超俊茶叶 2 斤，两人在家中拍了两人照。

大家出了张树清家门后来到赵理伦百岁牌坊前，袁超俊叫大家照相留念。市委党史办随行照相的周三五同志为丁国华、市委秘书长李增贤、朱厚泽、袁超俊、陈有禄、张树清、丁芝华、张文俊和黎紫南各在一头照了相。这张珍贵的照片成为人们永久的纪念。相片洗出来后可惜无张文俊、黎紫南二人，实在是千古遗憾！袁超俊离开青岩后，和省委书记朱厚泽一起下榻花溪宾馆。

28 日第二天一早，袁超俊在张文俊的陪同下，第三次来到青岩镇政府同黎紫南等座谈，谈到将来旅游业的发展。袁超俊语重心长地嘱咐黎紫南：今后要将八路军家属居住地旧址开辟成为爱国主义教育基地和旅游景点。

袁超俊和周三五同志在镇政府食堂吃完中饭后，在黎紫南、周树辉、陈德和、杨长年、车善兴、张成鼎六人的陪同下，游览青岩油杉林银龙阁。他们在歪脚东风大桥上，油杉林中、银龙阁山顶上、庙上，青岩镇政府以上六人分别与袁超俊同志照了相。

袁超俊站在银（云）龙阁山顶上夸赞说：“这里风光好，风景十分美丽，一条清澈的河水绕山脚而过，油杉林独特，油杉树干笔直苍劲，风轻柔和，遮天蔽日，树枝上白鹤云集，是个避暑的好地方。”他尽兴地观赏游玩了两个小时才回花溪，至今黎老还思念着他。

今天，青岩古镇发生了翻天覆地的变化，交通四通八达，青岩的旅游业高速发展。2014 年 8 月 15 日—26 日，贵州省第九届旅游发展大会在这里召开。将来抗日战争时期的八路军家属居住旧址，将会是人们缅怀观光的一个亮点。

注：参考《贵阳晚报》报道，编者于 2005 年 10 月 25 日中午在青岩慈云寺专访李子溶和周秉宜，2010 年采访张德祥及提供袁超俊等七人照片给笔者翻拍，2014 年 8 月 22 日专访黎紫南。

八路军家属抗战期间居住青岩两年[1]

——原八路军贵阳交通站站长袁超俊前往查找旧址

尹克恂

抗日战争前期，有一批党和八路军领导同志的家属，包括周恩来同志的父亲、邓颖超的母亲、李克农同志的父母弟侄等共二十来人，在1939年至1941年间，曾“疏散”安置居住在贵阳郊区青岩镇。

应邀来我市提供党史资料的原八路军贵阳交通站站长袁超俊，于1983年6月18日和27日两次到青岩查找了八路军家属居住地旧址，并与房东和知情老人张树清、赵忠明、丁国华等亲切交谈。省委书记朱厚泽、市委秘书长李增贤、花溪区区长张文俊等曾陪同查找。

袁超俊同志是在武汉失守、长沙大火的严酷岁月里，接受组织上交给的任务，把这批家属经衡阳、桂林安全转移到贵阳的。通过当时在青岩搞社会教育实验的宋怀中、戴自俺、汪汝衡等进步教师代租房屋，把他们安顿在青岩居住将近两年之久，才陆续转送到重庆。

据房东和知情老人们回忆座谈，这些领导同志的家属生活简朴，待人和气，为当地群众做了许多好事。青岩人刘月轩害水肿病，久治不愈，张树清找到周恩来同志的父亲，老人送了一些藏青果和藏香给刘擂成粉末服后，病况逐渐减轻。当时才6岁的小孩丁国华（现在是花溪区税务局副局长）不慎被开水大面积烫伤，邓颖超同志的母亲利用小单方和草药为他治疗，终于化险为夷。老人们还经常给当地群众

[1] 收录作者尹克恂原文于1983年7月2日《贵阳晚报》第1版头条。

讲时事、读报纸。座谈时乡亲们回忆往事，满怀激情，那些老人们的音容笑貌，历历在目，人们都还怀念着他们。

贵阳晚报
GUIYANG WANBAO
在改革中开创广播电视工作新局面
我市人民喜购《邓小平文选》
昨日市区共售出二万册，许多群众冒雨赶去购买
抗战前期曾在青岩居住两年
南明区超额完成国库券认购任务
坚决克服党内的不正之风
两种新机型投入试生产

【编者按】1983 年 6 月，原八路军贵阳交通站站长袁超俊同志应中共贵阳市委的邀请，前来我市提供党史资料。尹克恂同志是中共贵阳市委党史研究室研究人员，参加了中共贵阳市委召开的党史座谈会。在座谈会上，听取了袁超俊同志谈八路军贵阳交通站建站情况的讲话。会后，袁超俊同志在省市区领导陪同下，于当月 18 日和 27 日、28 日先后三次到青岩查找八路军家属居住地旧址，并与房东和知情老人张树清、赵忠明、丁国华等亲切交谈，回忆这段历史。于是，尹克恂同志撰写成新闻稿，于 1983 年 7 月 2 日在《贵阳晚报》第 1 版上发了头条。内容涉及青岩红色文化历史。因此，将尹克恂同志的这篇党史新闻稿收录入本书。

专程观访抗战中党和八路军高级干部家属青岩安置点

抗日战争的1938年12月底寒冬天，撤离武汉八路军办事处后到达湖南湘乡的党和八路军高级干部家属一行、再行转移贵州，来到八路军贵阳交通站。贵阳交通站留下周懋臣、杨振德、秦新华等暂居贵阳，将王明、孟庆澍的的双亲、李克农的父亲李哲卿和母亲詹红珍、岳母、弟媳和子侄及负责几位老人生活和健康的四个八路军女战士和其他一般干部家属二十多人率先安置在青岩背街和其他地方居住。1939年2月4日“二·四轰炸”后，在贵阳丁毅家的周懋臣、杨振德、秦新华等人被转移青岩安置点背街和南门居住，家属达三十多人。当年春节十五后开始分批撤离，4名女八路军战士另行安排工作回延安，然后二批、三批撤离，留下李克农的父亲李哲卿、母亲詹红贞、李克农的三弟李克襄的妻子虞季和李子溶兄妹、李哲卿一家7人，留守青岩。第四批撤离、也是最后一批于1940年夏秋之交，国共摩擦加剧，八路军贵阳交通站遂将李哲卿一家7人从青岩撤出，青岩安置点工作结束。李哲卿一家7人到贵阳交通站住一段时间后，年底转移桂林办事处。1941年1月初“皖南事变”发生后，八路军重庆办事处电话通知桂林办事处“李家以难民身份自己撤离到重庆八办，给路费5000元”。李哲卿一家在桂林坐公共客车到贵阳，到贵阳交通站一看，被毁，面目全非。几天后全部安全到达重庆办事处，于1942年，李哲卿一家到达延安。

八路军贵阳交通站青岩安置点从撤离转移至2005年已时隔65年时间。2005年10月25日，上午11点钟，当年曾在青岩安置点生活过的李子溶（李克农侄儿）、杨昌羽、李玉树、周秉宜（周恩来侄女）四人一起从北京专程来到青岩古镇南门观光和游访。他们在相关领导和其他人员陪同下游览观光了青岩古镇南门瓦窑井、大茨窝、定广门等景点，游览了已 162 年仍屹立不倒的赵理伦百岁牌坊。

一、游访观赏八路军干部家属邓老太太住过的南街 75 号

不一会儿功夫，一行人从牌坊边来到南门外八路军家属邓老太太曾经居住过的青岩镇南街 75 号现住户吴兴禹、杨光珍家，大家瞻仰家中、参观完四周后，周秉宜对吴家人感激不尽，说了许多感谢的话。代表全家感谢了现在的房主人杨光珍和感谢吴家的长辈们在抗战时期对大伯父的岳母、即伯外祖母杨振德的帮助。他们与省市区党研人员一起在吴家《怀颖饭庄》共进午餐，场面十分热情。

周秉宜在伯外祖母杨振德居住过的南街 75 号与今房东杨光珍合影（周天胜 摄）

笔者应邀到背街 1 号等待，然后有幸到南街 75 号，随后见证了来访者一行人游览、瞻仰、观光的全过程。午餐后，李子溶、周秉宜一行离开前同相关领导和曾居地房屋主人在《怀颖饭庄》门前合影留念。然后从南街边走边谈，向八路军家属主要安置点背街 10 号走去。

李子溶说：“邓奶奶一个人住这里、《怀颖饭庄》。”她本人姓杨，名振德，按风俗我们称她邓奶奶，我们到贵阳后才在一起的，留给我的印象是：她穿戴很整洁，精干，喜欢说话，很注意观察事物，在青岩，她单人住一处南门吴家，白天常来我家，就是和我奶奶詹红贞聊天，她懂中医，知道一些偏方，我奶奶很信她，给我治过病。一次我肚痛，让我喝了一口白兰地。她热心为周围群众义务看病，颇得名声。记得曾收集我们剪下的指甲拿去配药。

临去重庆的前一天晚上，她住的那片地区（南门外大茨窝）失火，烧的很惨，都是一些贫苦人家。幸好未波及到邓奶奶住房。次日，她起来叹息那些灾民：“太可怜了！说原本要留给你家的用品、还有一些准备带走的，都给了那些灾民。”邓

奶奶到重庆不久，于1940年11月18日在红岩村病逝了。前些年，我在天津纪念馆，曾见到陈列展品中有一封邓奶奶从青岩发出的信，地址很详细。

李子溶接着说：那是1939年1月下旬，我和母亲虞季和爷爷李哲卿、奶奶詹红贞一家第一批同四名八路军女战士和八路军家属姓严的共20多人从贵阳交通站转移来到青岩镇背街10号原住户赵尧夫家，即赵忠尧之父家正房和东西厢房、还有隔壁院子住着两户。1939年2月4日贵阳城被日本飞机轰炸后，周老太爷、邓奶奶、秦新华和保姆等10来人第二批来

到青岩背街，除邓奶奶一人单独往外，周老太爷住我家，和我爷爷住一个屋子，八路军家属共达到30多人。当年正月十五后分批撤离，专门来照顾几个老人的4个八路军女兵分配工作走后，秦新华和保姆、还有我的二伯母、堂哥李澄修（8岁）、堂姐李敏（6岁）一家3口送到八路军重庆办事处与二伯父李克裕团聚，后来李敏到延安。剩下我母亲虞季和我及爷爷一家5人共7口人，我家是1940年8月中旬最后一批离开青岩到桂林的。1941年1月4日发生“皖南事变”，我们被从桂林紧急个人撤离到贵阳和重庆，1942年才到达延安的。到2005年10月25日今天，一转眼65年过去了。这天，年已古稀的李子溶先生，记忆犹新地回想起当年在青岩小学读书，回想起贵阳交通站站长袁超俊和八路军战士李一生、李配之，回想起当年同八路军四名女战士和新四军女战士在贵阳交通站和青岩安置点的朝夕相处、以及周爷爷、邓奶奶等八路军家属30多人一起在背街度过短暂生活的情景。

二、游访观赏八路军干部家属周爷爷经常下棋的背街1号

一点钟左右，在各级党研室人员的陪同下，大家一同向南城门内走去，沿着古驿道，爬上南门街拐弯处往东上一级级石阶数十米后、再往北拐弯火神庙至背街处，来到周秉宜的爷爷周懋臣经常下棋的背街1号丁仲五家民宅、今住户丁开斐、丁开裴家。李子溶、杨昌羽、周秉宜、李玉树参观瞻仰膜拜后，李子溶、周

周秉宜在爷爷周懋臣经常到背街1号下象棋与今房东丁开斐合影留念（周天胜 摄）

秉宜与丁开斐照相留念后，又向背街赵家四合院主要安置点走去。

三、游访观赏背街八路军家属居住过赵家四合院 10 号

离开背街 1 号丁家，李子溶、杨昌羽、周秉宜、李玉树 4 位客人和陪同人员一行，沿着古老弯曲的两面石墙和石板街道朝着八路军背街 10 号主要安置点走去。李子溶先生一边走一边讲，终于来到背街 10 号赵家曾居地、今住户陈金富、蒋绍英夫妇家。一进朝门，李子溶看见熟悉的房子，见景生情，在院坝里滔滔不绝地说："当年，周爷爷和我们家住在一起。该正房坐东向西向，后来听说卖与别人了。房屋正面堂屋左边这一间，我和爷爷住后面半间，周爷爷住前面半间，后来周爷爷先搬走重庆了。我的奶奶和大伯父的岳母即外祖母住右面一间。有 4 个身着八路军军装的女战士，同我们住在一个院子里，即主人家住的东南面右边厢房的楼上，从武汉出来一直是负责七八个老人医疗和生活的，到青岩后完成了任务，等待重新分配工作，也为了缩小目标，过完春节十五后，即 1939 年 3 月 5、6 号，4 个八路军女战士接到任务走了。

周秉宜（左 1）、李子溶（中）、中共贵阳市委党史研究室副主任叶江华（右 3）在背街 10 号（周天胜 摄）

李子溶走进赵家（陈、蒋家）大坎，和夫人再走进屋里，手指着自己当年住过的地方，感慨万千，还说母亲和大伯父的岳母、即外祖母住在堂屋的木板楼上。观瞻完居住地后，大家从屋里走出来，李子溶先生在院子里说："孟家的父母亲和陈家的十多个人住在右厢房旁边（东南）的一个院子里（该房屋已被拆毁）"，他们平时不和人来往，只来我家。杨昌羽和李玉树自己用

李子溶回到 6 岁时与他爷爷和周爷爷住过的背街 10 号的家与周秉宜蒋绍英在屋前合影（周天胜 摄）

手机也照了像。李子溶和周秉宜先生分别同叶江华副处长、住户蒋绍英照相留念，笔者趁机拍了几张。

走出背街10号，大家朝着慈云寺走去。

四、游访慈云寺李、周二老挥笔留墨宝感激青岩父老乡亲

下午2点40分，来到慈云寺，财主陈恩利早就准备了笔墨纸砚，李子溶先生应邀，挥笔写下了16个大字："抗战军兴，桑梓深情。庇护老幼，唯智为勇。李子溶，二00五年十月二十五日。"李子溶先生又在旁边写下了57个小字作注："幼年随祖父和周老太爷等在青岩度过童年，同受父老乡亲的恩泽，永难忘，事过六十五年，故地重访，当有回乡之感，对父老乡亲则有感谢之情。"题词表达了重访者抗战时期住在青岩与青岩人民结下的深厚情谊，终身难忘。

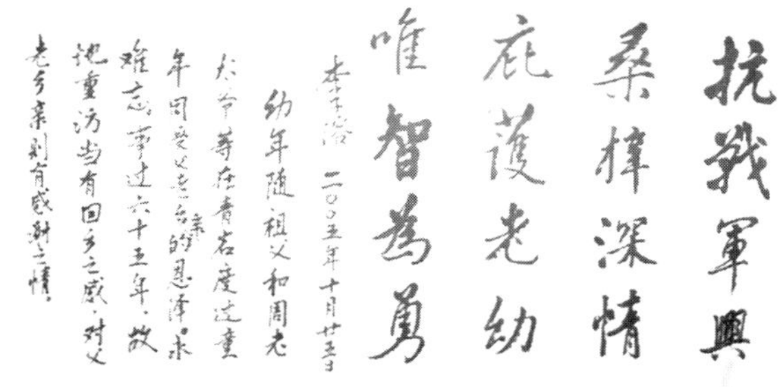

李子溶在青岩古镇慈云寺内抒写对65年前青岩父老乡亲帮助他一家人的感激之情（周天胜 摄）

周秉宜游览、瞻仰了八路军大伯的岳母、即伯外祖母杨振德居住的南街75号吴家住处后，又到背街1号瞻仰观赏爷爷周懋臣60多年前常去丁仲五家紫金花树下下象棋的地方。然后又到爷爷在背街10号和李哲卿一家住处观赏、瞻仰、观后心情十分激动。到慈云寺观赏完馆藏后，周秉宜与李子溶同时挥毫，写下了热情洋溢的话语：

"衷心感谢青岩镇的父老乡亲在抗战时期对我的祖父周懋臣先生的多方关照。今日来青岩，看到青岩一派欣欣向荣，心中亦甚觉欣慰。周秉宜，二00五年十月二十五日"共68字。周秉宜的题词，发自出一个专访者内心的肺俯之言，她真诚地表达了1939年——1940年抗战时期，青岩人民掩护和帮助过自

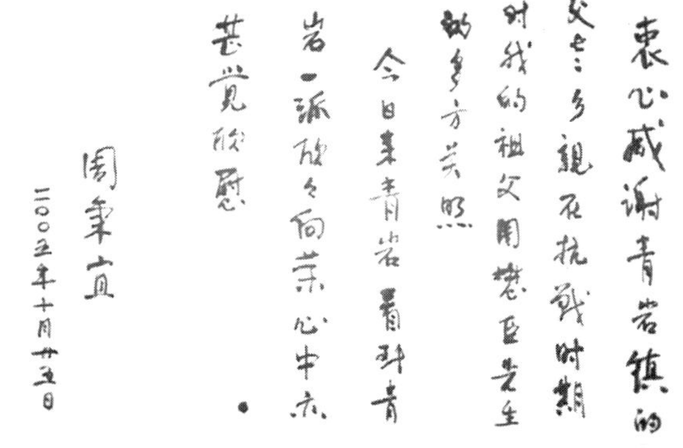

周秉宜在青岩古镇慈云寺内书写对青岩父老乡亲关照过周爷爷的感谢之情（周天胜 摄）

己的爷爷周懋臣等三十多位八路军家属的由衷感谢，题词情真意切。

五、慈云寺采访八路军家属子弟李子溶和子女周秉宜

二老题词后，李子溶老先生和周秉宜老先生在慈云寺大厅坐在沙发上休息小憩。笔者见状打扰了他们的休息，向他们说明来意，才得以同周秉宜、李子溶两位先生简短的交谈。初步了解了八路军家属居住青岩期间相关问题和人和事的专题专访，后又通过电话采访和信件联系网传资料，因此得以补充了以上八路军家属在青岩两年期间真实的史料。

采访中，李子溶先生说："当年我在青岩时才 6 岁。1940 年春，邓奶奶住的那条街（南门外，今南街）发生火灾，大家着急了，都去看，杨老太太住的地方没烧着，大家才放心。贵阳交通站八路军战士，一个叫李一生的，每个月骑单车到青岩一次，来看我们大家和送来生活费。""我们一家是最后一批离开青岩的，那是 1940 年 8 月，贵阳交通站来青岩接我们到贵阳，住了一段时间，然后到桂林。我们从青岩撤到桂林后，大伯丢下我们一家，自己回延安去了。半年后，1941 年 1 月 22 日，贵阳交通站被查封，重庆八路军办事处来电报通知桂林办事处，要我们一家自己去重办，预算寄款 5000 元作路费，在桂林改行做地下党工作的我的爸爸李克襄也同行，加上冯玉祥的侄女共 9 人，从桂林乘车来到贵阳后，物价飞涨，5000 元不够路费，买不到车票，被滞留贵阳。我们正好到八路军贵阳交通站去看了一下，眼前是一片狼藉。正在一家焦急的时候，突然在贵阳遇见一安徽老乡，他用车把我们 9 个人分几批乘坐先后送到了重庆，我们一家人安全到达八路军重庆办事处。在这里等了一年，1942 年，我们一家人才从重庆办事处安全转移到延安，从此结束了四处漂泊的动荡生活。"

从万寿宫来到横街时，李子溶先生坚持要到文昌阁看一下贵州省立青岩社会教育实验区旧址，到了文昌阁大山门前没有进去。他回忆说："我的爷爷经常带我到这里来玩。爷爷每天还陪我和妹妹李慧到青岩小学去读书，在青岩小学读书的还有孟庆澍的侄女孟雅"等。

从青岩场坝到北街街上，来到龙泉寺游览一番。不久，出了北城门。下午 3 点钟，李子溶、杨昌羽夫妇、周秉宜和弟媳妇李玉树一行结束在青岩的旅游观光，依依不舍地，从北门前乘车离开青岩前往贵阳。

六、李子溶网传当年在青岩的七千多字珍贵资料和照片

2016年7月下旬，李子溶先生给我网传当年在青岩的珍贵资料达七千多字和寄来爷爷奶奶在延安合影的照片。李子溶网传的部分资料说："后来，周爷爷的三儿子周同宇来看望过他，和我家在一起住了几天就走了。不久，周爷爷先走（转移）贵阳、重庆。其他家属撤离后，剩下我一家7个人。我的伯父从重庆回桂林、路过贵阳、同袁超俊和交通站的几个八路军战士一起开着大卡车专程到青岩来看望过我们全家。当天回到贵阳后，大伯父把长征中拍的照片交给贵阳交通站，要他们好好保管，将来有用。（1941年1月22日就出事了，贵阳交通站被查封）。伯父很后悔，十分可惜他多年来保存的红军在长征途中拍摄的珍贵照片。

我们家在青岩。开始有我祖父李哲卿、祖母詹红珍、婶奶奶周氏、大伯母赵瑛的母亲赵外祖母、我的二伯母某氏，又称二婶母、堂兄李澄修（8岁），堂姐李敏（当年6岁）和我母亲（虞季）、及我（李子溶6岁）妹妹李慧（4岁），共计十口人。不久，即1939年春节正月十五后婶母（二伯母和堂哥李澄修、堂姐李敏）一家去了八路军重庆办事处与二伯父李克裕团聚（不久，二伯父李克裕和我父亲李克襄受大伯父之命转入地下党工作。二伯父李克裕和二伯母、堂哥李澄修一家3口从重庆回广西铁路局搞地下工作，后来在广西日机大轰炸中全家被炸死，唯李敏在延安存活。）余下我和爷爷一家七口，一直住到1940年秋两年时间，才离开青岩到贵阳。我们一家在贵阳交通站居住一段时间后，秋冬之交到达桂林办事处。（我父李克襄是延安抗大后勤干部，也回到广西桂林搞地下党工作，我们从青岩撤离到广西桂林不久，发生"皖南事变"，父亲李克襄和我们一起受重办之命紧急撤离到重办，1942年后才到达延安。在延安，我的爷爷李哲卿和奶奶詹红贞俩人才合影了半身照。

1940年9月离开青岩到桂林、重庆。1942年到延安后李哲卿爷爷和詹红贞奶奶双人照的半身像（李子溶 提供）（李哲卿爷爷和詹红贞奶奶是一级上将李克农同志的父母）

关于周爷爷，他单身一人，从武汉大撤退后，是在湖南湘乡和我家汇合的，从湘乡到青岩背街10号一直和我们生活在

一起，他和爷爷住一间屋前后，实际上成为我家的一名成员。直至1940年夏天，他和20多位家属被陆续送往重庆。邓奶奶，她是一人自己单独生活。

孟老太爷夫妇及养女孟庆田、孙女孟雅（5岁）一家4口和陈爷爷家，住在我们隔壁不远的东南厢房后另一栋房屋，他们是和我家一同第一批到青岩背街的。

贵阳“二·四轰炸”后，周爷爷、邓奶奶和秦新华约1岁半，由一个湖南奶妈带着来到背街，约半年后被送去延安。后来，湖南奶妈在延安不幸病故。还有一个不算太老的妇人，带着几个女儿来到背街（住在我家院子东厢房）。她们比较特殊，听贵阳交通站的同志常谈论她们，时间不长，便离开了，她的大女儿是严慰冰。贵阳交通站的同志定期来看望我们和送生活费给养。一般是着便衣乘长途公共汽车来，记得有一次是一位年青同志蹬自行车来的。我们八路军家属间很团结，彼此来往照应。和其他同是“难民”的各户相处还融洽，未发生过矛盾。那些浙江大学生对两位老爷爷挺尊重，他们有事更是找他们商量，很热心。

周秉宜与八路军家属有什么样的关系呢？周懋臣有三个儿子，第三个儿子改名叫周同宇，曾是新四军干部，1940年曾到贵阳交通站八路军家属青岩安置点背街10号看望过父亲周懋臣和八路军家属李哲卿一家7口，在青岩背街10号住了几天。后来在华北人民革命大学毕业，任北京钢铁局科长，曾调冶金部工作，后任华北钢铁局工务处副管理师、重工业部钢铁局供销处秘书、购运总站副站长、仓库管理科科长等职。周秉宜是周同宇的二女儿，1944年10月出生，浙江绍兴人。1970年毕业于中央工艺美术学院，原对外经济贸易部《国际贸易》杂志社美术编辑。

注：（本文作者 周天胜 13765024125）

①资料来源于亲自陪同参观、实地拍照、采访李子溶先生、邮寄地址信件、电话专访、网传资料等、周秉宜回北京后曾寄赠《周恩来家世》一本与编者。

青岩保育院是我新家庭[1]

余志勋

七七响枪声，神州灾祸临。儿童亦罹难，少小离家庭。
流浪川黔地，青岩方落根。青岩保育院，是我新家庭。
老师如父母，抚育我成人。教吾爱祖国，教我敌友分。
要我勤劳动，要我是非明。爱心胜父母，暖流浪子心。
同学似兄弟，相爱又相亲。苦辣全尝尽，大伙心连心。
生活在一起，友情似海深。日子虽贫困，苦中有欢欣。
昔日皆儿童，而今变老人。常常忆往事，不禁热泪噙。
望能重聚首，相互诉衷情。

青岩保育生“回家”，表达了诗人与难童聚会青岩的愿望。青岩古镇对外旅游开放后，许多难童恋恋不忘青岩保育院的养育之恩，纷纷到青岩的“家”故地重游。

1998 年 9 月 26 日，时隔 54 年后，保育生侯意坚、艾蒂从北京到贵阳和叶瑾惠来访青岩龙泉寺、万寿宫保育院旧址。这些当年的小姑娘，如今变成了白发苍苍的老人，老人们故地重游，回忆往事，依依不舍地离去。

2003 年 4 月 23 日下午，上海空军政治学院历史系副教授姜醒华从上海到贵阳十三中偕其弟姜醒国老师一同前来青岩龙泉寺保育院旧址，蹲在磨弹子石旁边，望见磨弹子的石头，似乎回到当年保育生的生活。

2006 年 3 月 4 日，在贵惠路城管委退休，已 74 岁的黄庆荣老人带着子孙来到

［1］余志勋诗词摘自《保育生通讯》。

龙泉寺，对当年的难童生活和学习进行回忆。老人们都希望在有生之年，能和当年的师哥师姐师弟师妹前来青岩聚会。

2014 年 9 月 17 日，这一天终于来到了，杜乃强、姜醒国、陈汉生等保育生随全国百余老人保育生来到青岩保育院的“家”，重温和回顾当年的学习生活。在中国历史文化名镇青岩古镇旅游发展的今天，青岩人民满怀热情，随时欢迎青岩保育生的到来，欢迎你们到青岩的“家”来做客[1]。

[1] 资料来源于陪同参观、实地拍照、亲自采访。

青岩保育院杰出人才龚国元副博士[1]

《烽火摇篮》编辑部

1938年底，龚国元的老家安徽合肥战事吃紧，在日本鬼子占领前，龚国元和大姐龚国珍、妹妹龚国杰三姐妹一起，由安徽合肥逃难来到贵阳，住进了贵阳难民收容所。这年冬天，龚氏三姐妹被贵州保育分会第一保育院暨青岩保育院接收。龚国元当时3岁多，一直在青岩保育院学习受教育。1942年，黔一院并院后，青岩保育院改名为"贵州女子保育院"。延安到武汉办事处的女八路、保育总会理事朱涵珠在武汉沦陷前撤退到重庆保育总会，后来邓颖超将其秘密转移到青岩，在李坚白院长被监视紧急撤离后，临危受命，重庆保育总会任命朱涵珠为青岩保育院第七任院长，也是最后一任院长。1944年12月初，日本人打到独山县"黔南事变"前一天，朱涵珠带领青岩保育院200多名学生撤离青岩，徒步到达桐梓三座寺保育总会第十保育院，即合并后的贵州男子保育院，后转重庆水土沱保育总会直属第二院。解放后，龚国元成为新中国的建设人才，留学苏联的副博士，学成回国后，为社会主义建设做出了重要贡献，成就颇丰，享受国务院津贴。她是青岩保育院保育生中杰出的人才之一。《保育生通讯》介绍说：龚国元，女，1935年12月出生于安徽合肥。1938年入贵州分会第一保育院暨青岩保育院，后转黔二院、重庆水土沱直二院。1946年升入国立荣昌师范学校读中学，1952年考入西南师范学院，1956年毕业，1959年留学苏联，1963年获副博士学位。回国后分配至中国科学院地理研究所做研究工作，先后参加和组织了"长江三峡地区地貌"调查，"六五"国家攻关课题"黄淮海平原综合治理与开发"研究，"七五"国家攻关课题"航道开发技术"中的汉

[1] 收录作者龚国元原文于《烽火摇篮》——中国战时儿童保育会图片集。

江航道整治任务，“黄淮海平原节水性农业”研究，“广东五华山水保实验站小流域地生态系统”研究以及国家“八五”攻关课题黄河流域环境系统方面的研究任务等。其中“六五”国家攻关课题获中科院科技特等奖，国家自然科技二等奖，本人被评为中科院黄淮海课题优秀工作者，“七五”国家攻关课题获交通部科技三等奖。著作有合作撰写的《实验地貌学》《河流地貌学》《河流地貌学概论》《华北农业地貌》《河流及其影响因子》等。现为中科院正教授级研究员，中国地理学会地貌专业委员会委员，水利学会泥沙专业委员会委员。1992 年获国务院颁发的有贡献的专家的荣誉和享受政府特殊津贴，今年已 89 岁高龄。

本书由贵阳市2017年度宣传文化事业发展专项资金资助出版

青岩文化与历史

周天胜　周媛　编著

（下　册）

贵州出版集团
贵州人民出版社

图书在版编目（CIP）数据

青岩文化与历史 / 周天胜，周媛著 . -- 贵阳：贵州人民出版社，2023.11
ISBN 978-7-221-17967-8

Ⅰ. ①青… Ⅱ. ①周… ②周… Ⅲ. ①乡镇—文化史—贵阳 Ⅳ. ① K297.35

中国国家版本馆 CIP 数据核字 (2023) 第 192386 号

QING YAN WEN HUA YU LI SHI

青岩文化与历史

周天胜　周媛　编著

出 版 人　朱文迅
策划编辑　代　勇
责任编辑　潘江云
装帧设计　唐锡璋
责任印制　蔡继磊

出版发行　贵州出版集团　贵州人民出版社
地　　址　贵阳市观山湖区中天会展城会展东路SOHO公寓A座
印　　刷　贵州新华印务有限责任公司
版　　次　2023年11月第1版
印　　次　2023年11月第1次印刷
开　　本　787mm × 1092mm　1/16
印　　张　40
字　　数　500千字
书　　号　ISBN 978-7-221-17967-8
定　　价　98.00元（上、下册）

概 述

《青岩文化与历史》下册，着重收录青岩明代以来分散的历史文化资料。这些资料以分篇目方式呈现，都是青岩和花溪的文化瑰宝。史海钩沉篇：收录了明代“知行合一”著名教育家王阳明游历贵阳花溪山水作过天生桥和青崖砍柴诗；青岩寿福寺旁孙膑庙出土“永垂不朽”碑碑文；清末“优贡生”朱福初书写的青岩北街朱氏一门三进士四知县和遗存的两道手书圣旨；立于民国四年乙卯（1915）的尊师重德碑《毕节学正贾旭庄老夫子纪念碑》；青岩南门龙井坡发现民国七年戊午（1918）禁止开山采石保护环境的《禁碑》。青岩人出征除暴安良篇：记述青岩参加门户练的子弟兵出征湖潮广兴镇剿灭神兵匪首韦四海（韦老河）的军事史实。青岩道教文化：用点校前言——抢救修复民国丙子年出版的两本《贵州孝节录》残书的说明，收录了《贵州孝节录》张家澍撰凡例、安庆桐城后学姚景崇撰《贵州孝节录》序一、青岩道人班壅撰序二、播州周燊儒撰序三、铜江道人张家澍撰序四、毕阳后学沈泽鸿撰序五；班壅、张家澍等编原著《贵州孝节录》178 人传略全录：《安顺县城内大龙井街孝子张发祥事略》；又录班壅（字润石）在《贵州孝节录》中撰写的五言诗 175 首和咏孝、咏节、咏贞、咏烈七律诗 8 首结束全书，班壅还在《贵州孝节录》中撰写《序二》和贵阳县青岩镇《孝子张璧昌事略》、清镇县卫城人《孝女王修莲事略》、镇远县刘家庄《节妇薛肖氏事略》、广顺县摆古寨《贞女汤志一事略》和《节妇汤王氏凤鸣事略》等 7 篇传记；其子班治元为黔南独山县丰洞场人撰文《节妇何陆氏事略》1篇；还有青岩道人张雨林、郑克哉，也参与了班蕴等编的《贵州孝节录》资料的走访采集和撰文，他们为青岩班蕴的母亲节妇班车氏和班蕴的妻子孝妇吴润媛撰写了传略，这些传文反映了贵州33个县和青岩道家的道教思想“忠、孝、节、义”和“孝妇、节妇、孝贞女、孝烈女”的孝节状况，也是青岩道教文化的特殊表现。

战时儿童保育会与贵州分会和青岩保育篇：该篇涉及保育会历史文献。收入安娥撰《抢救孩子去！》和《忆轰炸中的抢救》两篇文章，以及贵州分会理事长保志宁撰《谨为战时儿童请命》和唐吟《保育乎与弃育乎》等理论文献。论“黔南事变”再现当年保卫贵阳平安篇：收录平刚撰《黔南事变纪实》。同盟国与美国援助篇：收录中国接受美国人民捐赠的20吨63捆蓝布援助、美国总统罗斯福夫人收养两难童为义子女、重温中美英三同盟国达成的《开罗宣言》、美国援华空军后勤部队汽车连驻青岩等文章；论述战时儿童保育会与陶行知生活教育在青岩篇：收录邓颖超致函国家妇联党组书记郭建谈战时儿童保育会问题和邓颖超向保育会成立50周年纪念大会致贺信、青岩保育生姜醒国追忆贵州战时儿童保育分会片段和论在战时儿童保育院里成长的文章、陶行知生活教育与青岩。附录篇录入青岩杰出亲友名人篇、熊宗仁论《一级上将何应钦》。花溪抗战文化篇：收录了抗战中的花溪公园和麟山摩崖石刻“生聚教训”、花溪公园坝上桥旁龟山“防空亭”、周诗若记张学良将军抗战期间游花溪、花溪中正公园的变迁、吉麟村周氏族众捐资兴建防空学校抗战纪念标亭的变迁、防空学校抗战死难将士纪念塔公墓在花溪的变迁。黎明前提倡社会变革和地下革命活动暴动篇：收入青岩教师何应相论发展妇女工作和彻底解决妇女困难和痛苦、贵筑县中学和私立青岩少璜中学校长汪汝衡论提高小学教师待遇与经费筹集、班元信等参加惠水五县少数民族营救顾希钧烈士的一场未打响的暴动。最后一篇是青岩解放初期篇：收录青岩解放后成立青岩区人民政府新政权，贾开文忆中国人民解放军教导大队从修文到花溪和青岩，陈朝富回忆连长送我到青岩教导大队去参训，中国人民解放军贵阳军分区教导大队在青岩，刘登云、周念贤、车善益三个青岩人在白云区鸡场仓库牺牲经过的调查，中国人民解放军贵州省军区在贵筑县组织发动的贵惠路第一场剿匪战役“青岩战斗”始末，贵阳军分区在贵清筑三角地区发动的剿匪战役“拐耳坝战斗”始末。最后附录收入当代青岩人徐少奎2007年9月29日为纪念青岩建镇639周年撰写的《缅祭先贤文》。

以上篇目证实了金筑文化青岩古镇文化历史的厚重，是一代一代青岩人干出来的，也是各个时期一代又一代关心青岩古镇建设的人们创造出来的。没有他们的付出，就没有今天的辉煌。

编　者

2023年11月8日

目 录

史海钩沉篇

（1510 年—2014 年 3 月 19 日）

复兴《青岩文化与历史》，犹如在大海里捞针，要把史海沉淀的历史一点一点的挖掘出来，着重把明清以来分散的文化和文物、名人资料点点滴滴集中起来，确实难度太大。本篇主要收录明代王阳明先生游历石板镇芦荻村的天生桥即今天河潭景区和王阳明游青岩写下的砍柴诗，孙膑庙出土的建庙“永垂不朽”庙碑，呈现北街朱家一门出了三个进士四个知县遗存两道抄录的“圣旨”，再现民国四年学生尊师重德碑、《大定府毕节教谕贾旭庄老夫子纪念碑》，再现民国七年青岩南门龙井坡所立贵阳县县长王某，为禁止开山采石的“禁碑”收官。请详细阅看各篇目内容。

王阳明游历花溪山水作过天生桥和青崖砍柴诗[1]

我国古代著名的哲学家和教育家王阳明，在被贬谪贵州修文龙场驿作驿丞期间，创办了著名的龙岗书院。他在离开贵州前往庐陵县任知县前，在贵阳讲学。他利用春节后早春“乍寒乍暖早春天”的数天时间，从贵阳次南门太子桥出发，经南明河往上游，游览了花溪区境内十里河滩、天生桥、青崖等地著名风景区，写下了鲜为人知的诗句。王阳明是明代外省籍名人游览花溪河山水有记载的第一人，比 1638 年明代山水旅行家徐霞客游贵阳、花溪、青岩、白云山要早 72 年，它有力地证明了花溪这颗高原明珠早在明代就吸引了许多诗人和游客。

王阳明（1472—1529），名守仁，字伯安，浙江余姚人。自称为阳明子，后人尊称为阳明先生。28 岁中进士，历任刑部主事、庐陵知县、左佥都御史、南京兵部尚书等职，被封为新建伯，死后谥号王文成公，是我国古代著名的哲学家和教育家。明武宗正德元年（1506），王阳明因得罪宦官刘瑾，被贬为贵州龙场驿驿丞，于正德三年（1508）三月到达龙场驿（今贵州省修文县城）。当时设驿丞一人、吏一人、马 23 匹、铺陈 23 副。王阳明初到龙场时，在离驿站不远的小孤山上搭了一间草屋暂住，不久又搬到龙岗山下一个山洞里安身。几个月后，在当地少数民族的帮助下，盖了几间简陋的木屋，王阳明分别为它们命名为“何陋轩”“君子亭”“宾阳堂”，并为之写了记。王阳明在当时艰苦的条件下，仍坚持讲学和研究学问。他以何陋轩为校舍，创办了龙岗书院。到龙岗书院学习的，除龙场附近的乡民外，还有贵阳等府、

[1] 本文发表在中共贵阳市委党研室编《贵阳党史》2013 年第 2 期，第 41—45 页，题目《王阳明游历花溪山水作过天生桥和青崖砍柴诗》。

州、县的有识之士。

王阳明在龙岗书院讲学声名大振。正德四年（1509），继任贵州提学副使席书，写信邀请王阳明到贵阳文明书院讲学。王阳明欣然应聘，于十一月初到贵阳，主讲于文明书院，他在文明书院首次阐发了他的“知行合一”学说[1]。

正德五年（1510），王阳明从贵阳次南门太子桥溯流而上花仡佬（今花溪）、天鹅寨半边山峡谷、芦荻天生桥，即今天的天河潭风景区。他一路观赏花溪美丽的自然山水，写下了鲜为人知的千古诗句《过天生桥》。然后转道青岩游览，写下了《青崖采薪》诗，记录了他到青岩后随主人上山砍柴真实而有趣的故事。笔者在查阅府志和地名诗相关书籍和资料时，发现了王阳明写下的这些珍贵的诗作。根据本人对诗词肤浅的认识和理解，把它整理出来，与旅游者共同欣赏王阳明游历太子桥、半边山、天生桥、青岩的诗句，并到实地旅行，去欣赏、感悟诗歌的含意，领略花溪高原明珠美丽大自然的奇妙风光。

请共同欣赏王阳明沿南明河上游南出贵阳次南门外，作《太子桥》的两首诗吧！

太子桥[2]

王守仁

乍寒乍暖早春天，随意寻芳到水边。树里茅亭藏小景，竹间石溜引清泉。

汀花照日犹含雨，岸柳垂阴渐满川。欲把桥名寻野老，凄凉空说建文年。

从诗句内容来看，王守仁出贵阳次南门太子桥时的一天，已是乍寒乍暖的早春二月，他顺着南明河岸游山玩水“随意寻芳”，他发现在树荫下有用茅草盖成的亭子，供人们乘凉、休憩和观赏四周的美景。一股清亮的泉水从竹林和岩石间“溜”“引”了出来。很显然，这首诗写实景。

诗人笔锋一转，借景抒情，戏说历史。诗的大意是：阳光照射在河床中央的沙滩上，微风吹拂，荡起水面一层层浪花，四周散发出湿气的芳香。放眼望去，南明河两岸柳树成行，杨柳冒出了新芽，千万枝柳条下垂，随风飘动，柳芽渐渐地遮盖浓密，差点看不见远处高山平川间平坦而低的地带。诗人来到南明河上游的一座桥

[1] 摘自《贵州教育史》70—72页。

[2] 《贵阳地名诗文楹联》104页。（原注）太子桥在贵阳市次南门外，后讹为太慈桥。

上，仔细端详、思量着桥名“太子桥”的用意，领略悟其含意。用“凄凉空说建文年”点题，暗含了民间传说中的一段野史，传说建文皇帝从暗道逃出南京皇城后，一路上的遭遇很悲惨、凄凉。这个昔日“一人之下，万人之上”，过着奢侈生活的皇帝。在瞬间，一切成了泡影。辉煌的皇室生活灰飞烟灭，四大皆空。昔日不可一世的建文皇帝，一路上躲躲闪闪，仅凭一瓶一钵乞讨，四处逃亡隐匿，历尽千辛万苦和千难万险，来到了偏僻的黔省，在广顺白云山削发为僧，当了和尚。因当年建文帝路过次南门外时，河上没有修桥，后来修建了石桥。为讥讽皇室生活，即朱元璋传位不传给儿子朱棣，而传给孙子朱允炆（建文皇帝），因此而引发皇室争斗。朱棣发动兵变，杀人如麻，夺取了侄儿皇位，皇太孙建文帝狼狈逃出皇宫的史实。桥名应为“太孙桥”，基于前面缘由，建桥者挖空心思，诙谐地用“太子”来取桥名，借“太子”名，暗喻“皇太孙”这桩奇案野史的秘密。用“太子桥”为桥名，借太子桥名，而暗忆南明朝廷皇室这段历史。

王阳明从太子桥出发后，顺着峡谷河流坝子，经大水沟、董家堰、花溪十里河滩、麟山脚下，折转往西的大山峡谷，直到天鹅寨旁大岩石山半边山旁。

只见河岸边立有一座雄伟的大山，悬崖峭壁，形如刀切，只有半边，因此名为“半边山”。

王阳明在山下河边遇一放牛老翁。听老翁讲起半边山一直流传下来的民间神话故事。

原先这里周围都是一座座大山，足有一二百米高，给人们的生产生活带来不便。这事传到皇宫，惊动了秦始皇。有一天，秦始皇骑马来到天鹅寨巡视，见河里岸上到处是天鹅。秦始皇看完大山状况后，决定用他的神鞭——马鞭，把这里的高山赶去填平长江和东海。他因路途劳累，疲倦极了，于是躺下休息，马鞭随意放在旁边，不一会儿就睡着了。

秦始皇准备赶山填东海的消息很快传到龙宫，龙宫一时乱作一团，急坏了老龙王一家，也急坏了虾兵蟹将。小龙女性急地游出龙宫，飞上天空，往远处一看，望见秦始皇正在睡觉，闪闪发光的神鞭放在一旁。小龙女灵机一动，想出了偷换秦始皇的马鞭来保护长江和东海的妙计。

小龙女很快制作了一根铁鞭。她拿着铁鞭很快飞到天鹅寨上空，按下云头，变成一个鲤鱼精钻进了水里。只见她迅速游向岸边秦始皇睡觉的地方。鲤鱼精一个鲤鱼打挺，跃出水面，正好落在神鞭旁。鲤鱼精眼疾手快地把铁鞭放在地上，偷偷换走了秦始皇神奇无比的宝贝马鞭，立即隐没水中。

秦始皇一觉醒来，已是第二天的午时三刻。这时正好是赶山填海的好时辰。于是，他拿起马鞭，向大石高山打去。只听砰的一声，一时间天崩地裂，火花四溅，山被打下了半边，向西南方向飞去，削去了天生桥（今天河潭）山顶，水从下面挤压出来。后来听说，削下的另半边大山飞到了云南滇池边。

王阳明从半边山来到芦荻寨不远的一座大山脚下瀑布旁，抬头向高处一望，高山足有百丈高，水从山中谷底“蜃洞”流出，名叫“天生桥”，即今天的天河潭风景区溶洞旁乘船处。

穿岩而出的清泉，汇成了50米左右的深潭，水绿茵茵的，让人毛骨悚然。漫出潭内的水顺势而下，水打岩石，发出轰轰隆隆洪大的响声，湍流直下，激起了一层层的浪花，形成大大小小的瀑布群。洞内能行船，钟乳石林立，造形怪异，恰似天上人间仙境，着实是一处难得的美丽的自然风景区。

王阳明游览了这一美丽的佳境，禁不住诗兴大发，即兴赋诗七言绝句《过天生桥》（原贵阳市花溪区石板镇芦荻村天生桥，今天河潭公园风景区）诗二首：

过天生桥[1]

王守仁

水光如练落长松，云际天桥隐白虹。
辽鹤不来华表烂[2]，仙人一去石桥空[3]。
徒闻鹊驾横秋夕，谩说秦鞭到海东[4]。
移放长江还济险，可怜虚却万山中[5]。

王阳明描绘了鬼斧神工、自然天成的“天生桥”（天河潭）的自然美景。诗的大意是：岸边高大的松树的倒影像白绢一样洁白地没在水中，像蛇一样蜿蜒起伏，波光粼粼。向上一望，天生桥犹如在天上的白云和浓雾之间，架上了一道通向天堂

[1]《贵阳地名诗文楹联》105页。（注）天生桥在今花溪区石板镇芦荻寨。
[2]《贵阳府志》1939页注释192：辽鹤。华表，古代宫殿或陵墓装饰用的大石柱。
[3]《贵阳府志》1918页注释193：仙人、石桥，选“天寒白鹤归的典故”。
[4]《贵阳府志》1939页注释194：七月七日之夕牛郎织女鹊桥相会。秦鞭典故。
[5]《贵阳府志》1939页注释195：济险，济度天险。虚却，空自了结，白白地丢掉。

的天桥，像五彩缤纷的彩虹一样美丽。诗人借“辽鹤”指游人稀少。陶潜在《搜神后记》里记载的故事：汉朝辽东人丁令威，在灵虚山学道成仙，化为鹤归来，落在城门华表柱上。有少年欲射之，鹤乃飞鸣作人言：“有鸟有鸟丁令威，去家千年今始归。城郭如故人民非，何不学仙冢累累。”反衬这里自然风光虽好，连成仙的“辽鹤”不到这里来，或很少到这仙境来，连竖立作装饰的大石柱“华表”，经日晒雨淋也烂了。“仙人一去石桥空”，引用南朝刘敬叔《艺苑》卷三：“晋太康二年冬大寒，南洲人见二白鹤语于桥下，说：‘今兹寒不减尧崩年也。’于是飞去。”这便是“天寒白鹤归”的典故。“仙人”，指丁令威，借指白鹤。天太寒冷，白鹤飞走后不再归来，只有石桥仍静静地躺在这里。诗人慨叹了当时在崇山峻岭中，由于交通不便，虽有美境却“仙人”稀少，人迹罕至，对美景的惋惜之情寓于诗中。诗人被眼前的美景陶醉，恍恍惚惚地觉得秋天已经到来。一群叽叽喳喳的喜鹊突然在秋七月大驾光临，站在树枝上，它们衔来树枝横在两山之间，犹如架起了桥梁，给牛郎和织女相会创造了条件。原来是七月七日牛郎与织女在天生桥，即鹊桥相会，诗人由忧转喜。“鹊驾横秋夕”，联想到《风俗记》中的故事：“天上的织女七夕当渡河，使鹊为桥。相传七日喜鹊的头无毛发，因为梁以渡织女故也。”民间有七月七日之夕，牛郎织女鹊桥相会的神话故事。王阳明抬起头来遥望远山，联想到秦鞭，于是笔锋一转，雄伟的天鹅半边山壮丽的景象犹如就在眼前。相传当年秦始皇欲渡海观日出，在海上筑石桥。时有仙人能驱石下海，石行不快，仙人以鞭赶之。仙人用神鞭赶山填东海的神奇传说，夸张地在诗人笔下展现出来。半边山被仙人用神鞭赶去填海了，打造出天生桥美丽的佳境。看到当时的交通闭塞，诗人身临其境，叹惜这举世绝有的人间仙境天生桥济渡天险，“虚却”空自了结，白白地丢弃在万山丛中，不能供人们游览观赏。诗人以哀婉的心情寄寓着期盼，希望这沉睡在万山丛中的人间仙境，总有一天会被“仙人”用“神鞭”开发出来，供人们旅游，观光揽胜。

诗人站在天河潭蜃洞天桥下，认为已经是“山重水复疑无路”了。然而他拾级而上，登高数百米，越过天桥后山顶，向西一看，眼前豁然开朗，给人“柳暗花明又一村”的感受。来自上游湖潮99个潭和车田段的一条蜿蜒而下的河流展现在脚下，碧绿的河水一时凝固不走了，它悄无声息地遁入山中，给人许多遐想。这时河风吹来，令人精神清爽，心旷神怡。

这时，诗人仿佛看见几个小孩儿骑在牛背上嬉笑，他们悠闲地在牛背上吹着竹箫，走在回家路上的天桥上，犹如牛郎和织女在天上骑着牛儿在走，谁说他们又是走在地上的呢?

春节过后，早春这个节令出游，从太子桥溯流而上花溪，十里河滩湿地大峡谷的河风吹来仍有寒意。因此，诗人转道来到青岩，同主人上山砍柴，印证了早春还须砍柴生火取暖的现实。寒意还未完全退去，因此，王阳明在青岩参加上山砍柴的活动中，写下了“青崖采薪”的五言诗句，记录了青岩行的这段史实。

青岩采薪

王守仁

倚担青岩间，砺斧岩下石。持斧起环顾，长松馀百尺。
徘徊不忍挥，俯略涧边栎[1]。同行笑吾馁，尔斧胡弗击!
快意岂不能，物财各有适。留取支大厦，勿复轻弃置。

从王阳明诗句内容不难看出，他到青岩堡做客，或讲学，在休息之余，陪同主人或好友一起到山上去砍柴。诗的大意是：他扛着扁担行进在青岩的山间，手持利斧，到了山上，到处是青色的岩石，岩缝中长满了杂树荆棘，环顾四周，看见周围到处都是百余尺高的松树。他不忍心挥斧砍伐成材的大松树，而是到涧边去砍那些杂树荆棘。为此遭到同行人的戏笑，叫他拿起斧子乱砍。王阳明直言不讳地告诉同行人：只知道一时快意砍伐，这种做法是万万不可取的。因为它（指大松树）已成材，物有所用，砍来烧掉了太可惜，应把它保留下来，将来用它修大厦，盖大房子，不要轻易地丢弃或乱砍、滥伐、乱烧。他数落了同行一顿。

从这首诗的字里行间，反映了诗人高尚的品德和情操，同时为他保护环境的做法叫绝。不乱砍滥伐，他从反面教育同行的砍柴人，起到保护森林，保护生态平衡，加强环保意识的效果，为我们树立了学习的榜样。古人能做到的，今天我们也能做到。我们应运用好古代名人游历山水的文化，保护和建设好旅游环境，为花溪区的旅游更上一层楼，更好地为旅游业服务。

[1]《贵阳府志》1910页，注：略，巡视。栎(lì)，木名，又叫棫、栩，俗称柞栎或麻栎。果实叫橡子，嫩叶可饲蚕，皮可作染料。栎，《王阳明全集》本作“棘”。

青岩出土孙膑庙“永垂不朽”碑

听说人们在挖掘青岩已毁的“孙膑庙”基础时，挖出了一块大石碑，有文字。于是，我特意去看个究竟，并对碑文进行了整理。

青岩民众崇拜古代的军事家孙武和孙膑，把他们称为神。但是，青岩一直没有修建“巡天宫”庙来祭奠。因此修建“孙膑庙”的目的，是让民众有烧纸上香火的地方，每年春秋两季来庙里祭祀，特别是应征入伍的青年人，入伍出征前，先到孙膑庙来拜《孙子兵法》，拜孙武、孙膑，求保佑将来平安、升官发财。

3 月 16 日下午 4 时许，我与班氏后裔王兴武一起来到阁上山孙膑庙施工工地现场，看见人们正在孙膑庙里进行着紧张的修复重建工作，砖混结构的房屋建筑工程拔地而起，改变了过去砖木结构的建筑模式。在进大山门一进房屋靠寿福寺东面墙一侧，的确横仰斜放着一块大石碑。近前一看，碑身面朝上且沾满了泥土，字迹依稀可见。

为了彻底了解石碑碑文意义，我与老王用纸扫开泥土，用桶拎来清水冲洗石碑，终将污泥洗擦干净，字迹全部呈现出来。只见碑首镌刻着楷书“永垂不朽”四个大字。然后我们准备好纸和笔做记录，边念边写。经整理后，除四五个字字迹模糊难辨外，字基本保存完好。

我用钢卷尺量得碑高 1.50 米，宽 0.71 米，厚 0.14 米。碑首“永垂不朽”字径 0.07 × 0.07 米，碑文小楷，字径 0.04 × 0.03 米、0.04 × 0.04 米不等，碑文大小字约 240 字。

同治八年（1869）孟春月，青岩修建孙膑庙的人们为纪念修庙，竖立了“永垂不朽”大石碑，勒石刻碑留名。整理后，全文如下：

永垂不朽

从古神不可无人，亦不可无神，我青城古无巡天宫庙也。

大清同治五年，凡我同行十有五人，同心竭力，各出分金，管业百，共计七千五百文尽付。首领陈绍明、杨名、周继良三人执手。母年生前由义成多，至道光二十三年遂政三百余十两。于是，买贯姓屋基，造修孙膑庙大殿、左右二厢、对面牌坊，并金身圣像，共用银三百余金，只剩银三十两，犹望后人培补，永作千年用费，万代香烟。

惟恐代远年湮，俾后人不知斯庙之，何由立、不立庙之人之火费，辛勤也。是以勒碑，刻名于左：

□□□、周英、胡大先、刘起禄、刘起仁、周贵喜四人施银十两；杨名、李隆茂、文□□、李易成、周先贤、颜皮匠、萧士凤、刘发奇、颜朝顺等资。

同治八年孟春月立

碑文首先记载了青岩民众崇拜的神，是春秋晚期古代齐国杰出的军事家创立《孙子兵法》的孙武和后来战国时期创立《孙膑兵法》的孙膑。碑文着重说明了青岩自

青岩孙膑庙大山门（周天胜 摄）

古以来没有祭祀军事家的庙宇“巡天宫庙”的历史，修庙的目的是永远祭祀孙武和孙膑，让人们永远学习和继承古代的军事思想。

中国历史书曾有记载，我国古代历史上有孙武创立的《孙子兵法》和孙膑创立的《孙膑兵法》两部兵书。着重说明了《孙子兵法》一书，是我国古代最早的兵书，也是世界上最早的兵书。历史书中孙武所写的《孙子兵法》，系统地叙述了战争中战略战术的原则，提出集中优势兵力打败敌人的重要性。特别强调作战时要对敌我双方的情况做周密的调查，即做到知己知彼，方能百战百胜。

《孙膑兵法》一书，则是我国战国时期的军事家孙膑所写，他继承了孙武的军事思想。

青岩人陈绍明、杨名、周继良三人各自的母亲，生前有修建孙膑庙的愿望未能实现。为了完成母亲们的生前遗愿和纪念我国神圣的古代伟大的军事家孙武和孙膑，三人为此为首领负责筹资，选址在青岩阁上山下北面寿福寺旁修庙，以《孙膑兵法》的创立者孙膑的名字命名为“孙膑庙”。

道光二十三年（1843），他们购买了贾氏屋基，着手修建孙膑庙大殿以及大山门处牌坊和“孙膑庙”的两边厢房。

同治五年（1866），青岩崇拜喜好武功和从军的同行们竭力同心，慷慨出资和捐献银两，为古代军事家孙膑塑立了金身圣像。孙膑庙建成竣工后，花费银两共七千五百文。

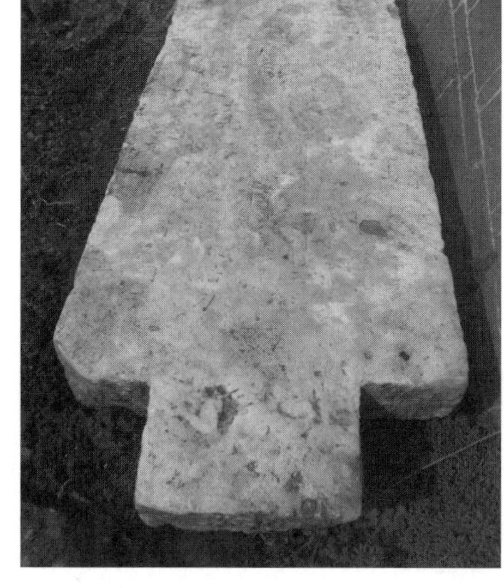

孙膑庙碑文（周天胜 摄）

碑文说明了修建“孙膑庙”的原因、目的、资金来源、庙的规模、造价总额、修庙的辛劳。嘱托后世子孙维修庙宇，崇祀孙膑之神，进香火接连不断，因此而立碑刻永志。

孙膑庙石碑的出土，为我们研究孙膑庙的修建时间和古代军事历史文化提供了实物依据。

注：2014 年 3 月 9 日到现场抄录拍照。

朱福初书写青岩北街
朱氏一门三进士四知县和遗存的两道圣旨

青岩北街朱氏，祖籍湖南。从康熙年间一世祖朱良柱由湖南迁居贵阳钟鼓楼街开始、历经了茶饭寨和青岩北街三个地方。朱氏在黔繁衍子孙，枝繁叶茂，入黔共十二三代人了，住贵阳、花溪和青岩等地。朱氏人才辈出，至八世祖，出了三个进士、四个知县和一个知府。仅第八世祖朱福初支脉之后裔，又有九世朱德修、十世朱炳华、十一世朱小丽、十二世朱佳文四代人。朱福初是五朝遗老，颇有政声，在官场上他是个清官，他经历了从一个封建官吏到接受新中国共产党领导的民主人士的转变，目睹了近代中国的发展。他是个书法家，有作品留世。后人朱炳华和尹绍珍夫妇至今还保存着朱福初书写的《贵筑筍山朱氏宗谱》和道光二十五年（1845）的两道诰命的——圣旨，也是青岩迄今发现的难得的近现代文化瑰宝。现在把它整理出来，让我们对北门朱氏的发展过程和朱氏对青岩的贡献有一个初步的了解，同时学习和欣赏朱福初的书法作品，希望人们能有所裨益。

朱福初的书法作品青岩北街——朱氏世系考[1]

朱氏世系攷

始祖良桂公康熙間自湖南遷黔生子國祚祚生四子長綸次紀三緯四綬綸生一子士儀紀無子緯生一子士範綬生一子士簡士儀無子士範生二子長瓚次瑛士簡生二子長琨次琦瓚生三子長尚儒次尚志三尚忠瑛無子以瓚次子尚志承嗣琨生一子尚俊琦無子尚儒生四子長振鎔次振河三振榮季振沅尚忠生一子振家尚志生三子長振材次振綱三振棠尚俊生一子振衣振鎔振河皆無子振榮生三子長祖佑次祖慶三祖蔭振沅生三子長祖澤次祖武三祖光至祖佑輩蓋八世矣

朱炳华、尹绍珍提供朱福初书法（周天胜 扫描）

一、朱氏字辈：祖德敬承家传诗礼子孝孙贤世济其美

北街字辈：良国纶士瓒尚振祖德炳小佳

[1] 朱炳华、尹绍珍夫妇提供朱福初书“朱氏世系考”资料。

二、青岩北街朱氏的先辈祖宗们与三进士四知县

入黔贵阳第一世祖朱良柱至朱福初八世祖，出了三个进士、四个知县、一个知府，光耀了北街朱氏门庭。根据朝廷规定，相应知县、知府的祖父母和父母亲都能得到同一职务的封赏。三个进士一“优贡”如下：

朱绶，清乾隆十五年（1750）庚午举人，1751年考中三甲126名进士，浙江处州府龙泉县知县。

朱镇，清道光十七年丁酉（1837）举人，1840年进士。衡水县知县、直隶州知州。

朱祖庆，清光绪十四年戊子（1888）举人，1898年进士，四川即用知县。

朱福初，清宣统元年己酉（1909）考中贵州省“优贡”第四名，宣统二年（1912）庚戌廷试，以“优贡”湖南补用知县，二月，任贵州施秉县知事。

详情如下：

（一）三世祖朱绶是青岩北街朱氏第一个进士、任浙江省处州府龙泉县知县、其祖父母和父母享受同等官职的封赏

一世祖朱良柱，字玉卿，青岩北街朱氏入黔贵阳始祖，生于康熙十一年壬子（1672）五月十六日寅时，湖南衡阳府衡阳县铁炉门人。父亲朱光禹、祖父朱应举。康熙年间，朱良柱由湖南衡州府衡阳县铁炉门迁移到贵州省贵筑县钟鼓楼街居住，为青岩北街朱氏入黔始祖。卒于雍正十一年癸丑（1733）正月初六日酉时，享年61岁。诰赠奉政大夫、钦加同知衔、浙江处州府龙泉县知县。生子：国祚。

二世祖朱国祚，字天荫，生于康熙二十八年己巳（1689）正月十三日亥时，逝于乾隆四年己未（1739）四月初一日亥时，享年51岁。诰赠奉政大夫、钦加同知衔、浙江处州府龙泉县知县。国祚生子：纶、纪、纬、绶。

三世祖朱绶，字荼村，是青岩朱氏第一个开始发迹的进士。当了知县。朱国祚的第四子，雍正二年甲辰（1724）正月二十四日吉时生，贵筑县学附生，乾隆十五年庚午科（1750）举人，乾隆十六年辛未科（1751）会试中三甲126名进士，升浙江即用县知县，钦加同知衔、特授处州府龙泉县知县。乾隆五十八年癸丑（1793）四月二十七日亥时在浙江省城观眉山逝世，享年70岁。诰授奉政大夫。生子：士简。因此，祖父母、父母上两辈人受到朝廷诰封同等职衔。

（二）六世祖朱镇是青岩朱氏第二个进士、任直隶正定府衡水县知县、其父母和祖父母受同等封赏

四世祖朱士范，字端模，生于乾隆十二年丁卯（1747）四月二十四日巳时，因他的孙子朱镇中了进士、钦加同知衔、任直隶正定府衡水县知县，因而以覃恩，诰封朱士范为奉政大夫、钦加同知衔、直隶正定府衡水县知县诰命。逝世于乾隆五十五年庚戌（1790）七月十六日戌时，享年64岁。谥后晋封为朝议大夫。妻孙氏诰封太宜人、晋封太恭人，生二子：瓒、瑛。

五世祖朱瓒，字玉山，号锡之（朱士范的长子），生于乾隆四十年乙未（1775）十月二十日寅时，修文县岁贡生，候选训道，敕授修职佐郎。因儿子朱镇任衡水县知县，因而以覃恩，诰赠奉政大夫、钦加同知衔、直隶正定府衡水县知县。逝于道光二十年庚子年（1840）二月二十九日未时，享年65岁，谥后晋封朝议大夫。同时兹以覃恩，三妻傅氏、丁氏、陈氏例赠孺人、诰封为太宜人、晋封太恭人。生三子：尚儒、尚志、尚忠。

六世祖朱镇又中了进士。朱镇是五世祖朱瓒的长子，原名朱尚儒，乡试榜名朱灿奎，字聚東，又字星五，会试榜名：朱镇，字君抚，嘉庆十三年戊辰（1808）七月二十七日子时在茶饭寨本宅出生，贵筑县学增生。道光十七年丁酉科（1837）乡试中举。道光二十年庚子科（1840）参加会试，中三甲第49名进士。分发直隶即用县知县，钦加同知衔、历署河间府清苑、高阳、饶阳等县知县，特授直隶正定府衡水县知县。咸丰二年壬子(1852）三月起服进京，八月拣发中城兵马司正指挥。三年癸丑（1853）选授安徽凤阳府怀远县知县。四年（1854）甲寅履任，以军功擢升直隶州知州，钦加知府衔。于咸丰七年丁巳（1857）二月十七日巳时在怀远县任所逝世，享年50岁。诰授朝议大夫。父母祖父母上两辈受封同等职衔。

（三）七世祖至八世祖，时隔两代，仅第八世就出了朱祖庆、朱福初一个进士二个知县

七世祖朱振源（朱镇的第五子），字芷堂，道光十八年戊戌（1838）闰四月二十二日午时生，贵筑庠附生，咸丰年间，在籍襄办团防，由训导保举五品衔花翎知县。生三子：祖泽、祖武、祖光。

1.八世祖朱祖庆是青岩朱氏第三个进士，四川即用知县

八世祖朱祖庆，是（六世祖朱镇的长子朱振荣之次子），乡榜名华，会试更名沧鳌，字海峰，生于咸丰十年庚申（1860）三月十七日寅时，光绪十四年戊子科（1888年）举人。光绪二十四年戊戌科（1898）三甲第72名进士，分发四川即用县知县，历任盐务差事。逝于光绪二十八年壬寅年（1902）三月十八日亥时，享年43岁。

2. 八世祖朱福初是青岩北街朱氏第一个“优贡”、任湖南补用知县、施秉县知事

八世祖原名朱祖武（朱镇的第五子朱振源的次子），榜名树勋，号扶枢，又号燮尧，后改名朱复初，又叫朱福初，人称朱二公和好好先生。生于同治四年乙丑（1865）九月二十一日子时，青岩北街人，宣统元年己酉科（1909）优贡第 4 名，宣统二年庚戌科（1910）会试，入保和殿复试，钦取“优贡”，吏部签发湖南补用知县。旋因国体变更，经都督唐委于宣统三年辛亥年（1911）冬月十七日返黔。其父母和祖父母受同等封赏、惜圣旨原件遗失。民国元年壬子（1912）二月，朱福初任贵州施秉县知事。

（四）朱福初秉公执法纠正冤假错案传佳话

朱福初任施秉县知事任内，为官清廉，克己奉公，平易近人，态度和蔼，很有涵养，从不对人耍态度，发脾气，深受民众爱戴。

朱福初像

（青岩北街尹绍珍提供）

据传，朱福初任贵州施秉县知事时，一上任就遇到一桩多年的冤案，该县牢房里关押着一个含冤坐牢多年的农妇。农妇听说新县长上任，立投诉状喊冤。朱福初受理了此案，定要查个水落石出，还农妇清白。看了诉状后，独自一人微服私访、调查，发现确实是个冤案。经多方查证后，农妇申诉情由属实。朱福初亲自升堂，当众公开审理农妇一案。农妇在陈诉案情时，诉一句哭一句，为自己含冤而十分悲伤。还有证人出庭做证，证实妇人无辜，是被人陷害的一桩冤案。趋炎附势的地方绅士和巨富们想趁机敲诈农妇，于是向新上任的知事朱福初说：“此人虽是农村妇女，但她很会治家，家庭很富裕，要她拿银来结案，不要看她哭得很伤心，其实是装哭的，对这种人非要拿银来了案。”朱福初听了却不以为然，反问这些绅士说：“你说她是装哭，那么，你们哭给我看看？本来人家受冤枉，坐牢就难受，你还要人家拿钱了案，这不明明是敲人家竹杠，冤枉好人！”朱福初秉公执法，判妇人无罪，当庭释放，受到当地群众的好评。

他在任内，时逢贵州军阀混战，民不聊生。云南滇军攻入贵州，路过施秉县城，

不论贫富，大肆抢劫，整个施秉县城被抢劫一空。滇军离开施秉后，朱福初私自动用库银，接济遭劫后的施秉县城民众。事后，朱福初把自家在青岩城外贵惠公路新桥边右侧磨香签的水碾房和稻田卖掉，填充归库。由于朱福初在施秉县为官公正、清正廉明，为民昭雪，克己奉公，深受民众爱戴。朱福初为人善良，德高望重，在青岩是家喻户晓的。

三、北街朱家与青岩湘楚赵家联姻

家谱记载：七世祖朱振源，娶妻赵氏，青岩人。系直隶补用府、选授福建顺昌县知县赵国霖，字雨三的次女；系赵国霖的三弟按察使衔、候选道、赏世袭骑都尉、追赠太常寺卿赵国澍的亲侄女；系赵国霖的长子、四川补用直隶州、署理酉阳州知州赵俭的胞妹；系赵国霖的次子、广西升用直隶州、署理永康州知州、凌云县知县、奏补柳州府柳城县知县赵镛的胞妹。江苏丹阳县知县赵以焕和状元赵以炯的堂姐。朱振源于光绪六年庚辰（1880）十二月初八日戌时卒，享年 43 岁。诰授奉政大夫。振源生三子：祖泽、祖武、祖光。

四、道光皇帝给北街朱氏两道诰命之宝遗存的圣旨内容

北街朱氏，至今保存着朱福初书写的书法《贵筑筲山朱氏宗谱》和道光皇帝下的两道圣旨，诰命之宝内容如下：

（一）诰封朱镇的祖父朱士范为奉政大夫和祖母孙氏为宜人的圣旨

奉天承运，皇帝制曰：

考绩，报循良之最，用奖臣劳，推恩溯积累遗载，扬祖泽尔！庠生朱士范，乃同知衔直隶正定府衡水县知县朱镇之祖父，锡光有庆，树德，务滋嗣清白之，芳声泽留再世，衍弓裘之。令绪祜笃一堂，兹以覃恩，貤赠尔为奉政大夫、同知衔直隶正定府衡水县知县。锡之，诰命。赠于戏聿，修念祖膺茂典，而益励新猷，有谷贻孙，发幽光而丕彰潜德。

制曰：册府酬庸聿著，人臣之懋绩，德门辑庆，式昭大母之芳徽。尔孙氏，乃同知衔直隶正定府衡水县知县朱镇之祖母，箴诫扬芬，珩璜表德，职勤内助宜家，久著其贤声，泽裕后昆，锡类或承乎嘉命。兹以覃恩，貤赠尔为宜人。於戏播徽音於彤管，壸范弥光，膺异数於紫泥天庥，允劭。

同知衔直隶正定府衡水县知县朱镇之祖父母诰命之宝。

道光二十五年十月十五日

（二）诰封朱镇的父亲朱瓒为奉政大夫和三位母亲傅氏、丁氏、陈氏为宜人的圣旨

奉天承运，皇帝制曰：

求治，在亲民之吏端重，循良教忠励，资敬之忱聿隆，褒奖尔岁贡生，候选训道朱瓒，乃同知衔、直隶正定府衡水县知县朱镇之父。禔躬滈厚，垂训端严，业可开先式谷，乃宣猷之，本泽堪启后，贻谋裕作，牧之方，兹以覃恩，封尔为奉政大夫、同知衔、直隶正定府衡水县知县。锡之，诰命。於戏克承，清白之风嘉，兹报政用慰，显扬之志，畀以殊荣。

制曰：朝廷重民社之司，功推循吏臣子，懔冰渊之操，教本慈帏尔！傅氏、丁氏、陈氏，乃同知衔直隶正定府衡水县知县朱镇之母，淑慎其仪，柔嘉维则，宣训词於朝夕，不忘育子之勤，集庆泽於门间式，被自天之宠，兹以覃恩，赠尔为宜人。於戏仰酬，顾复之恩，勉思抚子，载焕丝纶之色，允贲幽潜。

同知衔直隶正定府衡水县知县朱镇之父母诰命之宝。

道光二十五年十月十五日

五、朱福初亲书：两道诰命之宝——圣旨墨宝复印扫描原件[1]

朱福初很有学问，精通“四书五经”。他弃官回到青岩后，在书院讲学，教书育人，在发展乡梓文化中献出余热，是个名副其实的好好先生。平时酷爱书法，写有一手好毛笔字，他书写的道光二十五年（1845）十月十五日两道诰命圣旨楷书墨宝，至今其裔孙朱炳华、尹绍珍夫妇和兄妹们还保存着。现在把复印件扫描整理出来公之于世，与人们共同欣赏朱老先生墨香的风采。

新中国成立后，朱福初拥护共产党的领导，作为开明人士，参与参政议政。1956年古历腊月十五日午后3时寿终，享年93岁。

其孙媳妇尹绍珍、曾孙女朱小丽均是青岩小学教师。

［1］朱炳华、尹绍珍夫妇提供的朱福初亲书两道诰命圣旨复印件。

奉
天承運
皇帝制曰考績報循良之最用獎臣勞推恩溯積累之遺載
揚祖澤爾庠生朱士範迺同知銜直隸正定府衡水縣
知縣朱鎮之祖父錫光有慶樹德務滋嗣清白之芳聲
澤留再世衍弓裘之令緒祜篤一堂兹以覃恩馳贈爾
為奉政大夫同知銜直隸正定府衡水縣知縣錫之誥
命於戲聿修念祖膺茂典而益勵新猷有穀貽孫發幽
光而丕彰潛德
制曰册府酬庸聿著人臣之懋績德門輯慶式昭大母之芳
徽爾孫氏迺同知銜直隸正定府衡水縣知縣朱鎮之
祖母箴誡揚芬珩璜表德職勤內助宜家久著其賢聲
澤裕後昆錫類式承乎嘉命兹以覃恩馳贈爾為宜人
於戲播徽音於彤管壼範彌光膺異數於紫泥天庥允
劭
同知銜直隸正定府衡水縣
知縣朱鎮之祖父母

誥命之寶
道光二十五年十月十五日
奉
天承運
皇帝制曰來治在親民之吏端重循良教忠勵資敬之忱聿
隆褒獎爾歲貢生候選訓導朱璜迺同知銜直隸正定
府衡水縣知縣朱鎮之父褆躬湻厚垂訓端嚴業可開
先式穀乃宣猷之本澤堪啟後貽謀裕作牧之方兹以
覃恩封爾為奉政大夫同知銜直隸正定府衡水縣知
縣錫之誥命於戲克承清白之風嘉兹報政用彰顯揚
之志畀以殊榮
制曰朝廷重民社之司功推循吏臣子懔冰淵之操教本慈
幃爾傅氏迺同知銜直隸正定府衡水縣知縣朱鎮之
母淑慎其儀柔嘉維則宣訓詞於朝夕不忘育子之勤
集慶澤於門閭式被自天之寵兹以覃恩贈爾為宜人
於戲仰酬顧復之恩勉思撫子載煥絲綸之色允賁幽
潛
同知銜直隸正定府衡水縣
知縣朱鎮之父母
誥命之寶
道光二十五年十月十五日

朱炳华、尹绍珍夫妇提供朱福初书圣旨复印件（周天胜 扫描）

青岩立于民国四年的尊师重德纪念碑

——毕节学正贾旭庄老夫子纪念碑

青岩人自古有忠孝、尊敬师长的传统，曾有人撰文对老师歌功颂德。刻于民国四年乙卯年（1915）的“前清同治庚午科优进士[1]特授大定府毕节县学正贾公旭庄老夫子纪念碑”，就是门人弟子忠孝、歌颂师长的代表作之一，今立于青岩平街赵公专祠内。

贾公，印宪琮，号旭庄。青岩人，他是清同治庚午年参加贵州选拔的“优贡”生考试后赴京“朝考”，名列二等，后任毕节县学正。他逝世后，他的学生立碑纪念他。此碑首立于青岩北城门外数十米处的贾氏石碑亭内，20 世纪 60 年代“文革”期间碑亭被毁，此碑被抬到南门外烟灯坡，弃置在公路边杂草中。21 世纪 2000 年初，青岩古镇恢复建设后，贾氏后人贾盛初将碑运到新桥边。因贾旭庄是“青岩教案”的当事人之一，与赵国澍是搭档。贾旭庄在“青岩教案”中有功，参加同治九年（1870）优贡朝考，后担任毕节县学正，走入仕途。纪念碑几经辗转，现由青岩旅游公司将石碑立于赵公专祠大殿右山头墙边，字迹显然更加模糊。从 1915 年立碑，该碑至今已有 103 年历史。

张惠泉先生曾对石碑进行过研究，曾撰文说[2]：“此碑虽然年代不久，且属门

[1] 这里及下文中所谓的“优进士”，不是真正意义的进士，而是指的“优贡”。因“贡生”的别称为“岁进士”，人们往往用这个既优雅又时髦的称呼来表达“优贡生”（简称“优贡”）为“优进士”。

[2] 参考张惠泉先生文章。

人弟子为师长歌功颂德之作，但因被纪念人早年曾参与协办青岩团练镇压苗族人民，所以对此碑不可忽视。”据碑文记：“贾旭庄于咸丰七年（1857），应广顺州考试入庠，‘时贵州苗匪猖獗’，贾旭庄协助赵慰三办青岩团务，‘往来公文甚为繁剧’，赵慰三赞赏贾旭庄处理公务有才干，‘厘谷重件不可无贾君’。又载赵慰三死后，赵西（虚）谷续办青岩团练亦结贾旭庄为‘同志’，‘共济时艰’。从这些只言片语中，我们可以看到咸丰、同治年间贵州苗族人民大起义的烽火是如何的炽烈。清朝官方的‘公文繁剧的往来’‘厘谷重件’的调运和视为‘时限’的处境，更反映了苗族人民的斗争，给清朝统治者的沉重打击和清朝官府的惶恐窘迫。因而，这块碑对清咸丰、同治年间苗族起义的意义、影响，清朝地方团务和镇压苗族人民的历史的研究是一有力的佐证材料。”

现将我现场实地考录李彬撰写的‘贾公旭庄老夫子纪念碑’碑文和参考张惠泉先生考证的碑文文字进行整理，加以补充。

正面主碑文中间阴刻楷书“前清同治庚午科优进士特授大定府毕节县学正贾公旭庄老夫子纪念碑”30 个大字，两边是他的弟子的名字。

受业：

车永芬、刘培基、徐□宪、彭耀懋、白绍香、胡德元、张秉忠、赵家鸾、许佩亮、肖□龄、周钟荣、班 玺、车□辅、刘凤翔、陈桂薰、毛兰燕、赵致辅、王培韩、程廷国、蒙廷□、赵□□、吕化玉、王永贵、赵绍光、车小芳、田世宪、李开甲、姚炳文、李善彤、车永怀、牟西平、刘顺忠、刘荣卿、吴克忠、李延寿、文天成、车永泽、傅棫英、汤鹤林、李培槐、王玉汝、郭重先、万立馀、邱学慎、邱学恂、瓦明阳、李汝禁、王玉树。弟：安铨、国猷、建勋、国钧。姪：向书、□英、□策、□璧。

碑的背面是李彬撰写的主碑文[1]：

贾公，印宪琮，号旭庄。幼好学，善述文，老而弥笃。前清咸丰七年，应广顺州考试，以案首入庠。时贵阳苗匪猖獗，协赵公慰三办青岩团务，往来公文至为繁剧，公悉措之裕如，慰三公尝云：厘谷重件，但不可无贾君旭庄。可知公严正明达之声，早为众所推服也。至咸丰九年，并行科试，蒙学院黎批一等补廪。及慰三公去世，而赵君西谷续办青邑团务，亦结公

[1] 抄录于赵公专祠内石碑。

为同志，共济时艰。同治元年十月秋闱，几于破壁飞去，文章憎命，亦无如何？同治九年，举行优贡考试，广顺老师以公名入册，申报学院。公之心原欲名列桂籍，无意于斯，而素知公才者，预为报名。公遂执笔入场，试毕榜揭，学院廖选入贵州下游优进士，赴京朝考，列在二等。着以教职补用，适以嫡母王氏病故，未得入宫者二十年。于是矢志教读，循循善诱，诸弟子皆跻跻成名，以滋身者滋事，公几以函文终身矣。乃光绪戊戌年，吏部选授毕节县训道，兼署教谕，加学政（正）衔。振学风，饬纲纪，门人辈无一不尊仰焉。一堂晤对，时尝喟然而叹曰："为人若此，真士林中君子也，朝廷中之广文也。是故名誉所在，兵备道严授掌毕节县松山书院。天之待士，莫之为而为者，可云厚也。人皆谓，此公忠厚正直，品行端正之报，孰意丙午岁生母车氏病故，遵训制回籍。居乡数年，解纷排难，乡人士无不称道才德。此公生有令名，其大略如是也。譬以古之鲁仲连、王彦方，不是过云。嗟乎，先生休矣！先生以壬子年七月初一寅之时幽矣。今朔洄从之，犹令人景仰弗置焉。爰集各门人，同为建碑，以慰公没后之灵，非敢谓报德也。聊以表寸心而已矣。"

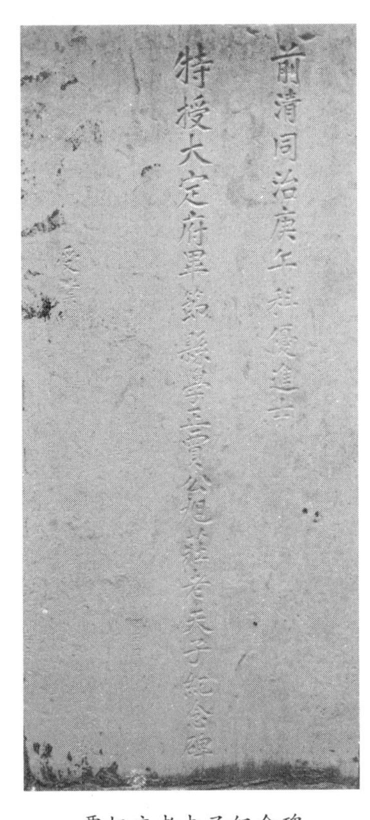

贾旭庄老夫子纪念碑

（周天胜 摄）

光绪丁酉科举人戊戌进士世愚弟李彬顿首拜撰

民国乙卯年[1]十月初三日立

此碑是难得的实物依据，它为我们研究《青岩教案》的相关人物和咸丰、同治年间苗族起义提供了相关资料。应对石碑模糊的文字进行抢救，照原文重新刻在石碑上，让研究者和旅游者更好地了解碑文内容。

[1] 民国乙卯年为1915年。

青岩南门龙井坡发现民国七年（1918）禁止开山采石的“禁碑”

2014年3月19日14时59分48秒，我在家中接到青岩镇副镇长邹建云的电话说：“青岩南门龙井坡有一块民国七年（1918）立的‘禁碑’，不知是什么意思，有的文字不清楚，你过来看一下，看看有没有保护价值？”听说有文物出现，我放下手中未办完的事情，匆匆忙忙到车站等车应邀到南门龙井坡去看个究竟。

到达青岩南门停车场时，已是16时45分43秒。我同邹副镇长向龙井坡走去，爬到山的半山腰，果然在岩边找到了站立的石碑。石碑坐西向东，有人用红油漆在碑面喷上“268”字样，显然是施工单位迁碑的编号，从立碑的时间推算到现在已经有106年了，是涉及保护环境的禁止开山采石的“禁碑”，属于文物，应当保护，但是他们不知，错误地将宝贝当作坟墓乃至迁走。

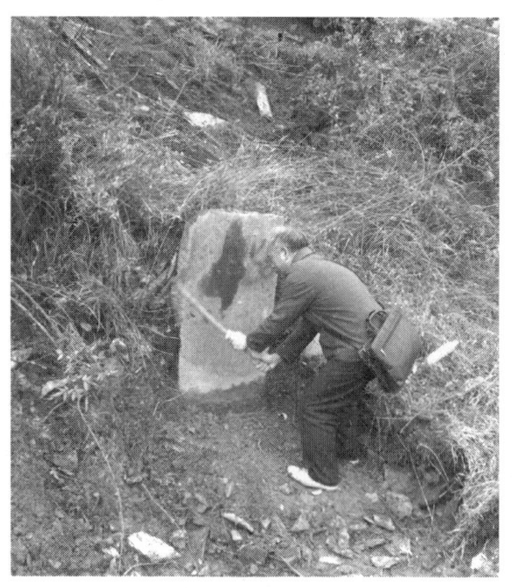

开山采石禁碑

我用钢卷尺测量得：碑高1.2米，宽0.61米。碑首中央横向写着0.11×0.10厘米的“禁碑”两个楷体大字，碑的右边纵向写着0.10×0.07厘米的“贵阳县县长王：为”7个楷体大字，正文则是0.03 ~ 0.04厘米不等的小楷字171字。大概意思是：有人在青岩西门外属于广顺县辖龙井坡开山采石，石块滚下砸伤坟墓，因此广顺县曾告示禁止，但屡禁不止。因此，省政府将龙井坡拨归贵阳县辖，该县县长王某，为发布告示封闭该石厂禁止开采。落款时间是："中华民国七年一月二十三日，严禁青岩南门外龙井坡……晓谕。"（总共203字）。由于"禁碑"书写文字小和凿刻得浅，年代久远，经百年风雨侵蚀，有的文字已经模糊。现对碑文进行抢救、抄录、整理如下：

禁碑

贵阳县县长王，为出示严禁，当照。

得青岩西门外龙井坡地方，周围上下，坟墓累累，前因无知之徒竟然在该处山上开挖取石，以致乱岩碎石磙坠满山，伤人坟墓，当经之前广顺县示禁在案，现已拨归本属管辖，访闻该处地方复有开挖伤坟情事，殊恶著恨，除饬区保护外，合行出示封禁。为此示，仰该处众姓人等知悉。自本县长示谕之后，即将该厂封闭，禁止开采。倘有估抗不遵，一经呈报本县，即行提县严究，决不姑息养之。遵之。切切勿违。特示右谕通知告示。照录。

中华民国七年一月二十三日

"严禁"（石碑），立于青岩南门龙井坡，晓谕。

这是迄今为止，在青岩发现的唯一的关于环境保护的碑。惜因施工被毁。

青岩人出征除暴安良篇

（1931 年—1932 年）

1931 年 9 月 18 日，日军炮轰北大营，发动了侵华战争。消息传到青岩，仁人志士，义愤填膺，立志对日作战。同时，消灭作乱的土匪，除暴安良，巩固后方。抗战时期的 1932 年，区长彭仁斋亲率青岩“门户练”“子弟兵”到境外广兴镇采取了一次除暴剿匪行动，剿灭了平坝普贡作恶多端的“神兵”及匪首韦四海。据姜克俊撰文《回忆过去的见闻》说：1932 年起，贵阳附近紫云、广顺、青岩等地有著名匪首卢云清、韦四海等，一时盗匪四起，人民被抢劫不安。先后出了匪打匪、匪杀匪……最终，韦四海被正义的青岩“子弟兵”所消灭。

为了支援前方抗日，青岩民众做好三件事：一、多打粮食，支援前线。二是练兵，每户抽一名青壮年参加军事训练，实行地方操练，名叫“门户练”，随时准备报名参军应征。三是除暴安良，随时打击各地土匪的抢劫活动。1932 年腊月，匪首韦四海到青岩、燕楼等地抢劫。青岩门户练“子弟兵”，在区长彭仁斋率领下全部出动，与贵阳县县长郑先辛率领的常备队，赴石板区广兴镇（今湖潮乡辖）庙上大摆“鸿门宴”，机智地剿灭了平坝县马场区普贡土匪“神兵”匪首韦四海，韦四海命丧广兴，青岩人为除暴安良立下战功。

青岩子弟兵出征湖潮广兴镇剿灭神兵匪首韦四海

据《黔南职方志》记载：明朝天启二年（1622），水西安邦彦兵围贵阳城10个月，造成贵阳大量人口和财产损失。为了提高各地防务能力，朝廷在贵州多县新增城池18座，1629年续修，1930年竣工。广顺州广兴镇是其中之一（今贵安新区湖潮乡广兴村）。文献记载：“当年9月12日，广兴修建石城一座，周围包山，共计445丈，高1丈6尺，南北二门墩。楼二座，公署二所。防守而竭力兴筑者，守备刘世臣也。分头督工者，千把哨官刘正法、杨芳、苟怀、牛遇朦、罗发祖、汪朝佐等也。催督者，李先耀也。”抗日战争初期，这里发生了一起重大的军事剿匪行动。

“九一八”事变的消息传到青岩，人们十分愤怒，青壮年积极报名参军，到前线去保家卫国。民众则抓好农业生产，多产粮食，支援前线抗敌，每户积极参加军事训练，确保兵员质量；同时，搞好后方安全，维持地方秩序，消灭土匪，巩固后方，保境安民，青岩子弟兵到境外广兴镇采取了一次剿匪行动。正如人们所咏颂的：彭仁斋率青岩子弟兵剿匪广兴镇，韦四海领平坝众神兵命丧鸿门宴。

1931年底，一时盗匪四起，人民被抢劫不安，贵阳附近紫云、广顺、长顺等地有著名匪首卢云清、卢云齐、杨老麦、杨小猫；平坝有布依族人韦四海。其间，先后出现了匪打匪，匪杀匪而自灭的以外，其中有韦四海被贵阳县县长郑先辛率领的常备队和青岩区区长彭仁斋率领的“子弟兵”所消灭[1]。

1932年腊月间，为保一方平安，县长郑先辛和县参议员李鸿奎与青岩区区长彭

[1] 写作本文的史实据姜克俊在花溪区文史资料第七辑上撰文《回忆过去的见闻概述》55页下记载。

仁斋，精心组织策划围剿了平坝“神兵”和匪首韦四海的“鸿门宴”。县长郑先辛率领常备队和区长包相臣在石板区公所坐镇策应。彭区长亲自率领青岩门户练“子弟兵”到石板区广兴镇大摆“鸿门宴”，围剿了威震邻近几县的韦四海土匪“神兵”，亲手杀死“神兵”头子韦四海（又叫韦老河），并消灭了“神兵”骨干30多人，给予“神兵”土匪武装以致命打击，为保家乡太平立下了功劳。此战，使邻近诸县恢复了宁静，成为贵阳县的大事件。

抗战初期，彭仁斋捐献了大量钱财支持抗战，其建有彭公馆，抗战期间，国民党十三军石觉部曾驻扎在彭公馆内。现在，青岩还流传着彭仁斋率领“子弟兵”消灭韦四海“神兵”的故事。

那年已经是腊月十五了，人们像往年一样，正在忙着杀猪宰羊、腌腊肉、打糍粑、舂米面、磨豆腐，杀鸡宰鹅、煮辣子鸡、购年货等，春节前的气氛好不热闹。人们盼望着大年三十除夕夜的灯红酒绿，爆竹声声。但也有不少人整天提心吊胆，富有的人家和有美貌大姑娘的人家，他们最怕腊月间和过年，想起往事又不免担心起来，忐忑不安。韦四海的“神兵”会不会又来抢人劫物呢?

一、韦四海抢匪创“神兵”威风震八方　包相臣区长劝匪首落魄王六坝

韦四海，又叫韦老河，男，布依族，当时四十来岁，1.8米的个子，身材魁梧，一双大大的眼睛放射出凶光。住在贵阳县石板区彭官乡（今花溪区麦坪乡）戈寨村大树脚寨，他的原籍是平坝县马场区普贡寨，普贡寨后来是韦四海“神兵”的老巢。

韦四海年轻时随家族迁到大树脚来住，首先在戈寨村一户无儿无女的富人家当帮工。韦四海在帮工期间，发现这户富人家很富有，银子很多，于是有了抢人的念头。

有一年，韦四海勾结外地的土匪，里应外合抢劫了这户人家，他们把夫妇二人一生省吃俭用，积攒的银子和财物抢了个精光。夫妻二人吃了一顿团圆饭后，双双上吊身亡[1]。韦四海从这时从大树脚回到普贡老家，以普贡等地为据点，公开为匪，组织了100多人的土匪武装，号称“神兵”，为祸一方。

贵州省政府曾牵头联合周边邻县招安，让韦四海担任清乡大队长，但韦四海只是口头答应，一直不打照面，仍然干着抢劫的勾当。

韦四海两口子练就了一手好枪法，可以说百发百中。麦坪地区传说：有一次，

［1］采访麦坪乡刘二冲村已80多岁的村民王顺友。

石板区区长包相臣骑马到王六坝山下河对面找到韦四海，隔河劝其投案自首。韦四海站在王六坝对面山上对包相臣说："包相臣！你不要装，你小心点，我的枪不认人，不信，你站在那里不要动。动！打死你，我不管。"包区长真的站在原地不动。韦四海在二三百米开外，只见他右手一抬，叭的一声，包相臣的博士帽被打飞，被吓得魂飞魄散，赶紧牵着马离开了康寨村王六坝寨。

一时间，贵阳县、清镇县、平坝县、紫云县、广顺县、长寨县、定番县、龙里县、都匀等地，成了韦四海"神兵"和其他著名匪首抢劫的地方，土匪们打富不济贫，把抢来的钱物供他们尽情地享用和挥霍干净。

韦四海的"神兵"发展到100多人的武装，对社会的危害极大，引起了贵州省政府的重视，曾多次派出保安团找寻围剿，因韦四海手下个个身怀绝技，刀枪功夫好，加上熟悉地形地貌和大山的掩护，保安团每次进剿都是无功而返。因而，韦四海的土匪武装被称为是"神兵"。"神兵"来无影，去无踪，谁敢惹，就要倒霉，人们发誓要消灭它。

二、郑县长强压青岩剿匪任务　彭区长受命献计消灭神兵

一天，在青岩区公所执行公务的区长彭仁斋，正忙着整理文件，准备写汇报材料。叮铃铃……叮铃铃……一阵急促的电话铃声打断了他。

彭仁斋赶紧放下手中活儿，拿起话筒："喂！你是哪里？"只听到对方粗野的声音。"我是县政府郑……"不等县长郑先辛说完。彭仁斋说："你是郑县长吗？我是彭仁斋，县长好！""我好？我好个屌！你们要我死！你们青岩今年的税款和禁烟罚金什么时候交？你们还要拖到什么时候？你的区长还想不想当？"彭仁斋听对方说话火药味足，便压住火气说："郑县长，今年有的地方收成不好，粮食减产，派人去收了几次，税谷收不上来，实在没法，你宽限宽限几天。""不行，一天也不行！"两人电话里争吵了起来。郑先辛说："电话

广兴镇的千年银杏白果树（文星 摄）

上我跟你说不清楚，你明天到县里来一趟。”

原来，郑先辛在头一天已被省政府找去骂了一顿：“你们县是怎么搞的，石板区大树脚的匪首韦四海为什么还没有抓住？他搞得附近的几个县鸡犬不宁，被抢的人家越来越多，民众反映太大，经常来告状。据可靠情报，现在韦四海的人马已发展到100多人，号称‘神兵’，有刀有枪，很难对付，省里派保安团去围剿了几次都没有成功，听说青岩区长彭仁斋和他是拜把兄弟，那彭仁斋是有责任的，你们县是有责任的。如果韦四海的100多名‘神兵’武装不尽快消灭的话，将来后患无穷。因此，上面要求必须尽快地消灭‘神兵’。”

广兴镇人的饮水之源——龙井湾深潭（文星 摄）

郑先辛回到县政府和李鸿奎分析商量后，认为彭仁斋和韦四海是拜把子兄弟，对消灭韦四海的“神兵”来说是有利条件，决定派青岩区彭仁斋的清乡队去消灭韦四海的“神兵”，因此郑县长打电话逼彭仁斋交税款，借口筹集剿灭韦四海“神兵”武装的粮草，实际上是逼彭仁斋就范。

第二天，彭仁斋骑着马，很不情愿地向贵阳跑去。到了县政府，郑先辛和李鸿奎都在场。郑说：“款子早晚拿没问题，县里要办一个案子，你正好参加这个会听一下。”彭仁斋走进会议室，见石板区区长包相臣和保安团的几个头头都在。会议由郑先辛传达省里指令，内容就是要派出保安团常备队和清乡队“子弟兵”联合行动，彻底剿灭韦四海的“神兵”武装。

彭仁斋听后说：“解决韦四海的问题，我看很简单，不必用保安团的兵，不必兴师动众，要智取，只须用县清乡大队长职务诱降他就行了。石板区广兴镇那个地方好，一面有大营坡高山作屏障，三面都有很高的城墙，到时只准韦四海的贴身保镖30多人进城，其余七八十人一律不准进。观音庙是个四合院，只要人进去，大门一关，就难逃出。我们以祝他晋升大队长为由，为他开庆祝大会的名义，杀猪宰羊，大摆筵席，吃喝三天，韦四海必去，到那时，我们青岩的100多人对付韦四海的人不成问题，三个对付一个，用酒灌醉他们后再动手。韦四海喜好吸大烟和女人，只要用好烟好酒侍候他就行，还因为我和他结拜为弟兄，我去广兴镇，他不会怀疑，只须我青岩的门户练就足够了，伺机杀掉他韦四海，不成问题。”

郑先辛马上说：“仁斋兄说得极是，现在这个差事就交给你了，带你的门户练子弟兵去剿灭他。现在你彭仁斋就是韦四海，韦四海就是你彭仁斋。”这很显然是向彭仁斋下了死命令。

彭仁斋提出要县里派县参议员李鸿奎前去大树脚韦四海家，以表示县政府的诚意，把韦四海接到广兴镇来，包相臣坐镇石板区公所，保安团常备队调到石板区待命，郑先辛点头应允。

彭仁斋听了郑先辛的话，心里不悦，骑着马急急地回青岩了。

三、门户练加紧练兵备战　保乡民誓灭神兵匪首

所谓门户练，就是每户抽选一人，每天集中起来在青岩场坝参加军事训练，全城100多人参加训练，县里派军事教官进行演练指导，主要练习大刀、拼刺、格杀，打枪瞄准，目的是培训抗战人才，为前线部队输送兵员。100多人都熟练掌握了要领。

彭仁斋把到县开会的情况和青岩接受剿灭韦四海“神兵”武装的差事向几个手下讲后，要求人人严守机密，不得泄露，然后和大家认真研究起来。

要消灭韦四海的“神兵”武装，必须把它分为三股：要把韦四海和他的30多个贴身保镖分开，韦四海的老婆带的大股神兵各自为一股。贴身保镖又不能离得太远，离得太远了韦四海必起疑心。于是选定广兴镇观音庙大殿为击杀匪首韦四海的地方，30多名“神兵”和青岩的100多名“子弟兵”安排在对厅里喝酒，猜拳行令，还有一部分人把守住南北二门，一部分人和广兴镇地方的乡丁控制住城墙一线。韦四海的老婆必定从马路寨和普贡带来七八十个“神兵”入广兴镇南门。到那时，关闭南城门，把她们堵在城外就解决问题了。

能不能消灭韦四海，关键是刀斧手，选好杀手是个关键，杀手一是要胆大心细，二是要下得手，三是刀枪功夫都必须好，四是只准用刀杀，不到万不得已不准开枪。彭仁斋一一交代完后，又对青岩参加门户练的“子弟兵”进行摸排，于是选中了蒙贡寨的班启先、北门的向云成、西门姓黄的老精堂，他们三人作为砍杀韦四海的最佳杀手，于是派人把他们三人找来区公所。

先说班启先，二十四五岁的青年后生，1.7米左右的个子，布依族，他是青岩土司班麟贵的后裔，其家族承袭武德骑尉将军职，因此有习武的习惯，属于其中一

支后人现住青岩蒙贡寨。班启先喜欢头上裹着纱布大套头，身穿布依族土布对襟衣，脚穿麻耳草鞋，身强力壮，显得威武英俊，一双阴沉的鹰眼隐藏着杀气，平日里练习祖传的刀枪棍棒和马上功夫，力大无比，做事莽撞，有“初生牛犊不怕虎”的劲头，一把磨得明晃晃非常锋利、足有20斤重的大马刀常不离身，舞起刀来，收放自如，一生还好打不平。听说韦四海抢了他的未婚妻表妹做小老婆，因此他耿耿于怀，对韦四海充满着仇恨，发誓要杀了他。听彭仁斋说要他去杀韦四海，于是满口答应下来。

再说向云成，家住在青岩北门，也是20多岁的小伙子，1.78米高个儿，生得五大三粗，力气大得很，平时里也练就了一套舞弄马刀的功夫，很多人都怕他，听说要去杀韦四海的“神兵”，一口应承下来。

住在西门姓黄的，绰号叫作老精堂，20多岁，1.8米高个儿，膀大腰粗，为人很刁钻，做事胆大心细，有勇有谋，做什么事总要留一手，走起路来，行走如飞，一眨眼工夫就不见了。由于他做事行动敏捷，脑子灵活，说起话来，声音像打钟敲锣一样，因此人们给他取了个“老精堂”的绰号。老精堂也练就了熟练的马刀功夫，听说要去杀韦四海一伙“神兵”，也想去练练功夫，把充当杀手的差事接了下来。

彭仁斋和三个杀手商量着怎样下手的细节，并要求他们必须再把马刀磨得锋利些，每天练习刀砍功夫，越熟练越好，三人依什而行，领命而去。

彭仁斋把参加过门户练的人进行挑选，决定每户一人参加。听说要打韦四海，“子弟兵”们个个群情激愤，摩拳擦掌，跃跃欲试，恨不得插上翅膀，飞到广兴镇去剿灭匪首韦四海和“神兵”。

四、彭仁斋青岩誓师出兵　子弟兵广兴斩杀匪魔

彭仁斋看时机已经成熟。于是，电话通知县长郑先辛：“郑县长，青岩一切准备就绪，只欠东风，可以给韦四海下帖子开庆祝会了，时间就定在腊月十六到十八，大吃大喝三天，地点就在广兴镇观音庙上，请通知石板区做好生活准备。”

1932年1月23日，即腊月十六，那天早上，彭仁斋集合好队伍召开出师广兴镇誓师大会。他大声说道：“今天到广兴镇庙上围剿韦四海一伙‘神兵’，为民除害。但是这伙‘神兵’手里有枪，个个都很凶、厉害，去后大家要小心点，一定要服从命令，听从你们队长的指挥，各负其责，这次去，不准打枪，我们要大办三天酒席来麻痹他们，到第三天时再动手。我和县里派来的代表县参议员李鸿奎，还有班启先、向云成、老精堂等5人在大殿小嫩和尚厢房里，你们在对面对厅里陪30多个‘神兵’

喝酒，一定要热情，一个人对一个，轮番劝酒、划拳，要将他们灌醉。我们要注意互相接应。得手后，以罗大勋吹叫笛为号，叫笛一响，你们就动手，不准放走一个‘神兵’，只许成功，不许失败。大家听清楚了没有？”“听清楚了。”“出发！”

彭仁斋坐轿，四人抬着，几个中队长骑着马走在队伍的前面。出西门，由燕楼、摆古、林卡、沙坝、火炉山、磊庄大黑石头、黄泥浦向广兴镇走去。

五、清乡大队长用作诱饵　匪首韦四海受骗上当

再说县长郑先辛派县参议员李鸿奎当代表，提前一天把帖子送到大树脚韦四海府上。

韦四海看了帖子和县清乡大队长的委任状后，喜上眉梢，心想这下我可以安稳地当几天官，享享清福了。

他的韦师爷看了帖子，对韦四海说：“大哥！这里面会不会有诈？会不会是鸿门宴呢？你要三思啊！走错一步，全盘皆输。”

韦四海说：“什么鸿门宴？我看不会错，人家大摆宴席款待我们，还有我的把兄弟彭仁斋前来祝贺我升迁，不会有假，我们也该过个太平日子了。我和县参议员李鸿奎称兄道弟，向来关系很好，别人害我，他也来害我？何况他今天来我家，没有什么不对劲的地方，他要是要害我，就不会亲自来和我一道到广兴镇去，你也是太多疑了。”于是，韦四海叫家人杀鸡宰羊，大摆筵席款待县参议员李鸿奎。韦四海受骗上钩。

当天，韦四海派人骑快马到平坝县马场区普贡寨报信，叫他老婆明天带队伍到广兴镇参加庆祝八县清乡大队长委任宴会。

席间，韦李二人称兄道弟，好不亲热，说话也很投机，他们喝着自酿的米酒，你一口，我一口，你一碗，我一碗，三大土碗米酒下肚以后，猜起拳行起令来，热热闹闹，一直喝到太阳落山。

饭罢，二人又躺在床上，叫家人端上上等好烟，又吸起大烟来，他们吞云喷雾，不久就醉入梦乡，昏昏地睡去了。

六、观世音菩萨作法紧急报警　韦四海赴宴路上人头落地

第二天一大早起来，韦四海集合30多名“神兵”保镖，吃过早饭，骑着大马，带着队伍从大树脚出发了。

从大树脚到广兴镇庙上有20多里路远，小路只有三四尺宽，路上铺着很不规则的厚石块，是旧时传送军情的驿道，驿道两旁长满了倒挂刺，周围山坡上满是红子刺，结着红红的果实，满山都红透了，让人喜爱和嘴馋，过路人都要摘一把塞进嘴里，涩甜涩甜的。有的还把熟透了的红红的小果子摘下，拿回家给小孩子吃。

话说观音菩萨这天出游，在天上看到韦四海一行，发现李鸿奎总是盯着韦四海看，贼眉鼠眼的，心神不定。这时，观音的坐骑也不老实起来，长嘶叫个不停，让人心烦。观音菩萨闭着眼，掐指一算，哎呀！不好，他要害人。一看这韦四海，虽做了很多坏事，菩萨仍以慈悲为怀，我还是救他一次吧！苦海无边，回头是岸，若他立即停止前去，反省自己，停止作恶，回头便是好人，还是先给他一个机会，先提醒提醒吧！于是，观音菩萨在天上作起法来，用扇子往下扇了一下。

韦四海和这伙“神兵”刚出门不远，就遇到了麻烦。突然，一阵风吹来，把周围的刺蓬摇动了。韦四海的坐骑正好被倒挂刺挂了一下，刺穿了马肚皮，马惊叫一声，跳了起来。韦四海大吃一惊，差点摔下马来，身体刚好偏了一下，帽子正好被倒挂刺挂飞了下去，落在地上，应了人头落地的不祥之兆。

李鸿奎骑在马上看得一清二楚，心中暗暗高兴，这是个好兆头，你小子完蛋了，连头都不在了，今天到广兴镇必死无疑。

韦师爷见状，赶忙下马，走过去劝阻道：“大哥！看来今天出门不利，帽子落地，这是不祥之兆，还是不去的为好，请回吧！”

韦四海说：“有什么不好的！大惊小怪，上马快走！怕个球！去了，他们那几个人会把我怎么样，谅死他们。”

俗话说：艺高人胆大，韦四海仗着自己有一身功夫和一手好枪法，平时横行乡邻，无人敢说个不字，今天当了清乡大队长更不怕谁了，今天不去，就错过升官发财的机会。他哪里知道，大难已经临头，明枪易躲，暗箭难防。今天的确是去吃鸿门宴。

韦师爷不好直接说：你看你的帽子飞了，就等于你的头落下来了，去了，要被砍头，必死无疑。只好劝说：“大哥！出门最讲究的是吉利，何况帽子落地了，我只是说说，去不去由你拿定主意。”

县参议员李鸿奎听后心惊，这小子要坏事，难道要功亏一篑？不能让韦师爷破坏了机会。于是赶紧说：“四海兄！不必相信迷信，别听他那一套，耽误了喜事。”说完，赶紧把自己的博士帽扔在了地上。大声说：“我就不信！我的头也落地了。”

韦四海见李鸿奎这样，放下了心中的疑团。对韦师爷大声呵斥道：“快走！别耽误了时间，误了良辰美景。”

韦师爷再无话可说，骑着马又向前走了。李鸿奎心中的一块石头才落了地，一路有说有笑，不知不觉来到了广兴镇北城门外。

七、彭仁斋巧摆鸿门宴迎匪　韦四海不知到广兴是计

广兴镇北城门楼上的哨兵，看见远远来了一队人马，赶紧跑到观音庙上去向彭仁斋报告。彭仁斋赶紧把几个中队长召在一起，发出命令：“各中队各就各位，准备迎敌，按预定方案办，告诉每个人，要耐心，任何人不得擅自行动，不得暴露目标和任何蛛丝马迹，一切听我的命令。去！打开城门，赶快在城门上挂上‘欢迎八县清乡大队长韦四海光临’的标语，准备燃放鞭炮，唢呐在前面开道，全体列队欢迎！一定要热烈隆重，从心理上打消韦四海的顾虑。”

话说过去的广兴镇（是今天的湖潮乡广兴村）坐落在上云南下四川的古驿道上，属广顺州的一个镇，从北到南是100多米宽的小城，足有500米左右长，建有南北两座城门。东面是10米高的斜坡，树林覆盖1里多远，建有3米宽、5米高、4米宽跑道的城墙，三面连接北城门和南城门，西南面是近百公尺高的石山大岩坡，建有约500米长、5米高、3米宽的石城墙，往西南抵石桥边，北抵董家立的华表旁，城墙连接南北二门，西南角龙井湾有一天然深水潭，潭水清澈见底，水由西流出城南往东、再往青山桥、由冷饭河流入车田、再到天生桥，即今天的天河潭，其地理位置十分重要。

广兴镇的街道由北而南，街道两旁全部是民宅石板房，街的中央修有阁楼，从这里靠东大营坡脚70米处、有两棵几人合抱的百年大银杏树，阁楼的东面通往庙上，路边有一个大竹山，经过几十级台阶，拾级而上百米，进入观音庙要经过3米高的大山门，靠西面是一幢长六间的砖木结构瓦房，人们常在这里议事，称为对厅。再往上就是月宫门，从月宫门就进入观音庙了。

观音庙大殿坐东朝西，雄伟高大，北、南、西三面有厢房，是典型的四合院建筑，十分紧凑。庙后紧挨着大营坡，广兴镇犹如一只长形口袋，加上四周的城墙和大营坡天然屏障，可以说固若金汤，易守难攻。只要南北城门一关，袋口一扎，连鸟儿也插翅难逃。因此，彭仁斋选择在这个地方消灭韦四海的“神兵”武装骨干力量。

彭仁斋带着欢迎队伍来到北门。这时，韦四海和县参议员李鸿奎正好从马背上下来。

彭仁斋走上前去寒暄起来："四海兄！久仰！久仰！欢迎大驾光临，我代表青岩的'子弟兵'祝贺大队长荣升！"随后叫人把准备好了的大红布和大红花给韦四海戴上。一时间鼓乐声声，鞭炮齐鸣，震耳欲聋，吹鼓手的唢呐也吹响了起来。两旁站满了欢迎的人群，比节日还要隆重。

谁知在这隆重之下，却暗藏着杀机，韦四海的末日到了。

彭仁斋假惺惺、笑眯眯地用右手往前一指道："韦大队长，请！""李参议员代表，请！"韦四海戴着大红花，受宠若惊，更加显得高傲，在彭仁斋众人的簇拥下向观音庙走去。这些都是彭仁斋设的陷阱，而韦四海和众神兵已身陷囹圄，却不知是陷阱，不知是计，中了彭仁斋的圈套。

众"神兵"保镖走在大街上更加显示出傲气，不可一世的样子，他们哪里知道，这一去就是永远的不归路。

他们一行走到街上中央阁楼处，然后向左拐，有说有笑地向庙上走去，走完几十级台阶，来到观音庙大山门。

韦四海和韦师爷站在那里向四周警惕地看了看，觉得没有什么异样，才往里头走去。彭仁斋安排的那些青岩乡丁挤上来，热情地倒茶送水，很殷勤地请韦四海到对厅里坐。彭仁斋说："不用了，请大队长到上面去坐，你们招呼好大队长的弟兄到对厅里坐就行了，一定要好好招待他们，不要怠慢了。"彭仁斋一语双关。韦四海见庙上院子里摆放着吃饭桌子，也就放松了警惕。

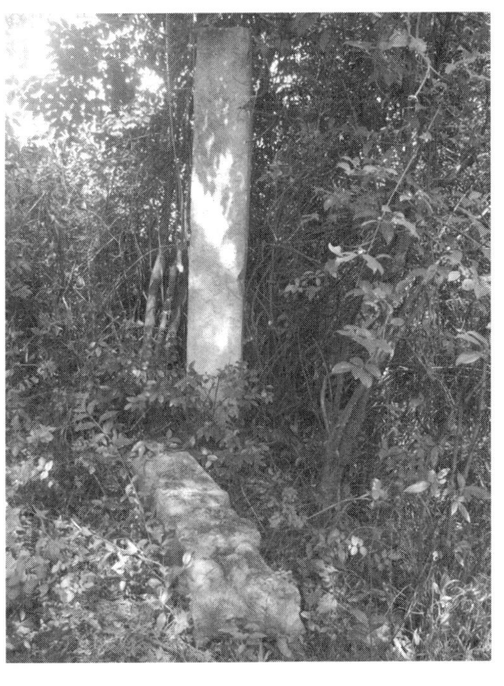

广兴镇的镇镇之宝——华表（文星 摄）

彭仁斋说："大队长！请到大殿去坐，我们好议事。"韦四海没有推托，一起来到了观音庙大殿。首先到殿里和各处看了看，终于放下心来，然后来到小嫩和尚住的厢房北屋坐下。

喝杯茶后，彭仁斋把事先准备好的烟枪递给韦四海说："大队长！你路途劳累，来一口提提神。"县参议员李鸿奎说："大队长劳苦功高，今天祝贺你高升，小弟亲自为你点烟，来！到这边来，躺着抽，舒服点。”说完，就先斜躺在和尚的床上，手里拿着点燃的葵花秆准备为韦四海点烟。

韦四海一看见烟枪，口水早就流了出来，加上颠簸了二三十里路，一点儿力气也没有了。“哈球！”他打起哈欠来。韦四海对彭仁斋的过分热情总还是戒备着，由于经不住上等大烟的诱惑和彭仁斋的推拉，终于倒了下去。

韦四海很有选择地倒在左边床上，斜躺着可以看到月宫门那里，一旦有人进来，看得清清楚楚，再则右手便于拔枪，对付突发事变。彭仁斋一看，心想这家伙太狡猾，一定要想对策。韦四海吸了几口烟，精气神十足起来。

彭仁斋看不好下手，心想还是按原计划办，不急，先稳着。于是，叫厨房开饭。韦四海一伙这时也是饥肠辘辘，也想吃饭了。

彭仁斋按计划在庙里摆下了“鸿门宴”。在酒宴桌上，摆放着各种山珍海味 20 多碗，比办喜事还要丰富。彭仁斋等 100 多人使尽各种手段劝酒，但众“神兵”保持警惕，不接招，总是不贪酒，只喝了一小碗，连见酒如命的韦四海也只喝了两小碗，狡诈的韦师爷则推托胃不好，而滴酒未沾，这是他们在家就商量好的，不许贪杯。

彭仁斋等假装客气，再劝几次，见状，只好作罢。

“神兵”们则大块地吃肉、大碗地吃饭，“子弟兵”们也争着吃饭，填饱肚子，积蓄体力，准备战斗，不一会儿，把整桌饭菜吃了个精光。

当天的晚餐也像早上一样，“神兵”们仍然有戒心，连晚上在庙里睡觉也派人站岗，抱着枪睡，“子弟兵”们无从下手。

第二天，仍然杀猪宰羊，杀鸡杀鸭款待，“神兵”与“子弟兵”们接触后，开始熟悉起来，吃饭时互相劝酒，甚至开始猜拳行令，大闹了一天，但有韦师爷经常提醒，“神兵”们的酒还是没有到位，只是一半的量。韦四海也稍有变化，他猜测彭仁斋等人确实无恶意，是真心地祝贺他，于是酒喝得也多了，尽情地吸食着大烟，手枪也离身放在枕头底下，但还是斜躺左边不离手枪，当天晚上还是无事。

第三天一早，彭仁斋安排“子弟兵”们参加广兴镇本地人杀猪杀羊、宰鸡杀鹅，帮助挑水做饭，好不忙碌。这样做给“神兵”们看，确实迷惑了他们，连韦师爷也认为没事了，连早餐也跟着喝起酒来。

突有哨兵来报，说韦四海的老婆带着 80 多个“神兵”来了，叫开城门。彭仁斋听后，对守南城门的中队长说：“不能让她们进城，进城来就完了，去！告诉她，就说韦大队长正和县里领导商量大事，叫她们就在城外驻扎待命，一会儿就给她们送吃的去。”

原来，腊月十五那天晚上，韦四海的老婆在普贡收到信后，就马上召集人马，准备第二天“神兵”们参加庆功宴会，但因时间太紧，人马未齐，还差三分之一，直到腊月十七那天晚上才到齐，晚上又不好走路，只好十八这天一早赶来，到广兴镇时正赶上吃早饭。

幸好今天杀的猪多，庙里“神兵们”只顾喝酒，没吃多少饭。于是，乡丁“子弟兵”们挑着好酒，抬着菜饭，用绳子从城墙上吊下去。这伙“神兵”见有好酒好肉招待，认为韦四海在城里没事。于是，只管放开喉咙喝，一个个喝得酩酊大醉，这伙“神兵”酒足饭饱以后，便倒在地上呼呼大睡起来。这顿饭总算稳住了韦四海的老婆和众“神兵”。

彭仁斋见“神兵”已全部中计，放松了警惕，于是叫传令兵通知各中队长，叫他们吃早饭时，尽量把韦师爷等 30 多个“神兵”灌醉。下午 5 点开晚饭后动手，以叫笛为号，一个不漏地杀死他们。于是吃中饭时，一桌 8 人，4 个乡丁“子弟兵”夹 4 个“神兵”，轮番劝酒，猜拳行令：“哥儿俩好！弟兄会！十（实）在好哇！六六大顺！八匹马儿跑呀，宝拳一对，喝酒！喝酒！喝酒！”嬉笑声、呐喊声响彻

大岩坡上被毁的 1.5 米宽的石城墙遗址　（文星 摄）

整个广兴城，不久就把“众神兵”灌了个饱，一个个喝得烂醉如泥，一直吃到下午2点多钟，才作罢。

厚重的城墙石 （文星 摄）

八、青岩众子弟兵广兴庙上大显身手 平坝一代匪枭大山门内惨死刀下

青岩众子弟兵在广兴庙上大显身手。腊月十八日下午5点，彭仁斋叫准时开饭，众乡丁“子弟兵”积极配合。菜一上桌，各桌就向“神兵”们大碗地劝起米酒来。本来中午就喝得差不多了，有的现在还醉醺醺的，哪里还经得起折腾。不一会儿，包括韦师爷在内的众“神兵”全部趴在了桌子上，有的竟躺在地上睡着了。

这时候热情的青岩乡丁“子弟兵”再也没有原来的热情，他们三个人看好一个目标，有的人已拿出马刀和绳子，相互会意地笑了，只等着罗大勋的叫笛声快点吹响。

原来，小嫩和尚的屋里，韦四海因升官而心情激动，彭仁斋借故出来解手，他也不在意，只有韦四海和县代表李鸿奎两个人在。彭仁斋表面的热情的确把韦四海给蒙蔽住了，使他完全丧失了警惕性。县代表李鸿奎掉了身价，正躺着侧起身子给韦四海装烟，说等吸完这一锅后就去吃饭，这都是彭仁斋有意安排的。韦四海仍头朝月宫门方向，“子弟兵”杀手向云成和老精堂以端茶为由进屋窥探，看见韦李二人在床上。他们二人都不认识韦四海，也不认识县参议员李鸿奎是哪个，加上心虚，不敢下手，握着刀的手，也是抖的，他们进去一趟就出来了，说怕砍错人。彭仁斋说：“就是抽大烟的那个！”

说完，又匆匆地进了和尚屋。对韦四海说：“大队长，我也帮你装一袋烟，李兄往那边挪一下，我的左手不方便，我和大队长正好换个位。”韦四海不好推辞，只好从左边换到了右边。这样，彭区长的身体既挡住了韦四海的视线，又便于控制他的右手拿枪。

只见三个杀手提着马刀从下面往上冲进月宫门，班启先冲在前头，飞一般冲过天井，一个箭步就进了屋，说时迟，那时快，他挥起大马刀向韦四海砍了下去。

韦四海见状，慌忙伸手去枕头底下拿手枪，彭仁斋见状，用身体死死地压住了枕头。韦四海拿不到手枪。这时，彭仁斋和李鸿奎，说：“韦兄！今天，我们对不住你了。”

话刚说完，只见那刀光一闪，韦四海往右一躲，已经来不及了。班启先这一马刀，正好齐刷刷地砍下了韦四海的左耳朵和一只左膀子，鲜血四溅，喷了一地。

韦四海算得上是匪中豪杰，挨了班启先这一马刀才提醒了他。只见他一个鲤鱼打挺，奇迹般地从床上弹跳起来，看前门已被众杀手封堵，右手飞快地推开窗户，一个鱼跃，飞身从1米多高的窗子上跳了出去，冲出月宫门后，飞也似的跑向大山门，一路上鲜血喷洒了一地。

彭仁斋和三个“子弟兵”杀手也从后面追了出来，这时，小嫩和尚正好来到大山门旁。看见韦四海血淋淋的，一抬腿脚向大山门外跨了出去，眼看就要跑出山门。

说时迟，那时快，小嫩和尚赶紧抓住大门扣往前一拉，把韦四海的左腿和脚卡了个正着。

韦四海使尽全身力气奋力拉开大门，怎奈用力也无济于事，加上血也快流光了，无力再做反抗，只好等着束手就擒了。

彭仁斋等飞快地赶上前去，用装有刀子的文明棍向韦四海身上一下、二下、三

广兴南门外上云南路石拱桥　（文星 摄）

下……乱戳起来。

班启先、向云成、老精堂三个杀手赶到大山门后，三刀齐下，把个罪大恶极的“神兵”、著名的土匪头子韦四海头身分家，不可一世的平坝一代匪枭就这样命丧黄泉，最终在大山门内死在青岩子弟兵的马刀之下。

班启先的得手，可把在一旁的罗大勋吓坏了，忘了吹叫笛。等他醒悟过来，韦四海已跑到大山门，这才赶紧拿起叫笛一吹，连叫笛也吹不响了。

在对厅里等待着叫笛声的百多门户练乡丁“子弟兵”们，听到大殿里发出响声和奔跑声，知道已经出事，等不及叫笛声就动手了。只听“动手”一声，几乎同一时间，百多乡丁“子弟兵”一齐动手，把30多个“神兵”按倒在地，捆了个结结实实，这时候，“神兵们”才如梦初醒。乡丁“子弟兵”随后把“神兵”全部押送到大山门内有棵三尺围圆的紫荆花大树下跪着，等待行刑。

彭仁斋和县代表李鸿奎商量后一致认为，必须马上杀掉这伙“神兵”，以防走漏风声，引起韦四海老婆的反扑。于是，县代表李鸿奎下令将“神兵”就地正法，彭仁斋令三个刀斧手行刑，不一会儿，就割下了韦师爷众“神兵”30多颗人头。

在清点人头首级数时，发现少了一颗“神兵”的人头。彭仁斋被吓出一身冷汗来，急忙下令把缴获“神兵”的武器装备武装青岩乡丁“子弟兵”，做好战斗准备，100多人展开四处搜索，终于在彭仁斋的轿子里抓到了韦四海的小勤务兵，围剿战全部结束，无一伤亡，打了个漂亮的歼灭战。

彭仁斋这才松了一口气，高兴地说：“终于全部消灭韦四海的‘神兵’骨干了。”我们摆的“鸿门宴”取得圆满成功。

九、青岩门户练子弟兵凯旋　贵阳保安团常备军列队迎接

为了让活着的“小神兵”带路，彭仁斋对他说：“你还小，我们不杀你，但你要带我们出去。”“小神兵”答应带路。眼看天色已晚，彭仁斋焦急起来，必须尽快撤离广兴镇，一旦韦四海的老婆知道这里发生的事情，要走就难了。

“马上通知南城门的人回来，我们从北城墙后山撤出去，动作要快！”于是，派人挑着首级和战利品，押着俘虏在前面带路，彭仁斋率领100多名乡丁“子弟兵”神不知鬼不觉地悄悄撤出了广兴城。

为了防止韦老河的老婆带“神兵”追击，出北门后，彭仁斋率领青岩乡丁“子弟兵”向后山三家寨方向奔跑，绕道湖潮、黑石头、元方、康寨、簸箩园、小高寨，晚上9时，

凯旋石板哨。

县长郑先辛率保安团常备队在石板哨街两旁列队接迎，区长包相臣在石板区公所，为凯旋的剿匪英雄们举行了隆重的欢迎仪式和设宴款待。

话说广兴镇南门外的七八十个“神兵”已经酒醒，看天色已晚，不见送饭的来。于是向城墙上大声喊了起来，听不见回音。韦四海的老婆骂了起来，还是不见回音，抬头看南门城楼上的哨兵也不见了，才感到有些不对劲，深知情况不妙。于是叫来刀斧手砍开城门，一路向观音庙杀来。

韦四海的老婆来到观音庙大山门紫荆花树旁，看见几十具“神兵”没有头颅的血淋淋的尸体，一时目瞪口呆，好半天才回过神来。好不容易才从穿着上找到自己无头的丈夫，抱着韦四海的尸体大哭起来。当她的手触摸到尸身时，感觉到还有一点热气，猜想杀他们的人刚跑不远。于是掏出驳壳枪向天空放了一梭子，大喊：“弟兄们给我追！为大当家的报仇！为死去的弟兄们报仇！抓住他们，将他们碎尸万段。”

众“神兵”呐喊着，向石板方向追去。当他们到达石板时，彭仁斋的队伍已早到半个时辰，彭仁斋嘘了一声。韦四海的老婆见有保安团接应，深知大势已去，不敢动。于是又马不停蹄地连夜杀回广兴城。

腊月十九一大早，韦四海的老婆命令当地保长找人将30多具“神兵”尸体抬出南门城外一里远的鱼形坡，在斜坡上挖了一个大坑，将无头的“神兵”尸体集体掩埋。吃过中饭，带着“神兵”回普贡去了。

威震八县的“神兵”从此一蹶不振，后来又经过保安团和常备队的多次清剿，“神兵”后来就销声匿迹了。

十、彭仁斋献计剿匪有功　子弟兵集体杀敌受奖

第二天中午，彭仁斋坐上八抬大轿，100多“子弟兵”抬着战利品，浩浩荡荡地向贵阳城内的县政府驻地领奖去了。

在隆重的庆功会上，参战人员受到县政府的奖励和表彰。县长郑先辛亲自为彭仁斋戴上红布标和大红花，奖励了300块银元和一匹大马，并免收青岩当年拖欠的税银。

班启先、向云成、老精堂也戴上了大红花和各得一匹大马的奖励。后来向云成将马卖得36块大洋。

参加剿灭韦四海“神兵”的100多名青岩乡丁“子弟兵”全部都戴上了大红花，得到不同的奖励。

县政府在贵阳设宴款待三天，“子弟兵”看电影、看戏不买票，随便进公园玩不要钱。总之，高兴到哪里玩就到哪里去。

从贵阳回到青岩望城坡，开始从这里放鞭炮，青岩的家乡父老聚在北门列队欢迎凯旋的“子弟兵”，鞭炮一直燃放到城中、直至五门。青岩城内唢呐声声，一派热闹景象。彭仁斋在青岩城设宴犒赏了100多名乡丁“子弟兵”。

彭仁斋率领青岩乡丁“子弟兵”，巧设“鸿门宴”，用升官来引诱韦四海上当，机智地消灭了作恶多端的抢匪韦四海和“神兵”骨干武装，在抗战中为保家乡太平，支持前方抗战，立下了不可磨灭的功劳，因此得到贵阳和邻近数县广大民众的拥护支持，他们的剿匪事迹和英雄行为一时被传为佳话。

后 记

【编者按】二十世纪民国中期的三十年代，平坝县普贡寨和广顺县马路寨一带号称“神兵”的土匪武装十分猖獗。“神兵”匪首韦四海（又叫韦老河），为了扩大土匪武装，经过精心策划，亲自率匪到湖潮乡汪官下坝村寅贡寨去抢劫，与寅贡寨人发生冲突。韦四海抢得枪支后，迅速率匪逃离现场。被寅贡寨韦姓族人韦祖光独自一人随后追赶，在追到对面杨梅寨一处朝门口时，韦四海下令匪“神兵”开枪，打死了韦祖光。为此，韦氏族人为了纪念韦祖光的英雄行为，将该事件写入了韦氏族谱中。韦氏宗谱记载说：“1930年，以韦四海为头目的“团伙”到寅贡寨抢枪，与村民发生冲突，寅贡寨当时出头露面的人物之一韦祖光，因他胆大，独自一人追赶，当追至杨梅寨朝门口时，被韦四海的匪兵开枪打死。韦祖光生于丁未年（光绪三十三年，即公元1907年），殁于公元1930年，年仅23岁，其子韦明义，年仅两岁。”

湖潮乡寅贡寨《韦氏宗谱》编委会2006年3月

烽火中的青岩与黔省道教文化篇

（1920 年—1936 年）

青岩人班壅，花了 17 年时间在全省收集了 178 人例，孝子和妇女“忠、孝、节、义”的典型事例，以 100 多、200 多、300 多字以上不等传略，汇集成书《贵州孝节录》。

班壅 1920 年开始组织编辑达 14 年，1934 年至 1936 年集中资料由张家澍汇编成《贵州孝节录》。张家澍题书名和作凡例，姚景崇为《贵州孝节录》撰序一、班壅作序二、周燊儒作序三、张家澍作序四、沈泽鸿作序五。班壅为孝、节、贞、烈妇题写五言诗 175 首、题七律诗 8 首和父子俩撰文 7 篇，张雨林和郑克哉道人为班壅之妻孝妇吴润媛和为班壅之节母班车氏撰写节孝事略等。

点校前言[1]

——抢救修复民国丙子年版《贵州孝节录》残书的说明

吴永福　周天胜

1919年5月4日，五四运动爆发，至1936年，中国青年新生活运动也在蓬勃发展起来，中国妇女们提倡新文化运动和开展平等自由的新生活运动。面对现实，中国道教的信徒们和远在西南边陲的贵州各县及青岩道教的信徒们，面对西欧资本主义国家提倡男女权利平等、民主自由的学说理论传入中国，举国效尤，中国妇女新文化新生活运动蓬勃发展的空前盛况和该运动已深入东南沿海、江沪闽浙一带，让当时的道人不免担忧起老祖宗几千年传承下来的“忠、孝、节、义”礼教的传统被打破而慌了手脚。正如青岩道人班壅所描述的那样：“欧化东渐，倡自由说，尚平等权，以致世风不古，伦理将沉，有心人惄焉忧之。”王阳明再传弟子张家澍描述得更加具体形象：“迨其后世道变迁，阳明之道不传，加以天下之风气一变，人不敬其事，言不践其行，恶焰高涨，风化日漓，传染习深，纲常磨灭，女子三从不讲，男子八德不敦，甚至父子言平等，男女讲自由，伦理已乱，人道几乎绝矣！”于是，国内的道教徒们立即行动起来，与湖南、云南、山东、浙江、川、鄂、闽、豫等省的道教信徒们掀起了一场捍卫道教的“欲挽即倒之狂澜作中流砥柱”的行动，企图力挽狂澜，作垂死挣扎，挽救垂危的封建道德教育，纷纷编辑出版孝节录。青岩道教的信徒们，不顾社会是前进的现实，与之遥相呼应，顽固地坚持封建礼教的立场，主张妇女要继续维护封建礼教的“三从”“四德”，秉行封建社会的“忠、孝、节、义”

［1］本文合作者吴永福，退休老干部，惠水县政协原副主席。

观念，从而由青岩布依族道人班蘊字润石等为首组织全省道人采访编写贵州孝节录，与中国妇女新文化新生活运动相抗衡。班蘊字润石在夫人吴润媛的全力支持下，从1920年其母班车氏逝世后弃官从道开始，至1936年仲冬月，班蘊先后花了将近17年时间，在全省组织收集孝子、孝女、孝妇、节妇、贞女、烈女等178人与“忠、孝、节、义”相关的典型事例，以100多字、200多字、300字以上至千字不等各为被录者作传记述，全书多达7万余字。至民国二十三年（1934），再由述古老人张家澍汇编，全书以乾孝正篇、乾孝副篇、坤节正篇、坤节副篇、节正、节副等篇目不同等次人物展开叙事情节，经三年最后努力，《贵州孝节录》汇编成书，由重庆明达号付梓刊印出版。出版该书的目的是要求人们不忘封建的“忠、孝、节、义”根本，男尊女卑，要求妇女遵守孔孟之道的封建礼教，充分反映了抗战前期贵州道教人们的道教理念和青岩古镇封建的道教文化及封建的道德观与贵州道教的密切关系。我们从发现《贵州孝节录》两本残卷到抢救修复该书，经历了七年艰辛和漫长的过程，从而得以全面了解书的内容和编著者创作的意图。

2014年，我们在青岩王通启家中看到了《贵州孝节录》残卷，这是一本前后残缺不全、面貌全非、中间间断达25页的道教书籍。原来，这本书是1936年冬由青岩道人、布依族人士班蘊主编和道人张家澍汇编出版的反映贵州各县和青岩道教文化方面的书籍。经多次到王通启家中翻阅、抄摘，终因书籍不全难以整理而搁置下来。

2020年5月12日，我们到贵州省图书馆六楼古籍修复中心查阅资料时，偶尔发现这里藏有《贵州孝节录》图书。然后请管理员调来该书，发现书无封面，书首前两页均只有半页、书中缺失两页和重复两页，还有许多地方因折叠页面损坏、导致字迹模糊不清，确认这本书残卷不全。这是迄今发现的第二本同内容残缺的书籍。当月25日持青岩镇人民政府证明到贵州省图书馆查阅复印该残书资料，经馆领导签字同意后允许拍照。至6月9日多次到馆拍照，经整理后残卷前后内容仍连接不上，仍不能全面反映该书的内容。不便阅读，也不利研究。当月14日，校者再到青岩王通启家中请其过目从省图拍回的《贵州孝节录》残卷。经与其协商，同意拍摄其保存的《贵州孝节录》残卷我方所缺的封面和页码，并且在其手提灯泡照明协助下得以完成拍照，终于补齐了残页。经两本《贵州孝节录》残卷书页合二为一后，全书159页除不到20字残缺或模糊无法辨识外，抢救为基本完整的原书。15日再到贵州省图书馆校对，书稿全部完成合龙。《贵州孝节录》残卷的二次发现和补充，弥补了贵州道教和青岩道教史料的不足，它有力地佐证了贵州全省道德教育和道教理念在贵州发展的过程。

《贵州孝节录》原著一书，其一为凡例一至凡例九；其二为序一至序五：铜江人回龙夫子，即号称“述古老人”的道人张家澍为书名《贵州孝节录》题笺和为书首作凡例。安庆桐城后学姚景崇作序一；青岩道人班纆字润石作序二；播州周燊儒作序三；张家澍作序四；毕阳后学沈泽鸿作序五；次为目录；再次为传略正文四大部分。传记人物包括贵州省各县：即安顺、松桃、黔西、省溪、遵义、思南、贵阳、玉屏、定番、平越、清镇、石阡、盘县、郎岱、平坝、贵筑、天柱、三穗、都匀、铜仁、印江、麻江、榕江、毕节、剑河、普定、独山、安化、镇远、广顺、江口、都江、黄平等 33 个县的孝子、孝女、孝妇、节妇、贞女、烈女传略等忠孝节义典型事例，其中：思南县传记 34 人最多；第二，安顺县 19 人；第三，松桃、黔西、贵阳和榕江四县均为 15 人；第四，麻江县 10 人；其他 26 县均在 8 人以下。

参加本书采访和撰文的人员有：班纆、张家澍、姚景崇、周燊儒、沈泽鸿、黄孔芬、李玉芳、王德煊、雷祖泉、张朝俊、张瑞宾、曾德光、马兴烈、杨德昌、龙昶源、张朝升、尹匀卿、汪世臣、邓稚臣、邓宪昌、欧阳明、肖其勋、陈金泽、曾汉卿、刘葆如、刘顺颐、向长元、张瑞麟、曾昭和、李树廷、王大权、范介元、王华云、金善根、陈维学、任钜源、曹仲光、寿名乐、曾先祥、孙瑞和、严光文、黄华清、朱锡章、王 铎、唐懋鸿、姚荣廷、吴光奎、郑克哉、张雨村、韩天柱、周巨卿、杨远钰、胡聘卿、杨天爵、周光汉、黎文焕、肖胜兰、上官德馨、马迪斋、龙三、罗宗德、杨绣章、刘在潆、贺良琛、蒋惟一、贺桥华、张惟廉、邓宪昌、章焕文、田儒纯、陈灵杰、周锡玮、谢福培、俞质彬、雷祖、杨銮、班治元、魏芳华、张炳炎、陈本熙、俞士才、刘芬、鲍鼎盛、雷之动、欧喆夫、刘长恩、奚静修、熊友麟、彭德仁、饶克鉷、罗儒君、王朝用、张荣九、田荣卿、孙善伯、韩庆三、周肇伯、秦仿文、孙承芳、戴炳乾、孙国生、严昌照、彭泰华、孙永祥、米天森、曾有祥、邓次平、李国琦、张士安、刘樵松、李玉考、黄孔棻、

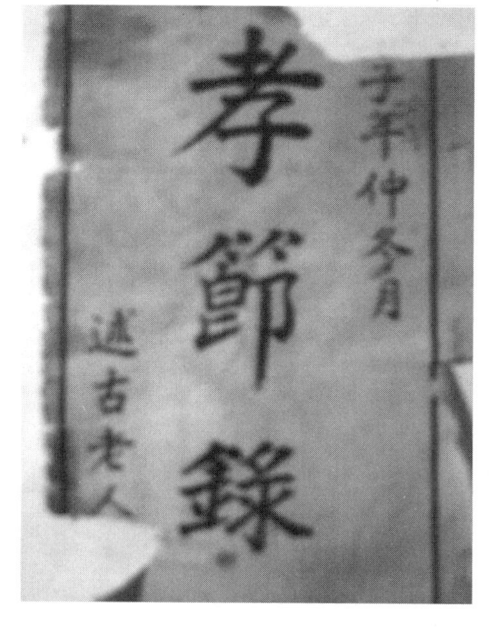

该贵州孝节录图片由王通启提供
（周天胜 摄）

贺树华、谭汇川、周锡屏、张维廉、曾焕章、杨品钧、黎灿章、王开鼎、许坤、汪廷秀、吴光奎、彭得仁、邓光岳、韩雨田、周泽霖、王华云、孙永芳等，采访撰稿人员达130余人，可算得上是一项庞大的工程。

班蕴，以字润石名除采访编撰贵州各县孝子、孝妇、节妇、贞女、烈女传略外，组织了130余人对贵州省33个县的178名孝子孝女、孝妇节妇、贞女烈女进行采访和撰写传略：其中两篇为青岩道人郑克哉和张雨村采访和撰文，即贵阳县青岩镇吴锦廷之季女班蕴之妻《孝妇吴润媛事略》和贵阳县青岩镇车秉珩公之季女班蕴之《节母班车氏事略》。班蕴对孝、节、贞、烈者的传略逐一做归纳性总结，用20个字来概括他们的一生，分别为175人题写五言诗各一首共175首；为孝、节、贞、烈者各作七律诗二首共8首；用班润石名撰文7篇：即《序二》、贵阳县青岩镇《孝子张璧昌事略》、清镇县卫城人《孝女王修莲事略》、镇远县刘家庄《节妇薛肖氏事略》、广顺县摆古寨《贞女汤志一事略》、广顺县摆古寨《节妇汤王氏凤鸣事略》。其子班治元为黔南独山县丰洞场人撰文《节妇何陆氏事略》1篇。这些传文真实地反映了贵州各地和青岩道教的道家思想及忠、孝、节、义、孝妇、节妇、孝贞女、孝烈女的孝节状况，这些构成了青岩抗战后方早期特殊的道教文化，是青岩难得的宝贵的道教精品。那么，班蕴是个什么样的人物呢？

班蕴（1882—1951），字润石，布依族，青岩场坝守拙轩人。他是自班麟贵的祖父辈之后裔第十二代孙，自号青岩道人。于光绪八年壬午1882年5月20日酉时在青岩北门下堰田出生，是班麟贵后裔班联科之子，后迁场坝居住。其父班廷选，1885年病故，班蕴时年3岁。其母守节，替夫教子，抚养遗孤班蕴长大成人。班蕴毕业于贵州省法政学校，他恤商艰，去积弊，勿留难，忠公慎职为务。1900年，班蕴娶当地南门吴锦廷公之三女吴润媛为原配，班蕴升任箐洞税务稽查局长，参加工作18年，依然两袖清风。1920年母故，享年64岁，其母守节36年，以节母入《贵州孝节录》。青岩道人郑克哉和张雨林采访撰文说：“其母死后，班蕴无心任职，当年放弃税务局长工作，以其母苦节事到处征文、出川访道，得到妻子吴润媛支持。”这些传略内容佐证了班蕴从事贵州孝节录的收集工作是从1920年开始的，至1936年已达17年时间。民国十九年庚午，即1930年，其妻吴润媛积劳成疾终于家，享年47岁，以孝妇入《贵州孝节录》。有子三：长子班治元、次子班启元、三子班栋元（早亡）。1934年，班蕴将14年前组织采编、收集到的所有资料交与回龙岗回龙寺道人、王阳明再传弟子、76岁的张家澍汇编，以此获得出版经费。他们集中人力物力财力，校撰结合，分工合作，经过三年努力，丙子年仲冬终于成书并付梓刊印出版。班壅一生用了 17 年时间，花了大量心血，其精神可嘉。班壅于 1951 年辛卯正月初三，即2月 8 日在青岩场坝寿终，享年 70 岁。葬在九八五五厂旁鸡扒坎地方，今其墓地被毁搬至龙里县境安葬。其子班治元，贵州法政学校毕业，曾任职税务所长。

《贵州孝节录》一书的出现和修复，对于研究贵州和青岩古镇的孝子和孝女的忠孝、孝妇、节妇、贞女、烈女尊老爱幼的事迹及研究青岩道教，提供了理论依据。我们对于书中出现的割股，刲肝入药治病等离奇孝节事，因情节不符合常理，甚至是天方夜谭，不予采信；我们不同意、也不支持贵州各地道家所提倡的禁锢中国妇女的封建的"三从四德"道德观念。但是，我们要用辩证唯物主义的观点去学习它，批判它、批判地继承，弃其糟粕，取其精华，把好的忠孝节义道德典型事例和孝敬父母、友爱兄弟姐妹、和谐社会等母仪典范为现实社会服务，提倡和保障妇女与男子男女平等自由的良好社会风尚。综上所述，作为贵州省作家协会会员的我和惠水县政协原常务副主席、今惠水县《惠水文史》刊物校勘、87 岁的耋耄老人吴永福同志达成共识，不改变原著内容，为便于阅读，联手点校，将原著竖式版改为横式版，将全书传文诗序整理点校出来，供史学界专家和道教爱好者研究，与读者分享。

（合作点校作者：吴永福，退休老干部，惠水县政协原常务副主席）

贵州孝节录[1]

班　瘫　张家澍 等

《贵州孝节录》[2]凡 例

张家澍

一、本编系仿湖南、云南、山东先著成例，专以本省近世之男女中，实属孝节贞烈者，次第录之，名曰《贵州孝节录》。

二、本编所辑，孝与节，贞与烈，志在阐发前人幽光，挽救近今浇俗，孝贵养志承欢，节重誓死靡他，贞烈坚固不挠，合乎中庸大道者，录之。

三、本编所辑，纯由本号函达各地公正原人，慎重调查确实，详报而来，并无个人私意偏爱，其间有者不敢遗漏，无者不敢妄添。

四、本编悉照各地采访原册，加以考核果然事实确切，理由正大，不拘富贵贫贱，一律录之。

五、本编查照原册文与事实相符合，不论文字之长短，词语之浅深，均照录之。唯遇语句间，词不达意，字意生涩处，略为更动，取其一见了然，撰者幸不我罪。

六、本编开首，即标题某人事略，并注采撰人姓名，征其实也，既曰事略，记事之传体也，传之后，当有评论。澍，以精神有限，只能汇辑，而不及评论，幸班君润石，不惜苦心，每篇后加题四语，增人之光，掩我之拙也！

［1］《贵州孝节录》残卷现存于青岩北街王通启家与贵州省图书馆。

［2］标题前内容为编者所加。

七、本编缅古史传例，载人，必俟盖棺论定。孝必贯乎终始，节必限以年限尚矣，今本编所载孝子，有现在而孝德真纯，节妇自二十以内守起，苦节坚贞，身尚健存，未至限年而亦采录者，非戾古而实励今也！阅者谅之，惟已载志乘，入节孝祠者不录。

八、本篇中，有割股、刲肝等事，此孝节之变，非符常经，本不足法，然核其事由，果系时穷势迫，万不得已出之，至性情有可原，不忍轻遗，仍录之。

九、本篇自甲戌春[1]开始，迄今三载，其中因人事变迁，兵匪未靖，各处采访艰难，以致迟至今春，乃得乾孝正七人，乾孝副十八人，坤孝正十一人，坤孝副十四人，节正六十四人，节副六十四人，合计全编一百七十八人。澍，勉力汇编，今犊告成。由号首禀凭天定，先分正副，后拈次第，兹以先送到者，截至中秋节，汇作初编，俟后来者，再续编之。匆忙潦草，多未完善，尚望明达。

君子，匡及不逮，有深感焉！

序一

姚景崇

六经废而礼亡，礼亡而伦斁，而伦中关系人类生死存亡之故者尤莫如父子夫妇。盖父子身所自始，夫妇家所由成。父子夫妇伦正，而后君臣兄弟朋友之伦生焉！于以蟠结绵亘而为国而斁之，将向何以恃生存？

吾师回龙夫子忧之，曾于己巳秋[2]大书八德字示及门，末增一节字两端，以孝节冠殿，余七德包涵于其间，其用意亦大可见矣！今试以孝节言且夫天地，有太和之元气赋之，人则为孝；天地有至正之刚气受之，人则为节。和与正天地之所以为天地，孝与节亦即人之所以为人，然则人之所以能绵延种类，足参两天地而称三才者以此，可以参赞化育者亦以此。在昔有周之衰，人心就溺。孔孟作《春秋》述仁义以救之，以其时之为乱贼扬墨者数甚少也，今则欧风东渐，举国效尤。

吾师欲挽狂澜，思以道济天下用，不惜苦口婆心书人所当趋之鹄，以示及门。庚午[3]、辛未[4]，湘省同人仰体吾师意，搜采其乡孝节前贤言行汇辑成书，借以

[1] 甲戌，即 1934 年。
[2] 己巳秋，即 1929 年秋。
[3] 庚午，即 1930 年。
[4] 辛未，即 1931 年。

彰前而诏后用意至善。吾师亦既嘉许而刊行之，寻滇鲁暨浙次第成集。而湘续版已五，均蒙褒嘉许行，吾黔独以多故久置疏迟之罪夫，何敢辞刻尘烦少静，又闻各省悉已稿正梓刻势，不能不努力从诸君子后，今幸同人等分鸠合辑，粗成是编。明知未雕之璞不足语以精良，不过就正几席以慰属望至意，终不敢以雏形自秘增补更正，俟诸异日。丙子秋[1]八月下浣[2]，安庆桐城后学姚景崇撰。

序 二

班 瘗

天地之有孝也，子午正而南北定位，历万劫不改，其常天地之有节也！气候一而阴阳，分序四时，不逾其度。人处天地之中以生，岂可不以天地为法哉！此古圣欲尽人合天于父子，则定以孝为常，于夫妇则定以节为常。上古人心浑朴，世多遵行，不见其奇降至五霸七雄，弑杀逆天，蒸淫乱礼，人道与天地相去渐远，而孝也节也，遂如凤毛麟角。此所以先圣孔子于删订修赞之后，特著孝经，藉维世运。历朝政令对于孝节订有特典，褒奖有嘉，迨近世以来欧化东渐，倡自由说，尚平等权，以致世风不古，伦理将沉，有心人惄焉忧之。此我回龙师尊之所以急起而提倡孝节也！今者湖南、云南、山东、浙江等省之节孝录俱早出版，川、鄂、闽、豫各皆举行，欲挽即倒之狂澜作中流之砥柱。是以谨遵师命采访全省孝节编为是录，惟我黔人才缺乏，地处边陲，交通不便，兼以天灾人祸相逼而来，因之久搁垂成。瘗，才薄识浅，孤陋寡闻，不揣固劣，每段略加俚言，实未能发僭德之幽光，作后人之借鉴，务希海内明达阅斯录者大加斧削，予与指正，是所仰望而拜祷者也！

丙子岁中秋，班瘗识于守拙轩。

[1] 丙子秋八月，即 1936 年秋 8 月 。

[2] 浣：唐代定制，官吏 10 天一次休息沐浴，每月分为上浣、中浣、下浣，后来借作上旬、中旬、下旬的别称。

序 三

周燊儒

昔孔子忧时之变，思拨乱反之正，乃删订六经。夫拨反有位事也！而孔子顾为之不嫌僭乎非僭也！士君子处世能得时行志固善不能而天，既使已独先知觉，则虽穷阨在下，亦当有以道觉民与维风化之责，且夫国于天地必有与立与者何伦纪是也！伦纪尤以父子夫妇为重。父子伦正穉齿耄年交资养而身以赡；夫妇伦正外勤内俭相助理而家以立；身家安定更广其爱于兄弟，君臣朋友互与萝附蔓联而国体以固。奈何今世倡谬说者之必欲坏之也！坏孝而倡非孝，则饥寒疴痒口不能言而体不能举时，襁褓床褥中不知杀等辈黄口白发矣！何则毛裹爱绝，危无为恤，哺反义废，祸且相残，由人之各遂其生，何由坏节而倡自由则易合易离，贫斯下堂，老乃见弃败屋，商舟间不知增几许，鳏悲嫠泣矣！艰苦孰复乐，共公妻更勿论，禽居兽处，任性纵情，戕已贼人之祸必交集，而说者谓不如此不足畅男女之天。呜呼！曾是遵礼偶合即为不畅。厥天乎中国，古今怨旷有几？而奈何斯世之不悟也！邪许之唱和多方生人义理之性在庸俗，每不胜其气血之私理欲之防，历千百世累亿万圣立之，而患不足一二妄人决之而其溃坏即不可收拾，此今世所以滔滔也！其为祸何有底极？廉耻泯则秽恶生，去就轻而猜嫌起。

吾师回龙夫子忧之，往岁饬门墙纂辑各地孝节录，其意殆即孔子订经之意！且夫监往所以知来，而彰前即以诏后，近事乡贤其行足发人回忆猛省深矣！诗书春秋列经义亦取此，须湘、滇、鲁、浙各皆遵行，余省闻亦皆正致力铅椠。吾黔独以地僻变殷久搁，今幸同人等分搜合纂，事争效功稿得小就示儒，儒受读竟叹曰：昔孟子状集义之气曰浩然，孝与节浩然之极，世间林总殷繁，苟无浩然正气弥伦贯注于其间，亦何能不遇压而崩，逢激而折，在录诸人能各全，两间正气卓然，著见洵吾黔光，又吾黔之历千劫百磨，卒得秩序安好，偕全国绵联至今者，亦不能不谓诸人隐与有力，而论者或以庸常少之，不知卧冰哭竹，断臂割鼻事，固足钦而茹苦含辛，吞声忍气，历千百变不渝，积数十年如一日者，其精诚亦岂易？及利器不逢盘错锋锐，自无由表暴诸人，今身死，或老而人犹以孝节许之，则知其素行之足感乎人心者粹矣！而其功之著在一家风之渐被当时，亦于以可因推知其广远，是录草具，匆猝选材，构文如何未遑论，惟窃幸根干既树既得有以藉覆。吾师更得有以步武湘鲁各地诸君子后已，亦得嗣是有可更正补遗，实所欣慰，录人有知当亦与为快，然兹既以之，乞判正副于神，更以呈审订于吾师，暂谋梓行后之读者，倘因是而有所憬省乎歧路，勿入迷津，急回同人之愿，如能本一己领解，推使天下后世，咸使闻知则尤同人所深感大愿。

丙子仲秋，播州周燊儒撰。

序 四

张家澍

吾黔僻处山陬，汉夷同版，文化尠通，逮自王阳明先生来黔讲学，专以良知良能引启愚氓，开通智慧，夫良知者体也！良能者用也！体用兼备，即八端之根，四德之基，修身之本也。苟不知此则其本失矣！本失而人何以知孝知节知其贞与烈乎？故在当日我黔中，人心浑厚，风俗醇美，人人亲其亲，长其长，道一风同，感其教化，良知良能直等家喻而户晓之，迨其后世道变迁，阳明之道不传，加以天下之风气一变，人不敬其事，言不践其行，恶焰高涨，风化日漓，传染习深，纲常磨灭，女子三从不讲，男子八德不敦，甚至父子言平等，男女讲自由，伦理已乱，人道几乎绝矣！若再不将近数十年来之有孝可称，有节可嘉，有贞烈可风者一纪录之，而为之彰前励后，将见天柱其崩，地维其裂，娑婆世界虽化，极乐恐大地山河亦减色矣！我回龙夫子早鉴及此，特为消袪劫运，救济人类，计发大慈悲，指一线光明之路，援天下陷溺之危，大声疾呼，唤醒残零，谕令各省速将孝子节妇贞烈女子阐发潜德，表扬幽光，庶几可挽颓风而励末俗。澍，忝列门墙，谬承本号，号首嘱汇本编，自顾年力就衰，学识荒芜焉，敢当此巨任惟事关风化，义不容辞。不揣谫陋勉竭驽骀，以副我师尊及号首之盛意，续貂效颦，在所不计焉耳！丙子年重九，铜江张家澍谨识于贵阳城之回龙岗爱吾庐，时年七十有六。

序五

沈泽鸿

甲丙之交，我号纂修本省孝节录。鸿，适以志局襄校事，寄寓其间，身厕游夏之班时乏晷刻之暇未获，躬待几案捧呈砚札，深用渐恧书既成。诸先生命进一言以志盛。鸿，位卑不文，曷能为辞，顾屡请□获用，敢就管蠡所及，约略陈之曰：吾黔虽僻，文明进化疑若稍迟，而其得天夫岂或□于人往何忠烈公之忠既已骖文山俪史相而鼎足而三矣！其他之以德行节义并驾中原前贤者，何可胜数？以孝节论，鄙陋如毕而孝有十四寻亲之懿行，节有独脚建□之贞女，或列邑乘，或光国史，其余可想惜褒典既湮，輶轩不及，遂使乡曲奇节苦行□兵长埋没于荒烟蔓草，有识伤之。然既在彰阐之代单寒下户崛起，无人因之国家□惠不获身与者亦多矣！如是录吾姑麋沈氏即其一，往既无鉴，来将何述？今吾师行此表扬盛典，俾富贵贫贱□得昭显，其视坊祠封赠之普为何如是，不特身行诸贤之幸抑亦后人获读是书者之龟鉴也！窃尝叹父子以天合，亲有疾而子心痛，子遘变而母乳出，形气之授受夫岂偶然？夫妇以人合，士有妇而苹藻供女有主，而雀鼠息身家之借助抑岂不重？惟子必以反哺为心，妇必以从一为职，羊乳知感而后舐犊不虚，连理诚专而后糟糠可共，不然则二伦不立，奈何今世之轻欲废除也！彼实已自贻己身，以不孝不节之创，特毒未发而不觉耳！利人云乎哉！中国俗旧于獉狉，其间出草昧而进冠裳，去争夺而修信睦，不知经若何之苦痛，得无数圣人出而仰观，俯察制礼以救□之，然后吾人得食惠以至今日，而乃欲反此古是书之出，蚩蚩群迷庶或知省，惟是项籍旧故学书，然必由纪老获知用得藉状其悍犷，韩信微曾出胯，亦缘传者有闻，因以资写其深沉，是编采访所及乡党父老，或未能尽知此义，本此以告同人，是则是书之憾然，而在录诸人名列是籍，则其人故千古矣！

天运丙子八月下浣，毕阳后学沈泽鸿敬撰。

注：孝字文、节字文、五言诗一共合计 178 首，其中班壅作 175 首。孝、节、贞、烈四者各为七律诗二首、共八首，均为班壅润石所作。

《贵州孝节录》一百七十八人事略目录

班蘊 主编　　张家澍 等汇编

乾孝正篇（凡七人）

安顺县城内大龙井街孝子张发祥事略

采访　黄孔芬　李玉芳　　撰文　王德煊　　题诗　班蕴

孝子张发祥，字树森，住安顺县城内大龙井街，父名云山，业泥工；母杨氏。生孝子暨兄妹二人，家素寒，日食艰窘。孝子十五岁，母逝世。赖长兄助理操劳，未几，长兄又患弱症，医药罔效，以致生活尤艰，年十八，父大病，长兄不能照应。孝子习铸银业，佣于西街张忠义铺内，日获工银八分，除供父膳外，医药实行困难。虽有好友张医士义诊，开单而告贷药资。亲友殆遍每入药肆泪即涔然，适闻人言附郭有识妙药者；父饬往寻之，孝子行至其地，不值。偶忆古人有割股救亲之说，遂在武当山围墙内丰碑下，四顾无人，取出身带小刀，袒左股含其臂，割下一片，当将虾蟆草嚼敷伤口，握肉急返，并买猪肉少许至家，随同煎汤一碗，捧诣父前称云，要来之药应和猪肉煎服，父即欣然服之。第二日病见瘳，未几痊愈。但家无生活，孝子虽受伤亦忍痛入铺工作，以供饔飧。因家居僻巷，长兄已故，早晚出入待父不便，遂移居西大街。不数月，父即辞世。丧葬后仅余幼妹一人，孝子躬抚及笄，尽力赠奁遣嫁。现在经商，渐有余裕，娶妻已生子女三人。青岩道人题曰：

佣资堪养膳，药费倩谁筹。郭外无所获，赤诚割股求。

松桃县金湾塘孝子姚绍基事略

采访　雷祖泉　　撰文　张朝俊　　题诗　班蕴

孝子姚绍基，世住松桃县属之金湾塘，年十七，父宗卿去世。遗继母黄氏，在堂时王父德。高王母秦氏犹存，基，痛父早逝，愿替父尽人子之职责，于是高之左右昼夜不离，高性刚，秦性亦烈，基曲加供奉，鞭则直受，叱则暗泣，随在处以柔和如是者历有年矣！未几高病多方扶持，时刻常在身边者，将近两月。秦病亦如之，噫基孝祖之心可谓尽矣！殊德修谤兴时因分爨，族人有谓家财尽没于基者无端争执，基亦顺受愿让出钱数百千，田谷三十二石，交族人手，母氏黄气极于胸，基多方劝慰竟容忍之，此基对于高堂、对于族人之梗概，其对于继母之弟绍宗、绍雄尤为友爱，基父没时，宗五岁，雄岁半，基保抱携持备极辛勤，成童送入塾，长则各择婚配，凡所当为均体母心，以曲成之迄今，基年五十八同气连枝，各自分荣孝友，一堂现存之老师宿儒，莫不引之以为美谈。

青岩道人题曰：

刚烈王父母，曲顺每承欢。让财息族争，体亲待弟宽。

黔西县新场孝子彭泰华事略

采访 张瑞宾 撰文 曾德光 题诗 班瘫

孝子彭泰华，字树嵩，黔西县新场人。累叶书香，父泽深，清贡生，性严厉，讲礼法，乡里咸敬畏之。故其子受庭训自幼诚笃。年十龄即知勤学，善体亲心。一举一动皆能先意承志得其欢心，值段氏母病痢，不时起动，皆孝子扶之。延医调治、洗濯污秽，无微不至，衣不解带者二十余日，未尝稍懈。无如母寿有定，竟弃人间。孝子哀毁骨立，丧葬尽礼，庐墓未满三年，地方土匪杨应奎结党抢劫，拉肥关羊，肆行无忌，避之为是。于是孝子侍父潜逃重庆，得友援引在二十五军警卫团部暂任军需藉度生活，阅半载，闻杨已招安，地方安静始旋里。次年其父欲倡修东岳庙，虑无钱垫，孝子会其意，暗卖谷得款以助之，并约亲友富户劝捐资补，不两年即告落成，偿父夙愿。由是连生二子，越发热心，凡遇地方善举，父欲为者，孝子无不遵而行之。乙丑年大荒，饥民流离载道，其父见之泣无法救，孝子乃倡办平粜，并煮粥以济流民，救活饥民无数，亦慰父心。其父素喜饮酒题诗，手病疯瘓，举杯即颤摇，孝子则另制一小酒瓶从旁呷之，酒得不倾；诗则依口笔录。全家人好礼佛诵经，培修庙宇。甲戌元旦，父子往各庙进香，因思本处无玉皇宫殿，立愿建筑，先垫多金，庀材鸠工，踊跃前进。孝子为人正大，居心坦白，人多欢然乐从，不待劝而自捐者众，刚年余居然殿宇辉煌，圣像威严，谁不曰若非彭泽深之贤、彭泰华之孝，父子素孚人望，何落成如是之速哉！

青岩道人题曰：

尝粪且有人，涤秽不足论。善体严父心，养志无遗恨。

省溪县孝子秦宗炳事略

采访 马兴烈 撰文 杨德昌 题诗 班瘫

孝子秦宗炳，省溪县秦祖胜之次子，母黄氏，鲜兄弟性至孝。年幼时，凡得可口之物，必先奉父母，然后自食。其父，时行方便，喜除路道瓦石；孝子继为不倦，故得其父欢心。年十五，母去世，哀毁尽礼，数日不食。奉父极诚敬，寒天将被睡暖，始请父睡；夏暑沐席驱蚊，必躬亲为之。如外出，先向父禀告，次向家神叩辞。反必面父鳏居，婉言劝父。续娶继母陈氏，以慰父心，孝子夫妇事继母如生母；而继母亦贤，待儿媳如己出。父年六十染病，孝子每晨焚香祷神，愿以身代，不日父病愈。次年，父目肿痛，孝子效古人舐目，目疾亦痊。越三年，父足又生大疱，日夜不安，贴药无效；孝子以口吮其脓血，不日足即愈。宣统三年，父年七十有二，沉疴不起，孝子侍侧，衣不解带，焚香百叩，默求神佑，连祷七日，父病犹未减，乃取粪尝之，味酸苦，想不至死。越日，更加沉重，又取粪尝之，味变甜，孝子心甚恐惶。奈大限难挽，十一月十九夜，其父竟逝。哀毁异常，满襟血泪，伴灵一载，素食三年。又设香案，朝夕虔诵金刚经，父服阕。继母殁，孝子亦尽哀尽礼，一切丧具，不亚于父，至此信道甚笃，以为超宗拔祖，非度己度人，不为功母，服阕。即往合一会求职，蒙佛赏准，开化乾坤多人，其为人也，素好慈善。宣统年间，开办砂矿，发家至数万金。除修窨屋三间，买田十余亩外，其余之钱，均作济贫、施棺、施药、修桥路诸善举，故省溪县人咸称为大善人云。

青岩道人题曰：

孝从难能显，黔寠堪比伦。舐目兼吮足，世更有斯人。

遵义县孝子蒋德榜事略

采访　龙昶源　　撰文题诗　班壅

孝子蒋德榜，号佐卿，遵义县人。幼失怙恃，为人牧牛。稍长佣工度日，闻亲族某在贵阳县属碗厂开烧碗窑，厂务畅旺，即到某厂，欲谋技栖，殊族某淡漠视之，等役而使，不加青睐。榜思彼无亲亲之义，而我以力获资何得仰其鼻息，遂出外应佣，为人诚悫，遇者辄喜，身价日增。有贾二公者乏嗣择婿，雇伊工作半载，凡事详加审察，果然佳子弟，年与女相若，因赘之。由是孝义颇得岳父母欢心，愈加勤劳，自开一厂，生意活泼，事业遂兴。添买房田，生子女数人。每年必返遵省亲墓，念余年无间。嗣因隔邻失火，众皆往救近火之家，纷纷迁移要件，榜亦在焉！百忙中取楼上物急无梯，二三年少乃令榜站稳，由彼肩上楼去时，空人不觉而尽力持物下者，仍向彼肩踏来，力不能支，当即跌扑昏晕，扶起背回医治半年不愈，腰脊骨已断，皮肉未破，惟陷指大一缺，竟成瘫废。差幸子等成立家已小康，早有水碾一所，距家二里，每日夜间碾获佃米五六升，秕糠可另卖钱。向系赁佃收租，今则雇一长役主仆寓内自行照理，遂历二载不能回遵省墓，思及父母劬劳，时常啼泣。闻青岩有画匠约来绘双亲图。匠要像片为模，答曰：祗画当中观音一尊，两旁男女各一，若干年纪若何，衣饰虽不状貌，吾亦不怪，惟心存父母在上而已！画毕设案供奉，请人教经，早晚洁诚持诵，冀超亲灵。又请堪舆在附近平坦处埋一假坟，内有空棺录双亲生死年月日时入葬，外立合冢碑。每清明日，挟两扶手缓步坟前啼泣叩拜，过者见之，亦为泪下。嗣即闻道，初不能坐，必用被垫衣枕背后左右帮扶；以上坐费力，每坐须数点钟。月余渐不用被等，心愈虔诚。半年进级，步履只用一杖，师到青岩常肩舆往彼请益。忽一夜梦，本处死已数十年之老医，令彼伏卧以针挿脊缺三下，用手按擦数次，贴以膏药。嘱勿多动，有顷觉痛处发热，异常轻快，复又睡去。天明醒转，其病若失，缺处亦满，步履如初时。榜之岳父母年逾八旬，即请堪舆随觅葬地，日行念余里不觉苦，道心弥坚。嗣又进级，迨岳父母先后没，哭泣甚哀，丧葬尽礼，服阕后，微疾而终，年登八卦。有子四、孙男女十余，堪舆陈致中屡代彼用事故，熟其家曾为予言及榜妻贾氏，亦贤家教甚严，数媳爱敬有如生母，凡客出必有一媳送往甫归，亦有一媳往迎。榜前病往碾房时每日必轮流子媳各一携果饼往彼省视，七八年如一日，子或媳偶有小失，母大骂必恭敬服礼而后已，无一敢违教者，梓里咸钦佩，称颂噫谚，所谓“孝顺还生孝顺子”不其然欤！

青岩道人题曰：

循环天理在，世总不经心。伪像及假坟，无非孝念深。

思南县黎家寨孝子黎大元事略

佚名　　题诗　班瘫

孝子黎大元，思南县黎家寨人。父学孟，母早丧，跬步不离父侧。性颖，喜听善言，好上进。髫龄时，父送读授书，过目不忘。因家贫未能升学。长则小贸营生，稍闲手不释卷，朝夕勤读，不遗余力，学问渐长进，遂弃商以舌耕为业，所得修金，悉归父手赡家用。教诸子弟最讲德行，乡里常钦佩，故争聘者多，孝子不计修金多寡，只取馆地距家近，每日必归家定省，风雨无阻，终身如一日。父寿逾八旬，值世乱谋逃避，孝子负父腾越高山空谷，获免灾惊。后又患疽疮，医药罔效。孝子以舌舐之匝月乃愈。父寿九十四岁而卒。孝子号泣如婴儿态，庐墓七七，粥食三年，可谓生事之以礼，死葬之以礼，孝思真无愧矣！

青岩道人题曰：

营生更读书，弃商学为儒。耕舌移舐毒，难能世可模。

贵阳县城内湘人孝子罗德门事略

采访　张朝升　　撰文　尹匀卿　　题诗　班璭

孝子罗德门，字忠开，原湘人也！现住贵阳城。幼颖悟，年四岁读孝经，即能了解祖仙樵父翊之，均以名宦仕滇。孝子依膝下，秉承庭训，无少违。母周氏早殁，由曾祖母唐、祖母伍及继母傅鞠之成人。会清末废科举，孝子入滇之高等大学。因受业于前贵州提督学院陈荣昌门下，旋因陈放提学贵州，随同办理学务事毕，恰值司法倡独立典试法官，孝子应试获选，初任司法，见其事多败德，改就行政。服官卅年，持躬清洁，遵父命也！至今两袖清风，犹赁屋居，且债累积身。其父本宿儒，虽属宦裔，最守礼法，毫不骄奢。惟年老犹好施济，饮食起居。爱清洁淡泊。孝子每先意承志，逐日即菽水进呈，亦得欢心。其父年七十尚康强健步，皆孝子有以慰之也！孝子闻道以来，信道极笃，为生活所累，未克领职。常自叹抱歉难安。

青岩道人题曰：

败德何堪任，改官洁史清。孝亲能养志，无愧旧家声。

乾孝副篇（凡十八人）

玉屏县东区玉露乡孝子汪选烈事略

采访并撰文　汪世臣　　题诗　班璭

孝子汪选烈，玉屏县东区玉露乡恩职汪廷秀之次子过继胞弟廷垓膝下为嗣，性聪颖。七八岁时读书至黄香九岁事亲孝数语，心生感悟，遂从而行之。父甚珍爱，惟母刘氏，素性刻酷，异常虐待，烈愈敬谨顺从，稍免严责，或命入校读书及运柴薪，备饮食、洗衣服等事，一切营为罔不尽心竭力从事，冲龄入道，早晚诵经，玄功匪懈，虽衣敝食粗不以为耻，总求先慰母心为安，兹则年及二十，道心甚坚，善人则亲近之，善举则力行之，遵循功过常出良言规劝，同道人咸亲爱之，昔年会坐玉屏，罗先生许曰：体功进步，会坐洪江。主办称曰：孝可格天，斯时母心渐有转机，则孝行将来尤有进矣！

青岩道人题曰：

刻酷不在意，敬谨愈遵从。道气且迎人，母姤或为镕。

松桃县樟桂溪人孝子严光祥事略

采访并撰文　张朝俊　　题诗　班璭

孝子严光祥，松桃县属樟桂溪人也！父云喜，母吴氏。父殁时，祥甫九岁。仅母在堂，一贫如洗，难以度日。有兄玉昆亦不孝，吴氏无奈只得下堂，以就衣食。越六年，祥十五岁能自立。念母氏劬劳，迎归奉养，恒若室如悬磬。岁又饥馑，惟藉佣工以为生活，迨后吴氏年逾古稀多病，祥，朝夕扶持。虽屎尿污秽必身亲其事，毫无厌恶。每逢寒冷，则解衣衣母。遇有美味，必先奉母。忍饥受寒，遐迩称为苦孝。

青岩道人题曰：

兄能符弟意，岂忍母下堂。赋性果生成，孝逆各自张。

省溪县野猪塘孝子刘洪汶事略

采访　马兴烈　　撰文　杨德昌　　题诗　班璭

孝子姓刘，号焕堂，洪汶其名。省溪县野猪塘人。生性纯厚，能容忍。自动及长，未常出一言詈人，盖恐詈人父母，人亦詈己父母也！平生良善廉洁，无争无忤，虽家贫，分外决不贪求。有里中牛吃伊五谷，见之不出恶言，如吃过多，惟叹息而已！事亲能孝善体亲心，弟兄三人，孝子其仲也！兄洪荣，以人口重大，不能顾父母之养。弟洪有虽亦能养，不过补助十分之二而已！孝子则竭力奉养无缺，纵遇凶岁亦不至饥寒。温凊问省惟勤惟谨，人有劝其娶妻为后嗣计者，则曰：父母之膳尚虞不足，敢聚妻以分养乎？值父病侍奉不离左右，毫不推兄诿弟，至于出必告，返必面，得亲欢而后退。迨父母先后弃养，衣衾棺木，孝子完全负担，日夜号泣尽哀，寝室俱废，亲柩归山即庐墓三年，置设香案，朝夕虔诵经典以求超度父母，每日先供而后食，至服阕始宿于家时，孝子年已四十八矣！始以无嗣为大，乃娶妻孔氏亦贤居恒，手不掐虱，足不踏蚁，戒杀放生，敬字惜穀，修补羊肠鸟道，族中有名四岩匠者死无葬费，孝子则借债以理之。孝子茹素二十余年，寿至古稀，于辛酉年六月十七日巳时叩辞祖宗，整容而逝，诚为孝德之所致也！

青岩道人题曰：

养亲先送老，后娶不嫌迟。努力行诸善，完人竟若斯。

松桃县金湾塘孝子姚绍宗事略

采访　张朝俊　　撰文　雷祖泉　　题诗　班壅

孝子姚绍宗，现年四十八岁，世住松桃县属之金湾塘。年甫五岁，父宗卿去世，遗母黄氏在堂。黄性宽和，宗性尤仁厚。对于母氏极其恭谨，曲尽子职。尝以黄系继母，儿多者母必苦，虑给养有限，恒节衣缩食，预备母奉身之物，黄拒不受，恐有累于宗也！黄有时因事不遂意，甚至怒骂宗，必和颜以解之，或俯伏谢罪。有好饮食，虽饥不食，必先以奉母，寒则温衣被，暑则凉枕席，历年如此，遵行不改。及分爨时，怜兄人众用广，以己分得屋一所并田一亩让与兄耕管，此尤人所难，尧舜之道，孝弟而已，宗其有焉！

青岩道人题曰：

母慈子更孝，甘旨奉先尝。让兄田与屋，美名并流芳。

思南县城孝子李世勋事略

采访并撰文　邓稚臣　　题诗　班壅

孝子李世勋，思南县城人。幼丧父，母王氏，性挥霍，每食必问有余。孝子家固不丰，竭力供奉，从母所欲。一日思食骡肉，孝子即将与友共喂之骡宰于安家桥，以肉供母食。时母问何来？答：购于市！又问：家之骡何在？答：以贼窃去私蓄，金以偿友之半价。故郡人称为李孝子云。

青岩道人题曰：

贫而喜挥霍，母性何其奢？养心藏宰骡，覆将市购遮。

思南县桃子丫孝子旷尊贤事略

采访并撰文　邓宪昌　　题诗　班蘊

孝子姓旷，名尊贤。思南县桃子丫人。幼失怙，母氏许氏，生子二：长名立贤。府学文生；孝子居次，聪敏过人，善治生理，族邻有不给者辄分饷之，未尝有德色。母尝有疾，忧形于色，焚香礼神为二阄拈之，得可救，即割臂肉和药以进，疾遂痊。越三年，母疾复作，孝子仍礼神如前拈无救，果卒。居丧尽礼后，子孙昌盛，人以为孝子之报。

青岩道人题曰：

割臂医亲病，圣训本不经。两阄终有验，痴孝感神灵。

思南县黎家寨孝子黎作栋事略

采访并撰文　欧阳明　　题诗　班蘊

思南县黎家寨有孝子黎作栋，为郡增生，性孝友。幼失怙，母张氏。生二子：孝子居长，事母曲承其志无违。所欲最能体母意，事无巨细，举动皆得母欢心。其弟名大璋，患病不起。孝子深恐母忧，不时亲炙汤药，并代母劳，时刻不离左右，几致忘餐。孝友若此，世道可风，人咸以为黎氏孝子，宜享遐龄，后果寿至八十有四，无疾而终。

青岩道人题曰：

孝友可风世，色难只在容。服劳使亲逸，寿报宜其浓。

贵阳县城孝子张忠智事略

采访　肖其勋　　撰文　陈金泽　　题诗　班蘊

孝子张忠智，贵阳人。父早丧，无恒产。母罗氏，生兄弟四人。孝子其季也！母有贤德。家贫抚孤隐忧多疚。孝子生性仁慈，事母无违。其长兄忠仁，早不录。先年生活系二兄忠义小贸维持。孝子习补锅为业，得资悉助家用。其三兄忠礼隔居三十余里，素鲜归省。壬申岁忠义病故，丧葬费负债百余元，皆孝子独力担任。兄之前妻遗一子，年十一，送学徒。兄继室有姿色，年幼寡居。孝子年已二十八，家贫无偶。人有劝其与嫂婚配者，孝子闻之悚然曰：予已闻道犯义之事，禽兽之行，誓死不敢为，其嫂见贫困难守留之，不可惟与之约，将襁褓物带嫁，乳哺三年领回。讵料未三月，将子送回。斯时孝子欲践约未能，欲雇乳无资，吞声饮泣，只得自哺。而老母年近古稀，双目早已失明，动辄须人照扶。凡饮食、起居、著盖、栉发、裹足、倾秽、涤污，皆孝子躬亲为之。每逢出外补锅，恐母饥渴，必备饮食安顿母侧禀告，得命，方将襁褓子背负而行，随时饵哺、归则辄买果品进母，用娱亲心。孝子上奉衰母，下抚孤侄，昼夜辛劳亦无倦容。讵孤侄修短有数，抚至十九月而夭，既悲乃兄之逝，忽悼孤侄之殇，恐母伤怀，辄背而泣。甲戌春，母之瞽目复痛，孝子服侍罔懈，衣不解带，日则婉言宽慰，夜则求神保安，均获神庇，不药而愈。乙亥冬，母又得风症，手足俱僵，仅存微息。孝子情急乃跪堂前求神庇佑，愿减己年以益母寿，呼号哭泣，邻里皆闻。既而转危为安，此乃孝子一诚之所感也！今其母七十二岁，精神矍铄。孝子自幼好道，乙丑皈依，至今三十二岁。犹未娶妇，仍是童身。母子相依侍奉益谨。孝子尝语人曰：予母逝世后，我道倘能进益九玄七祖可以超升何必娶妻生子以效世俗之虚文懿哉！孝子事母至诚，守身如玉，不为世俗所拘，且能至诚格天，迭愈母病，尤能抚孤守义，为人所难能。孝子可谓达人也矣！

青岩道人题曰：

母病屡格天，都因平日孝。贫贱养亲难，羡君立世教。

贵阳县青岩镇人孝子张璧昌事略

采访并撰文　　题诗　班蕴 字润石

孝子张璧昌，讳尊荣，贵阳青岩镇人。以幼失怙恃代人卖实物度日。长则挑卖糯粑，娶妻陈氏，尚贤。生意渐顺，积资改营贩布。为人诚实不欺，交易者络绎不绝，久之信义曰著。事业颇盛，忽有人遗百金于彼摊上，多人眼见指为张物，张以为人众恐有冒认，乃取放身中。越半日失主仓皇过路，张问其忙迫何为，乃云寻觅失物，不知何所。说及重数若干包帕形状均符，张遂璧返之。见者无不称讶。常与省垣广东街双姓布行往来，双姓事繁，账偶错误，多取四个阳洛给张，次场张付款来，双颇诧异。又数年，双又落记张银数十两误入别姓账内，势将与别姓兴讼月余，张来招帐，由是双知张性忠直心甚感激。劝张在青岩设一分庄，张辞无资不敢允许。反青数日，适有下邑羊驼货空马脚价较常低廉，双姓即发布数百筒特派一人随送张宅，张收拾一屋堆放，竟致充栋塞门，心反不乐。盖以其二子不肖，不务正业，日事赌博，潜偷暗取，恐难填还，更留后患。次日来省面辞双，请留派去者在彼帮同将布卖完销账，本已纯义务不受分文，此种清廉商贩中实不多见。青岩建坊立庙之张贞女者，即张父同胞之女弟也。每年四季新出菜蔬食品，张必先送其姑食后方敢买吃。谓父殁太早，今见其姑如见其父，敬其姑即敬父也！生辰年节必亲往瞻拜二十余年如一日；春秋祭祀祖先，必虔诚拜祷，甚至泣下。推其爱敬姑之心，则知其孝亲无疑也！推其祭祀之虔诚，则知其孝思纯笃也！所可惜者，家庭无教育，以致两子不归正路，虽有田房货物约值二千元家资，张六十余岁病没不两年，二子吹赌荡尽。其妻陈氏后十余年颇受艰辛。二子卒皆露死在外。两孙亦逃亡在外！此岂报施之爽耶？盖世之为人，父母者娇生惯养习焉！不察终使子弟不能成器，爱之实足以害之也！观此亦当引以为戒。今幸其二房之次孙，名玉贵，在次南门外开裁缝铺，尚属诚实，可望兴发，足征善人之有后也！

青岩道人题曰：

孝思真不愧，家训确无良。幸未绝禋祀，否极泰运昌。

思南县四野屯孝子张春浦事略

采访　　撰文　欧阳明　　题诗　班蕴

孝子张春浦，思南县四野屯人。生平耕读为业，至孝性成。父廷焕，母氏吴。己亥母病床不起，百药罔效。孝子焚香告天愿减己算以增母寿，旋割股和药进母病，立愈。庚戌父又患疾，百药调治无效。孝子仍焚香祀天，亦愿以己年益父寿，复割肢救之，父病亦痊。皆由平日定省深得亲心，方能感格于天佥日：张孝子割肢愈亲，宜享遐龄，现年古稀，精神矍铄，是真行孝之报耳！

青岩道人题曰：

全终方是孝，发肤敢毁伤。愚诚无别法，两度感穹苍。

定番县扪摆寨孝子黄应春事略

采访并撰文　曾汉卿　　题诗　班蕴

孝子黄应春，字芳亭，定番县扪摆寨人。幼习首饰银工，性纯。孝父朝宗，母刘氏，兄应泰。父殁时，母年二十有八。家极贫。外祖父怜其苦，接伊母子至摆金场同居顾养成人。后母子相商移出另居，自寻生活。弟兄均各完配。孝子妻杨氏，生六子三女，人口众多，衣食窘迫。故其母住兄处之日多。孝子母虽未同居，而孝子心时刻不忘常往定省，家虽困难，每逢场期必买肉蒸汤送往敬母，侧立侍食。嗣母染风寒咳喘症，初轻后重，卧床不起，二十余日服药无效。孝子恐母无救，见病垂危，立定诚意沐浴身体，遂于各庙进香默祷，返家又将割肝救母之事焚香禀告家龛神灵祖先，求母病愈，祀讫即用刀将心窝割开，肝即冒出，割下一片蒸汤送至床前跪请母食。孝心诚笃，母病竟脱，然无恙矣！民国初年代理大塘县长褚德明经过其地，访知其事，赠以“孝行可风”四字，母寿八十有二，孝子五十有八，正命而终，岂非孝行之报耶！

青岩道人题曰：

亲危心急切，虑恐不能生。圣训何曾识，痴愚孝颇诚。

平越县孝子陈小双事略

采访并撰文　刘葆如　　题诗　班壅

孝子陈小双，平越县属人，父明选，母刘氏。当父殁时，家贫如洗。母子二人无有依靠，度日维艰。恰值年荒，生计无路，母乃下堂再醮杨福泰。杨亦无有产业，赁屋以居。嗣福泰病殁，小双逐日为人佣工奉母。又值乙丑、丙寅岁大荒，斗米数元。小双无人顾工，遂沿街乞食。得食必先奉母饱已则后食。作事母许则为，不许则不敢为。现其母尚存，年六十一岁。居女校门口周姓屋内，因小双有孝行，故许之以容身。

青岩道人题曰：

乞食先奉母，听命决行为。周屋欣许住，孝名千古垂。

松桃县樟桂溪孝子严光文事略

采访并撰文　张朝俊　　题诗　班壅

孝子严光文，世居松桃县属之樟桂溪。其父荣茂，母姚氏。以弟荣榜无嗣，夫妇熟商将其子光文过继荣榜。光文素热心文坛，常阅三教经典，颇知孝道。过房后视荣榜与母杨氏无异生身事之，曲尽其欢，普渡开后，朝乾夕愓，办理道务不辞劳瘁，未几荣榜卒。只母杨氏在堂，年老多病，日见沉重。光文计无出割股为脍，以食之衰颓之躯，忽转为康健，延至八十四岁始溘然逝，乡里咸称孝感所致云。

青岩道人题曰：

继母如生母，痴愚孝更难。心真忘痛苦，卒获病亲安。

松桃县金湾塘孝子姚绍宝事略

采访 刘顺颐 撰文 张朝俊 题诗 班蘊

孝子姚绍宝，现年四十六岁，世住松桃县属之金湾塘。性顺善忍。父宗敬，性朴素。母黄氏金枝，性刚烈，常与宝父反目。宝从中谏劝，言多急切，母因含恨于心。及父殁，宝与兄绍仁分居，仁取多分少，宝悉听之。且多有侵占之举，宝亦忍让不与计较。兼之母偏爱，存心于手足，至每暗嗾仁平地生波，以近数年饥馑。时有攘宝所有之动作，噫火上添油，旁观者心犹觉不堪，而宝安之如素，非仁孝性成不能臻此。

青岩道人题曰：

母刚从直谏，于此恨专心。偏爱嗾兄虐，独凭孝弟箴。

松桃县两河口新院子孝子杨昌隆事略

采访 向长元 撰文 张朝俊 题诗 班蘊

孝子杨昌隆，松桃县属两河口之新院子人。素性质朴，与人无争。对于父母尤极诚谨，年十八，其父光玥病垂危，嘱之曰：汝此后须善事，尔母宽待诸弟，凡事要大让小方好。言已气绝，隆以礼安厝。母包氏在堂，性情刚燥甚难事。一日隆偕诸弟聚处，互相言笑，希慰母心。殊包面带忧容，隆知拂母意，忙率诸弟俯伏请罪，自认过咎。又值嘉平月，隆以年关在迩，请母命杀猪一只以作新岁预备，包勃然大怒曰："汝曹幸父之死好大嚼耶！"隆知不谅于母心甚危惧，乃延伯父及母舅多方劝解，自率诸弟膝行而前叩头认错，包怒始息。自是而后，小心翼翼。凡有禀请必察言观色，未敢造次，此隆对于北堂曲尽其孝也！次其对于诸弟昌品、昌藻、昌贵、昌汉尤为宽容。品多病，终日床头；贵性疏慵，好交游，不事生活。藻性稍平和，隆概不与较汉送入塾，厥后训蒙，连年所得修金，概让与汉作私蓄，隆分文不取入公。

盖以其父临终遗嘱为毕生惟一之钧命，不敢稍有踰越。故至今年已七十有四，同乡父老犹称颂不衰云。

青岩道人题曰：

不因母性燥，怎见孝行全。忍让和诸弟，父必慰九泉。

思南县祭江门孝子李步云事略

采访 张瑞麟　　撰文 欧阳明　　题诗 班蘊

孝子李步云，乳名二妹。现年三十九岁。思南县祭江门人。父金顺，母文氏，家贫。孝子性纯，岁余失怙，母迫于衣食计无出。舅怜之夺母志，令再醮。时孝子仅二龄，随母下堂。至六岁提筐卖葵，祖父母见其小而纯朴，令归膝下助资，改卖蔬菜，获利以供祖父母并蓄食私奉生母。越十年，继父亡，即迎母归养，极尽孝思。又数年，祖父母先后故，孝子均竭力措资丧葬尽礼，且奉母心诚，凡母所欲衣食，无论贵重远近，竭力办进；遂其欢心，毫无难色。妻田氏偶与人言，下堂不为母，孝子闻之严责妇曰：我身从何而来，父母养育深恩难报，万一尔随我，我母即尔母，如再出此言，誓与尔绝。因而田氏感化，奉母亦不敢慢。后母病，汤药起居，孝子必躬亲奉侍，衣不解带者月余，殁后哀葬尽礼，即请良工刊母像与父像并先祖父母像设龛供奉，早晚奉茶餐进酒肴，并设床帐被褥于楼中，晨夕问安视寝事如生，时邻里乡党咸以为李孝子有如古丁兰刻木之故事云。

青岩道人题曰：

古孝传丁兰，如今李可旌。嫁母复为母，事死如事生。

思南县盆绿池乡孝子田雨济事略

采访 曾昭和　　撰文 欧阳明　　题诗 班蘊

孝子田雨济，字泽周，清贡生，思南县盘绿池乡人。父庆烈，母万氏，家不甚裕。孝子秉性纯孝诚笃。自幼善读书，农忙时佐父耕不遗余力，夜就母机镫读。年十九应院试名冠，胶庠采芹后随食廪饩。娶谭氏，亦贤。孝奉亲甘旨无缺无何。母弃世，父欲续，孝子即曲承其意，娶继母陈，奉侍尤加谨，毫无愠色。至己酉，继母又故，复娶继母李。孝子侍奉更隆，而李亦待如己出。孝子历以舌耕供养，父常谕曰：士之孝莫大于顺父母，广教化育培人才，乃可谓扬名显亲。故孝子承父训，立意晋省，由师范学成，以德行经济文章著，掌教于凤泉书院，主讲十余年。凡训诸学子，咸以先德行而后文艺为旨，归裁成大器不少。黄光琦、李维翰、彭礼仁、肖克经等均杰出者，余不胜计。后因素老已亦多病辞职归。至辛酉岁，父卧病，孝子亲奉汤药，随侍左右不解衣带者三十余日，父殁丧葬尽礼。越三月而继母又辞尘，哀葬亦同生父，嗣更醵金建宗祠设义塾，继承父志，值岁荒出粟赈济救活饥民无数，且闻道已久，引渡甚多。凡遇地方公益善举，尽力维持。有子三：长曰均，次曰普，三曰应杰，均入道一堂雍睦，咸称为孝德所感。享年五十有四，无疾而终。

青岩道人题曰：

舌耕供孝养，承命育贤才。德行文章著，祠中义塾开。

思南县城东门孝子徐仕举事略

采访　李树廷　　撰文　欧阳明　　题诗　班蕴

孝子姓徐，名仕举，字俊臣，清贡生。思南县城东门人。父学全，母何氏，生二子。孝子居长，性孝友，家屡贫。韶华失怙，母矢志冰霜借纺绩以抚二子。孝子居贫力学，清同治间入泮。嗣补廪膳生，以舌耕为业所得束脩悉交母用。母在不就远馆，恐失定省。娶妻程氏，名门望族。知孝道。晨昏定省，相从唱随，先意承志，得母欢心。母中年茹素食粥，孝子心诚随之，同母终身食粥。母殁哀毁骨立，丧葬尽礼。胞弟仕彦，性染烟癖，不事生产，窘甚。孝子常节俭分润以助之生。平器识宏，通意气蔼，如敝衣蔬贪毫不外干，循循善诱，裁成人才不少，真不愧为人师。享年八十六而卒。

青岩道人题曰：

力学为显亲，名成可舌耕。养心从食粥，茹素竟终身。

坤孝正篇：凡十一人

清镇县卫城孝女王修莲事略

采访并撰文题诗　班蕴

孝女王修莲，清镇县卫城人。父明彦，母周氏，生一男二女。修莲其仲也！父打砂炼汞为业，宿硐受潮湿成痹疾，手足不仁，起居饮食盥洗便溺之事皆需人。修莲甫七岁，日偕姊环，侍父榻不稍离，朝夕为父著卸衣裳，取送溺器，进呈饮食，八九年如一日，无少怠。父殁，丧葬毕，日用生活恒不济，姊妹日向外婆哭，婆怜其苦，乃送会一脚，接得会银百两置田收租差免饥寒。姊长出阁，弟病瘖哑。母悲剧成咯血症，体备弱，不能理家事。修莲已长成，替母司出纳及洗濯烹饪事，稍暇即读书，或习女红。依母如形影。年及笄，有求婚者。修莲以母衰弟哑无人奉抚辞之，会丁酉地方萑苻不靖，适有武营驻防其地，文案张家郇失偶闻女贤欲续娶，托媒求之，仍以母老弟病辞。久之，复有亲戚族党向其母女再三劝导，晓以终身大义，并言代向张君约婚成，当为王宅常照顾。约定始允，奠雁礼成。阅三月，夫赴省闱应科举试，忽母病危，函告夫回侍母，汤药月余犹未愈。迨夫下第归接同居住，多方医愈。次年修莲举一子，甫弥月，其母商诸亲友刑牲祭告，宴宾证盟，仿古人血统立爱继，例将新生之外甥承祧、哑舅王德元为子，越明年清明节，德元上坟转身失足落河而亡，母女悲尤甚，加以夫常外幕不屋，两姓之家务修莲一人任之备极苦辛莫谁与告，厥后夫奉委都匀县教谕兼府学训导，拟挈眷同履任，女曰：同往固佳，但家中无人照理，况老母不愿去，我何忍远离？愿奉终养，来日方长，何用亟急享此些些之荣贵焉！是年夏，母病殁，弥留时遗嘱殷殷，女得亲视含殓，丧葬尽礼，无有遗憾。迨至祥期为母道场经筵毕，乃携子女之夫任所入署后，仍日日诵经为母求超度，稀与同僚眷属相往来，毫无宦场习气。惟好施予济人急，今年六十有四岁，精神昂然，信道最笃，孙曾已见乐享天年，非孝德之报而何。

青岩道人题曰：

孝性本天生，椟珍求善价。结约庆得人，身荣亲喜讶。

石阡县孝妇肖徐氏事略

采访并撰文　王大权　　题诗　班蘊

孝妇肖徐氏，味羹之妻，石阡县徐松泉之孙女，其父名小川，母氏肖，常谓吾女厚重必有厚福，非至亲不字，后果丝牵思塘老亲徐氏子味羹，于归以来值翁姑多病，氏则日番侍不厌，旋因翁伯雅喉侧生毒疮壅穿，饮食若流数日不能食，氏见其危，恨不能以身代，当夜潜至后院焚香祷告，即割股寸余熬汁以进，翌日渐愈。虽其夫不知也，经十余年子妇代浴，再询方知非孝之至耶！宜其处顺也，不谓其后姑杜氏妒，而严事之愈谨愈失其欢，然终不失子妇之道，以其赋性纯厚也！及其夫郁死，氏上事严姑，下抚幼子女，旦夕未遑求安，盖其心恒有畏故孀居亦若有不知者，非所谓苦节耶！至于勤俭慈惠乃其余事，所以邑人争请旌表以为闾里，劝今其子若孙皆有名于时天殆欲彰之耶！故使其有后若此，益见成名之不易而冥冥中自有主宰也！

青岩道人题曰：

不失子妇道，顺受舅姑难。节孝天不昧，子孙奉余欢。

安顺县城内贞女李玉蝉事略

采访　范介元　王华云　金善根　　撰文　王德煊　　题诗　班壅

贞女李玉蝉，安顺县城内人。父名春暄，母金氏，仅生二女，玉蝉居长，年十余岁即立志守贞，针黹获资以奉双亲。妹于归织金县倪氏，未几身故。玉蝉愈孤，事亲愈力。庚子岁大饥，自节衣食，不贻父母冻馁。迨父母先后逝世，尽力营葬衣衾棺椁之费，虽多借助，而人知其贞静纯孝，均乐贷之。然玉蝉终能齿积偿清。现住持于城内西天寺中，招一鲍姓女子同居，奉佛诵经始终弗怠，数十年如一日。现年六十二岁，居恒容止，不苟言笑，见者莫不肃然起敬焉！

青岩道人题曰：

双亲老无嗣，贫困有谁怜。针黹毕养葬，贞居尚健全。

安顺县孝女杨明贞事略

采访　陈维学　　撰文　任钜源　　题诗　班壅

孝女杨明贞，安顺人。自幼秉性好佛持斋茹素。父洪顺，早逝。家计维艰，立志守贞，与母李氏，全凭针黹及小生理度日，上事老母，下抚幼弟晏如也！及母殁，安葬尽礼，其弟读书完婚，皆一生苦力清操而成。不料弟先物故，遗一子一女，均赖明贞照应。现年六十二岁，犹勤苦如昔，精神强健，住城内东门坡街，仍执旧业，人皆知之。

青岩道人题曰：

父逝惟幼弟，与母共勤劳。弟又遗子女，抚持赖贞操。

贵阳县孝女张全贞事略

采访　曹仲光　　撰文　寿名乐　　题诗　班璺

贞女张全贞，原名贤贞，姓左氏，贵阳处士文山先生女。母氏王素娴，内则生三女一子；子名寿萱，幼被乳母引避无踪；女：孟秀贞，字贵阳；季子清；季适盘县周云山；贞女。其仲也！年十四丧母，姊妹三人惟父是依。越四年，父病侍奉汤药，日夜不倦，及父卒。居丧哀毁，饮食俱废者数日，经营丧葬，备极哀戚，亲串闻而贤之。时姊若妹已先后于归，而贞女自有生以来不苟言笑。自幼即喜茹素奉佛法，每以父母双亡未尽孝养辄兴风木之痛，遂自誓佛前，愿终身不适人，虔修苦行，以报劬劳。□手枵腹勤习女红，以供薪水，虽时空乏晏如也！先是楚南张君翼卿观察黔中，为贵州提督文德翁之冢，嗣父子名宦，允武允文，泽被黔疆，民歌来暮观察夫人冯氏，年廿八，冰雪为心，才高咏絮，观察宦辙所及，夫人随之治。不暇理簿书，措施悉中肯綮，迨观察父子先后作古，夫人古井不波柏舟，自矢在省垣家祠守节，以舌耕自给享祀，翁夫乡人以节妇称之。一日与贞女遇，两情融泄极形水乳，盖节妇心筹是女婉慧可人，惜非我出。而贞女则内自语曰：吾母亡后从未见慈善如若人者，诚能母事之则幸以是因缘，节妇无女而有女贞，女丧母复见母矣！节妇于是刑牲祭告为贞女，更名全仙。而邑人亦以张贞女称之。此后二人相依为命，不啻属毛离裹，节妇素嗜酒，年老气衰成痺疾，出入藉女扶持。丙子春，节妇卧病二月余，而贞女小心翼翼昼夜鹿鹿凡病人意之所及，皆以身先之汤药，手口交进，下至粪秽皆接以目鼻细察味色，以为喜忧。当病垂危时，复将附身棺衾各物从容备置，俾节妇亲视之，颔首报可乃已！夜阑焚香吁天祈减己年以益母寿，并延僧尼诵经礼忏祈佛慈悲加护，次晨忽有一人携囊坐祠外，贞女问之，答“为若母将药来”。贞女捧茶进毕，反身杳如黄鹤。自是母病良已！众称贞女纯孝所格神灵显救云。迄今节妇六十有六，贞女亦四十有九。贞节同矢磨而愈坚，乡党莫不叹曰：母若女之境遇穷困如此，而针芥相投，贞节并著，可谓贤哉！以视世之富贵慈孝而立名者，其难易固不可同日语也！论曰：夫物未有孤生而无耦者，如顿牟之草，磁石之铁，气有潜感，数有冥会，故节妇贞女觌面之初即相依为命，且三代以来母嚣而子女不肖者多矣！间有一二女子如曹娥缇萦辈千古侈为美谈，若贞女幼丧父母既无明师指授，复未穷研经史而乃守贞不字，孝事节妇历数十年如一日，虽古之贞烈何以加焉！是大可传矣！

青岩道人题曰：

贞节融水乳，母女引磁针。相依恰如命，同殷报祖心。

凤冈县孝女田何氏事略

采访　曾先祥　　撰文　孙瑞和　　题诗　班壅

孝妇田何氏，字贞静，凤岗县人。父朝相，前清邑庠生，系理学名家。母刘氏，亦凤岗望族。姆教严明，氏年二十适前清明经田雨济之长子荣卿为室。氏幼在母家能知孝顺，故于归后侍奉翁姑礼节备至，习以为常。结缡甫三日，夫荣卿奉亲命赴省求学，距家数百里，直至三年卒业，始言旋里，氏在家主持中馈毫无怨言。翁姑喜其诚敬勤谨，乡里称其贤淑温恭，夫妇和好，相敬如宾。至辛酉岁，良人领天恩贞静亦求准初层玄功无间，愿夫妇双修同登道岸。次年壬戌良人出外开化五载未归，值时局变乱，兵匪交集，家无宁处，流离播迁，贞静随奉翁姑恒以镇定之言解慰亲忧，越癸亥，生身父母先后云亡，茹素三年以报劬劳。及丙寅岁，氏染沉疴垂危时，乞翁信召良人回，并请嘱其续娶上奉甘旨，下启后人。言毕竟瞑然长逝矣！翁姑悯其孝恒为堕泪，族邻念其贤时为伤心。丁卯年，静夫在省为焚归空文尝忆孝妇之真诚恋恋难舍，故至今未忍续娶。在静夫之得以矢志道场者，多赖其贤淑内助得力所致也！

青岩道人题曰：

孝亲承姆教，助夫世业存。可怜弥留时，犹请早续婚。

松桃县乌罗司孝节妇余安贞事略

采访　严光文　　撰文　张朝俊　　题诗　班壅

孝节妇余安贞，松桃县属乌罗司人。年二十适堉重琼为室，性慈，和夫贸易在外，善事翁姑，和睦妯娌，义待乡邻，夫年三十六去世。氏方三十岁遗三子，皆幼稚，课耕教读，备尝艰辛，加以后姑不贤，虽家不中资养，葬不遗余力，至事父母亦得其欢心，民国二十年连遭兵燹，氏劝妯娌出避，独立撑持。对人言笑不苟，四德皆备，人皆称其节孝。

青岩道人题曰：

重堂均克孝，三子有义方。遇乱独力持，千载姓名扬。

松桃县樟桂溪孝妇杨冬英事略

采访　严光文　　撰文　张朝俊　　题诗　班蘊

孝妇杨冬英，松桃县属樟桂溪严昌银之妻也！姑杨氏，性极乖张，英，百般顺从，虽遭挞楚不怨，姑病朝夕侍奉不离左右，污秽堆集必亲身洗涤无厌倦色。姑殁后连生三子。时年三十六，夫亦去世，子幼家贫又值凶岁，不得已携子逃生他方，逾年乃归。今年五十四岁。勤俭操劳，家道渐顺，普渡开后，母子均入道，脚跟异常稳固，可谓“家之善焉”！

青岩道人题曰：

挞楚犹欢笑，污浊愿洗涤。姑殁夫又亡，慕道殷勤觅。

盘县乐民所孝妇郑王氏事略

采访　黄华清　　撰文　朱锡章　　题诗　班蘊

孝妇郑王氏，盘县乐民所人。配夫大有，家贫，姑早殁。过门后甚孝其翁十余年无间言。造酒为业，夫以目疾失明，因而废业。氏以针黹所得资供夫及儿女之用，恒自忍饥。稍一不给瞽夫常谩骂，戚眷嗾氏曰：嫂劳力以供食，彼反无义谩骂，盍离弃之。氏曰：今遇不淑前生孽也！若再作孽，来世不知受报若何！偶有断炊时，亲友留食，氏辞曰：我家内上有老翁，中有丈夫，下有儿女，均未得食，我若就食，恐儿女得知，嗣后我出必要尾随，令人厌忌。惟心领谢而已！亦空腹而归，其孝慈诚为人所难能矣！

青岩道人题曰：

谩骂虽无礼，针工岂敢闲。枵腹思老小，孝义苦回环。

郎岱县孝妇朱马氏事略

采访并撰文　朱锡章　　题诗　班蘊

孝妇朱马氏，郎岱县朱炳章之妻也！酿酒为生，于归后举一子，不两龄，夫病弥留，泣而不语，氏再三请以明示，夫曰：我无伯叔，母老子幼，死后何依？氏曰：夫善养病设不测，妾愿代劳，决无二志。言毕夫殁。姑年届耋耄，双目失明，一身不能自主，一切便溺浣濯之事，氏悉身任而不怨。氏勤治生理。乙亥母逝世，办理丧葬，有条不紊，乡人咸称之。

青岩道人题曰：

代夫真克孝，瞽母尚欣欢。养葬均得体，勤劳愿了完。

郎岱县孝女黄周氏事略

采访并撰文　朱锡章　　题诗　班蕴

孝女黄周氏，郎岱县人，归庠生黄华清。氏生母已逝，继母姜，贫苦无依。氏迎养之。夏则为姜去蚤蚊，冬则暖其衾褥，塞其帐被，历十年而不变。斯世之前母子女，多有视继母如路人者，观此当翻然兴起而悔之也！

青岩道人题曰：

继母迎归养，心真孝更坚，春秋历十载，寒暑尚安眠。

坤孝副篇：凡十四人

松桃县举贤乡矮贯人孝节妇李仲舜事略

采访　严光文　　撰文　张朝俊　　题诗　班蕴

孝节妇李仲舜，松桃县举贤乡矮贯人。年十九适地佃余若科为室，事姑极孝。且能敬夫，年三十四夫病殁。一子二女均幼稚，屡经兄劝改醮不从，惟惜姑老子幼，骨肉难分。年四十姑去世，遵礼葬。荐子女已抚成人，子婚女嫁。独任仔肩。辛酉岁，氏与子成宗均闻道，异常热心。氏子领职，竭力助资。临出门时，并嘱其子曰：“汝当一心向道，家事可勿虑。”现氏年七十有二，节孝两全，助子道成，人咸称其妇德云。

青岩道人题曰：

孝节皆尊贵，况兼骨肉情。养终婚嫁毕，行道更扬名。

平坝县孝节妇张甘氏事略

采访　陈维学　　撰文　王铎　　题诗　班壅

节妇张甘氏，平坝县甘元明之女，年十九，于己亥年适安顺河边坝张永言为室，生二子。至乙巳秋，夫病殁。时氏年二十四，立志抚孤守节，一切家事自行操持。侍奉翁姑克尽妇道。不数年，翁姑亦先后弃养，丧葬各项，氏自为之。越明年，与长子完婚。不数年，长子殁，氏又含泪安埋。至壬戌年，又与次子完婚。事亲教子，操持家务，勤劳于此可见。现年五十有四，守节三十载。一事甫了，一事又来，层层摒挡，无微不至，实能任其苦云。

青岩道人题曰：

夫亡遗老幼，惨矣妇青年。奉抚伤婚毕，名垂节孝全。

省溪县田坝坪孝妇马黄氏事略

采访并撰文　马兴烈　　题诗　班壅

孝妇马黄氏，名三妹，省溪县田塽坪人马儒林之妻。性情端正温和。平生勤俭异常。相夫以敬，奉姑以孝，翁泽书早殁。姑龙氏，青年守节，家贫抱子儒林承祧，性最刚烈，时常呵骂指责呶呶不休，而三妹未常一言辩，且不敢一声泣，屏息立侍，不命之进不敢进，不命之退不敢退，待怒稍霁，三妹仍婉言愉色，以期博老人之欢。姑年至六旬，三妹以姑老非人不暖，夜则温被同宿，日则烹调侍坐，虽已为子完婚，并不假手于媳，夜以继日，不离左右者三十余年。至今年六旬余，奉侍耄姑犹不敢告劳乡里，咸称其孝而指为妇道之模范云。

青岩道人题曰：

呵骂惟屏息，进退随亲心。博欢承愉色，卅年感苦深。

思南县塘头孝节妇冷向氏事略

采访并撰文　王大权　　题诗　班壅

节妇冷向氏，思南县塘头人。父名学达，母冷氏，女年十五适冷煦清为室。翁文发，家规最严。无论大小事不敢自专，必请命然后行。时姑王氏新殁，遗弟连清，甫三岁，抚至成年。弟亦知感事如母。然氏之贤不仅此，尝谓翁，鳏居多不便，劝续娶。娶后亦不失子妇之道，家中事仍以身任，殊年方念八遽失所天，膝下无子，仅遗一女，哀毁之余安之如素。谓弟有子抚之不孤，立志守节，勤俭持家，内外经营。节妇一人当之，夫弟性疏懒，不事家人生产，百难迭兴，赖节妇克全担负。弟至中年竟病故，遗子女又赖婚嫁，一一成就不啻如己所出，由是乡党邻右称道无间。节妇又于家中延文坛超荐亡魂夫煦清返宅降笔，云多感贤妻守节，作善良多，冥王嘉之，故数十年未受冥刑。嗟乎！节孝通神明其信然耶！

青岩道人题曰：

孝友诚不易，况当属女流。守节还行善，神明动星眸。

贵阳县孝女商贤书纪略

采访　唐懋鸿　　撰文　姚荣廷　　题诗　班蕴

商贤书女士，号松筠，贵州贵筑县人。前清云南宾川州知州商公子超之季女也！贤美而能文词，贞静而寡言笑，束身綦严，饶有理学遗风。家居喜弄文墨，颇多佳句。尤爱读《烈女传》，为亲友道贞烈故事，其悲壮之态，足以动人。而其纯孝性成，亲病，三次割股均奏奇效。继以母病剧，引力割股入深，流血多而神昏矣！汤未进，其母已殁。次年，其父又死于客中，自忏孝心未虔，难能留双亲长久住世成为憾事。其愚真不可及也！然其侍亲宦游二十余载，恒穷其心力设计求欢父母之心，虽得父母之笃爱，而身为贵族女子，其勤苦操作不慕虚荣，诚现代女子之所不可及矣！女士之兄弗孝，其姊远适，曾誓不嫁以养父母，深闺自锁，足迹未尝离慈帏一步，凡有议婚者必遭斥。其父母亦以爱之过深，择婿选格颇苛，是以年逾花信即慕长生术讲道论学，早经消灭人生观念矣！时逢普渡大开，慕道心切，师长作伐父母勉劝，始适桐城叶直斋氏，携手调贤，引众女弟子达万余人。嗣以冢子丽生慧而不寿强夫置妾独宿参玄，现年将近半百犹如二十许人也！伉俪情殷，勉夫救国救世，只身万里省姑，推爱夫之心，代夫孝姑，爱妾、教子、持家劳瘁而无怨言，尤为现代女子之所不可及也！丙寅秋，罗将军称兵滇西，叶氏响应，女士尽出簪珥减食禄以救流亡，慈悲为怀，益足令人敬佩。

青岩道人题曰：

读书知礼教，愚孝为心诚。拯济遗簪珥，助夫果贤明。

安顺县孝妇赵支氏事略

采访　吴光奎　　撰文　任巨源　　题诗　班璁

孝妇赵支氏，前清光绪丙子诞生，年十六归赵门配夫元恺，翁培本，姑胡氏。氏父玉山，母杨氏，素娴阃教礼仪不苟，故女至赵门侍奉翁姑克谐以孝，凡遇翁姑欲行欲言，靡不先意承志，得其欢心。生子毓崧，女毓秀，皆能体母意，将顺其美。当姑胡氏卧病在床便溺不能起解，氏则躬亲洗涤，不嫌秽臭，侍药奉汤昼夜不眠。邻里称其孝氏不敢居，惟知日尽妇道，恐一茶一饭不悦于翁姑之前，以贻外人之羞。自始至终孝心不变，洵出于至诚者也！

青岩道人题曰：

言行承先意，孝贵得欢心。涤秽侍汤药，分尔应亲临。

贵阳县青岩镇孝妇吴润媛事略

采访　郑克哉　　撰文　张雨村　　题诗　姚荣廷

孝妇吴润媛，黔贵阳属青岩镇吴公锦廷之季女，增生家莹之胞妹也！知书礼大义，孝弟无缺。年十六，归同里班君润石为元配。入门知姑礼教森严，持家俭朴，乃自操井臼，力任劳役，事事先意承志，得姑欢心，定省温清，克敬妇道，晨夕姑卧不寐，思饮食水烟等物，辄就榻前奉进十余年不懈，直至子女渐长，姑命饬代乃已！平日与夫侍姑侧不苟言笑，各避其面，见者怪而问之。曰：夫妇同处孀姑之室，苟不执礼，不特无敬且恐暗伤姑心！闻者贤之，其事夫也敬戒无违。凡进饮食什物，必双手以奉夫，每自外归闻声则起迎，异味新鲜必以待夫，子从不先自尝。每佐读至夜阑，手不释针，亦无倦容。科举既停，政府创办学校，孝妇闻之甚喜，极力劝夫从学。当是时，班君以其家不甚丰，恐费用不济；且虑在外求学，久离慈亲意不能决，孝妇乃脱钗环以助，且曰：上事孀姑奉甘旨，下教子女操家事，妾能任之，君可无虑也！嗣其夫卒业于法政学校，考入国税厅任职，继改财政厅，以成绩优良委办岜羊厘税局。榷政在外先后八年，其养亲教子，理家政撑门户，均惟孝妇是赖。当其夫在岜羊之翌年，孝妇奉姑之任定省之暇。每于造送月报时，则为夫填划表册，核算清晰，必详以告姑。在任三年，每值祭祀扫墓必亲返梓，从丰料理。后其夫调任筍洞稽查局长，路遥匪炽，迎养维艰，不欲往就。妇慰其夫曰：君所难者姑也，今而后妾尤加意侍奉。君盍遵母公忠是孝之训以受命乎？夫乃之任。越十月，姑忽遘重疾，妇亟请医诊视，求神许愿，废寝忘餐，心力俱瘁。讵数日姑竟告终。孝妇悲痛绝食，目痛声嘶。往吊者极力劝解，始强起治丧。其姑之衣棺殓具本早年制就，妇以其俭朴不大恰意，礼宜从丰，乃于姻戚中择尤善者倩人往恳情让，虽重价不辞。计其夫匍匐奔丧必十余日始至，恐多日生变，即行含殓并预筹丧葬事宜，及其夫归巨细俱备，惟择期展奠而已！服阕，班君无心仕进，以其母苦节事略到处征文，出川访道三年始归。孝妇问节孝汇编付剞劂否，其夫答以川中稿未征集，须少待，孝妇颇不怿。先是孝妇领获坤恩，就本地维持道务，此时道场停顿，音信鲜通，复念节孝汇编犹未付梓，乃怂恿其夫再出以求全功。孰意事甫竣，而孝妇即登仙录矣！盖孝妇之于慈善事业，操家政一能继承姑志，素为乡人所矜式矣！其夫能至川中访道，效赤松之游无内顾之忧，以至今日在黔能维持圣教宣扬八德者，亦孝妇有以襄事成之也！至其教子则义方是训。故其长子治元，亦由法政专门学校毕业，而登仕版于三江稽核所长，任内著有政声；次子启元，研求国学，亦循循有礼。顾孝妇秉赋薄弱，且以操家积劳，竟于民国庚午冬终于家。距生于清光绪甲申二月，享年四十七岁。有子二，女一，孙男女三，男孙耕书，聪敏质实。两次孙健康比赛均获甲等第一、二奖。古人云：明德之后必有达人，岂不信哉！

姚荣廷题曰⑨：

善体孀姑志，相夫道学成。义方常教子，永世流芳名。

松桃县樟桂溪孝妇刘银香事略

无采访撰文者　　题诗　班瘗

孝妇刘银香，松桃县属樟桂溪严昌尧之妻也！素性质朴。适尧后，对于兄嫂、丈夫、邻里无不各得其欢心。姑杨氏，年六十，常卧病不起。香时刻在身边百般侍奉，除浣秽衣裳外，凡大小便亦常承接之而不嫌其秽，设心惟冀。姑病早得安痊，以得尽心孝养。殊数定难逃，竟一梦长逝。香十分悲恸，血泪交流，一时参观者咸以为思深爱切，共叹为孝妇云。

青岩道人题曰：

贤淑因有孝，姑病久扶持。数定当西去，血泪滴如丝。

清镇县王官庄孝妇姚开凤王姚氏事略

采访　韩天柱　　撰文　周巨卿　　题诗　班壅

孝妇王姚氏，名开凤，清镇县属王官庄姚德轩之女。母金氏，生三男二女。凤其仲也，年二十适镇西卫王大金之长子嵩山为继室。前室刘氏殁，遗一女，姑陈氏性慈良，夫嵩山性柔懦，好游不事生计。弟幼弱，全家生活惟赖大金一人作肩，担盐商以资养赡。氏入门见翁早出晚归，劳苦不堪，恨不能以己身代，遇急需恒由娘家告贷，而顾全之嗣。氏每逢场期，在本己门前摆一小摊出售盐米杂粮，收卖草屦糖麻等物。劝翁年老人不必远出贸易往来劳累，在家中生意虽小，获利不薄差足自给，顾氏摊果能赡养一家，人莫能知其何以独操胜算，待审之方识其习之有素。盖因效其父母纯以公平待遇，商人童叟贫苦不欺，货真价实，极昭信用。故乡中人乐与交易，近悦远来者众，年复一年，薄有储蓄，家渐起。氏生有一子，与其弟同送读卒业，皆完婚。前室女嫁亦丰奁，乙丑年岁大荒，小康之家尚不能支，而氏则顾全一家，含哺鼓腹无鸠形鹄面状，近数年来，率其娣与媳同操井臼，翁丧极尽礼事。姑倍诚敬，弟任地方公务，子任四川古蔺两级学校校长。氏无内顾忧，每日惟知进社诵经会座，人咸谓镇西卫王嵩山之有贤妇云。

青岩道人题曰：

奔驰翁果苦，立志小经营。赡养怡亲心，兴家著孝名。

天柱县城湖南邵阳籍孝妇姚李氏事略

采访　杨远钰　　撰文　胡聘卿　　题诗　班壅

孝妇李镇坤，原籍湖南邵阳县东乡观音阁人姚本高之妻，姚家溢之母，甫三岁，归姚为童养媳。自幼能体夫意。翁早殁，事姑孝年稍长。夫贸迁贵州天柱县城，氏在家以奉姑为己任。凡新出果蔬未奉姑不私尝。生子家溢，值操作时必负子于背，不肯以累老人。夫尝由柱赍腊鸡风肉类归，必尽留以佐姑膳。虽雏子不得私食。甲午岁，夫八兄本禄分炊多年，贫甚仍来同爨。适患瘫骨病，性且暴，时詈骂氏置度外，复供食、延医不怠，延三年始卒。遗妻蒋氏、女招妹。蒋曾虐氏于幼时竟不念旧恶，乃请于姑商于夫，留蒋同食如礼守服三年，后听其再醮，其女抚至十八岁，始择壻姜姓备奁遣嫁。氏待夫兄如此其厚，能重伦常以悦姑心。姑常有疾侍养无惰容，癸卯岁姑病匝月，旦夕侍疾不解衣带，旋姑殁。夫贸易柱城道远，奔丧不逮。氏哀恸之余，一力支持丧事毕，并超荐亲灵，不以诸伯不助赀而置也！其子始三龄，或一二日不暇问，所在心劳可知。夫七兄本华齿繁而贫，夫为置田计收谷十八挑之谱，氏甚乐成之。又常劝夫赀助亲族谋生计，自甘俭朴贫苦者赒济之。丁未年，携子来柱县依夫。辛酉归里。会甲子邵阳大饥，氏曰：我饱人饥，心不忍，尽以余粟分济贫丐，未几，余粟已罄，命家人节食继之，时枭升合米者，特代邻告枭，且饭之不忍使其枵腹回。乙丑其境匪扰，携家来柱，乡人多泣送云，此后缓急无可恃矣！氏在柱事夫恭顺，御下慈惠，故其夫能乐善，雇人拾字纸，舍药材，倡募施棺木，并小周济种种慈善类，皆氏劝成之。其子溢童时惰于读，父课之严。氏常于无人处训责，继之以泣，子亦顿化顽性，激励壮志，至今文理颇优，是皆赖教子有方也！幸逢大开普渡，自入道至领恩以来，信道最笃，诵经打坐毫无间断。癸酉年八月，身染微疾，至九月九日忽对家中人云：来有男女多客，速为焚香备席供奉，旋嘱其夫与子竭力办道，广积外功，切莫中止。致隳前功云云，遂于九月初十日未时趺坐而逝。

青岩道人题曰：

克孝兼克悌，养葬尽力支。居心原自淑，乐善更好施。

三穗县瓦寨孝妇杨许氏事略

采访　杨天爵　　撰文　周光汉　　题诗　班壅

孝妇杨许氏，名启秀，青溪县处士许长昭之女，贡生许德轩之胞姐，年及笄，适三穗县瓦寨明经杨必显为原配，结缡后唱随静好，相敬如宾。氏本书香旺族。其翁最讲礼教，女亦出自名门。日侍姑侧不逾家规，操持家政有条不紊，侍奉翁姑极为谨严。生三男二女，虽家不甚丰，而氏则老少顾全，饮食衣服随时计划，无一不备。会辛卯科大比年，夫先赴省住贵山书院，造举子业。棘闱战罢。用心过度，染痢疾下血症，数日水米不进，几无救，氏接信即欲赴省接夫回梓，经家人力阻，谓生死天定，何劳徒往。况家中子女幼小，谁人照拂？遂即中止，乃在家焚香告天，求夫病愈。幸心诚有感，夫为友人挽救，服药得生。嗣后夫归大庆团圆，从此氏孝翁姑更小心翼翼，生事死葬靡不尽心力而为之，其他修桥补路、救难济急，难以枚举，氏自闻道以来，舍财舍力，不惜千言万语，逢人开导，度人心切，现正子孝孙贤。

孙曾满眼。丙寅岁夏五月十四日，赶赴龙华大会，无疾归空。

青岩道人题曰：

秉理孝翁姑，无违敬夫子。一庭咸雍睦，了道欣如此。

盘县乐民所孝女方黄氏事略

采访　黄华清　　撰文　朱锡章　　题诗　班蘊

孝女方黄氏，名成弟，盘县乐民所人。生弥月母陈氏即逝世。以继母不善，年十四出作冯氏义女，孝爱性成。冯以无子故娶妾某氏，愚而不知理家，冯愤甚捆吊于门外树上，将加鞭扑。氏持镰刀断索扶妾下跪父前，请曰：父娶姨原为后嗣计，至家务一切，姨所不能者，女愿身任，不惮劳苦。年及笄，黄氏二叔病喉穿，几濒于危，氏谨侍汤药，甚至时以口吮其脓，日夜不懈，叔卒无恙，迨归方时，义父冯已殁，又移所事冯者，事其姑夫。有兄弟八人因争产械斗，氏与姑向诸兄弟姊妹泣陈利害，争端以故遂息。至今乡党咸称其贤孝云。

青岩道人题曰：

父妾身护庇，叔病口吸脓。兄弟和睦劝，纷争械斗镕。

都匀县城内大西街孝贞女邱孝清事略

采访并撰文　黎文焕　　题诗　班蘊

孝女邱孝清，住都匀城内大西街。父邱恒清，恩贡。生母李氏。其先世江南江阴县人。孝清年及笄，许字本城杨氏子孝清。因父母无子，愿守贞不字，以代子职。因与杨氏绝婚茹素奉佛，事父母克尽孝道。年三十父殁，号痛欲绝。为修斋砌墓等事，皆自女红中来也！至是专奉孀母，家无升米储，母老病久困床褥七八年，时孝女偶倾折肱，只手奉母无怨容。母死无粒粟，街邻悯其孝而资助之，乃能成礼。自是生计日拙，采薪织屦无不躬自为之恒，隔日不举火，常咽蒿菜，夜寒无绵被，每枯坐及旦，七十年不踰其节，吁亦良苦矣！

青岩道人题曰：

不为人世夭，愿奉双亲老。苦极孝弥坚，贞操实可宝。

思南县孝妇李肖氏事略

采访并撰文　王大权　　题诗　班璭

孝妇肖氏，李瑞仪之妻。思南县肖永培女。母何氏，年二十适李氏，见其家清贫，又因姑性最慈廉贞自守为世所罕见，李固宦裔，虽中衰，犹有大家风。自其舅雨畴殁后，其姑蔡本出自名门而节凛冰霜，能持大体，喜怒不形于色。故子妇亦多化于善，惟氏有加焉！尝见姑安淡泊守贫困，谓我固自甘累吾新妇，氏劝慰百端，反忧为乐，纵日不举火晏如也！氏感德最深，欲奉甘旨，恒苦无钱且又寡居，不能外出，遂学种菜借以娱姑。每逢场期辄自出售，后见其不济而己齿稍长，不得已为人针黹，日获钱数百以养姑，其居心可对天日，然未尝与人言其苦。邻里远近莫不叹服，非有幽间贞静之德何能若此。

青岩道人题曰：

种菜自出售，不济又针黹。养姑终尽孝，守节志无屈。

坤节正篇 凡六十四人

贵阳县青岩镇班璭之节母班车氏事略

采访　郑克哉　　撰文　张雨林　　题诗　姚荣廷

班节母三垣，字辰枢。黔中贵阳县青岩镇车秉珩公之季女也！幼与胞弟还浦明经同读解诗礼大义。事父母孝，处兄嫂姊弟俱悌，年十八适同里博白令班玺之胞叔选廷公为续配。入门不及事舅姑每以为恨。抚前室三龄遗女若己出。其敬夫以礼待人，以和治家，克俭克勤，邻里辄多称道。以故助夫十一年，家渐小康。先产二子，不育，继生子曰润石，女曰凤英。乙酉选廷遘重疾，节母亲视汤药三十余昼夜，衣不解带，目不交睫，无片刻稍疏。迭延医诊视讫无效。情切计穷，乃祷天求救减寿益夫，殊知数定难挽竟失所天，时年方二十九岁，呼天抢地，痛不欲生。亲友多方劝解，且以子女家业未亡，人不能辞责，始节哀顺变遵礼治丧，葬毕则一心奉佛，凡二六九月及朔望佛诞，必茹素诵经。明年丙戌凤女又殇，时润石四龄，依母啼哭。节母睹此伶仃苦况，乃含悲执儿手言曰：吾所不随汝，父死者以有汝也！他日汝当立志上达，庶不负吾今日苦心。吾亦可以告无罪于汝父也！迨子长就傅归，必校日间所课。节母纺绩旁读，课熟乃已。虽盛暑严寒未尝辍废。节母喜读列国三国精忠传等，说部尤钦佩关岳之忠孝节义，课余则谆谆演讲，以相勖居。恒自奉薄治家极俭然，性好施与，常以针黹齿积备衣米药物以济贫病、至修桥补路葺庙刊经诸善举，亦必量力输助。迨润石毕业法政学校，考入国税厅任职，后改财政厅，以成绩优良委办邑羊厘税局，榷政板兴迎养。节母常训之曰：汝为税官，宜以恤商艰，去积弊，勿留难，忠公、慎职为务，故其子从公八年，依然两袖清风无纤芥失者，皆秉节母之教所由来也！庚申二月，母以疾终于家，距生于清咸丰丁巳，享年六十有四。其子润石，治丧毕遂辞官访道蜀中，以节母三十六年苦节懿行未彰，曾刊节孝汇编行世，并蒙述古老人题曰"大哉，车氏抚孤合古，深明大义，堪载贤谱，为女标准，百世不朽，提入仙班，安享清福"等词。嗟乎！世道横污，八德散失。节母有此嘉言懿行，吾黔同人等知之较确。故敢略叙事实，以备采择风录，而励末俗云尔。

姚荣廷题曰[1]：

师赞皇皇，万代流芳。及门由夏，敢望宫墙。

第愿全录，如此增光。剞劂完竣，世界表扬。

铜仁县城复仁坳节妇周李氏事略

采访并撰文　肖胜兰　　题诗　班壅

节妇周李氏者，铜仁县城复仁坳周隆喜之母也！自幼喜劳动，年十七于归周门。翁姑早丧，居七载，夫病故。氏年二十四，膝下一子甫八月，女仅二龄。家贫无稍存储，勉力撑持，殊夫属父兄贪利心切，计夺氏志，无端虐待，寻隙逼嫁，节妇矢志靡他，愿苦守以延夫嗣，誓不从，触其怒，将节妇逐之外居。每月仅给钱一千文作母子生活，余不过问。节妇日夜工作，得价以养以教子读书，女针黹奔劳达极点。迄今五十有余岁，子已学校毕业完婚，女亦出阁。目今风化日漓，彼世之倡自由说平等，求如节妇之行，持卓绝亮节，清高昭昭，在人耳目，未有闻者也！

青岩道人题曰：

狼兄意甚恶，坚贞岂畏磨。子女庆完成，风高乐趣多。

[1] 另外姚荣廷作诗二首。

松桃县乌罗司高视节妇曹江氏事略

采访 严光文 撰文 张朝俊 题诗 班璽

节妇曹江氏，四川属毛狗硐人，适贵州松桃县乌罗司高视曹遐桢为继室，姑严氏，性刚。江乃侍奉怡然，且待前子如己出，教以义方。夫年三十六岁病故，氏年方二十余。先妻子忽死，氏守孀奉姑不怠厥志，今氏年六十有五，而清操贞节，人所共睹，毫无间言。

青岩道人题曰：

守节专奉姑，不顾其他事。艰辛卅余年，了却平生志。

印江县胡家沟节妇张胡氏事略

采访并撰文 欧阳明 题诗 班璽

节妇胡缘贞者，印江县胡家沟胡杰之次女也！母氏陈，颇有闺训。家虽不裕，而至性幽娴。年十八适思南汪家井张云堃字雨廷为妾。阅一年，生子一名种玉。年二五，夫病服侍殷勤，没后一心不二，矢志替夫抚孤以承宗嗣。惟雨廷原配秦氏无出，性甚嫉妒，因翁姑早丧，自以为尊，每多酷虐，百计刁唆，逼其改嫁。节妇任其所为，忍受磨折凌辱而志不夺，直至将孤抚养成立完配后郁积身亡，时年五十有一矣！

青岩道人题曰：

苦节抚遗孤，无端每受辱。秦酷多凌虐，雨廷应感触。

麻江县节妇刘黄氏事略

采访并撰文 上官德馨 题诗 班璽

节妇刘黄氏，麻江县黄儒汉之女。自幼知礼法，勤操作。年十八适同邑刘振之之子光培为妻。越四年，生一子，名兆麟。次年十月光培卒。时黄氏二十四岁，翁姑均存，子仅岁余，奉养襁褓责无旁贷，四十年昏定晨省，习惯自然，孝行之称人言无间，兆麟早殁，遗孙子五人：启勋、启文、启明、启华、启国，均经节妇一一抚养以至成立。苦节如斯，实为人之所难能也！

青岩道人题曰：

一身维三世，嫠妇苦出头。五孙齐成立，桑榆老境优。

黔西县新场节妇何莲蒂事略

采访　曾德光　　撰文　马迪斋　　题诗　班蕴

节妇何莲蒂，黔西县新场何银臣之女，母饶氏所出。女年二十岁于归吴门，生二子，至二十八岁，夫病殁。立志守节抚孤佣工度日。早去晚归，晴雨如是，数十年千辛万苦，毫无怨尤，守分安命有异庸众。不幸晚年二子俱亡，惟一孙尚存，知孝道能自立，所幸衣食不缺，历节四十年，现今六十有八，犹能操作家务，如少壮者然。

青岩道人题曰：

守贞抚孤成，岂知孤尽夭。佣工辛苦深，幸获孝孙了。

铜仁县节妇朱杨氏事略

采访　龙三　　撰文　罗宗德　　题诗　班蕴

节妇朱杨氏，名冬英，铜仁县人，性淑慎能知孝顺。父杨秀三，母向氏，家规严肃，子女不敢轻言笑，冬英年十七于归桐子巷朱立亭为妻，次年九月生女霜贞，至十九岁遽失所天，仅抚一女，家寒微凭纺绩度日，先是姑已孀居，冀子成立以养终身。今子死无靠，惟媳是赖节妇。冬英见姑垂老相对流泣，母无子，媳无夫，相依为命，节妇矢志事姑，节凛冰霜，行坚金石。迨年甫二十四，洗心涤虑，竭诚追远延请僧道超荐宗亲，窃可无遗恨，惟冀抚女成立门楣有庆，讵料皇天不佑，女至九岁又忽殀折。节妇一人除侍孀姑外，孑然而立，形影相吊。民国十六年，姑染疾病日久淹缠床褥，奄奄一息。节妇日奉汤药，衣不解带，寝不安席，延数月而逝，衣衾棺木惟节妇自备，坵垄坟墓惟节妇修筑，夫小祥循礼照办，妇代子职，始终完善，不遗余力，虽在重泉亦可对其夫而卸责，其夫有灵，又当感节妇以报德。氏今年五十有八，精神康健，起居自若，尚针黹不懈。

青岩道人题曰：

孝思真不愧，苦节更青年。垂老无禋祀，我欲问苍天。

思南县塘头节妇刘祁氏事略

采访并撰文　欧阳明　　题诗　班蘊

节妇姓祁，名文彬，思南县塘头祁宏基之长女，生于同治丙寅年。母刘氏，善阃教，女慧敏，知大义。年十八于归思南刘文清之长子宪章为室。生一女。夫精于文字词章，辛卯出游湖南就巡抚吴大澄文案四年，病归，在常德邸中亡故。氏年二十九岁，闻耗悲伤濒死者屡，弟媳彭偕怜戚劝以翁姑，弱女在上不侍奉，下不抚育，何以为节妇？始忍痛偷生。翁姑随将次男章华所生长子贵朝承祧，斯时节妇矢志柏舟，勤苦持家，日夜纺绩所得余资以奉翁姑，并育子女。翁姑先后病卒，哀葬尽礼。现年登古稀而精神康强，要非节操之报乎！

青岩道人题曰：

为痛夫客死，青年屡轻身。奉亲饬承祧，勉作未亡人。

榕江县八开节妇林练氏事略

采访　杨绣章　　撰文　刘在潆　　题诗　班蘊

节妇林练氏，名翠莲，榕江县练珍庭之长女，八开土司林再福之妻。年二十于归林姓，甫四年夫病故。先生一女，遗腹又生一子。斯时翁姑年老，夫弟尚幼，内外家事惟氏操持。翁逝后姑蒙氏眼目不明，氏朝夕侍奉不怠，至夫弟年长已娶，妇承阴袭职，氏始迁居榕江县城，年五十寿终。

青岩道人题曰：

廿四夫不禄，亲老弟女幼。苦节幸遗腹，事抚均成就。

盘县节妇马张氏事略

采访　贺良琛　　撰文　蒋惟一　　题诗　班蘊

节妇姓张闺，字和英，盘县人。年九岁，父张灿然病殁，节母印氏年方二十八。家极贫，勉力措葬后，亲怜多劝其再嫁，以维生活。时和英闻之乃携五龄幼弟，慎行泣跪母前挽留母云：求母勿信人言，在家待儿女成人，女愿为人浣洗衣服，儿愿挑黄泥卖以奉母衣食，但乞母怀勿虑。母为感动，遂矢志守节，以抚幼孤。现年八十，犹康强无恙。人称为苦节所感此。和英童年之能保全母节也！至弟慎行成年娶妻成家，已生四子，绍张氏香烟，家已小康。和英年已二十余，见弟成立，力能持家养母，始字同邑马文灿，年近三十生子二女一，不幸夫婴病殁，所天一失，家犹贫困，概然立志苦守冰操，抚育子女成人，均完婚嫁娶，凭织布为生理，和英有丈夫志，勤俭耐劳，家臻小康。长子生孙有含饴乐，且闻大道勤修勿懈，现年五十有二，所惜者长子不能立志振家，分居各炊。此乃和英生成苦命，幸安贫乐道，节孝两全，诚不多觏也！

青岩道人题曰：

九岁能格母，孝节萃一生。力立两家业，不愧女中英。

盘县南区黄泥田节妇王蒋氏事略

采访　贺桥华　　撰文　张惟廉　　题诗　班蕴

节妇王蒋氏，名莲。孃系盘县南区黄泥田蒋开德之胞姊也！年十九于归王运景。甫半年即悲，破镜遗腹，越六月，生子名寿昌，岁余出天花殇。氏生性贞烈，曾闻烈女名前作未亡人者，冀抚孤继嗣。今见子夭，遂决志殉夫于地下，翁姑命人看守并慰之曰：吾二老尚存，殉夫何若尽孝节孝双全方算烈女？节妇母蒋骆氏亦戒之曰：翁姑仁慈，殉节固美，未尽孝也！节以孝名，须留心事翁姑，以苦守终身，斯为完人。节妇闻大义之言，遂悲泣勉事翁姑，竭诚奉甘旨，翁姑甚悦，视如女也！许以兄之三子为嗣，以继夫后。越十有余年，兄嫂虽悍妒见节妇事翁姑如一日，无所借口，迨翁姑先后三载亡故，兄嫂心欲逐之，不许其子为嗣。甚至商其妹夫刘某与兄联儿女姻乘葬翁姑后，携烟具进节妇卧床吸烟，特设以陷之也！节妇窥其恶意，烈性如火，思行素志，遂当众责刘某之非，擅进寡妇卧房吹烟。意欲舍命与刘拼。刘自知理屈，当众服罪而去！其兄嫂亦被族人道破，恐逼致身亡外，氏鸣官必致倾家，乃讬请族人安慰解劝。节妇见兄嫂不良，决意殉夫以完节操！继因族兄文生王运阀、运魁等深明大义，以理劝曰：人生难得节孝，胜于中举，守节终身，实有光于吾族，况年将四旬，何遽拙想乃尔，苟能法古人尽性致命，以节孝修贞，上超先灵而尽孝，下抚抱嗣以继夫，方可谓坤中完人。嗣经族议开导，其兄嫂仍许三子过继，先拨八石田租为节妇养膳，当众给据准其在祖祠居住，以免兄嫂计陷。节妇谨遵族议，遂长斋茹素屏绝一切，静室凝神念佛守坤，维正气以俟天年，现已年登六十。继子生孙，复为翁姑与夫立碑修墓，节妇之能力毕乃事者实坚操之所致也！

青岩道人题曰：

十九坚贞孝，夫兄尚不容。不因族议决，素志恐难从。

榕江县节妇练陈氏事略

采访　杨绣章　　撰文　刘在潆　　题诗　班壅

节妇练陈氏，名福音，榕江县人陈宴康之女、练国栋之妻。二十岁于归练姓，二十三岁夫病故，氏悲痛不已，欲以身殉。姊妹力劝遂矢志守节，克尽妇道。是年得闻大道，以坤堂无地址，乃与姑母练氏磋商，变卖妆奁并力募捐，以告成立。未几即去世，时氏年只二十八岁，功圆果满不到人间。

青岩道人题曰：

守节五年余，西归廿八春。变妆立佛堂，为善胜常人。

毕节县毕东里节妇糜沈氏事略

采访并撰文　沈泽鸿　　题诗　班壅

节妇糜沈氏，毕节县名士沈公玉笙幼女，水西田邑痒糜光绪之配，即毕地所称毕东里糜东家者也！糜富沈贫，糜沈之婚，以彼此均名门世族，光绪父慕玉公名行乃联姻焉！氏幼秀慧贞静，幽闲博极戚族上下欢。十九归糜，亲舅妗皆故继姑彭悍险多秽恶，光绪虽饶文学，不彻事理，先尝以邻女嫌，恐氏同贫无教，彭复嘘煽之，结缡日遂不共枕席。氏不与较，起敬起孝，归宁亦不言。一日光绪来沈庭，见玉公岿然鉅儒，室人肃穆雍雅，恪守诗礼，乃大悔悟，归而和好，氏亦不芥蒂。讵和未数月，光绪竟以疾故。氏痛不欲生，呼抢擗踊，倍恒人惟。其时身已有脤，忽念夫系单传，此腹中一块物，苟为男者已一死，宁不绝糜门。后戚族亦咸将女子义以存嗣为大劝之，不得已少节哀泣，强自慰解。及娩，乃女。又欲身殉，旁观复譬解之曰：此不愈，于一无所出乎衰门之胤女亦男也！教养资汝，乌可自轻。氏无奈强乳抱，自此遂决以继绝为仔肩，默念女终不足承祧，思欲螟蛉而苦无当亲族。止从兄生一子后病废，不人无出有年外，此别求则族大争多不可得定。氏乃虔祷于邑西安庙神求佑兄愈，生子过继。旁观莫不姗笑之方。氏之未孀也，彭有女年拾余，潜欲攘产归之，而无策京制之，请已数光绪死私幸又忧，遗腹物不知何若及生女大慰日甜言诱氏醮，谓青年无徒自苦，氏闻大戚，泫然答彭曰：常人子亦知名节矧妇夙闻义命者耶！沈氏合族女改适有几，吾宁敢以败行贻诸姑姊妹，羞彭，见志不可夺，加虐待日诟谇，氏一不置意，惟求自尽。彭无奈更潜与族某结，使强娶，且许赠之产。氏日怀刃藏毒以备，复不可得隙。一日彭商某操刀威逼，入夜为启键。是夜氏已酣矣！梦中觉有人促之起，起视无人则又睡。复促之如是者三。氏乃披衣暗出，而某人已入苦搜不得，忿詈去。又一夕使盗来将加不利，壁破见满屋光辉照灼，如闻多人謦欬行坐者，盗大骇遁去。实则氏是夜独宿沉甜，全室寂无灯火也！天明迹见，氏知姑及某心终不死，非讼不结，姑不可讼。讼某乃投诉邑宰，宰为痛笞某。某自此稍戢而心益衔恨，暗谋助彭以产廉售于人，囊其金而绝氏食，氏知之再诉宰又为责买主，俾各以所浮得十之五予氏，氏由是薄有衣食，稍能自立。当讼亟时，氏女忽殇。彭方大庆，谓氏当无所系恋也！讵其从兄病倏愈，生子女各一，生已复病。氏急血抱归家手亲调护。讼因以得直噫天之于善人，岂谓无笃眷默相之心乎哉！厥后彭资复荡身殁，女嫁仍氏，为经理焉！氏在阁之时，玉公厌宦家居，四方学子争从游。由是氏诸兄与读，氏日为设馔诸兄食，从旁问字音义形声，娓娓不倦。诸兄亦爱其慧婉而详告之。日久积字多而诸兄不觉，更进以文法问则大惊。叩其所读庄雅典籍已能成诵，遂授以文及孀居岑，寂日惟以诗书自娱。又念今身所受毒苦，必前世恶孽所致，乃长斋奉佛垂二十余年，居恒无大故，足不轻逾阈，亦不轻面一人，卒以悲愤过剧，且过检束晚得瘫痪疾，寿近五旬而终。氏性仁慈，遇人急难必竭资周济。邻里贫乏多受抚恤，戚族无力子女则直携归代豢，所抱子女教养皆各成立。惟子克荣稍长，入其生母。盖氏言于氏奉侍略疏，此其一身缺憾！克荣幼聪慧，尝在梦中氏以儿自何来憾问之，答言：儿西安庙石狮神使来事母，醒再问之则茫然。然则克荣故大有根原者也，而乃失德若是，此其所以不闻昌显欤！书曰：惟圣罔念作狂信然。

记者曰：孺人为鸿之姑。鸿幼年饫受哺，抚恩其往事，不及见得诸父叔口，然父叔燕闲怜恤姑而称述之其词，岂有一字诬哉！至所目睹则可得言矣！孺人弱不胜衣居，素仁柔慈祥宜若可侮，及应事接物，遇小无礼则眦裂发张，千人辟易噫！古所谓浩然正气非即此欤！鸿既重沐，鞠育恩兹，幸值师尊彰阐盛典，谨敢撮述崖略，万不敢一字阿私，致干咎戾，泽鸿再识。

青岩道人题曰：

名门陈礼义，卒化固夫嫌。嗣续皆如愿，艰贞苦尽甜。

黔西县新场节妇戴全贞事略

采访　张瑞宾　　撰文　曾德光　　题诗　班壅

节妇戴全贞，黔西县新场戴国凡之季女，王氏所生。年十九适同里舒绍基为室。生一女甫三岁，至乙未秋绍基遘疾故，全贞时年二十有三。痛念夫逝，嗣续无人，何以妇为。拟自尽死亦无名。惟有对天立誓，自愿清心茹素皈依佛门，节操自守，抚养弱女，庶几慰夫，幽魂，迨弱女长成，相女配夫，亦可对夫于泉下。现年六十六岁，历节四十三年。

青岩道人题曰：

立誓皈依佛，坚操抚女成。井波终息浪，卅载苦宜旌。

思南县郡城节妇张盛氏事略

采访并撰文　邓宪昌　　题诗　班壅

节妇盛修贞者，思南郡城人。处士盛昌言之长女也！母氏李善闺训。女性贤淑，多诚朴，年十八适同城张克周之子名穆如为室。夫性敏善书，阅六年生二子：长名椿，次子夭。又二年，穆如从军，在胡刚团充任军需正，殁于湖南晨州军次。氏闻耗悲惨切，几不欲生，时年二十有八。窃思上有七旬老姑，下有五岁孤儿，如不奉抚何以为节？故止哀矢志柏舟固贫耐劳苦，日则针黹养姑，夜则挑灯课子，仰事俯蓄，卓有余裕，姑老辞尘安葬尽礼，惟子椿，弱冠从戎奔走于湘、鄂、赣、吴、闽、皖间，离乡八载，先六年有信已膺重职。近二年音问鲜通，存亡未卜。节妇之命洵苦矣！幸入道以来，性好善，善办功。现年五十一岁矣！

青岩道人题曰：

姑老子年幼，奉抚历寒温。可怜当晚节，如何尚倚门。

剑河县南嘉堡节孝妇潘石氏事略

采访　章焕文　　撰文　田儒纯　　题诗　班壅

节妇潘石氏，名祸英，原籍广西，兄妹二人遇难，逃至黔剑河县属南嘉堡容身。

举目无亲，佣工度日，于丙申年冬月凭媒嫁与江西丰城县人潘鼎盛为妻。亲迎不久至次年六月，夫病故。喜有遗腹，至十二月生一子，取名秉熹。自夫死后，家贫如洗，又无亲友顾盼，悲恸万状，日食难度。日则佣工，夜织草履，生活之计苦不堪言。幸天不负苦节之人，其子渐长送读，攻书尚称敏慧。卒因家贫不能久读，送往锦屏商店学习生意。氏乃于壬戌年移居锦屏倚子度日。斯时方得稍稍释苦，略为安闲。是年地方开办善堂，母子闻之甚喜，立心求道。母子先后进礼。子仍照常贸易，母则以佛为重，时刻照佛堂中事务，如操己之家事焉！迄至癸酉年五十八岁，守节三十二年遽然逝世。一生苦多甘少，差幸子孝孙贤夫祀有托，斯不愧为节妇之道矣！

青岩道人题曰：

卅载冰操切，抚成遗腹子。方期晚景娱，西归留美史。

麻江县节妇熊杜氏事略

采访　陈灵杰　　撰文　周锡玮　　题诗　班蕴

节妇熊杜氏，贵定县杜尚安之女，归麻江县熊芳型为室，越三载遽失所天，遗一子名应辉，甫二龄。家无恒产，借女工以度日。矢志柏舟守节不二，惟不容于叔娣时遭刻虐，携子回母家寄养，又不容于母家诸娣，乃讬迹佛门借长斋以明志如此十余载，心不动志不变，及应辉稍长，能自食其力，乃复返家。家计犹艰窘，自谋生活。子做小生意，节妇勤于女红，今其家称小康。而母子俭朴自若，诚足以风世焉！

青岩道人题曰：

嫠妇携孤儿，到处难容身。讬佛十余载，苦尽作完人。

思南县节妇饶张氏事略

采访并撰文　邓宪昌　　题诗　班蕴

节妇张四妹，思南县城贡生张达三之四女。生性贤淑，深得母训。年十七适饶庆云为妻。阅六年生子女各一。夫去世，氏年二十三岁，泣血数日不食。翁姑含泪慰曰：余家数世单传，夫殁均有子，曾不幸中之幸，余二人年老，子女幼稚，汝不食，一旦饿死，于我二老，子女云：何要知有节有孝方可无愧，节妇乃止泣进食，每日以纺织操家务侍高堂，教育子女为事，翁姑先后殁，丧葬均尽礼。其女秀贞适山西苛岚县覃方仁之长子，名肇元，邑庠生。其子名乐善，亦入泮。节妇享年八十有九，历节六十有六年矣！

青岩道人题曰：

承先启后责，重担移青春。苦尽甘来日，足慰未亡人。

思南县潮底节妇廖黎氏事略

采访并撰文　王大权　　题诗　班蘊

廖黎氏，思南县潮底名族黎华轩之女。母周氏。女年十七于归廖氏，二十一岁其夫志钦物故，所遗产业难以卒岁。堂上姑卢氏，因其舅华松辞世已久，故亦孀居。膝下仅一女，事育交资在人若难堪，而氏则矢志靡他，日纺夜磨以补不足。未几而女夭。姑痛其媳无出，恐有他志，悲甚。氏劝慰不衰。每值姑病，恒终夜不离姑，微有烟瘾，氏不善裹第持竿，而以手捏。常先意承志藉慰寂寥，二十余年如一日。及姑殁，葬如礼。市人咸叹其难。及自时厥后，俭勤数年之间，颇有余积，思成夫志谓舅窆于沿河。夫前欲迁葬未果，乃躬率二甥往迁归葬。葬已谓香烟不缺，以季弟之子茂才承祀。教读婚配，视如己出。不料其子又不禄，更堪嗟叹，既而曰：“听天安命！”幸有孤孙含饴自若，盖其所遭虽惨，所守弥笃不特此也！其从伯兄仅遗一女，赠嫁如仪。其从堂弟遗一孙，育养备至。两抚廖氏遗孤，虔心茹素奉佛。值此世变，终生淡泊未罹凶灾。今年七十有五，身犹强健。

青岩道人题曰：

纺磨尤坚志，韶华附水流。孝义人难及，香名万古留。

普定县龙场节妇谢潘氏事略

采访　谢福培　　撰文　俞质彬　　题诗　班蘊

节妇谢潘氏，普定县龙场人。父金山，母谢氏。生二子四女。氏居三，幼遵亲命，守女规，勤针黹，十九岁嫁安顺讨兑寨谢君聘为室，性情慈良，克守妇道。生四子三女。不幸长子丧，夫继殁，翁姑犹存。氏守三子三女，愁肠百结。幸家计尚裕，所苦者不数月，继续殀亡，仅存一子二女与母四人。翁姑以为氏夫已逝，孙隔一层，未能照看，是以家计不足移居龙场投外舅处。氏云：子长当读书，女大习针黹。吾之子女两行俱废，生计何靠？于是千方百计始将次子送入学校，暗思依亲戚非久计，外居二年复迁回家，料理田园。子女渐长，地方匪寇猖獗，人民逃窜，十室九空。惟氏家幸免此患。现次子福培受室刘氏，生孙子二，孙女一。次女已出阁。惟三子未娶，愿虽不足，较昔安闲。对于家计，比昔已胜。今则儿孙盈前，先祖庇佑，皆节妇之善报也！

青岩道人题曰：

迁去复迁回，流离经两岁。田园乐趣多，苦尽今堪憩。

松桃县南区举贤乡节妇余王氏事略

采访　雷祖泉　　撰文　张朝俊　　题诗　班蕴

节妇余王氏，松桃县南区举贤乡人。年二十适地佃乡余品树为室。家道寒微，务农度日。夫妻和好，奉姑至孝。惟生活不济，氏常隐忧，昼则助夫治理家政，夜则勤劳纺绩，辛苦不辞，家渐小康。年三十夫逝，遗一子甫岁半，姑老子幼，常受伯叔欺凌，迫其他适。氏不得已另徙居，坚守矢志不二。嗣后姑死，能以礼葬，子长娶媳生孙，年七十，子又死，氏甚悲。人常以弄孙为乐劝慰，后氏年至七十四无疾而终，乡里无不颂其节孝云。

青岩道人题曰：

受迫不改操，迁居完青志。事抚愿竟成，仙游七十四。

贵阳县烈妇吴杨氏事略

采访并撰文　杨銮　　题诗　班蕴

烈妇吴杨氏，原籍江南临川县，贵州前清同知杨庆堂之次女。庚子孝廉黑龙江直隶州同知杨国琛之女弟也！性秉贞烈，言笑不苟，未成年而父患风疾，手足不仁，流连三载。氏侍汤药未常废离，及父见背，痛不欲生，年及笄，适江西南昌县籍丁丑翰林云南道员吴成熙之长子府经历黼朝为室，于归后奉翁姑至孝，事夫子无违。生子一、女二，不十年其夫亦患瘫症，常在床褥。氏煎药涤秽，昼夜不息。旁观者皆以为苦，而氏毫无倦容，四历寒暑如一日焉！见夫病日增，则对夫曰：君若不测，顾以身嗣殉，夫病剧至弥留，烈妇已绝粮二日矣！夫逝后越四日不食而殁。临殁时，曾语人曰：从夫地下吾愿，固遂惟翁姑在堂弗克奉养终老，又抱终天之憾。所幸尚有夫弟黼朝事之，亦能稍减遗憾。殁后面容如生，夫妇双棺并举，合葬东郊，易曰：妇人贞节从一而终。欧阳子谓：“宁以义死，不苟幸生。”氏其然欤！

青岩道人题曰：

殉夫却遂愿，遗恨在高堂。并怜小儿女，失怙更失娘。

安顺县节妇杨王氏事略

采访 黄孔芬 撰文 任钜源 题诗 班蕴

节妇杨王氏，安顺县人。父王彩云为军门，母陈氏。氏于二十二岁于归府禀生杨琼元，及二十七岁夫殁。遗二子一女夫弟三人。氏矢志守节。翁杨德三早故。上事孀姑李氏，下育子女。不数年夫弟等及次子相继物故。仅孀姑及一子一女。氏虽迭遭变故，仍勉事针黹，节俭度日。辛酉岁姑病缠绵床褥，氏侍奉汤药日夜不懈，将近一年姑殁。营葬代尽夫职。现已男婚女嫁，得卸仔肩。每日到堂坐功诵经未尝间断，现已六十三岁。住本城大南街。

青岩道人题曰：

廿七名门女，忽然失所天。变故虽频仍，事畜两获全。

独山县丰洞场节妇何陆氏事略

采访 魏芳华 撰文 班治元 题诗 班蕴

节妇姓陆，名小贞，黔南独山县丰洞场陆衍良之女。生性贞淑，勤习女红。年十九归邑佾生[①]何仲文为室。事舅姑以孝，相夫子以礼，方期琴瑟永调，白头偕老。孰知民国癸丑正月仲文遘疾与世长辞。氏呼天抢地，痛不欲生，因忆子女三人。长八岁，次三五龄。舅姑伯叔均各居，儿女啼号谁人照顾？念及此又复惓惓。乃强忍治事。丧葬毕环堵萧然。乃以针黹作生涯，日间出外缝纫，计每月所入仅得一金，虽治家俭约，犹虑不给。夜归必代人做鞋底，俾获余赀补助。当冬季岩寒未尝炽炭，令儿女偎被中，己则坐床头耐冷工作。其艰辛如此，在他人所不能为者，氏优为之。二子渐长，送外就学，夜归必督令温习日间功课，在外若与人滋事辄痛斥之。迨至识字渐多，遂各送学商业。临行犹含泪告诫，盖虑其中辍也！子女既长，一切婚嫁皆仰氏针积齿余而为之，无不差强人意。向平愿了。氏乃虔心向道，遂于癸亥年五月进礼。长子腾龙学商，后改入军籍。次子照寰在黄平开铺号，晨夕侍奉。女素珍适新黄平县李姓，今已均克自树立家臻小康者，良以节妇之善教所由来也！

青岩道人题曰：

寡居抚儿女，饥寒岂敢忽。婚嫁劳碌毕，老境渐蓬勃。

（注：①佾，音义，古时乐舞的行业，佾生，即以学习古时乐舞为业的人。）

榕江县原营节妇柴黄氏事略

采访　张炳炎　　撰文　陈本熙　未题诗

节妇柴黄氏，榕江县原营黄启秀之女。适柴幹为妻。父母早丧，终鲜兄弟依其叔大名长成，故同居事叔婶如翁姑。值家贫劝夫图职业，且云：男子当自立，待哺于人终非久计。幹因入营习吏事，希得饷资。氏内纪纲操井臼负蔬薪，勤女红罔不井井。生子一、女二，提携褓抱教养以时。己亥春，幹病故，氏年二十一岁。遗田数亩，差可度日。遂矢柏舟志，抚孤成立，为柴氏绵一线之续，子培基甫六岁命就傅，丙辰贼陷厅城，携子女随夫叔避乱，临渡，弱女辈见贼势猖狂心惧，投河流而死。氏母子迤逦而行，徙居黎平县资针黹为活，子渐长成。尝自叹云：我半生劳苦，今尚存柴氏嗣，斯一幸矣！言之未几，而子复夭折。氏痛欲死时，有堂兄永琼同寓谓氏曰："吾闻有死于忠死于孝死于节者，未闻有子亡而母与之俱亡者也！今妹即死于义何属，于子何补？不如俟承平同回故里，清其遗业，虽无宗祧，或可作寄香永远之谋，则柴氏先人并妹夫皆感于妹矣！"后甲戌旋榕县如其兄言，次第安置，计节妇享年七十有六，始贫于治世，继苦于离乱，劳于抚孤，及垂暮满眼皆空，茕茕孑立，人情所难堪者，惟平生历治乱劳苦而不易其节，今盖棺定论巾帼中不数觏也！乡先辈共知之，不忍任其湮没，因撮其事略云。

铜仁县节妇蔡荼氏事略

采访并撰文　肖胜兰　　题诗　班蘧

铜仁县节妇蔡荼节，系聂烈暄之生母也。生性聪敏，喜读醒闺篇。女四书深明大义，事亲至孝，助夫勤劳，至三十九岁夫病故，接操家政，教子成立。现已年逾花甲，得闻大道，壹志勤修，全家均引入道，坤堂设其家，虔诚经理，每日坤众接踵而至，姑与媳子若孙慕道培切，尤能体贴圣经戒杀放生作坤生之模范，功莫大焉！

青岩道人题曰：

教子勤家政，操修志愿真。引众身作则，果堪使教人。

安顺县旧州节妇张黄氏事略

采访 俞质彬 撰文 谢福培 题诗 班蕴

节妇张黄氏，名春凤，安顺县旧州黄建寅之女。生于乙亥年，至癸巳年十九岁，适二铺场张局元为室。己亥年八月夫病故，遗腹至十月生一子，时氏年二十五岁。自思膝下有人，足以慰夫于泉下。遂立志抚孤，以延张氏一脉，其侍奉翁姑、对待伯叔始终如一，未闻有间言，后与子完婚，至今孙男孙女已有多人绕膝承欢，足娱晚景。其性情贞淑，为人厚道。现年六十二岁，乡人多钦仰焉！

青岩道人题曰：

喜有遗腹子，事抚性柔和。一堂咸雍睦，晚景乐偏多。

安顺县单家屯节妇张俞氏事略

采访并撰文 俞士才 题诗 班蕴

节妇张俞氏，名元贞，安顺县单家屯人。父俞文掌，母罗氏，生四子三女。氏居三，自幼遵母训，在家勤习针黹，不轻出外。幼许张际先之次子文源为室。二十咏于归时，翁姑俱存。克守妇道，侍亲无违，顺从夫意。生子二，女一。长子九岁，女三龄。次子始生四十日，而氏夫文源甫满三十岁遘疾不录。氏年三十一岁，上有翁姑一伯。丙辰六月翁弃养，至己未六月姑亦殁。氏独任之家仅小康，迭经荒岁，衣食不缺，皆氏勤劳所至。现已男婚女嫁，向平愿了。氏性慈善，喜奉佛乐施，与长子持家勤慎，家计日增。次子从军为国出力，职升上尉。氏今年逾五旬，精神尚健，朴素如常，乡邻皆钦仰云。

青岩道人题曰：

入门知尽孝，晚境送亲归。守节育儿女，荣宗愿不违。

安顺县节妇余陈氏事略

采访并撰文　刘芬　　题诗　班薶

节妇陈氏者，安顺县陈玉山之女。母吴氏。女十七岁适同乡余跃云为妻，倡随相得居三年，生一子甫三龄而夫殁。家贫生活困难，邻有怜其贫苦，劝氏再嫁者，氏曰：人之所以异于禽兽者，贵在有人格耳！今余氏之孤恃，吾抚养。吾若再醮，又代他人生男育女，则抚孤之心必然冷淡，倘有不测则人格已失！将何颜以对吾夫于泉下，卒以荞面二升在街前小贸营生，居然抚子凤林以至于成，氏生同治庚午年，殁于民国乙丑年，五十有六岁，地方咸称赞焉！

青岩道人题曰：

廿三悲破镜，痛切有遗孤。惟凭二升荞，营生抚子娱。

安顺县白泥寨节妇鲍徐氏事略

采访　鲍鼎盛　　撰文　雷之动　　题诗　班薶

节妇徐氏，道名悟善，生于安顺县白泥寨。父正成，母黄氏。女长适鲍家屯鼎香为妻。秉性纯良，于归以来无违夫子克敦妇道。生一子二女。遽遭不幸，丧其配偶。夫殁之际，翁姑俱存。氏年二十八岁，立志守节，勤俭持家。上事翁姑，下抚子女，坚忍为怀，全无他适之念。幸邀天眷子女均成人冠，婚丧嫁随其能力，子名芳纲，颇遵教训，安分守己，务农为业，竟至家称小康。诸般顺遂，迄今年已六十有四。其子亦能奉养承欢，非守节之报安能如是耶?

青岩道人题曰：

事畜惟身任，丧葬尽力为。女归子娶毕，芳名永久垂。

贵阳县节妇陈罗氏事略

采访并撰文　杨銮　　题诗　班薶

节妇陈罗氏，贵阳县人罗本谟之次女也！母周氏。女年及笄，归同郡陈应芳为室。奉翁姑以孝闻，不数年翁姑先后辞世。氏极悲痛，助夫治丧尽礼。生子女各一。

子名奎，女名玉贞，阅十年应芳殁。氏年三十，子女均幼稚，家徒壁立，日食维艰。氏立志守节抚孤，全赖女红资助，昼夜辛勤，不敢稍懈。心坚金石，言行不苟，子长送学商业，女亦许字魏门。又为子奎娶媳冷氏，生孙女一，甫周岁奎忽病故。复抚孙女以成年，长适李门。节妇今已八十有七岁，历节五十七年。葬夫埋儿，女嫁男婚，备极辛苦。噫！天道难测，抚两世终空，惟冰操自矢，历久不渝宜乎？令人可钦可怜矣！

青岩道人题曰：

抚孤历两世，晚岁尽成空。苦节数十载，天道甚难穷。

安顺县章家庄节妇胡金氏事略

采访 鲍鼎盛　撰文 雷之动　题诗 班蕴

节妇金氏，道名可善。安顺县章家庄金廷汉之女。母胡氏。女笄年适旧州胡炳惠为室。在女从父之时，父处逆境；从夫之时，夫又困穷。人虽不堪其忧，而氏以勤俭为怀，辅助其夫，图振兴家业。讵料命途多舛，二十二岁遽失所天。斯时长子甫二岁，次子尚在腹中，孤儿寡妇，茕茕孑立，形影相吊，苦之极矣！邻里有劝妇他适顾全生活者，氏曰：自恨命薄如斯，何须另嫁，愿勤纺绩以抚孤子，但祈天佑二子得以成人于愿足矣！兹幸天鉴苦衷，长子万钟，次万初，均已成人婚配生子，兴家立业。氏又遇三期普度，同进善道，以娱晚年。迄今六十有三，儿孙满堂，非天之厚待善人而先施以磨炼哉！

青岩道人题曰：

茕苦无他志，一心只抚孤。子既兴家业，乐道学仙徒。

思南县府后街节妇徐李氏事略

采访并撰文 欧喆夫　题诗 班蕴

节妇李善成者，思南县府后街人也。父吏员李逢春，母王氏之第五女。年二十于归徐宝三之次子，名玉成。姑万氏，家贫。翁姑老，嫂孀居，弟幼稚，外祖母亦在家。供养。一家生活，全借孀嫂与夫子及氏维持。夫常在病中，体质羸弱以致无出。夫殁时，氏年二十四，痛不欲生。旋思亲老弟幼奉府乏人，乃节哀备葬。未半载而翁丧。刚一七外祖母亡，再四年而姑又卒。伤哉！痛矣！几同孀嫂设法竭力安厝。于是同守冰霜，毫无嫌怨，初姑因妇无出，欲逼嫁，后见志坚孝敬殷勤，故临终时姑遗嘱曰："两媳苦节天必佑之，好好将玉瑶抚成婚配生子，以长继长，以次继尔。"后果如所嘱。现节妇六十有四岁，计历节四十年矣！

青岩道人题曰：

三八失所天，节孝志弥坚。姑心终感动，遗嘱嗣竟延。

安顺县节妇田甘氏事略

采访　吴光奎　　撰文　王德煊　　题诗　班壅

节妇田甘氏，安顺县田永宽之妻，甘赴殿之女。母何氏，娴母教女。年十八适田门，生男一，女二。事翁玉璋，姑陈氏克谐以孝，至二十七岁夫殁，守节抚孤，矢志不渝。家计艰窘，纺织度日，抚子问渠成人为之娶室。女亦出阁成家。计氏守节三十余年，现今六十有一岁，精神强健，颇有幽闲贞静之德，邻妇咸取法焉！

青岩道人题曰：

念七作寡妇，抚孤计甚难。纺绩无虚日，婚嫁幸亦完。

黔西县新场节妇廖逸仙事略

采访　张瑞宾　　撰文　马迪斋　　题诗　班壅

节妇廖逸仙，原籍江西，现居黔西县新场，系廖玉堂之女，李氏所出。女在家知孝道。性纯朴，喜勤俭，年十七于归刘门，不受丰衣，不穿绸缎。常于翁姑前能体亲心事，事先意承志极，得翁姑欢心。处妯娌甚和睦。不料年甫十九，便失所天。自恨本身无出，惟幸有侄尚可承祧是以节志苦守，艰苦备尝，无丝毫怨。自是不走亲眷家门，不向男子交言，不茹荤腥，地方人无一不尊仰钦敬。

青岩道人题曰：

孝亲睦妯娌，即是女中贤。抚侄承禋祀，冰霜实可怜。

安顺县节妇刘吴氏事略

采访　刘长恩　奚静修　　撰文　任钜元　　题诗　班璭

节妇吴氏，名德本。安顺县人。生父廷贤，母刘氏。德本六岁失恃，父又娶金氏，性情偏僻，虐待不堪。氏十九岁于归刘大春为室，过门七月，不幸夫故。遗腹生一子，名昌元。伯公逼氏招夫弟刘少周，氏不允。以烈女不嫁二夫辞之，投经总甲熊光照理讲数次，熊劝氏再醮，氏益非之。殊夫弟少周多方计害孤子，氏只得搬入节孝堂藏身十数年，织布度日。氏素经济善权衡，家计渐裕，子昌元长成，始移出，代子完婚。昌元已生男孙二人，女孙三人，昌元尚属克孝，惟长孙娶媳陈氏，性乖僻，对于重帏均不尽孝，氏虽有此缺憾，尝自叹因果有定，不怨不尤，现已有曾孙男一、女二。氏系生于前清同治庚午年，现已六十七岁，犹勤苦自若，与昔无异。

青岩道人题曰：

十九青年寡，心坚志更贞。藏身延嗣续，千载播芳名。

麻江县节妇熊陈氏事略

采访并撰文　熊友麟　　题诗　班璭

节妇熊陈氏，陈汝贵之女，麻江县人。幼失怙恃，依亲戚长成。性聪颖善女红。年十六归同邑熊殿元之第三子培新为室。倡随八年，夫病殁，遗女二，子一，均幼稚。家乏恒产，茕茕无告。惟赖十指度生活。不幸子夭，仅存二女，邻有见其生活困难，讽以再适者，氏则终日哭泣，如受大辱。然誓死靡他愤不欲生。迄今二十余年艰苦备尝，现已年届五旬，尚能缝纫操作，昕夕不遑，勿辞劳瘁，其精神之康强，非赋性坚贞乌能至此。

青岩道人题曰：

自幼皆命苦，夫死值青春。儿夭惟两女，坚贞颇受辛。

安顺县章家庄节妇周刘氏事略

采访　鲍鼎盛　　撰文　雷之动　　题诗　班璭

节妇刘明善，系刘培选之次女，母吴氏。生姊一、弟一。住安顺县章家庄。当父辞世，弟姊与氏仅数岁。弟犹在襁褓，赖母扶持。十八岁于归旧州周凤鸣。凤鸣幼时就傅受学。既长婚毕，只缘家道萧条，弟兄分居，弃诗书而就贸易。原望商业发达，藉振家声。孰意命运不辰，甫生一女，氏年二十有七，竟致半途丧偶。匪特夫之不幸，亦氏之不幸也！惟是夫殁之后，老母尚存，产业全无。仅遗资本数十元，虽有伯兄，老母之供奉无闻。惟赖氏纺织得资给其膳养。不数年小女相继而亡，伯兄屡存不义之心，氏则志坚金石，对天立誓，愿继一族孙承其宗祧，嗣后姑死，丧葬亦系节妇独力支持。幸邀天眷侄孙得以长成，勤于农业，家道渐臻小康。氏于癸亥年闻道，丁卯领恩，对于旧州善所尽力维持，异常热心，坤堂之发达莫不以此为最。

青岩道人题曰：

养葬兄不理，相形见妇贤。族孙终抚成，闻道必登仙。

平越县城内节妇李刘氏事略

采访并撰文　刘葆如　　题诗　班壅

节妇李刘氏，系平越县城内李德芳之妻、刘启智之女。其母杨氏，有家教，女故贤淑，过李门侍奉翁禄君姑柏氏，菽水为养，年二十八岁夫遘病亡。遗二子：泽远、文远、并三女、皆幼。仅有屋住，无田产。推豆腐营生，立志抚孤，贫苦异常，终不改节。今子女已依次婚嫁。翁姑饮食衣服无不适宜皆氏独立撑持。现二子得力，新置房屋，节妇年近大衍。

青岩道人题曰：

营生全在豆，菽水且存欢。子女婚嫁成，孝节果辛酸。

安顺县城南街节妇王永诚事略

采访　黄孔芬　　撰文　任钜源　　题诗　班壅

节妇王永诚，安顺县城南街人。适同郡杨琼元为室，行年二十七岁，夫婴病殁。遗二子、一女、并夫弟三人，不数年夫弟及次子相继物故。而永诚矢志守节，上事孀姑，下育子女，不意家道渐落，虽迭遭变故，仍勉力针黹，节俭度日。适辛酉岁，孀姑有疾缠绵难愈，永诚侍奉汤药将近一年如一日，随时在侧。姑殁，营葬代尽夫职。现已男婚女嫁，得卸仔肩。逐日到堂坐功诵经，未尝间断。

青岩道人题曰：

缠绵老病姑，生死赖维扶。子女婚嫁毕，十指磨穿无。

省溪县老砂坑节妇杨秦氏事略

采访并撰文 马兴烈 题诗 班壅

节妇杨秦氏，名守心，省溪县老砂坑人。年十六适杨生为室，生子女各一。未几，其夫打砂被石击伤足部，溃烂数年，臭不可闻。守心朝夕煎汤药侍奉，代夫洗濯污秽，毫无厌恶之心，并常祷告神前祈夫足好，夫卒。痛不欲生，将行自尽。生母劝勉曰：我寡独惟汝是赖，且汝之子女均幼稚，家又贫寒，无汝焉能生活，乃矢志守节，终日勤劳帮人捶砂，得赀养活安全。现在男婚女嫁，向平愿了，人称苦节云。

青岩道人题曰：

夫病历磨折，愿殉以完贞。儿女谁护持，苦节了生平。

平越县节妇彭吴氏事略

采访 彭德仁 撰文 饶克鉷 题诗 班壅

节妇彭吴氏，平越县人，二十二岁适本县属五寨彭在德为室。翁姑俱早逝，在德性好博奕，不善事生，家道中落，越十年在德婴病故。既无伯叔终鲜兄弟，氏乃茕茕一身，抚养三岁孤儿宗礼，备尝辛苦，始得完结婚配，忽于癸亥年五月被匪将宗礼抢劫而去，耗二千余金赎回，宗礼因饱受忧患，郁积病殁。不数年而媳萧氏继亡，遗一孙。氏又为之抚养，恒指此孤而泣告曰：吾归彭门以来，厝夫埋儿葬媳，历尽辛酸，仅存尔延一脉，倘不承顺徒苦何益？所幸孙子今已聪敏过人，后望可期。现年七十有五，起居自然。

青岩道人题曰：

葬夫抚孤儿，埋媳抚孤孙。儿亡孙存在，册载苦身存。

石阡县节妇夏杨氏事略

采访并撰文 王大权 题诗 班壅

节妇杨氏，夏茂麟妻也。翁纯仪，世居石阡县，姑袁氏。素甘淡泊，家贫，氏入门见萧条若此，乃勤苦异常。凡遇有利于心无愧者，恒挺身自任。盖因其父阳乾贵，母何氏，屡操商业，分任劳苦而习惯焉！夫茂麟多病，氏常典质衣物以备药饵，及病不起，赖亲戚资助以葬。时氏年方二十八，人有怜而劝之者，氏曰：命也，奈何！幸膝下有一子常为小卖商，以度日负荷。在街市不以为耻，间有男子所不能者，而氏能之；在人若难堪，而氏则经营自若。其子已成家，氏仍勤俭如故。现年六十有六，犹不欲稍安。信乎？得无逸之教也！

青岩道人题曰：

入门家萧条，勤苦罔辞劳。夫殁挑贸易，抚子励贞操。

黔西县新场节妇张培德事略

采访　曾德光　　撰文　马迪斋　　题诗　班壅

节妇张培德，黔西县新场张全修之女，黄氏所生也！自幼在家喜看善书，每请父讲三从四德，请母教针黹缝纫，爱洁净，喜勤劳。虽系女子有如男儿。年十六于归王门。翁姑早逝。生一子、三女，至二十七岁遽失所天，家仅小康。每年除备衣食外，毫无余积。如遇施济善举等事，皆由减衣缩食而抽补之。戒子女守旧家庭，不许顺潮流。现年七十有五，犹朴素淡泊，历节四十八年，冰清玉洁，人皆敬之。

青岩道人题曰：

自幼承家教，冰霜质固清。古稀犹淡泊，训诫见真情。

麻江县下司镇节妇毛郑氏事略

采访并撰文　罗儒君　　题诗　班壅

节妇毛郑氏，系麻江县下司镇郑国卿之族姐。清光绪丁丑岁试文庠毛起凤之妻也！年十七归毛氏。越年生长子文彬，继生次子文思，三子文明。至壬申年，起凤病卒。时郑氏年二十八岁。遂矢志守孀，至丙申年，长子文彬又死，接遭丧明，痛不欲生。转念毛氏一门上有祖姑王及姑陆氏，下有二子并一孤孙，俯仰均赖我一人，若殉死责谁任之。相随地下，不如立志人间扶老携幼企绵夫绪，节妇追思先姑陆氏昔日较媳尤苦，姑年二十四适先翁，次年生夫起凤，明年即遭苗乱，避至平越县，翁奉先王父携媳夫逃奔洪江，沿途乞食，美恶分盛筐内。以美者奉先王父，恶者姑自食，无怨无怠。我今敢不体贴姑志，以故两代孤孀，孝敬无远，啧啧称道。毛氏子孙林立，恂恂如也！堪为吾党所矜式矣！

青岩道人题曰：

重帏并子息，事抚了平生。姑昔节更苦，冰操两代荣。

安化县田家坝节妇王张氏事略

采访　王朝用　　撰文　欧喆夫　　题诗　班蕴

节妇王张氏，名芳。安化县田家坝人。父德林，母王氏。女性浑朴，幼时许字王安翊之次子朝客。年二十一于归王门，勤于家务，颇得翁姑欢心。惟夫嗜酒性狂，稍有拂意辄将器具不分贵贱碎化乌有。节妇能含忍，不敢抵牾。惟婉劝之。生二子尚幼，夫殁时，氏年近三十。哀痛欲死。窃念翁姑尚在，二子孺稚，只得节哀厝葬。后因家计摧残，无力雇工，日则裹足耘田，夜则纺绩为事，抚育二子。虽有夫兄夫弟自顾不暇，凡事皆赖节妇支持，自立自守，以期子成。不料数年间翁姑相继云亡，呼吁无门，设法尽礼葬毕，竭力抚二子成人婚配。后二子又相继而亡，两媳改嫁，所遗一孙又是残废，衣食起居便溺均赖一人，抚至乙亥冬，废孙亦夭。现年七十二尚自食其力，天之生苦节，孤孑如斯，能不感叹系之乎？

青岩道人题曰：

狂夫青年逝，耘绩作事畜。子孙往劳力，节孝传空谷。

思南县塘头节妇肖安氏事略

采访并撰文　王大权　　题诗　班蕴

节妇肖安氏，思南县塘头肖文轩之妻。其父安晓云，世居思城。母肖氏，以女甚谨厚寡言笑，欲择仁慈而字焉！人言肖氏中表又世儒，故字之。及入肖门，痛舅味羹郁死时从姑徐上事严祖母，冀得其欢。未几而夫又赍志以没，悲不欲生，以故寡居三十余年。虽亲戚难睹其面，其小心事姑出之天性，然习见姑之事祖有常道也！最可风者，持家有法，声不出庭帏，足不逾户限，能安淡泊，恒重俭勤意，谓有振家声，足尽未亡人职责。既遭事变，宜师鲁敬姜之规常于操作。偶得之暇课子读书，今其子海源常以救国为志，倦游而归，谓医国不培本终难自立。于是创设农村学校，欣尽义务诱导不衰，识者谓其得之母教，故其孝有别也！诗曰：太姒嗣徽音，肖母有之。

青岩道人题曰：

重帏称克孝，教子学敬姜。阃范堪为法，风世有余香。

省溪县城节妇彭秦氏事略

采访　马兴烈　　撰文　杨德昌　　题诗　班蘊

节妇秦宗节，省溪县城人秦宗炳之妹。年十八于归彭酉生为室。不四年，其夫在老砂坑洞内被岩石压伤丧命。氏饮泣吞声，求死不得，变物备价买棺衾，竭力安葬，守服三载。栖身铜仁下南门庵院茹素奉佛，纺绩度日，积钱二百余千，即回省溪娘家修斋，超度翁姑、丈夫斋筵告毕，仍回庵院如前勤苦，稍有余赀，则买寒衣施送穷人。现年四十余岁，人称贞节乐善之巾帼云。

青岩道人题曰：

苦节依庵院，营资荐祖辛。齿余频布施，但望造来因。

贵阳县城节妇万荆氏事略

采访　张荣九　　撰文　田荣卿　　题诗　班蘊

节妇万荆氏，现年六十三岁。孀居三十七载。原籍江南宜兴县。来黔多年寄籍贵阳县城。父名幸楼，母马氏。幸楼原世子文理擅长，历任文武各衙署文案。事久为当道所重。女成人适同城白泥坡万绳武为室。绳武婴宿疾藉阿芙蓉延命结缡后急欲戒服药过甚病发不起，婚未浃旬即长逝矣！时万氏家窘甚，节妇自愿变卖奁具以资葬费。葬毕即发誓当天悔过，愿食长斋，补进尚节堂，循规蹈矩，针黹苦守，历三十余年。先是绳武祖辈原出继于席姓，今始还宗席万两家，均乏嗣仅存节妇一人顶敬二姓香禋，自幼至老白璧无瑕，诚女中之完人也！节妇系前财厅厅长张协陆及沿河知事张士安之表嫂，特知其详，故采记以闻。

青岩道人题曰：

浃旬悲破镜，易奁葬所天。节操一妇女，两氏赖香禋。

铜仁县城节妇杨李氏事略

采访并撰文　肖胜兰　　题诗　班簻

节妇杨李氏，名玉清，铜仁县城杨炳轩之母。现年七十有九，自民国庚申年入道，信之最笃。十六岁于归杨门，翁已去世，仅姑在堂。奉姑敬夫贤良温和，生四子俱幼稚。家极贫。至三十二岁，夫年不永，姑媳俱孀。摒弃铅华同守清操，勤劳纺绩。上事孀姑，下抚孤儿，十指之劳无日放弃。久之，家渐饶裕。子孙众多，书声机声洋洋盈耳。并以次为完婚嫁。姑媳均好佛，全家入道，朝夕诵经，往还络绎，卒成一家之善士。

青岩道人题曰：

苦节更勤劳，十指砺清操。姑怡子完成，晚景乐陶陶。

榕江县城节孝妇周谢氏事略

采访　刘在潆　　撰文　杨绣章　　题诗　班簻

周谢氏，名存修，榕江县城人。祖籍福建连城县谢奇峰之长女。先是谢因贸易居榕城，氏于十九岁时于归同乡周克鹏为妻。次年夫故。氏立志守节，上事翁姑，内操井臼，毫无怨言。姑张氏年老失明，起居饮食均赖扶持，里人咸称重焉！氏以膝下无子抚侄谢树杰承祧，杰中癸卯科举人，分发湖南益阳等县。氏年六十余，精神健旺，女工犹不释手云。

青岩道人题曰：

独怜廿岁妇，守节孝翁姑。幸有承宗子，扬名慰老娱。

榕江县烈女李陈氏事略

采访　杨绣章　　撰文　刘在潆　　题诗　班簻

烈女李陈氏，名秋珍，榕江县陈相廷之女。许字寨蒿增生李瑞为妻。瑞以病剧来榕就医，既殁。女闻之大恸。次日女央母同往视，即闭门自尽，及查之系服毒而亡，时年始十八，两姓伤之，遂为合葬。

青岩道人题曰：

未遂双栖愿，何堪独自飞。拼将殉一死，志决抱贞归。

镇远县刘家庄节妇薛肖氏事略

采访并撰文题诗　班蘧字润石

节妇薛肖氏，镇远县属刘家庄肖源茂之女也！在家以孝闻，十九岁于归同县城内头排薛嘉珍为配。敬夫以礼。越七年生长女，数岁次子生，甫十月夫忽遘疾医药罔效，竟致不起。时氏年二十六岁，痛不欲生。无如上有衰姑，下有呱呱幼子，不得已强起治丧，立志守节，事姑教子人无间言。越五年，姑又病没。哀毁骨立，丧葬尽礼。女长适王氏子松龄，亦完配生孙。氏年已五十岁，子及壻均在教育厅省教经费保管委员会任事，移居省垣，与予为邻，故知其梗概云。

青岩道人题曰：

苦节神人敬，事抚历艰辛。婚丧完素愿，晚景乐天伦。

松桃县乌罗司青龙场贞节妇曹凤兰事略

采访　严光文　　撰文　张朝俊　　题诗　班蘧

贞节妇曹凤兰，年二十六，松桃县属乌罗司高视人，许字青龙场朱礼复为继室，未过门而朱死，父兄拟改字，氏闻之即过门守节，抚孤娶媳生孙，不肖忽其孙遭惨死，氏不改节操，年五十有四方殁，人言无间。

青岩道人题曰：

可怜坚操志，耻配二夫名。入门抚前子，贞令鬼神惊。

思南县贞烈女王清贞事略

采访　邓稚臣　　撰文　孙善伯　　题诗　班蘧

贞烈女姓王闺，字清贞，思南县王莲昌之女。幼读书明大义，许字同城杨如璋之长子名玉芳者。清光绪末年春间行将结缡而玉芳忽患疾病而亡，女闻之咿唔暗泣。母惊问终不对。越二日仰天叹曰：我之薄命如此，遂服毒身死。其贞烈可敬，爰录之以矜式后世。

青岩道人题曰：

女子名节重，何堪配二夫。我今命既薄，自决了全躯。

清镇县镇西卫孝贞女吴湘贞事略

采访　韩庆三　　撰文　周肇伯　　题诗　班蕴

孝女吴相贞，清镇县镇西卫人。父培芝，善经商，家小康。母陈氏，性谦恭善，持家合境，喜其贤而有德，生五女、一子。长女适省藩司吏员石献廷，次适本境同知衔周岚山，三适归宗李明斋，五字同街周瑞卿，未嫁病故。惟贞女居四，自幼至孝。读书时即喜看《目连传》《香山传》、好礼佛诵《灶王经》，年十二见诸姊等均出阁，父母年高，弟尚幼小，侍奉抚养无旁贷时，有到门求婚者，辞以誓不适人。先立志愿吃报恩斋三年，报答父母劬劳。最精女红，凡售自绣品物价倍常人，且争购者多。甚至供不给求。以故储蓄渐裕，即于家居楼上建设佛堂，经筵朝夕，焚香诵经，祷告为双亲求寿，为胞弟求名，并劝父母力行善事。不数年弟成九补县学生员，自是瑞霭门庭，父母欢欣，贞女越发努力勤修大道，所得针黹资多奉父母甘旨无一日缺。迨至亲殁，丧葬后三年服阕，移居省垣开鞋袜铺。内设经堂，外做生意，又得表兄龙赐吉传先天大道指点玄妙，故皈依者实繁有徒至。壬戌秋，年登大衍。一日家人夜梦半空音乐齐奏，幢旛宝盖冉冉而来，与马轧轧，灯烛辉煌。次晨启视禅床，贞女已圆寂矣！

青岩道人题曰：

奉抚怀亲弟，坚贞誓吃斋。寿名求更切，愿竣返瑶阶。

黔西县新场贞女刘明贞事略

采访　曾德光　　撰文　秦仿文　　题诗　班蕴

贞女刘明贞，原籍陕西。现住黔西县新场。前清庚午科恩贡生刘廷献之季女，恩贡生刘培元之胞妹也！生母贺氏。女自幼喜读儒书，性好佛学，知人生之苦恼，识红尘之孽障，当双亲在日即有论婚者至其门。女乃向亲自陈，愿贞守终身，不愿婚嫁，恐亲不信，剪发誓天，父母见其志不可夺，乃听之。双亲既逝，代兄操理家务，自甘勤苦，不茹荤腥。兄嫂又逝，抚其侄辈，女嫁男婚一身任之，现年五十七岁，常绩麻纺纱，暇则念佛看经，精神如少壮，发鬓如霜雪，其静养之功亦可概见。

青岩道人题曰：

贞操如性命，一再耻为婚。亲兄孝敬已，侄辈又温存。

思南县野牛坝贞女张金兰事略

无采撰作者　　题诗　班壅

贞女张金兰，思南县野牛坝人。父母早丧，家富有。弟名金科，多病。金兰请医调治痊愈，又与弟娶媳邓氏，生一子名玉峰，弟媳旋亡。因而守贞抚侄，誓不字人，伯叔夺其志强许安姓，逼其登舆去，永夕同伴娘，不入洞房。乘间夜奔思城，潜与人浆洗度日。三年安张两姓找寻不见。忽侦知在城，伯叔接回又欲逼嫁，金兰曰：我不要家产，但愿抚侄成立，以延一脉，其愿足矣！贞女性刚直，足大有力，能负重物，生理最公平，并能与人排解是非，与侄儿相依为命，又与侄娶媳生孙，不辞劳瘁，人见之不知为处。子现年七十有五，精神健旺，咸以为贞操之报云。

青岩道人题曰：

伯叔夺女志，侄幼抚无人。情愿让家产，完贞了此身。

思南县板桥乡瓦窑坝孙贞女事略

采访并撰文　王大权　　题诗　班壅

孙贞女，思南县属板桥乡瓦窑坝人。述者忘其父名母姓。女年五岁时，值红巾贼乱，被匪掳去后为官军吴某所得育之，及长颇慧，微有姿色。某因无子欲妾之，女泣辞常跪呼某为父，某怜之收为义女。年十八，念先人田园庐墓无人管理，欲归不得，乞于某者再并求其左右代为吹嘘，某感其诚许之，派兵数十由桂送归，女既得所欲，又恐为宗族亲戚忌，遂誓守贞奉佛，茹素以见志，尝谓先人禋嗣最重，我所以冒险图归者为此也！遂抚嫡堂侄以承祀，侄死又抱侄孙，夫兴灭继绝，人所难能，女以弱质而能达其志愿，真有过人之志也！今其年近九旬，而犹康强自若，宜为里人称羡不已云。

青岩道人题曰：

匪掳复归官，认父求保还。两次立禋祀，童贞九十年。

思南县贞烈女张碧英事略

采访 孙承芳 戴炳乾 撰文 欧阳明 题诗 班蘧 李国琦

贞烈女张碧英，年三十，思南县清贡士张永暄孙女。父文彩，母安氏。女赋性贞静。幼随父读，由女校高小毕业后，父业商，日服劳奉养。针黹余，博览女四书及《烈女传》。甲子随父母兄长先后闻道，世尚奢侈，女惟安素不轻外出，不苟言笑，人皆称贤。及笄，许字同城何贡士子梦谷，字后，父母先后逝。依兄代持家政，凡事之巨细不辞劳瘁，殊梦谷在南京就事十载不归，乙亥何贡士商女兄炳阳迎其妹碧英与其女梦云亲送南京升学完婚。兄谋诸族佥曰：善二月初八日迎至何门。二十日由思南就道，月余抵南京。何贡士择吉命子完婚。殊子私别姓女竟不果，来送升学，以缠足不合时制见弃。女自维命薄，质与文违，函告兄归，语意甚烈。秋九月十八，果返何门。兄为之虑，屡次劝慰，怡然不介，但云父母命媒妁言，不敢违。生为何姓人，死为何姓鬼，决无他志。至冬月十七日竟服毒于何门内寝，兄闻奔视瞑目自得，兄痛哭甚。邻里亲族趋视如堵，无一不叹息流泣，称其贞烈。何门只一姑、一伯母惶难维持，兄协备衾棺送葬张氏祖茔侧，兄以子庄更名承碧继嗣，以表贞烈云云。

青岩道人题曰：

梦谷真无礼，违父敢辞婚。至令贞烈女，归来即断魂。

附：贞烈女张碧英由南京寓所寄胞兄张蔚春书：

蔚春胞兄赐鉴：

薄命妹碧英，自二月二十日由家拜别就道，沿途阴晴风雨险阻艰难，历月余始吉抵金陵寓所，时梦谷尚在浙省兰溪，何氏翁即择吉函示，或亲迎，或来此完婚。殊梦谷竟置不理，翁又亲往开导，得闻直行推卸，抗不遵从，负气转寓，察伊已私蔡氏女久矣！誓订不二。薄命得闻后即抱以一死自全主义，又感翁劝以升学作将来计，转思办学校亦好。殊因缠足不合体量不录。真薄命极也！窃思人生一世，草生一春夭折，荣枯听诸天命。以妹早违怙恃，孤苦伶仃，已订婚姻，无端弃绝。三十载光阴迅速，难忘父母劬劳。八千里迢递云山，枉费驰驱奔走，拟拼一死，恨难为异域之魂守此全贞，留作家乡之鬼。彼直视我如敝屣，我视彼如寇雠彼背五伦八端，我守三从四德。父母之命媒妁之言轻薄，子固置若罔闻，贞烈女何惜生命？虽然死固不足惜，惟恐此冤莫白，受物议于尘寰也！如生身父母养育之恩，何门父母厚爱之德万一未报，自尽轻身，我固难辞重罪。奈彼忘父亲跋涉之苦，绝梦云劝解之书，弃人伦之正悖婚姻之约，五伦不讲，八德俱忘，彼甚情薄我，实难安相晤，匪遥再为面罄，特先布达，谨请福安并候，合家老幼清吉。薄命胞妹碧英，再拜泣言。

乙亥六月下旬于南京玄武门寄

附：鞔贞烈诗 思南女学校长李国琦撰[1]

张碧英，女学生也。受琦课有年。此次奉命赴南京结婚，未果。抱恨返梓，服毒毙命，情可悯志可嘉，为缀二律以志贞烈云：

传来噩耗辄心惊，激烈坤维誓守贞。
枉费千辛劳跋涉，拚将一死丧冰清。
只期夙愿偿今愿，反觉多情似薄情。
从此姓名标梓里，千秋闺阁播芳声。

二

何必他生订会期，相逢即在梦来时。
心坚匪石诚难转，志守贞操总不移。
漫信三生曾有约，殊知万里枉奔驰。
愁肠满腹惟天表，留得芳名去后思。

附：鞔贞女联，印江县知事同邑程琳林顿题[2]。

取义成仁拚将一死完贞烈，以身作则赢得芳名播古今。

广顺县摆古寨贞女汤志一事略

采访并撰文题诗　班壅字润石

贞女汤志一，广顺县属摆古寨清贡士汤春霆之次女也！母没。甫数岁，继母王视如已出，女亦事王若生母。幼聪慧，随弟读书。习内则性嗜佛，其父常言，“此女聪明过人”，惜命薄寿促，父没。哀毁骨立。稍长有来议婚者，则哭泣不乐，亲友慰而问之，则曰：一家孤弱，外侮频来。吾母为人朴厚，以一身当之，设有不测，

[1] 李国琦撰七律二首。
[2] 印江知县作张碧英对联一副。

吾何以对先君于地下乎？自愿守贞奉母，立志不适人，藉分亲劳，扶弟成立，以故兄弟三人，一衣一食，一寒一暑，皆女洗濯照拂，家事巨细，必尽心力而为之，上孝孀母，下友诸弟，弟妇一堂和顺，家业复兴，桑梓咸钦佩之，皆称其贞孝无比。现已五十岁，经工未尝间断，诚斯世之完人也！

青岩道人题曰：

坚贞都为孝，继母似亲生。和顺人难及，芳辉著姓名。

江口县漏溪贞女甘书味事略

采访 孙国生　　撰文 严昌照　　题诗 班蕴

贞女甘书味，江口县漏溪人甘远栋之女，母杨氏，生子一、女一，贞女居长。父早丧，母年迈。贞女服劳内政纺绩为业，奉母极虔，言行不苟。年二十许字常德陈选为偶，桃夭未赋，夫即捐馆。贞女闻之，悲欲自绝。转念母老弟孤乏人照料，遂矢志守贞，誓不再字，居家勤俭，针黹所入悉充家用，上侍老母，下抚弱弟，一身兼备极周至，饱经劳苦，毫无怨叹，人有见贞女能力胜常者，屡请媒上门作伐，辄拒绝云：好马不配双鞍，烈女不嫁二男。人各有心，何劳饶舌。众闻其志坚后，遂无人敢言。迨弟成立，老母弃养，悲痛靡已。原贞女家有二孃：一名远贞，一名远节，皆甘明德之女，姊妹二人因胞弟幼小奉亲无人，均誓不字人。远贞专以纺绩为业，性烈甚凡听冰人来家一言作伐，即咒不之理，后竟无人敢来提及；远节见姊诸事耐苦不辞劳瘁，彼亦坚定苦志，愿终身相依为命，凡事皆能为姊分劳，炒米糖，造曲酒药，一家生活惟二女是赖，均享寿八旬无疾去世。贞女因见二姑久已称道，乡里芳躅可钦，故立志尤坚。丙寅年得闻大道，无论家务如何牵缠，犹偷闲静坐勿懈。一室之内，异常清洁。今贞女年已五十有五，一门三贞，坤维正气，盖未多觏云。

青岩道人题曰：

烈女不二配，坚贞世所钦。事母扶弟责，二姑迹可寻。

黔西县新场街贞女周明贞事略

采访 秦仿文　　撰文 曾德光　　题诗 班蕴

贞女周明贞，黔西县新场街周用铭之幺女，为杨氏所生。贞女姊妹共七人，兄弟俱殁。姊等均出嫁，父母老而无嗣，门衰祚薄，哀痛过切，女出而劝慰曰：爹妈请勿悲，今日兄弟等俱逝，女即子也！儿从此永不出门，愿立周氏志，烧香换水顶敬祖先，对天明誓，不茹荤腥。父母弃养，丧葬尽礼，旁观赞誉有子者，恐亦难如此之周备。贞女平生好善举，见善即勇为。民国二十三年，女闻彭泽深老先生提倡修玉皇观事，苦无资起工，贞女闻之，即将其父遗业出当得银二百元捐入起工。贞女家不甚丰，每年除衣食外无余储，今将业出当，自甘淡泊，此亦人之所难能也！现年五十有三岁。

青岩道人题曰：

不字孝双亲，坚贞志亦苦。好善愿乐捐，芳名足千古。

黔西县大桥贞女漆荣凤事略

采访　曾德光　　撰文　马迪斋　　题诗　班壅

贞女漆荣凤，黔西县大桥人。父名福珍，母李氏。自幼许字同邑曾氏子为室。未咏于归，曾子亡故，女闻之自叹命薄。无他想，自愿在家守贞，奉父母以终身。复有显者请媒踵门求婚，父母将许之。女拒绝誓死不允。父母见其心如铁石，只好从之。女俊慧性纯静，日惟读书习字，拜佛诵经终身。衣布衣，不茹荤腥。父母在堂，二膳承欢。有兄弟四人，分爨各居。独赖此女晨昏造膳，缝洗衣裳。父亡后，女须臾不离母侧。其母出入起居，殷懃扶持。不惟贞节而且孝顺，乡党咸深佩服。

青岩道人题曰：

誓死不再字，坚贞耻二夫。孝亲完本愿，老母赖维扶。

坤节副篇凡六十四人

黔西县新场街节妇詹朝淑事略

采访　彭泰华　　撰文　张瑞宾　　题诗　班壅

节妇詹朝淑，原川人也。现住黔西县新场街詹福明之幺女也。淑生而孝友，少因家贫，年十二小接过罗门为童养媳。十八岁完配，孝亲敬夫无微不至。生二子、二女，至二十九岁夫辞世，家窘迫生活维艰。有劝其改适者，氏曰：命薄如斯，富贵贫贱，生来有定，何用强为，第思孤守无依，恐遭物议，知其后家兄弟任新场贸易，将自己所有簪饰变卖得资为夫除灵追荐后，又将嫁具什物售作路费，携带子女来新依兄弟，勤劳度日，犹复送子读书，训女勤谨教以三从四德，卒至男婚女嫁，事事周圆。现年七十有一，尚且精神强健，素性好佛，自闻道后十余年来，壹意修养，童颜鹤发，慈面温言，和睦乡邻，堪为女中模范云。

青岩道人题曰：

自知生命薄，守节且安贫。物议难防避，移家倚己亲。

榕江县湖南靖州籍节妇王储氏事略

采访 杨绣章　　撰文 刘在潆　　题诗 班鏖

节妇王储氏，湖南靖州储世焕之女，王继元之妻。生三子。家綦贫。夫以手艺营生。夫殁时氏年二十三岁，立志守节抚孤。家徒壁立，氏以女工度日，艰苦万状。或有劝氏改适者，氏曰夫亡子幼，是我尽节之日。虽富贵荣华不易志也！先是夫弟贸居榕江县，年中稍有资助，嗣因世变，道阻途塞，氏饥寒交迫，乃挈三子来榕依叔以居。女工度活。于民国二十一年殁，时年四十五岁。

青岩道人题曰：

夫死家壁立，营生恃女红。持节抚三子，册五竟归空。

石阡县节妇欧阳滕氏事略

采访 戴炳乾　　撰文 孙永祥、孙永芳　　题诗 班鏖

节妇滕冠桂，镇远县滕长候长女、参将飏廷胞妹。秉性贞节，不苟言笑。家庭教育礼义深知。年十六适石阡县欧阳松林次子茂堂。翁姑俱存。家不甚裕，节妇勤谨耐劳，奉翁姑孝事夫子敬，生五子存其二。清同治教匪乱，夫以城陷救友被害，妇情迫切力往救，手夺贼刃截断拇指坠地，贼畏其烈即弃而逃。甫三日，夫因伤毙命。节妇痛不欲生，众劝以夫死不葬，翁姑年老，二子尚幼，死何益？乃勉力料理葬事毕。然后医愈伤指，矢志操守，供养双亲，抚持家务，勤劳纺绩无片刻暇。姑邹年八十二卧病不起，饮食汤药溲溺，与弟媳曹共任之，均不厌烦服侍。数月殁，哀礼安葬。越二年，节妇闻翁在镇远道署卧病，因长子譓幕游普安，即率髫龄次子明同

步行至镇署迎归梓里，殷勤调养将一月告终。节妇治理丧事如葬姑然。生平好善乐施，乡党亲族称其节孝仁慈。享年八十有三岁，历节五十七载。

青岩道人题曰：

救夫不畏死，贼尚惊其烈。节孝人难及，慈惠更称绝。

黔西县新场节妇徐秋云事略

采访　曾德光　　撰文　秦仿文　　题诗　班璭

节妇徐秋云，原籍江西，现居黔西县新场。系徐致平之第五女，池氏所生也！生性淑静，自幼听人言女子有三从四德之道。年二十于归于新场盐行街秦照煊为室，生子一、女二。氏年二十三，其夫照煊遽病，医药无效遂弃人间。子女均幼稚，家虽小康，无人主管，寒衾孤枕五夜，泣悲欲相殉者屡矣！旋思禋祀绵延承奉有子，古之守节抚孤代不乏人，是以节哀顺变，谨守妇道。惟家居冲道，兵去匪来，迭受惊险亦无怨。尤惟教子女以德行为先，纲常为重，不顺潮流。迄今五十有一岁，苍颜白发，心劳极矣！历节近三十年，无威怒，无宿怨，人咸敬之。

青岩道人题曰：

几翻思殉死，转念忆孤儿。守节原无愧，纲常训有规。

郎岱县节妇毛张氏事略

采访　朱锡章　　撰文　米天森　　题诗　班璭

节妇毛张氏，郎岱县人。幼娴母训，配夫裕昆，豪侠士也！前清有声黉序，时寇盗滋炽，渠魁顾大五，巢穴那备，距城二十一里，乘不备辄扑城，昆愤焉！往晓利害，欲收为用。殊贼性难驯，遂遇害。氏闻之忿不欲生，有以抚孤大义劝之者，氏然其言：厥后抚子入庠，克绍书香。计孀居四十余年，毫无间言。

青岩道人题曰：

夫豪遭匪害，信到欲轻身。大义从人劝，坚操抚子辛。

思南县安化平硐口节妇程樊氏事略

采访　曾有祥　　撰文　欧阳明　　题诗　班蘷

节妇樊应荣，字桂华，思南县安化平硐口处士樊兴明之次女，母卢氏。方岁半母卒，值苗乱，随父避居思南。年十二能习女红，性淑慧，持家政，父钟爱。惟继母待之虐，女能委婉承顺，继母反为感化，合室怡然。年二十二适同城吏员程晸纶为继室。事孀姑王氏克尽孝养，抚前二子如己出。生子楙林，甫二龄，夫晸纶应从兄函，赴鄂北保康县任所，道出涪陵病殁。旅邸时，惟长子在侧，无力扶榇，权厝惠泉公所。节妇年二十八，闻耗痛不欲生，伏念孀姑年迈，幼子襁褓，徒死何益？惟矢志柏舟。家贫恃纺绩针黹以资，事畜二子教读婚配，次第完成。姑已年八十有二，婴疯瘁辗转床褥二年余，汤药饮食便溺，节妇身独任之，毫无倦怠。姑殁，典钗环如礼安葬。次子云林从军，殁于台拱。节妇痛切不避炎暑驰往营葬，幼子楙林渐长，性纯敏，择师教读，督甚严，学成从戎，历任参秘诸职，历委沿河县鹾政，乾城江口县、印江县各县篆，均迎养，颇有政声。悉赖慈训之力。初节妇有从侄棫林、前清内翰悯其苦节，分俸置田，以资生计。节妇婉辞不受，请转给族之贫者，内翰益敬重之。拟表于朝，值政变不果。现年九十有余岁，清聪康宁信道甚笃，任坤社善堂首领，相率合家入道，子孙绕膝，好善不倦，天爵勤修，福寿未艾。

青岩道人题曰：

幼孝即堪钦，柏舟志更贞。事姑善教子，福寿享华荣。

都江县节妇廖张氏事略

采访　陈本熙　　撰文　张炳炎　　题诗　班蘷

节妇廖张氏，名绍贞，都江县人。清参将张凤毛之女。适廖旭生为室，生系孺家子，不谙营业，家计中落。氏生二子、二女，上有翁姑仰氏十指度活，早夜辛勤无怨言。至夫病殁时，氏年三十五岁，矢志抚孤。未几长子夭折，衹次子年方数岁，竟抚育成人，一家三代从未啼饥号寒，实节妇之能力矣！现年六十余，精神健旺，里人咸称道焉！

青岩道人题曰：

十指维生活，三代未啼饥。劳苦无怨言，名垂彤管贻。

石阡县从九节妇欧阳曹氏事略

采访　邓次平　　撰文　李国琦　　题诗　班蕴

节妇曹氏，字玉兰。石阡县从九曹容光三女。性贞烈，寡言笑，守礼循义。年十六归同郡欧阳祥辉之第三子金波为室。翁姑在堂，奉侍维谨，相夫子和，敬孀嫂礼。越二年生女一，夫上镇远县省翁即在镇笔铺生理踰二载，患病殁。妇闻耗哀恸哭死而复活者数次，姑嫂劝导乃解。父来晓以大义，曰：翁姑尚存，弱女尚幼，倘不孝上抚下，何以对夫于泉壤？翁姑命以二男之次子明承祧。由是矢志柏舟，勤苦操作，孝双亲，敬孀嫂，抚儿女，无片刻闲。姑邹年八十二岁，久病不起，凡饮食汤药溲溺不惮烦劳，与孀嫂力任及卒，哀葬尽礼。阅四年翁病殁，哀葬亦然。自二老去世后，家无恒产，生活难支，赖以针黹佣工度日，时值岁荒，儿女饔飧不给，将女于归，使儿弃读学商，移居思南县近五十年。幸有成家小康，娶媳生子，一堂雍睦，佥谓：节孝之报！节妇生平好佛信道诵经茹素，乐善好施，享年七十有二岁，历节五十二年。

青岩道人题曰：

恒心无恒产，事抚更维艰。送老终完娶，天道有循环。

贵阳县节妇刘张氏事略

采访并撰文　张士安　　题诗　班蕴

节妇刘张氏，贵筑县庠生张品轩之女，母刘氏，生子女各一，朝瑛即财厅厅长协陆之父女，即协陆姑母兄妹二人，未成年失怙，家式微，及笄归定番抵蒙寨刘德安为室，结缡未三载，夫物化。节妇无子息承祧乏人，痛不欲生。自顾刘氏禋祀无着，遂发誓苦守，就省垣北门外五显庙街自行建筑祠宇，名曰：刘氏家祠楼上供佛诵经，楼下祀刘氏祖先，朝夕焚檀秉烛，香烟勿替，享祀不忒，刘氏节归，即刘氏孝子也！且持斋奉佛，常诵观音经大悲咒，普度众生，环列罗拜，演讲受训，信道甚笃，人咸称为慈悲老母已字之。节妇无殊未字之贞姑，殁年七十有余，无疾而终，满清殊恩曾赐旌表节孝，准其建坊褒扬。汇辑在案。

青岩道人题曰：

夫殀妇青年，刘氏禋祀空。建祠惟尽节，冀将先灵供。

平越县节妇姜刘氏事略

采访并撰文　刘樵松　　题诗　班瘗

节妇姜刘氏，字芳名，平越县刘相朝之女。年十八适同邑姜廷藩之子姜忠仁为室。至丁酉年，生一子，名定邦。阅六月忠仁病殁，时芳名年二十四岁。饮泣谋葬，竭力事蓄以慰死者。越二年，姑陈氏病，节妇夜焚香告天，割股肉以进，姑旋殁。其翁继娶沈氏，姑把持家政。每年仅给谷三石，令其分爨。妇委曲承顺，并茹素以明志，作针黹以佐食，至正邦就傅需钱零用，而节妇赤手空拳，惟藉十指劳力以博资助。凡置服买书，悉由节妇自备，应时顾全，毫无怨容。迨正邦成立经营起家饶裕受室生孙，概知孝养盖亦节孝之报也！节妇现已六十有六岁，而精神尚健，祥和之气溢于眉宇，一望知其节操高洁，应得子媳之顺从，而乡邻之敬仰也！

青岩道人题曰：

孝节洵堪佩，辛苦不畏难。剥复诚无爽，今庆有余欢。

安顺县阳海乡节妇王封氏事略

采访　李玉考 黄孔菜　　撰文　任钜源　　题诗　班瘗

节妇王封氏，生于清同治乙丑年，父朝贵，母吴氏，世居安顺县阳海乡，氏秉性朴厚，明大义。稍长代母操内政，勤针黹，父母钟爱之。年二十归本城王者香为室。相夫以敬，事上以孝翁王金阶，姑何氏亦甚悦焉！夫业银匠，入不敷出。所生二子，生活维艰。氏夫年三十染痿疾，服药不效，数月逝世。氏与夫系同庚，即立志守节。上有翁姑年迈，下有二子尚幼。惟靠针黹补助生活，氏姑性燥暴，能百般顺从，结得翁姑欢心。下抚二子十数年即为相继授室，无一非氏之经营劳心者也！现与长子居住西街开设天宝银楼，家计日渐振兴，四世一堂，孙曾绕膝，年七十又三，而精神强健。虽目不识丁，好诵经典，能记忆诸品经章十余部，即此可见一斑矣！

青岩道人题曰：

柔顺息姑燥，欢心竟和平。卅年悲寡鹄，羡今四世呈。

盘县南阳旗屯节妇唐蒋氏事略

采访　蒋惟一　　撰文　贺树华　　题诗　班蘊

盘县南扬旗屯文生唐鸣阶子名小花，骄生惯养成性，好吹吃赌博，鸣阶夫妇于小花娶妻后，相继亡故。家道赤贫如洗，小花将妻簪环首饰衣物窃换烟吹尽，乞丐乡间。妻蒋氏名咏贞，生性贞良勤苦，毫无嫌怨语，终日为人佣工奉夫育子，人见之不堪其苦，恒有劝其改嫁者，节妇云：生命如斯，何敢妄想非分？且蒋氏大族女，母亦居孀贫苦，为人佣工守节，翁亦文生，人穷志不穷。古云“嫁鸡随鸡，嫁狗随狗”，名分已定，宁死不敢嫌怨丈夫有废大伦，年未三旬，小花渐形枯槁而死。节妇率子跪亲邻门承资赙助勉治葬后，即尽力佣工鞠育二子，终身未尝言笑，含泪过日，茹虀饮水。今幸二子逐渐成人，始而佣工勤苦获资，继而小贩生理衣食自给，由是苦尽甘来，不缺衣食。前岁长子娶媳，今已生孙。次子亦将成家，节妇年已五旬有半，一身无疾，将来子孙繁昌，天佑善人必不或爽。

青岩道人题曰：

丐夫终不嫌，劳苦勉为人。死葬守节义，抚孤把志伸。

清镇县镇西卫节妇李黎氏事略

采访　韩庆三　　撰文　谭匯川　　题诗　班蘊

节妇李黎氏，名金钗，清镇县属镇西卫黎泉清之胞妹，嫁同街商号李五盛之长子其珍为室，过门两载，生一女名小凤，甫岁余而夫殁。毁容素服，矢志守节，孝顺翁姑，无稍疏懈，操持家务异常勤俭。未几，姑张氏得急症，氏侍汤药自夕达旦，目不交睫，迄无救姑殁。氏悲甚，无日不涔涔泪下。姑葬附郭之原，氏每日必到坟上环视一转，犹定省然，如是者年余。不数年，而翁又亡，恃怙靡瞻，氏益悲戚。俟父柩窆，即率家人工匠督筑成茔，阅半月始告竣而返家。邻里皆钦其孝。先是氏已闻道有年，曾以身许佛，盖无日不诵经礼佛。丙子年正月……入卫城，牢守家庭不出，竟被牵至途次，殊人丛类杂，仍得潜逃而还。是非神力保佑不能至此。现为夫弟其祥完婚有子，己女亦出阁，乐享天年，诚孝节所致也！

青岩道人题曰：

年余日省墓，足慰逝姑灵。养葬均循礼，堪钦节孝馨。

榕江县天恩节妇刘胡氏事略

采访　陈本熙　　撰文　张炳炎　　题诗　班蕴

节妇刘胡氏，名顺珠，榕江县天恩胡镜明之女，举人刘大崧之妻。适刘生二女，夫病故。氏年二十四岁，矢志守节。家贫。当夫殁时，一切葬费皆由亲戚借贷。葬后，氏仅借十指度活，正值艰难万状，又加翁姑先后逝世，勉营丧葬，环境逼迫，无片刻闲。及至二女长成，帮同针黹，稍稍宁息。现已年逾六十，得闻大道，诵经打坐，勤而不倦。

青岩道人题曰：

翁姑奉养责，惟凭十指辛。二女成全日，苦节果惊人。

思南县城节妇吴张氏事略

采访并撰文　邓宪昌　　题诗　班蕴

节妇张氏闺，字贞二，思南县城人张登上之次女。生性贤淑，年十六适吴永顺为妻，生二子，夫病殁时氏年二十。房屋仅避风雨，家无宿粮，志不可夺，上奉翁姑尽孝无亏，下抚二子甘苦备尝。弟媳虽分居，客至不知其分爨者，佥称贤孝。现年七十八岁，历节五十八年。

青岩道人题曰：

无粮却有子，念岁励冰霜。双亲含笑没，节孝永流芳。

黔西县新场节妇陈多弟事略

采访　张瑞宾　　撰文　马迪斋　　题诗　班蕴

节妇陈多弟，原籍江西，父来黔贸易住家新场。女年十八，父母之命，许与杨龙云为室。二十岁时，龙云忽病殁。氏痛切欲殉者，再继思随夫于地下，不如为夫接续禋祀，立志守节从一而终，乃抱一螟蛉子承祧杨氏香烟。上事翁姑，烹饪饮食，换洗衣裳，悉得翁姑欢。下抚继子，不啻己出。家设学校，令子诵读，家庭教育异常严肃。翁姑去世丧葬尽礼，人称节孝贤能。今杨氏之财产虽经兵匪，一一保存，皆氏平日好行方便，喜助善举，始获如是之安全也！

青岩道人题曰：

不孝孰为大，承宗是正经。翁姑亦有靠，教子振门庭。

思南县节妇覃张氏事略

采访并撰文、题诗邓宪昌　　题诗　班蕴

节妇覃张氏，名淑二，思南县清贡士张达三次女。年十七，于归覃宅仁为妻，生二子：长方二龄，次未周岁时，翁覃魁以乡绅办团，当贼陷思城，翁率家属奔沿河县途中遇贼掳劝降不从，气积不食而死。宅仁见父死亦投河殒命。时氏年二十一，见翁与夫俱殁，亦欲投河。姑杨氏号泣挽救得生。殊义仆明兴者，见主人父子均殁，亦随投水而死。节妇即奉姑，带二子奔至栗子坪，印邑侯邓绍芗闻苦情可悯，略为抚恤，思城匪肃清后，达三闻之接回同居，阅十九年姑殁，丧葬尽礼。抚教二子成名。享年九十三岁，四世同堂，里郡咸称为孝德之报云：

忠孝及节义，萃聚在覃家。父死子身殉，媳贤仆可嘉。

一门堪表扬，模范尽无瑕。天多生是人，世界化莲花。

青岩道人题曰：

投河殉翁夫，挽救且从姑。青春易白发，堂开四世图。

松桃县金湾塘节妇黄春晓事略

采访　刘顺颐　　撰文　张朝俊　　题诗　班蕴

节妇黄春晓，姚宗卿之继室也！世住松桃县属之金湾塘。宗卿前妻杨氏，生子绍基，黄视如已出。未见宗卿去世，时黄年二十八岁。翁德高，姑秦氏，性俱刚烈，颇难侍奉。黄百般顺从，尽得其欢。惟族大人众屡发生分居之议，黄无奈只得听其所为。分居后，黄以二老年高，膝下子幼，率基等向族众哭诉，原矢志靡他，奉养高堂，抚育孤子，以尽亡夫未了之职责，族众许之。由是对于翁姑除视膳问寝外，詈则缄默以侍，挞则俯首以受，对于儿曹，教忍让，教勤俭，教习正道。迄今七十二岁，儿孙满堂，贤孝萃一家。不独姚氏之门楣有光，即春晓之康强，亦世所罕有，殆吉人天相欤！

青岩道人题曰：

他生如已出，抚待奉高堂。打骂百般顺，寿征孝节张。

麻江县四川江津县人节妇冯熊氏事略

采访并撰文　周锡屏　　题诗　班蘧

节妇冯熊氏者，四川江津县冯海庭之女也。嫁熊春庭之长子起业为继室。同居数年，正调琴瑟之欢，忽失所天之望，仅遗一子名芳鑫，又值家道中落，门庭萧条，氏乃断发誓志一心抚孤，三十年茹苦含辛，有如一日，毫无怨言，实为人所难能。

青岩道人题曰：

不计萧条苦，断发誓志深。抚孤完劲节，卅载颇坚心。

盘县南黄泥田节妇蒋骆氏事略

采访　贺树华　　撰文　张维廉　　题诗　班蘧

节妇蒋骆氏，名洪桂，乃盘县南黄泥田贵州专门法政毕业生蒋开德之母也！年七龄值回匪变，随父骆克文匿屯，屯山失，匪以刀连戮克文，女虽年幼，生性纯孝，不畏死以身卫之，克文赖得保其一息生气，医月余存活，二十余年寿终。氏被匪伤其右手拇指，刀痕至今宛然，偶一言视尚觉心酸。年十八于归开德父尚书，幼娴母训，井臼独操，上事翁姑恪恭寅畏，朝乾夕惕，虽无妯娌，却有夫妹三人。蒋原大族家，颇小康。翁性严厉，妹性俱矜骄，氏柔顺温和，勤劳忍苦以处之，卒得相安。三妹成人相继出阁。惟翁性好宾客，座中常满。氏昼夜勤劳无休息。生有四子、三女，曾双生者四，只存开德一人。一生操劳尽瘁，靡有加焉！然终未口出詈言，心生烦躁。佐夫持家哺乳儿女，并未顾役外酬宾客，烹调饮食菜蔬，勤劳无倦。惜乎！中年家运不辰，翁亡瘗祖坟后，夫复商，殁于广西百色。上存奄奄七旬之姑，下遗儿女呱呱七人幼弱孤苦。氏以坤兼乾职尤可叹者！人情冷暖，世态炎凉，内奸迭起，外侮频临。是亲毒谋吞并产业，是戚奸宄套奓（音：qiá）财物，是邻欺懦偷抢占霸，孤儿寡妇势将待毙。氏惟矢志柏舟，舍身拼命，攘奸御侮，苦至诉官者九次，节妇计搬亡夫尸骸归厝祖茔。奸辈未遂所欲，更妄造诽言中伤。或欲恬嫁下堂，或云毒打废命。节妇决以一命拼之。生则昭留清节，死可净对蒋氏先灵。所幸连任官清，子渐成人，始获勉强保全家口，抚育将事。不数年姑亡。长次子女婚嫁，三子成丁夭亡。不似长次子之过于忠厚以故，节妇痛子心切，几成痛疾。无何子媳不体母志，争闹分炊。节妇以“人大分家，树大分丫”亦理之。常追念先人数代遗产殊不易易，而墓碑未建，年久遗失，子孙何以繁育？遂勉力建立，上下六代坟墓碑铭。亲支向作内奸者亦未摊及分文，节妇均一力成之。复请高僧道追荐六世亡灵七日经忏，并为少子少女婚嫁完毕，再思数子业儒不成，并卖养膳田抚少子开德进贵州官立专门法政毕业。一生积劳，心血枯瘁，常为人所不能为。遂致老年百病丛生，丁卯秋，其子从军政游五载返省，晨昏节妇不许复出，饬令课孙。时树华与天恩王正权下乡劝善至其家，节妇遂欢心入道。并命其子亦入，今已领职。节妇年满八旬，犹逐日勤坐念佛二次，老病若失，真不可思议矣！闻其子云：向年节母进城鸣冤，途程三十五里，恒一日往返，共行七十里，如是劳苦。并常戒其子勤学。谓长次二兄过于忠厚，三兄颖慧早夭。厚望惟汝。若笼笼鸡皆哑，吾枉自苦矣！云云。

青岩道人题曰：

孝可惊天地，节堪泣鬼神。族争经九诉，六代妥宗亲。

郎岱县六枝节妇米宋氏事略

采访并撰文　朱锡章　　题诗　班瘫

节妇米宋氏，郎岱县六枝人同邑拔贡春皋之次妻也。年十八，生子天森，十九夫故。氏与嫡妻杨矢志养姑抚子。不数年，姑与嫡杨先后逝世。初皋有堂兄某父子无依，皋收养之。其子素凶横特畏，皋不敢逞。皋殁后见氏孤无援，常肆兄逆殴氏，忍无可忍，始鸣官责惩。迨氏子天森入邑庠，稍有声誉，并不恃势。苦口力劝，始回心而倾向氏。生平不吝施与，药茶类皆乐为之，年五十四，正命终。

青岩道人题曰：

十九无夫婿，忘恩侄更横。坚贞完节孝，子贵继家声。

思南县城节妇盛李氏事略

采访并撰文　欧阳明　　题诗　班瘫

节妇李节福，思南县城李晨芳之次女。幼失怙，母赵氏抚育成人。至性幽娴，举止不苟，家无恒产，日夜同母针黹补助日用。奉母以孝闻，年十七适本城盛荣昌之三子元璋，生二女。节妇明大义，事翁姑孝，妯娌和兄弟让，邻里称贤。越八年夫经商由外病归，卧床数月。节妇日夜殷勤服侍，医药罔效，竟尔辞尘。悲号震地，几不欲生。窃思翁姑老，二女幼，虽有兄弟，恐难兼顾，乃矢志奉亲抚孤。辛勤纺绩度日，及二女长成，以平日齿积勉作奁资。翁姑有疾，衣不解带，亲奉汤药至翁姑先后去世。节妇善治家政，与兄及弟等设法营葬尽其哀礼，毫无难色。此节妇操诚，神鬼可格。现年五十六岁，历节三十一年矣！

青岩道人题曰：

松柏不励寒，安得四时青。人事无艰苦，竹帛怎立铭。

郎岱县节妇张何氏事略

采访并撰文　朱锡章　　题诗　班瘗

节妇张何氏，郎岱县人。归夫张肇先。三年生子启贤，甫半载，遽失所天，氏茹苦含辛，力尚节俭，以纺织而抚子，三十余年如一日，坚贞苦节，概可想见矣！

青岩道人题曰：

半岁抚孤子，含辛抚养成。卅年操不改，风世有芳名。

平越县节妇熊刘氏事略

采访　陈灵杰　　撰文　饶克鉷　　题诗　班瘗

节妇熊刘氏，平越县刘一元之长女。年十八归熊起忠为室，甫三年起忠病殁。抚孤子芳奇及长，配刘学治女为偶。戊午始入门，乙丑芳奇病故。遗子俊辉、继辉，女玉辉。姑媳二人相依苦守十余年，井波不兴。今俊辉弟兄等均已成立，颇能继承先人之业，人咸称谓此两世苦节之报云。

青岩道人题曰：

姑媳两嫠妇，古井不兴波。相依砺霜雪，苦尽乐必多。

麻江县节妇喻周氏事略

采访　周锡玮　　撰文　饶克鉷　　题诗　班瘗

节妇喻周氏，字锡贞，麻江周堃培之女。年十六归同里喻超然为继室。己酉生一子名维麟，甲寅六月超然病故。家贫债重，时氏年二十五岁。素性坦然，不以贫苦为念，惟以前室之子维琛与己子维麟，视同一体。凡制衣备裳，无分彼此。往来亲戚中犹有不知其为前后母所生也！二十一年友爱克敦，全家雍睦，从善如流。

青岩道人题曰：

前子及己子，孤贫更谁依？坚心完苦节，抚成愿不违。

榕江县节孝妇黄朱氏事略

采访　刘在潆　　撰文　杨绣章　　题诗　班蘧

节妇黄朱氏，榕江县朱启明之女，黄光崇之妻。生二子。年二十而寡。有祖姑、姑母在堂，夫弟年幼，家中惟氏一人负操持责，祖姑、姑母年老多病，进甘旨服汤药只奉益力，并为夫弟迎娶，两子完婚，妇道克尽，邻里皆称颂。现年六十岁，强健如昔。

青岩道人题曰：

伤哉念岁寡，老病有重堂。扶弟抚双子，册载苦节芳。

盘县南铁厂节妇蒋钱氏事略

采访　贺树华　　撰文　张维廉　　题诗　班蘧

节妇蒋钱氏，盘县南铁厂农民女也！生性柔善温良勤俭，许字武举蒋开荩之胞侄二贤翁开云。当氏于归未久病殁。家极贫，遗姑刘氏，未几，夫弟国仲经商亦病殁。弟妇再嫁，无何。与夫迁徙至黄泥田赁居。夫小贩生理，氏为人佣工助夫奉母。生二子，遇年岁凶歉，米粮高昂。夫率其长子年约十龄，小贩至滇个旧。食物积疟双亡于滇。氏年仅三旬，闻信哀不欲生。忽自转念，姑病年六旬余，悲子心切，顾怀幼子并数龄侄女，倘身有不测，一门四口均遭不利，夫嗣亦无望矣！乃奋勉守节，泣慰姑云：儿夫及长子纵亡，尚有媳及幼孙还在。婆衣食惟媳是养，抚育幼孙亦可继蒋氏裔，乞勿过哀，请宽心以保病躯，婆遂止泣。节妇勤孝耐苦，自夫殁后虽家贫如洗，一身清洁自励，逐日为人佣工，以资奉婆抚孤，二十年无异志怨言，敬养无稍懈。惟恐婆冻馁，夜则奉侍伴宿。节妇固勤劳，视人事若己事，人争雇之，赐午餐粑饵食物，辄留归遗姑。民国乙丑大荒，兵匪杂沓盘属，饿殍满野，升米值银一元，且无购处。节妇处此。幸侄女已许人作童养媳。始终百般勤苦奉姑养子，不缺一家三口，均能逃出大劫。当其时，姑女夫姊小娥适冯某亦孀居，自己未能赡顾其母，遣嫁节妇与刘某作妾，希获身价银五十元作济燃眉之资。节妇闻姑云及斯言，乃泣禀曰：婆年七旬，朝夕不离媳十余载，夫姊从未顾给一日之粮，专赖为媳佣工供养，况值此凶荒，一粒不易得，媳岂忍舍婆与子而自图温饱以堕节乎？禽兽不如矣！媳之劳苦奉婆抚孙者无非代夫责任以尽人事耳！若欲嫁人，不于夫死青年时为之，而于此四旬之时为之乎？婆勿听姊言，若欲逼媳嫁人必死以殉夫耳！姑闻此言始悟其女小娥之非，小娥见其志不可夺，亦觉无颜始寝其议。节妇佣工勤劳，人皆愿雇。至今年已五十有余，勤苦奉姑不倦，姑年已八旬，子亦二十余岁，勤俭遵母训，仍小贩生理，以助家用。将来必获天之笃祜。节妇之苦节坚贞，实于家族有光焉！特略志其梗概。

青岩道人题曰：

万苦与千愁，养抚却酸辛。孝节天必佑，芳名播族邻。

麻江县节妇凌王氏事略

采访并撰文　饶克鉷　　题诗　班壅

节妇凌王氏，名吉英，麻江县王茂奎之女。字处士凌绍艺之子宪文为室。年十六于归，至三十一岁夫病殁。遗子女各二。家不中资，氏乃毁容自励，竭力营谋，且能耐劳，知稼穑之艰难，春耕夏耘秋收冬藏，以身作则，概能躬亲为之，垂二十年矣！今长男长女均婚配，余尚幼，年近六旬得闻大道，坐功诵经，日如常课。

青岩道人题曰：

耕耘身作则，抚子望成家。念载操持苦，晚景乐无涯。

玉屏县东三区三角冲节妇杨汪氏事略

采访　汪世臣　　撰文　汪廷秀　　题诗　班壅

节妇杨汪氏，玉屏县东三区三角冲杨万灵之媳，姑姚氏中年居孀。性刚烈，异常苛刻。汪氏素行忠朴，惟有小心翼翼曲为顺从而已！一切家庭事务尽力操持，不惮勤苦以博姑欢。但姑或时嗔怒咒骂不堪，汪氏婉容如常侍奉，恒以礼节，即被杖责，甘心忍受，不敢啼泣。恐致再触姑怒而只容如初，族邻当场劝解悉，称汪氏妇德无忝，历三十余年均如是不改。继而夫故，子幼家渐萧条。姑心愈窄，越加愤怒，每夜睡床咒骂通宵，恐氏眠熟弗听，以棒击床枋。虽居孀抚子，茹苦含辛，又历二十一年事姑仪容如初，姑近八旬寿终，哀毁如礼丧葬。氏有二子，季殇长存。氏已闻道，年七十八而终。

青岩道人题曰：

屏息承姑杖，婉容事一生。抚子成节孝，茹苦立芳名。

安顺县节妇贺潘氏事略

采访　奚静修　　撰文　任钜源　　题诗　班蘊

节妇贺潘氏，名兰馨，安顺县人。生前清光绪辛巳年，父仲三，母罗氏。父常教以内则女闺，氏颇识字。年二十于归贺玉恒，遭家不造，夫弃儒为商，二十一岁生长子少恒，二十五岁生女宝琴。越二年生次子幼恒。二十八岁夫病殁，家计寒微，氏佣工刺绣缫丝缝纫等以助。氏翁贺俊安早年逝世，姑李氏在堂，上事姑以孝，下抚子以慈，因潘氏无嗣迎养生母罗氏。后子女渐长，少恒娶汪氏，生孙男二人，孙女三人。少恒奉母命经商日渐丰裕，氏得闻大道尝语人曰：自恨报母报姑之日短，而从子之日长也！

青岩道人题曰：

孤飞二十八，十指常操针。遗恨报姑母，尤怜方寸心。

思南县荆竹园高家垳节妇余雷氏事略

采访并撰文　王大权　　题诗　班蘊

节妇余雷氏，字修贞，父名震坤，母杨氏，思南县荆竹园高家垳人。年十七适同邑余超杰之子锡熹为室。越四年其夫病故，氏年二十一岁。生男女各一。立志守节抚孤，家虽小康，迭遭变故，而氏能耐苦勤俭自持，反政以来兵匪交加，亦未受大损失。里人咸称氏之守节最苦，事亲最孝周恤，邻里推食怜贫，故有是报。现已年登六十，而尤强健不衰，岂非得天助耶！

青岩道人题曰：

青春二十一，奉抚励冰操。好善恤贫苦，乡邻尽沐膏。

思南县塘头节妇余汪氏事略

采访并撰文　王大权　　题诗　班蘊

节妇余汪氏，思南县塘头人。少失父母，未能详其姓氏。自入余门，其舅超美已殁，夫锡金体质最弱，柴水之任力不能胜。氏因姑莫氏寡居有年，备历艰辛。创制田舍，凡事小则自作，大则雇佣，不使夫劳，能顺姑心，克敦妇道。未几，夫病故。氏年十八。幸有襁褓子以慰孀姑，不然人将多疑，议谓莫氏凛冰霜之志，守松筠之操，宜有后福，光大门庭。今其子何以早夭，不知天意，欲使姑息继美，永著清白之风，使地方人有所矜式，故特试之以此。幸汪氏性最忠朴，志极坚贞，习见姑之操守，忍饥寒，勤工作，感深伤切，不忍遐弃，故矢志抚孤求慰母意，出入作息勤苦有加，凡一切往来晋接，不敢自专，惟母命是从。至于饮食衣服，尤不敢与姑并身，居田间心明大义，以视世之尚虚文而无实际者大相径庭，故地方绅耆赠以“苦节娱亲”匾额，盖欲以励后来而旌孝节。今其子若孙承欢膝下，有识者叹其方兴未艾云。

青岩道人题曰：

伤哉十八岁，决志砺坚贞。孝姑教子成，梓里共额旌。

贵阳县节妇李曾氏事略

采访　曾焕章　　撰文　张雨村　　题诗　班蘊

节妇曾悟成，系曾正源之女，母马氏，廷松之孙女也！六七岁时，即知孝其父，送之读，喜诵《孝经》与《醒闺篇》，故善事父母，女红之余犹手不释卷，十九岁于归李道昂为室。夫系遵义县博士弟子员乃祖志荣，年已八十有一，父金台，六十有三，均鳏居。夫弟二人均婚配，妯娌尤尽妇职，惟悟成更能体老人心承欢，两代克尽孝道，且能善处妯娌，厚待子侄，次年生长子名德超。越六年乃祖八十七岁病剧，医药均不效，悟成因见家计甚贫，世系儒业无他存储，贵药尤难觅，惟效古人割股合药以进，祖病立愈，寿至九十方殁。翁亦相继而卒，丧葬悉皆尽礼。是年，氏生次子德怀，甫三龄，夫病亡。家计萧条，颇费踌躇，丧葬洽毕。自是悟成凭十指抚孤以度生活，现二子，均成名。克自树立。长子德超任独山县行政专员公署科长；次子德怀主任桐梓学务。家业渐裕，棘宇增辉，后嗣虽复炽昌，而氏仍自甘淡泊，闻道后一志修养，六十一岁精神犹康健，此皆孝节之报云。

青岩道人题曰：

承欢兼两代，孝节果堪尊。受苦获甘报，芳辉映吉门。

广顺县摆古寨节妇汤王氏凤鸣事略

采访并撰文题诗　班蕴字润石

节妇王凤鸣，广顺县属埧楼寨王济组之长女也！幼有孝行，年十九适同县摆古寨清贡士汤春霆为继室。前室人遗长女志贞、次女志一、志敬、一、三、五岁不等，氏均视若亲生。夫妇亦甚相得。甫三年生二子：长、志和；岁余，次、志铨，只生三日，春霆忽遘疾弃世。氏乃绝而复甦者，再时年二十二岁。一家孤弱，只得立意守节抚孤。格于产妇不能出户庭，适有族人前来奔丧，遂乘机将其田产契约掳去。丧葬后屡托人向族人索取不获，并言氏年青子幼，代为执掌。而节妇虽来数年，其田土块角、山林树木尚难全悉，族人暗起霸业之念。凡与彼田相连者皆霸为己有。氏欲到官诉讼，则一家呱呱，恐受暗害。惟有忍痛在家，维持听其自然，以故内忧外患纷至沓来。因之家道中落。赖有次女守贞不字，辅助勤苦，节衣缩食，竟将儿女抚成。嗣得三子志铨劳力经营，渐近小康。氏年六十四岁，得闻大道，率家人进礼，异常热忱。宅中自设佛堂，诵经玄坐未尝间断。平日乐善好施，乡党受惠者不少，今年与长孙完配。家庭正方兴未艾云。

青岩道人题曰：

忍让抚遗孤，凄凉时茹荼。苦尽甘回日，静养入仙途。

都匀县距城十余里茅潭村节妇杨屠氏事略

采访　杨品钧　　撰文　黎灿章　　题诗　班蕴

节妇杨屠氏，都匀县距城十余里之茅潭村人。笄年适同邑处士杨煊然。年二十九其夫渡江溺毙，氏欲以身殉。幸防护周不果，遂寡居。时二子俱幼，长端举甫八岁，次端品甫五岁，上有衰姑，性偏急，动辄诟詈。氏无怨容侍奉惟谨。家贫窭饔飧常不济。氏与二子多食杂粮，有时只以藜藿充饥。其奉姑必以精食，一时姑以家贫子幼恐氏难于苦守欲赘壻，以代事畜。氏闻之哀泣苦谏，事遂寝。由是日则耕耘，夜则纺绩，如是者十有余年。今二子务农家近小康，有孙六人，名成者四。

氏年已七十四，勤俭如故，犹日操女红焉！

青岩道人题曰：

悲泣辞赘婿，事畜赖绩耕。节孝苦出头，兰孙四荣贵。

平越县南区鸡场节妇张杨氏事略

采访　王开鼎　　撰文　许 坤　　题诗　班蘷

节妇张杨氏，平越县南区鸡场人。适同郡张维藩为室。于归后维藩即入泮为郡庠生。未几维藩病殁。遗一子，名仕元，年最幼，时氏年二十三岁。葬夫后家徒壁立，几不欲生。转念张氏一家仰事俯畜，舍氏而外，责无旁贷，若身随殉，谁顶夫职以事亲，谁抚孤儿以成人？于是自悲自解，饮泣吞声，矢志不二，谋算生活不遗余力。今竟家臻小康，翁姑得其安然。子已抚长成人，足见上天之报施不负苦心人也！

青岩道人题曰：

壁立无生活，殉夫事不难。白发暨黄口，未亡更心酸。

安顺县北门外川甲寨节妇项张氏事略

采访　李玉考　黄孔菜　　撰文　任巨源　　题诗　班蘷

节妇项张氏，生于前清乙亥年，系安顺北门外川甲寨张锡朋之女。岁于母逝，继母抚成。于辛卯年，氏年十六于归猫猫洞项荣富为室。夫家甚寒，翁恒负贩于外，其姑双目失明。氏常以舌代舐其目。姑有幼子松亭，年甫三岁，氏亦代姑抚育。至癸巳年，氏生长子云安，岁余劝夫赴绥阳等处经营斗笠，生理两年，家资渐裕。不料至乙未二月，夫卒于开州旅舍。时氏年二十。闻耗屡欲身殉，姑泣劝曰：“亡儿不幸中道夭殂，汝翁复远在南宁，千斤重担全系于汝，况遗腹未生，若执硁硁之见，项氏一家何堪设想？”氏不得已，债人将夫柩运回附葬祖茔之原。人有虑其青年难守，欲劝改适，氏指天以誓：勤苦自甘！是年七月复生次子仲安。翁亦返梓，自是人口繁多，增加日用。氏日则督率夫弟幼子治理农商，夜则闭户纺绩。数年翁姑相继谢世。氏哀毁骨立，尽力治丧。幼弟年长复为之娶。妇娣姒之间，爱同骨肉。凡有所事相商办理。子既长复命随叔经商，以故商务日益发达，松亭常语人曰：吾项氏之得以中兴者，皆吾嫂之力有以致之也！氏今年逾花甲，精神尚健，有孙男九、孙女四，曾孙二，一堂雍睦，人皆称扬苦节之报云。

青岩道人题曰：

张氏年二十，良人逝遐方。双亲孤儿念，延项有余香。

玉屏县学堂坪节孝妇廖马氏事略

采访　汪世臣　　撰文　汪廷秀　　题诗　班蕴

节孝妇马丹桂者，玉屏县学堂坪廖大全之妻也！幼遵母训，于归后，侍奉翁姑及祖翁姑，均能得其欢心。相夫以敬，处妯娌以和。年二十八夫病殁，痛不欲生。因思上有重帏，上缺堙嗣，侍奉无人，乃节哀顺变，料理葬具，抱子承祀。由是勤俭自持，事事谨慎。姑病，衣不解带，目不交睫二十余日。姑卒，哀毁骨立。几不欲生。壬戌年有巨匪招安队长郭某驻防该寨，托人媒说欲娶之，丹桂谢曰："身可死，志不可夺。倘有变，床头有刀可自全节。"某闻之事遂寝。迨丁卯年，得闻大道。家中设佛堂，每日邀约妯娌诵经静坐。现年五十一岁，族戚咸称节孝云。

青岩道人题曰：

上忆重帏养，下怀乏嗣哀。抱子守烈节，灾退福必来。

麻江县下司镇节妇张潘氏事略

采访　罗儒君　　撰文　饶克鉷　　题诗　班蕴

节妇张潘氏，名招弟，麻江县下司镇人。胞兄弟绍仪、绍清。氏年十七岁于归于张荣仁为室，十九岁生一女。至二十四岁其夫荣仁遂永诀。独抚孤女，家无蓄积，困苦勤劳晏如也！今周花甲，无欲无为若潘氏者，可谓知命者也！

青岩道人题曰：

抚女为职责，古井静无波。无欲而知命，节尽喜如何。

榕江县寨蒿商店节妇禹欧阳氏事略

采访　陈本熙　　撰文　张炳炎　　题诗　班蕴

节妇禹欧阳氏，名秀英，原籍湖南湘乡县欧阳裕轩之长女。适禹国兴为妻。母家贫，从幼过门为童养媳，迨成婚后，国兴出外营生，任榕江县属寨蒿商店司事数年不归，惟氏在家操持奉事翁姑，毫无怨言。至翁姑殁后，氏迁来寨蒿同夫住。力谋经商，别开店面。夫妇和好，早夜辛勤。甫数年夫国兴病没，氏年二十六岁。二女幼弱，家业萧条。不能营葬，又欠外债百余金。氏睹斯状，几欲以身殉。得亲友从旁劝解并为借赀安葬后二月，遗腹生一男。氏以宗祧可承，力劝抚育。未几迁回，寄食母家。住黎平县顺寨开客店，并卖酒米。氏同经理饲养牲畜，衣食得以无缺。今子长成，娶媳已见孙焉！

青岩道人题曰：

遗腹子及孙，守节兼守贫。回想当年事，辛苦不堪闻。

江口县漏旗人节妇曾陈氏事略

采访　孙国生　　撰文　严昌照　　题诗　班蘧

节妇姓陈，字小春，江口县漏旗人。性端正，家贫甚。自幼许曾氏。年八岁父母双亡。未过门翁姑俱亡。夫家仅有一祖姑，一妹，一弟。九岁为曾氏童养媳。事祖姑极孝，年十五，祖姑弃世后方完配。逾年生一子。夫以贫故出外营谋，时家中仅有油菜籽、麦子各数升，别无长物。节妇见饔飧难继，日将小孩交妹同弟看护，自行采樵，并挑菜出卖，夜习女工，藉度一家生活。次年将妹放人，夫在外六年音信全无。小儿忽夭折，节妇哀痛欲绝。众劝之伤心诉曰："奴命浅薄，丈夫出外未知死活，儿子夭亡，香禋无着，不知以后如何了局。"时族中有叔翁贫且贪，乘机说妇年青恐难安其室，逼改嫁图卖房。节妇知其意，尤坚守。未几其夫归而逼嫁，卖房之事遂寝伦乐。靡久，夫又因公外出亡故。节妇矢志冰霜从一而终。夫弟亦亡，弟妇无出。两房无人，乃为弟妇向族中同班者择子抱之，一面佣工度日，一面顶敬香烟，祭扫坟墓。殊入室未久，抱子又亡。节妇于癸亥年得闻大道，勤修无懈。对于善堂，舍财舍力，以身许佛，誓以毕生朝夕焚香经工不断，现年四十有九，夫嗣未立，正在筹选贤良云。

青岩道人题曰：

女红兼采樵，度日真艰苦。挫折不改嫁，漏天还可补。

平越县城内节妇刘王氏事略

采访并撰文　刘葆如　　题诗　班璭

节妇刘王氏，父树德，母刘氏。适平越县城内刘荫忠之子刘发空为室。生子名芝善，甫二岁夫病没。时妇年二十岁，家赤贫，清苦异常，惟凭十指度生活，复值年岁凶荒，朝不谋夕，氏虽枵腹针黹，志同金石，终不改节，竟至抚孤成立，居然建筑新房大街居住。节妇年已五十，健强自若。

青岩道人题曰：

念岁孤儿幼，冰操苦倍加。凶荒凭十指，愿遂享荣华。

思南县城节妇张邓氏事略

采访　邓次平　　撰文　欧阳明　　题诗　班璭

节妇邓凤之，思南县城人增生邓海平之次女。生于丁丑年，现年六十。母傅氏，知书礼善阃教。氏时学习颇能领悟。年二十于归河东穴洛溪张秉坤之子香廷为室。次年生一女，名松贞，三年又生一女，名全贞。夫习儒业，嗜诗书，用功猛。患病终时，节妇二十三岁。服毒欲死。翁姑急救幸免。随以大义苦劝曰："吾惟一子，不幸亡故，痛心万分，汝再一死，我二老何依？二女孙何人抚育？节耶！孝耶！"又加翁之胞兄秉煊并老幼姊妹等时苦劝解，伯翁又面对亲朋许以伊子方堃生子承继，氏不能不忍痛偷生柏舟，矢志苦操家政，日夜勤劳，上奉翁姑，下抚二女。因无嗣劝翁娶妾，未生；旋翁又娶一妾，乃生一子。节妇喜曰："今日生弟幸不乏嗣！"其时翁胞兄长子方堃已添长次二孙，翁姑又忆伯翁前言，随将方堃次男名经汝继承于节妇抚育，并无懈怠。十余年后始将长女于归熊门。次年姑病故，遵礼守丧。越三年又将次女于归孙门。历年以来，天灾兵祸，时闻战懼，上奉老翁，下教继男。今幸继男成立，已婚配杨姓之女。节妇年登花甲，而精神尚健，尤能上奉下教，毫无怠志。其节操之坚，将来必膺善果也！

青岩道人题曰：

服毒因急救，许祧以安心。未亡人难作，青云感恨深。

思南县城节妇张李氏事略

采访并撰文　李国琦　　题诗　班麐

节妇李玉福，思南县城吏员李逢春之长女。年十八适张献议为室。翁名健传，姑氏熊。家世贫，妇性贞静，夫嗜诗书，朝夕不辍，用功过猛，得疾终时，氏年二十八。先产二子夭。夫殁数月，遗腹生子名珍奇，以继书香，昼夜勤劳，全凭纺绩针黹养亲抚子度日，十余年如一日，姑殁竭力安葬，尽其哀礼。翁卒同然。教子严厉。秉性刚直，不苟言笑。送子入校肄业有成，即与婚配。节妇尝谓子曰：男儿志在四方。故珍奇遂入伍膺上赏职步升校职，随任正大营知事，洵有政声，所得薄俸悉以养亲。今家裕，闻道久，信善笃。现年六十八，精神强健，子荣贵，孙众多，一家雍睦，咸称孝节之报云。

青岩道人题曰：

念八竟孤栖，遗腹有珍奇。奉抚兼辛苦，甘回富贵宜。

安顺县城北门外孙家庄节妇邓甘氏事略

采访　吴光奎　　撰文　王德煊　　题诗　班麐

节妇邓甘氏，父赴殿，母何氏，住安顺县城北门外孙家庄人氏。年十八归邓门，夫名小三，生三子。年二十八岁夫故。家素贫寒，氏颇知大义，即矢志守节，纺绩度日。姑早逝，只翁在堂。氏克尽妇道，虽无甘旨不贻翁，忧殁则多方告贷，葬丧以礼，代尽夫职。抚三子成人，相继完婚，各理职业。现年五十一岁，犹勤俭如初，人咸称焉。

青岩道人题曰：

养翁兼抚子，纺绩度饥寒。独惜未亡人，念八即分鸾。

麻江县西区五寨节妇杨彭氏事略

采访　彭得仁　　撰文　饶克鉷　　题诗　班麐

节妇杨彭氏，麻江县西区五寨人。父名母氏未详。年十九适同邑虎场杨润春为室。抱衾甫五月，润春病殁。时翁姑俱年迈，且有幼弟弱妹各三人。氏既无出，而家道极萧条，乃能矢志柏舟，营谋奉养兼抚弟妹。越四年，姑病殁服阕，翁又继逝。

氏力谋丧葬。诸弟妹成立各为婚配，三十年来翁姑既安窀穸，弟妹亦各得所，氏之心血耗尽矣！

青岩道人题曰：

十九未亡人，翁姑弟妹因。老少完全责，苦节应超伦。

榕江县八开孝节妇陈林氏事略

采访　杨绣章　　撰文　刘在潆　　题诗　班蕴

节妇陈林氏，名玉珍。榕江县属八开人前土司林秀昌第三女也。十九岁于归同邑陈贻珍为妻。贻珍病故，只遗二女。时氏年二十三岁，立志守节，抚族侄谟铨为嗣。侍奉翁姑，善待小叔，均无间言。现年五十八岁，守节三十五年。

青岩道人题曰：

夫遗仅二女，续嗣接香烟。孝亲兼抚弟，艰辛卅五年。

黄平县城孝妇罗陈氏事略

采访　邱光岳　　撰文　韩雨田　　题诗　班蕴

孝妇罗陈氏，名招元，黄平县城里人父陈德胜女。年二十适同城罗某为室，过门未久，夫即远出，闻已另娶。氏乃寒衾空枕，独守孤灯，屡信请夫不返，亦不答复，上抚翁姑可事，下无儿女可抚，茕茕孑立，形影相吊。因思家有生身父母，年高乏嗣，家又清贫堪嗟寂寞，遂归依父母，以报劬劳。于是勤劳十指以度生活，愿终生以侍奉父母。现年六十有三，父母俱存，俨然如一孝子焉！

青岩道人题曰：

良人确外娶，目断黯销魂。十指资针巧，归宁藉报恩。

郎岱县孝妇张姜氏事略

采访　米天森　　撰文　朱锡章　　题诗　班蕴

孝妇张姜氏，年四十一，郎岱县人。归夫张肇彬，生一女。氏生母早逝，小接过门，夫恶彼貌陋，因而不睦。姜毫无所怨，且事祖及翁姑咸得其欢心，继而夫纳妾，亦不为阻。辛酉夫病侍汤药两月终无倦意，夫甚德之回忆往日，已悔无及矣！夫殁后妾解嫁，祖与姑又逝，家务无巨细，翁悉委之。翁之晚年饮食起居卒以承欢无虞者，氏之力也！梓里咸称其孝云。

青岩道人题曰：

貌陋居心正，重堂孝更殷。病夫追悔晚，乏嗣罪于君。

麻江县节妇熊刘氏事略

采访 周泽林　　撰文 饶克鉷　　题诗 班蕴

节妇熊刘氏，麻江县处士刘启孝之女，适同邑熊应科之子国文为室。于归后伉俪情笃，相敬如宾。民国甲寅年夏四月，其夫病故。遗子女各一。女仅八岁，子则亮仅二岁，时氏年二十九岁，悲恸欲绝。重念上有高年老翁无人奉事，下有子女俱幼无人抚养，徒死何益？乃抑痛勉理夫丧毕，遂立志苦守，竭力经营撑持门户，竟至抚女成人，适名门凌宪昭子则亮毕业于贵州省立中学，节妇现已年届五旬，玉洁冰清，操持过人，洵足为乡邻之敬仰云。

青岩道人题曰：

老翁谁为事，子女更堪凄。抑悲躭奉抚，孝节两名齐。

铜仁县城东节妇刘罗氏事略

采访 龙三　　撰文 罗宗德　　题诗 班蕴

节妇刘罗氏，铜仁县城东罗有缘之女，年二十一岁适铜城旅部刘华斋为室。女素勤俭异常，不苟言笑，裙布荆钗中馈清洁，井井有条，颇得堂上姑嫜欢心。越八年夫遽殒，膝下乏嗣。幸遗一女，母女相依为命，守夫遗蓄。左提右挈始免饥寒。讵料祸不单临，于民国二年白昼，被盗席卷一空，尔时四壁萧条，寸丝典尽，始设一小摊，藉延残喘而阨穷，谁知五更悲惨，血泪几枯更惨者，迭遭兵燹之变，荒歉之秋饔飧乏给，度日如年，几欲自绝。诚恐名之不白，回思祖辈蓬氏婆暨聂婆一生节烈于东门外大路中立有牌坊可鉴，千古传名。敢岂一旦轻身，所以历尽甘苦，心无退志，惟叨戚邻，慨然悯恤孤穷，常给升合之水，以甦涸辙之鱼，凶荒逃脱，精神尚健，现已年晋古稀云。

青岩道人题曰：

不因穷苦极，安能节比松。媲美两祖母，芳名千古崇。

安顺县节妇赵唐氏事略

采访　王华云　　撰文　王德煊　　题诗　班蕴

节妇赵唐氏，名秀声，安顺县人。生清甲申年。父唐虞臣，清文庠，善教读。故氏粗识文字，深明大义。母马氏逝世，氏颇悲伤。二十岁归赵门配夫锦城，生子女三人均不育。至二十四岁，生一子名庆裕，甫九月夫病故。氏遂矢志守节抚孤，不数年，家道中落。氏夫兄弟即分居各爨，留氏与翁姑同居。翁赵荣九，姑刘氏，素知氏有孝德，亦颇赞成。氏奉翁姑，朝夕不懈，得老人欢。现氏翁已逝三载，姑至今寿九十余无疾而终。夫二兄因早故，二嫂不贤，遗子女三人无所依，亦赖氏为抚育。直至男婚女嫁，皆勉力负担，毫无厌意。氏之能力贤孝，恐男子亦不能及。氏子庆裕，曾于十二岁送铺学徒，今已完婚，生男女各一。氏已闻道十余年，住本城蒋衙街，今已五十三岁，犹勤俭如昔。

青岩道人题曰：

奉亲能善慰，教子可谋生。更抚侄男女，婚嫁竟完成。

省溪县田塽坪节妇马龙氏事略

采访并撰文　马兴业　　题诗　班蕴

节妇马龙氏，省溪县田塽坪人。性刚烈，明大义，言笑不苟，幼年许字马之珌之子泽书。书以幼年多病，病至人痴貌寝。家更清贫，年二十于归之际，父母恐节妇不愿，自寻短计。出阁号泣时，其父嘱曰：“汝去马家如有不测，吾愿死于塘湾河内。”节妇谨凛父嘱，不惟毫无怨言，而且敬夫备至，常为之理发修容、穿衣戴帽，五载而夫云亡。吞声饮泣，痛不欲生。屡欲自缢。家人守之未得遂。翁姑泣而劝曰：“媳如同死，吾辈靠何人？与其一死无益，不如生而节孝两全。”于是敬听翁姑言，抱族侄儒林承祧，藉绵嗣续。居恒缝纫纺织，每至午夜不休。有所得先奉翁姑，次及继子，己身鹑衣百结不顾也！人有劝其改醮者，则却之曰：“前夫愚昧尚不获长命焉！敢再有他志！惟茹苦含辛，听天安命而已！”凡族有诟谇得节妇劝释即解，如小儿喧哗，见节妇至立即声息。光绪间，有劝捐功名之省委委员扣留其翁，节妇拼命辩理，愿以身代委员将翁释放。宣统三年，长孙被族中牵连，节妇先呈理由，后则拼命抵当，孙亦得免非罪。平生损己待人，勤苦四十余年，家赀始得稍裕。见贫困者必怜悯周济之。最信佛，常请人念经，又捐田六石于观音山庵上。姑年七十有八，翁年九十有四，先后辞世。节妇尽礼尽哀。每年清明日必至墓跪祭而泣。享寿八十有四。吃素一年，于民国十年十月十三日与客言笑之余，无疾而终。伊族侄孙龙椿，系前清附生。民国时署广东万宁县，于哀奠时曾以苦节勒于石曰："孺人龙氏，秉性端庄；青年失偶，节励冰霜；奉翁抚继，孝慈异常；门祚衰微，独立担当；居恒勤俭，家赖小康；后臻稍有，人亦寝昌；兰孙挺秀，秉承义方；青衿食饩，望重一乡；名闻天府，优予褒扬；旌表门第，彤管流芳；猗与休哉，姓字馨香；孺人之风，山高水长。"

青岩道人题曰：

嫁痴遵父训，免殉听翁宣。翁孙终赖护，苦节有石传。

榕江县八开节妇张林氏事略

采访　刘在潆　　撰　杨绣章　　题诗　班璽

节妇张林氏，名玉莲。榕江县八开土司林秀昌之第四女、张国珍之妻。十八岁于归张姓，生一女。光绪三十二年夫病殁。氏年二十六岁，矢志守节。上事翁姑，下抚女儿，家贫屡空晏如也！虽有夫兄国淮毫无顾盼。惟赖女工度日，劳苦万状，现年五十六岁。

青岩道人题曰：

孀居年念六，矢志奉翁姑。抚女勤针黹，艰辛似茹荼。

黄平县城内东衙街贞女张莲贞事略

采访　邱光岳　　撰文　韩雨田　　题诗　班璽

贞女张莲贞，黄平县城内东衙街人。其家世为县城巨富。父安邦，监生，初娶周氏，生一女，周氏卒。继娶何氏，生贞女弟妹五人。女年十二，值螃海苗匪杨阿歪反，随父母四方逃避。至次年四月，生母何氏卒。又次年生父卒。三年即遭三变，时遗妹年十三，并弟三人：长弟十一岁，次弟七岁，三弟岁余。自父死后即以抚育弟妹等为己任，与其叔兴邦、婶刘氏同居，抚待极虐。是年七月，叔婶逼令率其弟妹等另居。因是家更多困。弟小妹弱愈无依归。至腊月，贞女毅然立志茹素，矢誓守贞，昼夜竭力针黹，营谋生活，责无他贷。癸卯岁，妹年十六，为筹出阁妆奁，继为长弟定祥娶妇黄氏，未几弟殁。黄氏守三年再醮，是年七月又为二弟定臣聘胡氏，生子女各一。胡因产难死，定臣亦继亡。贞女又为抚侄男、侄女成人而完婚配焉！行年五十六，守贞四十载，历办婚丧嫁娶安葬等事十次，艰苦备至，从无怨容。

青岩道人题曰：

流离遭屡变，叔婶更无良。立志全贞老，卌年苦更香。

思南县土溪贞女阮双莲事略

采访并撰　邓宪昌　　题诗　班瘫

贞女阮双莲，思南县土溪人，生性淑贤。清同治间贼乱，贞女年十三岁随父母及弟辉文避难龙泉县，愈年父母俱亡于龙。姊弟二人孤弱无依，自龙至土溪，计程八十一里，隘卡紧严，遂绕道乞食回家，见田土被贼首估占，房屋被贼众烧毁，双莲即结茅绹为屋，以佣工针黹度活，比及肃清重理田业，再修房舍，誓志不嫁。送弟辉文读书完婚，由乱及治，自幼而老，凡事井井有条，性情贞静，家中储备不缺。尤好施济慈惠，淑德传播乡间无间言。现已享年八十有八矣！

青岩道人题曰：

避乱乞食归，结茅勉为屋。扶弟振门楣，好施性尤淑。

松桃县城东街贞女乐桂英事略

采访　严光文　　撰文　张朝俊　　题诗　班瘫

贞女乐桂英，世住松桃县城之东街。年未收笄，父昌林去世。遗母曾氏在堂，有弟节之从戎于外，年久未归。侍奉无人，兼之母素多病，终日床头呻吟不绝。英女无奈，只得竭力扶持，勤事女红，以济日用。且矢志不字，愿替乃弟节之尽供养之职责。于是昼则纺绩，夜则侍母，倦则假寐，如是者历有年矣！今英年四十四岁，曾虽长逝，节之亦归，支持有人，而英志靡慝，静处深闺，戚族亦不常见，远近人士无不钦佩其贞孝。

青岩道人题曰：

父逝母多病，坚贞勉力支。弟归亲弃养，古井无波时。

思南县沿河司贞女罗碧莲事略

采访　孙永芳　　撰文　欧阳明　　题诗　班蘊

贞女罗碧莲，思南县延河司人。现年六十一岁，父成发，母氏张。贞女居第三。父业银艺，母有闺训，女故敏而好学，常读女四书及贞烈传。性近佛好善茹素。因无兄弟，矢不字人。自愿奉父母终身，历十一年定省承欢如一日，至父母年力就衰，相继云亡。丧葬尽礼后无所依归。闻姑母袁罗氏年老无子，须人侍奉，即来思县相依姑母。而姑母年高，服劳惟谨。殁年八十四岁，哀痛丧葬如父母然。贞女自沿至思，举止端庄，不轻出外，不苟言笑，惟信佛茹素，好善乐施，年逾花甲，而精神尚健，咸谓贞操之所致耳！

青岩道人题曰：

不忍离双老，膝前只一人。承欢终老毕，决心事姑身。

思南县水田沟贞女何四妹事略

采访并撰文　邓稚丞　　题诗　班蘊

贞女何四妹，思南县水田沟人何维城之四女。幼字王门，长未婚，而王员义他出客于铜仁，停妻另娶杨氏。四妹闻之泣曰："汝既负义弃我，而我终不失礼贻笑于世。"于是坚贞自守，誓不出嫁。心硬如铁，无敢犯者。在家勤俭，日以事父母。针黹为事，并代父母抚其幼弟等，劳苦不辞，家人和顺，孝友一堂，佥称贞劲。现年七十有五，人多尊重焉！

青岩道人题曰：

许字夫别娶，仗义守贞操。承欢抚幼弟，孝友享年高。

榕江县贞女练玉清事略

采访　刘在潆　　撰文　杨绣章　　题诗　班蘊

贞女练玉清，榕江县练经纶之女也！生清同治十一年，自幼持斋，守贞不字。天性孝友，曾于母病割乳，父病割股，皆得救愈。父享年九十余而终，贞女对于兄嫂甚形和睦，视侄男女如已出，以至臧获无间言。壬戌年得闻大道，勤修晋级，捐赀建筑佛堂，布置周密，不遗余力。年至五十八岁无疾而终。

青岩道人题曰：

繁华不介意，贞孝特钟情。愈亲割乳股，奉佛献肫诚。

玉屏县东三区贞女杨素英事略

采访　汪世臣　　撰文　汪廷秀　　题诗　班蕴

贞女杨素英，玉屏县东三区人恩职焕臣之季女。幼时读书，天资灵敏，颇悉内则。及长入道，坐功惟勤，喜朴素，恶艳妆。辅助兄嫂侍奉双亲，克慎克勤，人言无间。年方及笄，屡经邻境富贵求婚，父兄欲许。素英自行请曰：“情愿修道，不愿字人。设遇不信道之家误我先天大事悔将何及？”父兄不以其言为然，责以不合人道，然素英屡托本堂乾坤恩众代请父兄于佛前盟誓，自愿修道守贞，一心不二，历十一年目不斜视，言不妄出，谨遵规诫，夙夜惟寅，邀集坤道诵经坐功无怠，厥志操守有恒，内体进步，感动乡邻，同来办道，共乐和亲，年逾三十已领坤恩，择人开示，敬慎其事，乡人所钦仰焉！

青岩道人题曰：

双修有明训，贞守废人伦。既经承法船，后效见前因。

都匀县城外羊场街贞女高全贞事略

采访并撰文　黎灿章　　题诗　班蕴

贞女高全贞，都匀县城外羊场街人。父筱科，母杨氏。初居近城里许之马路哨。全贞甫周岁父卒母寡。贫苦抚其弟兄姊妹五人，务农为业。全贞年十一许同里田氏子。因田氏子遭不幸故。以为此女命犯八败，自愿退婚。全贞闻之，私入近邻之《水浒庙》中焚香祷告，自愿守贞全孝。长斋，奉佛誓无退悔，复夜梦入对神发愿处神告之曰：“高女汝名第二？”全贞应之曰：“诺醒时掌中若有字不能认识，移时若莲花再现乃灭。”是时全贞年及笄，田氏复追悔逼婚，全贞以誓不可违，不从，即趋近城之羊场街节孝祠投拜贞姑胡金莲为师，师知其大器故磨之十五年无怨悔，师示寂，胡族无赖强居节孝祠，全贞乃出其女红所余，另建佛祠三间，以为修贞之所恒以居。积之赀买肉奉母。为母置衾褥软椅等物，无不备至，母死。哀痛愈恒为修五日斋。其父葬地不佳，并为之另卜牛眠。举凡所行等事，无不仰赖十指，且常兼日而食，数日不举火，忍饥积粟，以济贫苦亲邻，尤为人所难能。现年五十八，恍若三十许人。其内养之有方，亦可知亦！

青岩道人题曰：

羞嫌八败命，顾名愿全贞。悔逼寻师避，心坚道可成。

思南县城贞女杜秀英事略

采访 邓宪昌　　撰文 孙善伯　　题诗 班蕴

贞烈女杜秀英者，思南县城清贡生杜嘉会之女、进士杜宝善之妹。幼承庭训，天资敏慧。凡四子百家书，孝经《列女传》，不惟均能记诵，且精义烂熟胸中。许同郡进士唐元恺为室。未赋桃夭，女年十八值致和团匪倡乱，父商女曰：“贼若来，汝弱质不能逃，可先期置汝于戚家。”女潸然曰：“堂上衰老，只身寄托他人处，于礼未当。与其失礼而生，不若守礼以死。”是年腊月五日，贼突陷城。仓卒逃命，及父子过河，独女不见，以为素行激烈必不苟免。数日贼退归视，果缢于后园林下，神色不变，宛然如生。此非读诗书明大义不能如斯。

青岩道人题曰：

逢危难避险，亲老不丢心。城陷无别法，全贞缢园林。

黄平县城内贞女王贞祥事略

采访 邱光岳　　撰文 魏芳华　　题诗 班蕴

黄平县城内王德清之女名贞祥，父死三月遗腹生。母氏沈，再醮于涂姓。涂因遭田园之变，沈氏被拘在狱。贞女思母恩难忘，恨无先谏智力。惟立志茹素，念佛为母忏罪消冤祈祷默佑。更名曰：“王昌祥后母竟脱法网。”今贞女年已七十有九，朝夕焚香，忏悔勿辍，精神不衰。

青岩道人题曰：

视听时愆谏，立志惟守贞。母罪藉佛脱，孝感确真诚。

班蹇·字润石作七律诗结束篇

斯录既成，于孝、节、贞、烈四者各为七律二首，藉志钦仰。非敢云表彰也！班蹇谨题

（一）咏孝

视听形声审有无，承颜养志费工夫。起居冷暖先留意，饮食渴饥早备需。
每使欢欣常自得，时遵教训记良谟。旨甘日奉怜亲老。孝本天生岂让乌。
家贫怎敢弃亲尊，尚忆呱呱襁抱恩。纵乏鲜肥供体腹，尤能孺慕侍饔飧。
承欢但得衷肠慰，御冷忧无被毯温。自古流芳遗世范，曾多大孝出寒门。

（二）咏节

松筠节劲久持操，历尽冰霜品自高。志矢靡他怜长辈，心如有系忆儿曹。
身有世畜甘勤苦，手弄针刀不计劳。愿了向平安抚遂，芬扬管彤姓名褒。
妇寡儿孤不忍离，柏舟比节自相期。生机屡困频劳苦，志向偏贞未改移。
淡泊甘如钟郝法，声名愿共孟陶垂。青年早把繁华卸，幸赖而今有美嬉。

（三）咏贞

深闺静守事寻常，律字终身自主张。老迈贫亲谁敬奉，酸辛弱息敢荒凉。
坚贞愿伴晨昏寂，立志欲修岁月长。孝义肫诚堪仰慕，况兼劳苦养高堂。
媒证亲恩许字郎，笄年永诀暗神伤。人前未敢轻弹泪，枕畔都教痛断肠。
命薄岂能重问鼎，贞坚谁肯再催妆。细推伦理一心志，愿把终身独自行。

（四）咏烈

漫说微躯不自珍，须知取义与成仁。全贞竟把纲常立，尽节端从礼教遵。
有激何难凭一死，含情愤厌再为人。泰山拟比堪推重，足见声名似命真。
未曾比翼已分飞，暗向深闺泪自挥。岂信三生真有约，何期半路竟乖违。
人伦务要崇贞节，女教谁堪越范围。愿向泉台明素志，长留正气播芳徽。

青岩道人班润石题

民国二十五年丙子仲冬月

战时儿童保育会与贵州分会和青岩保育篇

（1938 年 3 月 10 日—1944 年 12 月初）

1938 年 3 月 10 日，战时儿童保育会在武汉圣罗以女中成立，安娥是常务理事之一，在汉口保育院，安娥是抢救难童宣传队领队，在《战时难童保育》刊物上发表了《抢救孩子去！》的文章，号召人们到前线去抢救战争灾难儿童；《忆轰炸中的抢救》，则是八年后纪念写的回忆文章，突出妇女青年们抢救儿童的艰辛。1938 年 5 月 22 日，贵州保育分会在贵阳南明堂省党部成立，组成了理事会，保志宁任理事长，杨凤珍任副理事长；保志宁在《贵州日报》上发表了《谨为难童请命》的文章，号召人们参与保育儿童。贵州分会决定成立五个保育院保育儿童，组成接送大队到各地接收儿童。香港在陷落前武汉保育会组织难童大转移，难童们辗转来到桂林、桐梓保育院，桐梓保育院为总会直属第十院。1938 年冬天，香港、桂林等多个保育院和贵阳难民收容所等 1000 多名难童相继来到贵州，分五院进行保育。200 多名儿童来到青岩万寿宫、赵公专祠，组成贵州第一（青岩）战时儿童保育院，即青岩保育院，后转龙泉寺。1939 年初，赖永初先生个人在花溪杨柳塘创办了“赖永初教养院”。1942 年，陈逸云任贵州分会理事长，实行并院，男生转桐梓三座寺，青岩合并为贵州女子保育院。据《难童》杂志载：振济委教导队调查统计，从 1938 年 6 月至 1939 年底，全国 13 个分会 53 所保育院和中国战时儿童救济协会、中华慈幼协会等组织，抢救保育战区难童人数达 33 666 人，抗战 14 年，保育儿童大大超过以上数据。至 1944 年 12 月初，日军入侵独山前夜，贵州青岩女子保育院由延安来的女八路、保育总会理事、最后一任院长朱涵珠率全院徒步撤离青岩至桐梓三座寺，后又到四川水土沱。陶行知教育思想贯穿青岩儿童保育院教育始终。青岩保育院的难童们在青岩接受正规教育和生活近七年，有七任院长，她们是：杨寿珣、陈维坤、王逸秋、黄院长、赵仲玉、李坚白、朱涵珠，保育员有姜张春芳等。青岩保育院在青岩期间，发生了一些鲜为人知的事。青岩保育院的保育生，许多人后来成为建设新中国的栋梁之材。

保育会与贵州分会和青岩的保育工作

抗日战争爆发后，日军长驱直入，大片国土沦陷，中华民族到了亡国的危急关头。为了拯救中华民族，前方将士与日寇展开了一场殊死的搏斗，后方民众掀起了抗日救亡运动的高潮。各种抗日团体相继诞生，出现了广大热血青年纷纷奔赴抗日前线的热烈场面。为了国家和民族的利益，妇女们也不甘示弱，她们在武汉圣罗以女子中学组织成立了“中国妇女慰劳自卫抗战将士总会之战时儿童保育会”。又相继成立了“中国战时儿童救济协会”“中华慈幼协会”等以中国各界妇女为主的抢救和教育战争灾难儿童的团体，这些组织在全国建立了上百个儿童保育院、教养院和育幼院等保育机构，在战区与日寇针锋相对地展开了一场轰轰烈烈的、你死我活的争夺战灾儿童的斗争。三大机构从1938年3月到1946年共8年时间，抢救、转移、保育战区难童达4万多人。

在抢救和保育儿童规模最大和最富有成效的，是中国妇女慰劳自卫抗战将士总会之战时儿童保育会。该会在全国成立了10多个分会53所保育院，8年共抢救和保育难童2万多人和指导着其他儿童协会的保育工作。邓颖超曾经指示原全国妇联书记处书记郭建要尽快抢救挖掘这一历史史实。为了弘扬中国妇女文化，学习中国妇女先辈的奉献精神。在纪念建党81周年和纪念贵州战时儿童保育分会成立64周年之际，我们对难童保育史和档案文献史料及相关书籍进行研究，重温战时难童保育史，有着重要的历史意义和现实意义。

一、贵州战时儿童保育分会的建立及其工作

1938 年 5 月 22 日，贵州妇女及各界人士在贵阳南明堂省党部大礼堂[1]成立了“中国妇女慰劳自卫抗战将士总会战时儿童保育会贵州分会”。由李德全等 50 名理事组成理事会，大夏大学校长王伯群的夫人保志宁任理事长，杨凤珍为副理事长。先后有以下各界人士担任分会理事：李新之、薛岳夫人、陈明仙、王征莹、何辑五、刘剑魂、任濑芳、张志韩、李宗恩、欧元怀、范日新、卢晴川、吴榆珍、陈贤珍、陆美亚、赵一琴、王濑芳、吴陈适云、周诒春、李大光、俞曙芳、姚颖、钮建霞、陆德音、冯李德全、廖温音、翟枕流、姚吟舫、俞俊珠、彭华锯、何王文湘等。大会通过了保育分会会章。保育会决定在贵阳青岩、定番(惠水)、遵义、清镇、安顺五处建立保育院，收养保育 500 名难童，后来增加到 1000 名。（清镇、安顺未设，改为遵义桃溪和团溪）保育会派徐镜平到桐梓建立直属第十保育院，后为贵州男子保育院，青岩为贵州女子保育院。

1942 年 1 月以后，贵州分会由省主席吴鼎昌的夫人陈适云担任理事长。杨寿珣、王逸秋、陈维坤、黄某某、赵仲玉、李坚白、朱涵珠、李新之、王恒良、冯明远、卢松泉、雷静畹、彭述信、徐镜平等人先后担任上述五所保育院院长。除第三保育院和桐梓保育院的经费由盐务局和总会直属外，其余三个院由总会和贵州分会负责。后来总会直属桐梓保育院与三个保育院的男保育生并院，划入贵州分会管理，青岩则成为贵州女子保育院。贵州五个保育院和育幼院、儿童教养院八年共保育了 3000 多名难童，贵州妇女和民众为教育保护难童做出了贡献。

贵州第一战时儿童保育院，即青岩保育院，后改为贵州女子保育院。先后保育儿童达六七百人，是贵州保育战区难童最多的保育院。青岩保育院采用陶行知“生活即教育，教育即生活”的教育思想，教育培养的难童，很多人后来成为新中国的建设人才。如剧作家洪琛的两个女儿洪铜和洪钢，还有在北京的艾蒂和侯意坚、龚国元教授、历史副教授姜醒华、姜醒国老师、叶瑾慧、龚国珍、龚国杰、余正勋、李倩霞、孙月华、雷林珠、李宇庄、徐继英、陈汉生、黄安凤、黄泽群、黄淑桢、聂祖智、易俊桃等。

[1] 本文公开发表时误为“贵阳大井坎 26 号成立”，纠正为“贵阳南明堂省党部成立”。

二、战时儿童保育会和战时难童“保教合一”教育思想是怎样形成的

战时难童的起缘。战时难童，就是指因遭受战争灾难失去父母、无依无靠、无家可归、流落街头的儿童。“七七”事变后，全国民众积极投入对日作战，由于国军作战不力，节节败退，导致大片国土沦陷，战区不断扩大，从上海先后蔓延到南京、郑州、徐州、开封、许昌、台儿庄等地。侵略者每到一处，实行烧杀抢掠的“三光政策”，大批难民无家可归。九江、安庆、京汉线、京浦线，浙赣线、陇海沿线和长江中下游一带，到处可见流浪的儿童，他们成了战争灾难最惨的受害者。在他们当中，有的家园被毁而无家可归，有的因父母亲人在前线作战而无人照顾，有的因失去家人而四处漂泊流落街头沦为乞丐。1938 年初，在武汉三镇的大街小巷，到处是饥饿的儿童，而有的却横尸街头，他们生活在死亡线上。从战区到内地大批出现无人照管的流浪儿童，所见之处是一片悲惨景象。这样，因为战争而深受灾难的难童就产生了。

这些难童不仅是无家可归和无人照顾，他们的身心还深受日本侵略者的蹂躏和摧残。为了尽快灭亡中国，日军除实行“三光政策”以外，还在占领区和难民营中大量捕杀和掳掠儿童，大批儿童被侵略军抽取血液输入日军伤兵身体后而死亡。有的则被运往中国台湾、日本和朝鲜等地进行军事训练和奴化教育，然后运回中国屠杀自己的同胞，以此补充日军兵员的不足，中华民族面临灭亡的危险。

面对大批难童的危险处境，在武汉工作的各界妇女不约而同地发出了“救救孩子”的呼声。这呼声首先在共产党人、民主党派和爱国进步人士孟庆澍、邓颖超、曹孟君、朱涵珠、史良、沈兹九、安娥、李德全等妇女知名人士的行动中表现出来，各界人士 183 人签名发起成立抢救难童的组织——中国战时儿童保育会。她们提出了对难童抢救保护和教育合二为一的教育主张。把抢救保育儿童当作抗战救国、培植国家力量的一件大事来抓。

1938 年 6 月开始向后方转移难童。8 月，日军迫近武汉，三镇告急，武汉国民政府迁往重庆，中国战时儿童保育会也迁往重庆。而此时滞留在各战区和武汉的难童还有两三万人。保育会和两协会进行了有组织的大转移，尽最大努力把难童转移到后方各省。邓颖超从汉口派出中共党员罗叔章等人到湖南与湖北的边界去抢救一批陷入困境的儿童。她们在均县找到了这批难童有五六百人，然后组织向重庆转移。在转移中碰到不少困难，邓颖超得知情况后，连发电报给沿途的中共地下党组织，请求他们帮助罗叔章做好转运工作，使这批儿童越过千山万水，步行 2000 多里路后

到达了重庆。到当年12月止，保育会和救济协会、慈幼协会从战区抢救出2万多人送往后方保育。在沦陷区内还有1万多儿童未能转移出来，后来由中华慈幼协会设保育院保育。

战区儿童转移后方各省后，保育会共设立了50多个保育院以及两协会的数十个保育院和教养院进行教育。中共地下党员曹孟君、罗叔章、刘清扬、徐镜平、李昆源、赵君陶、朱涵珠等分别担任保育会、保育分会和保育院院长等领导职务。她们在后方保育院教育培养儿童，充分发挥了女共产党人在保育战时儿童伟大事业中的积极作用，在抗日救亡运动中做出了重要的贡献。

延安战时儿童保育院的共产党员们，在教育难童时把共产主义思想融入新型教育的战时儿童保育中，为造就建国人才奠定了基础。

1938年1月24日，冯玉祥夫人李德全在武汉主持召开各界妇女人士参加的“中国战时儿童保育会”筹委会。与会代表共同确立了“保教合一”的教育思想，以它作为保育会抢救保护教育难童的宗旨。先抢救、然后送到后方进行正规教育，这是我国妇女各界战时抢救儿童所采取的一项重要措施。筹备会议的召开，表明了成立中国战时儿童保育会的时机已经成熟。

三、共产党人在战时儿童保育会的成立中发挥了重要作用

1938年3月10日，各界知名人士700多人在汉口圣罗以女中召开了中国战时儿童保育会成立大会，宋美龄为大会致辞。理事会由宋美龄、李德全、史良、安娥、杜君慧、沈兹九、徐镜平、曹孟君、郭秀仪、刘清扬、邓颖超、孟庆澍等51人组成，宋美龄被推举为理事长，李德全为副理事长，共产党员邓颖超为常务理事。保育会聘请了国民党员、共产党员、民主党派、无党派进步人士和海外华侨：蒋介石、冯玉祥、宋子文、毛泽东、周恩来、朱德、沈钧儒、邹韬奋、蔡元培、陈嘉庚、胡文虎等286位名誉理事，使全国社会各界广泛都来关心帮助教育儿童。《新华日报》对大会盛况做了详细的报道。就在这一天，马超俊先生组织召开了“中国战时儿童救济协会”筹委会。不久，又一保育难童的团体“中华慈幼协会”在渝成立。

在中国妇女慰劳总会及中国战时儿童保育会的领导和号召下，全国妇女掀起了抢救难童的高潮，在战区和后方有十多个省市相继成立了保育分会。共产党领导的陕甘宁边区也成立保育分会，隶属保育会领导，并得到总会的难童教育经费。

1938年5月1日，武汉的各界知名人士和政府官员500多人，在汉口一元路小

学参加了保育会第一个保育院，即汉口临时保育院成立典礼，中共地下党员李昆源担任了第一个保育院院长。从徐州、郑州等前线抢救下来的550名儿童成了保育院第一批保育生，从此拉开了抢救保育难童的序幕。

难童不断地从战区抢救下来，数以千计的妇女参加到保育会的行列里来，担当起了抢救、保护、教育难童的重任。作家安娥发出了"抢救孩子去"的动员令，安娥作词、张曙谱曲共同创作了充满着爱国主义的悲歌——《中国战时儿童保育院院歌》，以此来激发保育生的爱国热情和对日本帝国主义的无比仇恨。

孟庆澍和邓颖超等共产党人推动成立了中国战时儿童保育会，她们直接参加了保育院的领导工作。汉口临时保育院成立后，邓颖超以常务理事身份派出中共地下党员曹孟君、徐镜平带领青年男女教师和医生到开封、郑州、徐州前线和湖北孝感等地，在敌人炮火之下抢救数百名儿童。

为了得到全国社会各界的广泛关注，一致抢救保育儿童，孟庆澍和邓颖超等在《新华日报》上发表了《我们对于战时妇女工作的意见》，把抢救保育难童提到了妇女工作的高度。她们还在《新华日报》上发表了"保育和教养儿童是每个国民的责任，因为儿童是我们的将来，儿童是我们的希望"和"保育儿童，是丰富伟大的事业，不仅要救济与教育儿童，尤其要以坚毅的精神，培养儿童，成为建设新中国的主人"的题词。毛泽东发表了"要好生保育儿童"的题词。《新华日报》用了很长时间详细报道战时儿童保育会抢救保育儿童的活动情况。

四、中国战时儿童保育院为中华民族培育了大批建设人才，妇女在战时儿童保育工作中做出了积极的贡献

从1938年6月难童大转移到1939年底，转移到各保育分会的难童趋于稳定。根据杂志《难童》第二期1939年12月振济委教导队调查统计："中国战时儿童保育会直属的17个保育院有难童3735人，四川分会8个院3265人，广东分会6个院1028人，成都分会4个院862人，贵州分会4个院877人（另外毕节上海伯特利教会孤儿院有难童100人，榕江县有难童34人，计134人），湖南分会3个院800人，香港分会2个院585人，江西分会2个院317人，广西分会二个院969人，浙江分会1个院659人，福建分会1个院500人，陕西分会1个院500人，陕甘宁边区分会1个院300人，计12个分会52所保育院保育难童14526人。""中国战时儿童救济协会"在东安1个院有334人，浦市1个院510人，乾城1个院512人，万县

1个院551人，凤凰1个院520人，5个院有难童2477人。“中华慈幼协会”在后方设立18个教养院：“陕西5个院有难童1345人，四川4个院999人，上海4个院708人，河南3个院2971人，西安2个院有424人，共计6447人。”慈幼协会在沦陷区设有保育院34所：“在江苏14个院有5259人，浙江12个院2511人，安徽4个院1300人，河南3个院600人，山东1个院80人，江西600人，共计10 350人。”以上三大团体，仅1939年在后方和沦陷区设保育院、育幼院、教养院达109个，保育战区难童33 666人。抗战14年，保育难童大大超过以上数据。

保育会对战区转到保育院的儿童，全部按小学编制开课教学，课程开设公民、国语、社会、自然、笔算、珠算、算术、音乐、体育、劳作训练、职业训练、说话、写字、读书课等。入院儿童基本受到正规教育。

战时儿童保育院，为新中国培养了许多杰出人才。如延安保育院的李铁映、伍绍祖，分别担任了党和国家领导职务。随其母赵君陶一起在保育会直属第三战时儿童保育院生活和学习过的李鹏，担任了中华人民共和国国务院总理。还有其他保育院培养的保育生，如新中国画家伍必端、作家杜鸣心、中央乐团的杨秉荪、指挥陈贻鑫、中央音乐学院的李华瑛、中国芭蕾舞团的蒋祖慧等。

在保育中华民族的种苗的工作中，妇女们起到了重要的作用，她们向难童倾注了慈母的全部爱心，她们的奉献精神在难童和人民心中永远树立起一座不朽的丰碑。[1]

【编者按】原文《抗日战争中的战时儿童保育工作》，发表在《贵阳文史》2002.1期总第24期第42页。2002年4月，该战时儿童保育工作一文又发表在中国近现代史史料学学会与中共石河子市委党史研究室编、新疆教育出版社出版书籍题名为《中国近现代史史料学学会学术会议论文集·中国近现代史及史料征集研究（二）》第163页。·2002年6月，将该文题名为《中国战时儿童保育会与贵州儿童保育工作》再次发表在中共贵州省委党史研究室《贵州党史》2002年3期总第97期第37页。本文标题与原题名有改动。

［1］原文《中国战时儿童保育会与贵州儿童保育工作》《抗日战争中的战时儿童保育工作》分别发表在《贵阳文史》《贵州党史》2002年3月总第97期、新疆教育出版社2002年4月《中国近现代史及史料征集研究（二）》。本文标题有改动。

抢救孩子去[1]

安娥

好像是7月初旬吧？保育会配合政府疏散人口保卫武汉的计划，发起组织“抢救武汉儿童”宣传队。参加的基本人员，为汉口女青年会救护训练班的学生，及新运总会妇指委会的干训班也于假期参加。经常工作人数有四五十人，定期一星期。分两大队，由孟庆树女士及笔者领队，曹孟君女士协助，会同保育院教员及儿童共同出发武阳汉三镇[2]各市区、贫民区、难民区工作。工作开始后三天，全武汉儿童团体要求全数儿童参加我们的工作。他们说：“先生们！允许我们去抢救我们的小朋友吧！”

啊！那几天的骄阳实在有点逼人！不到三天，我们百十条臂膊，都晒成了“煎牛排”！既红且烫。不过因为工作的安慰使我们忘记疲劳。因为工作的困难，使我更加努力。因为任务的繁重，使我时刻警惕。武汉如有一个孩子受到战火的迫害，都是我们工作的缺憾！但我们同时都知道：“武汉岂仅有一千一万个孩子将遭受战火的摧残啊！”

第一天路线，是沿江汉关达汉正街诸难民所。起首先沿江边做宣传。看见沿码头一带的树底下、马路边、趸船上，挤满了很多难民孩子，七横八竖地躺在地上喂苍蝇，女孩子们见人经过时，把头藏到胳膊底下。男孩子瞪着好奇的眼光，向我们仰望着。病孩们无力地向我们望一眼，就又把眼神投到远方去。跑来跑去无数的流

[1] 原登载在1938年12月30日出版的《战时儿童保育》刊物上。

[2] “武阳汉”三镇，即武汉汉口、汉阳、武昌三镇。

浪儿，每个人挂着一副污浊的嘴脸！八九岁的孩子卖开水。卖梨膏糖。十二三岁的孩子做挑夫，负重压得直不起腰来！十五六岁的孩子做车夫，身上只剩了几根骨头！十四五岁的女孩子讨小钱，被路人投以馋涎的目光！日本帝国主义直把我们的孩子们逼进了地狱！所有这一切，都使我们感到今天任务的繁重！

“同胞们！我们是儿童保育会宣传队，是蒋夫人领导的。小孩送到我们那里去，我们管吃、管穿，还送到敌人打不到的地方去教他们读书……现在敌人常常轰炸武汉……敌人在上海、南京、徐州、安庆，把中国的孩子抢去，逼他们做小汉奸，还用机关枪扫射；抽他们的血输给日本伤兵，伤兵好了又来打中国人，我们的孩子可死了，我们要保卫我们的孩子，不能让敌人把他们抢去、杀死！……”

在我们前面站着一位十来岁的讨饭女孩，瞪着两只希望的小眼睛望着我们。

“你有家吗？”我们问。

“没！”

“你有爸爸妈妈吗？”

“没！”

“你从哪里来的？”

“河南！”

“从河南一个人来的吗？”

“是！”

“你跟我们去好吗？我们给你吃饭，给你……”

“好！“

“给新来的小朋友唱歌！”

保育院的孩子们高兴地唱着欢迎新来的小朋友的歌，歌声起来，人们愈集愈多。许多小朋友自动要跟我们来，但家里大人常常不肯。固然，骨肉天性，绝不是我们这几句话所可解除的。虽则他们明明知道，炸弹飞来将同归于尽的。因此我们感觉到宣传工作之不够！在这里我共收到十几个流浪儿。先派人把他们送回院去。

我们的队伍向前走，走到汉正街难民收容所里去。在这里我们的工作相当失败，没有收到几个儿童。原因是：

一、难民已疏散，留者无多。

二、“要死一家人死在一块得了！”不愿分离。

三、“好容易把孩子带出来，还要去送人？”

四、他们受过了痛苦的生活以后，不相信有人会为他们白白照拂孩子。

五、我们也并不勉强收容他们的孩子，只请他们到保育院去看。

我们的队伍向前走，看见人多的地方就唱歌，人们集得更多了就演讲，看见哪一个喜欢听就拉住他讲，并且要求他立刻再讲给别人听。（因为他们是本地人，说话好些）我们得到不少弟弟妹妹们的笑脸，我们也得到不少妈妈伯伯们的眼泪。唱歌呀，演讲呀，个别谈话呀，挨户访问呀，每个人的心都在震荡着。汗水和血液一样加速度的在流。几个新来的流浪儿夹杂在我们的队伍中，保育院的孩子们和宣传员每个人牵住一个。他们身上的污泥，一碰就是一团，有时他们举起手揩鼻涕，再一牵上去就是滑腻腻地胶在手上，但是他们是我们中国的孩子，我们爱他，我们帮助他，他将来为新中国的建设是两只有力的手。现在做抗战工作是有力的一员。肮脏与干净，并不影响他们是中华民族的幼年主人！

我们的队伍向前走，渴了，我们随便将西瓜、酸梅汤、开水，都很珍贵地喝下去。传染病？那是以后的事，现在只管抢救儿童。当我们走过一个兵营时，我们在它门口先贴了两张标语，就同士兵们谈起来。忽然有一位年轻的士兵跺着脚向我们埋怨地说道：

“你们为什么不早说，早说了我的太太和两个孩子也不至于掉到河里去了！”

“那是又一回事呀！那是什么时候？这是什么时候啊？”旁边的一个士兵，一面安慰着他的同伴，一面安慰着我们说。

先头那个士兵眼圈一红，低着头背过脸去。无疑地，他是哭了。但你能说男子的眼泪是懦弱的吗？儿女情长是没有骨气吗？不，绝对不！他们都是争取民族解放的英勇战士，“死”，这个字根本就不放在心上。今天这几点英雄泪啊，正是反映着日本军阀灭绝人道的残暴！但是，我们——儿童保育工作者，当着这种情景，该是如何感觉啊！

“同志，这都是我们后方民众工作做得不好，同志才受到这样的灾害。过去的，我们已经没有法子了。现在，蒋夫人领导的战时儿童保育会，对于抗战将士的子弟，格外优待。同时蒋夫人对于抗战将士们家属的安全非常注意。我们希望后方民众，努力工作，务必达到她的愿望，减少同志们的痛苦……”

我们狼狈而觍颜地这样说了。大家默默地互相看了一眼，抱着满怀的痛苦和惭愧向前走去。蓦然，我们又振奋起来，我说：“不要紧，姐妹们！干吧！只要种子撒下去，总会长出苗来的！”于是我们又振作起来了。累也不觉得，饿也不觉得了。

虽然是夕阳已将落了，我们的工作兴趣仍浓。给孩子们买了些饼吃，我们队伍仍就向前走去。现在我们的阵容，比来的时候更活泼起来。难童们很快地和保育院的儿童打成一片，他们唱歌，他们谈话，谈他们的过去、现在和将来。他们已经彼此熟悉了姓名与年龄，他们手携着手，肩并着肩。也许这给路人看起来，这种外表不同的儿童们在一块儿走着，是一种不配合，但这关孩子们什么事？他们已把心结在一个目的努力，根本没注意到谁是赤脚的，谁是穿鞋的。

天气相当晚了，孩子们太累了，我们队伍向回走去。在路上看见一位提着篮子卖香烟的老太太，像有话说似的望着我们，旁边站着个十二三岁的男孩，手里拿着给客人点纸烟的香头。我们便对她说明我们的工作，并且问她是否愿意把小弟弟交给我们带走？她说：

"我知道你们，我的两个大儿子在开封都交给你们了。这一个（指小孩）是我留着说话的。我逃到这里，还去保育院里看过他的哥哥们两次呢！"

"你看过他们，他们在我们那里都好吗？"

"好！好！比跟着我好！比跟着我有出息！"

"那么你愿意把他也给我们带去吗？"我们指着她的小儿子问。

老太太还正犹疑的时候，小孩子已爽利地把手里的香头交给了母亲。动作中充分表现了他对旧生活的厌倦与憎恶！对新生活的迫切要求。但母亲因突然的事件发生使她感到惊恐，抖颤的枯手使香头又落在地上。我们赶忙拾起来递到她手里，她神志恍惚地说：

"你们带去吧！（指着儿子）跟着你们好！我知道！我知道！"

母亲的声音是那么辛酸！她强制着亮晶晶的泪水不使流下来。孩子从母亲的肩头下向我们走过来。唉！

"老妈妈安心好了。我们一定像自己的弟弟一样待他。等我们打胜仗以后，他仍回到你身边的！那时候，他一定比现在高了、壮了，还会念书了呢！老妈妈。"

是的，我们怎么可以不把他看成是自己的弟弟呢？你看她妈妈那种痛苦的样子，不正和我们离开母亲那天的情景一样吗？老妈妈脸上的皱纹，不是同我们妈妈脸上的皱纹一样的深刻吗？老妈妈眼里的泪水，不是和我们妈妈眼里的泪水一样辛酸吗？

我们的队伍出发了一个星期，到处是流浪者的饥饿！到处是骨肉离别的痛苦！到处是日本军阀残暴的恶迹！到处是争取民族解放的吼声！要想迁移武汉的儿童，是还需要绝大的宣传与努力的。血的教训使我们决不能再让敌人摧毁我们的孩子，供他们屠杀、抢掠、抽血！同时在普遍的小学校数量减少和不能经常正式上课的现状下，我们如不早日培养第二代人的文化教育，对于新中国的建设工作，将陷于莫大的困难！这个损失绝不是短时间可以补救的！愿全国同胞，共同担负这抢救、保育战时儿童的任务，培养、保护我们民族的幼芽——新中国的建设者！

【编者按】1938年3月10日，中国各界妇女在武汉成立保护和抢救战争灾难儿童的组织——（中国）战时儿童保育会，大会选出常务理事、理事、监事。安娥与孟庆澍、刘清扬、唐国桢、沈慧莲、曹孟君、郭秀仪、史良、邓颖超、张蔼真、庄静、宋美龄、李德全、谢兰郁、赵清阁、吴贻芳、黄卓群、吕晓道、陈纪彝、沈兹九、徐镜平、钱用和、陈逸云等任常务理事。汉口第一个保育院成立后，安娥与孟庆澍分别担任抢救儿童宣传队大队领队，到战区去抢救难童。安娥分别在《难童保育》刊物上发表文章“抢救孩子去！”，号召人们参与抢救、保护、教育儿童。她与张曙合作，为汉口保育院创作了保育院院歌。武汉大撤退后，安娥随战时儿童保育会总会到重庆。不久，由重庆来到贵阳，担任贵阳难民收容所副所长，做起了保护和帮助难民、难童的工作，还为贵州第一青岩保育院的孩子们做了许多宣传抗日救亡的工作。今天，我们录入安娥的这篇文章，回顾再现当年在战区抢救难童的艰苦场景，让我们重读安娥的抗战文章，从中了解更多难童救亡方面的知识。

忆轰炸中的抢救[1]

安娥

保育会在抗战中，尽了不少保育的责任，虽说未能把每一个被保育的儿童都做到理想安置，虽说工作中也未尝不无遗憾，但它的功能效果是不可抹杀的。目下各地各种职业部门、工厂学校，都不鲜由保育会出去的儿童。回想当他们两筒鼻涕，一身虱子进来的时候，不能说不是一种安慰。

保育会让我写篇当日轰炸中抢救儿童情况的报道，在今日，面对着尚未完全结束的保育工作，对于当日的“抢救”，已不十分感到兴趣。不过当日保育会诸同仁及参加“抢救”工作的诸工作队的青年同志们的热情与勇敢，却使人不能忘记，真可以说是妇女工作史上的光荣。

武汉紧急时，这些从事抢救的妇女工作者，在暑气逼人，交通困难及轰炸的威胁下，不避艰苦到开封、襄樊、凤阳、徐州等处抢救难童。那种勇敢的行动热情，不能不使人敬佩。自儿童们集中的一天到回到汉口，她们无刻不和肮脏、奇臭、虱子、脓疮、嘈杂、大便、小便同在。“没有功劳还有苦劳”，这句话是抢救儿童工作者最当之无愧的。

在武汉三镇被轰炸及最紧张的撤退时期，保育会不因环境的困难，发动了几次抢救工作，那种场面也是感人不过的。队伍的出发便等于和死亡赌博。当日武汉防空设备等于没有，武昌只有一条蛇山，现在想来已是极可笑的防空设备。汉口也同样的可怜，虽说租界安全，但抢救地区并不在租界内。汉阳完全无法躲避，真所谓

[1] 原文登载在1946年3月10日，重庆《大公报》战时儿童保育会八周年纪念特刊。

“听天由命”了。至于炎热，口渴，出汗，那更不必说，但工作同志们不管这一切，抢救队伍并没有被它阻止，她们一次又一次地英勇出发。保育会撤退到长沙，上述的危险困难依然存在，而且又加上人生地不熟，但她们依旧没有放弃这个工作，并且收到效果。

儿童抢救到院之后，工作又是一个开始，迁送转移，仍然是极艰难而紧迫的。因为故事发展的速不可及，儿童们不得安息，才预定好的路线与一切院内设备，立即被不可预期的战局所取消。于是再转移，再准备，而没钱，没交通工具，没吃的，没住的，疾病，死亡，治安，轰炸，天气转变，无鞋衣，无被，无袜，受白眼，流言，恐怖，没一件是容易对付的。一位或两三位妇女带领100到500的陌生儿童，谁也不能说是件好受的事。还有些院才把院址定了，规模也草创了，出于各种原因要立即迁院，于是又是上述的苦难，又是上述的周折。护送人员的精力消耗，衣物损失，都不可想象。而保育会并没有这项补助，完全靠工作同志对保育工作的认识而打破困难。无论遇到什么困难，她们终于都把它解决了。所以我们说，不管保育工作中有无缺憾，“艰难”二字是随时随地纠缠它的。

现在这些问题虽说都过去了，保育问题可还没有完全过去，如何检讨过去工作上的得失，如何承担过去的光荣，如何对尚被保育的儿童做更大的努力，收更大的成效，是保育会目下最迫切的事务。如果我们使现在的被保育者们对国家对民族有更大的贡献，我们便不能把保育工作当作尾声，应该从更积极处着眼入手，不但要把保育会的工作使之更完善，还要把工作的经验与意义推广到今日以后的儿童教育上，配合民主时代的需要，使其发扬光大，这样才使战时的保育工作不是昙花一现，使她的生命与光荣延续到万年，工作者的艰苦也不至于白费。

【编者按】武汉大撤退后，安娥到陪都重庆。再由重庆到贵阳，担任贵阳难民收容所副所长，保护和帮助难民、难童，为贵州的抗日救亡运动做了许多工作。抗战胜利后，安娥回到重庆总会。1946年3月10日，正值中国战时儿童保育会在重庆举行成立八周年纪念活动，安娥作为常务理事，参加纪念活动并承担起了撰文讲演的任务，并在重庆《大公报》战时儿童保育会八周年纪念特刊上发表了“忆轰炸中的抢救”。回顾八年前参与抢救、保护、教育儿童。今天，我们选取安娥的这篇文章为青岩保育院文化，再现当年抢救难童的场景，让我们重读安娥的抗战文章，从中了解更多难童救亡方面的知识。

谨为战时儿童请命[1]

保志宁

“自全面抗战开展以来，已历十月之久，战区日愈扩大，敌焰已形嚣张，在那无情的飞机大炮和着残酷兽性的杀戮下，被难的同胞，不识凡几！而最悲惨、最痛心的，尤其是那般无知无识、正待滋长发育的儿童们了。他们遭受残暴的蹂躏，身临凶焰的威胁，脱离了母亲的慈爱，失掉了家庭的保障，由自然的乐观，一旦堕入万劫不复的深渊，颠沛流离，彷徨无所依顾，有的徘徊在十字街头，有的变成了口口饿殍。因为他们缺乏谋生的理智，同时也没有谋生的能力，他们只好自生自灭，随波逐流地维系着他们的小生命，而惨绝人寰的事实，恐怕要算这种痛心的现象罢。

“因此，武汉的人士，才有儿童保育会的组织，在中国妇女慰劳抗战将士总会领导之下，积极作战时儿童保育工作，湘渝各地，也继之响应，纷纷筹组分会。作者因受该会的嘱托，受本身天良的驱使，更蒙筑中各界的赞助，对于黔省分会事宜，也正顺利筹

謹為戰時兒童請命

报纸所载谨为战时儿童请命（文星 摄）

［1］收录整理来源于1938年5月23日报纸。

备进行，而在分会正式成立之前，谨采愚诚，为战时儿童，向各界人士敢进一言。

中華民國二十七年五月二十二

戰時兒童保育特刊

爲孩子們請命

贵州日报刊登的文章

（文星 摄）

“我们知道，现代的战争，胜败的关键，已非决一的军事上的成绩，乃视将后复兴的力量怎样，而复兴的基础，是建筑在人口的多寡，与人民的品质上面，人口和品质，当然是看幼年儿童教养的程度为定了。所以欧战后的法兰西，虽然成了战胜国的天之骄子，它没了种种的束缚，来限制战败国的德意志，使它没法翻身的一天，可是它仍竞竞口口德国的复兴，就因为德国的人口数倍于它。德国的人口众多，增加较快，并且执政当局，对于幼年儿童，还利用国家的力量，保育爱护，不使暂易排残，以作将后日耳曼民族复兴的基石。因此不得不使它枕席不安地防备战德意志的复仇了。

“因为儿童是民族继承的幼苗，是国家未来的壮丁，我们保育战时儿童，等于培养下代民族的力量，我们拯救战时的儿童，不啻在加强中国未来作战的壮士，所以对于保育运动的性质，最低限度，希望注意三点：

“一、我们浴血奋战的目的，是在求取民族的自由解放，同时，也就是要使我们的下代子孙，不至于做亡国奴，假若我们把成千成万被难的儿童，置之不顾，任敌奴化，任敌蹂躏，使其自生自灭，那不惜我们伟大的抗战，成为全无意义的努力，并且还等于无视民族的残杀，所以我们理当把后方专门从事看管儿童的保姆，同前线抗战的士兵，视为同样重要的民族解放战士。

“二、儿童保育会所收容的对象，除战区内无所依赖的孤儿外，尚存阵亡将士或在前方服务而牺牲的人员之子女，暨救亡工作人员之子女。如果我们能够尽力保育阵亡将士和着参加救亡工作人员之子女，一方面使那些为国牺牲的英勇将士，慰其在天之灵，一方面使参加救亡工作的人们，减去后顾之忧，可以竭全力以贡献国家，尽心致志为民族效劳。

“三、抗战的责任，是妇女们应负担的，男子们在最前线与敌肉搏血战，女子在后方也有她应尽的任务，所以普遍到我妇女解放，除参加国民经济的主要生产活动外，尤其在战争中，要赶上男子，接替男子，如是才能增高社会上的地位，才能达到真正的妇女解放，惟要她们能够参加这种国防活动，非把她们怀里的孩童，用集团的办法，设法安置，妥善抚养。那么，她们始能为国家民族而奋斗，为自身解放而努力。

“基于上述三点，所以我们知道，儿童保育运动，不是消极的慈善的人道主义运动，而是积极的救国救民族的唯一工作：它形式上是以保育儿童为标志，实际上是与救国运动成了不可分离的关系，它不仅和妇女解放运动有着密切的关系，并且与崛起于世界的‘抗战建国’的要旨相结合。所以它是高瞻远瞩的盛举，是深思远谋的大计，因此我更进一步地明望于黔省的人士，略有三点：

“一、踊跃参加儿童保育工作。儿童保育的使命，是大众的职责，而非少数人的事务，我们希望全省的人民，都是分会的会员，把儿童保育的工作，担在每一个人的肩上。不惟尽了每个人为国家、为民族应尽的责任，并且表现为抗战御侮的一致团结。

“二、慷慨捐款。要保育儿童，那离不了必要的经费，经费的来源，国家既无固定的预算，而当地政府也没有充分的帮补，它纯依靠着各地爱国人士的解囊推助。根据本会筹备会的估计，开办与会务常费，第一年最低限度需十万元，因以每个儿童最少须经费六十元左右，黔省暂时以五百人计算，每年也要三万元之多，凡国际上消费的数目当不只此，而往后所收容的名额，更难限制，再加上必需的开办各费，要超出预计的十万元。这偌大的数目，既缺乏固定的来源，怎能使会务推进？巧媳妇难为无米之炊，而从事养护儿童的保姆，又岂能例外呢！所以希望每个同胞，都能本着‘幼吾幼，以及人之幼’的精神，慷慨解囊，不计数目的多寡，集腋成裘，借以维持会务的进展，才能拯救民族的孤儿。

“《为孩子们请命》，如何保育孩子，这是当前最迫切最严重的一个问题。

“我们见到许许多多的孩子被敌人屠杀，被敌人掳掠运去！他们对国家无职责，初生人间，便受最残酷的遭遇，使我们无限的痛心！

“然而，事实上无止境的扩大着，前此所演的惨剧，也还在一幕一幕地展现在吾人之前。今后将以何种办法补救，救救可怜的孩子们，这是我们的责任。武汉妇女慰劳总会有令于此，特成立战时儿童保育会，专施保育孩子之职责。贵州分会，经许久的筹备，也于今日成立了，在这成立会的今天，吾人欣喜之余，犹有无限的在贫瘠的贵州，来创办一件事，却不是轻而易举立马可做到的。必得要以最大的忍耐力与最大的活动力竭力从事，方可得见功效。这，在救亡工作线上的人们，当然会不辞其劳苦，勿庸我们过虑，可是，我们感觉到，仅以保育会少数人的力量，担负此艰巨的工作，这力量还嫌不够，于是，我们谨向贵州各界人士，为若干千万可怜的孩子们请命，尤其是有钱的人们，望你们，凭着良心，踊跃捐助，使保育会可多得一分收入，多救一个孩子！

“我们想到战区若干无靠的孤儿，他们是民族的命脉，也是国家未来的主人翁。救济儿童和保育儿童，不只是慈善事业，同时也是爱国的义举，贵州不乏慈善大家和爱国志士，要行善积德，要爱暖国家，这是一个良好的机会。

“贵州保育分会今日成立，我们切盼该会能得各界之赞襄，使分会得以充分发展，减少我们内心的一点痛苦，我们要为民族的前途打算，并为孩子们的前途祝福！”

保志宁公开发表的这篇文章和在贵州分会成立大会上的演讲，起到了号召的作用，入会的会员由筹备发起人 74 人，到成立后发展到 1943 年 5 月 23 日陈适云时的 800 余人，会费达 9000 多元。

保志宁在贵州保育分会工作近五年，1942 年 2 月 16 日离任，由贵州省主席吴鼎昌的夫人陈适云接任理事长工作。保志宁仍担任理事至贵州分会抗战胜利结束工作。保志宁后移居美国。

【编者按】1938 年，抗日战争进入危急阶段，大片国土相继沦陷敌手，出现了大批无家可归的儿童。同时，日军也深感兵力的不足。日军每占领一地，就把黑手伸向战区无依无靠，无家可归的儿童，日军把大批十六七岁儿童运往日本、朝鲜、台湾等地，对中国儿童进行奴化教育，强化军事训练，然后运回中国充当炮灰，与中国军队打仗，其用心之恶毒，中华民族处于亡国灭种的危急时刻。在这危急关头，不分党派的中国妇女们站了出来，承担起拯救中国战区儿童的重任。3 月 10 日，战时儿童保育会在武汉成立。贵州分会在保育会的领导下正积极筹备，在成立 5 天前的 1938 年 5 月 17 日，保志宁在贵州日报上发表题为《谨为战时儿童请命》的文章，向贵州妇女及各界人士发出号召，希望人们慷慨解囊，支持成立保育分会，拯救战时儿童，并保育战争灾难儿童，培养下代民族的力量。5 月 22 日，贵州保育分会正式在贵阳成立，保志宁被选为理事长，她在一百多人的成立大会上，再次重申保育战时儿童的重要性，全文演讲了《为孩子们请命》，并在当天的《贵州日报》战时儿童保育特刊上发表："要抗战建国必须保育儿童"的题词和论文《为孩子们请命》最后部分如何保育孩子。她把慈善和保育与爱国和培养国家未来的主人翁联系在一起，提到了爱国的高度来保护教育中华民族的命脉。保志宁公开发表的这篇文章和在贵州分会成立大会上的演讲，起到了号召的作用，入会的会员由筹备发起人74人，到成立后发展到1943年5月23日陈适云时的800余人，会费达9000多元。保志宁在贵州保育分会工作近五年，1942年2月16日离任，由贵州省主席吴鼎昌的夫人陈适云接任理事长工作。保志宁仍担任贵州分会理事至抗战胜利结束工作。保志宁后移居美国。今天，我们把当时贵州分会理事长保志宁讲演的《谨为战时儿童请命》一文整理出来，与大家分享，供研究者参考。

保育乎？弃育乎？[1]

唐吟

战争愈持久，人口之需要愈迫切，人口政策之施行愈为重要，古今中外，身在当时的国家，没有不把这问题详加顾及的，铁的事情，血的教训，说明了中国今天当前尚摆着这样一个严重的问题。

儿童！国家未来的主人，社会的中坚，民族延续的砥柱，那一颗活泼伶俐的宁馨儿，身遭不幸，生在这大时代的中间，生而幸运，冲洗在这澎湃的急流当中，炮火锻炼了他们的心灵，炮火给了他们伟大的使命。

“七七”的炮声一响，断送了很多小英雄的生命，葬去了很多幼稚的灵魂，小头颅也曾挂在敌人的旗杆向国人耀武扬威，更有若干被敌人夺去作未来侵略中国的急先锋。“八一三”以后，又有成千成万的无家可归的孤儿被敌人夺去，即中国生

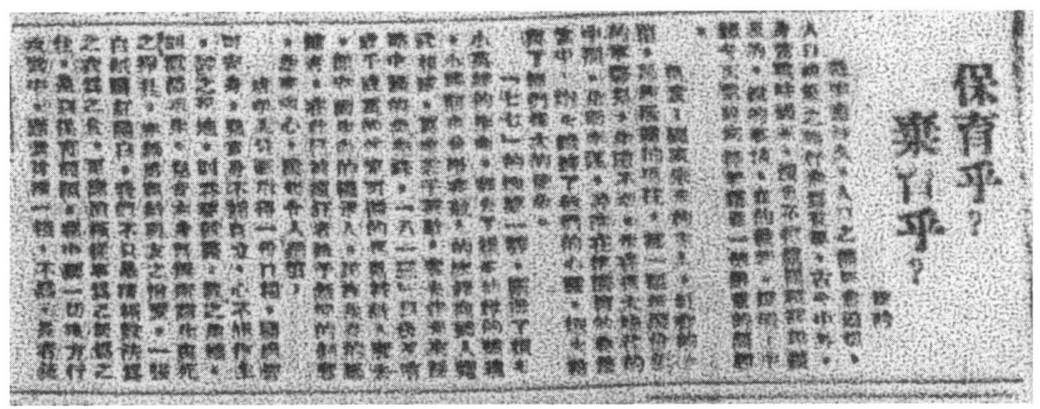

保育乎？棄育乎？

贵州日报刊登的文章　（文星 摄）

［1］收录整理于1938年5月23日报纸。

命的继承人，民族生存的延续者，在此已被疯狂者给予无情的剥夺，想来痛心，说起令人悲愤！

成年人只要取得一份口粮，随处皆可安身，儿童身不能自立，心不能作主，置之死地，则吞声就毙；置之生地，则默然求生。儿童本身既无所谓生与死之挣扎，亦无外与敌与友之憎爱，一张白纸内红外白，我们不只是积极设法为之衣为之食，更应消极从事为之居为之住，是以保育问题，在中国一切后方行政当中，应当首推一指，不然，长者流之四方可矣，少者奄奄待毙，于国家前途，当有绝大的危害？

“保育”，重在保而不弃，保之，就应当作儿童的生命延续，教养成为国家未来挽救狂澜的一支柱石。是只育而不保，或保而不育，终不免引起更更险大的危机，所以尤须“保”“育”并重。

“弃育”，是亡国的征兆，民族沦落的先声。弃一个小生命则力量减少一分，弃一万个小生命则力量减少一万分，何况既绝遗弃被敌人利用，更是国家未来的大患。儿童被敌驱使反攻中国，其罪更不在儿童，而在后方的群众，处此危险关头，凡我国民反躬自审，数年来养成了许多民族复兴的阻力？午夜思唯，皆不寒而栗。

弃育无补，事在人为，处今最后一次存亡呼吸，问，当可作亡羊补牢之计，我中华国民，应如何救济儿童的生命，为政府者者，更应多鼓励保育儿童工作之推进。

【编者按】在战时儿童保育会贵州分会成立大会上，唐吟作了《保育乎？弃育乎？》演讲，指出“七·七”事变的炮声一响，断送了很多小英雄的生命，葬去了很多幼稚的灵魂。“八·一三”以后，又有成千成万的无家可归的孤儿被敌人夺去。因此“‘保育战区儿童’，势在必行。提出“保育儿童”，重在‘保而不弃’。因为“儿童是国家未来的主人，社会的中坚，民族延续的砥柱。”通过保护教育，把他们教养成为国家未来挽救狂澜的一支柱石。指出‘弃育’，是亡国的征兆，是民族沦落的先声。对战时儿童，尤须“保”“育”并重。演讲得到与会者认同。在纪念全面抗战 82 周年的今天，让我们不忘教训，重温历史，学习先辈们的文章。

“黔南事变”再现当年保卫贵阳平安篇

（1944 年 11 月—1946 年）

《黔南事变纪实》是平刚先生晚年撰写、公开发表的一篇重要文章，它通过汤恩伯、何应钦、张治中、吴鼎昌等在贵州省政府南明堂召开的一次重要会议，即强迫贵阳平民疏散，火烧贵阳城的会议。会场一时鸦雀无声，仅平刚一人拍案而起，反对火烧贵阳城，驳斥汤恩伯等不抵抗，把指挥部设在黔灵山，汤恩伯脸无颜面，被迫指挥部队前往黔边天险大山塘关隘守关，国军在大山塘与日军反复争夺阵地，最终日军撤离贵州，贵阳城得以保存下来。本文揭露了当年蒋介石和汤恩伯要火烧贵阳城的内幕、贵阳城避免成为第二个长沙的真实内幕，贵阳得以平安保存下来，文章值得一读。

平刚撰《黔南事变纪实》是黔南事变的真实写照[1]

吴永福 周天胜

说起“黔南事变”，可以说家喻户晓，但实情不一定人人皆知。很多研究文章，其说不一，而往往能使人迷茫。近期，我们在贵州省档案馆查阅到民国三十七年（1948）的报刊，公开发表的文章。在这些公开发表的文章中见到了平刚先生撰写的《黔南事变纪实》，从文中看到了许多未知的事实。《黔南事变纪实》真实地记录了发生在贵州省政府和蒋介石、蒋介石派到贵州的大员汤恩伯、张治中等对贵州抗日战争的态度。汤恩伯到贵州后，首先没有积极组织政府和民众抗战，没有指挥部队到险要的大山塘隘口驻守，阻止日寇对贵州黔南诸县的进攻，而是秉承蒋介石的旨意，在贵州省政府会议上传达了“火烧贵阳城”的指令，企图牺牲贵阳城，阻止日寇的进攻。会场顿时沉默，无人敢提出过“不”字。突然，平刚拍案而起，发表了反对火烧贵阳城，主张坚决抗日的主张，全场一片愕然。

1944年，日寇发动了豫、湘、桂战役，企图打通粤汉铁路。日军占领广西南丹后，兵分两路入侵贵州，威胁陪都重庆。蒋介石急派汤恩伯到黔桂指挥作战、暂兼贵州省主席，准吴鼎昌辞职。汤恩伯到贵州后，召开省政府会议，贴出紧急疏散的布告，准备实施“焚城计划”，强制疏散，省政府及中央驻黔机关已经正在疏散，企图使贵阳城变成第二个长沙。吴鼎昌离黔之前，召开省政府会议，征求意见。在会上，作为贵州省临时参议会议长的平刚不畏权势，不受利益驱使，表示坚决抵抗日寇入侵贵州黔南，主张派兵扼守大山塘隘口，反对火烧贵阳城，强烈谴责当权者的错误

[1] 原文《平刚撰〈黔南事变纪实〉是黔南事变的真实写照》2019年10月曾刊载于《惠水文史》资料第三十三辑，本文有增改。

主张，谴责了汤恩伯：“敌人离这里还有六百里，你们是在自惊自扰，拥有那么多部队，为什么不去前线，为什么不去守卫大山塘？”

大山塘天险，是日军入侵贵州，进入黔南的必然通道，汤恩伯不得不采纳平刚意见，派兵前去把守大山塘。汤恩伯在会上听了平刚的主张后，对平刚说：“我决从先生之言，待往前方，详察情形。”《平刚日记》1944 年 11 月 30 日记载：“又报大山塘昨方夺回，今又失去，敌由旁路抄来故也。”说明汤恩伯已部兵作战，日记说明了敌我双方争夺大山塘十分激烈。

但是，汤恩伯火烧贵阳城之心不死，派人给平刚送去 20 万元法币，要他带头疏散到毕节，平刚誓死不从，将棺材摆放在家门口，以示：出非我死了，誓与贵阳共存亡。没过几天，进入黔南的日军在我军民打击下，狼狈退出了独山城，在其他几个县的日军同时败退出贵州。

平刚以他大无畏精神，保护了贵阳城不被火烧。时过四年，平刚在月刊上公开发表了《黔南事变纪实》，披露了贵州省政府及“黔南事变”鲜为人知的秘密。这篇文章是我们研究抗战时期贵州抗日、特别是黔南诸县抗战的重要文献。现在，我们把它点校转载出来，与广大研究者共享。平刚著《黔南事变纪实》是黔南事变的真实写照，全文如下：

“民国三十三年甲申，十一月五号，予正读元史，论其时辟疆之广，西过欧罗巴，远达巴黎，北吞莫斯戈，东则无论矣！此为日本人所最醉心而以之提倡其国人者。如日本维新中之最有文学权威大博士重野安绎辈。彼尝题其国所出之书，名支那疆域沿革图者。序曰：吾国二千余年历史，何一非学支那，但须知其何者宜学，何者不宜学。如支那历代之以武功称强者。秦皇、汉武、唐之太宗、元之世祖、清之圣祖高宗，则宜学矣！至如支那，自周以文盛见称，历后汉中唐而后之尚文治。至宋明之崇理学，以八股取士，最后到清。嘉道咸同之专重考据辞章，纳天下士于雕虫小技之中。一翻阅支那之版图，其时莫不皆缩小如弹丸黑子，此我国人士之须牢记，不可忽忘而浪学者也！我国人士，务须本我之武士道太和魂，以学秦皇汉武、元世清宗，以万里开边为帜志云。予当时尚在日本，观彼国之士大夫重臣，如重野安绎辈，其立言以鞭策日本一般国民者乃如此。未尝不叹曰：吁！日本自明治专以武功立国，至甲午一败我邦，甲辰又败雄俄，其气焰之高，几于不吞全球不止。嗟乎！强则强矣，吾恐其知进而不知退，知存而不知亡，知得而不知丧，一朝惨败，必有不堪言者矣！吾且拭目以待之耳，时至今日，日本一般青年军人，硁硁犹抱此义。彼西方之日尔曼，何尝不以武力雄强于世；彼前之威廉二世，则何如矣；今之希特勒，又何如矣？以吾现观日本，则亦已入强弩之末矣！此语吾曾载之入予十一月五号之日记中。不料于时八号之日，即闻柳州有兵势紧急之耗。十一号，敌迹有至柳江之说。至十二号，即见报载，柳州于九号，已继桂林失陷。十六号，敌兵已过宜山。十七号，中央特派总司令汤恩伯至贵阳。十八号，省府有帖，请予往绥靖公署，欢迎汤总司令。于晨八时，予往绥署，与汤见面。予于致词中，乃告之曰：君一恺悌慈祥之人也。此次来当斯重任，中央可谓善简派大员矣！往者，君在河南，一般人责以不能战退敌兵，此乃青年无识之言也，乌足以毁君之名而败君之行哉！此次君来，鄙人以有一言贡献，千万不可与敌人拼死力战，因敌我非可以鏖兵力而决胜负者。我之一切武备，皆非敌比，此天下所共知者也！况此次敌人，正为英美所困，其空军竭矣，其海军尽矣！所恃以挣扎者，仅彼之陆军耳！彼固知彼之陆军，远在英美之上，且非苏俄所能敌。然彼尚有数十万陆军，因远征印度，为海洋所隔，已为彼之海空所不能护救，兹不得不由大陆掩护而归，以救彼之老巢。以故，广西一路，是为彼所拼命力争者。我若督我战士，直出广西，与彼迎头相鏖，此为最不智，所谓代大匠斲者伤手，而我兵士，亦决不从命。为先生计，只宜速收我在桂之师，以严守黔之门户。贵州南方，有崇山峻岭，绵长七八百里，从前康雍之际，于此用兵十数年，以苗匪无识，仅乃得破。其地有大山塘者，素称天险，使于此天险之地，先生能以重兵守之，所谓一夫当关，万夫莫开。况敌人之现在，只图退顾老巢，万无来与我争彼不欲用兵之地。彼见我有重兵，紧把门户，彼纵有些少纵队亦自不妄萌野心，而我之兵士，知我不至使彼牺牲生命，自亦无不愿意者，待彼退而与英美鏖斗时，然后我从其后，击彼废怠，收我陷城。此所谓出其不防，攻其不备，以逸击劳，用力少而成功多矣！鄙人今举两例，望先生详之。一者，古之三国，司马懿扼武侯，以武侯练兵极精，司马懿知非其敌，若与鏖战，或有损失。故每当武侯出师，司马氏即闭门不战，以此之故，终于于扼死武侯。一者，近之满清，曾国藩扼太平王。因太平诸将，多能悍战。曾氏只坐守安庆，甚至太平军直取浙江以激之，北庭严旨，勒曾氏恢复，曾国藩竟以辞职抗命，决不肯离安庆一步，终以此术，扼死太平王。所举两例，望先生详审之。若必出广西督兵，而与敌人争此一朝之胜负，愚以为决非计之得者。以君之为人，吾以为乃儒将之流，自非徒恃意气之勇，而与人较量一得一失之间者，故敢贡蒭荛之言如此云云。是夜，何辑五忽然引汤恩伯与孙军长元良来，于予卧室中相会，窥其意思，大概晨早必有感于我之言者。予再委婉曲折，重申前义，又特提大山塘一带，请亲往察其地利，以便勒兵把守。切不可徒用年青之辈，往与敌人浪战，不惟用力多而成功少，或至因败而引敌人追入，则唐劳而有大损矣！恩伯当答予云，我决从先生之言，待往前方，详察情形，遂去。十九号，报载宜山已失，湘南亦有进兵夹击贵州之意。二十号，闻敌陷忻城。二十三号，保安处报告，河池又失。二十七号一次空袭，二十八号，午后，两次空袭。皆不见实际，可知敌人只图虚声恫吓耳！值汤恩伯于二十六号由前方匆匆归来，忽召集官绅说话，谓前方难民之多，一路以数十万计，而退兵亦杂乱其中。且军民皆无觅食处，交通又不便，此皆足以败大事者，于是迫令政府下令疏散，如有观望者，必强制云云。此会因天寒，予故未往预闻，及闻人来传述。予乃为大叹惜，刘祖绳、梁聚五、陈承仁来，问予作何行止，予答以决不动。又有其他亲友纷来问，予仍以不动答之。十一月三十号，午顷，省府遣周秘书来，问予如何。予告以十二月二号，请吴主席到会谈话，忽接刘梦庵由渝来缄，说重庆甚惊慌，老友居觉生、李协和等，代我担忧云云。于是各医院学校，纷纷迁移。宪兵团部甚至出卖木炭。十二月一号，夜，予正掩门拥衾而卧，何辑五忽至，云：代汤恩伯致意，赠我法币二十万元，告予以决须迁意。问所需何事，决为予置备一切，且劝我走毕节。谓将来此地必为军事所争，恐予遭糜烂。予云：如果至是，予尚何生为，走则徒累政府耳！因愤政府太无意识，一夜不成寝，乃以安眠药服之。二号，午后三时，吴主席已到，开谈话会。吴说：近日谣言土匪蜂起，前方县知事，有闻风逃遁者。予诘以布告强迫疏散。乃作五步行之，是何义意，且后方大员，尚如此慌乱，况前方小官小吏。吴答：强迫疏散，非我之意，乃汤总司令奉中央之命，我所占地位，不能有所言也。予谓此最荒谬，前曾与汤有言，敌决不至来贵州，今据所言，尚差五六百里，而乃自惊自扰。万一敌闻此风，开大股来，将不弄假成真乎！且汤意欲在此用兵，尤属荒谬。古人凭城作战，尚为兵家所最忌，且焦土作战，不过表示决心之词，何也？一切地土人民物资，若有所损，皆关乎我。于敌何干？况今之敌人用兵，一切军实，皆有准备，岂如古之乌合，动辄因粮于敌者，而我焚之，彼岂无所资邪，至于古人守城，皆万不得已之策，盖必大有关系于各方。倘或失此一城，则必成败兴亡随之。故偶一行之耳，平日皆守在山川天险之地。决不会如今之，我动辄夹大城与敌作苯战放弃，敌或未至，便真焚毁，不留一草一木，此岂为泄愤邪。抑岂以此为制敌邪？不过徒遗百姓之恨，且将来使我难于恢复耳！真是无意识之举。我说不可凭城作战者，以其一切皆为我累故也。为我之累，即为敌之便已，此七年来，屡见不一见之例也，而我方终于不悟，直至如今，尚欲于此而为之。真是大愚不灵，丧心病狂者也，君主黔政七年，素称稳健，不谓今兹慌张。至于此极，且所谓五步者，亦自掩耳盗铃之谈耳！君之告示一出，人民老幼男妇，莫不携儿带女鬼哭神号，如鸟兽之四散矣！君之左右，亦将为此摇动，而各打逃走之主义，尚何待二三四五之从容奉命，以敬供尔之奔走邪！且君谓所占地位，不便有言，君何不推之于我，谓是尚须商之民意机关，君所不能言者，我自可与之言。吴闻予言至此。亟回衙署，另写布告，改强迫为自由疏散，然而当时已九门四散，车不能开，马不能行。秘书长郑道儒奉命往毕节，欲先往以预备一切，汽车已不能通而归。四号，省府请南明堂茶会，时中央又派大员何参谋总长应钦来，指挥一切军事行动，张道藩以海外部长，亦派来从事指导党员，组织民众。此五步疏散令之一步也。又谷正纲以社会部长派来，从事救济难民，此又五步疏散令之一步也。午后，四钟，予往南明堂，会敬之后，旋即见一位放火烧长沙之侍从武官张治中要员，亦来在数，及开会演说。敬之，治中，道藩，正纲，相继讲演，大抵皆望民众从速疏散，将来此地，必成军事必争之战场。张治中且怪此次之败，由于民众不能协助军士，以致军人愤不用力，故须赶急团结民众，以助军队。且言中国人民，性质顽劣，不如外人。若似法国人，盟军一到，便皆由地下部队出而赞助军队。如中国人之劣性，将来须设法改造，以变其恶质云。又言救济难民，务须详细分辨，其何者是文化人。更须妥为招待与安顿，莫要使人来此，无所着落也，云云。予闻诸迂腐荒唐之言，已早不胜愤慨，及吴招呼我讲演。予便奋袂而起，大声呵斥曰：今日诸人之言，多不中听，事到此时，犹不能直指病痛，尚作此推三挽四之谈。此七年来之抗战。讲到军实武备，有何能与敌人抗拒者，无非赖此人心民气耳！军备既不齐全，将官惟是扣克粮饷。使一般乡农，未入队伍时，如系匪人，冷死、饿死、拖死，一入队伍后，便视作炮灰。如此待兵，何能望其用命，今尚不自认错，还要推之于民。若谓民不助军，广东出师北伐，何以当时直接间接，无不受人民之协助。同是此民，彼时何以会协助，此时何以会不协助。兵士既衣不周身，食不终口，训练不精，武器不备，病无医药，住无安身，死无烧埋，谁非人身，营养不足，安得不所到之处，累赘人民，骚扰村舍，如此而望人民犹能发心协助，任何人类，恐无此理。自古只有政府负责认错，官吏负责认错，决无人民有错之理。官吏犹公仆，人民犹父母，岂有仆责主，子骂父之理！至于此次之军事处置，汤总司令来时，我于进退行止皆与详细说明。敌本不来，而自慌张。为总司令者，不在前方招呼门户，乃退而安居黔灵山之后方，而且自惊自扰。似此动作，吾恐弄假成真，敌本不来，一旦知我后方慌乱如此，恐怕也要动心一来，那时大股来时，尚成何世界邪！今日，前方退兵，收编之以守门尚用不了，何得谓大势不可为，何须望后方大兵来接济，此不能用。再加大队来，适自累耳。更有何办法，乃不此之图，而惟是推过于人民，真是荒谬之极。予当时心身俱奋，声色非常暴慢，张治中乃再而呵我，说我身为议长，不知鼓励民众，协助军队，而乃出此颓唐之言，殊属糊涂云云。予将起起驳之，吴主席即宣布散会。客散后，即有人怪我，不应该惹此大祸。予笑曰：无妨！五号，午刻，道藩来，呼予起，告曰：前方战事已不支，我兵已退至马场坪。中央意旨，要先生统率全会，议职各员，迅速移往毕节。即由省府交送予二十万元，余人各向省府自领法币三万元，现已饬令特为先生备大汽车一驾。小车另外云云。俄而何辑五又来，催促予从速预备，汤总司令已令伊，东西各门，准备起时行动云。既而梁聚五来，谓昨日之事，张治中在席上，得罪先生，下面如黄干民、谭时钦等多人，有欲打之者，辑五亦曰：此人太不得民主之义意，故众莫不愤慨云。到夜，十二钟，予乃以电话告道藩。予决不行。此中情事，明日来面谈。六号，道藩来，留字说，汤总司令已照先生计。次日，即向前方。现已收复八寨矣！午后，各亲友来，闻我决不走意，皆大欢喜。七号，辑五来说，政府所以要先生去毕节者。恐怕敌人来时，以先生之地望，至时，为彼所要挟耳！予云：君等与我共事若干年，岂不知我之性情邪？敌所要挟者，无非三事，一曰官，二曰钱，三曰炮耳！以吴子至吴廉伯，彼犹不能要挟，而况我邪！君等此去，且听后音。即知结果何如耳！辑五又云恐怕那时有人放火，因先生既不常出门，或及于难耳。予曰：请转告汤总司令，若于何处起火，我即扑于何处。吾至此时，气势已不可问，吾尚惜生命邪！辑五当即辞曰：既如此，后会有期。八号巳（时）后，渐闻前方捷报，陆续频来，社会虽渐安定，而迁移者仍然不绝。高等法院尚移黔西。十一号，道藩来说，先生幸未走。梁聚五来云，外间相传。先生何以决定知敌人不来，都以为先生是神机妙算。予笑曰：与敌人打仗七八年，而不知敌情，岂不是笨伯，顾一般人自不善观察思索耳！何神妙之有。

“次年，一月二号，汤恩伯由前方收复各地回来，又复在南明堂开茶会，请予至。一见，大为恭维。谓先生此次，为国家建功不小，且以如此高龄，能不怕死，鼓励我等军人，扪心实增惭愧云云。杜协民于前十二月三十日，由重庆来，述重庆当时之慌乱，谓皆知先生在此镇定。张溥泉且告之曰：若贵阳果真毁弃，重庆亦随之完矣，此次不止关系于贵阳已也！溥泉于狂喜之余，当即作一书，与协民带来，甚感谢我，而我当时，尚未知彼中情况，实际之较我方尤甚如此也！一月二十一号，吴主席忽来予舍辞行，予向之谢曰：去岁南明堂，我一时激愤，颇得罪于君之高人贵客。吴当即告予曰：非也，当时若无子一席话，则误事非小矣！十二月二号，在黔灵山开秘密会议，已得极峰许可，决意放弃贵阳，退守乌江鸭池河。汤即命我先焚南明堂、焚省署。我虽不谓然，然而不便与争。故只得谓之曰：兹事体大，不可不告知民意各界，所以才有南明堂之会议。当时若无先生一场高论，事在必行矣！此乃天开君之口也，何言罪为。予始恍然，吁！危矣哉。一月二十三号，杨子惠请予谯，道藩以汽车来接我同去。席散后，周寄梅携予之手而告曰：此次贵阳，若非君一席话，已入火城矣！君真不朽哉！予闻斯言，更回思吴达铨之言，果然南明堂省署皆成火宅，民房尚能例外邪！愈思之，不禁愈觉毛骨悚然也！寄梅又曰：吾于黔人，惟思念君之不能忘耳！予之特记此一段因缘者，本来已成历史尘迹，不足言矣！不过每有好事者，常来问长问短。每一人问，不谈。似觉冷面对人，谈之又觉说来话长。兹因世故老人又来一问，定要追个水落石出，寻根究底。况且事过四年，记忆亦难周到。幸有日记在，与其东鳞西爪，挂一漏万，言之者费力而不详。听之亦觉率然而寡味，不如检取当年陈编，逐一抄出。以享好事之人。有愿览者，一目即可了然，且对老人，亦可塞责矣！

“平刚曰：予之批判日本，断其成败之事，可谓偶然，亦可谓非偶然。何也？以予于甲申乙酉之年，时正重阅元明两代正史。关于日本之事，日搅扰于脑海之中，每联想及彼之历史国情。适我国正对之抗战，故不能置之度外，每当胜败利弊之情，自不能不推论及之，此所谓偶然者也！何以谓之非偶然，以予于抗战七年以来，观彼军人之横暴，强欲扩张其野蛮之兽性，有反对而欲匡正之者，辄以非法杀之。如高桥，如犬养，乃至如高年九十余，爵至封公之西园寺老人，尚曾密派刺客以侦之。予以是回忆及身居东瀛之时，闻其武士道之风，观其反对穷兵黩武之说，有以知其迷于万里开边之梦。必不能明达我中国圣贤知进知退、知存知亡、知得知丧之警诫。自明治维新以来，已深迷战胜我与俄之幸事，所谓莫敖狃于蒲骚之役，又正如孟子所载，齐宣王欲朝秦楚莅中国而抚有四夷。不嫌以一复八，孟子已讥其如缘木求鱼，后必有灾，而宣王犹不知悔，予故断其力竭声嘶，而不能来贵州矣！其所以必争广西而不能放手者，为欲保来持其马来半岛之数十万陆军，掩护其归老家之路线。期期只为是耳，设使予为日本谋一未尝不有起死回生之一着，特其时彼中之人心，亦甚苍黄自乱，且不得此镇定深谋老成觇机之人。亦同我方，徒付无可奈何耳！何也！当时彼若迳以一师团人深入贵阳，而我之昆明、重庆，尚有何法他图邪！至时，然后广播全球，谓吾日本之解决支那者，为其政府之赤化耳！兹者，吾人甚愿与世之素持民主精神者，解除一切意见恢复旧交，言归于好，彼英美接受此言时，必如获至宝，正求之不得，尚何原子弹之定欲一投哉！观彼罗斯福之要求苏俄，赶急向东三省出兵，与夫美军之在我贵州南路情形其獐惶失措，殆有甚于我者远矣。嗟乎！彼日本之无人，其余数年来之措施颠倒。早已熟知审处矣，至末路之荒乱无人，必不能闲情逸致，高瞻远瞩，顾无待神卜筮算，而后始知者矣！当时曾有人闻予此言，急赫然谓恐为日人闻之者。予笑曰：彼昏无人，何惧之有。此所谓知进而不知退，知存而不知亡，知得而不知丧，其惟德意与日本乎！知机其神，岂寻常可能企及者哉！”

解放后，平刚获得了新生。1950年6月28日，经中央人民政府第八次会议批准，平刚被任命为贵州省人民政府第一届委员。当年10月时值皖北、苏北、河南、河北四省发大水，贵州省人民政府组织救灾，17日任命陈曾固为“贵州省捐募寒衣委员会”主任委员，平刚等为副主任委员。平刚于1951年12月13日逝世，享年76岁。

平刚先生离开人们已经68周年了，今天，读他的文章，当年反对火烧贵阳城的慷慨陈词和“官吏犹公仆，人民犹父母”的宽阔胸襟， 如见其人，如临其境。学了这篇文章，受益匪浅，促人深思。平刚对辛亥革命的贡献，抗战中保护贵阳城不被火烧，对贵阳人民的贡献，其品格与精神与天地同在，与日月同辉。

【编者按】《黔南事变记实》是平刚老先生晚年撰写的一篇重要文章，值得一读。许多同志，特别是年轻同志对平刚先生不太熟悉，故我们先简介一下平老先生的生平。平刚（1876．12．21--1951．12．13），原名平正治，字少璜（或绍璜），今贵阳市花溪区青岩镇歪脚村人。是歪脚村平国宁后裔第八代孙。19岁考取秀才，因不满清政府统治，毅然剪去辫子；1904年慈禧太后70大寿，平刚撰联讽刺慈禧，因而在贵阳被捕，其父被迫加入天主教会，贵阳天主教会营救平正治出狱后，再度被清政府通缉，即改名平刚，先后藏匿各省，至1905年5月才到达日本，加入孙中山领导的同盟会，任干事，因介绍贵州自治学社加入同盟会，贵州自治学社成为同盟会贵州分会，平刚任第一任支部长。回国后，平刚在乐群学校任教，以教师、校董作掩护，继续领导贵州反清革命活动，携族侄平子青参加自治学社。1911年11月3日参加光复贵州的贵阳起义，推翻了贵州封建统治，4日任大汉贵州军政府枢密院枢密员。阴历十月二十一（农历12月11日），赴上海参加1912年1月1日成立中华民国临时国会为代表、任国会议员。1912年3月在北京任中华民国参议院秘书长。参加护国、护法运动。1917年任孙中山广州军政府秘书。1918年入湘，任湘西军政府议长。1923年回贵州后至1926年，先后任镇宁县、赤水县、四川古蔺三县知事。1928年至1930年任贵州省党务指导委员会常务委员、组织部长、1931年7月任中国国民党党史编撰、贵州省高等审判厅厅长。1928年至1935年分别担任贵州省主席周西成和王家烈的政治顾问。1937年至1946年5月被推举为两届贵州省临时参议会议长。抗战期间任贵阳县僧侣抗日救国会会长和贵州省佛教会理事长。1946年5月至贵州解放前夕被推举为贵州省参议会议长，先后任杨森和吴鼎昌的顾问。解放后，1950年6月，中央人民政府第八次会议批准、任命平刚为贵州省人民政府委员。9月14日，当选贵州省人民政府委员。10月17日，任贵州省人民政府救灾捐募寒衣委员会副主任委员。1950年12月13日因病在贵阳逝世，享年76岁。生前写有《平刚日记》114册，约百万字，另有诗集、对联集、文集、文录、书法作品等其它著作留世。

抗战中同盟国美国与国际援助篇

（1941 年—1945 年）

1931 年 9 月 18 日，日本帝国主义发动了侵华战争，东北抗日联军树起大旗，打击日寇，揭开了中国人民抗日战争的序幕。1937 年 7 月 7 日，中国人民抗日战争全面爆发。中华民族处于亡国灭种的紧要关头，中国妇女挑起了拯救儿童的妇女抗日民族统一战线的重任。1938 年 3 月 10 日，在武汉成立了中国战时儿童保育会，宋美龄为理事长，她与其姐宋庆龄先后到美国演说，因此得到美国的援助。1942 年 4 月《妇女工作》第四卷第二期报道：美国总统罗斯福夫人将我两难童收养为义子女。1941 年 12 月 28 日至 1942 年 4 月 1 日，贵筑县县立中小学和乡镇部分中心学校、青岩保育院、贵阳女师等 4000 多名师生员工做服装，得到美国红十字会捐赠的 20 吨 63 捆蓝布的援助。

反对德意日法西斯反侵略阵线逐渐形成强大的同盟国，又称国际联盟。1940 年 12 月 9 日，中国也加入了反法西斯同盟国。先后有 61 个国家和地区，20 亿以上的人被卷入战争。1942 年，美国援华空军后勤汽车队一个连驻青岩，秘密地将军需物资运往云南和内陆前线，保证了美军飞虎队前线打击日寇作战物资的供应。

1943 年 12 月 1 日，中、美、英三国在重庆、华盛顿、伦敦三地同时发表《开罗宣言》，反法西斯同盟国最终取得抗日战争的胜利。

中国接受美国人民捐赠的20吨63捆蓝布援助

1937年7月7日，中国守军在卢沟桥抵抗日军进攻，中国人民抗日战争全面爆发。

在中华民族处于亡国灭种的紧要关头，是中国妇女挑起了拯救战灾儿童的妇女抗日民族统一战线的重任。1938年3月10日，中国战时儿童保育会在武汉成立，全国各族民众和团体，有钱出钱，有力出力，共同抢救保育祖国的未来，汉口保育院立即组织教师到战区抢救灾难儿童。紧接着全国成立了13个保育分会和53所保育院，对儿童进行保护与教育，由于日军逼近，保育难童险象环生。难童就是在这样的情况下从香港保育院撤退到后方青岩的。

起初，保育院军人遗孤，战灾儿童和受伤军人疗养院首先得到新加坡华侨胡文虎200万元国币的捐助。《新华日报》做了《华侨巨子胡文虎氏慨捐国币二百万元》的报道：文虎鉴于抗战将士壮烈牺牲，致电国府林主席、捐国币200万元，为创设残废军人疗养院及阵亡将士遗孤教养院之用，因此保育会也得到了捐赠。

1939年9月1日德国闪击波兰，揭开了第二次世界大战的序幕。

宋美龄、宋庆龄姊妹，分别先后到美国进行活动、演讲，争取华侨和国际援助。她们精彩的演说，博得美国政府和人民的同情，不仅得到军事援助，而且也为灾难学生和保育会的儿童争得物资援助。

接着，反对德意日法西斯侵略阵线也逐渐形成为强大的同盟国。这里所说的是反法西斯同盟国，即第二次世界大战时期建立的国家联盟，又称国际联盟。1939年9月3日，波兰、英国、澳大利亚、新西兰、法国等国结成反法西斯同盟国。紧接着很多国家先后加入：9月4日、6日、10日，有尼泊尔、纽芬兰、汤加、南非、加拿大等；1940年4月9日、5月10日、6月18日。有丹麦、挪威、比利时、卢森堡、荷兰、自由法国等。

1940年9月27日，德国、意大利、日本三个轴心国为主的法西斯力量国家结成了侵略性军事同盟。

1940年10月28日，1941年4月6日，6月22日、25日，12月7日、8日，有希腊、南斯拉夫、苏联、图瓦、巴拿马、菲律宾、哥斯达黎加、多米尼加共和国、萨尔瓦多、海地、洪都拉斯、尼加拉瓜、美国等加入了反法西斯同盟，12月9日，中华民国也加入了反法西斯同盟国，至1945年止还有国家加入，先后有61个国家和地区，20亿以上的人被卷入战争。共有50多个反法西斯同盟国。

1941年7月中旬，美国罗斯福政府暗中支持美国人陈纳德，以私人机构名义，重金招募美军飞行员和机械师、后勤人员，以平民身份到中国参加对日作战。8月1日，蒋介石发布命令，正式成立中国空军美国志愿大队，美军与中国人民并肩作战。太平洋战争爆发后，美国政府公开支持中国人民的抗日战争，至抗战结束。美国人民发扬了国际主义精神，对中国进行军事援助和物资援助。

现存于贵州省档案馆民国31年全宗1、案卷号5088档案资料，保育会贵州分会第141号记载，重庆战时儿童保育会电：美国红十字会援助中国的大批蓝布，已由滇缅公路运抵广西金城江火车站，全部分发给后方被轰炸的省份和保育院，饬贵州省政府派车到金城江拉回。

贵州省主席吴鼎昌，令辎重兵一团到广西金城江运回贵州承受捐赠的63捆共20吨部分蓝布。

贵州省政府制定了《贵州省教育厅承受美国红十字会蓝布发放办法》（以下简称办法）。第一条“贵州省政府教育厅（以下简称本厅）承受美国红十字会蓝布之发放，悉依本办法办理之”。第二条明确了发放的范围“承受蓝布之学校依左（后）列顺序定之：一、现设贵阳市政府管辖区内公私立小学。二、前设省会区内政府命令疏散而迁移之公私立小学。三、现设贵阳市政府管辖区内公私立中等学校。四、前设省会区内政府命令疏散而迁移之公私立中等学校。五、省立铜仁师范学校及其附属小学。六、贵筑、清镇、龙里、丹寨、独山各县被轰炸区内之公私立小学。七、贵筑、清镇、龙里、丹寨、独山各县被轰炸区内之公私立中学及职业学校。八、省立边疆小学。九、省立各师范学校”。

《办法》第四条规定了教职员工役及学生应领蓝布的尺寸和严格规定：“承受

蓝布学校之专任专雇教职员工役及学生得各领制服布料一身其长度（市尺）规定如左（后）：一、初级小学男生9尺。二、高级小学男生1丈。三、各级学校女生9尺。四、初中男生1丈2尺。五、中职中专男生1丈4尺5寸。六、女教职员9尺。七、男教职员1丈4尺5寸。八、男工役1丈4尺5寸、女工役9尺。”

前项蓝布应由员生工役亲自领取，不得托人代领。

《办法》第十一条规定了教职员工役及学生所领蓝布的缝制使用不同服式：一、小学生男女生缝制部定制服。二、初中初职男生缝制童军服装。三、高中高职师范学校男生缝制军训服装。四、女教职员及高初中师范学校女生缝制旗袍。五、男教职员缝制中山装。六、工役缝制工服。

贵州省政府教育厅组成了接受美国红十字会蓝布分配委员会，由周贻春、刘崇德、欧元怀、何辑五、傅志仁、周达时组成并任委员。

根据《办法》规定，疏散到贵筑县郊区和被日机轰炸受影响的各级学校的教职员工役及学生，可受领美国蓝布。贵筑县各学校发放蓝布时，由张督学督办。

根据花溪区档案馆藏2–2–2176号《贵筑县政府转发美国红十字会捐赠蓝布计758丈码半尺》记载，民国三十年，即1941年12月28日，贵州省教育厅发出1777号训令，通知各校去领取，在短期内全部发完。被轰炸受灾严重的贵阳市保国民学校，当年7月1日贵阳县后改为贵筑县。贵筑县政府转发了美国红十字会捐赠的蓝布，所有县立中学、小学均得到援助。贵阳市中心被轰炸的新庄、小碧、渔村等保国民学校、洛湾中心学校、甘荫塘学校、花溪镇中心校得到援助，疏散到郊区乌当洛湾的贵筑县初级中学教师员生工役482人分三次领取蓝布2捆，师生员工役接受了美国红十字会捐赠的蓝布援助，花溪镇中心学校315人领取蓝布29丈7尺。

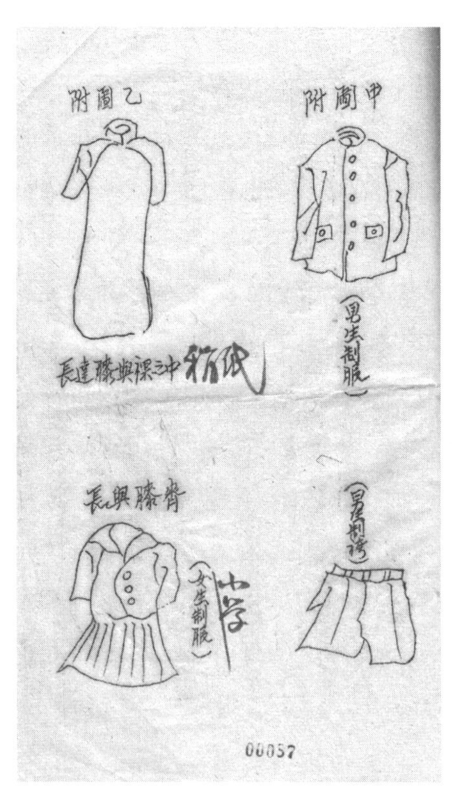

各中小学和中师统一服饰样图
（文星 摄）

1942年1月1日，中国、苏联、美国、英国等同盟国在二战全面爆发后签订了《联合国宣言》，标志着反法西斯同盟的形成。战场从欧洲到亚洲、从大西洋到太平洋。

1942年3月11日，贵州省教育厅和贵州保育分会发放完了美国红十字会捐赠的蓝布。青岩保育院师生近300人也从贵州省政府教育厅得到美国红十字会的蓝布援助。桃溪、团溪、桐梓等保育院也得到美国红十字会蓝布的援助，贵州保育分会制定了统一的西式服装式样，并称蓝布叫“罗斯福布”。

青岩保育院师生，每人制作了一套统一制式的服装。据青岩保育院儿童墓被盗一案记载佐证：“贵州分会派会计许碧君到院里协助办理后事，买了木板，做了棺材，让死者穿上罗斯福布做的衣服，还用一些白布包了尸体，埋在青岩谢家坡山上”“有原殓死者身着之新白衬衣裤一套，美国蓝布西装式上衣一件，工作裤一条……”疏散到青岩斗姆阁的贵阳女师师生员役工也得到美国蓝布援助。

档案还记载：美国总统罗斯福夫人派人到汉口保育院认领领养了两名中国难童陈大培和吴其玲（译音）。

据贵筑县代发美国红十字会蓝布调查档案记载：从1941年12月28日至1942年4月1日，在贵筑县县立中小学和乡镇部分中心学校、疏散到贵筑县的中小学、中等学校等得到美国红十字会捐赠的蓝布“罗斯福布”的援助。缝制了中山装、西装、旗袍、学生装等。

贵筑县得到美国红十字会蓝布援助的这些学校是：贵筑县中、青岩保育院、花溪贵阳女中、青岩贵阳女师、花溪中心校、洛湾中心校、乌当中心校、高坡中心校、光懿代中心校、小碧、新庄、金华、中曹、渔村、甘荫塘、蔡关、陈亮、傅官、何官、下羔、黄泥、猫洞、竹林、蒙占等保国民学校，师生员役约4000多人受益。

史实证明，美国人民在二战中帮助了中国人民的抗日战争，直至抗战胜利，中美人民结下了深厚的友谊。

美国总统罗斯福夫人将我两难童收养为义子女

据民国三十一年四月出版的《妇女工作》杂志第四卷第二期出刊号5792号18页档案报道：《新生活运动妇女指导委员会在滇设侨童保育院》“中央社昆明二月二十四日电，蒋夫人为救济归国侨童刻已筹备，短期内可成立。又滇妇界为响应新运总会蒋宋美龄会长为盟友、归侨、交通员工、边胞服务之号召，兹协助筹设侨童保育院，特组织新运妇指导委员会滇分会，以推动各项工作。”

“新生活运动妇女指导委员会在滇设侨童保育院”的消息报道才七天，中央社又报道了一则惊天消息：中央社华盛顿二月三十一日专电：《我两难童、罗斯福夫人收为义子女》，美国联合救济中国难民协会宣布：“罗斯福夫人已收养中国战时儿童保育院内之十龄童陈大培（译音）与十二龄幼女吴其玲（译音）为义子女，借以表示赞助保育院之意。陈吴两幼童，现在重庆附近之保育院。”

不久，美国总统罗斯福夫人派人到重庆某保育院认领、领养了陈吴两名中国难童。

美国援华空军后勤部队汽车连抗战驻青岩

1937年7月初，陈纳德来到中国考察空军，担任顾问。抗战全面爆发后，陈纳德接受宋美龄的建议，在昆明组建航校，以美军标准训练中国空军，积极协助中国空军对日作战。1941年初，陈纳德受国民政府委托，前往美国招募美国飞行员。在美国罗斯福政府暗中支持下，陈纳德以私人机构名义，重金招募美军飞行员和飞机机械师、后勤人员，以平民身份参战。当年7月中旬，陈纳德回到中国，当时已有68架飞机，110名飞行员，150名机械师和一些后勤人员来到中国。当年8月1日，蒋介石命令正式成立中国空军美国志愿大队，任命陈纳德为指挥员。

1942年，抗日战争进入了相持阶段，世界反法西斯同盟形成，蒋介石担任了“中美英盟军中国战区司令”，当年2月3日，宋美龄致电陈纳德，要他出任驻华空军指挥官，组织空中对日作战。陈纳德由陆军退役航空上尉升为准将。太平洋战争爆发后，战争处于黑暗阶段，陈纳德率领的一小批空军飞行员，在对日作战中取得辉煌战绩，陈纳德成为美国英雄，获得“飞虎将军”的称号。

史迪威组织开挖贵州贵阳至晴隆二十四道拐，二十四道拐位于贵州省晴隆县城西南1公里处，从上至下依山势呈弯道向上盘旋，共有二十四个弧形拐弯，故名“二十四道拐”，全长4公里，处于60度斜坡，从山脚至山顶的直线距离为350米，垂直高度为266米，是贵州到至云南昆明和缅甸公路的必经通道。滇缅公路全线开通后，中国部队派远征军开进缅甸，配合英军对日作战，保证了国际援华物资交通线的畅通，美国红十字会援助中国战时儿童保育会和贵州的63捆20吨美国蓝布，就是从二十四道拐国际交通线运送到重庆和广西金城江的。后来，战事失利，日军控制了滇缅公路。史迪威重新创立了飞越西藏喜马拉雅山脉的航线，史称“驼峰航线”，保证了唯一的国际援华物资交通线的畅通。

日军加紧了对前方和后方的轰炸，为了保证美军后勤部队的安全，为了保证“驼峰航线”战略物质的供应，美军后勤车队满载空军战略物资隐蔽调入贵阳，驻扎团坡、飞机坝一带，以及郊区清镇飞机场、花溪（美军顾问团住碧云窝），还有青岩等地。

当年，美国援华空军美军后勤汽车队一个连以驻陆军十三军美军的名义来到青岩，驻扎在青岩镇平街赵公专祠内，上尉连长吉瑞斯（Jarris）。

赵公专祠，建于光绪二十八年（1902）秋天，是纪念青岩团练总理赵国澍戡乱得力，护卫地方有功，又因平乱而殉职，清廷感其忠义可嘉，1902 年下旨追赠其为太常寺卿，赏骑都尉世职，准世袭、并降旨准许在青岩修建专祠，入昭忠祠、国史立传。赵公专祠由青岩民众协同赵家建成，西面有大门，整座建筑由过堂、东西厢房、正殿、享堂、配房等六个部分组成，占地约 1600 平方米，建筑面积达 928 平方米，空地 684 平方米，属于贵阳市级文物保护单位，是青岩的旅游点之一。

美军在赵公专祠存放大量战略物资，然后又秘密地将军需物资运往云南和内陆前线，保证了美军飞虎队前线作战物资的供应。

美军在青岩期间与青岩人曾有案件，据档案馆馆藏档案资料，十三军司令部文件与贵筑县来往刑犯电报记载：1945 年 3 月至当年 5 月，青岩凤鸣乡公所自卫队士兵龙树先、徐少先、罗光香、魏应全和青岩城车义等五人，因无故打枪、连发四弹，时遇美军上尉吉瑞斯路过，十三军司令部军长石觉法元，以危及美军上尉吉瑞斯安全为由，判处四人刑期的案件。

1945 年 9 月 3 日，日寇在东京湾密西西河盟军军舰上签字投降，抗战胜利。随后，美国空军后勤车队全部撤离青岩。

陈纳德将军、史迪威将军和飞虎队的勇士们带着美国人民的友谊及战机远隔重洋，不远万里，来到中国，帮助中国的抗日战争，打击日本侵略者，表现了美国人民的国际主义精神，为中国人民抗日战争和世界反法西斯战争的胜利做出了重要贡献。

论述战时儿童保育与陶行知生活教育在青岩篇

（2001 年—2018 年 12 月）

1938 年冬天，青岩保育生姜醒国与母亲姜春芳和大哥姜醒国一家 3 口，以抗日军人家属身份、从武汉撤退来到贵阳难民收容所，被安排到青岩保育院。解放后，大哥姜醒华成为上海空军政治学院历史系副教授，姜醒国成为多所学校和贵阳第十三中学教师。2001 年在《贵阳文史》第一期 54 页上发表《贵州战时儿童保育分会片断》。2003 年第 4 期《贵阳文史》资料刊物 24 页上又发表论文《在战时儿童保育院里成长》，论述了在保育院里生活及成长的过程，十分动人。2004 年，贵州省民盟在青岩文昌阁设立《知溟书屋》，4 月 28 日为书屋揭牌，陶行知生活教育思想在青岩得以在《知溟讲坛》学术研讨会上发扬和光大。

编者与惠水县政协吴永福同志撰《抗日战争中的贵州定番第二保育院》，发表在 2018 年 12 月《惠水文史》第 32 辑 76 页。全国的保育院师生，受益于陶行知先生的生活教育理念，并付诸于实践。

贵州战时儿童保育分会片段[1]

姜醒国

战时儿童保育会是抗日战争时期最早成立的一个抗日民族统一战线组织。战时儿童保育会贵州分会成立于1938年5月22日，由保志宁任理事长，副理事长杨凤珍、彭慧等。杨崇瑞、陈适云、王文湘、王敏仪、胡旷等任分会理事。贵州分会设在贵阳大井坎26号。1942年1月19日，宋美龄电聘省妇女工作委员会主任委员陈适云为理事长，从2月16日接管会务，陈适云是当时贵州省主席吴鼎昌夫人，小脚，比较精明能干。战时儿童保育会贵州分会即迁往设在当时的新会所南京路104号（现在的中华路原毛公馆旧址）办公，开始并院：设男子保育院和女子保育院。分会成立以后接送大队，开始收容、转运从战区、沦陷区各地流落来贵州的难童，先后设立了五所保育院：即青岩保育院、定番保育院、遵义桃溪保育院和团溪保育院、总会桐梓保育院。笔者全家当时是抗日军人家属及子女，就被收进了青岩保育院。

战时儿童保育会贵州分会及其所属保育院，在抗战大后方进行抢救难童的工作，为保住下一代做了积极贡献。据初步不完全统计，设在贵阳的青岩保育院共收难童204人，其中男性25人，女性179人。桐梓保育院收难童207人，全是男性。遵义保育院共收244人。一些年轻女性在保育院工作，她们付出慈母的爱、艰辛的劳动，牺牲了可贵的青春岁月，有的人还付出生命代价，有的人舍弃了爱情婚姻，一生独身，而将全部的爱奉献给了妇幼及青少年保育事业。

贵阳青岩保育院开始设在青岩万寿宫，后迁往龙泉寺。青岩保育院先后有7任院长，他们是杨、陈、王、黄、赵、李、最后一任是朱院长，据说此人是中共地下党员。

[1] 原文于政协贵阳市委员会文史委编《贵阳文史》2001年第1期，第54–55页。

青岩保育院教职工20多人，多为女性。全院难童大多来自湖北和广东、香港、桂林，而且多为女孩。难童当中还有著名戏剧家洪琛的两个女儿洪铜、洪钢。笔者兄弟二人也是难童，在当时统称为保育生，母亲在保育院当保育员照顾保育院难童。

在青岩保育院时，按保育生年龄大小分年级，分班学习文化。在教导方法上实行陶行知的劳动实践教育，做到教学、训导、保育三合一，多用表演小歌剧和跳舞唱歌，由附近的贵州大学学生来院教唱抗战救亡歌曲。保育生除学习文化知识外，还在附近山坡开荒种菜，下雨天在院内做手工活，五、六年级的大孩子每天轮流帮厨，帮助大师傅买菜、选菜、洗菜，帮助厨房到仓库运米、到集市运煤。日军进攻到贵州前夕，保育院男女分院北迁，一部分女保育生途经贵州桐梓去了四川，一部分男保育生暂时分到桐梓保育院继续接受教育。

贵州桐梓保育院在桐梓县元田坝三座寺，院长是彭述信。全院教职工23人。三座寺分上寺、中寺、下寺。吃饭、学习、睡觉分在三地。孩子们每天清早起床要跑步，穿的是草鞋，生活艰苦。保育生们坚持学习、劳动，到附近楚米铺运米，大一些的保育生小学毕业后被保送到铜仁和其他地方上初中。日军侵入贵州独山时，一些保育生又被转运到四川。

冯玉祥先生曾发出号召："儿童是国家的未来的主人，保育战时儿童，有钱出钱，有力出力，为我们的阵亡将士、死难的父老兄弟和儿女报仇。"贵州分会的妇女界人士，她们与其他省市妇女界一样，为抢救难童付出了心血与代价。贵州各界爱国人士为抢救难童做出了有力的支持和帮助，她们的功劳不可磨灭。

【编者按】姜醒国老师，是东北人，今已有八九十岁高龄。抗战时在武汉是随军家属，其父亲姜德崇是东北军连长。武汉大撤退后，姜醒国与其母姜春芳和哥哥姜醒华以军人家属来到贵阳难民收容所。1938年冬天，一家三口从贵阳安排到青岩保育院，两兄弟成为保育生，其母成为保育员。后来得知父亲被国民党军杀害。解放后在新中国的培养下，大哥姜醒华成为上海空军政治学院历史副教授，姜醒国成为贵阳第十三中学教师。他曾撰文《贵州战时儿童保育分会片断》在2001年贵阳市政协刊物《贵阳文史》第一期54页发表。

在中国战时儿童保育院里成长[1]

姜醒国

抗日战争时期的 1938 年 3 月 10 日，由中共妇女界领袖邓颖超、国民党人士宋美龄等老一辈组织的战时儿童保育会，在抗日战争中抢救了数万名无家可归的难童。通过对这些民族后代的辛勤培养，造就了李鹏、李铁映等一批党和国家领导人及建设人才，为新中国的成立和建设做出了贡献。为弘扬爱国主义精神、教育后代，2002 年 4 月重庆市政府决定在原中国战时儿童保育总会旧址（现重庆市求精中学校址）修建纪念碑。

去年迎春花在山间开放的时候，我来到嘉陵江边的山城重庆，来到位于重庆市渝中区上清寺求精中学校园。映入眼帘的是一座中国战时儿童保育总会纪念碑。纪念碑庄重有力，富有历史感。碑体横向不高于 2 米，主体雕塑 3 米左右，它是由四川美术学院雕塑系新闻教授设计，创意新颖。纪念碑的左侧是全国人大委员长李鹏题词，“中国战时儿童保育总会纪念碑”，纪念碑正中站立一中国女性，她的慈祥的眼睛远视前方，左手抱着婴儿，右手携扶少年儿童，她用母爱哺育了民族的后代，用一生的心血做了最诚挚的贡献。

读着中国战时儿童保育总会纪念碑碑文，“七七事变，日寇侵华，给中国人民带来了深重灾难……”我热泪盈眶，往事一幕幕浮现在眼前。

抗日战争时期，我是东北籍流落大后方的难童之一。出生在西安，跟随母亲来到贵州贵阳青岩，以抗日军人家属身份，母子三人被青岩战时儿童保育院接纳。那时我才 3 岁左右。青岩保育院设在青岩古镇内的龙泉寺。青岩是一座有数百年历史

[1] 收录作者姜醒国原文载于政协贵阳市文史委编《贵阳文史》2003 第四期，第 24–25 页。

的古镇。石头砌的墙，城墙外是一畦畦稻田、菜地，镇内是石板砌的巷道，巷道两旁是明清式的木结构民居建筑，还有供四乡老百姓赶场的场坝。我在青岩保育院男女难童中是年龄较小者。在院内接受老师管教，但也不失儿童的天真顽皮。捉蟋蟀，找有颜色的石头打磨成圆形，在石槽中加工成珠子与小伙伴们玩弹子游戏。饥饿时去找野草吃。我们不畏惧庙内的神灵，我们恨汉奸，知道空袭时用镜子反光为敌机指示轰炸目标的人是坏人。赶场天，镇上非常热闹。场坝上许多摊贩，有青岩玫瑰糖、糯米粑、米豆腐，人头攒动，人来人往。有一次保育院两位男教师，找来当地一位苗胞及保育院一位女生，我们五人合影，这张照片成为历史的见证。

太平洋战争爆发后，香港沦陷，广州沦陷。抗日战争形势紧张。保育院男女生分院，我们一批男孩去了贵州黔北桐梓县元田坝三座寺庙桐梓保育院。三座寺坐落在川黔公路旁。一座寺庙分上寺、中寺、下寺三处。一条小路把三座寺庙联系起来。在桐梓保育院，我们过集体生活，纪律严格，清早起床要跑步、出操。我们穿草鞋去楚米铺背米。休息时去河里游泳，捉螃蟹，把收获交到厨房改善伙食。我们不在父母身边，在人生旅途中磨炼自己。

“黔南事变”前，青岩保育院女生迁到四川，她们途经桐梓元田坝，在一座尼姑庵暂停休息。我与在女生保育院工作的妈妈会面了。一位老尼姑端来一碗我从未吃过的汤圆。啊！这是我人生第一次吃到热的汤圆，一股热流传遍全身。不久她们乘车北去，我在公路旁相送，留下了儿童时期真诚的眼泪。后来不久，我们一群男难童乘车也去四川。车过了七十二道拐，进入四川，红色土壤展现在眼前。我们来到嘉陵江上，百舸争流，大木船可乘坐几十人。船夫用有力的臂膀划着桨。过了江，来接我们的老师，带我们去璧山县八塘镇保育院。我们一行人步行在小路上，路两侧是水田。水田里青蛙发出咕咕的叫声。夜幕来临，走在前边的人打着火把，吆喝着“跟上”；有的孩子不小心踩在水洼里，弄得一腿是水，大家笑起来。到了璧山八塘镇，才知道保育院设在一座庙边。八塘也是一座有城墙的镇，一条街道，城墙上有炮楼。镇内有一座城隍庙。在这里，我开始接受初小教育。由于生活艰难，没有课本，只有到教室里听老师讲授，科目有识字、算术、劳动、种菜等。

抗日战争于1945年8月胜利了，日本投降后不久保育院解散。长达7年的漂泊生活结束，我回到妈妈身边。贵阳解放后，经过党和政府多年培养和教育，现我为一名中学教师，先后在贫困山区、地专、省会六所学校任教，以报答哺育我成长的妈妈们。吃水不忘挖井人，保育院的保育妈妈们的崇高精神永放光芒。

【编者按】1938年冬天，姜醒国老师与母亲姜春芳和哥哥姜醒华一家三口，从贵阳难民收容所来到青岩保育院，其母成为青岩保育院保育员，两兄弟成为青岩保育生。后来得知父亲被国民党军杀害。1942年2月下旬并院，姜醒国、姜醒华兄弟俩被从青岩分配到桐梓县元田坝三座寺贵州男子保育院。12月初，姜张春芳保育员随延安来的青岩保育院最后一任院长朱涵珠撤离青岩，徒步到桐梓保育院，母子得以重逢，姜醒华兄弟俩在保育院里生活学习长达7年之久，受到保育院良好教育。解放后，在党的培养下得以继续深造，兄弟俩分别当上了中学教师和军事院校教授，这些起源于青岩战时儿童保育院早年的保护教育的恩惠和共产党的培养。大哥姜醒华成为上海空军政治学院历史副教授，姜醒国成为多所学校和贵阳第十三中学教师。因此，姜醒国对战时儿童保育院的感情特别深，他特别撰文《在战时儿童保育院里成长》，回顾了当年在青岩、桐梓、四川壁山县八塘镇保育院里的生活、学习和成长过程，以此回报保育院老师们的教育之恩。文章在贵阳市政协刊物《贵阳文史》2003年第4期24页上发表。

抗日战争中的贵州定番第二保育院[1]

吴永福　周天胜

1938 年 10 月 1 日，贵州第二保育院，又叫定番保育院，在省会贵阳成立。大撤退的武汉战区保育院从汉口出发，经香港，桂林，长途跋涉，辗转万里，于 11 月 15 日，88 名难童来到抗日大后方贵州省定番（今惠水县）保育院，成为定番保育院最早的成员。定番保育院在惠水短短的三年时间里，难童保育生们在定番县教师、保育员和广大民众的呵护下正常生活、刻苦学习、健康成长，努力成为了抗战建国的栋梁。

难童，就是指因遭受战争灾难失去父母、无依无靠、无家可归、流落街头的儿童。抗日战争爆发后，由于前方对日作战不力，节节败退，日军长驱直入，导致大片国土沦陷，中华民族到了亡国的危急关头。战区不断扩大，从上海先后蔓延到南京、郑州、徐州、开封、许昌、台儿庄等地。侵略者每到一处，实行烧杀抢掠的“三光政策”，大批难民无家可归。九江、安庆、京汉线、京浦线，浙赣线、陇海沿线和长江中下游一带，到处可见流浪的儿童，他们成了战争灾难最惨的受害者。在他们当中，有的家园被毁而无家可归；有的因父母亲人在前线作战而无人照顾；有的因失去家人而四处漂泊流落街头，或沦为乞丐。1938 年初，在武汉三镇的大街小巷，到处是饥饿的儿童，而有的却横尸街头，他们生活在死亡线上。从战区到内地出现大批无人照管的流浪儿童，所见之处是一片悲惨景象。这样，因为战争而深受灾难的难童就产生了。这些难童不仅仅是无家可归和无人照顾，他们的身心还深受日本侵略者的

[1] 原文《抗日战争中的贵州定番第二保育院》与吴永福同志合作，发表在 2018 年 12 月《惠水文史》第三十二辑 76 页。

蹂躏和摧残。为了尽快灭亡中国，日军除实行“三光政策”以外，还在占领区和难民营中大量捕杀和掳掠儿童，大批儿童被侵略军抽取血液输入日军伤兵身体后而死亡。有的则被运往中国台湾、日本和朝鲜等地进行军事训练和奴化教育，然后运回中国屠杀自己的同胞，以此补充日军兵员的不足，中华民族面临亡国灭种的危险。在这种情况下，抢救难童的团体组织就诞生了。

一、战时儿童保育会在武汉成立

面对大批难童的危险处境，在武汉工作的各界妇女，为了国家和民族的利益，不分党派，不计前嫌，不约而同地发出了“救救孩子”的呼声。这呼声首先在共产党人、民主党派和爱国进步人士孟庆澍、邓颖超、曹孟君、朱涵珠、史良、沈兹九、安娥、李德全、刘清扬、徐镜平、郭秀仪、杜君慧、李昆源等妇女知名人士的行动中表现出来，各界人士 183 人签名发起成立抢救难童的组织——战时儿童保育会。她们提出了对难童抢救保护和教育合二为一的教育主张。把抢救保育儿童当作抗战救国、培植国家力量的一件大事来抓。

1938 年 3 月 10 日，各界知名人士 700 多人在汉口圣罗以女中召开了中国战时儿童保育会成立大会，宋美龄为大会致辞。理事会由 51 人组成，他们是：于汝洲、王一冰、史良、任培道、朱纶、朱宗韫、李德全、安娥、宋美龄、吕云章、汪兢英、杜君慧、吕晓道、沈兹九、李扶夫、花立德、孟庆澍、徐闓瑞、徐镜平、马骥、袁晓园、浦熙修、唐国桢、庄静、陈纪彝、陈婉慈、蔡佩珠、陈逸云、梁培树、张蔼真、曹孟君、傅岩、郭秀仪、黄卓群、黄山农、程远、舒厚仁太太、彭慧、褚问娟、董燕梁、赵一恒、楼亦文、廖温音、邓颖超、刘清扬、刘彩章、刘绍光夫人、刘曜庭夫人、刘巨全、谢蘭郁、简秀英、卢郭兢等。宋美龄被推举为理事长，李德全为副理事长，共产党员邓颖超为常务理事。宋庆龄被聘请为名誉理事。

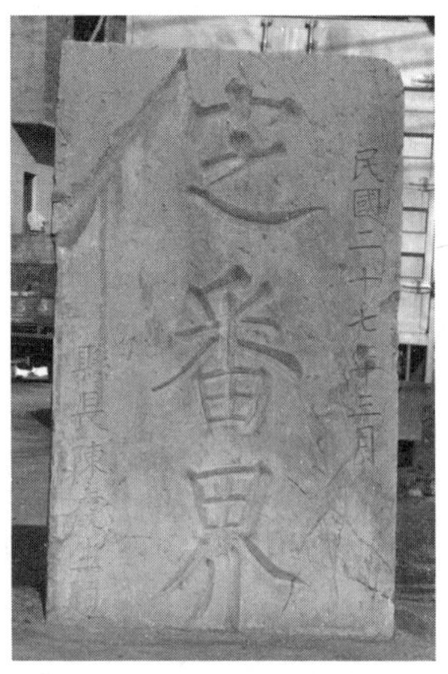

惠水县长田乡定番县与贵阳县界碑（文星 摄）

保育会聘请了国民党员、共产党员、民主党派、无党派进步人士和海外华侨：蒋介石、冯玉祥、宋子文、毛泽东、周恩来、朱德、沈钧儒、邹韬奋、蔡元培、陈嘉庚、胡文虎等 286 位名誉理事，使全国社会各界广泛都来关心帮助教育儿童。

《新华日报》对战时儿童保育会成立大会盛况做了详细的报道。

在中国妇女慰劳总会及中国战时儿童保育会的领导和号召下，全国妇女掀起了抢救难童的高潮，在战区和后方有十多个省市相继成立了保育分会。共产党领导的陕甘宁边区也成立了保育分会和延安保育院，隶属保育会领导，并得到总会的难童教育和保育经费。

难童不断地从战区抢救下来，数以千计的妇女参加到保育会的行列里来，担当起了抢救、保护、教育难童的重任。保育会理事安娥发出了“抢救孩子去”的动员令。1938 年 5 月 1 日，武汉各界知名人士和政府官员 500 多人，在汉口一元路小学参加了保育会第一个保育院，即汉口临时保育院成立典礼。中共地下党员李昆源担任了汉口第一个保育院院长。从徐州、郑州等前线抢救下来的 550 名儿童成了保育院第一批保育生，从此拉开了抢救保育难童的序幕。

共产党人孟庆澍和邓颖超等推动成立了中国战时儿童保育会，她们直接参加了保育院的领导工作。汉口临时保育院成立后，邓颖超以常务理事身份派出中共地下党员曹孟君、徐镜平等带领青年男女教师和医生到开封、郑州、徐州前线和湖北孝感等地，在敌人炮火之下抢救数百名儿童。

为了得到全国社会各界的广泛关注，一致抢救保育儿童，孟庆澍和邓颖超等在《新华日报》上发表了《我们对于战时妇女工作的意见》，把抢救保育难童提到了妇女工作的高度。她们还在《新华日报》上发表了“保育和教养儿童是每个国民的责任，因为儿童是我们的将来，儿童是我们的希望”和“保育儿童，是丰富伟大的事业，不仅要救济与教育儿童，尤其要以坚毅的精神，培养儿童，成为建设新中国的主人”的题词。毛泽东发表了“要好生保育儿童”的题词。《新华日报》用了很长时间详细报道战时儿童保育会抢救保育儿童的活动情况。

二、保育会得到国际援助

保育会成立后，首先得到了海外华侨的援助。保育院军人遗孤，战灾儿童和受伤军人疗养院首先得到新加坡华侨胡文虎 200 万元国币的捐助。《新华日报》做了《华侨巨子胡文虎氏慨捐国币二百万元》的报道。

接着，保育会得到美国红十字会转美国政府捐赠的 20 吨 63 捆蓝布的援助，省政府制定了《贵州省教育厅承受美国红十字会蓝布发放办法》。

美国总统罗斯福夫人支持中国战时儿童保育会工作，派人到汉口保育院认领领养了两名中国难童为义子女。

三、战时儿童保育会为中华民族培育了大批建设人才

从1938年6月难童大转移到1939年底，转移到各保育分会的难童趋于稳定。根据《难童》杂志第二期1939年12月振济委教导队调查统计："中国战时儿童保育会直属的17个保育院有难童3735人，四川分会8个院3265人，广东分会6个院1028人，成都分会4个院862人，贵州分会4个院877人（另外毕节上海伯特利教会孤儿院有难童100人，榕江县有难童34人，计134人），湖南分会3个院800人，香港分会2个院585人，江西分会2个院317人，广西分会2个院969人，浙江分会1个院659人，福建分会1个院500人，陕西分会1个院500人，陕甘宁边区分会1个院300人，计13个分会52所保育院保育难童14526人。""中国战时儿童救济协会"在"东安1个院有334人，浦市1个院510人，乾城1个院512人，万县1个院551人，凤凰1个院520人，5个院有难童2477人"。"中华慈幼协会"在后方设立18个教养院："陕西5个院有难童1345人，四川4个院999人，上海4个院708人，河南3个院2971人，西安2个院有424人，共计6447人。"慈幼协会在沦陷区设有保育院34所："在江苏14个院有5259人，浙江12个院2511人，安徽4个院1300人，河南3个院600人，山东1个院80人，江西600人，共计10350人。"以上三大团体，仅1939年在后方和沦陷区设保育院、育幼院、教养院达109个，保育战区难童33 666人。抗战14年，保育难童大大超过以上数据，妇女各界在战时儿童保育事业中做出了重要贡献。

四、贵州战时儿童保育分会成立

1938年5月22日下午2时，贵州妇女及各界人士100多人，在贵阳南明堂省党部召开了"中国妇女慰劳自卫抗战将士总会战时儿童保育会贵州分会"成立大会。由李德全等50名各界人士组成理事会，理事是：王征莹、王裕凯、王敏儀、王亚明、王漱芳、朱章赓、吴达铨、吴陈适云、吴元俊、周诒春、何辑五、李宗恩、李新之、李大光、李瑞林、杜伯壎、沈克非、保志宁、俞曙芳、陈贤珍、姚颖、范日新、陈世贤、陈崇寿、陈职民、钮建霞、张志韩、郭昌鹤、陆德音、杨凤珍、冯李德全、许庆民、

孙希文、廖温音、欧元怀、刘剑魂、萧蔚民、翟枕流、严慎予、谢贯一、刘慕曾、宋志侠、吴镜芙、俞嘉庸、姚吟舫、黄干民、杨崇瑞、卢晴川、彭憲、何王文湘等。大厦大学校长王伯群的夫人保志宁任理事长，杨凤珍为副理事长。

常务理事由保志宁、杨凤珍、姚颖、张志韩、李宗恩、王徵瑩、郭昌鹤、李新之、俞曙芳、吴陈适云、王敏仪、朱章赓、李瑞林、吴元俊、周诒春、廖温音、王裕凯、陈贤珍、陆德音、翟枕流 20 人组成。

大会通过了贵州分会会章和保育工作计划。

分会下设五个委员会：

（一）总务委员会，杨凤珍任主任。

（二）经济委员会，李宗恩任主任。

（三）组织委员会，李新之任主任。

（四）宣传委员会，王敏仪任主任。

（五）院务管理委员会，俞曙芳任主任。

五、贵州五处保育院的设立

贵州省保育分会做出了在贵州建立五处保育院的决定，报省政府审批。7 月 18 日，保志宁理事长向省主席吴鼎昌写了报告，报告称：

敬启者：敝会设立保育院，计划业经理事会议决，在定番、清镇、遵义、安顺及贵阳属之青岩等五处各设保育院 1 所，目前汉口难童急欲装运来黔，请贵府令饬各该县长从速代觅适当地址予以监修，俾收众擎之效，而意保育院之功，至于经费一项预算，保育院本年度开办费及经常费总数八万零九百十一元，兹经加入会内开支一千八百元，总计八万二千七百十一元，即希查照，奉上工作计划书全份，敬祈察收为荷！

此致

贵州省政府主席吴鼎昌

战时儿童保育会贵州分会理事长 保志宁 启

七月十八日

据贵州省档案馆藏公函动字第 135 号记载：

1938年7月20日，贵州省政府召开第二十次会议，审议主任委员交议准的“贵府交来战时儿童保育会贵州分会函，以该会理事会议决在定番、清镇、遵义、安顺及贵阳属之青岩等五处各设保育院1所，其开办费及经常费，本年度计需法币八万零九百十一元，加入该会开支，合计需法币八万二千七百十一元，检同工作计划，请查照等由，究应如何办理，请公决案。当准议决。经费部分交捐募处核办，办法通过等语，纪录在案。除令饬知贵州省会救济慰劳捐募处外，相应检同原件函达。查照，分别办理。”

此致

贵州省会救济慰劳捐募处。

二十七年七月二十六日

保育工作计划对500名来黔儿童做了预测和安排，对6岁以下、病弱及低体能的儿童，全部拟置于定番保育院。

贵州分会原计划设立五个保育院难童分配表

院址	0 ~ 6岁	13 ~ 16岁健全儿童	13 ~ 16岁健全儿童	7岁以上病弱低能男童	7岁以上病弱低能女童	总计
青岩	–	–	6	–	–	81
定番	50	40	12	25	25	152
清镇	–	–	5	–	–	75
安顺	–	–	6	–	–	96
遵义	–	–	6	–	–	96
合计人数	50人	40人	35人	25人	25人	500人

六、贵州定番第二保育院成立[1]

贵州分会决定成立定番保育院，即贵州第二保育院，分两处建立，设院长1人，预定月薪60元，年薪720元，设4个职员，每个职员月薪25元，年薪300元，雇用男女工各12人，每月男工9元，女工8元，每院雇厨役6人，每人月薪9元。

1938年10月1日，贵州第二定番保育院，与青岩保育院、遵义桃溪保育院和团溪保育院同日在省会贵阳成立。

[1] 未能找到定番保育院教师和员工的英名。

《定番县乡土教材调查报告》记云：“战地儿童保育院——该院院址在城外寿佛寺，为儿童保育会贵州分会所设，由县府妇女工作指导室负责筹设，筹备两月，关于修建及准备一百五十难童、衣食住教养等一切用具，现已大致就绪，各处战地儿童已于十月二日、四日先后由贵阳运至定番，进入该院，计五十四人，内男童三十七名，女童十七名，年龄自七岁至十三岁者居多。所有难童均受县立新卫生院医治。……现卫生院免费治疗有病儿童，院内一切设备尚称完善。难童生活，亦颇舒适。他们历尽辛苦，精神尚属活泼，惟每询及他们的家世及入院经过情形，大多涕泣不止，该院内有教师一人负责训导，难童中程度较高者，由送至城区男小或女小入学。”

据 1939 年 11 月 20 日定番县长谢贯一填报的儿童保育机关调查表记载：定番第二保育院，成立时间：民国二十七年十月一日。定番保育院院址由两部分组成：第一部设在定番县东门外寿佛寺；第二部设在定番县城内城隍庙。教职员工共 15 人，由北平女师大毕业、贵州保育分会常务理事、组织委员会主任李新之担任院长，月薪 80 元，设总务股、教导股、保育股，股主任 3 人，各月支 40 元，教员 5 人、设文书 1 人、庶务 1 人、会计 1 人、由县政府派军事教官 1 人，5 员各月支 20 元，刺绣技士 1 人、木工技工 1 人，各月支 7 元。

收养儿童总数：幼儿男生 142 人，学龄儿男 142 人；幼儿女生 50 人，学龄女 50 人。每个儿童月支 8 元：其中 6 元为伙食费，2 元为办公费。

经费来源：系由重庆总会汇至贵州分会转该院。

卫生设备及实施情形：卫生方面，因经费关系设备颇简陋，仅在第一部设诊疗室，儿童有病即由保育股主任诊治，如遇有重病者，即送往定番卫生院治疗，该院每月所需医药品全在卫生院领取，月终付药费。

（一）教养情形

1.智能方面：该院教导，实施办法，系依照总会规定保教合一之原则，智能分为二大项训练：即政治训练和技能训练。政治训练分甲、乙、丙、丁四项：甲、日本帝国主义之认识。乙、抗战大势之认识。丙、目前国际大势之认识。丁、民族生存之方法。技能训练分两项：（1）言语文字之应用。（2）生产技能织布、造纸、家事。

2.体育方面：健康训练分甲、乙两种：甲、个人的。乙、集团的。此指身体健康而言，尚有心智的健康纳入德育方面。

3.德育分两方面：（1）集团生活的训练分甲、乙两种：甲、发扬民族意识。乙、养成优越之集团生活习惯。（2）心智的健康训练分甲乙两方面：甲、个人的破除自私偏狭的心理。乙、打破个人主义，发扬固有道德。

（二）办学困难之点

1.该院院址狭窄不敷应用，故分设二部，于教管方面均感不便。

2.米价高涨，每人伙食费 6 元，承包人均不愿包干，生活上常发生困难。

3.儿童一切用物均赖 2 元，购置费实不敷用。

4.保育股应增设护士一二人，使能够应用。

（三）其他：教导纲领系规定四大项训练。

1.政治训练。2.健康训练。3.集团生活训练。4.技能训练。

七、定番第二保育院的募捐活动

1. 1940 年 2 月，全院教师利用赶集天募捐，得款 826.15 元。

2.贵阳实验小学向定番保育院捐款 198.45 元。

3.交通银行捐款 120 元。

八、贵州分会五个保育院变动情况

因清镇、安顺不在贵阳至重庆交通线上，保育院生活、工作、交通不便，保育会贵州分会改变原决定，重新设立新院址，尽量选择在广西至贵州，及贵阳至遵义至重庆交通线上。决定在贵阳青岩、定番、遵义桃溪和团溪等五处建立保育院，计划暂定收养保育难童 500 名。除桃溪第三保育院的经费由盐务局负责。其余三个院由总会和贵州分会负责。后来增加保育难童到 1000 名，重庆保育总会派徐镜平（中共党员）到桐梓元田坝三座寺建立直属第十保育院，任院长，经费由总会负责。1939 年 1 月，贵州赖茅酒厂赖永初在花溪杨柳塘买地 60 亩，个人出资建立“永初私立儿童教养院”[1]一所，赖永初自任院长，后移太慈桥阁老寨继续办，原花溪“永初私立儿童教养院”址则改为“赖永初农场”，供“永初私立教养院”和后来的“永初中学”学生实习用。至此，贵州共有 6 个以上战时儿童保育院。

1940 年 5 月 27 日填报的贵州“儿童教养机关调查表”，记载了青岩、定番、桃溪、团溪保育院院长、工作人员和保育院儿童变动情况。

［1］贵州省政府批准赖永初个人申办保育院，定名为“永初私立教养院”。

贵州儿童教养机关调查表　1940 年 5 月 27 日

院名详细地址	院　长	全年费用	儿童人数	工作人员人数
第一保育院贵阳南乡青岩	王逸秋	43 200 元	246 人	17 人
第二保育院定番县寿佛寺	王恒良	25 750 元	132 人	15 人
第三保育院遵义城外桃溪寺	冯明远	48 000 元	300 人	28 人
第四保育院遵义县团溪场	雷静畹	24 120 元	175 人	13 人

九、定番第二保育院的保育原则

定番保育院在惠水寿佛寺接收 88 名难童后，保育院开始保教工作。不久，配置的难童数额陆续到达，最多 200 多人，难童的生活和学习有了保障，并逐步走上正常轨道。他们从幼教和小学教育开始，接受正规的文化知识和职业技能技术教育。

定番保育院的保育原则：以公家保育为原则，注意儿童营养，防止传染病，教育保育生养成卫生习惯，使每个儿童有健全的体格。培养自强的意志和自立的能力，培养集体合作精神，发展爱国主义精神和爱群体的思想。保育生的日常生活以新生活为标准，进行体格检查和智力测验，注重病弱及低能者的营养，得到医疗机构帮助和共同照料。儿童中有家属或亲属关系的，在可能范围内不使分离，以免增加其精神上的痛苦。设立正规教育，教授知识，学习职业技能，培植建国人才。设立正规教育：定番保育院开设课程，采用教育部初审核定的、保育会主编的《抗战建国读本》，设有国语、公民、算术、音乐、美术、戏剧、舞蹈、文学、常识、社会自然、体育、劳作训练、职业训练等课程，培养新型的人才，使每个难童学到基础知识和基本技能。

体育课采用童子军团式，配制旗帜、号角、铜鼓、帐篷、桅灯、救护、炊事用具、木槌、童子军斧、铁锹、木棍、绳子等，学习相关军事知识，教学一律军事化。

十、定番第二保育院难童高唱抗日歌曲和保育院院歌

难童们在进步老师的带领下，高唱抗日救亡歌曲，培养爱国精神。从小养成痛

安娥

张曙

恨日本侵略者的民族意识。教师教唱《难童歌》《战时儿童保育院院歌》《松花江上》《流亡曲》《大刀进行曲》《打倒小东洋》《牺牲已到最后关头》《打倒小日本》《打夯歌》《大路歌》《渔光曲》《长城谣》等抗日歌曲。保育生通过唱抗日歌曲，高唱充满着爱国主义悲歌的《战时儿童保育院院歌》，以此来激发保育生的爱国热情和对日本帝国主义的无比仇恨。安娥是保育会发起人、保育会理事和常务理事，她作词和张曙谱曲合作，为汉口保育院创作了《战时儿童保育院院歌》，1=C，分两段。这首歌成为全国所有保育院、教养院、育幼院的院歌，歌词具有鼓动性，催人奋进，被难童们所喜爱，一时唱遍了祖国的大江南北。它也是定番第二保育院保育生喜欢爱唱的歌曲之一。

“我们离开了爸爸！我们离开了妈妈！我们失掉了土地！我们失掉了老家！我们的大敌人，就是日本帝国主义和它的军阀，我们要打倒它，要打倒它，打倒它，才可以回到老家！打倒它，才可以看见爸爸妈妈。打倒它，才可以建立新中华。

戰時兒童保育院院歌

C調 2/4

速度與表情隨着詞句變化

安娥 詞

張曙 曲

(慢)我們離開了爸爸！我們離開了媽媽！我們失掉了土地！我們失掉了老家！(稍快)我們的大敵人，就是日本帝國主義和它的軍閥，我們要打倒它要打倒它，(快)打倒它，才可以回到老家！打倒它，才可以看見爸爸媽媽。打倒它，才可以建立(漸慢)新中華。

我們不依賴爸爸！我們不依賴媽媽！我們自己求新學問！我們自己創新的家！我們的好朋友，來自日本軍閥炮火的轟炸下，我們要幫助他要幫助他，幫助他，一齊來打回老家！幫助他，一齊去看望爸爸媽媽。幫助他，一齊來建設新中華。

保育院院歌原载于1938年8月5日《妇女生活》6卷7期

“我们不依赖爸爸！我们不依赖妈妈！我们自己求新学问！我们自己创新的家！我们的好朋友，来自日本军阀炮火的轰炸下，我们要帮助他，要帮助他，帮助他，一齐来打回老家！帮助他，一齐去看望爸爸妈妈。帮助他，一齐来建设新中华。”

《难童歌》唱出了难童们的惨状和心声：“日本鬼子的大炮，轰毁了我们的家，惨杀了爸爸，又拉走了亲爱的妈妈。叫爸爸也不能答应，叫妈妈也不能听到，哪年哪月，才能回到我们的老家。吃也不能够吃饱，衣服也遮不住身，破庙里挤满了我们一群可怜的难童。啼哭有什么用处，去参加抗日军，打倒了日本，才能回到我们的家园。”

第十五中学校歌激励着难童们奋进：伟大的民族抗战，燃起了正义的火光，照耀在太平洋上。我们辗转流离来至后方，弦歌再起在洪炉场，同学如手足，老师如家长，好学力行，百炼成钢。收拾旧河山，重见爹和娘。建设新中国，民有民治与民享，胜利在前。

十一、定番第二保育院难童为报效祖国毅然从军

1939年底，在定番保育院的5个难童年龄已满18周岁，并在该院毕业，他们强烈要求参军报国，上前线打击日本鬼子，得到县政府、省政府的批准，他们是：湖北黄梅19岁的刘开雄、安徽阴山19岁的蔡玉阶、湖北礼山19岁的张广新、湖北宜昌和汉口年满18岁的两女生罗文玉和李行贞。他们参军之日，定番保育院全体师生为他们召开了热烈的欢送会。据《难童载报》1940年初第二期登载《定番保育院五童从军》：战时儿童保育会贵州分会定番保育院毕业儿童中，有5人请求从军，都说：我们要到前线去报效国家，打回老家去！

院长李新之氏以彼等志愿坚决，乃送之往师管区受新兵训练。此五位英勇儿童离院入营之日，全院一致热烈欢送。

十二、贵州定番第二保育院在惠水结束保育难童工作

1940年10月，院长李新之调贵州分会工作，由王恒良接任。为了便于经费统筹和儿童管理，1940年10月17日，战时儿童保育会贵州分会保字第二六九号公函决定将第二保育院和第四保育院合并，贵州定番第二保育院师生徒步迁移贵州团溪第四保育院。据战时儿童保育会贵州分会十月十七日、保志〔第二六九号〕公函致函贵州省政府，要求过境贵阳、息烽、遵义等县时协助步行团。公函记载：27日左右，

定番保育院全院约150名师生组成步行团，离开惠水，徒步到遵义团溪第四保育院。

定番第二保育院结束在惠水保育战争灾难儿童的历史使命。

定番第二保育院撤销徒步迁院档案　（文星 摄）

贵州定番第二保育院全院师生在院长王恒良带领下，由定番出发，沿公路徒步经青岩，在青岩将侯意坚等部分幼小保育生留在青岩保育院，其余保育生全部按计划迁往遵义团溪场。徒步经贵阳、息烽、乌江，最终到达遵义县团溪场第四保育院。

定番县民众在抗战中发挥了抗日大后方的作用，在抗战中为保育战区儿童提供了可靠的保护和教育条件，为抗战做出了重要的贡献。

陶行知生活教育与青岩

——在贵州省民盟“知溟书屋”挂牌仪式“知溟讲坛”学术研讨会上的发言稿

各位领导！各位专家！各位来宾！你们好！

今天是2008年4月28日，我对“知溟书屋”在青岩文昌阁的落成和揭牌表示衷心的祝贺！

中国历史文化名镇——青岩，又多了一处研究和宣传我国文化名人、教育家陶行知、梁漱溟等先生教育思想的交流平台。

贵州省陶行知教育思想研究会约请我发言，要我谈谈抗战时期在青岩推行陶行知教育思想的活动情况。这一时期，在青岩实验陶行知生活教育思想的，有宋怀中在青岩文昌阁创办的贵州省立青岩社教实验区，有在青岩龙泉寺创办的贵州省立青岩乡村师范学校和青岩保育院。现根据历史档案材料和文史资料、当事人的回忆录和研究文章、参考吴道成、梅宗乔、包志超、廖成鹏等回忆榕江国师校长黄质夫和学习生活的文章，以及汪汝衡、李兴才、陈茂昌等在青岩社教实验区、讲习所的回忆录。十多年前还专门采访过实验区、乡师师生汪汝衡、李兴才、李炯等。我的大学同学刘泰周和文友梁茂林先生还为我提供了反映乡师和黄质夫先生教育活动的珍贵资料，阅读后，撰写了此文。

一、青岩社会教育实验区与陶行知生活教育思想

实验区成立于1936年1月，当年，贵州省教育厅为推动社会教育，提高民族素质，在青岩建立了“贵州省立青岩社会教育实验区”教育机构。以青岩为中心，在青岩

文昌阁开办了“民众学校”。先后在摆托、歪脚、弓腰、大茨窝、新哨、竹林湾、高寨河、羊昌沟等村寨设立简易小学和儿童成年男女补习学校，实行了早期的义务教育。教育实行了抗战“三合政策”，即文武合一，政教合一，建教合一，旨在促进民生发展。

现存档案馆的民国三十二年(1943)统计文献资料还记载:“民国二十五年(1936年)一月，‘贵州省立青岩社会教育实验区’在青岩文昌阁成立，设主任1人，职员11人，主要活动项目是办理有关教育实验事项。组织概况为:设总务组、教导组、生计组、研究辅导组等，全年教育经费45108元。”

社教实验区负责人宋怀中、戴自俺、汪汝衡。宋怀中，时年32岁，贵定人，南京金陵大学毕业，受教于人民教育家陶行知先生门下，接受陶行知“生活即教育，社会即学校，奉万物为宗师”的教育思想，他担任青岩社会教育实验区主任兼总务主任。汪汝衡，时年21岁，贵阳人，毕业于陶行知创办的浙江湘湖师范学校，任青岩实验区教导主任，后任贵阳县政府第三科科长。饶建斌，贵阳中学毕业，任青岩实验区干事。戴自俺，长顺人，1927年进入晓庄师范学校学习。

实验区教员在宋怀中、汪汝衡领导下，奉行陶行知先生“捧着一颗心来，不带半根草去”的无私奉献精神，和“以教人者教己，在劳力上劳心”的教育思想。本着“来者不拒，不来者送上门去”的教育服务态度，实现“扫除文盲，提高民众文化，激发民众的爱国主义热情，以抗击日寇”为教育目标。

实验区开办“民众学校”，开设破除封建迷信思想教育，男女文盲补习教育，失学儿童识字教育，简易补习教育，抗战时事宣传教育，话剧宣传教育等。教学形式多种多样，因时因地因人而异，不拘一格。课程采用“农民识字课本”，以识字，破除迷信，发动群众，抵制日货，宣传抗日救国道理，揭露日本帝国主义发动“九一八事变”的侵华事实，宣传我国军民抗敌等为主要内容。

青岩文昌阁大山门知溟讲坛第一期宣传横标(文星 摄)

以青岩文昌阁为中心的“社会教育实验区”遍及桐木岭、

石头寨、花仡佬（今花溪镇）、花溪大寨、董家堰、麦达、大水沟、竹林寨、团寨等广大地区。各地民众积极拥护，支持义务普及。他们把房屋当教室，抬桌子借板凳做课桌，尽量满足教学需要。竹林寨的民众还自己打砂砖，捐木料修建一幢校舍供教学用，使教员们大受鼓舞。

在抗日战争的艰苦岁月，实验区的教员还为掩护八路军高级领导干部家属做了一些有益的工作。1939 年 2 月 4 日，日军 18 架飞机轰炸了贵阳，贵阳人民蒙受了重大损失。

八路军驻贵阳交通站，为确保从武汉等地转移到贵阳的八路军领导干部家属的安全，决定将这些家属全部疏散转移到青岩。社教实验区主任、名誉区长宋怀中和戴自俺、汪汝衡等先生给予了热情帮助。他们四处奔走，为“家属”们租佃房屋。1939 年 1 月和“二四轰炸”后的第三天，八路军抗日干部家属 30 多人先后分两批来到青岩，全部安置在背街和南街居住。

1943 年，宋怀中调贵阳市立民众教育馆任馆长，汪汝衡为教导主任，饶建斌为干事。现存档案馆的文献记载：“民国三十三年，即 1944 年 9 月 8 日，贵州省政府第 1078 次常委会议案《决议》：据财政厅、教育厅、会计处签，查省立青岩社会教育实验区，原拟迁设台江，改称省立台江社教实验区，嗣以第六行政督察区，照规定应设省立民教馆一所，经签准移设铜仁，改为省立铜仁民众教育馆，立案。”至此，1936 年 1 月建立的青岩社会教育实验区，到 1944 年 9 月 8 日以迁移铜仁结束，在青岩历时九年时间。

二、青岩乡村师范学校与陶行知生活教育

青岩乡村师范学校设在龙泉寺。龙泉寺，明万历年间初建于青岩龙井寨中堰龙井出水处旁，因寺庙被毁迁来青岩北门，经过 1718 年和 1798 年两次重修。到 1895 年前，历经了 40 代传人，是青岩最大的一座寺庙，总占地面积为 1500 平方米。有大殿、配殿、戏楼、两厢、侧山门等建筑，是一座比较大的建筑群，适宜于学校教学用。省立乡村师范学校鉴于这些条件，决定在这里办学。

乡村师范学校以培养偏僻乡村少数民族地区的小学师资为主，面向全省公开招收少数民族学生，由各县政府直接保送，选拔成绩优良的少数民族学生，一经录取，全部享受公费待遇。

青岩乡村师范设有高中师范（中等师范），简易师范科，括一年制的招收初中

毕业生，四年制的招收高小毕业生。一般年龄在十三四岁，最大的不超过十六七岁。初中科设若干个班。乡村师范学校的校训是“诚、朴、勇、勤”。办学的口号是“半耕半读，自给自足”。学生享受饮食、衣被、书籍等公费待遇。

1939年3月，省教育厅在青岩圆通寺开办的“贵州省地方方言讲习所”副所长，主管所内一切事务。学员由各县保送和招收少数民族学生，学员有工资收入，所内有学生四五十人，学习时间为半年。教学任务主要由青岩乡村师范学校教师承担，有时也从贵阳请来专职教师上课。开设语言学、语音、政治常识、布依族语言、侗族语言、苗族语言、白族语言等科目，胡嘉椿同时兼任青岩社会教育实验区设计委员的领导工作。乡师教师仍担任实验区的教学工作。

当年五六月份，青岩乡村师范学校因伙食很差，引起学生不满。当年秋，国民政府教育部聘黄质夫先生任青岩乡村师范学校第四任校长。黄质夫兼任青岩地方方言讲习所副所长职和青岩社会教育实验区设计委员的领导工作。

当年9月，贵州省地方方言讲习所首期学员结业分配工作，保送的学员回原单位。省里要求乡师在校学员到各县区做抗战宣传工作，贵州省地方方言讲习所在青岩结束教学，搬回贵阳。

大量史料证明：推行陶行知生活教育思想，为乡村培养“才能胜任，德能感人”的乡村教师，贡献最大的是贵州省立青岩乡村师范学校第四任校长黄质夫。

黄质夫到校时间不长，乡师发生了重大变化，学生一律剃光头。黄质夫先生推行和发展陶行知先生“生活即教育，教育即生活”“以教人者教己，以育己者育人”“教育与劳动相结合”“教学做合一，德智体并重”的教育思想。提出“教育生产化，生产教育化”“在做中学，在学中做”“手脑并用，学用结合”“且耕且读，自给自足”的办学方针。他在学校农场大门前写上引用陶行知先生“与马牛羊鸡犬豕做朋友，对稻粱菽麦黍稷下功夫”的对联。

“知渠书屋”挂牌于青岩文昌阁（文星 摄）

黄质夫还对青岩乡村师范全体师生说，“中国几千年来教育的失败，就在于‘士大夫阶层’‘读书人只会吃不会做’‘旧教育把人培养成‘四体不勤，五谷不分’的无用人才”，“文化人最可耻，嘴巴会说，笔会写，就是不会劳动，张起嘴巴吃现成的”。“人人想读书，读了书就不劳动，田谁来种？”“有的农村孩子在入学前，还可以穿草鞋，帮助父母打柴、种田，一旦入了洋学堂，就要穿皮鞋，梳亮头发，游手好闲，这是中国旧教育的失败。”“在抗战时期，前方将士要军粮，如果后方不生产，生之寡者，食之者众，国家不就危亡了？”他还说：“贪官污吏‘刮人皮’，天怨人怒，他们‘刮地皮来丰衣足食’。”针对这样的教育现状，提出并推行“救百万村寨的穷，化万万农工的愚，争整个民族的脸”的教育实践活动。

1939年12月20日，他在往榕江途中写下了《致青岩乡村师范学校师生书》，说：“余自受命，到职月余，夙夜思忖，国难当头，教育兴邦，责任殊重。常思：乡村师范，宜在农村。边疆师范，宜在边疆。且尤宜在土著同胞聚居之边远县，以培养大量人才，开发和建设山区之经济、文化、是为办学之宗旨……”这是他要将青岩乡村师范搬迁到离省城400多公里外的榕江的动员令。

1940年元月中旬，黄质夫从榕江回到青岩，随即开始迁校。2月，率领青岩乡村师范师生到达榕江。青岩乡村师范学校随校迁移的有：师范部“六一级、六二级各一个班，简师部（四年制）四一级一个班和初中部三一级一个班”。

青岩乡村师范迁往榕江后不久，更名为国立贵州师范。黄质夫任校长，在榕江扩大招生，招收邻近几省生源，发展侗、苗、水、瑶等少数民族文化，惠及邻近几省。

青岩保育院与陶行知生活教育。抗日战争期间，在战区抢救和收留了3万多儿童送往后方进行教育，它既是第二次国共合作的产物，又是关心下一代的教养先河，是抗日战争时期的希望工程。中国战时儿童保育会贵州第一保育院，即青岩保育院的几百名难童（难童，即遭受战争灾难，无依无靠，无家可归的，挣扎在死亡线上的儿童），于1938年冬天由武汉保育院，香港、桂林等保育院辗转来到青岩万寿宫、赵公专祠进行保护和教育，浙江大学1940年12月初从龙泉寺迁移遵义湄潭后，青岩保育院随即搬入青岩北门龙泉寺，设立小学正规教育，直到“黔南事变”前夜转移往桐梓元田坝三座寺和四川水土沱。

原青岩保育院第六任院长李坚白，后来在《保育生通讯》上发表《青岩保育院琐忆》一文中回忆说：“我的老伴是北京大学学教育的，1944年暑假他到青岩住了3个多月。当我谈到院里的教学改革时，他建议实行陶行知的劳动实践教育，做到教学、训导、保育三合一，多用启发式，少用注入式，当时我院试行了这种教导方法。”

青岩在抗战期间，给我们留下了一笔丰厚的生活教育遗产，建议“知溟书屋”加以发掘和继承，通过这一交流平台，将陶行知、梁漱溟等教育思想发扬光大。

青岩杰出亲友名人篇

（1931 年—1945 年）

青岩的家族中杰出的人物很多，如彭氏、赵氏、刘氏、周氏、曹氏、何氏等姓。成就最高的要数赵姓的家族，赵以炯状元的家族旁支后裔赵一鹤娶何应钦的妹妹何应相为妻，生子赵全汉，何应相的哥哥、舅子何应钦在抗战时任参谋总长，1940 年曾到青岩解决浙大与青岩防护团打架医疗费纠纷和其妹何应相误进赵氏宗祠被罚一事。1945 年 9 月 9 日，日军投降时任陆军总司令、一级上将军衔，他代表中国政府接受日军投降，十分风光。这是贵州兴义人的光荣，也是青岩人的自豪。

请详看青岩杰出亲友篇、贵州省史学会会长熊宗仁撰写的《解放军报》曾登载过的《一级上将何应钦》。

一级上将何应钦

熊宗仁

何应钦是中国国民党军界、政界的重要人物，一级陆军上将。在黄埔系当中，有蒋、何并称“位极人臣”的地位，历任战区司令长官、总参谋长、陆军总司令、国防部长、省主席和行政院长等要职。在高层决策谋划中享有“干才”之誉，曾获美国总统罗斯福、英皇乔治六世以及法国和墨西哥等政府授予的各式勋章。

何应钦像

何应钦(1889—1987)，字敬之，1889年4月2日出生于贵州省兴义县泥凼村，祖籍江西临川，父其敏，行商，母史氏，兄弟五人，他排行第三。

何应钦七岁入乡塾，10岁就读于本乡初等小学，13岁入县立高等小学。17岁那年，他以考试第一名，保送入省会贵阳陆军中学。1909年春获保送武昌陆军第三中学，同期有谷正伦等人，同年秋，陆军部尚书铁良考取留日学生20人，他与谷正伦等人一同被录取，东渡日本，进东京振武学校第十一期，并加入同盟会。1911年初，武昌革命军兴，他与振武同学返国参加辛亥之役，任沪军都督军(都督陈英士)训练科一等科员。被派任江苏陆军第七师第一旅第三团连长，后升营长，第二年，返日本继续学业，先入振武学校。继到日光字都宫陆军步兵第五十九联队学习。1913年秋，进入日本陆军士官学校第二十二期步科。1915年，学成回国。被王任命为黔军第一步兵师第四团长兼讲武学校学生营营长，并负责筹办贵阳“贵州讲武学校”和组织新军训练，1916 年 4 月 30 日与贵州督军刘显世外甥女，王伯群、王文华昆仲胞妹王文湘婚于贵州。时年 7 月，任贵州讲武学校校长兼黔军援川支队参谋长。

1921 年，何应钦到上海复黔运动无成就。他托士官同学王柏龄介绍至穗谒蒋。同月被孙中山任命为大本营参谋处军事参议，协助筹建军校，考选下级干部，并予以短期训练，以担负训练学生之责，由于训干成绩出色，5 月即被任命为少将总教官，开学典礼阅兵指挥员。

何应钦指挥的黄埔军在共产党员的模范作用的带动下，顽强地战斗，当顶住敌人“三冲”之后，他见敌人攻击受挫。锐气减退，当即命令部队转入反攻，一声令下，黄埔军一个个端着白晃晃的刺刀勇猛冲锋，顿时把洪兆麟的万余主力，打得溃不成军。叛逆陈炯明对洪兆麟的一万多人被何应钦的两千多新兵打败，深为不满。

棉湖战役：当时有一位营长见官兵伤亡将尽，失声痛哭，但何应钦无论如何不肯撤退，严令部队务必坚持，争取胜利。这时，蒋介石和苏联顾问也在指挥所，眼见这种情况，颇感忧虑，蒋对何应钦说：“何团长，你要坚持，必须想办法挽回局势。我们不能后退一步。假如今天在此地失败了，我们就一切都完了，再无希望返回广州了，革命事业也遭到严重的挫折。”何激于“义气”，也感到不拼即死，遂挺身再次督队冲锋。这时，炮兵连长陈诚也刚好把一门已打不响的山炮调整好，装上炮弹，对准敌群，亲自拉火，一炮命中，炸死了几十个敌人，其余敌人一哄而散，向后奔逃，何见敌人溃散，督令部队奋勇追击，一鼓作气把敌人打到稍远的地方。但部队已筋疲力尽，再也无力追击了，幸好第二团突然从敌人侧后攻到，敌人前后受击，手足无措。庆功会时，黄埔军校党代表廖仲恺赶到前方劳军，廖对何应钦的指挥表示赞佩，并说：“何团长这次立了很大的战功。”此次战役后，蒋介石对何应钦更有“生我者父母，知我者鲍叔也”之感。甚至以 3 月 12 日这一天，作为他们同生死，共患难的纪念日。

10 月，蒋介石、政治部主任周恩来，一同率领国民革命第一军之第一师和第二师的第四团，进行第二次东征。何应钦的第一师接替战斗。他重新组织了步炮协同，以一个团担任攻城，其余两个团仍留作预备队，攻击开始时，先集中炮火于一点，经一天的不停轰击。终于摧毁了敌人几个重机枪火力点，并轰开了一处城墙缺口，攻击团乘机用楼梯架在死人堆上爬过去，经过剧烈的巷战。终于歼灭敌军主力，占领了惠州城。

惠州城战役后，何应钦率领第一师向海陆丰、潮梅地区进击，至 11 月底，整个东江地区的敌人全部被消灭，至此，就结束了陈炯明的叛乱历史。战争结束后，代表蒋介石掌握军、政大权。次年1月，被选为中国国民党第二届候补中央执行委员。

永定是周部后方，亦即主将周荫人驻军之所。城内有兵一师，闻何部从天而降，心胆皆寒，激战一日，全部缴械。周荫人越城而逃，仅以身免。其师、旅、团长10余人，均为阶下囚。永定大捷，何复以全部主力连夜转向松口之敌猛击。

本有两师精锐的部队，因其后方被捣毁，遂仓皇失措，全被解决。此战后，张毅的两个师被何应钦招降。驻守闽西的曹石顺两个师也因与何有了默契。按兵不动。所以周部留守福州的李春生，弃城外逃。12月，何应钦顺利地进占福州，先后解放周部九个州，抵定闽局。

1933年3月，张学良因热河失守，引咎辞职。刚从江西内战前线败阵下来的何应钦，奉命赴北平接替张学良，代理军事委员会北平分会委员长，主持华北军事。他秉承南京政府一面抵抗，一面交涉的既定国策，倚靠2000多年来秦始皇遗留下来的万里长城，作为防御的唯一工事，试图以傅作义、徐庭瑶、宋哲元、商震的部队守住长城线上的独石口、古北口、冷口、阻止日军进入关内，把由长城撤下来的东北军整理后，调北宁线天津以东及冷口以东担任防御。同时令孙殿英部坚守多伦以东地区，威胁日军的后方。

1938年1月，国民党政府颁布《修正军事委员会组织大纲》。何应钦为委员和总参谋长，仍兼任第四战区司令长官，24日，以高等法院审判长身份，判处前第一集团军总司令韩复榘死刑，在汉口执行枪决。接着他参与了台儿庄战役的上层决策、4月主持江防会议，指导徐州会战。

1939年3月至11月，何应钦先后参与了指导南昌、随枣、长沙和桂南会战。

1941年3月，何应钦参与了指导上高会战，晋南会战，第二、三次长沙会战。太平洋战争爆发后，他奉命宣布中国军队进入缅甸协防。4月19日，指导入缅远征军(总司令罗卓英)攻战缅甸仁安羌。5月，指导浙赣会战。1943年2月，偕英、美代表由渝飞印，检阅中国远征军，在凯德里发表演说检讨战局。5月，获美国总统罗斯福授予他司令勋章及奖状。同月，指导鄂西会战。10月，获青天白日勋章。10日同蒋介石与史迪威、东南亚盟军总司令蒙巴顿爵士一起，商讨军事合作与对日作战计划，获一等复兴勋章。1944年1月，指导缅北会战，获一等卿云勋章。3月，英皇乔治六世授予他二级军师荣誉会员勋章。4月，指导缅北反击作战获一等景星勋章，9月，指导桂都会战和贵州保卫战。同月，与蒋介石、史迪威、赫尔利等人，商讨中美军事、经济合作有关诸问题。

这年12月，国民党军统帅部，为联系盟军，对敌转移攻势，特设立中国战区中国陆军总司令部于昆明。何应钦兼任陆军总司令，接受美援装备，整训军队和负责西南各战区的指挥。为适应尔后的攻势作战，他将陆总所辖的28个军，86个师，及其特种部队。共计71万余人，改编为四个方面军，分别以卢汉、张发奎、汤恩伯、王耀武为方面军司令，以杜聿明为昆明防守司令。

1945年2月，他飞赴缅北战场。督师克复腊戍。4月，亲自指挥了湘西会战、桂柳反攻战，制订反攻广东的作战计划。

湘西会战，日寇为了保护其所战粤汉、湘桂二役之安全，夺取芷江之空军基地，于4月上旬集中8万余兵力，以邵阳为进攻出发点，采取分进合击战略，向湘西进攻。何应钦针对日军分路之多，兵力不足，易于被各个击破的弱点，以及湘西地形险阻，易守难攻的特点，指挥第二方面军汤恩伯之第二十七集团军李玉堂的三个军，第四方面军王耀武的四个军，以及第十集团军王敬久的二个军，采取攻势防御战略，以主力位于新化、武冈间，拟与敌决战。以一部守新宁、益阳、龙胜、城步，阻止消耗桂穗路之敌。保障主要方向作战。以决罐南的第六军空运芷江为总预备队，武岗新化间将敌歼灭。4月中旬，敌人发动功势，分进合击。何应钦指挥各方面军，首先采取分别阻击。逐次消耗敌人，待诱敌进入有利地带，乃进行全力反攻，将分路进击之敌各个歼灭。该役，共伤毙敌人28100余人，俘敌官长17员。士兵230名，马347匹，大小炮24门，其他战利品20余吨。

湘西会战后，日寇自知战略日减，战志消沉，无力控制所占之广大地区，乃缩短防线，集中兵力，以防反攻。何应钦则乘湘西会战之余勇，敌人战志消沉之际，于4月下旬督令所部第二、三方面军迅速反攻桂柳，收复广西，为反攻广州创造条件。桂柳反攻作战，日寇的兵力是五个师团及两个旅团，共约10万人，分布于桂林、柳州、南宁、龙州等要点，指挥官为其十一军团司令笠原幸雄。何应钦在得到中美空军的支持下，采取攻势战略，指挥张发奎部向南宁进攻，汤恩伯部向柳州逼进，尔后以两个方面军围攻桂林。7月28日，攻占桂林，残敌向湘境逃窜。战役结束后，何应钦获得罗斯福总统生前颁赠的金椰勋章。

日本宣布投降时，何应钦被派为中国战区受降之最高指挥官。8月20日，他飞抵湖南芷江。21日，派参谋长肖毅肃接见日本投降代表冈村宁次之代表今井武夫，面交中国陆军总司令部致冈村宁次中字第一号备忘录，指示日本投降应办理一般事宜。

9月9日上午，在南京中国陆军总司令部大礼堂，代表中国战区最高统帅特级上将蒋介石，接受日本“支那派遣军”总司令冈村宁次无条件投降。

11月1日，他飞赴越南河内巡视，10日获胜利勋章。17日派第七十军开赴台湾，开展接收受降工作。他负责接受日军投降地区为中国(东三省归苏受降)台湾、澎湖及越南北纬十六度以北地区，共受降日本侵略军总司令部一个，方面军三个，军团10个，师团36个，独立旅团41个，受降兵力为1283240人。舰艇船舶1400艘，各种飞机1068架。另外，截至1946年4月底，共收编伪军683569人，枪炮357254件。

1946年4月，何应钦任重庆行营主任。25日，获法国政府荣誉十字勋章。6月1日，国民政府撤销军事委员会，成立国防部，何应钦被解除参谋总长及陆军总司令职务，奉派为联合国安全理事会军事参谋团中国代表团团长。29日，他到达美国华盛顿，见美国总统杜鲁门，6月，兼中国驻美军事代表团团长。11月，访问墨西哥，墨西哥政府赠予陆军一等武功勋章。1947年1月，他应“世界道德重振运动”创始人布克曼博士之邀，赴加拿大尼加拉瀑布出席会议，并以“消除误解，建立信心”为题，发表演讲。4月，军事参议院改组为总统府战略顾问委员会，奉委为主任。

1948年初，国民政府准备召开行宪国大，选举正副总统。当时何应钦还在美国，乃函告以不拟竞选副总统。3月，离美回国，出席第一届国民大会第一次会议。当选为主席团成员。5月，就任翁文灏内阁政务委员兼国防部部长。

7月下旬至8月上旬，蒋介石召集军长以上的高级将领120余人，在南京举行最后一次军事会议，会议由蒋介石、何应钦、顾祝同轮流主持。会议进入第三天，何应钦做全盘军事形势报告。首先，他大肆诬蔑解放军，企图把挑起内战的责任推给中国共产党。接着，他站到悬挂的军事地图前公开了两年作战和损耗的数字，计兵员的死伤，被俘损失300万余人，步枪100万支，轻重机枪约7万挺，山野重炮1000余门，迫击炮等小炮15000余门，还有战车、装甲车、汽车和大批通信器材的数字。他的报告刚完，与会人员就议论开了，有的说：“共产党在江西时，只有那样一点力量，打了10年都解决不了它，现在共产党发展成这么大的力量，这个仗还怎么打下去？”有的则埋怨说：“陈辞修太讨怨，这个仗就是他极力主张打的，胡说三个月五个月解决共军主力，结果一败涂地，他应负完全责任。”会场内外议论纷纭，充满了悲观疑虑的沉闷空气。何应钦之所以公布这些数字，有两种用意：

一是两年来失败得这样惨，责任不在他；二是对蒋和陈诚逼迫他交出军政部长，到美国去充当军事代表团长及不甘心，以此对蒋和陈诚的泄愤和报复，蒋得知报告的内容气得满脸涨红，连胡子都要翘起来了。

何应钦认为和谈准备基本完成，同时国统区已到山穷水尽境地，不能再拖，而要求和谈的呼声更是一浪高过一浪。于是3月23日，宣布内阁改组名单，接着24日召开改组会议，通过了“南京和平商谈代表团”名单。首席代表张治中，代表邵力子、黄绍闳、章士钊、刘斐、李蒸、秘书长卢郁文、顾问屈武、李俊龙、金山、刘仲华，于4月1日赴北平商谈。代表团一走，他们又成立了商谈指导委员会（成员李宗仁、何应钦、于佑任、童冠贤、孙科、张群、朱家骅、白崇禧等），以便操纵代表与中共进行和谈。

1979年8月，他率代表团到瑞士柯峰，出席首次道德重振大会，会后专程访问日内瓦、洛桑、西柏林、汉堡、维也纳、巴黎、伦敦及哥本哈根各大城市。一天，他与随从到维也纳醉村游玩，其时已是万家灯火，各国观光客已陆续入村，村内露天酒座，分外热闹，此处有小型乐队，供点奏名曲或与客人伴奏，维也纳为音乐王国，无论男女老幼，都能高歌一曲。何应钦的随从也情不自禁地唱了几首中国歌曲，顿受观众热烈欢迎，谁也没有料到九十高龄的何应钦突然站了起来，整一下西装领带，对其随从说：“看他们各国游客，对我们如此钦慕，我来破例唱一支歌，以此来酬答他们的盛情。”等翻译后，他严肃而又用洪亮的歌喉唱起：怒潮澎湃，党旗飞舞，这是革命的黄埔……

原来，他唱起当年的黄埔军校校歌来了，接着，又与随从一起合唱岳飞的满江红，等歌声一止，全体游客叫好声，歌声此起彼落，不绝于耳。1987年10月21日午，因心力衰竭，在台北荣民医院去世，终年98岁。谢世时，台当局谓之：英特之材，文韬武略的一生。

原文连载（摘自解放军出版社出版“民国高级将领列传[1]”）。

还有史料记载，何应钦还担任了以下要职：他被孙中山委任为黄埔军校总教官，蒋介石委任他为黄埔军校教导团团长、黄埔军校教育长、国民革命军第一军军长、国民革命军北伐军总司令部参谋长、军政部部长、联合国安理会军事参谋团中国代表团团长兼驻美军事代表团团长、国民党国防部部长、行政院院长等职[2]。

[1] 收录作者熊宗仁原文于贵州省《文史天地》连载。

[2] 开头和结尾是编者根据电话采访和史料记载所整理。

【**编者按**】何应钦是贵州省兴义县泥凼村人。二十世纪三十年代建房在花溪区碧云窝居住。抗战时期，何应钦一家全部搬来花溪，住在平桥旁吉林村的碧云窝，与贵州省主席吴鼎昌、杨森、十三军军长石觉、还有“赖茅”酒创始人赖永初是邻居。何应钦的父母和弟妹何辑五、何应相也住在这里。湘楚青岩赵氏赵状元家族后裔赵显之之子赵一鹤，曾在息烽县任过厘金，后来在南京政府里做事，与在南京的何应相认识，后结为夫妻。日寇入侵上海，他们在南京陷落前到达武汉，继而武汉陷落。于1939年初，赵一鹤携夫人何应相来到青岩居住，生子赵全汉。因此，何应钦成了何应相和青岩赵一鹤的舅子。1940年，因青岩保育院、浙大事件和赵氏宗祠事件，何应钦亲自到青岩调处，最终得以平息。因此，他与青岩结下了不可割舍的姻缘。何应钦是贵州杰出的人才，他早年东渡日本，并与青岩人平刚等加入同盟会，参加辛亥之役，从一等科员、连长，营长、团长、讲武学校校长、支队参谋长、第一师师长、陆军总参谋长、第四战区司令长官、陆军总司令。日本宣布投降时，何应钦被派往中国战区受降之最高指挥官。何应钦总是一步一个脚印地，凭真实的本领，最后走上了一级上将的宝座。何应钦的成功，是贵州人的骄傲，是兴义泥凼人的骄傲，是花溪人的骄傲，也是青岩人的骄傲。原贵州省史学会会长熊宗仁先生，根据解放军出版社出版的“民国高级将领”列传》整理撰写在贵州省《文史天地》连载的《一级上将何应钦》一文，由已故廖柱将各集串连起来将全文整理为一体，对何应钦的一生进行全面介绍，让人们对何应钦的一生有个总体了解②。还有史料记载：何应钦还担任了以下要职：他被孙中山委任为黄埔军校总教官，蒋介石委任他为黄埔军校教导团团长、黄埔军校教育长、国民革命军第一军军长、国民革命军北伐军总司令部参谋长、军政部部长、联合国安理会军事参谋团中国代表团团长兼驻美国军事代表团团长、国民党国防部部长、行政院院长等职③。

铭记贵阳县·贵筑县花溪救亡文化篇

（1936 年—1946 年 12 月）

1936 年春，刘剑魂出任贵阳县县长不久，始修花溪公园，建亭筑路，种花植树。1937 年春，刘剑魂采纳秘书罗浮仙的建议，将“花仡佬”改名为“花溪”。当年孟夏日，刘剑魂集宾朋于汉云楼，即“清晖楼”吟诗作对。春夏，据说刘剑魂陪南京“京滇公路周览团”游花溪，从南京“京滇公路周览团”那里得知息烽人阮则文在前不久的 5 月 4 日尸谏抗日的真相后，便留下墨宝“生聚教训”，意在表示贵阳民众誓将抗战坚持到底、争取抗战胜利的决心。1938 年 8 月，刘剑魂即将调离，为了永久的纪念，花溪第五区公所将其书写的“生聚教训”镌刻在花溪公园麟山脚下东侧石崖上。

1939 年 12 月 25 日，民族复兴节，驻花溪的国民党中央防空学校在公园坝上桥头西侧龟山上建防空凉亭一个，题名“防空亭”，柱上楹联向游客说明防空的重要性，“无防空即无国防”。

1941 年秋的一天，抗日功臣张学良将军游览花溪并参加诗会。

1945 年抗战胜利后，12 月，防空学校在吉麟村兴建捐资兴学纪念标木亭一个，勒石纪念吉麟村周氏族众捐献土地数十亩和防空学校照测总队官兵捐资兴建防空学校的事迹。

1947 年 12 月，防空学校迁北平前，在大寨后山建立“防空学校各团队抗战死难将士公墓”，这是日寇侵略中国所犯下罪行的又一罪证。

要了解青岩邻区贵筑县府所在地花溪第五区在抗战中的有关重要活动史实，请看附录花溪资料：铭记花溪抗日救亡文化篇。

抗战中的花溪公园麟山摩崖石刻“生聚教训”

在纪念中国人民抗日战争全民抗战胜利 80 周年之际，观瞻抗战时期在高原明珠花溪公园名胜“麟山”脚下东侧石壁上镌刻的四个大字“生聚教训”，摩崖石刻仍十分醒目，苍劲有力，左边刻着“县长刘剑魂去思”八个小字，右边落款是“中华民国念七年八月日，贵阳县第五区公所公建”二十个小字，“念七年八月日”，即 1938 年 8 月。（“麟山，原名“狮子山”，经周奎将其改名为麟山，并写有《麟山记》”）要了解“生聚教训”的来龙去脉，还得从它的历史典故和原罗甸县长阮则文和贵阳县县长刘剑魂说起。

花溪公园麟山摩崖石刻《生聚教训》

（文星 摄）

“生聚教训”，原本语出自《左传·哀公元年》。原文记述了公元前 494 年吴、越战争，吴国打败了越国，越王勾践同残兵 5000 人被包围在会稽山中。吴国大夫伍员劝吴王夫差就此乘胜灭了越国，免留后患，好比“去疾莫如尽”，吴王不听。伍员惋惜道：“越十年生聚，十年教训，二十年之后，越国必然来灭亡吴国了。”越国君主勾践冲出包围后，立志报仇复国，日尝苦胆，警惕贪乐，后以“卧薪尝胆”比喻自励。越国励精图治，20 年后，强大起来，越国终于打败了吴国。

“生聚教训”，是“越十年生聚，十年教训，并去恶务尽”典故的缩写。后来借指积极培养实力，振兴国家。“十年生聚”，表示用10年的时间来奖励生育，发展人口，壮大力量，同时提倡农桑生产，积累社会财富；“十年教训”，意思是用10年的时间来加强人民的思想教育，不忘过去，培养人民复仇意志，训练军队，准备打仗，复仇备战，随时准备实现民族的复兴。

“生聚教训”摩崖石刻，是刘剑魂任贵阳县县长时亲笔所书写，其目的与典故不同。他是在日本外敌入侵，抗战开始不久，中华民族正处在生死存亡的紧要关头，借原贵州省罗甸县县长阮则文在南京上书蒋介石抗战不成，留下遗书而后投湖尸谏，以自己的死唤起国民觉醒，投入抗日战争的故事。“生聚教训”以表示决心，意在号召贵阳县民众积极参加抗战。

梁茂林先生曾在《贵州草鞋兵》[1]一书中说：“贵州息烽人阮则文，生于1895年，先后曾任上海银行主任、贵州省罗甸县县长等职。1936年，日寇大举进攻华北，他住在北平，目睹现状，忧愤万分。于1937年3月下旬，化名陈复生，到南京上书蒋介石，陈述华北形势和日寇野心，建言举国奋起，一致抗日，无奈人微言轻，渺无回音，深感失望，便写下遗书，于5月4日，投水玄武湖以尸谏国民抗日，曾轰动南京。”他在遗书中表示：“敬望国人本大无畏之牺牲精神，一致积极抗战！”为“嘉其忠节”，当局赐葬于专门安葬国民党高级将领的南京永安公墓。要了解阮则文尸谏的目的和详情，请看1992年版《息烽县志·人物传》记载的阮则文其人生平全文及遗作《告国人书》：

> 自东四省沦亡而后，不惟收复无期，敌方进而恃强横行，野心不已，心欲渐次吞并华北。则文去岁客居北平，目击心痛，更感国耻之深、国势之危，愿以忧患余生，遂至忧愤成疾，只以无力，救国莫由，徒呼负负而已！
>
> 政府“本十年生聚，十年教训”之旨，忍辱负重，沉着应付，其最后方策，固非吾侪国民所能管窥蠡测。窃以华北之民族精神，已日渐消沉，而敌方复以种种手段，威胁利诱，为日更久，则汉奸愈众，奴化愈深，民气既难于振作，挽救恐愈形困难矣！况迩来敌方除竭力包庇走私而外，一面藉经济提携之假面具，一面则更计划塘沽、大沽筑港，修筑沧石铁路，扩大冀东伪组织，策动察北、绥东匪伪之蠢动，对华北行将增兵，北平等地驻军联合大演习，东京报对华挑战记载，以及名古屋博览会种种侮辱我之事实，凡此皆系先发制人，着着进逼，我似忍无可忍之时机矣！若必顾

[1] 参考梁茂林先生著《贵州草鞋兵》。

虑周全，待时而动，诚恐反将受制于人。则文既不能为勇士身临前线，为民族争生存，为国家雪耻恨，请先与死殉，以示牺牲决心。一般人或多有生之留恋及死之悲惧，留恋者无非为享乐，悲惧者以为是痛苦。其实国破家亡，如东北同胞，生又何能享乐？昔夏禹云："人生如寄，死归耳！"人生百年，总不免一死，与其含垢忍辱，苟且偷生，曷若死里求生，死得其所之为愈也！

则文之捐躯，实无裨于国，只以忧愤之余，报国无从，唯凭此牺牲之决心，并向国人作尸谏耳！敬望国人本大无畏之牺牲精神，一致积极抗敌！既以军队士气为先锋，复以全国民众为后盾，则与敌一战胜利，民族复兴，势有必至，否则无谓杞忧悲观，诚有不堪设想者矣！

至于现代国防问题及战斗条件，必先以经济建设而充实，若待战争已启，始捐款援助慰劳，已落后者，故应即于此时提倡组织"国防捐"，俾期获补助政府先事分配充实，而收集腋成裘、事半功倍之效。则文临终，虽以力微，即请节省自身埋葬之资，移作捐款，敬乞国人对此"国防捐"，激发爱国热忱，慎重组织，踊跃输将，国防甚幸！国家甚幸！将死贡言，伏维鉴察！（民国）二十六年五月四日）

阮则文以死的悲壮和不怕牺牲的英雄壮举，终于感动了上天和中华儿女，在他死后两个月零 3 天的 7 月 7 日，国民政府令卢沟桥守军奋起抗击日军进攻，打响了全民抗战的第一枪。之后，全中国"人不分老幼，地不分南北"痛击日寇。东北抗日联军、国民革命军、八路军、新四军、游击队，在前线和敌后广大地区展开了全面的抗日战争。

《息烽县志》第 738–739 页详细记载了阮则文的生平事迹[1]。志书中说："阮则文，号佑铭，息烽县温泉石头田人，清光绪二十一（1895）年生。幼随父寓居上海，后返筑，就读于南明中学，继考入中国大学。毕业后，先后任上海江海关文书，上海银行文书主任。民国十三年（1924）返贵阳，在贵州泰昌钱庄任职。后弃文从武，出任贵州东南路清乡司令部主任秘书，援滇前敌总指挥部秘书，古州（今榕江县）厘金局局长，黔军二十五军一师师部秘书长等职。民国二十三年（1934），以身体不济，请做地方官，调任罗甸县县长。

民国二十四年（1935）春，中国工农红军长征入黔，蒋介石率部乘机进入贵州，

[1] 收录史实于 1992 年版《息烽县志》记载。

以吴忠信取代王家烈主持黔政。王部属将领张铁成惧蒋兼并，念与阮故交，率部避驻罗甸。罗甸人诬阮谋叛，密告于省，吴忠信令缉拿究治。阮则文弃官出走广西，经香港转至北京。这时日本已侵占东北，难民云集燕京。阮目睹惨状，忧心如焚，不久，患肺结核病，住协和医院治疗。民国二十五年（1936），日本侵略军以东北为基地，大举进犯国土。所到之处，烧杀奸掠，国难日趋深重。阮见此景，常常愤怒地说："此情此景，令吾不欲生矣！愧我文弱，于国家难以为济，若我为武人，当洒鲜血卫国土，上前线歼彼丑类！"民国二十六年（1937）三月下旬，阮则文病已痊愈，化名陈复生，南下金陵，旅居曾公祠湘宁旅馆。在旅馆中彻夜撰文，上书蒋介石，陈述华北形势和日寇野心，建议全国各界奋起一致抗敌。殊知上书如石沉大海，久盼无着。召族弟阮志中至，告欲以死谏谢国。后经劝慰，暂罢此念，但愤慨之情犹然。四月，读《小实报》发表新闻："慈溪富孀，感国难日亟，倾家产援绥，并遗书自杀。"阅后，剪存箱底，死谏意愿复萌，四月二十七日起，每日伏案慎书，每写1行即以纸遮盖，所书内容，鲜为人知。五月四日，结清膳宿费用，分赠侍者小费。傍晚七时，至玄武湖畔，往返踱步，临湖欷歔。后向船主石炳浩租小船一只，独自划向迤北湖面。次日晨，船主寻船至湖中非洲近岸，发现船中有书信一封，来沙儿药半瓶，便将书信和药水送至玄武警所。根据遗信所示，警所通知在南京汤山炮兵专科学校学习的阮志中，临湖雇工打捞，均未获尸。五月六日晨，湖民胡家河兄弟俩在湖中菱洲与翠洲之间的三道桥发现其尸体。经法医检验，系服大剂量来沙儿后，投水自杀。

阮则文之死，震动南京各界。贵州在南京要员何应钦、王家烈等发电悼唁。南京《大公报》《南京日报》《华报》竞相登载消息，发表评论。《新民报》特派记者专访，从五月六日至十一日，以"本报特讯"连日刊载，在南京轰动一时。后阮志中在湘宁旅馆箱中发现其遗作《告国人书》《致妻刘绮仙书》《致弟阮志中书》《致子阮家宝遗书》及现金、存折等物。在致弟阮志中书中，嘱其将480元存款，以一半作安葬费，一半捐作国防经费，以示抗日之决心。五月十日，出殡安葬，沿途观葬者万人，当局令葬于南京永安公墓。

刘剑魂（1902—1960）名泽民，号鹤溪、老剑、涵青室主人等，贵州平越妙冲、今福泉县马场坪区凤山乡小堡妙村人，布依族，擅长诗文、工书画、喜绘画，一生有很多建树。曾任过石阡县县长、广顺县长、罗斛县长、任上将罗斛县改为罗甸县、1937年上半年在任贵阳县县长期间，得知前任罗甸县长阮则文在南京向蒋介石上书，建言举国奋起一致抗日“政府应以十年生聚，十年教训为宗旨”，而后杳无音信，深感失望，写下了《告国人书》遗书，5月4日投水南京玄武湖，以死唤起民众抗日，用“尸谏”的方式规劝国民一致抗战的事迹后，刘剑魂对前任罗甸县长十分钦佩，也为阮则文鸣不平。

据原贵阳县县长李大光和知情人汪汝衡、董君扶等曾撰文回忆刘剑魂建设花溪的许多事迹，我们从中了解到摩崖石刻《生聚教训》与刘剑魂诗的深刻含义。

1936年9月，刘剑魂出任贵阳县县长不久，就出巡乡镇，调查民情，多次来到“花仡佬”，从“花仡佬”桥头到溪流两岸，感受了“花仡佬”的青山绿水，景色宜人。于是，邀请地方知名绅士一起座谈。汪汝衡撰文说：“‘花仡佬’青山绿水，自然景色秀丽多姿，是个风景极好的地方。若在河两岸多种些桃、柳，在龟山、蛇山、麟山之间以及山顶或半山腰修建几个亭子、阁楼，将沿岸和上山的路径修好，使游人登山省力方便，那么，这里就可以辟作公园，供人游玩，就可以吸引城市中的许多人来游览，‘花仡佬’的经济就会繁荣起来，地方上的人在经济收入上也会得到好处。”他提出修建公园后，年底就开始修建“花仡佬”公园，并指定专人负责，在沿河两岸广种桃、柳，种花植草，建亭筑路。

刘剑魂觉得“花仡佬”这个名字不雅，与风景秀丽的公园不相配。于是，他广泛征求意见，最终采纳了地方建委秘书罗浮仙的建议，于1937年春，将“花仡佬”改名为“花溪”，并勒“花溪”二字石碑立于花溪大桥桥头。

收录于《花溪区志》

这年孟夏日，贵阳的一些文人雅士来游花溪，正值贵州息烽人阮则文投湖尸谏抗日没多久。李大光撰文说：刘剑魂在贵阳邀约了任可澄、李紫光、杨恩元、邹国彬、马道穆、凌惕安、杜忱、倪松农、李独清、柴晓莲、陈恒安、潘泳笙等二三十个宾朋游花溪公园，请他们为修建公园出谋划策。刘剑魂领着众宾客从桥头沿着河岸顺流而上，饱览溪水，眺望众山，享受着大自然的美景。他们穿过花圃和两岸竹林，来到龟山上的“清晖楼”聚会。诗人和众宾朋在茶馆里小憩，他们在这里韵诗作对，“追踪‘兰亭’‘金谷’，颇极风雅之盛”。

他们品着茶，聊着天，此时，大寨和白杨寨稻田里的水稻开始扬花，经夏风一吹，稻花带着泥土的气息从窗口飘进了“清晖楼”。一股清香扑鼻而来，让诗人们陶醉。刘剑魂为之一震，起身向窗台走去，当他在窗前向窗外望去时，隐约看见远处河中有一条小木船，船头站着一只黑色的鱼鹰，一个打鱼人手里拿着桨，一边轻飘飘地划着船，嘴里唱着山歌，这歌声远远地传进了诗人的耳朵里。

诗人似乎在公园里，欣赏着美丽的山水风景，他看见不远处的旗亭和眼前蜿蜒曲折的花溪河水和山脚不远处正计划修建的“枕虹亭”畔处停着几艘游船。诗人突然见景生情，勾起了诗人联想起南京的玄武湖，想起几个月前，前任罗甸县长阮则文上书蒋介石抗战不成，留下遗书，1937 年 5 月 4 日投湖。

诗人此时认为阮则文在遗书中谈到的“政府本十年生聚，十年教训之旨，忍辱负重，沉着应付”，不无道理，振作民族精神，全民积极起来参加抗战是最重要的，应向越王勾践那样忍辱负重，教育国民，发展经济，壮大自己，增强国力，把抗战放在第一位。如今，全民抗战已开始，阮则文的遗愿已实现。在如此美景下，又联想起边塞，即前方糟糕的战事来，诗人心事重重，有些伤感，担心起国家的存亡来，因此思念阮则文，用笔发出抗日号召。于是，刘剑魂开怀吟唱诗一首：

花溪经始

姑于生聚忧劳里，经始花溪兴众游。
烟树百重深阴岸，风云万里一登楼。
每因山好怀边塞，常问民艰到陇头。
如海稻香渔唱晚，枕虹亭畔系轻舟。

同游们拍手叫好，连连称赞：“好诗！好诗！”请刘县长留下墨宝！茶馆老板叫人请来笔、墨、纸、砚文房四宝。刘剑魂挥毫写下了《花溪经始》诗，抒发了诗人的情怀，留下了游花溪公园以来的佳作。

刘剑魂留下墨宝时，用“民国二十六年秋，花溪抒怀，用王太蕤韵”作为诗《花溪经始》的引文。

据董君扶撰文说：“秋 8 月，刘剑魂陪南京‘京滇公路周游团游花溪’。”

刘剑魂再次来到花溪公园，在清晖楼得知周游团从南京玄武湖而来，他们谈到阮则文的死，描述了阮则文的悲壮行为，十分敬佩。刘剑魂听后，在清晖楼悲愤地写下了“生聚教训”四个大字。向南京“京滇公路周游团”表明，贵阳人将继承阮则文遗志，誓将抗战到底，争取抗战胜利。表达了诗人对已故县长阮则文上书蒋介石、尸谏国民抗日的思念。刘剑魂还写了描写花溪四季的诗句，并做了引言：

《花溪季咏》

花溪之经营，始于民国二十五年冬，欲引城市士女到农村知稼穑之艰难耳。山水清丽，固可一涤胸襟。在此大自然之怀抱中，诚如欧阳醉翁所云四时之景不同，而乐亦无穷也！乐亦乎哉？有无穷之感耳！因分春夏秋冬以咏之：

（一）柳岸风柔筚路蟠，清晖楼上一凭栏。水中华阁连瑶蝀，云里清溪绕翠峦。万缕夕阳红杏闹，一犁春雨绿蓑寒。莺莺燕燕寻芳客，到此应知稼穑难。

（二）碧云窝里羡深居，白日悠悠照绿渠。峻角鹰盘雄寇冢，沧浪珠泻美人鱼。山无远近皆堪画，校峙东西竟读书。且倒清樽涵翠馆，南熏吹梦入华胥。

（三）小立西峰一望遥，晚霞红映叶萧萧。倚天亭下云归壑，放鹤洲间月过桥。察隐渐无包老目，多忧瘦却沈郎腰。秋高振翮横东海，耻作寒山泣露蜩。

（四）绕楼似种万梅花，驴背敲诗任径斜。美酒有谁飞阁上，寒流出此即天涯。银铺大地纷纷雪，风撼高枝点点鸦。多少悲歌慷慨士，燕云北望已无家。

此游后，盛传刘剑魂因建设花溪公园贡献大，省里要提拔他，即将升迁，调离贵阳县，为了彰显他建设花溪的功劳，为了永久的纪念，花溪第五区区长向佩弦，命人以第五区公所名誉将刘剑魂书写的“生聚教训”横幅临摹，镌刻在花溪公园名胜麟山脚下西北侧大石崖上。一方面以表达对已故县长阮则文尸谏民众抗日的思念，另一方面号召贵阳县民众积极参加抗战，抗日救亡。“去思”，作为对诗人永久的纪念。“念七年八月”[1]，则是镌刻时间 1938 年 8 月。石刻所显示的爱国主义精神，至今仍然具有警示作用。

花溪麟山摩崖石刻“生聚教训”，具有借代、借喻作用，其号召力、鼓动性融为一体，借典故号召国民起来抗日，寓意深刻。“生聚教训”石刻，在纪念中国人民抗日战争全民抗战 80 周年的今天，不失当年风采。石刻至今已有 86 年历史，它为我们研究 1931 年以来抗战中的贵阳县、贵筑县、县辖花溪、青岩等地的抗日救亡活动，提供了翔实的实物依据。

[1] 亲临花溪公园麟山脚下实地调查、记录、拍摄、整理和参考相关史料。

抗战中的花溪公园坝上桥旁龟山“防空亭”[1]

花溪公园“防空亭”，于抗战时期的民国二十八年（1939）民族复兴节，由驻吉麟村的国民党中央防空学校照测总队部修建。

防空学校，始建于民国二十三年(1934),蒋介石兼任校长,黄镇球中将任教育长。史料记载：抗战爆发后，防校部队遍布全国，独立作战或参加野战军作战，以少数部队的劣势装备，与敌优势空军作殊死战斗，经数百次大小战役，摧毁了敌军的凶焰，减少人民生命财产损失，创造了金坛之战一弹击落三敌机的战例，汉口战役，使侵入汉口的敌军全军覆没，杭州战役，完成我空军六比一的战果。抗战开始后，中央防空学校由杭州先后到南京、汉口、湖南、广西桂林、贵州境内，部队在黔南麻尾被美机误炸。于 1938 年元月，辗转迁来贵阳，校本部驻油榨街。“二·四轰炸”后，教育总队迁南厂兵营，防空学校立即协同地方政府加强防空力量，从此，日机不敢低空侵袭和轰炸，直至抗战胜利。

防空学校所属照测总队部则迁驻花溪镇和吉麟村，吉麟村周氏族众捐献土地数十亩修建防空学校一所。

照测总队参与了花溪公园的绿化建设。为了宣传防空知识，提高民众对防空的认识，吸取贵阳“二·四轰炸”的惨痛教训，号召人们参与防空。1939 年 12 月 25 日这天是民族复兴节，照测总队在公园内的风景区龟山上修建凉亭竣工，题名“防空亭”，六根石柱上镌刻着防空知识楹联，一方面，宣传防空的重要性；另一方面，在亭内六方搭上木板，周围装上木质围栏，供游客休息，又美化了环境。

[1] 亲临花溪公园坝上桥旁亭子实地调查、记录、拍摄、整理。

防空亭位于风景秀丽的花溪河畔花溪公园坝上桥头西侧20多米的龟山上，呈六面菱形，由石柱、单檐、瓦顶构成，亭内六方搭上木板，周围装上木质围栏，供游客休息。正北正南两根立柱间距1.60米；东西两根立柱间距1.55米，六根石柱呈六菱形，边长为0.15×0.15米，每根石柱高2.30米，0.3米高菱形六边石磴，边长0.19×0.19米，顶高1.50米，六边两旁石柱间装有木板连接，圆形瓦顶，顶尖造形为40厘米葫芦状，亭高约4米，是花溪唯一保存完好的抗战时期的有关防空的凉亭。

坝上桥旁龟山防空亭（文星 摄）

“防空亭”呈坐南朝北向。亭内亭外六根石柱书写有楹联。

北面主楹联：

左联是：蒋委员长是中华民族的救星

右联是：何总长是总裁最贤明的辅弼

北面内楹联：

左联是：军事第一胜利第一

右联是：意志集中力量集中

南面主楹联：

左联是：登高一呼举国空防都有赖

右联是：极目四望万方景物总无穷

南面内楹联：

左联是：国家至上民族至上

右联是：抗战必胜建国必成

东西面石柱刻有一副对联是：

东面是：无防空即无国防

西面是：万事莫如防空急

东面内写的是建亭时间：民国二十八年（1939）民族复兴节[1]

西面内写的是建亭单位：防空学校建

防空学校还在旗亭旁的“柏山”东麓坡脚镌刻着七个大字：“无防空即无国防。”（“文革”中被毁）

龟山上的防空亭，从1939年12月25日民族复兴节这天修建，2015年9月3日中国人民抗日战争暨世界反法西斯战争胜利70周年纪念日至今，防空亭已有83年历史。

[1] 民族复兴节，即1939年12月25日，蒋介石从“西安事变”中得以脱身，回到南京，所以这天被定为“行宪纪念日”，也叫“民族复兴节”。这天正好是西方的圣诞节日。

张学良将军在抗战期间游花溪[1]

周诗若

“犯上已是祸当头，作乱原非愿所求。心存广宇壮山河，意挽中流助君舟。春秋褒贬分内事，明史鞭策故所由。龙场愿学王阳明，权把贵州当荆州。”这是被周恩来当年誉为“有功于抗战事业”的张学良将军在抗战中游花溪酬答诗友所吟的言志诗，壮志未酬，壮心不已。壮哉！悲哉！

“西安事变”发生后，张学良被蒋介石下令囚禁。第一次长沙会战后，蒋介石令戴笠将张学良转移到大后方贵州囚禁。民国二十八年（1939）10月中旬张学良抵达贵阳，继而囚禁在贵阳市修文县城东1.5公里龙岗上的阳明洞王成文公祠大殿东厢房中。阳明洞原名东洞，因明代哲学家、思想家和教育家王阳明被贬谪龙场驿龙岗上，故得名阳明洞。由军统特务少将专员刘乙光监管。民国三十年（1941）五月，张学良患急性阑尾炎须动手术，被送贵阳中央医院动手术切除。7月中旬，伤口愈合后张学良对刘乙光说：“我想在贵阳再住段时间，暂不想回阳明洞。”刘乙光发电报请示戴笠后，经戴笠批准将张学良暂移黔灵山麒麟洞囚禁，随往的有赵一荻（赵四小姐）。

麒麟洞是明代贵阳城最早的三处景点之一。原名云崖洞，贵阳话崖岩同音，贵阳市云岩区即得名于此。又名唐山洞、檀山洞。因洞口处有一尊钟乳石酷似传说中的吉祥兽麒麟，俗名麒麟洞。麒麟洞在狮子岩山腰，环境清幽，明朝镇守贵州的太监杨金著诗《唐山洞》曰：

[1] 收录作者周诗若提供的原文，内容有增补。

“白云深隐一唐川，枕石烟落洞口连；策杖适情寻古迹，分云乘兴见壶天。千重岚气千峰翠，万颗垂珠万象悬;柯烂棋终事已往，吾身复来入桃源。”此诗刻于洞口，现存。现麒麟洞景区大门门楣上“麒麟洞”三字为原中共中央江泽民题书。洞口前一空地，建有平房数间，张学良与赵一荻即住于此，四周由军统特务和军警把守。

其间，时任贵州省省长的吴鼎昌为解张学良之愁，特邀张学良游贵阳风景最佳的花溪，并为其办一诗会，还邀当时的社会名流《中央日报》社长王亚明、《大刚报》社长毛健吾、《贵州日报》社长严慎予、贵大教授谢六逸、讲师陈恒安等作陪。袁化鹏著《我多次见到了张学良将军》对这次游玩详细做了介绍。

游玩花溪公园名胜麟山、坝上桥、放鹤洲景点后，东道主吴鼎昌在汉云楼设酒宴招待张学良后举办诗会。吴鼎昌提议以花溪之游的“游”字为韵，并首先填词《鹧鸪天》一首：

“诗酒亦足傲王侯，新腔一曲动天諏。长安城楼一轮月，偏照花溪古渡头。甲被卸，任遨游，一让飘踪随他去，花溪伴君度春秋。一泓碧水自轻柔，出岫白云自悠悠。秦天昨夜愁风雨，百万生灵动离愁。经百战，志未酬。敌忾举国也同仇，后继还有我贵州。”

其他诸人均有佳作吟咏：

师院邹国斌教授作：

壮志欲酬，光我神州。疆场气壮，百战未休。力主杀敌，袍泽同仇。东北易帜，版图固有。西安兵谏，震撼全球。抗日复地，万民效道。促成抗战，扫荡瀛洲。将军赋闲，昊天罔求。花溪度夏，韬晦权谋。风雷再起，碧霞畅流。

师院王梦淹教授作：

北国彤云稠，辽阳月横秋。壮心悲击剑，肝胆射斗牛。矢志歼强寇，有意定神州。所谋不惬意，西安风云吼。宇内皆震动，举国素愿酬。烽烟漫秣陵，东海战云稠。将军终下野，辗转任漂流。花溪水如酒，仙客纵情游。

贵大教授谢六逸作：

花溪已非小碧流，将星光耀放鹤洲。细雨飞花惊客梦，晚霞烟润洗人愁。黑水非比南明好，白山亦似黔灵幽。贵山从此添秀色，黔南自今更风流。

艺术馆长、贵大中文系讲师、书法家陈恒安填《南乡子》词：

北国暗云稠，戎马倥偬战未休。半壁山河是旧垒，忧忧！收复故土志未酬。将军胆识优，易帜兵谏有权谋。拟向穹苍摘北斗，休休！醉向花溪垂钓钩。

陈恒安先生又填《卜算子》：

花溪泛碧流，麟山送远愁。将军漫步放鹤洲，荷蕖绽新蕾，乌啼月横秋。画舫凌波浮，丝柳系轻舟。一代天骄任纵游。奔流临浩魄，玉宇翔沙鸥。

张学良为酬答诗友，即席吟七律一首，此文开头的诗句即是张学良酬答所吟。

陈恒安先生再填《玉楼春》应和：

“日照花溪水如绸，湖山装点似杭州。烟波斜阳映小楼，夜阑人静晚风柔。赋罢长安耽诗酒，壮游黄鹤几经秋。灞上桥边垂新柳，愿为将军解离愁。”

游花溪后，军统将张学良所吟之诗报告给蒋介石，蒋只说了三个字：“诗言志。”花溪汉云楼诗会（汉云楼，即借花草堂，即周际华所建，后改为清晖楼）后，张学良被囚禁在麒麟洞的消息很快传开，刘乙光深感不安，经请示戴笠，民国三十年（1941）十一月，戴笠到麒麟洞“看望”张学良后，将张学良转移至贵阳市开阳县城西8公里处的旧名刘衙（土司刘氏官衙）民国初易名刘育乡，张学良结束在贵阳的囚禁生活。

【编者按】张学良是东北军著名的少帅，一枪未放就下令撤出了东北三省，被蒋介石派到西北军围剿红军，连吃败仗，现实让他看到打内战是没有出路的。于是，在1936年底，蒋介石到西安督战，张学良和杨虎城派兵抓捕了蒋介石，实行兵谏，逼蒋抗日。在中国共产党调停下，蒋介石同意抗日，当年12月25日得以释放。但张学良从此成了蒋介石的阶下囚被软禁，在软禁贵州开阳、黔灵山山洞治病期间，1939年10月曾到风景秀美的花溪公园游览，参加诗会，载入史册。周诗若先生是中共云岩区原党史办主任，贵州省史学会近现代史专业委员会理事，贵阳历史学会理事，长期从事党史研究工作和地方文史研究，写了很多反映抗日战争方面的文章。退休后仍笔耕不辍，他在挖掘抗战文化时，发现张学良将军在抗战时期曾游览花溪并留有诗作，写下了张学良将军游花溪的论文。

抗战中修建的“花溪中正公园”的变迁

1936年9月，刘剑魂出任贵阳县县长不久，出巡花仡佬的第五区花谷镇，出游了乾隆时吉麟村周家举人周奎在狮子山下改建的麟山周家花园，目睹了周奎撰《麟山记》，亲身感受了麟山周家花园四周的青山绿水，有了在这里修建公园、向外开放的念头。刘剑魂回贵阳后，提出了修建公园的议案。当年底和1937年春开始在周家花园内和两岸种植竹林、桃树、柳树、花草等，邀请南京玄武湖公园的专家到花溪来规划建设公园。刘剑魂认为“花仡佬”名与美丽的山水不符，于是广泛征求意见，1937年春，将“花仡佬”改名“花溪”。当年7月，刘剑魂在贵阳邀约了吴鼎昌、张学良等二三十个宾朋游花溪吟诗作赋，请为修建花溪公园出谋划策。1938年8月，

1940年春节何应钦书题“中正公园”匾额，清华中学保存原件

解放后改名“花溪公园”。胡抗美书题2016年改建的公园一号北大门和五号西南侧大门同样匾额“花溪公园”四个字（周天胜 摄）

第五区在麟山脚下，将刘剑魂书“生聚教训”刻于石壁上。

1939年春节，时任军政部部长、家住花溪碧云窝的何应钦回家过节，得知贵阳县刘剑魂要修建花溪公园的消息，十分赞成和支持，并表示愿意捐款修建。并发起以纪念蒋介石为名，将公园命名为“花溪中正公园”的提议，他的提议得到一致赞成。何应钦明确由贵州省建设厅进行规划、设计、建筑。因此，贵州省政府立即组成“贵阳花溪中正公园筹备委员会”。何应钦回去后不久，给省建设厅汇来一笔巨款，作为修建花溪中正公园的专项资金。

贵州省政府收到巨款后，在贵州省建设厅召开了省府第532次会议。花溪区档案馆档案记载：出席委员有叶纪元、虞振镛、皮作琼、李大光等，对已成立的“贵阳花溪中正公园”筹备委员会进行修正：设事务股主任1人、文书干事1人、事务干事1人（由贵阳县政府指派）、会计干事1人(由省建设厅派)、设计股主任1人（由农政所派）、工程干事1人（由省建设厅派或由农改所指派)、设计干事1人（由防空学校指派）。

第五区区长李朝熙等组成“贵阳花溪中正公园董事会”，每年需经常费9800元。这次修建，包括龟山清晖楼、清晖楼旁防空亭，新增西北端工程：麟山脚新修马路、半腰亭、阁、放鸽曲桥等，上坝：架设坝上桥曲桥、棋亭等处、凤山亭子，还有济番桥旁的文笔纪念标、花溪中正公园大门等。至1940年1月下旬，花溪中正公园的大部工程已经竣工，仅纪念标的建立工程即接近尾声。因此，贵州省主席吴鼎昌、贵阳县县长李大光决定春节开园，决定请何应钦书题大门匾额“中正公园”四个大字。

《贵州日报》1月22日腊月十四，报道了春节将在花溪举行花溪中正公园落成典礼的这则消息。全文内容如下：

花溪中正公园落成

——定春节举行落成典礼

“军政部何部长，去岁返黔时，曾发起于花溪建筑中正公园。以纪念最高领袖。及表示黔人崇敬之意，并乐捐巨款，交由本省建设厅设计建筑。开工以来，工程颇有进展，纪念各种楼宇亭榭，均已全部修建完成。纪念标之建立工程，亦积极赶造中。决定于本年春节隆重举行落成典礼，并邀请各界前往参加，届时必有一番热烈盛况云。”1943年3月18日，蒋介石一家游览花溪公园，下榻西舍。

1940.1.22

花溪中正公園

定春節舉行落成典禮

軍政部何部長、夫人[illegible]返黔時、曾提起於花溪建築中正公園、以紀念最高領袖、及表示黔人崇敬之意、並樂捐鉅款、交由本省建設廳設計建築、開工以來、工程頗有進展、[illegible]亭子亭榭、均已全部修建完成、紀念碑之建立工程、亦積極趕造中、決定於本年春節隆重舉行落成典禮、並邀請各界屆時參加、屆時必有一番熱烈盛況云。

周天駐 攝

花溪中正公园落成新闻照

1949 年 11 月 15 日，花溪解放。不久，贵筑县人民政府成立后，将花溪“中正公园”大门易名为“花溪公园”。后来又撤毁了花溪公园大门，1953 年重建。再后来撤销贵筑县设花溪区人民政府，数届政府曾多次对大门进行改建，先后多次对公园内的设施进行改造。除正大门“花溪公园”1 号门外，另增设正东 2 号大门、正南 3 号大门、正西 4 号大门、西南侧 5 号大门四个大门和河边小门（今幼儿园旁）、放鸽桥桥头小门。如将放鸽桥的木桥改为石桥、坝上桥木桥改为石桥，多处增设房屋、如棋亭茶馆、东舍、西舍，公园变化极大。20 世纪五六十年代，朱德、董必武、贺龙、罗瑞卿、肖华、邓小平、陈毅、周恩来、邓颖超等党和国家领导人曾视察花溪和游览花溪公园，留下著名诗句。

1986 年 3 月 13 日，区政府全面开挖人工湖“南湖”。各公社出资运石板修建了园内道路。后来修建了戴安澜衣冠冢和修建了水泥路路面等。

2016 年后，区政府对原五座公园大门进行改建，对公园内花、草、竹、木园林进行了大建设。新建正西 4 号大门（原在游船处、花小侧的西门大门已封堵），中国书法家协会会长胡抗美书题正北公园 1 号大门和西南侧 5 号大门门额“花溪公园”；包俊宜书题正东 2 号大门“將军门”门额；戴明贤书题正南 3 号大门“麟秀门”和正西 4 号大门“麟山门”门额。区政府还将水泥路改造成了柏油路路面。

如今，美丽的花溪公园：春天，山清水秀，犹如高原上的一颗明珠；夏天，是人们纳凉、休闲、避暑的好地方；秋天，金色的一片，犹如黄金一般的大道，美丽极了；冬天，清澈的河水映衬整个公园，是一座静谧的殿堂。花溪一年四季如春，游人如织，国内外游人慕名而来。

从 1940 年 1 月 22 日《贵州日报》报道正式建园花溪“中正公园”，至今已有 80 多年的历史。

吉麟村周氏捐资兴建防空学校抗战纪念标亭的变迁

2015年9月3日，正值中国人民抗日战争暨世界反法西斯战争胜利70周年之际，贵州亨特翰林房地产开发有限公司，在国民党中央防空学校捐资兴学纪念标亭原址旁，改变原亭六边形状，重建纪念亭为四柱长方形；吉麟村委会在亭内中央重立原石碑“防空学校照测总队暨吉麟村周氏族众捐资兴学纪念标”一块。

花溪吉麟村捐资兴学纪念标亭，历史上经历了两次拆毁，三次建立的经历，它的历史变迁情况大致是这样的：

吉麟村周氏捐资兴建防空学校抗日纪念标（文星 摄）

国民党中央防空学校捐资兴学纪念标亭，位于吉麟村头南部原国民党中央防空学校照测总队校内一侧（今明珠社区大门南侧），于1945年抗战胜利后始建。全木质结构，分别由木柱、单檐、瓦顶组成，六根木柱矗立，构成六边形空心圆顶。亭内六方铺有厚木板，有围栏，供人们休息、打牌、下棋等，由驻吉麟村的国民党中央防空学校照测总队修建。纪念标亭的规模、形状和高度基本与花溪公园坝上桥头西侧龟山上的防空亭一样。亭内中央立有一大块四方棱形厚的下大上尖的石碑，像标的一样，因而得名“纪念标”。标高2.50

米，边长 40 至 47 厘米，标尖为 1 厘米，石碑的四边中间镌刻着“防空学校照测总队暨吉麟村周氏族众捐资兴学纪念标”字祥。六根木柱内外均写有楹联。据说亭旁立有两块长方形大石碑，勒刻碑文，详细记载了国民党中央防空学校部队在抗战中布满全国，从杭州到南京搬迁，防校部队途经汉、湘、桂沿线，参与杀敌，击毁敌机，保卫领空，参加大小战斗百数十次，将士牺牲损失不小。防空学校辗转到达贵州贵阳。照测总队驻花溪，在花溪吉麟村修建新防空学校一所。因此，在吉麟村建立兴学纪念标、亭，让人们充分认识到防空教育的重要性——“无防空即无国防，万事莫如防空急”。提出了国家的当务之急，是建立防空教育系统，建立空防教育体系的关键，是修建防空学校对军队干部战士进行教育，培养防空骨干，通过防空学校进行人员教育、人才培训，建立防空设施，加强防空力量。把建立防空体系，提高到“国家至上，民族至上”的高度，坚持“抗战必胜，建国必成”的信念，因此，在吉麟村修建防空学校，得到官兵们捐助和吉麟村周氏家族的帮助。为了国家利益，为了民族利益，支援前方抗战，周氏家族，在后方不惜牺牲自己小家的利益，慷慨捐献出土地几十亩建设防空学校。石碑记载还彰显了防空学校官兵捐款及建校征用吉麟村陈姓土地、周氏家族慷慨捐献几十亩土地修建防空学校的经过和支援抗日的史实，让后人铭记，永垂青史。

新中国成立后，据说 1956 年，该纪念亭被拆毁，两块大石碑不知去向，整个木亭被抬到小寨 56 医院、今武装学院山上修亭子（后来亭子年久失修已毁）。

“防空学校照测总队暨吉麟村周氏族众捐资兴学纪念标”则被丢弃在路旁日晒雨淋几十年。

2013 年，吉麟村委会在原址旁重新修建六边形钢混结构柱子和圆顶混凝土顶纪念亭，亭内中央重立“防空学校照测总队暨吉麟村周氏族众捐资兴学纪念标”石碑，旁立一块不规则大石，由村委会撰写碑文，石碑照片今存于贵州省档案馆。

2014 年，开发商在亭旁搞房开建设，为修道路须纪念亭让路，因此，新修不久的六边椭圆形纪念亭被再次拆除。

2015 年初，贵州亨特翰林房地产开发有限公司再次重建纪念亭。原石瓦结构，改成长方形四柱四方框架钢混结构，纪念亭长 6.70 米，宽 3.60 米，建筑面积 24.12 ㎡，钢混亭柱 4 根，每根高 3.25 米，边长 0.55 米，顶高 1.25 米，亭总高 4.50 米。在亭内中央修了下底长 1.10 米，上底宽 0.80 米，高为 0.60 米的基座，由吉麟村委会在基座正中重立原“防空学校照测总队暨吉麟村周氏族众捐资兴学纪念标”石碑。该“纪念标”

因多次搬迁，顶尖断掉，现在标高为 1.93 米，边长 40 至 47 厘米，标尖为 35 厘米，加上基座 60 厘米，高为 2.53 米。纪念亭于 8 月底装修完工，并随后在亭中央矗立纪念标石碑。

2015 年 9 月 3 日是抗战胜利 70 周年纪念日，吉麟村委会在亭内中央基座斜面上镌刻文字简介："国民政府防空学校，因抗战由南京迁移，1938 年 1 月辗转来到贵阳，其照测总队部、及其第七队驻扎在花溪吉麟村。周氏望族心系民族安危，捐出田土数十亩，供防校作营房及训练场地。周氏族人的义举充分体现了中华民族的天下兴亡、匹夫有责的爱国精神。抗战胜利后，防空学校在此修建捐资兴学纪念亭，竖立纪念标石碑一块，以作纪念。"今新亭改变为四柱长方形状，故更名为"抗战纪念亭"（对碑文进行了更改）。

不久，"抗战纪念亭" 又被改名为"和平亭"，章维崧题书。

西面为正门，一丁先生撰上联是：卫和平贵筑忠义人家——二〇一五年九月三日。下联是：抗倭寇周族慷慨报国——为抗日战争胜利 70 周年。章维崧书写基座上文字：正义必胜、和平必胜、人民必胜。

东面楹联，上联是：树仁万世太平，下联是：求福天下和顺 。

署名是：三家村一丁撰。乙未秋公竣章维崧书。

防空学校抗战死难将士纪念塔公墓在花溪的变迁

抗日战争胜利后，防空学校奉令迁往北平。为了弘扬抗战精神，缅怀在抗战中牺牲的英烈们，让死难将士的遗骨有个归宿，教育下一代，让后人永远牢记日寇对中国人民犯下的滔天罪行，于是，防空学校在迁北平前奉命修筑公墓墓园，以此慰藉抗日烈士忠魂。从 1945 年 9 月开始，在花溪的防校部队照测总队选址在花溪镇大寨后山修建一座公墓陵园。同时派出将士们到贵州独山县麻尾火车站四处找寻烈士遗骸、集中抗战以来历次战役该校部及各团队死难诸将士遗骨到花溪大寨公墓卜葬。

据史料记载：墓园约呈椭圆形，直径约 50 公尺，墓园四周用土夯实的围墙和墓门，于 1947 年 12 月冬建成。墓地庄重肃穆。

墓园里矗立着一座高大的纪念塔，称为“文绪上塔”，竖有塔碑一块，塔中央阴刻“防空学校各团队抗战死难将士纪念塔”，以垂久远。

原防校公墓墓园大门

（花溪区档案馆馆藏）

墓园内有两座大墓：一座是陆军少将高射炮兵第三区指挥官岑铿之墓，碑上款书中华民国三十三年十一月二十七日殉难，黄镇球立；另一座是陆军上校陆军炮兵第四十三团团长林泽寰之墓，下款为黄镇球立；还有官兵塚墓 325 座，分别立有墓碑，刻有碑文。原公墓建成后，由黄镇球作纪念塔墓志铭和冯秉权作拓建公墓记。

陆军中将前防空学校教育长黄镇球撰写纪

念塔碑墓志铭文，由陆军少将前防空学校教育长时任校长冯秉权书写。全文如下：

防空学校暨各团队抗战死难将士纪念塔碑铭

中将黄镇球　撰文

民国三十四年秋，日本投降，抗战胜利。越二年，防空学校将迁北平，乃悉集抗战以来校部暨所属各团队抗战死难将士忠骸，葬于金筑花溪，竖碑并建塔，以垂久远，礼也，防校自民国二十三年，经镇球惨淡经营，始克成立。越三年，遂有抗战之师，其时规模草创。人力物力，均告匮乏。然自抗战军兴，以少数之部队，劣势之装备，与敌优势空军，作殊死周旋，经大小百数十战，摧毁敌军凶焰，减少人民生命财产之损失。乃至金坛之战，一弹击落三敌机；汉口之战，使敌全军覆没；杭州之战，以情报之讯确，完成我空军六比一之战果。其他击毁敌机，保卫领空，不胜枚举，卒乃获致最后胜利。特抗战已越九年，防校由杭而京、而汉、而湘、桂以至贵阳，亦九年于今矣！顾当抗战期中，防校部队，散布全国，独立作战与参加野战军作战，因而断脰折胸，残毁生命者，曷可胜道。是轰轰烈烈者之忠骸，不获裹之马革，归葬安宅，又曷可镂纪，此防校所最痛心，亦镇球所最负疚，然而力有未逮也。至于黔南一役，防校部队，由湘、桂沿线，参与杀敌，与夫麻尾被炸，我阵亡死难将士，无虑数千，将校级军官，亦不下数十，其所遗忠骸，藁葬麻尾，不有公墓，何以示后，今防校且北迁，乃鸠工庀材，辇致而合葬之花溪，建碑塔以垂久远，工就竣，爰序其始末，碑而铭曰：金筑之乡，麟山之阳。山色苍苍，溪水汤汤。防空将士，痛为国殇。成功成仁，旂常用光。合葬安宅，壮此乡邦。泱泱大风，山高水长。

中华民国三十六年十二月立石

陆军少将前防空学校教育长时任校长冯秉权作记，全文如下：

防空学校拓建花溪公墓记

冯秉权

花溪夙以名胜著称，峰峦四峙，八节长青，溪水一泓，黝然深碧，每春光明媚，名媛淑女，迁客骚人，往往结队连骑，欹歌遣兴，雅集韵事，致足舆。怀顾风光绮丽，独乏雄奇壮烈之观，以资点缀，识者惜焉。

防空学校于抗战初期由京汉湘桂迁校筑垣，照测总队亦驻花溪。抗战期中，防校参战将士，或壮烈殉身，或积劳致命者。实有徒口，以部队遍布全国忠骸，迁贵阳附近，筹建公墓于花溪。抗战胜利，防校奉命迁平，与苍秀可爱之花溪，行且言别，俯仰洄遁，不禁怅然。

秉权因念防校部队湘桂黔南战后，死于疆场，死于误炸者何止千数百人？忠骸凌乱，蒿葬麻尾，心焉伤之，乃亲往勘察，详询父老，可得祥者三百二十有五人，悉辇至而合葬于花溪，拓建原有公墓，竣立宏伟之死难将士纪念塔于山巅，使为壮烈之永久纪念。他日彼部队人士游览花溪，徘徊凭吊而慨然，兴大风猛士之思者乎？则花溪盛绩皎然，与日月争光。

中华民国三十七年二月吉日立石

蒋介石、何应钦、白崇禧、黄镇球、周至柔、冯秉权、杨森、周伯如、顾祝同等多人题词。

收录原件于花溪区档案馆馆藏

蒋介石的题词是："防空节，国家空防！"

一级上将、陆军总司令何应钦为纪念塔题词："八年血战，救亡图存。惟诸将士，取义成仁。河山光复，浩气长存。凌烟图绘，永策殊勋！"

杨森题："民族之光！"

白崇禧题："无空防即无国防"和"英烈永昭！"

陈诚题："空中长城，保我民族！"

周至柔题："两间正气！"

冯秉权题："乾坤正气！"

周伯如题："克敌利器，国防之基！"

顾祝同题："保卫领空，巩固国防！"

公墓建好后，防空学校随即电告贵筑县政府，并附上墓地数张照片存档，至今犹存。

防空学校于1948年2月后全部迁出花溪开往北平。

在以后短短的几十年间，防校公墓几经破坏，面目全非，惨遭易地搬迁，彻底损毁。

据相关史料称：20世纪50年代初，公墓被破坏，石塔、300余座墓碑和土围墙被毁。又因“文革”中的破坏和长时间风雨剥蚀，塚墓已成一抔黄土，大小难辨。1986年，有关专家查勘时公墓园内尚存塚墓40余座，墓园有围墙遗迹可辨。时隔9年后的1995年，花溪区人民政府决定招商引资，在大寨村和防空学校墓地旧址建设风景区，由花溪区招商办公室实施，将墓地余存的40多座塚墓掘开后，将部分遗骨装坛，陆军少将高射炮兵第三区指挥官岑铿和陆军上校陆军炮兵第四十三团团长林泽寰二人的墓被破坏，尸骨也混入坛中，全部搬迁到贵阳市花溪区花溪镇今贵筑社区大寨村和马洞村交界处的哑巴坡大寨落窝土处集体安葬。防校各团队抗战死难将士公墓被彻底破坏。

2016年5月23日下午，笔者再次到马洞哑巴坡大寨落窝土察看[1]，墓地呈长方形，长约16米，宽5.5米，立有新石碑一块，刻有碑文。新碑文与史实不符。“碑文”说：

> “原中国国民党防空学校机械修理所驻广西柳州期间，因遭日寇空袭，部分人员阵亡于战火之中，后该所迁到贵州花溪，这部分阵亡将士的遗体也随之迁至花溪大寨后山安葬，历时五十载。现因国家建设用地需要，故迁葬于此（地名：大寨落窝土。应为哑巴坡大寨落窝土）。花溪招商办公室，1995年12月24日。”

新安葬的墓地在一片茂草中，让人觉得不像墓地，与“防空学校各团队抗战死难将士纪念塔》公墓格格不入，有损抗日英雄们的英魂，如今水泥空心砖砌的长墓破败不堪，昔日的抗日英雄们，今天竟是这般境地。只见墓前散放着几块断碑，这些断碑记载：一块是江西乐平人，现年28岁，“故空军机械士谢君俊卿墓”中华民国三十四年十二月立；一块是江苏镇江人，任职陆军炮兵四十一团、防空学校驾驶训练大队故上尉机械员赵公铁成之墓，享年40岁，由孝男树群树深立，中华民国，三十四年九月：以上文字断碑上只有一半。另有两块则残缺不全，文字模糊，辨认不清。墓地一派惨状，看后令人心酸。贵州寻找抗战老兵志愿者团队前些年曾去扫墓，

［1］亲临花溪镇贵筑社区大寨村和马洞村交界处的哑巴坡大寨落窝土处实地调查、记录、拍摄、整理。

防空学校迁马洞村哑巴坡大寨落窝土墓地颓败状（文星 摄）

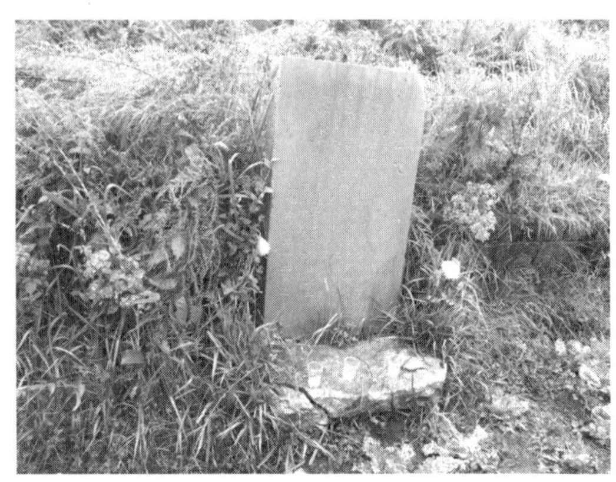

防校迁葬大寨哑巴坡落窝土新墓地石碑文（文星 摄）

团员们见此情景，禁不住放声大哭，潸然泪下。

新碑文内容出现重大错误：一是用词不当，如“遗骨”写为“遗体”； 二是历史事件与史实不符。如原防空学校教育长黄镇球撰塔铭序文说：“至于黔南一役，防空学校部队，由湘、桂沿线参与杀敌，与夫麻尾被炸，我阵亡死难将士，无虑数千”；而冯秉权撰《防空学校拓建公墓记》载“死于误炸者何止千数百人？”防空部队两个团在麻尾准备开赴罗甸迎敌。被美国空军误炸，少将指挥官和一个团长被当场炸死，一个团长负伤，死伤数千人。

《平刚日记》1944 年 11 月 30 日记载[1]：“又报大山塘昨方夺回，今又失去，敌由旁路抄来故也。又闻罗甸空虚，昨始派防空部队两团去守（已达麻尾），殊美空军飞往，不辨敌我，误将两团全炸，仅遣团长一人来报云云。”

新碑文却写成“防空学校机械修理所驻广西柳州期间因遭日寇空袭，部分人员阵亡于战火之中”。

防空学校防空部队是派到罗甸防守，途经贵州黔南独山县辖麻尾火车站被美空军飞机轰炸误炸的，而不是广西柳州。应重立石碑，恢复原貌，以黄镇球中将撰写的碑铭序文和冯秉权记当年立石为准。

据档案资料记载：防空学校在黔南麻尾被美空军飞机轰炸的经过是这样的：1944 年，日寇发动了豫、湘、桂战役，企图打通粤汉铁路。日军占领广西南丹后，兵分两路入侵贵州。中央防空学校奉命从湖南、广西沿线参战杀敌。11 月 26 日，中央防校部队奉命从广西来到贵州黔南合击日寇。11 月 27 日被派往罗甸驻守，途

[1] 参考 1944 年 11 月 30 日《平刚日记》记载。

经独山县麻尾火车站被援华美国空军误炸的。上午，陆军高射炮兵第三区指挥官岑铿少将正在主持召开军事会议，10 点左右，美空军飞机突然轰炸了黔南麻尾火车站，防空部队参加军事会议的各团队营以上军官无一幸免，数十名将校级军官遇难。同时防校部队几个团的部分将士防不胜防，在 20 多架飞机狂轰滥炸下，两个团官兵损失惨重，死伤官兵数千人，大部尸骨无存。陆军少将高射炮兵第三区指挥官岑铿在这次轰炸中和陆军上校炮兵第四十三团团长林泽寰在召开的军事会议上被炸身亡，第四十七团团长受伤、防空部队在麻尾火车站的各部人员所剩无几，数千将士躯体变成焦土，尸骨无处找寻，防空器材及作战物资几乎全部被炸毁。周边遇难民众死伤达五六千人，麻尾被轰炸场景惨不忍睹。因战事紧急，防空部队将以往存放的和找寻到的还有数十尸体不全的共 300 多具死难将士遗体遗骨草草葬于麻尾火车站的蒿草丛中。

根据防空学校官兵后代罗勤提供，其复印于中国第二（南京）历史档案馆全宗号七八七号“防空学校各部队三十三年十一月二十七日于（贵州省独山县）麻尾（火车站）被盟军飞机误炸人员伤亡表”复印件 (1944 年) 统计（附表第六），现对以上部队各团队官兵伤亡人数收集整理于下：

一、高射炮第三区指挥部受伤官 2 人，兵 4 人；死亡官 1 人，兵 9 人。合计：官兵受伤 6 人，官兵死亡 10 人。

二、炮兵第四十二团：

42 团合计：官兵受伤 3 人，官兵死亡 20 人。

三、炮兵第四十三团：

43 团合计：官兵受伤 35 人，官兵死亡 50 人。

四、炮兵第四十六团：

46 团合计：官兵受伤 11 人，官兵死亡 26 人。

五、炮兵第四十七团：

47 团合计：官兵受伤 6 人，官兵死亡 18 人。

总合计：官兵伤亡人数共 184 人：军官受伤 13 人（12），士兵受伤 49 人，共计 62（61）人。军官死亡 25（24）人，士兵死亡 99 人，共计 125（124）人。

关于统计伤亡数字的说明：

一、军官受伤实为 12 人，士兵受伤 49 人，共计 61 人。

其中：指挥部 6 人 + 炮兵第四十二团官兵受伤 3 人 + 炮兵第四十三团官兵受伤

35 人 + 炮兵第四十六团官兵受伤 11 人 + 炮兵第四十七团官兵受伤，统计 62 人，多统计 1 人。

二、军官死亡实为 24 人，士兵死亡 99 人，官兵死亡共 124 人。

其中：指挥部 10 人 + 炮兵第四十二团官兵死亡 20 人 + 炮兵第四十三团官兵死亡 50 人 + 炮兵第四十六团官兵死亡 26 人 + 炮兵第四十七团官兵死亡 18 人 =124 人（统计 125 人，多统计 1 人）。

12 月 2 日，日军联队长海福三千雄大佐带领一路 1000 多鬼子沿公路侵入独山县境，250 个鬼子侵占了独山城；另一路鬼子侵占了贵州荔波、三都、丹寨，以及都匀、麻江两县，史称“黔南事变”。12 月 12 日，日本鬼子在贵州军民的打击下逃离贵州。

1939 年，贵阳“二·四轰炸”后，国民党中央防空学校本部奉命迁驻贵阳油榨街、教育总队驻南厂，照测总队则奉命迁到花溪，总队部驻花溪镇上，总队长由教育长冯秉权兼任。1944 年，总队部由花溪镇迁到吉麟村周家祠堂和在吉麟村的第七大队驻一起，所属各部分驻大寨、新寨、小寨、围寨、养牛坡、花溪街、石头村、桐木岭等地。防空学校在吉麟村沿山坡修建了 200 多间草房，供照测第七大队、所属修理所、汽车队、校部酒精厂、空灯训练班等单位使用。抗战胜利后，防校奉命北迁，因此驻花溪的照测总队有机会负责修建防空学校在抗日战争中牺牲的烈士陵园暨公墓。

防空学校死难将士们是为了国家和民族的利益，是在反抗日本侵略者的战争中牺牲的，他们是民族英雄，抗日烈士，他们的牺牲精神是中国军人的军魂，是中华民族的精神之光。应得到发扬光大，永放光芒，中国人民永远记住他们。在纪念中国人民抗日战争全民抗战 80 周年之际，应将今墓地英烈遗骨迁回安葬，在大寨后山原公墓空地原址上重建防空学校公墓和竖立纪念碑，还历史的本来面目。

防空学校公墓是日军侵略中国的有力特证。重建公墓，以其揭露日本侵略者侵略中国，对中国人民犯下的滔天罪行，教育下一代，警钟长鸣！应将它全力打造成为一个景点，供人们参观、祭奠、瞻仰，旅游，让后人学习他们的英雄事迹，弘扬国人的爱国主义精神，不忘英烈们为国家所做的贡献，让抗日英雄们的英雄事迹代代相传，永垂青史，万古长存。防空学校各团队抗战死难将士永垂不朽！

1995 年，由贵阳市花溪区花溪镇大寨村后山防空学校墓园迁葬的 325 具抗战死难将士遗骸迁至马洞村与大寨村落窝土后，破败不堪，有损烈士英魂。2005 年，正值抗日战争胜利60周年纪念，贵州省寻找抗战老兵志愿者数十人前往祭奠，看见墓地惨状，志愿者们呼天唤地，哭成一团，泣不成声。随后，社会重建墓地的呼声纷起，祭奠的人员渐多。这些行动和呼声终于感动了上苍。

中国远征军陆军第八十二师师长，升陆军第八十九军副军长，解放前夕率部起义，解放后被任命为贵州省人民政府委员王伯勋的后人王辅衡（原花溪区人民政府区长）、八十二师第二四五团团长曾元三的后人曾达敏和普通公民张志强、倪建元等邀约亲属、挚友共同筹资35万元重建防校墓园。并根据花溪区档案馆和民间持有相关资料人提供的原防空学校各团队抗战死难将士墓园、墓地、碑塔、题词照片和铭文，参照重建公墓，由大寨村村民负责施工。2018年端午节开工建设，于2019年3月28日主体工程大部完工，除部分未完工外，墓园初具规模，焕然一新。

29日，贵州省史学会、贵阳市历史学会、花溪区区委宣传部、党史办、区政府、区政协等单位退休老干部等100多人参加了祭奠抗战先烈的开园活动，由贵阳市历史学会副会长主持公祭。

【编者按】中央防空学校部队，于1944年11月下旬，从湖南转战贵州，来到黔南独山县麻尾火车站，待接命令准备开赴罗甸县驻防合击侵黔日军的各团队，即高射炮第三区指挥部、炮兵第四十二团、炮兵第四十三团、炮兵第四十六团、炮兵第四十七团等部。

当年11月27日这天，中央防空学校部队正在召开军事会议，二十多架盟军飞机（美军飞机）飞来独山县麻尾火车站上空发现下面有部队活动，误认为是日军，于是不分清红皂白，20多架美机轮番对该地区狂轰滥炸，伤亡惨重，据档案记载：军民死伤达8000多人。残余部队因军务紧急，匆忙将死亡官兵草草安葬。抗战胜利后，花溪的防空学校照测总队接到命令，在金筑之乡花溪镇大寨村后山上修建防空学校墓园，于是派部队到黔南独山县麻尾火车站的蒿草中寻得部分官兵尸骸和国内其他地方保存的尸骸共325具，运到花溪大寨后山墓园安葬。2024年7月 4日整理。

提倡社会变革的呼声高涨和
黎明前地下革命活动篇

（1940 年—1949 年 11 月 14 日）

抗战胜利后，青岩百业待兴。各行各业需要进行变革，革除各种陋习，呼声越来越高涨，青岩赵家媳妇何应相率先提出了妇女界要发展妇女工作，必须彻底解放妇女的主张。教育界汪汝衡也提出了小学教师待遇低，必须提高小学教师待遇的改革主张。青岩蒙贡的班元信、班元忠、班世新、班元凯与花溪的陈光裕，把火寨的韦小妹、陈伯光，孟关的陈钜镛等欲冲破黎明前的黑暗，秘密地参加了惠水县罗济民组织的贵筑、惠水、平坝、长寨、广顺五县的少数民族地下革命活动——营救顾希钧烈士的一场未打响的暴动。

实际发展妇女工作和彻底解决妇女困难及痛苦[1]

何应相

在我国的妇女运动史上，虽记载着数十年的历史，但是在胜利后的今天，我们回过头来检讨一下，不可否认，我们的工作做得还不够。事实上，我们妇女在社会上还不能够得到平等。我们妇女同胞们的遭遇到的困难还是很多。重压在妇女们身上非生产的工作，仍不能解除。所以，仍被围困在家庭、厨房、摇篮边的痛苦，依然无法解脱。

政府给以我们扶持，社会贤达给予我们倡导，我们依照不能很快的走向解脱我们困难的途上。那么，这责任在谁呢？不可推卸的，是我们自身的不健全。数十年来的妇运工作，没有切实的做好。因此，任你将“妇女解放”“冲出家庭”“走向职业妇女”“争取经济独立”等呼喊得如何高，实际上的痛苦和困难，是仍不能获得解决的。今天不是我们再摇旗呐喊的时候了，而是要我们脚踏实地地去努力做。

所以，今后我们为着拯救千百万仍困守在家庭、厨房、摇篮边的智识妇女和非智识妇女。我们要确实的展开我们妇运的调查、组织、训练、介绍职业等工作，而我们应当明白，今天的妇运工作，不是等因奉此的文工作，而是动员大众行动的，劳动的工作。

在这里，我想仅个人所见到的、今后妇运工作上不可忽略的几点意见提出来。

（一）扩增托儿所和婴儿院。妇女自身的生产力，和要求政府的补助来大增设托儿所和婴儿院，使幼童和幼婴的母亲，获得摆脱教养幼童，婴孩的责任，而参加国家、社会的生产工作，经济得以独立。

[1] 收录本文原件于贵州日报。

（二）扩增安全免费的助产医院。由政府的补助和妇女们的生产力来扩大增设安全的助产医院。使贫困的产妇，减除生产时的危难和痛苦，保障新生一代的安全。

（三）大量增设妇女工作。请求政府之补助，由妇运会主持，大量增设女子工业工厂，使妇女都能获得工作，生产得以独立。俾便效力于国家，服务于社会，自身劳动之所获，建立托儿所、婴儿院和免费产院等的解决妇女切身问题之机构。

（四）普设妇女识字班。由妇运会及教育和乡镇行政机构、普遍创设妇女识字班，使失学妇女，得享受教育之权利，并可培养其工作能力，俾将来达到经济独立之目的。

（五）扩大创立妇女职业训练所。由妇运会主持各县市扩大创立妇女职业训练所，使妇女们都有单独生活之技术，和充实妇女工厂之干部。

（六）请求政府增加女子参政名额。为着妇女与男子一切的平等，我们应当请求政府对女子参政的名额增加，使妇女的痛苦和意见，可直接传达给政府。同时妇女亦应与男子共负起建国之重责。

（七）加强宣传和团结工作。为了打破以男子为主体的观念，和唤醒一般依靠男子的堕落思想。必须加强解放妇女意识的宣传。为了妇女工作的推行迅速和便利，必须意志和力量的集中。那么，就必须加强和充实我们妇女的集团。

为了实际发展妇女工作，彻底解决妇女的困难和痛苦，真正达到妇女解放的目的。使妇女在社会上真正获得男女平等，在国家获得了权益，我仅提出了以上七点。

我们知道一部分的男子对女子歧视，而甚至轻视的有两方面：一方面，为生理限制的问题；一方面，则为经济无独立能力。于是，人们就看女子无男子而不能独立存在了。于是，就话的“结婚是付给了女子一张长期饭票”的侮辱的面和根据以上所提出数点中，所以特偏重女子经济和产育两方面的。如果，我们能确实地做到上使诸点，我们妇女们的经济独立了，产育的问题的解决了。家庭、厨房、摇篮边！一切非生产工们的羁绊都可以摆脱了。不过，这摆在我们前面的路，是满布着荆棘而崎岖的小道。如今，距我们的目的地，还遥远呢？然而，如今距目的地虽遥远。但只要我们意志和力量集中，忍坚耐苦地走完这一段苦难的行程，渡过这危难的关头。我们妇女们就可以呼吸晨曦的光辉了。愿妇女们保重。

【编者按】何应相，兴义人，她是何应钦的妹妹，嫁给青岩湘楚赵氏赵一鹤为妻。她是中国妇女新生活运动推崇者之一。抗战中，曾任青岩小学教师，解放前夕被选为青岩镇镇长，她是青岩历史上的第一个女镇长。抗战胜利后，发表了解决妇女的实际困难出来参加社会工作、主张男女平等。1946年，她撰写的论文是《实际发展妇女工作彻底解决妇女的困难及痛苦》，在“贵州民意月刊”上发表。解放前夕，离开青岩到重庆。解放后，曾任重庆市政协委员。

提高小学教师待遇与经费筹集

汪汝衡

教育类似消耗事业，举凡学校质量的增加，内容之充实，教师待遇之改善，俱以财政收入之丰裕与否为骨干，故曰：经费为争众之母，地方财政收入丰裕，来源确实，基础稳固，自然屹立不变，可垂久远。

国民教育，包括义务教育与成年失学补习教限。在中央颁发国民教育实施纲要内容规定。自二十九年度起，期于五年之内达到普及目的。本省自三十年度起，即规定分别先后实施新县制各县分期设立保校，初以两保各设一校之原则。如贵筑等县即为指定必须在限定期内完成每保一校之县份，各县虽亦感到财源未济，师资困难等问题未能解决，然卒以限于公令，不得不草草从事，凑足数量，以敷衍于上峰，实际今日言国民教育之成绩如何如何，亦仅于表报上之数字见其成绩而已。盖以上层颁布命令，亦仅能顾到若干原则，而殊少明了各县实际状况。又以求注过急之故，致演成层层蒙蔽敷衍塞责之弊端。试以贵筑为例，该县二十六乡镇，二百六十五保，照规定每保设立一校，是该县应设中心学校二十六所，保校二百三十九校，中心学校平均每校以教员九人办理计，应有教员二百三十一人，保校每校以三人计，二百三十九校，应有教员七百七十人，共为九百五十一人。实际该县现有中心学校十校，保校一百八十六校，务员七百一十三人[1]，数量如此，质量如何，姑置无论。依据十年十一月八日，中央报社论复员建国之根本要务一文载。关于改造国民教育，其中提高小学教员待遇第一项，小学教师最低薪金，以当地个人衣食住三者所需生活费之三倍为标准，以发给国币为原则，并按月发放，不得拖欠。所谓衣食住三者

[1] 该县“七六一十三位教师”，“六”错，应为“百”。纠正为“该县七百一十三位教师”。

生活费所需，究以何种方式之生活始够标准，殊像其抽象，颇难定下合理之原则。似不如做硬性之规定，每教职以其资历及其服务时间之久暂分若干等级，给予肯定之数。较为合理。

小学教师生活，试即最低而言，如以每人每月伙食费为一万元，洗衣理发应酬及其余杂支为五千元，计一月所需为一万五千元，以三倍之为四万五千元，该县七百一十三位教师，每月仅薪津一项，总需三千二百余万元，贵筑全县税收，依支三十一年颁布改进财政收支系统纲要之规定。县有独立税收为：

房捐二千四百万元。

屠宰税一千七百九十万元。

营业牌照税一百六十二万元。

使用牌照税二十二万元。

筵席捐一百万元。

分配县市国税收入二百二十万元。

国税附加收入五十万元。

惩罚及赔偿收入十三万元。

规费收入二十万元。

财产利息收入六十二万元。

其他收入七百一十五万元。

总计岁入为五千四百七十九万余元，即以之全部支付教员七百一十三人之薪津，每人每月四万五千元计，不足两月之支付，若以本年该县教育文化岁出门七百七十余万元，不足一月之四分之一。换言之，每月不敷三千余百四十余万元。贵筑如此，其他各县，虽有差别，不过大同小异，再以复员会会所定第三项，县教育经费预算之总数，必须足敷学校办公设备费及上项教员待遇之支付，如有不敷时，应由当地民意机关决议筹足。政府应予核准，是上列每月不敷三千余万元之数，无疑应提交民意机关通过，即向民间摊派，平均每乡每月应为小学教师生活待遇担负一百二十万元，世有官出于民，民出于土之语，抗战八年余，军兵所需，民间除正当赋予国家之粮税外，献粮献金，军粮征借。兵役夫差，以及其他非法令所规定之零星摊款，不下二十余种，名目繁多，不胜枚举，即以公教教食米一项，全县每年即须另外[1]负担至一万二千余石白米，折合五千余石稻谷，纯由乡民担负，吾人深

[1]“另寸”错，应纠正为“另外”。

知日前乡民已到求生无术、救死无力阶段。尤以本年秋收后，谷价惨跌，各物虽亦有下跌趋向，然究不如米价之甚，所谓谷贱伤农，乡人全部收入，出之于土，今遭此演变，整个农村已陷于破产景象。设再以巨量之经费分担民众身上，势将造成更残酷之演变，殊非吾人所能想象矣。然教育之振兴既与国家之命脉有关，建国万端，教育实居首要。今后我国欲图保存五强之一，永居于国际平等地位，势又非普及全民教育，扫除文盲，不资以称雄于世界。而普及全民教育，整顿学校，提高小学教师素质，改善待遇，迨又成为相连之关系，教育经费之增筹，虽在重重困难之中，实为当前亟待解决之中心问题。教师待遇不改善，学校内容不充实，国民教育之推进，数十年后，仍难望其达到成效之目的也。吾人兹建议，国家如果真有推行国民教育改善小学教师待遇之决心，则应放宽尺度，大处着眼，指定国家某项关税收入，或发行教育公债卷，或没收某些要人冻结在外国银行不义之财之存款。或将此次因抗战而出卖国家民族之汉奸财产，全部没收，指定专作整顿国民教育，拨充各县提高小学教员之补助金，用以酬达八年来含辛茹苦，备受艰难之教育从业人员，一面并得因此暂舒民困，未始非体恤教师爱护人民之良法善意也。不然，教师待遇之应提高，法令之公布，何止今日，徒见公令之发布，而于实际上实难做到。

【编者按】汪汝衡，从1936年开始至1942年，在贵州省立青岩社会教育实验区任教导主任，领导了轰轰烈烈的农村义务教育扫盲活动，后调任贵阳市民众教育馆，仍任教导主任。抗战胜利后，曾任贵筑县参议员、贵筑县教育科长、花溪小学校长，后来调任“筑中” 校长和私立青岩少璜中学校长.他亲眼目睹了抗战后小学教师待遇差的状况，提出了筹集经费改善提高小学教师待遇的主张。因此，这期间写下了《提高小学教师待遇与经费筹集》的论文，1946年，在“贵州民意月刊”上发表。

青岩班元信等参加惠水五县少数民族营救顾希钧烈士的未打响的暴动[1]

1947年，惠水的罗济民，平坝县的韦玉鸣，青岩蒙贡寨的班元信、班元忠、班世新、班元凯，花溪的陈光裕，把火的韦小妹、陈伯光，孟关的陈钜镛等，秘密地组织了贵筑、惠水、平坝、长寨、广顺五县的少数民族数百人参加的营救顾希钧烈士的“贵阳暴动”。准备在贵阳监狱暴动成功后攻打贵筑县政府。因暴动前参加人员在贵阳过早暴露被镇压，暴动离成功只差一步。埋伏在花溪大将山下棉花关准备攻打贵筑县政府的队伍也因“贵阳监狱暴动”失败而战斗未打响，被迫撤出，成为遗憾的鲜为人知的野史。

2018年9月6日上午，我们为了查明暴动失败的真相，到惠水县大坝乡坝楼村、秦家寨、上马司半坡山鼎寨，对坝楼人罗济民当年组织地下活动未成功的暴动事件联合进行了调查[2]。先后对坝楼已72岁的罗尚义和44岁的罗兴富、秦家寨92岁的刘治沅、上马司半坡山鼎寨已82岁的杨端深等人进行采访、座谈、调查。情况现已基本查明，当年确有罗济民等组织的未成功的营救顾希钧烈士未打响的暴动这件事，与班元信报告基本相符。现根据现场调查和原省民委干部班元信生前写给省委的报告[3]，现综合归纳材料如下：

暴动经过是这样的：1946年底，顾希钧同志以到贵阳《力报》工作做掩护，抓紧地下革命工作。因为他是苗族，不久便结识了在贵阳石板坡《力报社》附近居住的、

[1] 原文发表在2018年12月《惠水文史》第三十二辑88页。本文题目有改动，文字有增删，增加贵阳暴动撤退到把火寨情节。

[2] 惠水吴永福、吴中兴和花溪周天胜、陈勇等到坝楼实地调查综合而成。

[3] 本文参考省民委干部青岩人班元信写给省里《请对解放前贵州省贵筑（花溪）、平坝、长顺、惠水等地党领导下的地下革命活动作明确结论的报告》。

曾在抗日战争中担任过上校团长，因不满国民党的反动统治而弃官回乡、在贵阳从事做木材生意的惠水人罗济民，他们经常来往，关系密切，罗济民被发展为地下组织活动人员。

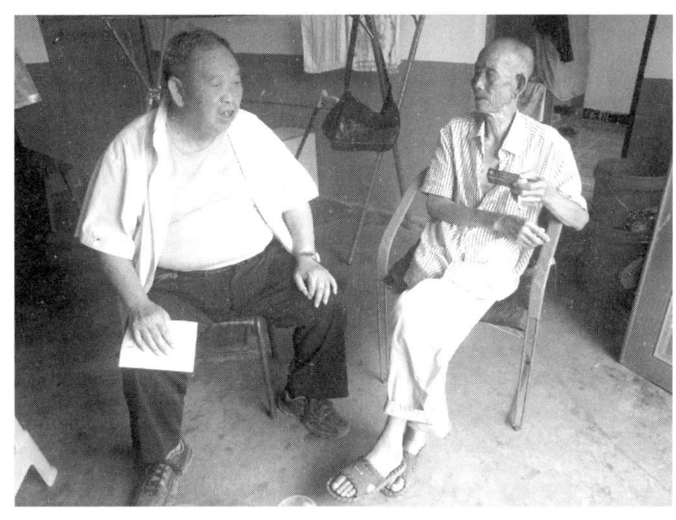

惠水县政协原常务副主席吴永福与山鼎寨82岁的杨端深摆谈罗济民组织未成功的暴动（文星 摄）

顾希钧，原名顾怀诚，苗族，1921年2月生，贵州省炉山县（今凯里市）旁海区凯索乡人，1939年参加地下党和革命活动。1947年6月下旬，顾希钧担任了《力报》总编辑。他采取单线联系方式，指示罗济民到偏远县去，联络少数民族进步民众秘密进行地下革命活动，准备组织武装暴动。

罗济民，原名罗大兴，惠水县原成仁乡（后来叫甲烈乡）水库坎脚滴水岩摆王寨人，布依族，后来从摆王寨迁来大坝乡坝楼村居住。他放弃了木材生意，到邻近各县农村秘密宣传和联络。他通过亲戚关系，结识了花溪的陈光裕和把火寨的韦小妹和丈夫陈伯光，孟关的陈钜镛，青岩蒙贡寨在贵筑县工作的班元信、班世新、班元凯、班元忠等布依族人。他们在顾希钧领导下，秘密进行地下活动。为不引起敌人注意，由罗济民的妻子平坝人韦玉鸣负责与顾希钧单线联络，负责传达顾希钧对地下革命活动的指示。

顾希钧通过韦玉鸣向罗济民、陈光裕、班世新、班元信、陈钜镛等发出了深入农村活动的指示：一是要依靠受压迫最深的少数民族民众，秘密做好宣传鼓动工作，充分发动各族农民民众；二是积极发展力量，以开办农场，种植美烟（烤烟）做掩护，便于集中人员活动；三是积极筹备地下武装，准备革命暴动；四是要着重抓住各地农村的武装实力，待时机成熟后，力争在贵阳举行暴动，大造革命声势，随即占领花溪、惠水、长顺、平坝、广顺等边远县少数民族地区，使之成为在地下党领导下的一支革命武装，一举推翻贵州国民党的反动统治。

罗济民负责在惠水、贵筑、长顺、广顺、平坝等地发展组织，他通过走亲串寨和摆谈来接近民众，进行宣传、秘密发展力量，然后向紫云、关岭、贞丰、望谟等少数民族地区发展。陈光裕、班世新、班元信等负责掌控花溪的县保警大队武装。陈钜镛在孟关趁乡镇选举之机，参加竞选孟关乡副乡长，以该职务控制汤恩伯部离开时送给孟关乡公所的枪支弹药和武器，发展武装人员。陈光裕和班世新成功地安排班元忠到保警队任分队长，掌握了部分武装力量。

中国人民解放军在全国各战场取得胜利的消息传到贵阳，给予地下活动人员极大的鼓舞，顾希钧等在《力报》及时地发表了战局综合评论，报道了刘、邓大军南下的消息。《力报》又报道了中国人民解放军从战略防御转入战略反攻的新形势，《力报》的宣传激怒了国民党反动派。9月9日，贵阳《力报》被国民党贵州反动当局查封，顾希钧和负责人李思齐等先后被捕，被关押在贵阳陆军监狱。

顾希钧不幸被捕的消息传到花溪和几个县后，参加地下活动的人感到震惊，一时间，顾希钧领导的地下组织失去领导。

12月，班元信、陈光裕、陈钜镛、班世新、班元忠、班元凯、韦小妹和陈伯光等与惠水的罗济民、平坝的韦玉鸣等秘密集会，决定武装暴动，救出顾希钧，具体由罗济民领导，以花溪为基点，把已发动起来的邻近五县的力量组织起来，大搞枪支弹药，分散进入贵阳城，在贵阳监狱发动武装暴动，大造革命声势，救出顾希钧等狱中被捕的同志后，向惠水方向转移。孟关和花溪的武装由陈钜镛和班元信领导，待贵阳得手后，迅速占领贵筑县政府，掩护并保证贵阳暴动队伍安全撤经花溪。

那天，罗济民带着惠水、长顺、紫云、平坝五县来的暴动人员，陈钜镛带着孟关的武装，先后来到花溪把火寨陈伯光和韦小妹家（国大代表陈维金家）集中，宣布暴动计划和战斗部署。

晚上，罗济民带着各县涣散的队伍向贵阳进发。他们有的带着手枪，有的拿着杀猪刀，有的拿着其他武器和几发子弹，武器各异。在夜幕掩护下行军，凌晨时分来到贵阳城。按计划分别到省政府、省保安处、省警察局、杨森公馆、陆军监狱和各城门等处隐蔽，随时准备刀杀门岗，夺取武器，封锁大门，割断通信联络，占领要害部门。大约上午9点过后，人员全部到达指定位置。眼看一切部署就绪。正在这时出了问题。

这次暴动，参加暴动的人员都是未经训练的少数民族农民，组织纪律涣散。加上人员过于分散，隐蔽不好，未等罗济民下命令，有的就要动手，有的在贵阳监狱门前走来晃去，过早地暴露了自己，贵阳多处人员突然地增多，引起了警察的注意，一时间，贵阳城内警笛声四起，警察到处抓人，参加行动的人被抓了很多，战斗还未打响，就遭到残酷的镇压，导致这次暴动失败。

罗济民看到行动遭到破坏，暴动计划难以进行，便断然采取紧急措施，放弃劫狱暴动计划，命令其余人员化整为零，分散撤出贵阳城，到花溪把火寨韦小妹和陈伯光家集中。

班元信当晚向贵筑县保警队的族兄班元忠，传达了协助暴动命令。班元忠立即借故巡逻，将保警队全副武装地从县政府带离花溪，在往石板哨方向的树林里隐蔽下来，坐观事态发展，试图使贵筑县政府无武装力量反抗，为陈钜镛顺利打下县政府创造有利条件。如果陈钜镛出师不利，班元忠再率队参战。

陈钜镛带领孟关乡过来的全副武装队伍，有一二十人，埋伏在大将山下棉花关旁（花溪酒厂旁）的树丛中，等到第二天天亮后仍不见贵阳的动静，直到10点过后，才得到从贵阳派到花溪送信的幺哥带来的消息："战斗还未打响，我方过早暴露，遭到警察镇压，很多人被抓了，营救行动失败，要你迅速撤退。"陈钜镛立即命令队伍撤离，迅速撤到把火寨陈伯光、韦小妹家，然后分散隐蔽。

班元凯等人从贵阳撤到把火寨陈伯光家后，又很快地分散隐蔽到各地去了。

班元忠在12点钟带着保警队回到花溪驻地。

原来，罗济民是把火寨蒋介石的干女儿、"国大"代表陈维金（有写陈为瑾的）家大姨爹。罗济民的妻子韦玉鸣是广顺县马路寨和平坝县交界的普贡寨人，妹妹韦小妹，从普贡嫁到贵筑县花溪镇（今清溪社区把火寨村）堰头陈伯光为妻。陈伯光是布依族，很有文化，长期担任把火寨的保长，有治理能力，因此选上了贵筑县参议员。

因罗济民参加顾希钧地下活动单线联系的关系，韦氏两姊妹和陈伯光都参与了活动。罗济民以把火寨为基地，经常来往于贵阳之间。特别是顾希钧被捕后，罗济民长期住在把火寨陈伯光和韦小妹家，联络商议营救事宜。五县前来联络的人员均到把火寨陈伯光和韦小妹家。因陈伯光以和蒋介石是干亲家和又是保长做掩护，家庭条件又好，有长五间四合院，房子相当宽，人口少，有住房的空间，家里能容纳很多人，根本在外看不见。陈伯光无儿子，膝下只有陈维金和大女儿（大女儿已嫁贵州某师师长），在当地为富裕之家。陈伯光夫妇积极支持罗济民的行动，让他长期住在家，接待前来联系的人。

贵阳暴动失败后，罗济民把全部人员从贵阳城撤退到把火寨集中。陈伯光、韦小妹夫妇全家招待他们吃饭后，才离开把火寨，各自分散隐蔽。

历史是无情的，也是很有意思的。陈维金的父亲陈伯光和母亲韦小妹在老家把火寨干起了与女儿陈维金国大代表相反的反对国民党反动统治的迎接曙光的行动，参加了营救地下党顾希钧烈士的未打响的暴动。

贵筑、惠水、长顺、紫云、平坝五县的数百名少数民族为营救顾希钧同志的暴动，在“战斗没有打响”“就被镇压”的情境下失败了，成为千古遗憾。

事后，参与组织的人员遭到警察追捕。罗济民、韦玉鸣逃到安顺风林浦和平坝大河十三寨火镰坡，后又逃到云南躲藏。孟关的陈钜镛听到风声后也隐藏起来。班元信、班世新、班元凯等人离开花溪到长顺代化等地隐藏。

翌年春，班世新、班元信、班元凯等人在友人帮助下，逃到高坡小学，以教书做掩护，直到贵州解放。高坡小学地下党徐健生深知此次暴动情况，后来介绍班元信回贵阳参加工作。

罗济民等隐蔽到安顺风林浦和高寨等地秘密活动，通过集会积极准备二次暴动，罗济民提出了“先打惠水，后取贵阳”的主张。1949 年 2 月的一天，罗济民带领队伍向惠水县城进发，途经白日乡时，与该乡乡长和乡公所发生枪战，攻打惠水县城计划被破坏，二次暴动失败。

1949 年 11 月 11 日，贵州国民党反动当局在即将逃离贵阳的时候，对狱中革命者实行大屠杀，这一天在贵阳北郊沙河桥和南郊马家坡杀害了 24 名革命烈士。顾希钧、李思齐等烈士在马家坡被国民党反动派杀害，顾希钧时年 28 岁。

惠水县的罗济民和五县的韦玉鸣、班元信、陈光裕、韦小妹、陈伯光、陈钜镛、班元忠、班世新、班元凯等布依族志士，当时思想进步，为推翻国民党的反动统治，在顾希钧领导下积极参加地下革命斗争。在营救顾希钧烈士的暴动行动中虽然没有成功，但是他们很多人为此被追捕，背井离乡，甚至有的人在行动中牺牲了宝贵的生命，其牺牲精神可嘉。他们在宣传鼓动少数民族民众推翻国民党反动统治的斗争中发挥了自己的作用，这段鲜为人知的历史应载入史册，弘扬其革命者不怕牺牲的精神，让地下的英烈得到安慰。

1980 年，在落实新中国成立前参加革命工作人员政策时，班元信、陈钜镛等人曾写报告给省委，要求落实政策，写报告请示对他们参加地下革命活动及暴动给予认定，当时省委统战部王思明向他们回复了省里的认定：“组织这次行动是有这么回事，但是战斗未打响，不能按建国前参加革命工作人员对待。”

20 世纪 90 年代，我作为贵阳市中共党史研究学会会员，采访了当时还在世的孟关贺六寨的当事人陈钜镛，陈钜镛先生讲述了暴动失败经过，并提供了班元信写给省委的报告。因此，后面才有了与原惠水县政协副主席吴永福同志等多人对罗济民组织五县营救顾希钧烈士的未打响的暴动事件的联合调查。调查结论得到惠水县政协文史委的肯定，并对该文率先发表。

青岩解放初期篇

（1949 年 11 月 20 日—1951 年 12 月）

1949 年 11 月 15 日，贵阳解放，贵筑县、青岩区均在同一天解放。20 日，贵筑县委决定由朱强、刘登朝、孙自文三人组成中共青岩区委员会。21 日，刘登朝带领解放军一行到达青岩，准备接管青岩区公所及筹建青岩区政府事宜，受到青岩群众欢迎。12 月，青岩区委和青岩区人民政府成立。朱强任区委书记，刘登朝任区长，孙自文为委员。青岩区辖青岩镇、黔陶乡、高坡乡、固增乡、燕楼乡五个乡镇。1950 年 3 月 2 日土匪在白云区鸡场暴乱，青岩人刘登云、周念贤、车善益在鸡场仓库牺牲。3 月初和 25 日，贵阳专署、贵阳地委、贵阳军分区司令部、教导大队先后从修文迁驻花溪，25 日这天正值土匪一打花溪。教导大队受命前往青岩粮库将征粮队征集的 40 多万斤粮食运回花溪，3 天才运完。4 月 5 日土匪三打花溪，土匪绑架了农学院 60 多名大学生到青岩，关押在龙泉寺。4 月 16 日拂晓，在贵州省军区参谋长潘焱指挥下，发动剿匪战役“青岩战斗”，解救了农学院的大学生，打通了贵惠路。教导大队迁驻青岩，下辖三个中队。一中队为军事队、二中队为政治理论队、三中队为女子中队，共 12 个分队，大批培养军事人才和地方干部。为息烽、开阳、修文、贵定、都匀、惠水、广顺等县培养地方干部。4 月 21 日，贵阳军分区马宗凯司令员组织了青岩至西部 60 里的贵筑县辖贵清筑三角地区第二场剿匪战役“拐耳坝战斗”，消灭了土匪的有生力量，打通了筑南西线贵清路和贵广路、贵安路，彻底保障了贵阳市和贵筑路、贵青路和贵惠路的安全。随后，马司令指挥部队乘胜追击，直捣长紫惠地区曹绍华匪巢。

青岩区人民政府成立

1949年9月下旬，在江西上饶学习接管贵筑县的军地干部，随中国人民解放军西进支队出发，11月15日入黔，贵阳解放。贵筑县、青岩区也在同一天解放。接管青岩区的人员，在西进支队王升三带领下，19日到达贵阳，在贵阳接受了任务。朱强、刘登朝、孙自文等20日到达在花溪的贵筑县政府。贵筑县委决定由朱、刘、孙三人组成中共青岩区委员会。

刘登朝等在21日到达青岩，准备接管原青岩区公所，筹建青岩区政府诸多事宜。

刘登朝一行到达青岩东门时，受到曾是抗日部队、解放北平时曾是傅作义起义部队军需处处长兼鲁南作战室处长、解甲归田的赵家鉴字鼎权等人的欢迎。赵家鉴与镇老车达三、赵鼎新3人打着白旗，抬着大桌，迎接解放军进入青岩城。

1949年12月，贵筑县青岩区委和青岩区人民政府成立，朱强任区委书记，刘登朝任区长，孙自文为委员。青岩区辖青岩镇、黔陶乡、高坡乡、固增乡、燕楼乡五个乡镇。青岩镇镇长车世民，黔陶乡乡长蒋礼明，高坡乡乡长陈富国，固增乡乡长汤毓鸿，燕楼乡乡长董国才。

青岩区人民政府成立后，根据贵筑县委指示，结合各乡镇实际情况，及时召开了各乡镇长会议。

为了巩固新生的人民政权，青岩区委决定组建区武装队，由县政府派一个班的解放军为骨干，各乡、镇乡丁集中到区政府统一指挥，负责维持全区治安。区武装

[1] 收录本文根据《贵筑县的接管与改造》一书刘登朝撰《青岩区解放初期几项工作的回忆》等多篇文章整理，题目有改动，内容有增减。

队正式成立后，配备了 3 挺轻机枪，1 个榴弹筒，枪支弹药一部，对接管旧政权起到一定威慑作用。1950 年元旦，新成立的青岩区人民政府经受了一次严峻的考验。

元旦，零时许，青岩发生土匪抢劫。城内枪声四起，匪首陈开富、杨秀平、姜绍文、吴学勤、黄泽民等纠集匪数百人趁元旦节日，潜入青岩城内抢劫，大部分敌群主要在场坝和中街上，他们企图袭击区政府，气焰十分嚣张。

听到枪声，区机关的同志迅速起床，手握武器，做好了战斗准备。区委迅速在机关内部署火力、人员，部署了防御工事。朱强书记负责把一挺转盘机枪架在院内制高点上，孙自文负责用一挺机枪封锁路口，一挺机枪由寇金鹏负责射击，并组织了五人突击小组。

刘登朝区长带领战士寇金鹏怀抱一挺轻机枪，从区政府侧门出去，经过小巷冲到北街，看见中街遍地都是土匪抢劫的物资。那些土匪一边抢东西，一边嗥叫，乱成一团。寇金鹏抱着机枪向土匪扫射，当场击毙一人，打伤数人。其他的土匪丢下抢劫来的财物，连滚带爬，四处逃窜。

战斗几十分钟，青岩区政府击退了土匪的进攻，有力打击了敌人的嚣张气焰，军民共同欢度元旦佳节。

中国人民解放军教导大队从修文到花溪和青岩[1]

贾开文

我在1949年修文解放前夕，在修文参加了当年“2·16”反蒋武装起义。11月15日修文解放，贵阳专署、地委和贵阳军分区驻修文，我们部队被编入中国人民解放军贵阳军分区基干营。1950年2月25日，贵阳军分区在修文开办教导大队，我被选入教导队学习。由于土匪暴乱，匪势猖獗。3月初，贵阳地委、专署、贵阳军分区迁驻花溪。3月下旬，教导队和分区直属部队也随着迁驻花溪。

3月25日，教导队迁驻花溪那天，适逢土匪第一次攻打花溪。土匪攻占了大将山，并在山顶布置机枪，匪部即进入花溪街上进行抢劫。除花溪桥北原贵筑县政府所在地没有被攻占外，花溪周边均为土匪占领。这一天正好是贵阳军分区所属部队迁驻花溪。我所在教导队，早晨从贵阳三桥出发，到花溪时，正是土匪攻打花溪的关键时刻。部队立即投入战斗，土匪闻风而逃。战斗结束后，我们教导队驻扎在花阁路街上卢佐臣家房子里。

土匪攻打花溪后，我青岩区青岩粮仓还有征粮队征来的40多万斤积粮，军分区党委决定将粮食武装抢运到花溪。

25日，我们教导队前往青岩参加运粮，到达鸡爬坎时遭到土匪拦劫，教导队很快赶跑土匪。到达青岩堡前新桥边，桥被土匪炸裂，汽车只能停在青岩堡方向一侧河边。我们步行到东门，住在东门屈家大院，负责守卫东门到阁上山至南门的城墙，防止土匪攻城，当晚看见土匪在狮子山上打电筒来回游动。从城内大地塘茅台酒华家粮仓搬运粮食到车上有一华里路远。没有口袋，同志们就将外裤脱下，扎紧裤脚

[1] 收录作者贾开文生前自撰。

当口袋用，一直搬了3天才将几十万斤粮食运完，部队回驻花溪。

3月30日，土匪第二次攻打花溪，上午，土匪攻占了大将山和南面山头，妄图再次进入花溪街中心。我分区部队和机关干战迅速进入指定山头迎击敌人。土匪时而集中火力射击，时而打冷枪试探。为不暴露部署和目标，部队隐蔽不予还击。敌人弄不清虚实，不敢轻举妄动，下午自行撤离。4月5日，土匪第三次攻打花溪。那天天未亮，郑鸣鹏匪部袭击了贵州农学院，打死学生1名，打伤7人，抓走男女学生60多人。匪首曹绍华率匪2000余人在花溪周围进行骚扰。这时，贵阳军分区又新增加了一个连队到花溪，部队实力大大加强。我军先在核桃湾（今武装学院）后山用近攻炮向西北、正西方向的敌人炮击，连发数炮后，隐蔽在前沿的部队，突然向吉麟村的股匪发起进攻。土匪不堪一击，被击溃逃跑。接着，我英勇的人民解放军又越过平桥，向大寨之敌发起进攻，群匪向西南溃逃。分区直属部队则从石头村包抄过去进攻农学院之敌。同时，我军一个排冲过花溪大桥，也从石头村进攻农学院之匪，在部队多面打击下，土匪惊慌失措，四处逃窜。土匪绑架了农学院60多名大学生，逃回青岩。农学院学生被关押在龙泉寺内。

这次花溪保卫战，我们教导队奉命坚守葫芦坡一带。战斗打响后，望哨坡之匪向我们疯狂射击，子弹从头上呼啸而过。这时，贵阳军分区参谋长吕云峰亲自带领一挺重机枪迅速架好还击，连续向敌人扫射，土匪遭到重机枪打击后，狼狈逃窜。

土匪三次攻打花溪均遭失败而告终。但是匪首曹绍华、潘方侠仍不死心，率匪1000多人占据了青岩城，妄图卷土重来，再打花溪。我们教导队仍驻扎在花阁路，派兵日夜巡守街上，岗哨放到牌坊边（今花溪011电讯站宿舍处）。

4月16日拂晓，我军151团、贵阳警备区各派一个营，驻惠水的17军随校一部和贵阳军分区一个连，由贵州省军区参谋长潘焱指挥，对青岩土匪进行围剿，发动“青岩战斗”战役。在我军沉重打击下，盘踞在青岩城数月的土匪纷纷溃逃，有的当即被擒，少数顽抗者被击毙，蒋恒昌匪部向广顺方向逃离。战斗结束后，这一战役歼敌100余人，解救了全部贵大被绑架的学生。当我军干战押解被俘土匪凯旋时，花溪群众兴高采烈，站在公路两旁欢迎，他们敲锣打鼓，高呼口号，向我军献上束束鲜花。

“青岩战斗”后，军分区教导大队从花溪移驻青岩。贵阳地委决定组织武工队，配合部队彻底肃清花溪地区土匪武装。武工队员从分区教导队、文工队里抽调人员组成，武工队共60多人。我从教导队抽调到武工队，队长王尧臣，副队长杨文彩，政委齐林阁。当时地委和军分区领导常颂、田化一，曾给武工队做动员报告，布置任务。武工队先驻在董家堰村后半山上，原建筑的一座简单碉堡内。那里离公路近，能攻能守，对部队有利。不久，武工队进驻中曹司大寨一座庙上，武工队与当时的兵工厂（原矿山机器厂）军代表取得联系，会同该厂警卫连分成四个大组及若干小组，分头到大水沟、竹林寨、尖山、周家寨、刘家寨、王家寨、王宽、珠显、洛解、四方河一带活动。我们小组仍驻董家堰村后山上碉堡内，白天负责巡路，沿董家堰，经大水沟到甘荫塘，重点保护大水沟公路桥，确保贵阳到花溪公路畅通。但是我们时时处在危险之中。记得有一次，在尖山村写标语宣传我军政策，有土匪混在人群中没有注意，标语写完后，刚走出村口，一个老乡赶上来说："同志，好危险呀，刚才你们写标语时，有一个土匪就在人群中看。"

我们宣传和发动董家堰群众协助武工队清匪护路。记得端午节前，有一户布依族贫农请我们去他家过节。我把此事向队长杨文彩做了汇报，杨队长先是不肯去。我说：这正是我们宣传发动群众的好机会，布依族同胞十分好客，相信解放军才请我们，如果不去，人家对我们有看法，一定得去。在我的劝说下，杨队长同意了。我和杨队长去了，饭后，按我军纪律打条子结账算饭钱，后由后勤结算付给。那天晚上，我们和群众亲切交谈，获得了不少情报。得知住在大水沟街上的金汉阳跟着土匪伪保长谢树清为匪，被解放军打散后不敢回家的情况后，我亲自到他家做宣传工作，劝家属赶紧动员他到政府自首。不久，金汉阳到我军自首，获得宽大处理。

为了便于联系群众，武工队员学说布依族话，直到现在，我还能说一些简单的布依语，我们还为董家堰村培养了不少积极分子，后来有的成为村的骨干，有的担任了村的干部。

1951 年初，部队派我重返分区移驻青岩的教导大队学习。那时，教导大队部驻万寿宫内。大队长魏效臣，副大队长李 ××，政委张树德，副政委卫平。

教导大队下辖三个中队，各中队分 4 个区队、12 个分队，各中队设炊事班，各中队具体组织指挥各中队的日常军事训练和政治学习。

一中队为军事队，驻地赵公专祠，中队长姓侯，指导员安国钧；二中队为政治理论队，驻地龙泉寺，中队长孙保安，指导员王和镜；三中队是女子中队，主要是医训班，驻地是龙泉寺西边庙里。

我被分配在政治理论队二中队学习，驻在龙泉寺，中队长孙保安，指导员郁某。

教导队政治理论中队学习内容：社会发展史，讲私有制，封建制度，阶级剥削压迫，讲美帝侵华史及扶蒋反共史；历史唯物主义，核心是劳动人民创造了历史，人民当家做了主人；学习人民军队的唯一宗旨是人民军队来自人民和全心全意为人民服务；兼学军事课学习内容：分队组织指挥、部队管理、训练、战场侦察、捕俘、分析综合、近战、夜战、射击、投弹、工程爆破等。

当时青岩没有练兵场，我们在北门外不远处修建了操场，供练兵用，操场后来修建了青岩粮管所仓库。

1951 年 4 月底，青岩教导大队第 4 期政治理论队学员，学完教导大队规定的军事和理论课程内容结业了。

我被教导大队留队担任了二中队区队长带兵学习训练。担任区队长期间，为改善部队生活，我经常带领学员上龙井寨后山上拾干枯树木做柴火，尽量节省燃料开支，增加了伙食费用。后来，送走了几期学员。

三反五反后，部队开展文化大练兵。我被抽调离开青岩。

我从青岩教导队抽调到龙里县公安队、贵定分区直属队担任文化教员工作，先后在贵州省军区第五速成中学、遵义解放军第十二速成中学教员岗位上。后来调花溪区工作。

几十年过去了，如今想起教导大队这段部队生活，我对青岩古镇仍充满着深厚的感情。

【编者按】贾开文，修文人，解放前夕，在修文参加了“2·16”反蒋武装起义。部队被编入中国人民解放军贵阳军分区直属基干营。1950 年 2 月 25 日，在修文被派到花溪区贵阳军分区教导大队学习，不久教导大队转青岩。贾开文在青岩教导大队结业后留队担任区队长，后来从青岩教导大队抽调到龙里县公安队和贵定军分区直属队担任文化教员工作，先后在贵州省军区第五速成中学、遵义解放军第十二速成中学当教员。后来调花溪区部队当教员。复员转业后，先后担任花溪区人民政府办秘书、花溪区人大办公室秘书、花溪区人民政府办公室副主任、花溪区教育局长、花溪区政协副秘书长，花溪区老干局退休老干部。他对青岩深有感情，生前写下了这篇回忆录。

连长送我到青岩教导队去参训[1]

陈朝富

1951年12月，我到驻地在花溪区朝阳村的贵阳军分区司令部报到后，和各部队抽调来培训的20多名干部战士住在招待所里，没几天，各持政治部的介绍信，到驻在青岩万寿宫的军分区教导大队部报到，正式成为教导队第四期参训的学员。

到教导队之前，在贵定县政府礼堂，听了中共贵定县委书记李知奇的鼓舞人心的报告后，我很想请假回家一趟，看望父亲和在家的长辈，向他们讲述我在人民军队里一年多的战斗成长过程。突然，孙连长、杨指导员派通信员梁华山把我带到了连部。杨指导员说："美帝国主义侵略朝鲜，直逼鸭绿江边，向我国边境开炮，我们部队要扩大，随时准备入朝作战，保家卫国，保卫革命的胜利果实。贵阳军分区成立了教导大队，要我连派几个战斗骨干去培训，组织决定你也参加，由我带队，明天出发。"杨指导员把青年团组织介绍信交给我，嘱咐我说："这是你个人要带的，亲自交给贵阳军分区政治部，可不能搞掉啊！"听说参加培训学习后，就要出国入朝作战，我内心非常激动。机会难得，回不成家，只好服从组织决定。

第二天，我们连6个战友到连部集中。孙连长说："我们两天要行军90里，第一天走40里，住宿龙里。第二天走50里到达花溪贵阳军分区司令部，走吧！"我们一行，经过前几个月强行通过"闯三关"过石门坎、牟珠洞、粑粑街路段。走到瓮城桥西头，举目可见在岩下战斗中牺牲的152团9连李连长的坟和墓碑，战斗激烈的场面浮现在眼帘。回想起李连长生前的音容笑貌，万般感慨！缅怀战友，于是赋诗二首以寄情怀：

[1] 收录陈朝富撰回忆录《战斗在贵定和花溪》资料。

离别依兮忆战场，君洒热血在异乡。
青山绿水坟墓在，并肩杀敌怎能忘。
瞭望群山秀丽峰，英烈为你献身终。
年轻忠骨埋净土，誓言俊美故苍宏。

当天，我们一行来到了龙里县城，住在县人民政府招待所，大家一点儿都不觉得累。吃完晚饭后，烧水烫脚、洗脸、擦身上。连长的通信员说：“这是连长的命令，他带兵爱兵的老习惯嘛！”

晚上，龙里县城没有电灯，漆黑一片。招待所管理员拿来一支蜡烛，在盘子里点燃。我们躺在床上，不知不觉睡着了，竟然一觉睡到第二天天大亮。

起床整理内务，捆好背包，然后到招待所餐厅吃早餐，有稀饭、馒头、面条。连长说：“大家多吃点，路上不吃饭了。吃完后带上两个馒头饿时吃，把水壶灌满水，口渴时喝。”

我们出了龙里县城，经过一个多小时跋山涉水，到达观音山。驻足观音山高处看龙里县城，只见群山环抱，龙里真是太美啊！

休息片刻，喝水解渴，真是风悠悠，路漫漫，我们又开始了前进的征程。

来到谷脚街上，连长说：“原地休息！”然后他手拿馒头边啃边喝起水来，这是无声的命令，大家也像连长那样“饥者甘食，渴者甘饮”。

我们来到黄泥哨，不走贵阳公路。而是往左一拐，取道猫洞小道，经牛郎关、陈亮、棉花关，天没黑来到猴子坡仓库，住在军分区招待所里。我们立马下河洗脸、洗脚，回到招待所吃完饭，天黑了这里也没有电灯，点上一支蜡烛，然后就入睡了。

第二天早晨在睡梦中，被河对面朝阳村司令部的起床号“士——兵——起——床——！赶快出操——”声吵醒。

我们赶紧起床，吃完早餐，我和连长、连长的通信员一起到花溪朝阳村贵阳军分区司令部报到，然后又到政治部交青年团员的组织介绍信，政治部给我开了到青岩教导大队去学习的介绍信，然后和连长、通信员道别。

离开朝夕相处的战友们，在独自一人回招待所的路上，我才真正感到自己的孤独。

教导大队由花溪转驻青岩，下辖三个中队。大队部驻在万寿宫内，大队长魏效臣，副大队长李某，政委张树德，副政委卫平。以万寿宫为中心，负责组织指挥各中队的日常军事训练、政治学习和生活事项，在青岩开办教育培训军官和地方干部的工作。

全大队学习内容，一、学习军事课、分队组织指挥、部队管理、训练、战场侦察、捕俘、分析综合、近战、夜战、射击、投弹、工程爆破等。

二、政治课内容：（一）学习社会发展史，讲私有制，封建制度，阶级剥削压迫，讲美帝侵华史及扶蒋反共史。（二）学习历史唯物主义，核心是劳动人民创造了历史，人民当家做了主人。（三）学习人民军队的唯一宗旨：是人民军队来自人民和全心全意为人民服务。

教导队中队下辖 4 个区队、12 个分队，各中队设炊事班。

一中队是军事队，驻地赵公专祠，中队长姓侯，指导员安国钧，12 个分队约 130 多人；二中队是政治队，驻地龙泉寺，中队长孙保安，王和镜，约 120 人；三中队是女子中队，主要是医训班，驻地是龙泉寺西边庙里，约 120 人。

我被分配到一中队学习军事课内容，有部分学员租住平街民房。我在参谋训练队任分队长，学员共 18 人，同住在赵公专祠楼上。我的 19 岁生日就是在这里度过的。

1951 年 4 月底，青岩教导大队第 4 期参训队学员，学完教导大队规定的课程内容结业了。

我们参谋训练队的 18 人，十六军的 7 个学员回归建制和参加抗美援朝，十七军的 5 个学员归还建制，余下的 6 人，5 人支援十八军进军西藏，我一人留校准备带兵。

第 5 期集训，我被分配在一中队带学员，任分队长。到 8 月底，这期学员集训结业。我被调到贵阳军分区司令部参谋处当参谋，负责参谋处侦察情报大队工作。青岩教导大队后期接着开办，继续训练部队干战和培训农村农会基层干部。

【编者按】陈朝富，贵定人，解放初期从贵定参加革命工作，被连长委派到贵筑县花溪区人民政府所在地、中国人民解放军贵阳军分区教导大队培养学习，土匪三打花溪后，教导大队转到青岩。陈朝富集训学习结业后，分配到贵阳军分区司令部参谋处当参谋，负责侦察情报工作”，从始至终参与了侦察和抓捕女匪首陈大嫂的工作。后来调到花溪区人民武装部工作，任副政委。改革开放后转业，调到贵州民族学院后勤处任处长。退休后著有回忆录《战斗在贵定和花溪》资料，其中回忆了在青岩教导大队的学习生活。

中国人民解放军贵阳军分区教导大队在青岩[1]

1949 年 11 月 15 日，修文地区解放。24 日，中共贵阳地委、贵阳专署和中国人民解放军贵阳军分区司令部在修文正式成立。崔子明任书记，常颂任副书记，刘哲民任专员，陈桐源任副专员，马宗凯任司令员（由铜仁地区调任），崔子明任政委，顾汉臣任副政委，吕云峰任参谋长，田化一任政治部主任。地委、专署、军分区下设机构同时建立。中共贵阳地委、贵阳专署和贵阳军分区在修文实行军队地方一元化领导。后来在军队和地方实际工作中，发现南下部队的许多干部战士、学生和新参加工作的同志，军事素质差，业务不熟悉，有的人不能胜任工作。特别是在 1950 年土匪暴乱后，问题显得更加突出，军队和地方干部匮乏。这些干部战士需要加强政治教育，学习军事知识，进行军事训练，使之成为能胜任工作的合格的战士，才能适应战事需要。特别是地方干部需要进行培训，学习地方工作知识，掌握政策，熟悉政务和管理业务。只有提高整个部队的军事素养和业务技术，提高整个地方干部的工作能力，才能巩固新生的人民政权。因此，贵阳地委和贵阳军分区司令部为了提高整个部队和地方的素质，提高整个部队和地方的战斗力，决定在修文县成立培训军队干部和士兵及地方干部的培训机构——教导大队。通过教导大队有组织、有计划、分期分批地对干部和士兵进行政治教育和军事教育轮流培训。

正如贵阳军分区司令部《一九五〇年工作总结》中指出的那样：“在以后的战斗和地方工作中，发现从江北来的同志，虽军龄较久，但多系长期处于游击作战的

[1] 本文发表在贵阳市档案馆（贵阳市地方志编纂委员会办公室）主办的《人文贵阳》2021 年第二期总第 40 期 37 页。

附： 教導大隊人員統計表

區分 數目 級別	幹部	職什	小計	學員 參訓班	會計班	医訓班	其他班	政治理論班	小計	合計
營級	5		5							5
連級	4		4							4
排級	5	1	6					5	5	11
班級		8	8	17	17	35	35	25	129	133
戰士		17	17					2	2	19
合計	14	26	40	17	17	35	35	32	136	176
備考	幹戰係原警衛營之營部，學員一部由專署幹校抽調部係原文工隊新招收之學生。									

中国人民解放军贵阳军分区司令部一九五〇年《工作总结》教导大队人员统计表（文星 扫描）

环境，不少胶东战士入伍不久，即渡江参加南下，赣东北新参加的同志，也未经过教育，即随军西进，因此军事素养较低。贵阳军分区，在修文组建扩大了各县、区武装，新兵大多数系无军事常识的农民、工人，有一部分则是从国民党军队解放过来的，部队军事素养与情况各异，需要学习和教育。另外，西进部队在鄱阳成立的军区卫校，刚成立即进军大西南。这批卫校学生，均未接受过学习技术和业务，接管贵筑县后无法展开工作。加上大部队开往云南，留守部队少，元月份土匪又在各地暴乱，显得军队和地方干部匮乏。因此，部队有训练的必要，通过培训，提高部队军事素质和工作业务能力。”[1]

为此，中国人民解放军贵阳军分区司令部，决定对整个部队进行政治教育和军事教育，并制订出基本训练计划，通过对全军干部战士的强化学习和训练，来提高整个部队的军事素养和战斗力。

1950年2月25日，“中国人民解放军贵阳军分区教导大队”在修文县正式成立。

教导大队，又简称“教导队”。大队长魏效臣，副大队长李 ××，政委张树德，副政委卫平。教导大队下辖三个中队，一个中队下辖4个区队，一个区队下辖12个分队，各中队设炊事班。

教导大队以政治理论学习和军事训练为主，时间以3个月为限。第一个月以政治为主，第二个月以业务为主。

第一期首期集中培训：抽调了营级干部5人，连级干部4人，排级干部6人，

[1] 均载贵阳军分区司令部纂编《一九五〇年工作总结报告》65页。

附：學員分配各單位職務統計表 （表十九）

部別 人數 職別	處部	休養所	門診所	榮大	16A偵察營	17A偵察營	三營	總計
見習護士		4		1				5
見習調劑	1		1	1	1	1	1	6
組員	4							4
看護		16	4	3				23
合計	5	20	5	5	1	1	1	38

中国人民解放军贵阳军分区司令部一九五〇年《工作总结》学员分配表（文星 扫描）

班级干部8人，战士17人。学员：参谋训练班17人，会计班17人，医务训练班35人，其他班35人，政治理论班32人，原警卫营营部干部战士40人。起初学员176人[1]，一部分由专署干校抽调，系原文工队新招收的学生，教导大队人员实为248人[2]。

教导大队训练学习内容：

一、军事课：学习分队组织指挥，部队管理，训练，战场侦察，捕俘，分析综合，近战，夜战，射击，投弹，工程爆破等。

二、政治理论课：学习社会发展史，私有制，封建制度，阶级剥削压迫，美帝侵华史，扶蒋反共史，历史唯物主义，核心是劳动人民创造了历史，人民当家做了主人。学习人民军队的唯一宗旨是人民军队来自人民和全心全意为人民服务。

三、医训课：学习业务和卫校全部课程，理论与实习相结合。

教导大队开学不久，土匪活动猖獗，为了便于对专署范围剿匪工作的领导，专署地委和贵阳军分区直属部队于3月25日移驻到贵筑县驻地花溪[3]朝阳村。

教导大队随迁，正遇土匪攻打花溪，军分区直属部队立即投入战斗，打退了土匪的进攻。晚上，教导大队驻在花溪街上。

同日，土匪包围了青岩区政府。26日晨，在敌众我寡的情况下，青岩区政府机关全体干部和战士被迫暂时撤回花溪。土匪攻入城中，青岩城陷入敌手，土匪炸毁

[1] 贵阳军分区司令部《一九五〇年工作总结报告》部队现状思想情况81页。
[2] 贵阳军分区司令部《一九五〇年工作总结报告》“附：教导大队人员统计表”65页。
[3] 贵阳分区司令部《一九五〇年工作总结报告》分直各单位接种牛痘统计表五93页。

了 1936 年修建的青岩新桥。

30 日，县委书记陈达之亲自在青岩组织修桥，桥未修好，便用电话通知县政府驻军和全体工作人员到青岩抢运军粮。为了抢运回在青岩的 40 多万斤粮食，贵阳军分区派出一个营的兵力和教导大队的学员，配合县、区干部一起进入城中武装抢运军粮。

县政府各机关干部、部队和教导大队的学员，赶到青岩，立即投入了紧张的抢运军粮行动。

没有运粮工具，解放军和教导队的学员们便脱下裤子、扎紧裤脚当口袋用。他们装上粮食，扛起就跑，从大地塘华家粮仓到新桥对岸装车有一华里多路，经干部和战士、职员等共同努力，一直搬了 3 天，终于将青岩粮库内的 40 多万斤粮食运回贵筑县政府花溪驻地，部队回驻花溪[1]。教导大队仍住在花溪街上花阁路卢佐臣家房子里。

由于花溪匪风猖獗，教导大队处在被匪扰乱的环境下，不能正常上课学习的状况，暂时停止了教育培训。上级命令，停课两周，全大队学员参加青岩地区修筑碉堡，这样的环境经过月余才复课。

4 月 16 日拂晓，我军 151 团、贵阳警备区各派一个营，驻惠水的 17 军随校一部和贵阳军分区一个连，在贵州省军区参谋长潘焱领导指挥下，对盘踞在青岩的土匪进行军事围剿，发动了“青岩战斗”战役，打通了贵惠路[2]。

贵阳军分区司令员马宗凯乘胜率领部队继续向惠水、长顺、紫云等县追击残匪。接着，在贵筑县西北部：贵清筑三角地区组织了第二场剿匪战役“拐耳坝战斗”，此役重创了包相臣匪部，打通了贵清路、贵安路，彻底解除了贵阳市南部和西北的匪患。

贵阳军分区先后两次组织了夜袭长寨和广顺的战斗，虽未全歼曹绍华股匪，但消灭了土匪的有生力量，粉碎了匪特企图在大陆做长期反人民游击斗争的美梦，稳定了惠水、贵筑一带的交通和社会安全，在军事上获得主动权和扭转危机的作用，发扬了人民军队英勇顽强的战斗作风。

“青岩战斗”后，贵阳地委决定组织武工队。武工队队员从贵阳军分区教导大队和文工队里抽调人员组成，共 60 多人，分别到董家堰村、大水沟、竹林寨、兵

[1] 贵阳军分区司令部《一九五〇年工作总结报告》（青岩战斗）19 页。

[2] 贾开文忆《贵阳军分区教导队从修文到花溪和青岩》。

工厂（矿山机器厂）、尖山屯、周家寨、王家寨、王宽、刘家寨、洛解、珠显、四方河一带活动，配合部队彻底肃清这一地区的土匪武装。

“青岩战斗”后，教导大队从花溪街上转驻青岩。大队部设在万寿宫内。教导队组织每天的日常军事训练、政治学习和生活事项，继续在青岩开展培训军官、战士、医护人员和地方干部的教育活动。各中队从此进入正常的学习和训练，按计划学习科目，头一个月以政治为主，第二个月以军事和业务为主。到6月底，除三中队医务训练班继续学习外，首期教导大队训练结束，学员结业。大部分分配到武工队、征粮队，到地方上去发动群众，接受考验和进行锻炼。

教导大队也招收卫校学员。《一九五〇年工作总结》曾记载：开办卫校，学员来源除去年从江西带来的39个学员外，来到贵阳后又招收了十几个学员，全部编入教导大队。教导大队大部分学员担负了剿匪，修碉堡，运粮，站岗等任务，每日只进行两小时的教育。教导大队坚持业务学习教育为70%，30%政治教育为方针，4个月学完了药物，生理解剖，简易治疗，用两个月学习护理病人，卫生纲要。学员均能做笔记，成绩还算不错，7月中旬实习，8月1日毕业。均分配到部队当见习护士，见习调剂，看护等工作[1]。

教导大队结业的学员，全部分配到部队或地方政府。分配做地方群众工作的达到百分之八十五，分配到部队的达百分之十，留机关工作的达百分之五。

当年，教导大队继续举办了第二期培训。

1951年，贵阳军分区青岩教导大队培训军官和战士的工作步入正常轨道后，又连续开办了第三、第四、第五期学员培训。

曾任花溪区政协副秘书长的贾开文和花溪区人民武装部副政委陈朝富参加的是第四期培训。他们回忆说，青岩教导大队有三个中队：一中队是军事队，驻地赵公专祠，中队长姓侯，指导员安国钧，辖12个分队约130多人。

二中队是政治队，驻地龙泉寺，中队长孙保安，指导员王和镜，约120人。

三中队是女子中队，主要是医训班，驻地在龙泉寺西边大庙里，约120人[2]。

1951年年底，三中队医务班百多名学员结业，全部分配到各作战部队，下至连队，有的分配到16军、17军，有的则分配到云南，有的到朝鲜，参加抗美援朝[3]。

[1] 贵阳军分区司令部《一九五〇年工作总结报告》（学校工作）98页。
[2] 陈朝富忆《连长送我到青岩教导队去参训》资料。
[3] 贵阳军分区司令部《一九五〇年工作总结报告》99页。

教导大队尽管培养了数百名学员和干部，由于各县缺地方干部，需求量大，学员分配，仍供不应求。

据退休老干部陈朝富回忆：1952 年，贵阳地委和专署，指示贵阳军分区，帮助培训地方和乡村农会干部，临时把青岩教导大队以培养训练军队干部为主的方式转移到培训地方干部学员上来。

贵筑县地域辽阔，有几千个村寨，每村培训一名干部，就要培训几千名学员。全大队三个中队同时开课训练，首先就近培训贵筑县每个村的一个骨干，后来培训发展到地委领导的其他县，如息烽、开阳、修文、贵定、都匀、惠水、广顺等县。培训农村干部，仍以三个月为一期，以政治和行政管理为主，军事为辅。凡是各村推选和保送参加培训的学员，结业后，一律分配到村去组织农会，或担任农会主席和农会干部。农会干部领导和参加农村清匪反霸、土改工作，成为地方政府基层一支可靠的骨干力量。

贵阳军分区青岩教导大队，在短短的几年里，培养了上千名军队干部战士和地方干部，为保卫和巩固新生的人民政权，围剿土匪暴乱，抗美援朝，保家卫国，组织农会、清匪反霸，土地改革，“三反”“五反”等运动，输送了大批的军地干部，为贵州、贵阳和花溪区的社会主义建设事业做出了重要的贡献。

白云拂晓闻噩耗　青岩朋辈哭穷途[1]

——刘登云、周念贤、车善益三个青岩人在白云区鸡场仓库牺牲经过的调查

1949年解放前夕，国民党反动政府在贵阳举办了“游击干训班，委任曹绍华为五县反共游击司令”。解放初，曹绍华等四人潜入贵筑县境内彭官、石板、青岩等地，与包相臣、张沛霖、潘方侠等匪首密谋策划土匪暴乱。潘方侠从青岩派出土匪秘密到白云区鸡场仓库找到刘登云、车善益、周念贤（又叫周念玄）、裴乃义、段顺清五人，企图策反他们拖枪参加青岩土匪暴乱，被刘登云、车善益、周念贤等人严词拒绝，因此土匪怀恨在心，曾扬言要置他们于死地。20世纪50年代正月初，白云区匪首邀集青岩袍哥派人参战攻打白云区政府。青岩的袍哥帮会得到这个消息，喜出望外，他们认为夺回12支枪的机会来了，精心组织了许多人马，决定参加攻打在鸡场仓库庙上的白云区区公所，治一治鸡场仓库的几个青岩人。

1950年3月2日，青岩匪首潘方侠、姜绍文、刘绍周、车永年、何老龙等蓄谋叛乱，他们与白云区匪首杨江、麻幺弟、杨安华、杨恩华，平坝匪首曹绍华、白云区与扎佐一带马家桥绰号为马大土匪的等相互串通，企图颠覆和推翻新生的人民政权，组织攻打了白云区公所。白云区政府、省委工作团、文工团人员有李英等13人牺牲；还有刘登云、周念贤、车善益3个青岩人在这次守卫鸡场仓库斗争中被土匪杀害，总共有16位同志牺牲。

曾经历过这场生与死考验，时已82岁的当事人段顺清，曾在1949年秋天，经

[1] 全文发表在《贵阳党史》2015年第1期，总第154期，第30-34页。

段顺华介绍到白云区鸡场仓库当工作员，同时仓库还有1948年在青岩平街以种烤烟做掩护的车善益和大地塘的周念贤、青岩西门的裴乃义，都是因为青岩的老乡关系到白云鸡场仓库当工作员的。那时正值秋粮征收入库工作之际，离解放还有几个月。

段顺清生前在家中照（周天胜 摄）

解放前夕，刘登云、周念贤、车善益受中共地下党派遣，到湖南等省外为接管贵阳市的西进支队干部带路。当年11月11日带部队在回贵阳途中参加革命工作。15日随部队解放贵阳。几天后回白云区鸡场仓库“留用”隐避工作。原在鸡场仓库工作的段顺清、裴乃玉二人也被政府留用，他们参加了保卫新中国白云区新政权的革命工作，继续在鸡场仓库当工作员，刘登云为仓库主任。还有一个姓赵的当地人和区委李书记的妻子做饭，仓库共7个人，成为白云区人民政府鸡场仓库的正式工作人员，负责鸡场附近的粮食征收和军队征粮入库、发放和保卫工作。仓库与区公所、乡公所同在白云区鸡场一个庙内办公，共用一个大院坝。

当事人段顺清，2007年在世时回忆说：土匪袭击白云区政府和鸡场仓库事件，我知道青岩三位烈士牺牲的经过。

那是1950年3月1日（正月十二），按照轮流休息的惯例，裴乃玉轮值休息回青岩过年。那天下午，从贵筑县粮食局派来一个姓胡的干部到仓库协助工作，晚上留宿。因车善益轮到第二天（正月十三）休息，因此晚上主动让床位给姓胡的住，然后独自一人到大殿临时铺床睡觉。我和刘登云、周念贤、姓胡的四人在厨房里间屋睡。房间旁边是堆得满满的三万多斤粮食。想不到就在这天晚上出事了。

凌晨1点钟左右（正月十三），在匪首杨江、杨恩华、杨安华、麻幺弟、潘方侠、刘绍周、何老龙、马大土匪等组织下，一千多名土匪包围了白云区公所、鸡场乡公所和区鸡场粮食仓库。

凌晨3点过钟，土匪吹响冲锋号向区政府发动了全面进攻。他们仗着人多势众，大喊大叫，时而开枪射击，时而冲进区政府院内，区公所十多名干部战士英勇还击，同土匪进行了激烈的枪战。

白云公园李英烈士墓（周天胜 摄）

我们四人一同隐蔽在仓库里间屋里，四周的枪都朝着区政府和我们仓库方向打来，听到枪声响得激烈。我们赶紧从床上翻身爬起来，连衣服都来不及穿，我只穿着一条短裤，准备开门看看情况。刚开了一条缝，冲进大院坝的土匪把枪全部对着我们打过来，吓得大家赶紧趴下。慌乱之中，我扑在了刘登云身上，然后又急忙爬起来。厨房里间那里有一个空处可以爬上楼，大家摸黑急忙向那里摸去。我和刘登云、周念贤、粮食局姓胡的干部四人上了楼，找地方躲了起来。数九寒天，零下一二摄氏度，我在慌乱中仍然穿着短裤，冷得发抖起来，急忙在旁边顺手拉了一条麻袋披在身上御寒。

土匪冲进仓库里，抢走了我们几人的衣物、被子和钱财，还抢走了仓库挂在墙上的一支枪。

青岩土匪刘绍周、何老龙等从区公所、鸡场仓库抢走了周念贤从高坡带来藏在库房的 12 条枪。刘绍周得自动步枪，何老龙得卡宾枪，还抢劫了许多物资。

几乎是在同时，独自一人睡在大殿的车善益，听到枪声大作，准备站起来向外突围，正好被马家桥匪首马大土匪从门洞中窥到，朝他开了枪，车善益中弹牺牲。这一切我全然不知，事后才知道。

原来我们仓库的那个姓赵的当地人与土匪早有勾结，他们里应外合。赵姓同事叛变，出卖了我们。我们在楼上听到土匪出了屋子，突然又听到姓赵的对土匪说，“他们几个还躲在楼上”。话音刚落不久，一个土匪端着枪冲上楼来，用枪比画着。这时楼下的土匪从下往上打了几枪，未伤着我们。

姓胡的在楼上没有被土匪发现。但是，上楼的几个土匪却发现了我们三个，我和刘登云、周念贤三人同时被土匪捉住，土匪用枪托乱打我们。刘登云说：“不要打！不要打了！我们没有啥。”土匪押着我们下楼，我又捡了一条麻袋披在身上，土匪让我们三人在房中间站着，他们边骂边打，用枪托毒打着刘登云和周念贤二人的后脑勺。据说这些都是青岩匪首刘绍周和何老龙事先安排好的。我赶紧蹲了下去，才幸免于难。

天快亮了，一个土匪拿枪指着我们大叫："走！"我们三人被土匪用枪押着走出仓库门，下了大殿前的几道石坎子和院坝，再走过道，来到下面石坎，上坎子又走过道。忽上坎子时，我站着未动，土匪也没喊我走。

只看见几个土匪押着刘登云和周念贤朝前面走去，他们上坎子走过道，再下几道石坎，走到大天井（大院坝）旁转弯处，就听到"嘣！嘣！嘣！"几声枪响，刘登云和周念贤倒在血泊中。

据说是刘绍周和何老龙躲在暗处开的枪，他们是杀害刘登云和周念贤的凶手。青岩去的土匪后来还参加了枪杀区政府干部、抢劫仓库财物和粮食、放火烧毁区政府房子的罪恶活动。

我听到枪声，站着呆了。一个土匪骂了起来："你狗日的还站着搞哪样！还不快跑逃命！"我听见骂声，才醒悟过来，原来是好心的"土匪"故意让我活着，否则也同他们二人命丧黄泉了。

我赶紧跑进乡公所躲起来，在那里正好碰上乡公所姓石的秘书带着他的孩子躲在墙角处。

隔了 20 多分钟，土匪放火烧区政府和乡公所的房子，仓库旁也燃了起来。

听到噼里啪啦的响声，我们头顶上的房子也燃了起来。我对姓石的秘书说"房子快要垮了，我们要被压死"。他说"咋办"？我说"我们赶紧冲出去"。话音刚落，一个土匪从外面摸了进来，看见我们的样子。他对我们说："你们还不赶紧跑，等房子垮下来找死？"

我和姓石的秘书带着孩子匆匆忙忙跑了出来，到处都有土匪哨兵，我们跑散了。我趁哨兵没发现，从旁边门洞跑了出去，发现在前面又有两个土匪哨兵。我赶紧趴在墙脚下，仍然没有冲出去。

我又重新走起回头路来，走过道，下天井，才发现这里又增加了两个土匪哨兵，情急之下，我急忙钻进旁边一间木仓房的仓脚。过了 10 多分钟，出了仓脚，我跳下土墙旁的一个干厕所里躲起来。刚看清土墙外是人家户，正准备翻墙过去时，屋内一个人向我招手，示意我赶快进他家。我翻墙躲进了这户人家，这才冲出了土匪的包围圈。

原来是认识的当地一个保长，只见保长家里有个六七十岁的老娘。保长叫我躲在他家的大灶旁，抱来柴草烧火给我烤，一会儿，身体才开始暖和起来。保长又叫他的母亲脱了一条裤子给我穿上，然后保长就出门去了。

事后才知道，土匪在天亮逃跑时，放火烧毁了白云区区公所和仓库的房子，抢劫了仓库征收的 3 万多斤军粮的一部后，仓皇逃窜。

前来救援的解放军开进白云区，据说这个保长找到带队的解放军干部，对他说："你们仓库那个姓段的现在还躲在我家，只有他一人没有着（没有被害），其他三人已被土匪杀死。"

有几个解放军同志随同保长来看我，我得到了他们的帮助。一个同志脱棉衣、一个同志脱鞋给我穿，一个同志拿帽子给我戴，有一个同志拿了几角钱，叫我坐马车回家。我在亲人解放军、保长和保长的母亲帮助下离开了保长家，离开了白云区鸡场。

当时很难找到车，于是就走路，大约走了二里路，才遇上一架马车从贵阳方向驶来，我拦住了它。对赶马车的师傅说："师傅！请你带我回贵阳，我在白云鸡场仓库被土匪抢了，刚从那里跑出来。"赶马师傅要价两块钱，我的钱不够，他不干，赶着马车跑了。跑了没多远又停下喊我站住，说：几角就几角，答应带我到贵阳。我坐上他的马车，一个多小时，来到了贵阳大西门。在城门洞正好遇上我堂哥的一个同学，他差点认不出我，问我咋是这个样子。我把在白云鸡场仓库被土匪包围和被抢的不幸遭遇讲了以后，他二话没说，拿了点钱，正好够我坐车到花溪。

到花溪后，到处听到人们议论纷纷，他们已知道土匪包围白云区政府的事，都知道三个青岩人在鸡场仓库遇难了。

刘登云烈士遗像

（刘开文提供）

周念贤烈士遗像

（周贤提供）

车善益烈士遗像

（车善信提供）

从花溪走路，返回家乡青岩时，天已经黑了。我赶紧到他们三家，把刘登云、车善益、周念贤他们三个被土匪杀害的噩耗告诉了他们的亲人，亲人们听到消息后悲痛万分。

第二天，周念贤的母亲周刘氏亲自带人和刘登云、车善益的家人一起到白云区鸡场仓库，把三位的遗体抬回青岩，烈士终于魂归故里。原贵阳女子师范学校校长章逸山闻讯后，悲痛地挥毫为刘登云烈士写下了“白云拂晓闻噩耗，青岩朋辈哭穷途”的挽联。

按照本地风俗，三位烈士入棺安葬。刘登云葬在南街村沙井大坡，车善益葬在瓦窑井后山坡下，周念贤葬在歪脚桥河边对面大斜坡上。

事后，我没有再回白云区鸡场仓库，不久到长顺县粮食局代化、威远等粮管所工作。

段顺清老人时常怀念着三位烈士。他说：“几十年过去了，我经常想起白云鸡场仓库那可怕的一幕，回想起与三位烈士在一起的生活和友谊，不得不把这段鲜为人知的史实讲述出来，让人们永远记住他们的名字，这也许是对牺牲的烈士的一种安慰吧！”

青岩烟灯坡刘正荣老人回忆说：周念贤他们三人被杀的一个重要原因是土匪因枪积怨。1950 年 5 月清匪反霸时，我正好在青岩派出所参加民兵联防。在青岩派出所审讯土匪时，听到了参与攻打白云区仓库的土匪朱七爷交代，“青岩参加攻打白云区鸡场仓库是因为 12 条枪的事。”原来是青岩大地塘的周念贤从达德中学毕业后，担任了高坡乡公所副乡长，负责管理一个班 12 条枪的武装工作，武装班基本由青岩人充任，同时兼任高坡仓库主任及仓库的保卫工作时，担任文萃乡乡长职务的地下组织人员刘登云被人诬陷有经济问题，因此被撤掉乡长职务。经查实无问题后，调到高坡仓库当工作员。1949 年秋，刘登云、周念贤一同调白云区鸡场仓库工作。因此，周念贤临走时解散了刘绍周（姜绍文袍哥帮会的二把手）、烂汽车邓玉成、吴烂恩、周树举、张开云、小仓宝、何老龙（是车永年的执法幺大）、朱七爷等 10 个青岩人，解除了他们的武装，后将 12 条枪一起运往白云区鸡场仓库。解放后，周念贤、刘登云又把这 12 条枪交给了白云区人民政府。对失去枪支的 10 个青岩炮哥帮会的人来说，枪比他们的生命还重要。因此袍哥帮会对周念贤、刘登云二人怀恨在心，发誓要报复，夺回枪支。

原白云区区长肖金玺同志回忆说：“那天晚上，我参加完区委会议后就赶回了阳关。第二天早上，我听说土匪包围了区政府，马上带部队回鸡场救援。我们到了白云区政府，土匪已撤走，他们放火烧了白云区政府，留下的是一片狼藉。李书记的爱人事发当晚曾两次到过仓库事发现场，说土匪刚攻打时，

刘开文提供刘登云革命烈士证明书 （文星 扫描）

她马上翻身爬起来穿着短裤朝仓库跑，在仓库，一个女的找衣服给她穿好后，将她藏起来。不久听见土匪在屋外路上急步向仓库走来。一个土匪说：‘有一个大干部的家属躲在仓库’。她听说后，马上冲出仓库回区政府躲避。土匪来到仓库到处搜索，抓住了刘登云、周念贤、段顺清3人，将他们反手捆上。当李书记的爱人再次返回仓库时，看见仓库刘登云、周念贤两人被打死在一起，车善益一人死在仓库大殿内。我们到现场查看后，发现白云区政府、省委工作团、文工团、部队共牺牲了13人，部队向群众买来13口棺材，将13位烈士装殓后，集中安埋在鸡场附近的小山上。仓库牺牲的3人我都不认识，是留用人员，由家属抬回去埋。”肖老又说：“土匪打死仓库的这几个人，是因为土匪派人来叫他们回去参加土匪，他们不肯回去。我们知道这个情况后，有一天，我还和李书记为这事到附近山上去商量对策。”

白云区鸡场事件发生后，中共贵阳地委于1950年3月9日在《贵州通讯》第4期上第23页中，发表了题为《贵阳地委关于提高警惕，严防匪害的通报》，通报说：“3月2日，贵筑县白云区、区政府与省委工作团，于该日拂晓在鸡场村被匪偷袭，工作团李英等十六同志牺牲，区书轻伤，粮食抢去一部，烧房子六间，事件发生前，区政府与工作团了解情况，但未警惕，未做战斗准备，住得分散，不设岗哨，因而遭受了这样大的损失。”简述此次事件的教训，号召全市提高警惕，严防土匪祸害。刘登云、车善益、周念贤三人也在牺牲的“十六同志”中。

1950年4月17日，中国人民解放军贵州省军区发动剿匪战役“青岩战斗”后，打通了贵惠路，再次解放青岩。贵筑县人民政府和青岩区政府开始追究攻打白云区公所的为首土匪的刑事责任。

当年5月18日，主犯何老龙被审判后，在青岩南门瓦窑井被枪决。杀害刘登云、

车善益、周念贤的凶手，主犯刘绍周在思潜作案时被当地人打死。

1951 年 7 月，贵筑县人民政府追认刘登云、车善益、周念贤三位为革命烈士。

1952 年，贵筑县人民政府在花溪区召开公审大会，对扎佐马家桥的马大土匪进行公开审判，马大土匪对开枪杀害车善益革命烈士所犯下的罪行供认不讳。解放军在花溪对马大土匪执行了枪决。杀害三位烈士的凶手最终难逃覆灭下场。

几十年来，只有车善益的墓碑为革命烈士墓碑。而刘登云烈士静静地躺在沙井大坡，墓碑仍是其后人刻的普通墓碑，埋在歪脚桥对面山上的周念贤墓却被挖成了平地来种粮，他们连“革命烈士”这个光荣的称号、名誉也没有。肖金玺区长、段顺清、刘正荣等几位老人，都是当时刘登云、车善益、周念贤三位烈士被土匪杀害的见证人。“发扬革命传统，争取更大光荣”。“革命烈士”的含意，对于教育后代有着楷模作用，烈士的英雄主义精神应作为后人学习的榜样，政府应改善烈士墓地环境，加强育人场所的建设。

后记：本文除参考党史资料外，笔者于 2007 年 8 月采访了青岩东油榨街段顺清和青岩烟灯坡刘正荣。2011 年 5 月 24 日下午，笔者在花溪采访了还健在的原白云区省委工作团干部、曾任白云区区长的肖金玺同志后，编辑整理而成。段顺清于 2010 年 8 月中旬在青岩东油榨街家中逝世。在这里特别感谢以上已故和还健在的老人。笔者又于 2014 年 12 月 27 日，到三桥公路公司 7 栋宿舍采访了车善益烈士的弟弟，已 78 岁的车善信。特别感谢刘登云的儿子刘开文、周念贤的大女儿周贤、车善益的弟弟车善信等提供烈士相关资料和照片。

中国人民解放军贵州省军分区在筑南贵筑县南部发动的第一场剿匪战役“青岩战斗”[1]

1949年11月15日，贵阳及贵筑县同日解放，青岩区也得到解放。21日，上级派刘登朝、朱强和孙自文到青岩区组成区委会。

为了解决贵阳市民和解放军部队的吃粮问题，市、区、乡派出征粮队，中心工作转入征粮。因此，在贵清筑广惠紫平几县发生了一场惊心动魄的土匪暴乱。中国人民解放军贵州省军分区和贵阳军分区在贵筑县分别发动了两场关键的剿匪战役“青岩战斗”和“拐耳坝战斗”，给土匪沉重的打击，青岩和拐耳坝重新回到人民的手中。保证了贵惠路的畅通和贵阳城的安全，巩固了新生的人民政权。

1949年冬月的一天，国民党逃跑前委任的“贵州人民反共自卫军”五县总司令曹绍华与青岩潘方侠等密谋策划土匪暴乱，企图推翻新生的人民政权。

1950年元旦（冬月十三）佳节开始，匪首陈开富、杨秀平、姜少文、吴学勤等纠集惯匪，强行威胁数百群众参加，他们与青岩黄泽民等内外勾结，混入青岩城，企图袭击青岩区人民政府，他们到处抢劫，扰乱社会秩序，由隐蔽转入公开活动。青岩区人民政府进行了还击，打退了入城抢劫的土匪。

3月24日赶场天，潘方侠、蒋恒昌等匪首聚集大批土匪进入青岩城，企图袭击区政府，由于苗族戴树清从排水沟进城到区政府及时报信，区政府20多人撤上黑神庙，进行了两天一夜的保卫战。25日晨，在增援部队到达时撤出回到花溪，青岩城失守。

潘方侠所部的青岩土匪，他们以青岩为据点，组织参加了“三打花溪”的罪恶

[1] 本文根据贵阳军分区《一九五〇工作总结报告》和相关史料整理。

活动，抢劫贵大校园，掳掠大学生几十人押往青岩，关押在龙泉寺。

青岩地区的土匪十分猖狂，极其凶残，这期间疯狂抢劫，强要吃喝，残杀解放军战士万庆云、政府干部和无辜的群众，对人民犯下了滔天罪行。人民群众难以进行正常的生产和生活，危及县市政府的安全，已经到了非消灭不可的地步。

针对青岩地区土匪活动猖狂的情况，中共贵阳市军事管制委员会、贵阳地委、贵州省军分区非常重视，并做出了围剿该股匪的决定。组织“青岩战斗”，围剿青岩地区潘方侠匪部，扫除贵惠路一线的障碍。

1950年4月16日拂晓，由贵州省军区参谋长潘焱组织指挥了贵阳军分区司令部、贵阳分指所属的17军侦察营三连，配合16军151团1营、贵阳军分区警卫团和17军随营学校一部，兵分四路，向盘踞青岩的股匪，采取铁壁合围，予以歼灭的打击，发动了“青岩战斗”。除惠水部队未能按时到达指定地点外，其余部队均按时到达。

在“青岩战斗”中，临时作战指挥所设在桐木岭，由于远离战场，随即移驻望城坡，拂晓发起总攻。晨5时，天空出现三发信号弹，我军即用迫击炮向北城门方向轰击，右翼战斗打响，解放军如排山倒海之势扑向北门，没有战斗力的土匪乌合之众，听到枪炮声，惊慌失措，他们从梦中仓皇惊醒，不敢抵抗，纷纷夺路逃窜。由于我大军压境，四面皆兵，敌人大部分未能逃出包围圈。7点左右，我军四面进入青岩敌据点。到达街中心时，仍有散匪躲在房屋内打冷枪，各部队挨户搜索，敌大部被歼，战斗结束。

解放军仅用几个小时，就歼灭了土匪“国民党陆军新编第一集团军”总指挥潘方侠所部和郑鸣鹏、郑英武股匪大部。“击毙土匪6名，击伤匪13名，俘虏土匪大队长罗永兴以下、分队长以上39人，匪众123人，共162人。缴获步枪56支、机枪2挺，子弹1234发，战马4匹，物资1部，另解救了被土匪俘去关押在青岩龙泉寺内的贵大农学院学生59人。我军仅伤班级干部2人，战士3人。由于惠水随校部队未能按时到达青岩西南1257高地（官山坡），致使郑鸣鹏股匪得以取得向西南逃窜的余地。”惠水随校部队迟援的原因有两点：一、15日，随校部队在惠水雅水乡被土匪袭击，牺牲了数人，士气受到影响。二、16日凌晨，随校部队乘汽车到青岩参加战斗，车到小山时出故障，于是，官兵跑步到青岩扎口袋，天大亮，战斗打响时，部队未到达东门官山坡1257高地扎口袋。因此，东门成了股匪逃跑的通道。

“青岩战斗”打通了贵惠路[1]，扫清了贵阳城的障碍，青岩获得第二次解放，古镇回到人民手中。随后，马宗凯司令员率领英勇善战的中国人民解放军贵阳军分区部队，继续向惠水、长顺、紫云乘胜追击敌人，清剿残匪。

[1] 贵惠路，即贵阳—惠水公路。

拐耳坝战斗[1]

1949年11月15日，贵阳及贵筑县同日解放，花溪区彭官乡（今麦坪乡）辖区的久安地区也得到解放。彭官乡公所被接管后，改名为“彭官乡支援前线委员会”。为了解决贵阳市民和解放军部队的吃粮问题，省、市、区、乡的中心工作转入征粮。因此，在贵清筑三角地区，发生了一场惊心动魄的土匪暴乱。“青岩战斗”，重创了“国民党陆军新编第一集团军”股匪，打通了贵惠路。中国人民解放军贵阳军分区接着在贵筑县发动了第二场剿匪战役“拐耳坝战斗”，给予西线土匪股匪毁灭性的打击，保证了贵清路和贵安路的畅通和贵阳城的安全，巩固了新生的人民政权。

一、久安地区土匪暴乱情况

1949年冬月的一天，国民党逃跑前委任的“贵州人民反共自卫军”五县总司令曹绍华与谭治平等四人，潜入彭官乡刘庄村陈家寨原任国民党金华区、石板区区长、县参议员包相臣家。与包相臣、包华丰等密谋策划土匪暴乱，企图推翻新生的人民政权。

1950年元月开始，土匪在各地抢劫，扰乱社会秩序，他们由隐蔽转入公开活动。元月30日（腊月十四），在包相臣、包华丰、熊树云暗地指挥下，彭官乡麦坪堡子匪首陆树枝等股匪在大树脚、场坝等地公开抢劫赶场的群众。

张会武接到群众报案后，立即爬上堡子山上打枪警告在大树脚抢劫的土匪。当天晚上，陆树枝、陆少臣、郭良奎等匪首纠集外县土匪30多人，包围和袭击了设

[1] 根据贵阳军分区司令部《一九五〇年工作总结报告》相关史料和采访整理。

在麦坪堡子庙上（今麦坪小学、幼儿园）的“彭官乡公所支前委员会”，幸好征粮队得到群众报告撤回石板区幸免于难。留守的张会武、黎国章、王学渊三个干事被土匪杀害。

不久，匪首汪森荣、朱导江公开在久安小窑上挂牌“中国人民反共自卫军新编第一集团军司令部”。朱道江、汪森荣、包相臣等任司令、副司令，唐希圣任西南游击军副司令，隶属曹绍华匪部指挥。此时，在青岩的匪首潘方侠已直接领导匪众达 1800 多人。形成了南北呼应夹击花溪县政府所在地的形势。在石板片区包相臣、汪森荣、朱道江、唐希圣、熊树云（匪团长）、张占荣、刘怀、包华丰、张玉清、周云初（匪特大队长）、汪少炳、王富先、王开祥、李治明、王益善等匪首纠集下，胁迫群众数百人为匪，随后在湖潮元方村召开了“军事会议”，完善其土匪建制。他们盘踞在交通不便的贵阳、清镇、贵筑县、贵安路等三角地区，以及贵惠路一线的崇山峻岭中。以拐耳坝为据点，他们派粮、派款，逼民为匪，抢劫杀人，无恶不作。贵惠路、贵安路交通线和新生的人民政府，成了他们袭击的目标，反动气焰十分嚣张。他们干下的坏事，一桩桩、一件件令人发指，触目惊心。扰乱了贵清筑三角地区[1]的和平与稳定。

贵清筑三角地区的土匪极其凶残，这期间残杀了许多解放军战士、政府干部和无辜的群众，对人民犯下了滔天罪行。人民群众无法进行正常的生产和生活，危及县市政府的安全，已经到了非消灭不可的地步。

二、贵阳军分区发动的剿匪“拐耳坝战斗”分两个阶段进行

第一阶段：针对贵清筑三角地区土匪活动猖狂的情况，中共贵阳市军事管制委员会、贵阳地委、贵阳军分区非常重视，并做出了围剿该股匪的决定。4 月 16 日，贵阳军分区首先组织了“青岩战斗”，围剿和击溃青岩地区潘方侠匪司令部和歼匪一部，基本扫除了贵惠路一线的障碍。

周云初等率股匪又窜入三屯地区，与王益善股匪纠合在一起，企图与解放军顽抗到底。由于我军部队行动迅速清剿及时，土匪犹如惊弓之鸟。于 1950 年 4 月 20 日这天，包华丰、周云初率匪部回到拐耳坝和久安、麦坪地区。在拐耳坝以种烤烟做掩护的我军和公安情报人员胡万喜、吴泽章等及时把情报送到石板情报站，驻花

[1] “贵清筑三角地区”，即贵阳市南明区与云岩区各一部分、清镇县飞机场、贵筑县等辖边缘拐耳坝为中心的久安、麦坪、金华地区。

溪的贵阳军分区司令部很快得到区公安局长张有儒的情报。马宗凯司令员激动得拍案而起："卧榻之侧，岂容他人酣睡。"他立即指示张有儒马上派人搞准情报。同时派出军分区情报站的解放军侦察员，与吉林寨周姓村民一道，以走拐耳坝周姓亲戚作掩护，侦察员化装成商人，挑着货郎担到拐耳坝侦察，当侦察员得到周云初等土匪确实回到拐耳坝家中的情报后，迅速脱身回到花溪。

马宗凯司令员听了侦察员的汇报后，高兴极了，立即召开了作战会议。决定以拐耳周云初匪巢为重点清剿，把贵清筑三角地区的合围剿匪战役，命名为"拐耳坝战斗"。为了不适时机地消灭土匪，抓住有利战机，歼灭周云初和包华丰匪部。贵阳军分区参战部队，针对拐耳坝四周都是山林，狼机叶齐腰深的特点展开讨论，群策群力，研究打法，制定出一套山地丛林作战的多种作战方法。军分区决定，当夜冒雨分六路合围贵清筑三角地区拐耳坝之敌。于晚 19 时 23 分，在马宗凯司令员的亲自率领下，同时从花溪朝阳村、董家堰、烂泥沟、贵阳、野鸭塘等地出发、与清镇飞机场和狗场驻军对土匪形成铁壁合围之势。

第一路军，由情报人员吴泽章、胡万喜为十七军侦察营三连和分区指挥部警卫排带路，直捣匪巢，围剿拐耳坝股匪周云初的 100 多人，该路军到达长鲊（今打通）时已近拂晓，部队的行动被土匪发现后打枪报警。为了不让土匪脱逃，解放军李连长命令留一个排，打击长鲊之敌，然后再向拐耳坝屯上进击。分指马宗凯司令员命令其余部队跑步前进，侦察三连的另二个排和警卫排的解放军犹如下山猛虎，分多路从龙潭峡谷和堵鲁、芦笙岩，跑步向拐耳坝目标猛扑，奔袭拐耳坝匪巢形成合围。天微微亮时，龙潭峡谷的这一路部队直插到周云初匪巢住地拐耳坝大井边，形成了对周云初匪首的包围圈。此时的周云初和土匪还在被窝里睡大觉，他哪里知道，他已经在人民解放军的包围控制之中，只等束手就擒了。

21 日凌晨 6 点多钟，马宗凯司令员下达了战斗命令。当天空出现三颗红色信号弹时，各路大军按作战计划，同时向匪目标发动进攻，"拐耳坝战斗"全面打响了。解放军战士迅速向大井边周云初的匪巢逼进。部队的行动，惊动了周围的土匪，惯匪秋桂不顾一切地跑出了竹林。我军为了不惊动周云初，惯匪侥幸逃出了包围圈。一小匪慌慌张张跑进周云初的卧室，大声叫醒匪首周云初后说："大哥！'花儿'（指解放军）包围了我们，到处都是。"周云初睡眼蒙眬，很不耐烦地说："不会这么快吧！他们来，我正愁找不着，扒起棵棵找都找不到。"说完，又躺了下去。他哪里知道神兵真的早已天降，自己的末日已经来临。当他的女人再叫他时说："你还不起来，解放军真的来了。”说完赶快把周云初的一箱子弹抬去丢在厕所里。慌忙中，周云初翻身爬起，来不及穿衣服，光着膀子，提起手枪朝包围过来的解放军打了一梭子。再打，枪里空了。去找子弹箱，哪里找得着。他心里着慌了，急忙从家中拼命蹿出，跳下盐巴二爷家中，躲在马圈的马槽下，钻进石灰堆，裹着一身石灰呛得难受，全身发抖，只露出脚在外面，他忍受着石灰呛人的辣味。我解放军侦察三连的英雄们，将房子围了个水泄不通，周云初插翅难逃了。部队活捉了拐耳坝辖区的大部分土匪，吴泽章等在清点俘虏时，发现不见了周云初。连长迅速组织挨家挨户的搜查，抓住了周云初的二哥路明。战士们以为是周云初，高兴极了。吴泽章、胡万喜前来辨认时，大吃一惊。说：“这不是沙五！（沙五是周云初的别名，）这是他二哥。快！重新认真搜查，他不会跑出这个屋子。”战士们对每个角落再仔细搜查时，终于发现了马槽下露出的一只脚，几人用力将脚抓住，往外一拖，终于捉住了满身沾满石灰的沙五、土匪特务大队长周云初。这个不可一世，沾满了数百人鲜血的杀人恶魔，终于成了解放军的俘虏。匪首周云初被活捉，部队士气大振。土匪群龙无首，一个个被活捉。第二天，由名叫顺成的带路，解放军又将西南游击军副司令唐希圣从小白岩家中捉拿归案。仅拐耳坝就捕捉匪众 40 多人，关在老刘家的牛圈里看管起来。达到了军分区预先制定的作战目的。周云初被活捉，拐耳村人民欢欣鼓舞，军民同庆，家家住满了解放军，寨子里一片欢乐气氛。贵筑县政府民运部长朱玉增稳稳地坐在分区作战指挥部里，与马宗凯司令员共享胜利的喜悦。

再说第二路军，警卫团一营二连，由苗族青年朱少之和部队侦察员鲁成方、唐文彬带路。从董家堰出发，经烂泥沟、复兴农场、雪厂古屯，然后到毛栗坡围剿何培五股匪，解放军不费吹灰之力地击溃了这股土匪，随即在毛栗坡设立了临时作战指挥所，指挥各路部队迅速向久安挺进，围剿煤炭窑王开祥股匪、朱道江匪司令部的 200 多土匪。当部队到达牛场坝时，土匪已发觉，战斗马上打响。在我军机枪的扫射下，土匪拼命登山逃命。在解放军的冲击下，少数土匪被捉，大部逃入巩固村的崇山峻岭和土屯中。

第三路军，138 团一个营一个连，由巩固村长坡苗族青年刘树云、老皂山苗族唐发高、唐发贵带路，从贵阳经野鸭塘分两路、向白岩寨、吴家山、老皂山、围剿汪少炳股匪 80 多人。刘树云带的这一路解放军从野鸭塘、梨树关关到大凹村向巫里坝挺进，一路俘虏 13 人，他们带着俘虏到吴山村白岩寨时，已是早晨 6 时多，战斗即刻打响。在白岩寨击毙、曾在久安石头寨虾冲、杀害 3 个县大队解放军战士的匪中队长吴奎先，然后向吴家庄、大坡上、坪上、两层山一带清剿。唐发贵、唐发高带路的这一队解放军上了老皂山，俘虏了还在屯中的土匪。解放军团部、营部作战指挥所即刻设在了老皂山。此时，各路部队基本完成了对久安地区土匪的清剿和包围及有效的打击。由于未掌握情报，21 日凌晨 3 点多，从三屯过来，龟缩在久安巩固土屯中，狗场王益善股匪的一百多人逃脱围剿。于 21 日晚上，在夜幕掩护下，王益善带着如惊弓之鸟的群匪又逃回了三屯地区，逃出了我军的包围圈。

第四路大军，151 团一营，由苗族干部王国栋等人带路。分两路从花溪向湖潮、石板快速运动，到麦坪杉木寨，围剿包相臣、包华丰匪部。由于下雨路滑，路远，路径不熟，早上 7 时未到达指定地点。战斗在簸罗寨（即簸罗园）打响，给集结在小白岩的大股土匪留下了逃跑的空间，土匪由桃子凹向平坝珍珠马场逃窜。县大队李国良所在部队，作为警卫部队在隆昌坡一带警戒，以防止曹绍华的增援，保证“拐耳坝战斗”各主攻部队战斗的顺利进行。

这次战役在清镇飞机场部队 138 团和蒿芝塘警卫团的密切配合下，完成了对贵清筑三角地区 100 多公里战线包相臣匪部的铁壁合围。

三、筑碉清剿

第二阶段：是“筑碉清剿”。虽然“拐耳坝战斗”已取得初步胜利，但大股土匪仍未肃清。为了巩固战果，彻底清剿匪特。在拐耳坝大三爷家的贵阳军分区剿匪作战指挥部命令各部队进入战斗的第二阶段“筑碉清剿”。采取了建立碉堡打击土匪的战略战术。4 月 22 日，警卫团一营三连各派出一个排分散到摆狮头[1]、老皂山、拐耳坝屯上、格堡、石板、寅贡、青岩、燕楼、彭官、清镇飞机场等地修筑碉堡，防止土匪的反扑。又派一个连到“摆狮头”东北一带清剿，掩护部队修建碉堡。各团、营部分兵力继续清剿周围的土匪。151 团一营派一个连到彭官与飞机场的一个排共同修碉堡，又派一个连到寅贡（今汪官）修碉堡，其余部队在彭官乡陈家寨一带清剿残匪。营团剿匪作战指挥所从毛栗坡迁到林家山。在拐耳坝的贵阳军分区剿匪作战指挥部又派出侦察三连到新寨山一带清剿，匪首张玉清等脱逃。23 日，部队又到石板哨修筑碉堡。派出 138 团一营三连到林家山一带清剿。作战指挥所即由林家山迁往拐耳坝、与马司令的分区作战指挥部在一起，直到这一地区剿匪战斗全部结束。24 日，138 团三连全部进驻拐耳坝，关口上、磨坟、双朝门、大寨头、大井边、屯

[1] “白石头”地名在作战地图中写错，应改为“摆狮头”。

上等处，家家住满了解放军，军民充满了欢乐气氛，谱写了一曲曲军爱民、民拥军的动人故事，表现了军民鱼水深情。吴山、吴家庄、下半岩、老皂山、久安煤炭窑、雪厂、巩固一带匪患全部清除。24 日，漏网的匪首包华丰率一部匪众向清镇东北逃窜。麦坪地区基本恢复了平静。

各清剿部队铁壁合围、分进合击后，以班为单位活动，上山搜捕漏网的土匪。又结合政治攻势，召开保甲长座谈会，发动群众，召开群众大会安定民心，召开匪属座谈会以及对土匪进行争取、教育。广泛开展政治攻势，对土匪采取“首恶必办，胁从不问，立功受奖”的方针。不少土匪在家人的劝说下，纷纷前来向解放军投诚，达到了瓦解土匪组织的目的。

四、“拐耳坝战斗”胜利结束

“拐耳坝战斗”一役，取得了整个战役的胜利，“共击毙匪中队长 1 名，土匪 20 多名，击伤匪 24 名，俘虏匪副司令唐希圣，匪大队长周云初、吴奎，特务杨振民等以下土匪 113 名，缴获步枪 44 支，短枪 7 支，各式子弹 4109 发，电台 1 部，战马 4 匹，呢子大衣、电池、盐巴等军用物资一部分”。取得了部队入黔以来“山地丛林作战”第一仗的胜利。

“拐耳坝战斗”，解放军扫清了贵清路、贵惠路、贵安路[1]一线的障碍，消除了市县区政府的隐患，巩固了省会贵阳市的安全以及贵筑县政府和周边地区的安全，净化了贵清筑三角地区。在 100 多公里长的战线上，我军仅消耗各式子弹 9000 多发，创造了我军人员无一伤亡的战例，成为贵阳军分区入黔剿匪山地丛林作战很有价值的一个战例。“雨夜奔袭”成为今后作战的经验和方式之一，为贵州的全面剿匪积累了宝贵的经验。

五、贵阳军分区召开胜利祝捷大会

“拐耳坝战斗”结束后，解放军凯旋花溪驻地。4 月 30 日上午，贵阳军分区在花溪清华中学召开了胜利祝捷大会。对在这一战役中立下战功的剿匪英雄和有功人员进行了表彰，部队沉浸在胜利的欢乐之中。当天下午，贵筑县人民政府召开了公审大会，罪大恶极的匪首周云初等 3 人被判死刑。公审大会后押赴花溪牌坊边刑场执行枪决，人民群众无不欢欣鼓舞，贵清筑三角地区又恢复了昔日的宁静。久安各

[1] 贵安路，即贵阳至平坝至安顺公路。

族人民在中国共产党的领导下，开展生产运动，争取多产粮食，支援前线，接着进行了轰轰烈烈的“清匪反霸”和土地改革运动。

立功授奖大会结束后，英勇善战的中国人民解放军贵阳军分区的全体指战员，在马宗凯司令员的指挥下，又踏上了新的征程，向曹绍华匪部的老巢长、紫、惠、罗、平等县纵深前进。

后 记

撰写本文前，编者做了大量调查采访工作，曾先后采访以下人物和当事人：有原中国人民解放军贵阳军分区政治部主任、后任贵州省军分区政委田化一将军，原中国人民解放军贵阳军分区司令部副政委、黔南军分区司令员、昆明军分区（梨树秃）第二干休所顾汉臣将军，原中国人民解放军西进支队南下接管干部贵筑县农运部长、贵州省文联朱玉增同志，原中国人民解放军青岩战斗参加者黔南司令、贵州省军分区干休所李连修同志，原中国人民解放军贵阳军分区侦察参谋、花溪区人民武装部副政委、退役后，任贵州民族学院后勤处长陈朝富，原中国人民解放军贵筑县大队班长、退役后，任中共清镇市委直属机关党委书记李国良，原中国人民解放军贵阳军分区教导大队分队长、退役后，任花溪区人民政府办公室副主任、花溪区教育局长、花溪区政协副秘书长贾开文，原中国人民解放军花溪人民武装部副科长、中国人民解放军空字九0二部队八九九二民兵团副政委刘鸿泰，原中国人民解放军贵筑县大队一连副指导员、贵州小河高螺栓厂党委书记、住息烽县工会宿舍的武继兴同志等。

又采访原小山村光头寨人包相臣匪部匪中队长陈云甫、观山湖区金华镇翁井村摆狮头匪中队长何少奎，又叫招财（与陈云甫二人均被判刑 15 年，刑满回家时采访）、原雪厂村三道岩土匪、参加中国人民志愿军，退役后，参加工作后被检举参加杀害解放军的行动、被追究刑责判刑 5 年劳改释放后的罗少奎、拐耳匪特务大队的叫鸡周顺和、新寨山土匪吴作栋（黄埔军校生）、还采访一家三口立生死状、枪下救出三桥街上付云成马店旁的张伯承的儿子小毛头张玉龙之一的久安石头寨人项壹芝（后来参加中国人民志愿军立个人二等功、集体三等功）和石头寨唐胖子之母救助解放军的项某小格罗。还先后采访了拐耳、石板、麦坪、煤炭窑、牛场坝等地人和巩固长坡知情人刘树云、朱少之、郑继成、住清镇化肥厂宿舍、张惠武烈士之子张泽明等当事人。

附录

缅祭先贤文[1]

徐少奎

岁次丁亥[2]仲秋八月之期，共和国庆五十八年之际，古镇青岩各族姓氏后辈子孙，谨以鲜花素果，清茗古香，牺牲肴馔，醇醪佳酿，致祭于众先贤之灵案前而言曰：

呜呼！岁月悠悠，沧桑数变。自洪武堡屯初设，于今六百余载。僻地赖雄峰环挽，盈生钟灵之气。沃壤得龙泉润灌，谱就毓秀之精。明清以降，贤达辈出：班氏立城，庶众得仰金汤之固。古代近代贤才辈起，后继不乏其人。渔璜高才，藐对江南学子。国澍惩劣，妇孺可免强徒豪横。以炯夺魁，声播中华黉门。大鹏扬威，广布袁氏族望。少璜功成，陡增平姓家声。小镇藉先贤遗训，装裹就实厚底蕴。词章书画，承延文宗不断，鼓乐笙歌，舞唱盛世升平。

呈献馔于灵案，颂斯文以奉闻，众贤获悉佳讯，当笑慰于天庭。

吾地先辈贤人多矣！岂仅了了诸君？唯憾年岁沧桑，佚名者众，难尽恭呈。伏望前贤体悯后生鲁钝，乞请仙驾莅临，以尽子孙缅悼之衷，祷享之诚！

魂兮归来，赐福庇荫！

呜呼！尚飨。

丁亥岁秋八月十九日[3]

【编者按】2007年9月29日，即丁亥年岁秋阴历八月十九日，正值中华

[1] 徐少奎，青岩人，原青岩少璜中学学生，曾为传承青岩诗词和文史作过很多工作。

[2] 丁亥，即公元2007年丁亥（猪年）。

[3] 即2007年9月29日。

人民共和国56周年国庆纪念日之际，青岩镇迎来了建镇六百三十九年（1368—2007）镇庆日，青岩的各族群众在南门隆重举行庆祝活动。这天，青岩的父老乡亲、男女老幼穿着节日盛装，立于街道两旁共贺建镇六百多年。龙队舞龙过街穿巷，苗胞银装素裹，男女青年吹着芦笙，载歌载舞，一时笙歌阵阵，共同纪念青岩古镇迎来六百多年生辰，隆重庆祝这一活动。黎紫南、刘芳中、徐少奎、李炯、李兴明、李可经、李焯等青城诸乡耆老代表乡亲、土地神，在定广门前摆设香案祭拜天地、缅怀祖宗万代。他们低头叩首，拈香作揖，秉烛烧纸，祭奠历代修城护城、为古城繁荣兴旺作出贡献的先贤们。黎紫南庄重地大声宣读徐少奎撰写的 “缅祭先贤文”祭文。

后 记

《青岩文化与历史》上册着重收录抗战时期后方青岩所发生的大事和抗日救亡活动，下册主要以明朝熹家天启元年（1621 年）修建青岩斗姆阁（今迎祥寺）开始至中华人民共和国成立初期，在青岩所发生的或外地与青岩有关的大事件、人物、名人到花溪、到青岩、或是青岩人、青岩本土名人参加的事件、大事件、创作、诗词、书法、著作、创新、改革、革命、或为革命献身的事迹，以发生的时间先后顺序为线索。在长达 30 年之久的调查采访、搜集整理过程中，得到我全家人和许多单位办事机构和专家、同学、同事、同行、亲朋、好友、党史研究工作者和文史研究工作者的大力支持和帮助。

这些单位是：中共贵阳市委宣传部、中共贵阳市委党史研究室、贵阳市政协文化文史与学习委员会、贵阳市中共党史研究学会、《贵阳党史》编辑部、《贵阳文史》编辑部、《人文贵阳》编辑部、《黔风山骨》编辑部、贵州省史学会、贵州省史学会近现代史研究会及专业委员会和贵阳市历史学会、贵州省作家协会、贵州省图书馆、贵州省档案馆、贵阳市档案馆、花溪区档案馆、花溪区图书馆、《贵州民族报》、《贵阳日报》、《贵阳晚报》、花溪信息《高原明珠报》、《贵州党史》编辑部、湄潭县文物管理所、贵州赖永初酒业有限公司、贵州大学南区图书馆和北区图书馆、贵州大学太慈桥艺术学院、花溪区教育局、青岩镇政府、青岩明清街社区居委会、花溪国家城市湿地公园、青岩贵璜中学、惠水县政协和惠水县政协文化文史与学习委员会、青岩保育生等。

这些个人是：卢宗南处长、龙华副处长、叶江华副主任、鲍泉慧处长、熊宗仁会长、梁茂林馆员、余岸木记者、赖世强董事长、赖亚飞总经理、赖丹丹总经理、谭佛佑教授、杨华国村主任、以下亲朋好友：王德胜、吴正芬、王洪涛、周天芬、邹贵林、邹宇佳、于洋、张琴珍、杨群华、刘兴华、王通启、李忠怡、罗孝高、刘渝、周登仕、唐永全、杨泽林、罗万青、罗林、黄旭忠、韦文方、平明亮、李小刚、已故的龙渊泉和黄泥埇魏显明、麦坪镇刘二冲王顺友、青岩古城被访诸姓各族群众等、还有修文县在青岩经商的杨云康、在北京的周恩来总理的二侄女周秉宜、李克农的侄子当年在青岩背街只有六岁的八路军家属李子溶、青岩保育生姜醒国、侯意坚、惠水县政协吴永福、吴桂莲等、还有那些为本书提供史实和资料做出过贡献而且已经谢世的英灵们。在此，一并表示感谢！

在编辑本书过程中，因未能及时联系到作品的个别作者和通讯地址、或征求作者和已逝作者家属的意见就将书稿编辑入书，在此，深表歉意。希望见到本书后，请与编著联系，以便寄奉样书。

由于编辑能力有限，作品容易出现遗漏，错误在所难免，敬请读者和知情者批评、斧正。

编　者

2024 年 7 月 14 日